LICENSE AGREEMENT

英文ライセンス契約実務マニュアル〔第3版〕

誰も教えてくれない実践的ノウハウ

小高壽一　中本光彦(弁護士) 著

発行　民事法研究会

第3版代表著者まえがき

　拙著第2版が世に出てからすでに10年が経過した。この10年という時間は非常に大きな考え方の変化をもたらしている。人工知能（AI）も出てきた。

　そういう時代の流れの中で、日本ではライセンス契約関連の各種法律も改正された。たとえば、民法、公取指針、不正競争防止法、特許法、商法なども大きく改正された。米国でもライセンス契約の基本精神としてUCCの考え方があったが、近年の判例などを見ると、コモンローの考え方が強く出てきているようだ。

　今回の拙著改訂から弁護士中本光彦氏を共著者として迎えた。中本光彦弁護士はNY州の弁護士資格も有する新進気鋭の弁護士である。中本光彦弁護士は英語の著書も書いているばかりか、MIBOT（マイボット）という契約書のドラフティングに関するインターネット上の会社も立ち上げている。最近では、NYで開催されたロボットの展覧会にも数少ない日本の会社の一つとして参加している。

　中本光彦弁護士は拙著の読者の一人であったことからお互いに知り合うようになった。意見交換をしているうちに、中本光彦弁護士への信頼が深まり、共著者として参加をお願いしたところ、快く引き受けていただいた次第。

　共著者として中本弁護士に期待したものは、実務家の私に不足がちな日米の法規則や判例等に基づく説明であった。それは今回実現したと思う。事実、中本弁護士は、各章の「本条項のチェックポイント」において必要に応じ補足、追加を行い、場合によっては大きな改訂もしていただいた。その具体的項目詳細は後出「改訂概要・一覧表」の項としてまとめていただいた。

　読者諸兄姉のご批判をお待ち申し上げております。

2019年7月

　　　　　　　　　　　　　　　　　　　　　　　　　代表著者　小　高　壽　一

第 3 版共著者まえがき

　自分に使命があるとすれば、それは日本・海外間の国際取引の発展に尽力することだと思う。それは私が、日本人の弁護士でありながら、幼少のときから海外で育ち、海外で多くの恩恵を受けてきたからである。

　この度、小高先生より本書第 3 版の共著のお話をいただいたことは、私にとって、上記使命を達成するチャンスをいただいたことに等しい。

　ところで、国際取引の特殊性は、それが複数の国に関連し、一国の常識が他国の常識ではないため、常に常識を疑わなければならないことである。たとえば、「契約」（Contract）の一言をとっても、その意味は日本と米国で異なる（本書第 1 部第 4 章「契約の成立要件・効果」参照）。したがって、国際取引において真の合意を見出すためには、自国のみならず相手国の常識をも理解する必要がある。

　ところが、日本や米国の国際取引の書籍のほとんどは、日本または米国の一方の視点からのみ書かれている。そんなときに出会ったのが、本書第 2 版である。

　本書第 2 版は、ライセンス契約の各条項の背景にある法理念（契約法、知的財産法、競争法、ガイドライン、破産法等）を、日本法および米国法の双方の視点から説明していた。

　本書第 3 版は、これに加え、ライセンス契約の各条項が日米の裁判例等においてどのように解釈されているかをより具体的に明らかにした。

　また、これらの解釈と当事者の意思にギャップが生じた場合に、これを埋めるためのサンプル条項を多数掲載した。

　これらの改訂により、本書第 3 版は、当事者の意思を正確に契約書に反映させるためのより便利なツールになったと自負する。

2019 年 7 月

共著者　中　本　光　彦

第2版はしがき

　無名の実務家が初版を出版して5年足らずで好評のうちに完売するのは、珍しいとのこと。さもありなんと思う。同時に、多少なりとも、読者のお役に立つことができたとすれば、著者としては望外の喜びです。にもかかわらず、諸般の事情により小生が昨年後半は多忙となり、2007年6月に入り、初稿を提出。その後、校正に校正を重ね、10月末にやっと原稿を完成。大変な遅延で、田口社長や再版を希望する読者の皆様にはご迷惑をお掛けしましたことをまずもって、お詫び申し上げなければなりません。同時に、改訂版は頁数が大分増加したにもかかわらず、田口社長には小生原稿をそのまま受諾いただいたばかりか、この5年間の関連法律の改正に伴う条文等の改訂についても、きめ細かい助言をいただき、深く感謝申し上げる次第であります。

　他方、日頃何かとご指導をいただいております東京理科大学専門職大学院総合科学技術経営研究科研究科長・石田正泰教授には、改訂版の出版にあたり、いろいろと貴重なアドバイスを賜り、ただただ、心から深謝申し上げる次第であります。

　さて、知的財産という切り口で企業活動を観ると、知的財産が企業活動の中で占める重要性は、確実に高まっている。企業は、多くの場合、知的財産を駆使して物を造り、販売し、利益を得るという態様で事業を展開する。企業が自社の知的財産である自社技術を自社で使う限り、問題は生じない。しかし、自社の貴重な知的財産である自社技術を他社に使わせるとなると、そこには技術の実施許諾契約が必要となる。技術の実施許諾契約という企業活動を律する独占禁止法または競争法等の法律規則は、国際的な調和がかなり進んでいる。しかし、先進国同士または先進国と途上国の間で、未だかなりの相違があり、実務としては注意を要する。しかも、技術の進歩速度は速く、これに対応する知財関連法や慣行が追いつかない現状もある。

　日本においてもこの5年間の知財関連法の改正等は、多数ある。特許庁の2006年6月8日付「知的財産推進計画2006」によると、2002年の知的財産基本法制定後に成立した知財関連法が22本、第164国会で成立した知財関連法が5本、提出済みの法案が2本と公表されている。知財関連法の改正等が頻繁に行われるということは、それだけ知財に基づく企業の事業展開が活発化している証でもある。

　こうした現状認識の下、本書の改訂は、初版本の基軸は動かさず、これを補足する形で国内外の知財関連法等の改正等を取り入れる努力をした。しかし、そうした改正等をすべて網羅できるものでもない。読者各位におかれましては、自社の事業分野、技術分野、契約相手方当事者またはライセンシングポリシーなどに応じて、適宜情報を補足しながら、本書をご活用いただければ幸いであります。

　以下、改訂のポイントを概説する。

1 「特定通常実施権登録制度の創設」と「米国破産法」について

　産業活力再生法の一部改正法（特定通常実施権登録制度を含む）が2007年4月27日に成立した（特定通常実施権登録制度に関する部分は、1年半後施行の予定）。ライセンサーが破産の申立てをした場

合でも、ライセンシーは、同特定通常実施権登録制度に従い登録をしておけば、それまでのライセンス事業を継続できる。この新制度の概要と問題点並びに対応等についてまとめた。同時に、米国の連邦破産法におけるライセンサーまたはライセンシーの破産の取り扱いについて、関連判例を参照し、私見も含めてまとめた。本件に関する参考資料として本書第3部資料編に下記を追加した。

- 「Ⅶ　連邦破産法365条から一部抜粋英和対訳」
- 「Ⅷ － 1 －(1)『包括ライセンス契約による通常実施権の登録制度の創設について』に対する意見公募要領」（経産省）
- 「Ⅷ － 1 －(2)　包括ライセンス契約による通常実施権の登録制度」（経産省）
- 「Ⅷ － 2 －(1)『包括ライセンス契約による通常実施権の登録制度の創設について』に対する意見募集の結果について」（経産省）
- 「Ⅷ － 2 －(2)『1．新たな登録制度について』『2．その他』」（経産省）
- 「Ⅸ　産業活力再生法条文（特定通常実施権登録制度該当部分）」
- 「Ⅹ　通常実施権の現行登録制度と特定通常実施権制度との比較」（経産省資料をベースにアレンジしたもの）
- 「Ⅺ　引用日米破産法等条項一覧表」

2　「欧州（EC）委員会規則 No.722／2004」について

Commission Regulation No.240／96の旧規則は、その有効期限2006年5月31日までの経過措置付で、2004年4月30日で失効し、現行規則（Commission Regulation（EC）No.722／2004 of 27 April 2004 on the application of Article 81（3）of the Treaty to categories of technology transfer agreements）が、2004年5月1日に発効した。この現行規則は2014年4月30日で失効する。本規則の基本的、特徴的な考え方を、本書第3部資料編に「Ⅲ. EC委員会規則 No.722／2004 of 27 April 2004 のポイント」としてまとめた。

3　中国の「技術輸出入管理条例」について

中国の技術輸入契約の主たる根拠法であった「技術導入契約管理条例」（1985年5月24日公布、施行）および「技術導入契約管理条例施行細則」（1988年1月20日公布、施行）が、2002年1月1日で廃止され、新たに、同日付で「技術輸出入管理条例」が施行された。新条例は、技術導入契約の管理に関して「自由輸入技術」「制限技術」「輸入禁止技術」に分類して定めている。「自由輸入技術」の輸入には、契約の登録が必要だが、この登録は、新条例では契約の成立要件ではなくなった。また、「秘密保持」「契約期間満了後の特許利用」および「契約の有効期間」について自由契約になった。しかし、許諾技術の保証は、改訂されていない。本件に関する参考資料として本書第3部資料編に「Ⅴ　中国技術輸出入管理条例『技術輸入管理』の留意点」をまとめた。

4　「新日米租税条約」について

1971年3月8日に調印されて以来30数年間有効に存続してきた「旧日米租税条約」が、日米を取り巻く経済環境の大きな変化に対応するため、2001年10月から両国政府間で交渉を重ね、大幅な改訂が行われた。2003年11月7日に調印し、2004年3月30日発効した。これにより、内容が大幅に変更された。第3部資料編で「Ⅲ　新日米租税条約の改訂ポイントと新旧条約の構成比較」をまとめた。

5 「公取指針」について

「特許製品等の販売に関連する制限・義務」（輸出取引に関する制限）（第2部III 5(2)B(B)）および「技術等の使用または実施料に関する義務」（特許権消滅後等における使用制限または実施料支払義務）（第2部XV 5(2)C）を補充した。

本書は、平成11年7月に公正取引委員会が公表した「特許・ノウハウライセンス契約に関する独占禁止法上の指針」を参照し、これを「公取指針」と称した。

平成19年9月28日公正取引委員会は、上記「公取指針」を廃止し、「知的財産の利用に関する独占禁止法上の指針」（以下「新公取指針」という）を公表した。

「新公取指針」は、「近年、知的財産の保護及び活用に関する取組が活発に行われている状況にかんがみ、知的財産の利用に係る制限行為についての独占禁止法上の考え方を一層明確化するため」に「公取指針」を全面的に改訂し、策定されたものであるとしている。

改訂内容としては、「不公正な取引方法に該当する場合がある制限行為」として新たに「技術を利用させないようにする行為」「技術への機能追加」および「サブライセンス先の制限」が行為類型として追加された。「公取指針」では「場合によっては違法となる」としていたものを、「新公取指針」では問題行為を具体的に示して、それ以外は問題ないとした。また、「公取指針」では「違法となるおそれは強い」としたものを「新公取指針」では「原則として不公正な取引方法に該当する制限行為」と明確にした。

本書の改訂には、時間的な問題で「新公取指針」を取り込むことができなかったが、「公取指針」と「新公取指針」とは、その根底にある基本的な考え方に大きな違いはないとされている。

6 秘密保持命令について

平成16年（2004年）6月18日公布、平成17（2005年）年4月1日施行された「裁判所法等の一部を改正する法律」（平成16年法律第120号）（裁判所法、民事訴訟法、特許法、実用新案法、意匠法、商標法、不易競争防止法、著作権法）によって、営業秘密が訴訟追行の過程で一定の手続（秘密保持命令）の下で保護されるようになった意義は大きい。しかし、専門家も指摘しているように、この手続を利用するうえで留意すべき事項は多々ある。

7 UCC規則（2003年）について

初版で参照したUCC規則は、1989年版をベースにしたが、今回は2003年版をベースにした。2003年版では、条項番号や内容が変更されたので、改訂した。

8 インドの技術移転契約の自動認可条件について

初版でご紹介したインドの技術移転契約の自動認可条件は、1996年版の"Guide on Foreign Collaboration…Policies & Procedures" by Rajiv Jain (Seventh Edition) に基づきご紹介したが、今回は最新の情報をJETRO経由現地法律事務所のご協力を得て改訂した。

9 訳文の精査について

初版では、各種訳文において日本語として必ずしも読みやすくない部分もあったので、これらを読みやすく改訂した。さらに、UCCの改正に伴う訳文の改訂も行った。

10 その他改訂について

(1) 「VI 知的財産ライセンシングに関する反トラスト法ガイドライン」の追加

この米国のライセンシングのガイドラインについて、その特徴を簡単にまとめて参考に供することとした。

(2) 「XII　引用UCC条項の一覧表」の追加

本書において引用したUCC条項を一覧表に取りまとめた。各条項には引用された頁も記載した。本一覧表は、様々な使い方が考えられる。たとえば、本書においてUCCの条項が参照されているが、その条項が何の規定かわからないとき、この一覧表を参照すれば、表題から内容が推察することができるし、またその条項の原文に当たりたいときには、当該条項の表題は原文で表示してあるので、探しやすいなどである。

(3) 「XIII　引用日本法条項、関連条項および関連条約の一覧表」の追加

本書において引用した日本法の条項を法典別に一覧表に取りまとめた。各条項には引用された頁も記載した。本書で引用された日本の各法典の条項および外国との条約の他に、本書では直接引用されてはいないが本書の主題に関連して参照したい条項も併せて掲載した。この一覧表は、様々な使い方が考えられる。たとえば、UCCの条項で規定されていることを、日本法ではどのように規定されているかなど比較法的に調べる場合などにも、利用できる。読者の自由な活用を期待したい。

(4) 「目次」の詳細化

今回、目次を全面的に改訂した。目次は、言うまでもなく、読者が初めて本を手にとったとき、最初に見る所である。目次を見ればその本の内容や著者の考え方までわかる。そうした目次の機能を今回は充実させた。これもまた、読者の本書の利便性に寄与するものと信じる。

(5) 「索引事項（英文）」の大改訂

英文の索引項目は、今回の大改訂によって、本書のユニークな機能の一つとして追加された。すなわち、項目を厳選し、訳文を併記した。英文項目に訳文を付すことによって、この索引項目は、簡単な英文ライセンス契約の英和辞書的機能を具備した。これは本書のユニークな機能の一つとして追加できる。

(6) 「索引事項（和文）」のスリム化

目次を初版よりも詳細化するために、初版の索引項目から相当数、目次へ移動させた。この移動によって、索引項目の贅肉が落ち、さらに残すべき項目も厳選した。

最後に、本書の初版からご協力をいただいております㈱民事法研究会の上野恭世氏には、何回もの校正作業に辛抱強くお付き合いいただき、改めて感謝の意を表する次第であります。

2007年10月29日

小　髙　壽　一

推薦の辞

凸版印刷㈱取締役広報本部長兼法務本部長　石　田　正　泰

　長年、私が最も尊敬する先人として公私ともにご指導いただいている小高氏が、その広い実務経験の一分野であるライセンス契約に関し「英文ライセンス契約実務マニュアル」のタイトルの下に出版される構想をうかがってから数年を経過しました。その間、推敲を高め、ようやく大変詳細かつ注意深い理論に裏付けられた実務書を完成されました。

　昨今、技術流通の重要性が強く認識され、経営戦略上重要な位置を占め各企業はその中心的役割を果たすライセンス契約を重視しています。そして、ライセンス契約の実務はある意味では成熟化しているといえ、一般的抽象的レベルでは実践的ではない状況だといえます。

　実は、小高氏は元来理論家で実務の遂行においても、資料の取りまとめにおいても極めて精緻な思考に基づいて処理されていたと承知しています。ライセンス契約の実務は、実務遂行において理論的裏付けが必須であり、このような観点から小高氏は実務を理論的裏付けに基づいて処理するいわばプラアカデミズムの人であり、本書もこのような色彩を濃厚に有するものであります。

　本書は「英文特許ノウハウライセンス契約書の主要な条項について、その基本的な考え方を検証し、もって適法な契約書作成とライセンス交渉の理論的裏付けを確認しようとするものである」と小高氏自身が表明しておりますように、我々実務家にとって実践的、理論的ハンドブックとして大いに参考になるものと確信いたします。

　多くのライセンス契約関係者が、本書を活用されることを強く推薦いたします。また、本書出版を契機に小高氏がますますご活躍されることを期待いたします。

　2002年4月吉日

（初版）はじめに

（本書の目的）

　特許やノウハウ等知的財産は、企業にとって重要な経営資源である。この経営資源を有効活用するための最も典型的な手段がライセンス契約である。外国企業とのライセンス契約は、英米方式によることが多い。

　本書は、英文特許・ノウハウライセンス契約書の主要な契約条項について、その基本的な考え方を検証し、もって適法な契約書作成とライセンス交渉の理論的裏付けを確認しようとするものである。

　ライセンス契約の各条項を支える理論的根拠は、幅広く、多岐にわたる。知的財産契約担当者は、民法、商法、独禁法、知的財産法、競争法、民事訴訟法、税法、外国為替管理法、国際協定・条約、2国間条約、判例、学説およびその他関連法律を踏まえ、取引相手国の法制度や商慣行の違いに注意を払い、その事案ごとの特殊事情を考慮し、しかも企業のライセンス政策に則って、ライセンス契約書を起草することを要求される。それは、知的財産契約実務担当者の大きな責務である。

　本書「第2部　各論―ライセンス契約条項」では、事例を通じて、各条項の根底にあるそうした基本的な考え方を検証する。その際、米国法を中心に、日本法とできるだけ対比させた。各条項の「基本的な考え方」として取り上げた法律論や学説等は、専門家の意見あるいは多数意見を著者の理解に従って集約したものである。

　他方、「第1部　総論」、「第2部　各論―ライセンス契約条項」における「事例の解説」や「実務の考え方」、および「第3部　資料編」に関しては、専ら著者の実務経験に基づき著者の考え方をまとめたものである。

（事例の紹介と秘密保持）

　事例の紹介は、一つの完全な契約書について説明するのが理想的であるが、それは営業秘密保護の観点から難しい。そこで、複数の契約事例から主要なライセンス契約条項を著者の独自の判断でピックアップし、紹介している。したがって、事例として取り上げた各条項間には、関連性はない。また、営業秘密保持の観点から、個別の契約が特定できるような情報は開示していない。

（企業の視点）

　著者は、企業のライセンス実務家としてその技術取引でいくらの商売ができるのか、いくらの利益が得られるのか、あるいはいくらの損をするのか、その契約が相手企業との将来の取引にどう繋がるのかなどを常に考えてきた。契約条件も、そうした観点から考え、契約書を作成し、交渉してきた。ある状況において著者は、それが最良と信じ、あるいは交渉の結果としてそうせざるを得なかった。それが実務というものである。そうした体験を、事例を通じてご紹介する。

（本書の構成）

　本書は、「第1部　総論」、「第2部　各論―ライセンス契約条項」および「第3部　資料編」の

3部構成とし、最後に英和文の「索引」を付して、読者の利用の便に供することとした。
「第1部　総論」では、「英文ライセンス契約概説」、「ライセンシングポリシー」および「ライセンス交渉」の3テーマについて述べる。
「第2部　各論―ライセンス契約条項」では、各条項について下記項目に分けて論じる。
① 事例の紹介
② 事例の訳文
③ 事例の解説
④ 本条項の位置付け
⑤ 本条項のチェックポイント
⑥ 一口メモ

まず、英文事例を紹介し、その事例の訳文を示す。「事例の解説」では、各事例の契約条文に則して、条文の趣旨および契約の背景などを解説する。「本条項の位置付け」は、その条項が契約書全体の中で果たしている役割について著者の見解を述べる。「本条項のチェックポイント」では、「基本的な考え方」「公取の考え方」「実務の考え方」という三つの視点から考察する。

「基本的な考え方」では、事例として取り上げた各条項の根底にある考え方を確認する。日米の適用法律・規則の内容を確認する。その説明は、専門書や専門雑誌に掲載された論文などを参考にした。米国の法律・規則は、読者の便宜のために、できるだけ著者の訳文を載せた。米国の判例は、USPQなどにあたり内容を確認するようにした。学説はそれぞれの分野の専門書などに紹介されたものなどで確認した。その他の事項は、辞典や辞書等を参照し、確認した。引用個所は、日本文の場合はカギ括弧（「　」）で、また英文の場合はコロン（"　"）で、それぞれくくり、引用または参照文献名は、それぞれの文章の末尾に丸括弧（　）で表示した。

実務では、所謂、公取のガイドラインを踏まえて契約書の起草や交渉を行う。各契約条項の条件に関し、「特許・ノウハウライセンス契約に関する独占禁止法上の指針」（平成11年7月付で、公取のインターネットのホームページで公表）において示されている指針を、「公取の考え方」として各条項において引用した。「公取指針」そのものの解説は、既に発表されている多数の学者や専門家の著書に譲ることにしたい。

契約書のドラフティング、ライセンス交渉およびライセンシングポリシーに対する基本的な姿勢は、ライセンサーとライセンシーとでは大いに異なる。そこで、「実務の考え方」として、各条項毎に、技術供与契約と技術導入契約とに分けて、それぞれの考え方を示した。

なお、事例3（権利および実施許諾）は、「独占的ライセンス」、「テリトリー」および「再実施権」という大きな複数のテーマを包含しているので、それぞれテーマ毎に技術供与契約と技術導入契約に分けて論じる構成とした。

「第3部　資料編」として、「実施料報告書様式」を2例、「秘密保持誓約書の事例」（訳文付）および本書において参照した「参考文献」をまとめておいた。

「索引」は、英文でも和文でも引けるようにした。和文索引では、「準拠法」というキーワードのみならず、「準拠法と国際商事仲裁」などというように小テーマでも引き出せるように工夫した。

（初版）はじめに

（本書の特徴）

　本書の特徴は、標題の示すとおり、英文ライセンス契約に関する理論と実務を「実務家の視点」から総括した総合的な実務マニュアルを目指したところにある。具体的には下記のことが言える。

① 　英文ライセンス契約の各契約条項について「基本的な考え方」「公取指針」「実務の考え方」というように「理論」と「ルール」と「実務」の三方から体系的に検証している。「基本的な考え方」では、日米の法律、規則、判例、学説等を比較対照的に検証している。

② 　「実務の考え方」では、ライセンサーとライセンシーのそれぞれの立場から考察、検討を行い、対策を論じている。

③ 　「ライセンシングポリシー」に関しては、「ライセンシングポリシーとは何か」から始まり、ライセンシングポリシー策定のためにどのようなことを検討すべきか項目を定め、その内容を具体的に論じている。しかも、そうした議論は、ライセンサーとライセンシーのそれぞれの立場に立って行われている。

④ 　「契約交渉」に関しても、事前準備のやり方から交渉テーブルについたときの交渉姿勢まで実務経験に照らして具体的に論じている。しかも、そうした議論は、ライセンサーとライセンシーのそれぞれの立場に立って行われている。

⑤ 　ライセンス契約に関連するUCC条項のうち主要なものをピックアップし、原文に訳文を付した。

（事例の掲載）

　英文事例は、これまでに著者が参考事例として収集してきたものから厳選したものである。

（ご協力者各位へ）

　石川島播磨重工業株式会社技術本部元特許契約部の上司や同僚部長各位には、本書の発行構想の段階から刊行まで、業務繁多にもかかわらず、ご協力とアドバイスをいただき衷心から感謝申し上げる次第であります。

　推薦文をいただいた凸版印刷株式会社取締役、広報本部長兼法務本部長の石田正泰氏には、日本知的財産協会の専門委員会の一つであるライセンス委員会に小生が委員として参加させていただいた平成元年以来今日まで、公私にわたりご指導をいただき、本書の出版に関しても貴重なアドバイスをいただきました。改めてここに深謝申し上げる次第であります。

　財団法人ソフトウエア情報センター（SOFTIC）専務理事、則近憲祐氏には、いつも公私にわたりご指導をいただいておりますが、本書執筆にあたり貴重な資料閲覧のご便宜を図っていただき、改めてそのご厚情に感謝申上げる次第であります。

　AIPPI JAPAN国際法制研究室研究員・守山和一氏には、米国の判例調査の面で業務繁多にもかかわらず快くご協力をいただき、お陰様で本書を完成させることができたものと認識しております。ここに慎んで御礼申し上げる次第であります。

　近年ご縁があり、親類付き合いをさせていただいております株式会社かんき出版の境健一郎社長には、本書の初稿の段階でご相談にのっていただき出版上の注意事項などご教授をいただいたばか

(初版)はじめに

りか、株式会社民事法研究会の田口信義社長をご紹介いただきました。お陰様で本書の刊行が実現する運びとなりました。心より御礼申し上げる次第であります。

　株式会社民事法研究会田口信義社長とは、上記経緯で知己の間柄となったわけありますが、超ご多忙の御身にもかかわらず小生原稿を昨年末から今年にかけてご一読いただき本書の刊行をご決断、ご快諾いただきました。ここに衷心より御礼申し上げる次第であります。また、株式会社民事法研究会の編集部の方々には、何かと今後ともお世話になるものと思いますので、この場を借りてご指導をお願い申し上げる次第であります。

　末筆ながら、職を辞してから2年余り黙って本書の執筆を見守ってくれた我が愛妻マチ子に感謝したいと思います。

2002年4月吉日

小　高　壽　一

『英文ライセンス契約実務マニュアル〔第3版〕』
目次（簡易）

第1部 総論

第1章 英文ライセンス契約概説 …………………………………………………… 2
第2章 ライセンシングポリシー …………………………………………………… 15
第3章 ライセンス交渉 ……………………………………………………………… 24
第4章 契約の成立要件・効果 ……………………………………………………… 34
第5章 ドラフティング ……………………………………………………………… 42

第2部 各論〈ライセンス契約条項〉

Ⅰ　導入部分（Front of the Contract）

第1章 導入部分 ……………………………………………………………………… 52

Ⅱ－1　主要条項（Principal Terms）

第2章 用語の定義（Definition of Terms）……………………………………… 65
第3章 権利および実施許諾（Grant of Rights and License）………………… 84
第4章 技術援助（Technical Assistance）……………………………………… 116
第5章 支払（Payments）………………………………………………………… 131
第6章 帳簿、報告書および監査（Records, Reports and Auditing）………… 171

Ⅱ－2　特別条項（Special Terms）

第7章 販売促進（Sales Promotion）…………………………………………… 180
第8章 競合禁止（Non-Competition）…………………………………………… 188
第9章 秘密保持（Confidentiality）……………………………………………… 198
第10章 ライセンシーによる修正および改良（Modifications and Improvements by Licensee）……………………………………………………………… 219
第11章 製品表示（Product Identification）…………………………………… 234
第12章 保証および責任（Warranties and Liabilities）……………………… 258
第13章 ライセンサーの工業所有権（Licensor's Industrial Property Rights）……… 322
第14章 契約期間および契約終了（Term and Termination）………………… 335
第15章 契約終了の効果（Effects of Termination）…………………………… 367

II−3　一般条項（General Terms）

- 第16章　不可抗力（Force Majeure） ······································ *378*
- 第17章　通　知（Notice） ·· *387*
- 第18章　法令遵守（Compliance with Laws and Regulations） ········· *394*
- 第19章　契約譲渡（Assignment） ·· *400*
- 第20章　権利不放棄（No Waiver） ·· *412*
- 第21章　派生的損害賠償（Consequential Damages） ··················· *415*
- 第22章　完全なる合意（Entire Agreement） ····························· *425*
- 第23章　紛争処理（Settlement of Disputes） ···························· *431*
- 第24章　準拠法（Governing Law） ·· *455*

III　末尾部分（Back of the Contract）

- 第25章　末尾文言・署名（Testimonium Clause ／ Signature） ········ *465*

第3部　資料編

- 第1章　ライセンス契約書および実施料報告書のサンプル ············ *474*
- 第2章　契約締結時の付随契約書のサンプル ···························· *509*
- 第3章　契約締結後の付随契約書・通知書のサンプル ················· *521*
- 第4章　ロイヤルティの受領と源泉税課税（日米租税条約） ········· *527*
- 第5章　EC委員会規則 No.316／2014のポイント ······················· *530*
- 第6章　中国技術輸出入管理条例―「技術輸入管理」の留意点― ···· *532*
- 第7章　知的財産ライセンシングに関する独占禁止法ガイドライン ···· *535*
- 第8章　連邦破産法（1995）365条から一部抜粋英和対訳 ············· *540*
- 第9章　引用日米破産法等条項一覧表 ····································· *546*
- 第10章　引用UCC条項一覧表 ··· *547*
- 第11章　参考文献等 ·· *549*

- 改訂概要・一覧表 ·· *554*
- 日本法条文索引 ··· *561*
- 英文事項索引 ·· *563*
- 和文事項索引 ·· *569*
- 著者略歴 ··· *573*

『英文ライセンス契約実務マニュアル〔第3版〕』

目　次（詳細）

第1部　総　論

第1章　英文ライセンス契約概説 …… 2

第1　ライセンス契約の特性 …… 2

1　ライセンス契約の定義および法令上の位置付け …… 2
　(1)　ライセンス契約の定義 …… 2
　(2)　ライセンス契約の法令上の位置付け …… 3
　　A　英米法と大陸法 …… 3
　　B　米国法 …… 4
　　　(A)　米国の法体系 …… 4
　　　(B)　米国の契約法 …… 5
　　　　a　コモンロー …… 5
　　　　b　アメリカ統一商事法典（UCC） …… 6
　　　(C)　ライセンス契約の米国契約法上の位置付け …… 7
　　C　日本法 …… 8
　　　(A)　日本の法体系 …… 8
　　　(B)　日本の契約法 …… 8
　　　　a　民法の沿革 …… 8
　　　　b　商法の沿革 …… 9
　　　(C)　ライセンス契約の日本契約法上の位置付け …… 9
　　　　a　民法における位置付け …… 9
　　　　b　商法における位置付け …… 9
2　ライセンス契約の多様性と個性 …… 10
3　長期の契約期間 …… 10
4　ライセンシングポリシーの必要性 …… 11

第2　英文ライセンス契約の一般性 …… 11

第3　英文ライセンス契約の考え方 …… 12

1　英語に堪能なだけでは、英語の契約書は読めない …… 12
2　準拠法の合意の重要性 …… 12
3　価値観の相違を認識する …… 13

4	「奥ゆかしさ」を排除する	13
5	契約交渉は理論闘争である	13
6	専門家の知恵を活用する	13

第2章　ライセンシングポリシー　……………………………………… 15

第1　技術供与契約　…………………………………………………… 15

1　事前調査の徹底　………………………………………………………… 15
　(1)　ライセンシーに関する調査　……………………………………… 15
　　　A　ライセンシーの選定　………………………………………… 15
　　　B　ライセンシーの評価　………………………………………… 16
　　　　(A)　ライセンシーの技術力　…………………………………… 16
　　　　(B)　ライセンシーの営業力　…………………………………… 16
　　　　(C)　ライセンシーの経営基盤　………………………………… 16
　(2)　市場調査　………………………………………………………… 17
　(3)　ライセンス規制等の事前調査　…………………………………… 17
2　企業経営におけるライセンス契約の位置付け　………………………… 17
3　ライセンシングの目的の明確化　……………………………………… 17
　(1)　概　説　…………………………………………………………… 17
　(2)　開発投資の回収および収益の確保　……………………………… 18
　　　A　新規開発技術の場合　………………………………………… 18
　　　　(A)　開発投資の回収　…………………………………………… 18
　　　　(B)　収益の確保　………………………………………………… 18
　　　B　既存技術の活用　……………………………………………… 18
　　　　(A)　現使用技術の活用　………………………………………… 18
　　　　(B)　古い技術の活用　…………………………………………… 18
　(3)　販売拠点の確保　………………………………………………… 18
　(4)　海外製造拠点の確保　…………………………………………… 19
　(5)　技術的な相互補完　……………………………………………… 19
　(6)　権利侵害等のトラブル解消　……………………………………… 19
4　ライセンス対象技術の価値評価　……………………………………… 19
　(1)　多様な価値評価　………………………………………………… 19
　(2)　ノウハウと寿命　………………………………………………… 19
5　実施許諾形態の決定　…………………………………………………… 20
6　世界市場戦略の策定　…………………………………………………… 20

第2　技術導入契約　…………………………………………………… 20

1　事前調査の徹底　………………………………………………………… 20

目次（詳細）

- (1) ライセンサーに関する調査 …… 20
  - A　ライセンサーの選定 …… 20
  - B　ライセンサーの評価 …… 20
    - (A) ライセンサーの技術力 …… 20
    - (B) ライセンサーの信用度・知名度 …… 21
    - (C) ライセンサーの経営基盤 …… 21
- (2) 市場調査 …… 21
- (3) ライセンス規制等の事前調査 …… 21
- 2　企業経営におけるライセンス契約の位置付け …… 21
- 3　ライセンシングの目的の明確化 …… 22
  - (1) 概　説 …… 22
  - (2) 開発投資の節約 …… 22
  - (3) 開発時間の節約または短縮 …… 22
  - (4) 導入技術依存の利益 …… 22
  - (5) 技術的な相互補完 …… 22
  - (6) 権利侵害等のトラブル解消 …… 22
- 4　ライセンス対象技術の価値評価 …… 23
- 5　実施許諾形態の決定 …… 23
- 6　世界市場戦略の策定 …… 23

第3章　ライセンス交渉 …… 24

第1　技術供与契約 …… 24

- 1　契約交渉の前準備 …… 24
  - (1) ライセンシングポリシーの確認 …… 24
  - (2) 契約交渉方針の策定 …… 24
    - A　チーフネゴシエーターの人選 …… 24
    - B　交渉団の編成 …… 26
    - C　社内のコンセンサスづくり …… 26
  - (3) 技術情報の開示と秘密保持契約の締結 …… 26
  - (4) F/Sの評価と販売計画書の提出要求 …… 26
  - (5) 契約書案の起草 …… 27
- 2　契約交渉 …… 27
  - (1) 契約交渉期間 …… 27
  - (2) 書簡等による条件交渉 …… 27
    - A　対面交渉前に問題点を煮詰めておく …… 27
    - B　電子メールやFAXの利用は秘密保持に注意 …… 27

(3) 対面交渉 ··· *28*
　　(4) ネゴシエーターの心得 ··· *28*
　　　A　この契約はどうあるべしという哲学を持つ ·· *28*
　　　B　決定権は私にある ··· *29*
　　　C　相手のものの考え方を素早く理解する ·· *29*
　　　D　相手の心理状態を読む ··· *29*
　　　E　本音と駆け引きを見分ける ·· *29*
　　　F　交渉相手の内部のやり取りにも傾聴する ··· *30*
　　　G　論理の矛盾を突く ··· *30*
　　　H　即断即決を迫る ·· *31*
　　　I　口角泡を飛ばす ··· *31*
　　　J　質問攻めにする ·· *31*
　　　K　ライセンシーの提示条件の実害の可能性を測る ··· *31*
　　　L　説明は法律規則、客観的な資料および具体的事例で行う ····································· *31*
　　　M　テーマを絞り、短期決戦 ·· *31*

第2　技術導入契約 ·· *32*
1　契約交渉の前準備 ·· *32*
　(1) ライセンシングポリシーの確認 ··· *32*
　(2) 契約交渉方針の策定 ·· *32*
　　A　チーフネゴシエーターの人選 ··· *32*
　　B　交渉団の編成 ··· *32*
　　C　社内のコンセンサスづくり ·· *32*
　(3) 技術情報の開示と秘密保持契約の締結 ··· *32*
　(4) F/S の評価と販売計画書の提出要求 ·· *32*
　(5) 契約書案の起草 ·· *33*
2　契約交渉 ··· *33*

第4章　契約の成立要件・効果 ··· *34*

第1　契約の成立要件 ··· *34*
1　日本法の場合 ·· *34*
　(1) 合　意 ·· *34*
　(2) 合意以外の要件 ··· *34*
　(3) 実務の考え方 ·· *34*
2　米国法の場合 ·· *35*
　(1) 合　意 ·· *35*
　(2) 合意以外の要件 ··· *35*

A　Consideration（約因） ……………………………………… *35*
　　　B　Statute of Frauds（詐欺防止法） …………………………… *36*
　　　C　Parol Evidence Rule（口頭証拠排除の原則） ……………… *38*
　3　Battle of Forms（書式戦争） ………………………………………… *39*
　第2　契約成立の効果 ……………………………………………………… *39*
　1　日本法の場合 ……………………………………………………………… *40*
　　(1)　債務不履行の要件 ……………………………………………………… *40*
　　(2)　債務不履行の効果 ……………………………………………………… *40*
　2　米国法の場合 ……………………………………………………………… *40*
　　(1)　コモンローの考え ……………………………………………………… *40*
　　(2)　UCC およびリステイトメント ……………………………………… *41*

第5章　ドラフティング …………………………………………… *42*

　第1　総　論 ………………………………………………………………… *42*
　1　ドラフティングの目的 …………………………………………………… *42*
　2　ドラフティングの方法 …………………………………………………… *42*
　3　ドラフティングの基本方針 ……………………………………………… *42*
　第2　各　論 ………………………………………………………………… *43*
　1　当事者の意思の特定 ……………………………………………………… *43*
　　(1)　ゴールの特定 …………………………………………………………… *43*
　　　A　契約対象の特定 ……………………………………………………… *44*
　　　B　結果の特定 …………………………………………………………… *44*
　　　C　期間の特定 …………………………………………………………… *44*
　　(2)　アクションプランの特定 ……………………………………………… *45*
　　(3)　リスクマネジメント …………………………………………………… *45*
　2　当事者の意思の反映 ……………………………………………………… *46*
　　(1)　論理的構成 ……………………………………………………………… *46*
　　(2)　一文一意 ………………………………………………………………… *47*
　　(3)　用語の選択 ……………………………………………………………… *47*
　　　A　義務を示す用語の選択 ……………………………………………… *47*
　　　　(A)　通常の義務を示す用語の選択 …………………………………… *47*
　　　　(B)　努力義務を示す用語の選択 ……………………………………… *48*
　　　B　権利を示す用語の選択 ……………………………………………… *48*
　　(4)　不要記載の排除 ………………………………………………………… *48*
　　(5)　検　証 …………………………………………………………………… *49*

第2部　各　論〈ライセンス契約条項〉

I　導入部分（Front of the Contract）

第1章　導入部分 ……………………………………………………………… *52*

第1　表　題（Title） ……………………………………………………… *52*

1　表題例の紹介 ………………………………………………………………… *52*
2　表題例の解説 ………………………………………………………………… *52*
  (1) 表題の意義 ………………………………………………………………… *52*
  (2) 表題の付し方 ……………………………………………………………… *52*
    A　契約内容を示す用語 …………………………………………………… *52*
    B　契約であることを示す用語 …………………………………………… *52*
  (3) 結　論 ……………………………………………………………………… *53*
3　表題が問題となった裁判例 ………………………………………………… *53*

第2　前　文（Preamble） …………………………………………………… *54*

1　事例1の紹介〔技術供与〕 …………………………………………………… *54*
2　事例1の訳文 ………………………………………………………………… *55*
3　事例1の解説 ………………………………………………………………… *56*
  (1) 導入部（①、②） ………………………………………………………… *56*
  (2) WHEREAS-CLAUSE ……………………………………………………… *56*
  (3) 前文の末尾文言（WHEREAS-CLAUSE ⑧） ………………………… *57*
4　「前文」の位置付け ………………………………………………………… *57*
5　「前文」のチェックポイント ……………………………………………… *57*
  (1) 関連当事者の事前調査 …………………………………………………… *57*
    A　相手方の当事者適格性 ………………………………………………… *57*
    B　相手方の信用調査 ……………………………………………………… *58*
    C　第三者の調査 …………………………………………………………… *58*
      (A) 第三者の利用の可否 ………………………………………………… *58*
      (B) 第三者の利用の法的効果 …………………………………………… *59*
  (2) 当事者・第三者のドラフティング ……………………………………… *60*
    A　当事者 …………………………………………………………………… *60*
    B　第三者 …………………………………………………………………… *60*
      (A) 第三者の利用を広く認める場合 …………………………………… *60*
      (B) 第三者の利用を認めない場合 ……………………………………… *61*

(C)　第三者の利用を制限的に認める場合 ································ 61
　　　(D)　他の条項との整合性 ·· 62
　(3)　WHEREAS – CLAUSE のドラフティング ·································· 62
　　A　契約当事者の目的の明確化 ·· 62
　　B　事実の記載 ·· 63
　　C　他の目的の不存在 ·· 64
6　一口コメント ·· 64

Ⅱ－1　主要条項（Principal Terms）

第2章　用語の定義（Definition of Terms） ·································· 65

第1　事例2の紹介〔技術供与〕 ·· 65
第2　事例2の訳文 ·· 67
第3　事例2の解説 ·· 69
1　契約製品（1.1項） ·· 69
　(1)　説明文（1.1項1行目） ·· 69
　(2)　契約製品の特定（1.1.1項および1.1.2項） ······························· 69
　(3)　予備品、交換部品、構成部品およびアタッチメント（1.1.3項） ······· 69
　(4)　修正品および改良品（1.1.4項） ·· 70
2　テリトリー（1.2項） ··· 71
3　ライセンサーの技術情報（1.3項） ·· 71
4　ライセンサーの工業所有権（1.4項） ··· 71
5　正味販売価格（1.5項） ··· 72
　(1)　ロイヤルティ支払の対象となる契約製品の範囲 ······················· 72
　(2)　正味販売価格の定義の仕方 ·· 72
　(3)　正味販売価格を定義することの意味 ······································ 73
　(4)　控除項目の意味 ·· 73
6　会計期間（1.6項） ·· 74
7　契約年（1.7項） ·· 74
8　契約発効日（1.8項） ··· 75
9　契約終了日（1.9項） ··· 75
　第4　本条項の位置付け ··· 75
　第5　本条項のチェックポイント ··· 76
1　契約製品 ··· 76
　(1)　契約製品の特定 ·· 76

- (2) 契約製品の改良 ··· 77
  - A 権利の帰属をめぐる法律関係 ·· 77
    - (A) 各国の法制度 ·· 77
      - a 米国法 ·· 77
      - b 日本法 ·· 78
    - (B) 権利の帰属条項のドラフティング ·································· 78
      - a 法令（特許法等）に従う場合 ································ 78
      - b 当事者自治により修正する場合 ····························· 79
      - c 当事者自治の限界 ·· 80
  - B 権利の利用をめぐる法律関係 ·· 80
    - (A) 改良製品の権利がライセンサーに帰属する場合 ················ 80
      - a 改良製品を「契約製品」に含める場合 ···················· 80
      - b 改良製品を「契約製品」に含めない場合 ················· 81
      - c 折衷案 ·· 81
      - d 他の条項との整合性 ··· 82
    - (B) 改良製品の権利がライセンシーに帰属する場合 ················ 82
- 2 対象技術 ·· 82
- 3 記載方法 ·· 82
  - (1) 簡潔で、具体的な定義 ··· 82
  - (2) 付属書、添付書類の取扱い ··· 83
- 第6 一口コメント ·· 83

第3章　権利および実施許諾（Grant of Rights and License）··· 84

- 第1 事例3の紹介〔技術導入〕 ··· 84
- 第2 事例3の訳文 ·· 85
- 第3 事例3の解説 ·· 87
- 1 標題 ··· 87
- 2 独占的実施権および非独占的実施権の許諾（2.1項前段）············· 87
- 3 エンジニアリングサービスおよびプロセスの販売見積禁止（2.1項後段）·· 88
- 4 販売地域制限（2.2項）·· 89
- 5 ライセンサーの改良技術（2.3項(a)）···································· 89
- 6 ライセンシーの改良技術（2.3項(b)）···································· 90
  - (1) 改良技術の用途範囲 ·· 90
  - (2) 権利・ライセンスの性格 ·· 90
  - (3) 対価 ·· 90
  - (4) その他条件 ··· 90

目次（詳細）

7　改良発明の特許出願（2.3項(c)） 90
8　販売促進義務（2.4項前段） 91
9　競合禁止（2.4項後段） 91
10　他のライセンシーのテリトリーへの販売（2.5項） 91

第4　本条項の位置付け 91
第5　本条項のチェックポイント 92

1　基本的な考え方 92
(1)　独占・非独占の別 92
A　各国の法制度 92
(A)　米国法の場合 92
(B)　日本法の場合 93
B　独占・非独占のドラフティング 93
(2)　実　施 94
A　各国の法制度 94
(A)　日本の特許法 94
　a　「業として」の実施 94
　b　「実施」の定義 94
　c　特許権の効力の制限 95
(B)　米国の特許法 96
　a　「実施」の範囲 96
　b　セーフハーバー条項 97
B　実施内容のドラフティング 97
(A)　実施内容 97
(B)　第三者への委託 99
(C)　他の条項との整合性 100
(3)　テリトリー 100
A　各国の法制度 100
(A)　日本特許法 100
(B)　米国特許法 100
　a　米国特許法261条（所有権；譲渡） 100
　b　製造・販売の地域限定、用途別実施許諾、再販売の地域限定 100
B　テリトリーのドラフティング 100
(4)　再実施権（サブライセンス） 101
A　各国の法制度 102
(A)　米国特許法 102
(B)　日本特許法 102

B　再実施権のドラフティング………………………………………………………… *102*
　　　　(A)　再許諾に同意を要求する場合 ………………………………………………… *103*
　　　　(B)　再許諾を条件付で認める場合 ………………………………………………… *103*
　　　　(C)　ライセンシーがサブライセンスをしない場合のライセンサーの権利 …… *103*
　　　　(D)　他の条項との整合性 ……………………………………………………………… *104*
　(5)　その他……………………………………………………………………………………… *104*
2　公取指針の考え方 …………………………………………………………………………… *105*
　(1)　独占・非独占の別 …………………………………………………………………………… *105*
　(2)　実　施 …………………………………………………………………………………………… *105*
　　　A　技術の利用範囲の制限………………………………………………………………… *105*
　　　B　研究開発活動の制限…………………………………………………………………… *106*
　(3)　テリトリー……………………………………………………………………………………… *106*
　(4)　再実施権（サブライセンス） ……………………………………………………………… *107*
3　実務の考え方 ………………………………………………………………………………… *108*
　(1)　独占・非独占の別 …………………………………………………………………………… *108*
　　　A　技術供与契約…………………………………………………………………………… *108*
　　　　(A)　ライセンサーのリスク ………………………………………………………… *108*
　　　　(B)　ライセンシーの選定 …………………………………………………………… *108*
　　　　　a　技術力 ………………………………………………………………………… *108*
　　　　　b　販売力 ………………………………………………………………………… *108*
　　　　　c　財務力 ………………………………………………………………………… *108*
　　　　　d　技術導入方針 ………………………………………………………………… *108*
　　　　　e　経営姿勢 ……………………………………………………………………… *108*
　　　　(C)　需要予測 ………………………………………………………………………… *108*
　　　　(D)　信頼関係の構築 ………………………………………………………………… *109*
　　　B　技術導入契約…………………………………………………………………………… *109*
　　　　(A)　ライセンシーの利益 …………………………………………………………… *109*
　　　　(B)　成熟技術の導入 ………………………………………………………………… *109*
　　　　(C)　未完成技術の導入 ……………………………………………………………… *109*
　　　　(D)　導入技術の事前チェック ……………………………………………………… *109*
　(2)　実施・テリトリー……………………………………………………………………………… *110*
　　　A　技術供与契約…………………………………………………………………………… *110*
　　　　(A)　輸出地域の制限 ………………………………………………………………… *110*
　　　　　a　ライセンサーの特許権登録地域 …………………………………………… *110*
　　　　　b　ライセンサーの経常的な販売活動地域 …………………………………… *110*
　　　　　c　他のライセンシーの独占的販売地域 ……………………………………… *110*

		(B) 特許権等の実施権の種類による販売地域の区分 ……………………… *111*
		a 独占的販売地域 ……………………………………………… *111*
		b 非独占的販売地域 …………………………………………… *111*
		(C) オープンテリトリー …………………………………………… *111*
	B	技術導入契約 ……………………………………………………… *111*
		(A) 輸出地域の制限 ………………………………………………… *111*
		a ライセンサーの特許権登録地域 …………………………… *111*
		b ライセンサーの経常的な販売活動地域 …………………… *111*
		c 他のライセンシーの独占的販売地域 …………………… *111*
		(B) 特許権等の実施権の種類による販売地域の区分 ……………………… *112*
		a 独占的販売地域 ……………………………………………… *112*
		b 非独占的販売地域 …………………………………………… *112*
		(C) オープンテリトリー …………………………………………… *112*
(3)	再実施権（サブライセンス） ………………………………………………… *112*
	A	技術供与契約 ……………………………………………………… *112*
		(A) ライセンサーの再実施権許諾の基本スタンス ………………… *112*
		(B) 再実施権の許諾の有無 ………………………………………… *113*
		(C) サブライセンシーの特定 ……………………………………… *113*
		(D) 再実施権の許諾と秘密保持 …………………………………… *113*
		(E) 再実施権の許諾によるライセンサーの利益 ………………… *113*
		(F) 再実施権許諾範囲 ……………………………………………… *113*
		(G) サブライセンスの条件と期限 ………………………………… *113*
	B	技術導入契約 ……………………………………………………… *114*
		(A) 外国市場への参入 ……………………………………………… *114*
		(B) 子会社と二人三脚で製造・販売 ……………………………… *114*

第6　一口コメント ………………………………………………………………… *115*

第4章　技術援助 (Technical Assistance) ……………………… *116*

第1　事例4の紹介〔技術供与〕 ………………………………………………… *116*

第2　事例4の訳文 ………………………………………………………………… *117*

第3　事例4の解説 ………………………………………………………………… *119*

1　情報提供の条件・時期ほか（3.1項） …………………………………… *119*

(1) 情報提供の条件 ……………………………………………………………… *119*

(2) 情報提供の時期 ……………………………………………………………… *119*

(3) 提供する情報の特定 ………………………………………………………… *119*

2　修正または改良技術の追加提供（3.2項） ……………………………… *119*

3　研修生の受け入れ（3.3項） …………………………………………… *119*
- (1)　関連条項 ………………………………………………………… *119*
- (2)　支払規定との関連性 ……………………………………………… *119*
- (3)　研修生の受け入れ ………………………………………………… *120*
- (4)　研修の要求期限ほか ……………………………………………… *120*
- (5)　研修内容と研修姿勢 ……………………………………………… *120*
- (6)　研修対象としての技術範囲 ……………………………………… *120*
- (7)　研修受け入れ時期 ………………………………………………… *120*
- (8)　研修場所 …………………………………………………………… *120*
- (9)　研修生に係る費用負担 …………………………………………… *121*

4　現地指導員の派遣（3.4項） …………………………………………… *121*
- (1)　関連条項 …………………………………………………………… *121*
- (2)　現地における技術指導のための技術者の派遣 ………………… *121*
- (3)　コンサルテーションの範囲 ……………………………………… *121*
- (4)　技術指導の対象 …………………………………………………… *121*
- (5)　派遣期間 …………………………………………………………… *121*
- (6)　滞在費等の費用負担 ……………………………………………… *121*
- (7)　ライセンシーが技術援助を享受できる期限 …………………… *121*

5　技術支援サービスの追加（3.5項） …………………………………… *121*
- (1)　追加サービス ……………………………………………………… *121*
- (2)　追加サービスの条件 ……………………………………………… *121*
- (3)　追加サービスを受けられる期限 ………………………………… *122*

第4　本条項の位置付け ……………………………………………………… *122*
1　技術移転の手続 …………………………………………………………… *122*
2　イニシャルペイメントとの関係 ………………………………………… *122*
3　ライセンサーの義務違反と契約の準拠法 ……………………………… *122*
4　実施権の登録 ……………………………………………………………… *122*

第5　本条項のチェックポイント …………………………………………… *123*
1　基本的な考え方 …………………………………………………………… *123*
- (1)　日本法の場合 ……………………………………………………… *123*
  - A　技術援助 …………………………………………………………… *123*
  - B　実施権の登録等 …………………………………………………… *123*
- (2)　米国法の場合 ……………………………………………………… *124*
  - A　技術援助 …………………………………………………………… *124*
  - B　実施権の登録等 …………………………………………………… *125*
- (3)　技術援助条項等のドラフティング ……………………………… *125*

A　技術援助条項 ………………………………………………… *125*
　　　　(A)　両当事者の役割分担 ……………………………………… *125*
　　　　(B)　通常の義務と努力義務 …………………………………… *126*
　　　　(C)　情報の十分性・正確性の確保（Further Assurance）…… *127*
　　　　(D)　情報に使用される言語（Language）…………………… *127*
　　　B　実施権の登録 ………………………………………………… *127*
　2　実務の考え方 …………………………………………………………… *128*
　　(1)　技術供与契約 ……………………………………………………… *128*
　　　A　提供する情報の特定 ………………………………………… *128*
　　　B　情報の形態 …………………………………………………… *129*
　　　C　情報伝達ルートの特定 ……………………………………… *129*
　　　　(A)　情報交換窓口の設定 ……………………………………… *129*
　　　　(B)　定例年次会議の開催 ……………………………………… *129*
　　(2)　技術導入契約 ……………………………………………………… *130*
　第6　一口コメント …………………………………………………………… *130*

第5章　支　払（Payments） …………………………………………… *131*

　第1　事例5の紹介〔技術供与〕 …………………………………………… *131*
　第2　事例5の訳文 …………………………………………………………… *133*
　第3　事例5の解説 …………………………………………………………… *135*
　1　確認事項（柱書）………………………………………………………… *135*
　2　イニシャルペイメント（4.1項）……………………………………… *135*
　3　ランニングロイヤルティ（4.2項）…………………………………… *136*
　4　実施料の支払期限（4.3項）…………………………………………… *136*
　5　ミニマムロイヤルティ（4.4項）……………………………………… *137*
　6　実施料の対象（4.5項）………………………………………………… *137*
　7　みなし販売（4.6項）…………………………………………………… *137*
　8　支払通貨と換算率（4.7項）…………………………………………… *137*
　9　振込銀行口座と送金通知（4.8項）…………………………………… *138*
　10　実施料不返還条項（4.9項）…………………………………………… *138*
　第4　本条項の位置付け …………………………………………………… *138*
　第5　本条項のチェックポイント ………………………………………… *139*
　1　基本的な考え方 ………………………………………………………… *139*
　　(1)　実施料の意味 ……………………………………………………… *139*
　　(2)　実施料の種類 ……………………………………………………… *139*

目次（詳細）

- A 定額実施料（Fixed Sum Royalty）······139
  - (A) 一括払い実施料（Lump Sum Payment）······139
  - (B) イニシャルペイメント（Initial Payment）······139
  - (C) 前払い実施料（Advanced Payment）······140
  - (D) 最大実施料（Maximum Royalty）······140
  - (E) 最低実施料（Minimum Royalty）······140
    - a 通常の最低実施料······140
    - b 低額の最低実施料······140
- B ランニングロイヤルティ（Running Royalty）······140
  - (A) 従量法······140
  - (B) 料率法······140
- C 変動的実施料（逓減・逓増方式）······141

(3) 実施料の算出方法······141
- A 米国における実施料の算出方法······141
  - (A) 通常のケースにおける実施料の算出方法······141
    - a Market Approach······141
    - b Cost Approach······141
    - c Income Approach（Return on Sales）······142
  - (B) 特殊なケースにおける実施料の算出方法······142
    - a Reasonable Royalty（適正実施料）の算出方法······142
    - b Super Royalty Provision（国税局方式）······143
- B 日本における実施料の算出方法······143
  - (A) 慣行的実施料を基準とする方法······143
    - a 世間相場法（業界相場）······143
    - b 国有特許権方式······143
    - c 発明協会方式······143
  - (B) 投資を基準とする方法······143
    - a 開発（R&D）投資回収方式······143
    - b 投資節減評価方式······143
  - (C) 発明の実施収益を基準とする方法······143
    - a 純利益三分方式······143
    - b 純利益四分方式······143
    - c 国税庁方式······143
    - d 新技術開発事業団方式······143
    - e 蕚方式······143
- C 実施料の考え方······144

27

　　　　(A)　実務家の考え方 ·· 144
　　　　(B)　学者の考え方 ·· 144
　　　　(C)　米国判例の考え方 ·· 145
　(4)　ランニングロイヤルティとその他の実施料 ·································· 145
　　　A　ランニングロイヤルティ ·· 145
　　　　(A)　正味販売価格の定義 ··· 145
　　　　(B)　ランニングロイヤルティの算定 ·· 146
　　　　(C)　ライセンシー・サブライセンシー間の売上 ····························· 146
　　　B　ランニングロイヤルティ以外の実施料 ····································· 147
　　　　(A)　一時金の支払 ·· 147
　　　　(B)　サブライセンシーの一時金等の支払 ······································ 147
　　　　(C)　費用の支払 ··· 148
　(5)　ハイブリッドライセンスの実施料 ··· 149
　　　A　問題点 ··· 149
　　　B　対　策 ··· 149
　　　　(A)　特許申請 ·· 149
　　　　(B)　契約の対象米国特許が期限切れとなった場合 ·························· 149
　　　　(C)　一括ロイヤルティ ·· 149
　　　　(D)　特許と他の知的財産権のロイヤルティの分配 ·························· 149
　　　C　ハイブリッドライセンスのロイヤルティ条項のドラフティング ······ 149
　　　　(A)　特許・ノウハウライセンスのロイヤルティ ····························· 150
　　　　(B)　申請特許のロイヤルティ ··· 150
　　　　(C)　第三者の知的財産権を侵害する場合のロイヤルティ ················· 150
　(6)　実施料と税金 ··· 152
　　　A　ライセンス契約に課税される税金の種類 ·································· 152
　　　　(A)　法人税 ··· 152
　　　　(B)　所得税 ··· 152
　　　　(C)　消費税 ··· 152
　　　　(D)　印紙税 ··· 152
　　　B　国際的二重課税問題と二国間租税条約 ···································· 153
　　　　(A)　国際的二重課税問題 ··· 153
　　　　(B)　二国間租税条約 ··· 153
　　　C　源泉徴収義務 ··· 153
　　　D　日米租税条約と特許・ノウハウライセンス契約 ························ 153
　　　E　税金に関するドラフティング ··· 154
　(7)　実施料の支払方法等 ·· 155

A　実施料の支払方法……………………………………………………………… *155*
　　　　(A)　支払時期 ………………………………………………………………… *155*
　　　　(B)　支払手段 ………………………………………………………………… *155*
　　　　(C)　裁判例 …………………………………………………………………… *156*
　　　B　実施料に対する請求権 ……………………………………………………… *157*
　(8)　実施料の通貨および為替 ………………………………………………………… *157*
　(9)　実施料の遅延損害金 ……………………………………………………………… *158*
　　　A　遅延利息に関する各国の法制度 …………………………………………… *158*
　　　　(A)　日本法の場合 …………………………………………………………… *158*
　　　　　a　金銭債務の特則 ……………………………………………………… *158*
　　　　　b　法定利率 ……………………………………………………………… *159*
　　　　　c　商事法定利率 ………………………………………………………… *159*
　　　　(B)　米国法の場合 …………………………………………………………… *159*
　　　B　遅延利息のドラフティング ………………………………………………… *160*
2　公取指針の考え方 ……………………………………………………………………… *160*
　(1)　ランニングロイヤルティ ………………………………………………………… *160*
　(2)　ミニマムロイヤルティ …………………………………………………………… *161*
3　実務の考え方 …………………………………………………………………………… *161*
　(1)　技術供与契約 ……………………………………………………………………… *161*
　　　A　実施料の意味 ………………………………………………………………… *161*
　　　B　実施料の種類 ………………………………………………………………… *162*
　　　　(A)　イニシャルペイメント（Initial Payment）………………………… *162*
　　　　(B)　ランニングロイヤルティ（Running Royalty）……………………… *163*
　　　　(C)　ミニマムロイヤルティ（Minimum Royalty）……………………… *163*
　　　C　実施料の算出方法 …………………………………………………………… *163*
　　　D　実施料の考え方 ……………………………………………………………… *164*
　　　　(A)　実施料の決定要素 ……………………………………………………… *164*
　　　　　a　技　術 ………………………………………………………………… *164*
　　　　　b　市場（ライセンシーおよびライセンサーのテリトリー）………… *164*
　　　　　c　ライセンシーとの関係 ……………………………………………… *164*
　　　　　d　ライセンシングポリシー …………………………………………… *164*
　　　　(B)　新規契約の場合 ………………………………………………………… *165*
　　　　(C)　既存契約の場合 ………………………………………………………… *165*
　　　E　実施料と損害賠償 …………………………………………………………… *165*
　　　F　実施料に対する請求権 ……………………………………………………… *165*
　　　G　実施料と源泉徴収 …………………………………………………………… *166*

H　実施料計算報告書 ･･ *166*

　(2)　技術導入契約 ･･･ *166*

　　A　実施料の意味 ･･ *166*

　　B　実施料の種類 ･･ *167*

　　　(A)　イニシャルペイメント（Initial Payment） ･･････････････････････････ *167*

　　　(B)　ランニングロイヤルティ（Running Royalty） ･･････････････････････ *167*

　　　(C)　ミニマムロイヤルティ（Minimum Royalty） ･･･････････････････････ *167*

　　C　実施料の算出方法 ･･ *168*

　　D　実施料の考え方 ･･ *168*

　　　(A)　実施料の決定要素 ･･ *168*

　　　(B)　新規契約の場合 ･･ *168*

　　　(C)　既存契約の場合 ･･ *168*

　　　　a　特別の営業努力への報酬 ･･ *169*

　　　　b　良好な販売見通し ･･ *169*

　　　　c　競争力の維持 ･･ *169*

　　　　d　技術的貢献 ･･ *169*

　　　　e　ボーナス条項の追加 ･･ *169*

　　E　実施料と損害賠償 ･･ *169*

　　F　実施料に対する請求権 ･･ *169*

　　G　実施料と源泉徴収 ･･ *169*

　　H　実施料計算報告書 ･･ *170*

　第6　一口コメント ･･･ *170*

第6章　帳簿、報告書および監査（Records, Reports and Auditing） ･･･ *171*

　第1　事例6の紹介〔技術供与〕 ･･･ *171*

　第2　事例6の訳文 ･･･ *171*

　第3　事例6の解説 ･･･ *172*

1　帳簿の維持管理（5.1項） ･･･ *172*

2　実施料計算報告書（5.2項） ･･･ *172*

3　その他報告書および証拠書類の提出義務（5.3項） ･････････････････････････････ *172*

4　帳簿監査権（5.4項） ･･･ *173*

　第4　本条項の位置付け ･･･ *173*

　第5　本条項のチェックポイント ･･･ *173*

1　基本的な考え方 ･･･ *173*

- (1) 報告書の信用性 ………………………………………………………… *173*
- (2) 監査の方法 ………………………………………………………… *174*
- (3) 監査等に関するドラフティング ………………………………………………………… *174*
  - A 報告書 ………………………………………………………… *174*
  - B 監査 ………………………………………………………… *176*
    - (A) 帳簿等の管理 ………………………………………………………… *176*
    - (B) 帳簿等の監査 ………………………………………………………… *177*
  - C 違反の効果 ………………………………………………………… *177*
- 2 実務の考え方 ………………………………………………………… *178*
  - (1) 技術供与契約 ………………………………………………………… *178*
    - A 監査権行使のタイミング ………………………………………………………… *178*
    - B 監査のポイント ………………………………………………………… *178*
      - (A) 経理処理上の問題点 ………………………………………………………… *178*
      - (B) 監査費用 ………………………………………………………… *178*
  - (2) 技術導入契約 ………………………………………………………… *179*
    - A 監査権行使のタイミング ………………………………………………………… *179*
    - B 監査のポイント ………………………………………………………… *179*
- 第6 一口コメント ………………………………………………………… *179*

Ⅱ－2　特別条項（Special Terms）

第7章　販売促進（Sales Promotion） ………………………………………………………… *180*

- 第1 事例7の紹介〔技術供与〕 ………………………………………………………… *180*
- 第2 事例7の訳文 ………………………………………………………… *180*
- 第3 事例7の解説 ………………………………………………………… *181*
- 1 製造・販売の最善努力義務（6.1項） ………………………………………………………… *181*
- 2 使用増と販売量の増進（6.2項） ………………………………………………………… *181*
- 3 ライセンス契約に関連した事業活動報告（6.3項） ………………………………………………………… *181*
- 4 販促資料の提供（6.4項） ………………………………………………………… *182*
- 第4 本条項の位置付け ………………………………………………………… *182*
- 第5 本条項のチェックポイント ………………………………………………………… *182*
- 1 基本的な考え方 ………………………………………………………… *182*
  - (1) 日本法の場合 ………………………………………………………… *182*
  - (2) 米国法の場合 ………………………………………………………… *183*
    - A 通常の義務と努力義務 ………………………………………………………… *183*

(A)　努力義務の内容 ……………………………………………………… *183*
　　　(B)　努力義務の違反 ……………………………………………………… *183*
　　B　米国法の関連規定 ……………………………………………………… *184*
　　　(A)　「UCC／2−306(2)：産出量、基準量及び排他的取引」 …………… *184*
　　　(B)　「UCC／1−304：誠実義務」 ……………………………………… *184*
　(3)　販売促進義務のドラフティング ………………………………………… *184*
 2　公取指針の考え方 …………………………………………………………… *186*
 3　実務の考え方 ………………………………………………………………… *186*
　(1)　技術供与契約 ……………………………………………………………… *186*
　(2)　技術導入契約 ……………………………………………………………… *186*
　第6　一口コメント ……………………………………………………………… *187*

第8章　競合禁止（Non-Competition） …………………………………… *188*

　第1　事例8の紹介〔技術供与〕 ……………………………………………… *188*
　第2　事例8の訳文 ……………………………………………………………… *188*
　第3　事例8の解説 ……………………………………………………………… *189*
 1　競合品の定義 ………………………………………………………………… *189*
 2　競合品の取扱いと実施権の変更 …………………………………………… *189*
 3　競合品の取扱手続とその意味（provided-that clause） ………………… *190*
 4　競合品の取扱規定とライセンシーの固有の製品の製造・販売との関係 … *190*
 5　開発義務の免除とライセンサー技術の利用制限等 ……………………… *190*
　第4　本条項の位置付け ………………………………………………………… *191*
　第5　本条項のチェックポイント ……………………………………………… *191*
 1　基本的な考え方 ……………………………………………………………… *191*
　(1)　日本法の場合 ……………………………………………………………… *191*
　　A　競合禁止の法的根拠 …………………………………………………… *191*
　　B　裁判例 …………………………………………………………………… *192*
　(2)　米国法の場合 ……………………………………………………………… *193*
　(3)　競合禁止条項のドラフティング ………………………………………… *194*
　　A　一般的な競合禁止条項 ………………………………………………… *194*
　　B　競合製品の定義を制限する場合 ……………………………………… *194*
　　C　競合禁止の地域や期間を制限する場合 ……………………………… *195*
　　D　一定の条件で競合を認める場合 ……………………………………… *195*
 2　公取指針の考え方 …………………………………………………………… *195*
 3　実務の考え方 ………………………………………………………………… *196*

(1)	技術供与契約	196
	A 独占的ライセンス	196
	B 非独占的ライセンス	196
(2)	技術導入契約	196
	A 独占的ライセンス	196
	B 非独占的ライセンス	196

第6 一口コメント ……………………………………………………… 197

第9章 秘密保持（Confidentiality） …………………………… 198

第1 事例9の紹介〔技術供与〕 …………………………………… 198
第2 事例9の訳文 …………………………………………………… 199
第3 事例9の解説 …………………………………………………… 201

1 秘密保持および不開示の原則（8.1項） ……………………………… 201
 (1) 第一分類：情報開示時の公知情報 ………………………………… 201
 (2) 第二分類：情報開示後の公知情報 ………………………………… 201
 (3) 第三分類：情報開示以前からの既得情報 ………………………… 201
 (4) 第四分類：情報開示後に第三者から取得した情報 ……………… 202
2 公知情報を含む秘密情報（8.2項） …………………………………… 202
3 目的外使用禁止（8.3項） ……………………………………………… 202
4 関係者の秘密保持義務（8.4項） ……………………………………… 202
5 金銭賠償、差止請求権および衡平法上の救済（8.5項） …………… 202
6 秘密保持義務の地理的無制限および契約終了後の残存義務（8.6項） … 203

第4 本条項の位置付け ……………………………………………… 203
第5 本条項のチェックポイント …………………………………… 204

1 基本的な考え方 ………………………………………………………… 204
 (1) 各国の法制度 ………………………………………………………… 204
  A 米国法の場合 ……………………………………………………… 204
   (A) 米国統一トレードシークレット法（モデル法案） ………… 204
   (B) 米国連邦営業秘密保護法（Defend Trade Secrets Act） … 205
  B 日本の不正競争防止法 …………………………………………… 205
  C EU指令案 …………………………………………………………… 206
 (2) 秘密保持条項のドラフティング …………………………………… 207
  A 秘密情報の定義 …………………………………………………… 207
  B 秘密情報の例外 …………………………………………………… 208
  C 秘密保持義務の内容 ……………………………………………… 209

　　　　(A) 第三者への開示禁止 209
　　　　(B) 目的外使用の禁止 210
　　　　(C) その他 210
　　　　　　a 秘密情報の管理 210
　　　　　　b 秘密情報の返還 210
　　　D 違反の効果 211
　　　　(A) 保全処分 211
　　　　(B) 違約金 211
　　　E 秘密保持義務の存続期間 211
　　　F その他 212
　2 公取指針の考え方 212
　3 実務の考え方 212
　　(1) 技術供与契約 212
　　　A 秘密保持義務チェック項目 212
　　　B 秘密保持留意点 213
　　(2) 技術導入契約 213
　　　A 秘密保持義務チェック項目 213
　　　　(A) 秘密保持義務の対象となる情報の特定 213
　　　　(B) 「秘密保持」の表記方法 214
　　　　(C) 情報開示先の特定 214
　　　　　　a 秘密情報の社外開示先の特定 214
　　　　　　b 秘密情報の企業内開示先の特定 214
　　　　(D) 情報開示目的の明定と目的外使用禁止 216
　　　　(E) 情報開示範囲の特定 216
　　　　(F) 秘密保持義務対象外となる情報の概念規定の明定 216
　　　　(G) ライセンシーの挙証責任 217
　　　　(H) 財産的情報と公知情報との関連性 217
　　　　(I) ライセンシーの賠償責任 217
　　　　(J) 契約終了後の秘密保持義務残存規定 217
　　　　(K) 契約終了に伴う技術資料等の返還義務および流用禁止 217
　　　B 秘密保持留意点 217
　第6 一口コメント 218

第10章　ライセンシーによる修正および改良（Modifications and Improvements by Licensee） 219

　第1　事例10の紹介〔技術供与〕 219

第2　事例10の訳文 …… 220
第3　事例10の解説 …… 221
1　ライセンシーによる技術情報の改変（9.1項） …… 221
2　ライセンシーによる技術情報の改変通知義務（9.2項） …… 221
3　ライセンシーの出願権とライセンサーの出願選択権（9.3項） …… 221
4　グラントバック（9.4項） …… 221
5　契約終了後のライセンシー改良技術の利用（9.5項） …… 221
第4　本条項の位置付け …… 222
第5　本条項のチェックポイント …… 222
1　基本的な考え方 …… 222
(1)　改良技術 …… 222
(2)　グラントバック …… 222
(3)　改良に関するドラフティング …… 223
A　改良の可否 …… 223
B　改良の帰属・グラントバック …… 223
C　他の条項との整合性 …… 224
2　公取指針の考え方 …… 224
3　実務の考え方 …… 225
(1)　技術供与契約 …… 225
A　ライセンシーによる許諾技術の改良を認めない場合 …… 225
(A)　ライセンサーの技術開発方針 …… 225
(B)　ライセンサーの改良技術報告義務 …… 226
####### a　改良事実の報告 …… 226
####### b　改良技術情報の開示方法 …… 226
(C)　ライセンサーの改良技術提供条件 …… 227
B　ライセンシーによる許諾技術の改良を認める場合 …… 227
(A)　ライセンシーの改良責任 …… 227
(B)　ライセンシーの改良技術報告義務 …… 228
####### a　ライセンサーの知る権利とライセンシーの知らせる義務 …… 228
####### b　改良通知のタイミング …… 228
(C)　ライセンシーの改良技術の帰属 …… 228
####### a　ライセンシーの改良技術と独自技術 …… 228
####### b　ライセンサーによるライセンシーの改良技術の買い取り …… 228
####### c　ライセンシーの改良技術に関する特許出願 …… 229
(D)　ライセンシーの改良技術提供条件 …… 229
####### a　グラントバックとその論拠 …… 229

   b 契約期間中の非独占的なライセンス許諾と独占禁止法······················229
   c 契約期間中の独占的なライセンス許諾と独占禁止法·····························229
   d 契約期間中の非独占的なライセンス許諾と第三者へのライセンス制限と独占禁止法······229
   e 契約期間満了後の非独占的なライセンス許諾·······································229
   f 契約期間満了後の独占的なライセンスの許諾と独占禁止法·····················229
   g 契約期間満了後の非独占的なライセンス許諾と第三者へのライセンス制限と独占禁止法··229

(2) 技術導入契約···230
 A ライセンシーによる許諾技術の改良を認めない場合·····························230
  (A) ライセンサーの改良責任···230
   a ライセンサーの開発方針とその成果の提供義務等の確認·····················230
   b 一定条件の下でのライセンシーの改良・開発要求·······························230
  (B) ライセンサーの改良技術報告義務··230
   a 改良事実の報告···230
   b 改良技術情報の開示方法···230
  (C) ライセンサーの改良技術提供条件···230
   a 開発費用の多寡···230
   b ライセンシーのニーズと費用分担···231
   c 改良発明の特許性··231
 B ライセンシーによる許諾技術の改良を認める場合···································231
  (A) ライセンシーの改良責任···231
  (B) ライセンシーの改良技術報告義務···231
   a ライセンサーの知る権利とライセンシーの知らせる義務·····················231
   b 改良通知のタイミング···231
  (C) 改良技術の帰属···232
   a ライセンシーの改良技術と独自技術·····································232
   b ライセンサーによるライセンシーの改良技術の買い取り·····················232
   c ライセンシーの改良技術に関する特許出願·····························232
  (D) ライセンシーの改良技術提供条件···232
   a グラントバックとその論拠···232
   b 契約期間中の非独占的な無償ライセンス許諾と独占禁止法·····················232
   c 契約期間中の独占的なライセンス許諾と独占禁止法·····························232
   d 契約期間中の非独占的なライセンス許諾と第三者へのライセンス制限と独占禁止法······232
   e 契約期間満了後の非独占的な有償ライセンス許諾·······························233
   f 契約期間満了後の独占的なライセンスの許諾と独占禁止法·····················233
   g 契約期間満了後の非独占的なライセンス許諾と第三者へのライセンス制限と独占禁止法··233

第6　一口コメント …………………………………………………………… 233

第11章　製品表示 (Product Identification) ………………… 234

　第1　事例11の紹介〔技術導入〕………………………………………… 234
　第2　事例11の訳文 ………………………………………………………… 237
　第3　事例11の解説 ………………………………………………………… 240
 1　商標の独占的ライセンス許諾（10.1項）………………………………… 240
　(1)　本条項の趣旨……………………………………………………………… 240
　(2)　独占的テリトリー内におけるライセンサーの使用権留保…………… 240
　(3)　表示名板の永久付着…………………………………………………… 240
 2　商標の不争義務（10.2項）………………………………………………… 240
 3　類似商標等の使用禁止（10.3項）………………………………………… 241
　(1)　本条項の趣旨……………………………………………………………… 241
　(2)　商標の使用条件…………………………………………………………… 241
 4　包装、販促・宣伝広告印刷物上の表示（10.4項）……………………… 241
　(1)　本条項の趣旨……………………………………………………………… 241
　(2)　名板表示内容……………………………………………………………… 241
　(3)　承認手続…………………………………………………………………… 242
 5　商標に関する権利譲渡（10.5項）………………………………………… 242
 6　商標に関する法律規則の遵守（10.6項）………………………………… 242
 7　商標権取得支援および他社商標の不侵害不保証（10.7項）…………… 243
　(1)　ライセンシーの協力……………………………………………………… 243
　(2)　実施料の減額……………………………………………………………… 243
　(3)　新商標との置換…………………………………………………………… 243
　(4)　権利不侵害の不保証……………………………………………………… 243
 8　商標権等の侵害対応（10.8(a)項）……………………………………… 244
　(1)　侵害通知義務……………………………………………………………… 244
　(2)　訴訟義務…………………………………………………………………… 244
　(3)　ライセンシーによるライセンサー支援義務…………………………… 244
　(4)　ライセンサーからの書面による許可取得義務………………………… 244
 9　商標に関する訴訟費用等の負担（10.8(b)項）………………………… 245
　(1)　諸費用立替え・負担義務………………………………………………… 245
　(2)　損害賠償金の立替え分への充当………………………………………… 245
　(3)　損害賠償金残余分の分配………………………………………………… 245
 10　商標の著名性および契約製品の製造基準（10.9項）………………… 246
　(1)　許諾商標の高品質表示…………………………………………………… 246

(2) 契約製品の製造基準の遵守 …………………………………………… *246*
　　(3) 商標と品質保証義務 …………………………………………………… *246*
　　(4) 基準外契約製品の処分方法 …………………………………………… *246*
 11　商標に関する監査権（10.10項）…………………………………………… *246*
 12　商標に関する契約終了後の取扱い（10.11項）…………………………… *246*

第4　本条項の位置付け ……………………………………………………… *247*

第5　本条項のチェックポイント …………………………………………… *247*

 1　基本的な考え方 ……………………………………………………………… *247*
　(1) 米国法の場合 …………………………………………………………… *247*
　　A　商標の定義 ………………………………………………………… *247*
　　B　商標の保護対象 …………………………………………………… *247*
　　C　商標の機能 ………………………………………………………… *248*
　　D　関連法令 …………………………………………………………… *248*
　(2) 日本法の場合 …………………………………………………………… *249*
　　A　商標の定義 ………………………………………………………… *249*
　　B　商標権の侵害 ……………………………………………………… *250*
　(3) 知的財産権の侵害に関するドラフティング ……………………… *250*
　　A　第三者による当事者の知的財産権の侵害 ……………………… *250*
　　　(A) ライセンサーの権利行使義務 ………………………………… *250*
　　　　a　ライセンサーの権利行使義務なし ………………………… *250*
　　　　b　ライセンサーの権利行使義務あり ………………………… *251*
　　　　c　ライセンシーの権利行使義務なし ………………………… *251*
　　　(B) 訴訟遂行 ………………………………………………………… *252*
　　　　a　協力義務 ……………………………………………………… *252*
　　　　b　費用負担 ……………………………………………………… *253*
　　　　c　和解等の可否 ………………………………………………… *253*
　　　(C) 判決・和解後の処理 …………………………………………… *254*
　　B　当事者による第三者の知的財産権の侵害 ……………………… *254*
　　　(A) ライセンサーの防御義務 ……………………………………… *254*
　　　　a　ライセンサーの防御義務なし ……………………………… *254*
　　　　b　ライセンサーの防御義務あり ……………………………… *254*
　　　　c　ライセンサーの防御権 ……………………………………… *255*
　　　(B) 判決・和解後の処理 …………………………………………… *255*
　　C　他の条項との整合性 ……………………………………………… *255*
 2　公取指針の考え方 …………………………………………………………… *256*
 3　実務の考え方 ………………………………………………………………… *256*

(1) 技術供与契約······256
　(2) 技術導入契約······256
　第6　一口コメント······257

第12章　保証および責任（Warranties and Liabilities）······258
第1　事例12の紹介〔技術供与〕······258
第2　事例12の訳文······259
第3　事例12の解説······260
1　開示情報の保証（11.1項）······260
　(1) 開示情報の性質（前段）······260
　(2) 開示情報の完璧性および特定目的への適合性（中段）······261
　(3) 開示情報の瑕疵（後段）······261
2　ユーザー等に対する瑕疵担保保証（11.2項）······261
3　ライセンサー等の免責（11.3項）······261
4　ライセンサーの特許権等による他社特許権等の不侵害不保証等（11.4項）······261
　(1) ライセンサーの特許およびその他工業所有権（第1段）······261
　(2) ライセンサーの技術情報（第2段）······262
　(3) 第三者へのロイヤルティの支払分担（第3段）······262
　(4) 第三者の権利侵害に起因した契約終了（第4段）······262
5　許諾技術に対する唯一、排他的保証（11.5項）······262
第4　本条項の位置付け······263
第5　本条項のチェックポイント······263
1　基本的な考え方（その1「保証責任」）······263
　(1) 米国法における保証責任······263
　　A　概説······263
　　　(A) 保証の定義······263
　　　(B) 保証と他の類似制度の違い······263
　　B　保証責任の法的根拠······264
　　C　UCCの保証責任······265
　　　(A) 保証要件······265
　　　　a　明示保証（Express Warranties）······265
　　　　b　黙示保証（Implied Warranties）······266
　　　(B) 保証違反の効果······267
　　　　a　UCC／2-711「買主の一般的な救済（Buyer's Remedies in General）：拒絶物品に対する買主の担保権（security interest）」······267

            b　UCC／2-712「代品入手（Cover）：買主の代替品調達（Buyer's Procurement of Substitute Goods）」……………………………………………………………………………… *268*
            c　UCC／2-713「不引渡し又は履行拒絶に対する買主の損害賠償請求」……… *268*
            d　UCC／2-714「受領物品に関する契約違反に基づく買主の損害賠償請求」… *269*
            e　UCC／2-715「買主の付随的および派生的損害賠償」………………………… *269*
            f　UCC／2-716「特定履行又は占有を回復する買主の権利」……………………… *270*
            g　UCC／2-717「代価からの損害賠償控除」………………………………………… *270*
          (C)　ライセンス契約へのあてはめ ……………………………………………………… *271*
            a　黙示保証 …………………………………………………………………………… *271*
            b　救済手段 …………………………………………………………………………… *271*
            c　第三者の権利不侵害についての保証とサブマリン特許 ……………………… *271*
      D　当事者自治 ……………………………………………………………………………… *272*
        (A)　責任の制限および損害賠償の予定 …………………………………………………… *272*
            a　保証の排除または修正 ……………………………………………………………… *272*
            b　UCC／2-719「契約による救済の変更若しくは制限」……………………… *273*
            c　UCC／2-718「損害賠償の予定」（Liquidated Damages）………………… *274*
        (B)　当事者自治の制限 ……………………………………………………………………… *274*
            a　非良心的な契約 …………………………………………………………………… *275*
            b　明白性の原則 ……………………………………………………………………… *275*
        (C)　ライセンス契約へのあてはめ ……………………………………………………… *276*
  (2)　日本法における担保責任 ………………………………………………………………… *276*
    A　概　説 …………………………………………………………………………………… *276*
      (A)　民法の担保責任 ………………………………………………………………………… *276*
      (B)　担保責任の法的性質 …………………………………………………………………… *276*
            a　法定責任説と契約責任説 …………………………………………………………… *276*
            b　改正民法の立場 …………………………………………………………………… *277*
      (C)　担保責任の内容 ………………………………………………………………………… *277*
            a　現行民法 …………………………………………………………………………… *277*
            b　改正民法 …………………………………………………………………………… *278*
    B　瑕疵担保責任の要件・効果 …………………………………………………………… *278*
      (A)　現行民法の瑕疵担保責任 ……………………………………………………………… *278*
            a　瑕疵担保責任の要件 ………………………………………………………………… *278*
            b　瑕疵担保責任の効果 ………………………………………………………………… *278*
      (B)　改正民法の担保責任 …………………………………………………………………… *279*
            a　改正民法562条（買主の追完請求権）…………………………………………… *279*
            b　改正民法563条（買主の代金減額請求権）……………………………………… *280*
            c　改正民法564条（買主の損害賠償請求及び解除権の行使）…………………… *280*

　　　　　d　改正民法565条（移転した権利が契約の内容に適合しない場合における売主の担保責任）……………………………………………………………………280

　　　　　e　改正民法566条（目的物の種類又は品質に関する担保責任の期間制限）…………281

　　　(C)　ライセンス契約への準用……………………………………………………………281

　　C　当事者自治………………………………………………………………………………282

　　　(A)　担保責任の制限………………………………………………………………………282

　　　　　a　現行民法572条（担保責任免除の特約）…………………………………………282

　　　　　b　改正民法572条（担保責任を負わない旨の特約）………………………………282

　　　(B)　損害賠償の予定………………………………………………………………………283

　　　　　a　現行民法420条（賠償額の予定）…………………………………………………283

　　　　　b　改正民法420条（賠償額の予定）…………………………………………………283

　　　(C)　ライセンス契約への適用・準用……………………………………………………283

(3)　保証条項（Warranty Clause）のドラフティング………………………………………283

　　A　保証の有無………………………………………………………………………………284

　　　(A)　現状有姿………………………………………………………………………………284

　　　(B)　将来提供される予定の技術…………………………………………………………286

　　B　保証の要件………………………………………………………………………………286

　　　(A)　保証の対象・内容……………………………………………………………………286

　　　　　a　ライセンサーの権原………………………………………………………………286

　　　　　b　対象技術……………………………………………………………………………287

　　　(B)　瑕疵の基準日…………………………………………………………………………288

　　　(C)　保証期間………………………………………………………………………………289

　　　(D)　その他の保証条件……………………………………………………………………289

　　　　　a　Knowledge（知る限りにおいての）保証…………………………………………289

　　　　　b　通知義務等…………………………………………………………………………290

　　C　保証違反の効果…………………………………………………………………………290

　　　(A)　補　正…………………………………………………………………………………290

　　　(B)　損害賠償………………………………………………………………………………291

　　　　　a　派生的損害の免除…………………………………………………………………291

　　　　　b　損害賠償額の上限…………………………………………………………………291

　　D　その他……………………………………………………………………………………291

　　　(A)　その他の非保証………………………………………………………………………291

　　　(B)　他の救済手段との関係………………………………………………………………292

2　基本的な考え方（その2「対第三者責任」）………………………………………………293

(1)　製造物責任…………………………………………………………………………………293

　　A　米国法における製造物責任……………………………………………………………293

　　　(A)　概　説…………………………………………………………………………………293

41

####### a 製造物等の定義 ……………………………………………………… 293
####### b 製造物責任の背景 ……………………………………………… 293
####### c 製造物責任の法的根拠 ………………………………………… 294
####### d ライセンス契約における留意点 ……………………………… 294
(B) 請求原因 …………………………………………………………………… 294
####### a 過失責任（Negligence）………………………………………… 294
####### b 保証違反（Breach of Warranty of Fitness）………………… 295
####### c 厳格責任（Strict Liability）…………………………………… 296
(C) ライセンサーの製造物責任 …………………………………………… 296
####### a 過失責任を訴因とする場合 …………………………………… 297
####### b 保証責任を訴因とする場合 …………………………………… 297
####### c 厳格責任を訴因とする場合 …………………………………… 297
B 日本法における製造物責任 …………………………………………………… 299
(A) 概　説 ……………………………………………………………………… 299
(B) 「定義規定」………………………………………………………………… 299
####### a 「製造物」の定義（2条1項）………………………………… 299
####### b 「欠陥」の定義（2条2項）…………………………………… 300
####### c 責任主体（2条3項）…………………………………………… 303
(2) 知的財産権侵害 ……………………………………………………………………… 305
A 米国法における特許権侵害に基づく損害賠償請求 ………………………… 306
(A) 米国特許法271条（特許侵害）………………………………………… 306
(B) 米国特許法284条（損害賠償）………………………………………… 306
(C) 米国における損害賠償算定方式 ……………………………………… 307
(D) Lost Profit（逸失利益）方式と Reasonable Royalty（適正実施料）方式に関する補足説明 ………………………………………………………………… 307
####### a Lost Profit（逸失利益）方式 …………………………………… 307
####### b Reasonable Royalty（適正実施料）方式 …………………… 308
B 日本法における特許権侵害に基づく損害賠償請求 ………………………… 308
(A) 侵害行為 …………………………………………………………………… 308
(B) 損害賠償 …………………………………………………………………… 308
####### a 民法709条（不法行為の要件と効果）……………………… 308
####### b 特許法102条（損害の額の推定等）………………………… 309
####### c 特許法103条（過失の推定）………………………………… 309
(C) 損害賠償額の算定方式 ………………………………………………… 309
####### a 民法709条の趣旨と算定方式 ……………………………… 310
####### b 特許法102条1項の趣旨と算定方式 ……………………… 310
####### c 特許法102条2項の趣旨と算定方式 ……………………… 311

        d　特許法102条3項の趣旨と算定方式 ……………………………… *311*
        e　特許法102条4項の趣旨 …………………………………………… *311*
        f　特許法103条の趣旨 ……………………………………………… *312*
  (3)　求償関係 …………………………………………………………………… *312*
    A　米国法における共同不法行為者間の求償関係 …………………… *312*
    B　日本法における共同不法行為者間の求償関係 …………………… *312*
    C　補償条項（Indemnification Clause）のドラフティング ………… *313*
      (A)　片務的か双務的か ……………………………………………… *313*
      (B)　補償の要件 ……………………………………………………… *313*
        a　被補償者 ………………………………………………………… *313*
        b　補償対象（対第三者責任に限定するか） …………………… *314*
        c　被補償者の損害 ………………………………………………… *315*
        d　補償者の寄与 …………………………………………………… *315*
      (C)　補償の効果 ……………………………………………………… *316*
        a　補償 (Indemnify) ……………………………………………… *316*
        b　損害から守る（Hold harmless） …………………………… *318*
        c　防御する（Defend） ………………………………………… *318*
      (D)　補償の手続 ……………………………………………………… *319*
        a　通　知 …………………………………………………………… *319*
        b　防御手続 ………………………………………………………… *319*
      (E)　他の救済手段との関係 ………………………………………… *320*
 3　実務の考え方 ……………………………………………………………… *320*
  (1)　技術供与契約 ……………………………………………………………… *320*
  (2)　技術導入契約 ……………………………………………………………… *320*

  第6　一口コメント ………………………………………………………… *321*

第13章　ライセンサーの工業所有権（Licensor's Industrial Property Rights） …………………………………………………… *322*

  第1　事例13の紹介〔技術供与〕 ……………………………………… *322*
  第2　事例13の訳文 ………………………………………………………… *322*
  第3　事例13の解説 ………………………………………………………… *323*
 1　特許権等工業所有権の帰属の確認、出願および維持管理（12.1項） ……… *323*
 2　ライセンサーの非保証とロイヤルティの支払義務（12.2項） ……………… *323*
 3　ライセンシーによる他社監視義務（12.3項） ……………………………… *324*
  第4　本条項の位置付け …………………………………………………… *324*

43

第5　本条項のチェックポイント …… 324
1　基本的な考え方 …… 324
(1)　工業所有権の帰属 …… 324
　　A　工業所有権の定義 …… 324
　　　(A)　日米における工業所有権の定義 …… 324
　　　(B)　工業所有権の定義のドラフティング …… 328
　　B　工業所有権の帰属のドラフティング …… 328
(2)　工業所有権の出願・維持管理 …… 329
(3)　権利不侵害の黙示保証 …… 330
(4)　不争義務の有効性 …… 330
　　A　日本国内の学説 …… 330
　　B　米国の裁判例 …… 331
　　　(A)　レア判決 …… 331
　　　(B)　メディミューン判決 …… 331
　　C　不争義務のドラフティング …… 332
(5)　その他 …… 332
2　公取指針の考え方 …… 332
3　実務の考え方 …… 333
(1)　技術供与契約 …… 333
　　A　特許権の期限切れとロイヤルティの見直し …… 333
　　B　特許権の有効性に関する争いとライセンサーの契約解除権 …… 333
　　C　特許保証とサブマリン特許 …… 333
(2)　技術導入契約 …… 333
　　A　一つの特許権の有効期限切れとロイヤルティの見直し …… 333
　　B　特許権の有効性に関する争いとライセンサーの契約解除権 …… 334
　　C　特許保証とサブマリン特許 …… 334

第6　一口コメント …… 334

第14章　契約期間および契約終了（Term and Termination） …… 335

第1　事例14の紹介〔技術供与〕 …… 335
第2　事例14の訳文 …… 336
第3　事例14の解説 …… 338
1　契約の発効（13.1項） …… 338
2　契約期間の延長または更新（13.2項） …… 338
3　契約違反による契約終了（13.3項） …… 338
4　破産等による契約終了（13.4項） …… 338

5	吸収・合併等による契約終了（13.5項）	*339*
6	不可抗力事由による契約終了（13.6項）	*339*
7	契約終了に関する救済（13.7項）	*339*

第4　本条項の位置付け ... *339*

第5　本条項のチェックポイント ... *340*

1　基本的な考え方 ... *340*
　(1)　概　説 ... *340*
　(2)　契約期間・更新 ... *340*
　　A　契約期間 ... *340*
　　B　契約の更新 ... *341*
　　C　契約更新のドラフティング ... *341*
　　　(A)　自動更新の場合 ... *341*
　　　(B)　更新する権利を認める場合 ... *341*
　　　(C)　自動更新を認めない場合 ... *341*
　(3)　契約の解消 ... *342*
　　A　英米法における「契約解消」の考え方 ... *342*
　　　(A)　四つの契約解消方法 ... *342*
　　　　a　契約の完全履行による契約解消（by performance） ... *342*
　　　　b　契約上明示された合意解消（by express agreement） ... *343*
　　　　c　契約目的不達成事由による契約解消（under the doctrine of frustration） ... *343*
　　　　d　契約違反による契約解消（by breach） ... *343*
　　　(B)　契約違反の具体的形態 ... *343*
　　　　a　履行拒絶（Repudiation）と基本的契約違反（Fundamental Breach） ... *343*
　　　　b　履行拒絶（Repudiation） ... *344*
　　　　c　基本的契約違反（Fundamental Breach） ... *344*
　　　　d　重大な過失（Gross Negligence） ... *345*
　　　(C)　UCC の考え方 ... *345*
　　　　a　UCC／2-106(3)「定義：契約終了」（Termination） ... *345*
　　　　b　UCC／2-106(4)「定義：契約解除」（Cancellation） ... *345*
　　　　c　UCC／2-720「以前の契約違反に係る請求への"cancellation"若しくは"rescission"の効果」 ... *345*
　　B　日本法における「契約解消」の考え方 ... *345*
　　　(A)　現行民法の場合 ... *346*
　　　　a　解除の要件 ... *346*
　　　　b　解除の手続 ... *346*
　　　　c　解除権の特殊な消滅原因 ... *347*

　　　　(B)　改正民法の場合 …………………………………………………… *347*
　　　　　　a　解除の要件 ……………………………………………………… *347*
　　　　　　b　解除の手続 ……………………………………………………… *348*
　　　　(C)　継続的契約の特殊性 ……………………………………………… *349*
　　C　契約解消のドラフティング …………………………………………… *349*
　　　　(A)　契約解除（Termination for Cause）………………………… *349*
　　　　　　a　債務不履行 ……………………………………………………… *349*
　　　　　　b　倒　産 …………………………………………………………… *351*
　　　　　　c　支配権の変更 …………………………………………………… *351*
　　　　(B)　中途解約（Termination for Convenience）………………… *352*
　　　　　　a　ライセンシーによる中途解約 ………………………………… *352*
　　　　　　b　ライセンサーによる中途解約 ………………………………… *353*
　(4)　ライセンサーまたはライセンシーの破産 ……………………………… *353*
　　A　米国における破産申立て ……………………………………………… *354*
　　　　(A)　概　説 ………………………………………………………………… *354*
　　　　　　a　米国の倒産法 …………………………………………………… *354*
　　　　　　b　連邦破産法の三つの特徴 ……………………………………… *354*
　　　　　　c　ライセンス契約は一種の双務未履行契約 …………………… *355*
　　　　　　d　連邦破産法365条（Executory Contracts and Unexpired Leases）…… *355*
　　　　(B)　米国のライセンサーが破産の申立てを行った場合 …………… *357*
　　　　(C)　米国のライセンシーが破産の申立てを行った場合 …………… *358*
　　B　日本における破産申立て ……………………………………………… *360*
　　　　(A)　日本のライセンサーが破産の申立てを行った場合 …………… *360*
　　　　(B)　日本のライセンシーが破産の申立てを行った場合 …………… *361*
　　C　破産に関するドラフティング ………………………………………… *361*
　　　　(A)　解除事由としての破産 …………………………………………… *361*
　　　　(B)　解除以外の対応 …………………………………………………… *362*
2　公取指針の考え方 ……………………………………………………………… *363*
3　実務の考え方 …………………………………………………………………… *364*
　(1)　技術供与契約 ……………………………………………………………… *364*
　　A　契約の発効 ……………………………………………………………… *364*
　　B　契約解除事由の明示 …………………………………………………… *364*
　　C　吸収・合併等による契約終了 ………………………………………… *365*
　(2)　技術導入契約 ……………………………………………………………… *365*
　　A　契約の発効 ……………………………………………………………… *365*
　　B　契約解除事由の明示 …………………………………………………… *365*

第 6　一口コメント ……………………………………………………… *366*

第15章　契約終了の効果（Effects of Termination） ……… *367*

第 1　事例15の紹介〔技術供与〕 …………………………………… *367*
第 2　事例15の訳文 …………………………………………………… *368*
第 3　事例15の解説 …………………………………………………… *368*
1　権利の終了、情報の使用禁止および技術資料等の返却（14.1項） … *368*
2　受注残製品の清算前払い（14.2項） ………………………………… *369*
3　情報の転売、譲渡禁止等（14.3項） ………………………………… *369*
4　ライセンサーの名前の使用禁止（14.4項） ………………………… *369*
第 4　本条項の位置付け ……………………………………………… *369*
第 5　本条項のチェックポイント …………………………………… *370*
1　基本的な考え方 ………………………………………………………… *370*
　(1)　米国法における「契約終了の効果」の考え方 ………………… *370*
　　A　特定履行（Specific Performance）（UCC／2－716） ……… *370*
　　B　差止命令（Injunction） …………………………………………… *370*
　　C　契約解除（Rescission）と原状回復（Restitution） …………… *371*
　(2)　日本法における「契約終了の効果」の考え方 ………………… *371*
　　A　期間満了の効果 …………………………………………………… *371*
　　B　契約解除の効果 …………………………………………………… *371*
　　　(A)　現行民法の場合 ……………………………………………… *371*
　　　　a　民法545条（解除の効果） …………………………………… *371*
　　　　b　民法546条（契約の解除と同時履行） ……………………… *372*
　　　(B)　改正民法の場合 ……………………………………………… *372*
　　　　a　改正民法545条（解除の効果） ……………………………… *372*
　　　　b　改正民法546条（契約の解除と同時履行） ………………… *372*
　　　(C)　継続的契約に対する民法620条の類推適用 ……………… *372*
　(3)　契約終了の効果条項のドラフティング ………………………… *372*
　　A　期間満了による終了 ……………………………………………… *372*
　　　(A)　契約関係の清算 ……………………………………………… *372*
　　　　a　許諾した実施権に関する清算 ……………………………… *372*
　　　　b　ロイヤルティの支払に関する清算 ………………………… *373*
　　　　c　その他の清算 ………………………………………………… *374*
　　　(B)　テリトリーにおける契約製品の事業の承継 ……………… *374*
　　　(C)　残存条項 ……………………………………………………… *374*

B　解除による終了 …………………………………………………… *374*
　　　　(A)　ライセンシーの債務不履行・倒産を理由とする場合 ………… *374*
　　　　(B)　ライセンサーの債務不履行・倒産を理由とする場合 ………… *375*
　　　C　中途解約による終了 ……………………………………………… *375*
　2　公取指針の考え方 …………………………………………………………… *375*
　　(1)　ノウハウライセンス契約終了後の秘密保持義務 ……………………… *375*
　　(2)　契約終了後における競争品の製造、使用等または競争技術の採用の制限 …… *376*
　　(3)　権利消滅後の制限 ………………………………………………………… *376*
　3　実務の考え方 ………………………………………………………………… *376*
　　(1)　技術供与契約 ……………………………………………………………… *376*
　　(2)　技術導入契約 ……………………………………………………………… *377*

　第6　一口コメント ……………………………………………………………… *377*

II－3　一般条項（General Terms）

第16章　不可抗力（Force Majeure） ……………………………… *378*

　第1　事例16の紹介〔技術供与〕 ……………………………………………… *378*
　第2　事例16の訳文 ……………………………………………………………… *379*
　第3　事例16の解説 ……………………………………………………………… *379*
　1　「不可抗力」の定義と初期対応（15.1項） ……………………………… *379*
　　(1)　「不可抗力」の定義（15.1項、前段） ………………………………… *379*
　　(2)　被害を受けた当事者の初期対応（15.1項、中段および後段） ……… *379*
　2　事態解決策の模索、契約終了および契約終了に伴う措置（15.2項） … *380*
　　(1)　事態解決のための最善の努力（15.2項、前段） ……………………… *380*
　　(2)　損害賠償なしに契約を終了させる権利（15.2項、後段前半） ……… *380*
　　(3)　金銭債務の履行義務（15.2項、後段後半） …………………………… *380*

　第4　本条項の位置付け ………………………………………………………… *380*
　第5　本条項のチェックポイント ……………………………………………… *380*
　1　基本的な考え方 ……………………………………………………………… *380*
　　(1)　不可抗力とは ……………………………………………………………… *380*
　　(2)　英米法における「免責の要件」 ………………………………………… *381*
　　　A　"Frustration"（契約目的の達成不能） ………………………………… *381*
　　　B　Restatement Second Sec.265（付随的フラストレーションによる免責） …… *381*
　　　C　Frustration に関する仲裁事例 ………………………………………… *382*
　　(3)　日本法における「免責の要件」 ………………………………………… *382*

A　過失責任主義 …………………………………………… *382*
　　　B　立証責任 ………………………………………………… *383*
　　　C　金銭債務の特則 ………………………………………… *383*
　(4)　不可抗力条項のドラフティング ……………………………… *383*
　　　A　不可抗力事由 …………………………………………… *383*
　　　B　不可抗力事由発生の効果 ……………………………… *384*
　　　C　金銭債務の特則を設けるか …………………………… *385*
　2　実務の考え方 ………………………………………………………… *385*
　(1)　技術供与契約 …………………………………………………… *385*
　(2)　技術導入契約 …………………………………………………… *386*
　第6　一口コメント …………………………………………………………… *386*

第17章　通　知（Notice） …………………………………… *387*

　第1　事例17の紹介〔技術導入〕 …………………………………………… *387*
　第2　事例17の訳文 …………………………………………………………… *387*
　第3　事例17の解説 …………………………………………………………… *388*
　1　通知内容、方法および宛先（16.1項） ……………………………… *388*
　2　通知の効力（16.2項） ………………………………………………… *388*
　3　連絡先の変更（16.3項） ……………………………………………… *389*
　第4　本条項の位置付け …………………………………………………… *389*
　第5　本条項のチェックポイント ………………………………………… *389*
　1　基本的な考え方 ……………………………………………………… *389*
　(1)　概　説 …………………………………………………………… *389*
　(2)　英米法における「通知」の考え方 …………………………… *389*
　　　A　通知の方法 ……………………………………………… *389*
　　　B　通知の到達 ……………………………………………… *390*
　(3)　日本法における「通知」の考え方 …………………………… *391*
　　　A　通知の方法 ……………………………………………… *391*
　　　B　通知の到達 ……………………………………………… *391*
　(4)　通知に関するドラフティング ………………………………… *391*
　2　実務の考え方 ………………………………………………………… *393*
　(1)　技術供与契約 …………………………………………………… *393*
　(2)　技術導入契約 …………………………………………………… *393*
　第6　一口コメント …………………………………………………………… *393*

49

第18章　法令遵守 (Compliance with Laws and Regulations) …… *394*

第1　事例18の紹介〔技術供与〕 …… *394*
第2　事例18の訳文 …… *394*
第3　事例18の解説 …… *395*
1　法律規則の遵守（17.1項）…… *395*
2　契約の一部無効（17.2項）…… *395*
3　契約の分離存続性（17.3項）…… *395*

第4　本条項の位置付け …… *396*

第5　本条項のチェックポイント …… *396*
1　基本的な考え方 …… *396*
(1)　英米法における「不法な契約」および「可分性」の考え方 …… *396*
　A　不法な契約 …… *396*
　B　UCC／1−105「可分性」(Severability) …… *397*
　C　「可分性の法理」(Severability Doctrine) …… *397*
(2)　日本法における「不法な契約」および「可分性」の考え方 …… *397*
　A　不法な契約 …… *397*
　B　可分性 …… *397*
(3)　法令遵守および可分性のドラフティング …… *398*
　A　法令遵守 …… *398*
　B　可分性 …… *398*
2　公取指針の考え方 …… *399*
3　実務の考え方 …… *399*
(1)　技術供与契約 …… *399*
(2)　技術導入契約 …… *399*

第6　一口コメント …… *399*

第19章　契約譲渡 (Assignment) …… *400*

第1　事例19の紹介〔技術導入〕 …… *400*
第2　事例19の訳文 …… *400*
第3　事例19の解説 …… *400*
1　契約譲渡禁止（前段）…… *400*
2　関連会社への契約譲渡（後段 provided-that clause）…… *401*

第4　本条項の位置付け …… *401*

第5　本条項のチェックポイント …… *402*

1　基本的な考え方 ……………………………………………………………… *402*
(1)　権利義務の譲渡性 ………………………………………………………… *402*
####　A　英米法の場合 ………………………………………………………… *402*
#####　(A)　概　説 ………………………………………………………… *402*
#####　(B)　UCC の場合 …………………………………………………… *402*
#####　(C)　包括承継等 …………………………………………………… *403*
####　B　日本法の場合 ………………………………………………………… *404*
#####　(A)　債権の譲渡 …………………………………………………… *404*
######　　a　現行民法 ……………………………………………………… *404*
######　　b　改正民法 ……………………………………………………… *404*
#####　(B)　債務の引受け ………………………………………………… *406*
######　　a　現行民法 ……………………………………………………… *406*
######　　b　改正民法 ……………………………………………………… *406*
(2)　譲渡禁止条項のドラフティング ………………………………………… *407*
####　A　譲渡禁止の対象 ……………………………………………………… *407*
#####　(A)　権利・義務の承継 ……………………………………………… *407*
#####　(B)　特定承継と包括承継 …………………………………………… *407*
#####　(C)　第三者への委託 ………………………………………………… *407*
#####　(D)　支配権の変更禁止 ……………………………………………… *408*
####　B　譲渡禁止の例外 ……………………………………………………… *409*
####　C　違反の効果 ………………………………………………………… *410*
####　D　他の条項との整合性 ………………………………………………… *410*
2　実務の考え方 ……………………………………………………………… *411*
(1)　技術供与契約 ………………………………………………………… *411*
(2)　技術導入契約 ………………………………………………………… *411*

第 6　一口コメント …………………………………………………………… *411*

第20章　権利不放棄 (No Waiver) ……………………………………………… *412*

第 1　事例20の紹介〔技術供与〕…………………………………………… *412*

第 2　事例20の訳文 …………………………………………………………… *412*

第 3　事例20の解説 …………………………………………………………… *412*

第 4　本条項の位置付け ……………………………………………………… *412*

第 5　本条項のチェックポイント …………………………………………… *413*

1　基本的な考え方 ……………………………………………………………… *413*
(1)　英米法における「権利放棄」の考え方 ………………………………… *413*

A　権利放棄（Waiver） *413*
　　　B　書面化の徹底 *413*
　　(2)　日本法における「権利放棄」の考え方 *413*
　　(3)　権利不放棄のドラフティング *413*
　2　実務の考え方 *414*
　　(1)　技術供与契約 *414*
　　(2)　技術導入契約 *414*
　第6　一口コメント *414*

第21章　派生的損害賠償（Consequential Damages） *415*

　第1　事例21の紹介〔技術供与〕 *415*
　第2　事例21の訳文 *415*
　第3　事例21の解説 *415*
　第4　本条項の位置付け *416*
　第5　本条項のチェックポイント *416*
　1　基本的な考え方 *416*
　　(1)　英米法における「損害賠償」の考え方 *416*
　　　A　損害（Damage）とは *416*
　　　B　損害賠償の種類 *416*
　　　　(A)　名目的損害賠償（Nominal Damages） *416*
　　　　(B)　補償的損害賠償（Compensatory Damages） *417*
　　　　(C)　派生的損害賠償（Consequential Damages） *417*
　　　　(D)　損害賠償の予定（Liquidated Damages） *417*
　　　C　派生的損害の具体例 *417*
　　　　(A)　履行不能の場合 *417*
　　　　　a　転売利益の請求 *417*
　　　　　b　支出をせずに済んだ変動費の控除 *418*
　　　　　c　逸失利益の請求が認められる期間 *419*
　　　　(B)　履行遅滞の場合 *419*
　　(2)　日本法における「損害賠償」の考え方 *420*
　　　A　損害とは *420*
　　　B　債務不履行に基づく損害賠償 *420*
　　　　(A)　現行民法の場合 *420*
　　　　　a　民法415条（債務不履行による損害賠償） *420*
　　　　　b　民法416条（損害賠償の範囲） *420*

(B)　改正民法の場合 …………………………………………………… 420
　　　　a　改正民法415条（債務不履行による損害賠償）………………… 420
　　　　b　改正民法416条（損害賠償の範囲）……………………………… 421
　　C　瑕疵担保責任に基づく損害賠償 ……………………………………… 421
　(3)　派生的損害の免責条項のドラフティング ……………………………… 421
　　A　派生的損害の免責 ……………………………………………………… 421
　　B　損害の上限 ……………………………………………………………… 422
　　C　派生的損害等の免責の例外 …………………………………………… 422
　　　(A)　当事者間の特定のクレーム ………………………………………… 422
　　　　a　悪意・重過失 ……………………………………………………… 422
　　　　b　秘密保持義務違反 ………………………………………………… 422
　　　(B)　第三者のクレーム …………………………………………………… 423
 2　実務の考え方 …………………………………………………………………… 423
　(1)　技術供与契約 ……………………………………………………………… 423
　(2)　技術導入契約 ……………………………………………………………… 423

第6　一口コメント ……………………………………………………………… 424

第22章　完全なる合意（Entire Agreement） ………………… 425

第1　事例22の紹介〔技術供与〕 ……………………………………………… 425

第2　事例22の訳文 ……………………………………………………………… 425

第3　事例22の解説 ……………………………………………………………… 425
 1　完全なる合意（21.1項）……………………………………………………… 425
 2　契約書の変更・改訂・修正（21.2項）……………………………………… 426

第4　本条項の位置付け ………………………………………………………… 426

第5　本条項のチェックポイント ……………………………………………… 426
 1　基本的な考え方 ………………………………………………………………… 426
　(1)　英米法における「完全なる合意」の考え方 …………………………… 426
　　A　「完全なる合意」の根拠 ……………………………………………… 426
　　　(A)　口頭証拠排除の原則（Parol Evidence Rule）…………………… 426
　　　(B)　詐欺防止法（Statute of Frauds）………………………………… 427
　　B　「完全なる合意」の対象 ……………………………………………… 428
　(2)　日本法における「合意」の考え方 ……………………………………… 429
　(3)　完全なる合意条項のドラフティング …………………………………… 429
 2　実務の考え方 …………………………………………………………………… 430
　(1)　技術供与契約 ……………………………………………………………… 430

(2)　技術導入契約 ……………………………………………………………… *430*

　第6　一口コメント ……………………………………………………………… *430*

第23章　紛争処理（Settlement of Disputes） …………………… *431*

　第1　事例23の紹介〔技術供与〕 ……………………………………………… *431*
　第2　事例23の訳文 ……………………………………………………………… *431*
　第3　事例23の解説 ……………………………………………………………… *431*
1　仲裁への付託と仲裁規則（前段） …………………………………………… *431*
2　仲裁人の数、仲裁場所、言語、準拠法（後段） …………………………… *432*

　第4　本条項の位置付け ………………………………………………………… *433*
　第5　本条項のチェックポイント ……………………………………………… *433*
1　基本的な考え方 ………………………………………………………………… *433*
　(1)　訴訟と仲裁 ………………………………………………………………… *433*
　　A　訴　訟 …………………………………………………………………… *433*
　　　(A)　メリット …………………………………………………………… *433*
　　　(B)　デメリット ………………………………………………………… *433*
　　B　仲　裁 …………………………………………………………………… *436*
　　　(A)　メリット …………………………………………………………… *436*
　　　(B)　デメリット ………………………………………………………… *438*
　(2)　訴訟を選択する場合の手続 ……………………………………………… *439*
　　A　日本の裁判所を選択する場合 ………………………………………… *439*
　　　(A)　合意管轄の指定の可否・要件 …………………………………… *439*
　　　　a　民事訴訟法3条の7 ……………………………………………… *439*
　　　　b　「一定の法律関係に基づく訴え」の意味 …………………… *440*
　　　(B)　裁判管轄条項のドラフティング ………………………………… *441*
　　　　a　「一定の法律関係に基づく訴え」 …………………………… *441*
　　　　b　専属的・非専属的裁判管轄の選択 …………………………… *441*
　　B　外国の裁判所を選択する場合 ………………………………………… *442*
　　　(A)　相手国の裁判所を選択する場合 ………………………………… *442*
　　　(B)　第三国の裁判所を選択する場合 ………………………………… *442*
　(3)　仲裁を選択する場合の手続 ……………………………………………… *444*
　　A　仲裁機関の種類 ………………………………………………………… *444*
　　B　WIPO仲裁センターとICC Courtの概要 …………………………… *445*
　　　(A)　WIPO仲裁センター（WIPO Arbitration Center） ………… *445*
　　　　a　設立、目的および運営 ………………………………………… *445*

|　　　　b　紛争解決手続 ……………………………………………………… *445*
|　　　　c　特　徴 …………………………………………………………… *445*
|　　　　d　WIPO 仲裁センターの連絡先 …………………………………… *446*
|　　(B)　ICC Court ……………………………………………………………… *446*
|　　　　a　設立、目的および運営 ………………………………………… *446*
|　　　　b　紛争解決手続 ……………………………………………………… *446*
|　　　　c　特　徴 …………………………………………………………… *448*
|　　　　d　ICC の連絡先 …………………………………………………… *450*
|　　(C)　WIPO 仲裁センターと ICC Court の比較 ……………………… *450*
|　C　仲裁条項のドラフティング ………………………………………………… *451*
|　　(A)　仲裁機関 ……………………………………………………………… *451*
|　　　　a　WIPO が推奨するモデル仲裁条項 …………………………… *451*
|　　　　b　ICC による場合 ………………………………………………… *451*
|　　(B)　対象となる紛争の範囲 …………………………………………… *452*
|　　(C)　手続の詳細 …………………………………………………………… *452*
|　　(D)　差止め等の例外 ……………………………………………………… *453*
|　(4)　裁判・仲裁外の解決 ……………………………………………………… *453*
|　2　実務の考え方 …………………………………………………………………… *454*
|　(1)　技術供与契約 ………………………………………………………………… *454*
|　(2)　技術導入契約 ………………………………………………………………… *454*
|　第 6　一口コメント ……………………………………………………………… *454*

第24章　準拠法（Governing Law） ……………………………… *455*

第 1　事例24の紹介〔技術供与〕 ………………………………………… *455*

第 2　事例24の訳文 ………………………………………………………… *455*

第 3　事例24の解説 ………………………………………………………… *455*

第 4　本条項の位置付け …………………………………………………… *455*

第 5　本条項のチェックポイント ………………………………………… *456*

1　基本的な考え方 …………………………………………………………………… *456*
　(1)　抵触法とは …………………………………………………………………… *456*
　　A　準拠法と抵触法 …………………………………………………………… *456*
　　B　抵触法が規律する範囲 …………………………………………………… *456*
　(2)　各国の抵触法 ………………………………………………………………… *456*
　　A　日本の抵触法 ……………………………………………………………… *456*
　　　(A)　通則法の規定 ………………………………………………………… *456*

                a　通則法7条（当事者による準拠法の選択） ·· *456*
                b　通則法8条（当事者による準拠法の選択がない場合） ······················ *457*
                c　通則法9条（当事者による準拠法の変更） ·· *457*
            (B)　通則法の解説 ··· *457*
        B　米国の抵触法（conflict of laws） ·· *458*
            (A)　UCCの規定 ·· *458*
            (B)　抵触法の解説 ··· *458*
      (3)　準拠法条項のドラフティング ··· *459*
        A　準拠法の選択肢 ·· *459*
        B　準拠法の適用範囲 ·· *460*
        C　抵触法の適用の排除 ·· *461*
      (4)　当事者が準拠法を合意しない場合の法律関係 ·· *461*
        A　仲裁の場合 ·· *461*
            (A)　WIPO仲裁規則（61条） ··· *462*
            (B)　ICC仲裁規則（21条） ··· *462*
        B　訴訟の場合 ·· *463*
   2　実務の考え方 ·· *463*
      (1)　技術供与契約 ··· *463*
      (2)　技術導入契約 ··· *464*

   第6　一口コメント ·· *464*

Ⅲ　末尾部分（Back of the Contract）

第25章　末尾文言・署名（Testimonium Clause／Signature） ··· *465*

   第1　事例25の紹介〔技術供与〕 ··· *465*
   第2　事例25の訳文 ·· *465*
   第3　事例25の解説 ·· *466*
   第4　本条項の位置付け ·· *466*
   第5　本条項のチェックポイント ··· *467*
   1　基本的な考え方 ·· *467*
      (1)　英米法における「署名」の考え方 ··· *467*
        A　署名の意味 ·· *467*
        B　会社における署名権限 ··· *467*
      (2)　日本法における「署名」の考え方 ··· *467*
        A　署名の意味 ·· *467*

B　会社における署名権限 …………………………………………………………… *468*
　(3)　署名欄のドラフティング ………………………………………………………………… *468*
　2　実務の考え方 ……………………………………………………………………………… *470*
　(1)　技術供与契約 ………………………………………………………………………… *470*
　　　A　署名者 ……………………………………………………………………………… *470*
　　　B　署名方法 …………………………………………………………………………… *470*
　　　C　調印日 ……………………………………………………………………………… *470*
　　　D　立会人署名 ………………………………………………………………………… *471*
　　　E　署名欄の様式 ……………………………………………………………………… *471*
　　　F　契約書作成部数 …………………………………………………………………… *471*
　　　G　電子署名 …………………………………………………………………………… *472*
　(2)　技術導入契約 ………………………………………………………………………… *472*
　第6　一口ポイント ………………………………………………………………………… *472*

第3部　資料編

第1章　ライセンス契約書および実施料報告書のサンプル …………………… *474*
　第1　独占的ライセンス契約書のサンプル ……………………………………………… *474*
　第2　実施料報告書のサンプル …………………………………………………………… *504*
第2章　契約締結時の付随契約書のサンプル ……………………………………… *509*
　第1　秘密保持契約書のサンプル ………………………………………………………… *509*
　第2　意向書のサンプル …………………………………………………………………… *517*
第3章　契約締結後の付随契約書・通知書のサンプル ………………………… *521*
　第1　変更契約書のサンプル ……………………………………………………………… *521*
　第2　契約の更新通知のサンプル ………………………………………………………… *523*
　第3　期間満了による終了通知のサンプル ……………………………………………… *525*
　第4　契約解除による終了通知のサンプル ……………………………………………… *526*
第4章　ロイヤルティの受領と源泉税課税（日米租税条約） ………………… *527*
第5章　EC委員会規則 No.316／2014のポイント ……………………………… *530*
第6章　中国技術輸出入管理条例―「技術輸入管理」の留意点― ………… *532*
第7章　知的財産ライセンシングに関する独占禁止法ガイドライン ……… *535*

目次（詳細）

第8章　連邦破産法（1995）365条から一部抜粋英和対訳 …………………… *540*
第9章　引用日米破産法等条項一覧表 ………………………………………… *546*
第10章　引用UCC条項一覧表 …………………………………………………… *547*
第11章　参考文献等 ……………………………………………………………… *549*

●改訂概要・一覧表 ……………………………………………………………… *554*
●日本法条文索引 ………………………………………………………………… *561*
●英文事項索引 …………………………………………………………………… *563*
●和文事項索引 …………………………………………………………………… *569*

●著者略歴 ………………………………………………………………………… *573*

凡 例

〈法令等略語一覧〉

UCC	アメリカ統一商法典
会	会社法
商	商法
通則法／通則	法の適用に関する通則法
特	特許法
独占禁止法／独禁	私的独占の禁止及び公正取引の確保に関する法律
公取指針	公正取引委員会「知的財産の利用に関する独占禁止法上の指針」(2007年9月、最終改正：2016年1月)
破	破産法
不競	不正競争防止法
民	民法
改民	民法（平成29年法律第44号による改正後のもの）

〈文献等略記一覧〉

Adams・Manual	Kenneth A. Adams『A Manual of Style for Contract Drafting (Third Edition)』(American Bar Association、2013年)
AIPPI・用語辞典	米国特許研究会編『米国特許実務用語辞典〔改訂増補・第三版〕』(AIPPI・JAPAN、1994年)
Anderson・Guide	Mark Anderson ほか『A-Z Guide to Boilerplate and Commercial Clauses (Second Edition)』(Tottle Publishing、2006年)
Black's Law Dic.	Bryan A. Garner『Black's Law Dictionary, Tenth Edition』(2014年)
Cheshire／Fifoot・契約法	M. P. Furmston『Cheshire and Fifoot's Law of Contract (Ninth Edition)』(Butterworth & Co.Ltd., 1976年)
Dow・Improvements	Kenneth J. Dow『Improvements for Handling Improvement Clauses in IP Licenses: An Analytical Framework』(Santa Clara High Technology Law Journal、2004年)
Epstein・Drafting	Michael E. Epstein ほか編『Drafting License Agreements (Fourth Edition)』(Aspen Law and Business、2004年)
Goldscheider・Handbook	Robert Goldscheider『Licensing Law Handbook』(Clark Boardman Collaghan、1993年—1994年版)
H. Stumpf・ノーハウ契約	Herbert Stumpf（後藤静思・布井要太郎共訳）『ノーハウ契約の法律実務』(AIPPI JAPAN、1977年)
H. 幸田・逐条解説	ヘンリー幸田『米国特許法逐条解説〔第3版〕』(発明協会、1999年)
H. 幸田・米独禁法(5)	ヘンリー幸田「米国独占禁止法講座(5) 特許権の行使と独占禁止法」発明94巻9号（1997年）
JIPA・ライセンス委論説(1)・(2)・(3)	日本知的財産協会ライセンス委員会「実施料の考え方と決め方(1)(2)(3)」（特許管理42巻8号・10号・12号（1992年）
JIPA・ライセンス委論説(4)・(5)	日本知的財産協会ライセンス委員会「米国法におけるライセンス契約の保証条項の考察(1)(2)」知財管理45巻4号・5号（1995年）
JIPA・ライセンス委論説(6)	日本知的財産協会ライセンス委員会第2小委員会「日本におけるラ

凡例

	イセンス契約と技術保証に関する法的側面での一考察」知財管理46巻4号、1996年)
JIPA・資料222	日本知的財産協会「資料222号 ライセンス契約と税金」(ライセンス委員会、1994年)
WIPO・L／Aガイド	WIPO国際事務局(早稲田大学法学部教授・土井輝生訳)『ライセンス契約のガイド―特に開発途上国のために』(AIPPI JAPAN、1980年(原文は1977年))
石田・ハンドブック	石田正泰監修／発明協会編『ライセンス契約実務ハンドブック』(発明推進協会、2000年)
岩崎・英文契約書	岩崎一生『英文契約書―作成実務と法理―〔全訂新版〕』(同文館、1998年)
内田・民法Ⅰ	内田貴『民法Ⅰ 総則・物権総論〔第4版〕』(東京大学出版会、2008年)
内田・民法Ⅱ	内田貴『民法Ⅱ 債権各論〔第2版〕』(東京大学出版会、2007年)
内田・民法Ⅲ	内田貴『民法Ⅲ 債権総論・担保物権〔第3版〕』(東京大学出版会、2005年)
北川・国際法務	北川俊光『国際法務入門』(日本経済新聞社、1995年)
北沢／鴻・英米商事法辞典	北沢正啓・鴻常夫編『英米商事法辞典〔新版〕』(商事法務研究会、1998年)
シェーバー／ローワー・契約法	ゴードン・D・シェーバー・クロード・D・ローワー(内藤加代子訳)『アメリカ契約法(アメリカ・ビジネス法シリーズ3)』(木鐸社、1992年)
田中・英米法	田中英夫『英米法総論(上・下)』(東京大学出版、1980年)
田中・英米法辞典	田中英夫編『英米法辞典』(東京大学出版会、1991年)
知財研・紛争処理報告	知的財産研究所「知的財産分野における裁判外紛争処理のあり方についての調査研究報告書(平成10年度特許庁工業所有権制度問題調査報告書)」(1999年)
中山・工業所有権法	中山信弘『工業所有権法(上)(法律学双書)』(弘文堂、1993年)
中山・特許法	中山信弘『特許法〔第3版〕』(弘文堂、2016年)
並木・UCC	並木俊守『アメリカ統一商法典』(東洋経済新報社、1983年)
並木・契約法	並木俊守『アメリカ契約法』(東洋経済新報社、1971年)
日弁連・改正債権法	日本弁護士連合会編『実務解説 改正債権法』(弘文堂、2017年)
発明協会・判例ライセンス法	山上和則先生還暦記念『判例ライセンス法』(発明協会、2000年)
早川・英米法	早川武夫『英米法〔第2版〕』(東京大学出版会、2001年)
早川・商法	早川勲『商法要論Ⅰ 会社・総則・商行為』(法学書院、1995年)
フィリップス・米国PL法	ジェフリー・J・フィリップス(内藤篤訳)『アメリカ製造物責任法』(木鐸社、1992年)
村上・特許ライセンス(2)	村上政博『特許・ライセンスの日米比較〔第二版〕』(弘文堂、1998年)
山上・藤川・法律相談	山上和則・藤川義人編『知財ライセンス契約の法律相談〔改訂版〕(新青林法律相談19)』(青林書院、2011年)
山田・ライセンス倒産	山田勇毅「ライセンス契約における当事者の倒産」知財管理52巻8号(2002)

山本・PL法	山本庸幸『注釈　製造物責任法』（ぎょうせい、1994年）
吉藤／熊谷・特許法概説	吉藤幸朔（熊谷健一補訂）『特許法概説〔第13版〕』（有斐閣、1996年）
龍神・米国倒産	龍神嘉彦「米国ライセンシーの倒産に備えた契約交渉術—特許が競合会社に転売されないように」知財管理53巻10号（2003）
我妻・債権各論㈭	我妻榮『債権各論　中巻一（民法講義V_2）』（岩波書店、1965年）
我妻・民法総則	我妻榮『新訂　民法総則（民法講義Ｉ）』（岩波書店、1965年）
渡邊・アメリカ倒産法	渡邊光誠『最新　アメリカ倒産法の実務』（商事法務研究会、1997年）

第1部 総論

第1章　英文ライセンス契約概説

第1　ライセンス契約の特性

1　ライセンス契約の定義および法令上の位置付け

(1)　ライセンス契約の定義

　ライセンス契約とは、ある者が他の者に対し、それなしには違法となる行為をすることを許す契約をいう（田中・英米法辞典）[1]。

　ライセンス契約が成立すると、契約期間中、ライセンサーはライセンシーに対し、その「許諾した行為を妨げない」という不作為義務を負う。なぜなら、一定の行為を許諾したライセンサーがかかる行為を妨げるということは、自己矛盾行為であり禁反言[2]にあたるからである。

　このように、ライセンス契約はライセンサーの不作為義務を本質とする。したがって、ライセンス契約は、たとえば、権利の移転を目的とする売買契約と異なり、また、積極的な使用収益義務を伴う賃貸借契約とも異なる。ただし、実務におけるライセンス契約は、同不作為義務のほかに、ライセンサーの技術援助義務、ライセンシーの支払義務や販売促進義務等、種々の義務が付加されるため、多種多様となる（Raymond T. Nimmer『Licensing in the Contemporary Information Economy』119頁[3]、中山・特許法507頁[4]）。

　なお、米国の最高裁判所は、特許ライセンス契約につき、"a mere waiver of the right to sue"[5]（単なる訴権の放棄）と解釈し、また、連邦巡回区控訴裁判所（The Federal Circuit Court of Appeals）も、"A patent license agreement is in essence nothing more than a promise by the licensor not to sue the licensee"[6]（ライセンス契約は、要はライセンサーがライセンシーに対し訴えを提起しないという約束に過ぎない）と解釈している[7]。

---

[1] Black's Law Dic. によるライセンスの定義は以下のとおりである。
"In the law of contracts. A permission, accorded by a competent authority, conferring the right to do some act which without such authorization would be illegal, or would be a trespass or a tort. State v. Hipp, 38 Ohio St. 220; Youngblood v. Sexton, 32 Mich. 406, 20 Am. Rep. 054; Hubman v. State, 61 Ark. 4 S2. 33 S. W. 843; Chicago v. Collins, 175 111. 445. 51 N. E. 907, 49 L. R. A. 40S, 67 L. R. A. 224. Also the written evidence of such permission."

[2] 禁反言（エストッペル）とは、自らの言動によってある事実の存在を相手に信じさせた者は、相手がそれを信じて自己の法律関係を変更した場合、その者に対して当該事実の不存在を主張できないとする原則（内田・民法Ⅰ 187頁）。

[3] "In many transactions, licenses entail complex agreements, while in others they merely waive the right to sue."

[4] 「通常実施権とは、当該発明を業として実施しても差止請求や損害賠償請求を受けることのない権原、即ち不作為請求権と考えられる。現実の通常実施権の内容は、この不作為請求権を核として、契約によって種々の内容が付加されたものである」。

[5] General Talking Pictures Corp. v. Western Electric Co., 304 U.S. 175, 181 (1938)

[6] Spindelfabrik Suessen-Schurr v. Schubert & Salzer, 829 F.2d 1075, 1081 (Fed.Cir.1987), cert. denied, 484 U.S. 1063 (1988)

[7] なお、黙示的な特許ライセンス契約は、"an implied license merely signifies a patentees waiver of the statutory right to exclude others from making, using, or selling the patented invention." であるとされる（Wang Labs., Inc. v.

これらの解釈は、ライセンス契約を、ライセンサーのライセンシーに対する知的財産権の行使の否定、ととらえる点で本書の立場と共通するものである（ただし、その根拠を「訴権の放棄」に限定しているのは、米国特許権の性質に由来するものと思われる）。

　ところで、国際ライセンス契約は、複数の国に関わり、複数の国の法が適用され得るので、これらの適用法を理解する必要がある。リーガルリスクが顕在してから、他国法は知らなかった等との抗弁は通じない（"ignorantia juris non excusat"「法の不知は許さず」）。そこで、以下、ライセンス契約の日米における法令上の位置付けを述べる。

(2) ライセンス契約の法令上の位置付け

A　英米法と大陸法

　米国法の背景となる英米法と日本法の背景となる大陸法では法そのもののとらえ方が異なるため、米国法と日本法を比較するについてもこの点に留意する必要がある。そこで、まず、英米法と大陸法の違いを整理する。なお、下表を作成するにあたり、主として早川・英米法を参照し、引用箇所はかぎ括弧（「　」）で示した。

法体系	英　米　法	大　陸　法
世界の国々	アメリカ、カナダ、オーストラリア、ニュージーランド、インド、パキスタン、セイロン（現スリランカ）、南アフリカなど（早川・英米法2頁（序論(1)英米法と大陸法）参照）。	フランス、イタリア、ポルトガル、スペイン、中南米諸国、ドイツ、オーストリア、ギリシャ、日本、中国、タイなど（早川・英米法1頁（序論(1)英米法と大陸法）を参照）。
淵源	英米法の淵源は、イギリスの大英帝国時代に支配した国々に適用していた普通法（common law）にある。その普通法は、ノルマン王朝の国王裁判所が裁判の根拠とした全国共通に適用した慣習法から発展した（早川・英米法4頁（(1)系譜－ゲルマン法）；14頁（(2)ノルマン征服とその影響）参照）。	大陸法の淵源は、ローマ法にある。発展の中心が市民法であったことから、市民法とも称される。市民法はローマ帝国内で通用した慣習法がその基になっている（早川・英米法4頁（(1)系譜－ゲルマン法）参照）。
法典の編纂	英米法における法典や制定法の編纂は、基本的に、判例法を部分的に修正したり、変更したりして、整理統合したものにすぎないのであって、これら法典や制定法を集めても、まとまった法体系を形成するものではないといわれている（早川・英米法5頁（(2)法源－判例法）参照）。	古くは、ユスティニアヌスの古ローマ法の大法典編纂事業があり、近代ではドイツ法典、フランス法典、オーストリア法典、スイス法典などが編纂された（早川・英米法4頁（(2)法源－判例法）参照）。
法源	法源は、判例法である。（早川・英米法4頁（(2)法源－判例法）参照）。	法源は、法典または制定法である（早川・英米法4頁（(2)法源－判例法）参照）。

Mitsubishi Elecs. Am., Inc., 103 F.3d 1571, 1580 (Fed. Cir. 1997)。

判例	判例法は、裁判所が不文法や慣習法を適用して下した判例の積み重ねである（早川・英米法5頁（(2)法源−判例法）参照）。	判例は、法典の解釈例であって、法源としては二次的なもの（早川・英米法5頁（(2)法源−判例法）参照）。
法律観	法律観は、ゲルマン的である。「法は太古から存在するもので、これを裁判官が発見し宣言するのだという考え方がある」（早川・英米法6頁（(3)法律観−法発見・法宣言））とされる。	法律観は、ローマ法的である。「法は立法者ないし立法府によって定立され創造される」（早川・英米法6頁（(3)法律観−法発見・法宣言））とされる。
法思考	訴訟法中心主義（早川・英米法7頁（(5)訴訟法中心主義）参照）。具体的で、実際的。「判例は具体的事件を詳しく記し、これに対して下された判断を示しているから、いわば、極めて詳細な構成要件をもつ規範である。判例が当面の事件を拘束するかどうかは、両事件の具体的な事実状況が重要な相違をもっているかどうかによって定まるので、その事実状況を諸要素に細かに分析し、一々比較検討し、そのうえで同様に扱うべきか（類推適用）、異なるものとして異なる扱いをするべきか（区別）を決定するのである」（早川・英米法6頁（(4)具体的・実際的法思考））とされる。	実体法中心主義（早川・英米法7頁（(5)訴訟法中心主義））。「法典の中の抽象的な法条の文言から出発するので一般的、抽象的そして往々思弁的である。論理操作は演繹的で、ことに典型的に三段論法的であって、法規を大前提とし事実を小前提として結論をひき出すことになっている」（早川・英米法6頁（(4)具体的・実際的法思考））とされる。
権利消滅	出訴期限（訴権時効）という考え方を採る（早川・英米法7頁（(5)訴訟法中心主義）参照）。	消滅時効という考え方を採る（早川・英米法7頁（(5)訴訟法中心主義）参照）。
司法と立法府の関係	事実上判例法を生み出すのは裁判官であり、裁判所であるので、司法が立法府より優位にあるといわれる（早川・英米法8頁参照）。	立法府が法を制定するので、立法府が司法より優位にあるといわれる（早川・英米法8頁参照）。

B　米国法

(A)　米国の法体系

　米国では、連邦法の他に50の州法がある。まず、連邦法は、連邦の制定法（statute）とその制定法を解釈する判例法（case law）が含まれる。連邦法の権限は、憲法に列挙された事項の規制に限られる。たとえば、外国との条約、州際通商等の領域は、連邦法によって規制される（合衆国憲法第6条）[8]。

8　Article VI（合衆国憲法第6条）
　All Debts contracted and Engagements entered into, before the Adoption of this Constitution, shall be as valid against the United States under this Constitution, as under the Confederation.
　This Constitution, and the Laws of the United States which shall be made in Pursuance thereof; and all Treaties made, or which shall be made, under the Authority of the United States, shall be the supreme Law of the Land; and the Judge in every State shall be bound thereby, any Thing in the Constitution or Laws of any State to the con-

次に、州法は州の制定法とその制定法を解釈する判例法に加え、普通法（common law）も含まれる。州法は憲法で禁止されていない限り、規制ができ（合衆国憲法第1条第10節）[9]、連邦法と競合する領域がある。両者が競合する場合、連邦法は州法に優先する。なぜなら、「本憲法及び本憲法に従い施行される合衆国の法律及び合衆国の権威の下で締結された若しくは将来締結されるすべての条約は、国の最高法規とする」（合衆国憲法6条）とされるところ、連邦法は「合衆国の法律」にあたるからである。

(B) 米国の契約法

a　コモンロー

米国の契約法、売買法、会社法等、商取引に関する分野は、専ら州法による（並木・契約法10〜

---

trary notwithstanding.
The Senators and Representatives before mentioned, and the Members of the several State Legislatures, and all executive and judicial Officers, both of the United States and of the several States, shall be bound by Oath or Affirmation, to support this Constitution; but no religious Test shall ever be required as a Qualification to any Office or public Trust under the United States.

〈訳文〉

合衆国憲法第6条

　本憲法成立前に契約済みの債務及び締結済みの約束は、連邦の下における場合と同様、本憲法の下においても、合衆国に対して効力を有するものとする。

　本憲法及び本憲法に従い施行される合衆国の法律及び合衆国の権威の下で締結された若しくは将来締結されるすべての条約は、国の最高法規とする。各州の裁判官は、憲法上若しくは州法上反対規定があろうとも、憲法によって拘束されるものとする。

　前述した上院議員及び下院議員、数多くの州議会（the several State Legislatures）の議員、並びに合衆国及び数多くの州の（of the several States）すべての行政官（executive Officers）及び司法官（judicial Officers）は、宣誓（Oath）若しくは確約（Affirmation）によって、この憲法を擁護する義務を負うものとする。ただし、宗教上の審査は、合衆国の下での公務員資格若しくは公共信託（public Trust）として、一切不要なものとする。

[9] Article I, Section 10（合衆国憲法第1条第10節）
No State shall enter into any Treaty, Alliance, or Confederation; grant Letters of Marque and Reprisal; coin Money; emit Bills of Credit; make any Thing but gold and silver Coin a Tender in Payment of Debts; pass any Bill of Attainder, ex post facto Law, or Law impairing the Obligation of Contracts, or grant any Title of Nobility.
No State shall, without the Consent of the Congress, lay any Imposts or Duties on Imports or Exports, except what may be absolutely necessary for executing its inspection Laws; and the net Produce of all Duties and Imposts, laid by any State on Imports or Exports, shall be for the Use of the Treasury of the United States; and all such laws shall be subject to the Revision and Control of the Congress.
No State shall, without the Consent of the Congress, lay any Duty of Tonnage, keep Troops, or Ships of War in time of Peace, enter into any Agreement or Compact with another State, or with a foreign Power, or engage in War, unless actually invaded, or in such imminent Danger as will not admit of delay.

〈訳文〉

合衆国憲法第1条第10節

　州は、条約、同盟又は連邦の締結、捕獲免許証（Letters of Marque and Reprisal）の許諾、お金の鋳造、信用証券の発行、金銀硬貨以外の物を債務支払の弁済金（Tender）とすること、私権剥奪法（Bill of Attainder）、遡及処罰法（ex post facto Law）、若しくは契約義務を妨害する法律の可決、又は貴族の称号付与をしてはならない。

　州は、連邦議会の承認なしに、その検査法の実施に絶対的に必要なるものを除き、輸入品若しくは輸出品に対して、いかなる輸入税（imposts）若しくは関税（duties）も課してはならず、輸入品若しくは輸出品に対して、各州が課したすべての関税及び輸入税の正味金額は、合衆国財務省の使用に供し、そのような法律はすべて、連邦議会の改正及び支配に服さねばならない。

　州は、連邦議会の承認なしに、トン税（Duty of Tonnage）を課したり、平和時に軍隊もしくは戦艦を保有したり、他州若しくは外国の政権と協定若しくは盟約を締結したり、又は戦争に参加したりしてはならないものとする。ただし、州が、実際に侵略を受けている場合若しくは猶予が認められないほどに切迫した危険に迫られている場合は、この限りではない。

11頁参照)。また、州法はルイジアナ州を除き、コモンローに基づいている[10]。

コモンローとは、英国法において発生し、裁判所が伝統や慣習、先例に基づき裁判をしてきたことによって発達し、後に米国等において採用された法概念をいう。具体的には、Equity[11]と対比される用語であり、「中世以来国王のcommon-law court（コモンロー裁判所）が発展させてきた法分野。Norman Conquest（ノルマン人の征服）により成立したノルマン王朝のもとで、統治にあたっては古来のイングランドの慣習を尊重するというたてまえをとりながら、王国全体に関する事柄については general custom of the realm(王国の一般的慣習)を適用するものであるとして、漸次形成された」ものをいう（田中・英米法辞典）。

なお、コモンローは、statutory law（制定法）またはwritten law（成文法）との対比で判例法、不文法を意味したり、また、Civil law（大陸法）との対比で英米法の全体（判例法、制定法等）を意味することもある（田中・英米法辞典）。

b　アメリカ統一商事法典（UCC）

商取引は各州のコモンローにより規律されているため、特に州をまたぐ事業を行う業者にとって不便であった。この問題を解決するためには、連邦法を定めるか、統一法を定めるかが考えられたが、後者が採用された。アメリカ法曹協会（American Bar Association）は、各州の委員により構成される特別の委員会（Commissioners）を通じてUCCの作成に着手し、その後、アメリカ法律協会（American Law Institute）が同作成に加わった。そして、これらの多くの起案者（Draftsmen）が10年以上かかって現在の基礎となるべきUCCが作成され、1952年にこれが採択された[12]。

現在、UCCの内容（2010年版から）は下記のとおりである。

- Article 1.　General Provisions（総則）
- Article 2.　Sales（売買）
- Article 2 A.　Leases（リース）
- Article 3.　Negotiable Instruments（流通証券）
- Article 4.　Bank Deposits and Collections（銀行預金と取立）
- Article 4A.　Funds Transfer（資金移動）
- Article 5.　Letters of Credit（信用状）
- Article 6.　Bulk Transfers（詐欺的大量売却）
- Article 7.　Documents of Title（権原証券）

10　「ルイジアナ州を除く」ということ
　「アメリカは、もともと13の植民地が独立し、それが一つに合してできた国」であるが、ルイジアナ州はその後米国によって、フランスから買い取られたという経緯もあって、フランスのナポレオン法典の影響が根強く残ったこともあり、その法体系は他の米国の諸州とは異なり、基本的に「大陸法系」に属するとされる（田中・英米法(上) 3～4頁「§112　英米法系に属する地域」参照）。

11　エクイティとは、一言でいえば、コモンローでは救済されない事案について、「正義と衡平の見地から救済」を与える法制度である。英国では、コモンローとエクイティは、別々の裁判所で運用されてきたが、18世紀になるとエクイティも判例の積み重ねで、先例に拘束されるようになった。その結果、コモンローとエクイティとでは、その運用において、差異がなくなり、1875年に裁判所の統合が行われた（田中・英米法辞典95頁）。

12　UCC = Uniform Commercial Code「アメリカ統一商事法典」
　現在、ルイジアナ州を除く49州、ワシントンD.C.およびバージンアイランドにおいて、商法典（制定法）として採用されている（並木・UCC 3～4頁「1．統一法と統一商法典」参照）。

・Article 8.　Investment Securities（投資証券）

・Article 9.　Secured Transactions（担保取引）

　なお、UCCと同様、アメリカ法の統一に一定の役割を果たしている準則に、Restatement of the Law（以下、「Restatement」または「リステイトメント」という）がある。リステイトメントは、「アメリカ法の主要分野のうち判例を中心に発達した諸領域をとりあげ、法域によって立場が異なる点については、その内容を検討し、法域の数よりも当該準則の合理性を重視しつつ取捨選択し、これを条文の形にまとめ、かつ説明（comment）と例（illustration）を付したもの」、「法源としての拘束力はないが、実際に当事者により、また、裁判所によってよく引用され、間接的にではあるがアメリカ法の統一に一定の役割を果たしている」とされる（田中・英米法辞典）。

　(C)　ライセンス契約の米国契約法上の位置付け

　ライセンス契約は、特段の事情がない限り、UCCではなく、コモンローにより規律される[13]。そして、「特段の事情」とは、例えば、ライセンス契約が動産売買を伴う場合や、当事者が契約においてUCC Article 2を援用した場合等と説明される[14]。

　これに対し、ソフトウェアライセンスにUCC Article 2の適用を認めた米国裁判例（Surplus.com, Inc. v. Oracle Corp., 2010 WL 5419075 (N.D. Ill. Dec. 23, 2010)等））等を根拠に、ライセンス契約全般にUCC Article 2の適用を認めるべきとする立場もあり得る。

　しかし、UCC Article 2の適用範囲は、特段の事情がない限り「物品に関する取引」（UCC／2-102）とされている[15]。また、前述のようにライセンス契約は、ライセンサーがライセンシーに対しその許諾した行為を妨げないという不作為義務を負う契約であり、売買とは性質が異なる。さらに、ソフトウェアライセンスにUCC Article 2の適用を認めた裁判例は、ソフトウェアライセンスに関連する裁判例の一部に過ぎず、その理由も、問題となったソフトウェアライセンスが本、ビデオ、CD等の知的財産権を含んだ動産の売買と類似し、純然たるライセンス契約（pure license）ではなかった等の事情があったからに過ぎない[16]。

　したがって、特段の事情がない限り、ライセンス契約にUCC Article 2の適用を認めることはできないと解する。

　なお、アメリカ法律協会（American Law Institute）は、1998年7月の「情報ライセンス」に関するUCC Article 2Bの規定案をUCCに編入する審議において、「情報ライセンスは、動産の売買やリースと実質的に異なる」、「動産の所有権の移転を主な目的とする取引を規律するために制定された法（Article 2）を、情報の取引にそのまま適用することはできない。別途の手当が必要である」[17]等とし、UCC Article 2の情報ライセンスへの適用を否定している。

13　Raymond T. Nimmer『An Essay on Article 2's Irrelevance to Licensing Agreements』(D. Kan. Sept. 30, 2010)
14　Jay Dratler, Jr.『Licensing of Intellectual Property』(Chapter 10. Allocating the Risk of Infringement)
15　"Section 2-102.
　　Unless the context otherwise requires, this Article applies to transactions in goods; it does not apply to any transaction which although in the form of an unconditional contract to sell or present sale is intended to operate only as a security transaction nor does this Article impair or repeal any statute regulating sales to consumers, farmers or other specified classes of buyers."
16　Raysman Pisacreta ほか『Intellectual Property Licensing: Forms and Analysis』
17　〈http://www.uniformlaws.org/shared/docs/computer_information_transactions/2b/ucc2bam97.pdf〉

〔第1部〕総　論

以上から、特段の事情がない限り、ライセンス契約は UCC ではなく、コモンローにより規律される。

C　日本法

(A)　日本の法体系

近代以前の日本は中国律令の影響を受けたが、明治維新以後、明治政府は日本の近代化の一環として、近代的な法制度の確立をめざし、外国法、特にドイツ法やフランス法の影響を大きく受けた。しかし、第二次世界大戦後の General Head Quarter（GHQ）による占領下では米国法の影響を受け、特に憲法、刑事訴訟法、証券取引法（現在の金融商品取引法）、独占禁止法といった法分野においてその影響が顕著であるとされる。

日本の法体系は、憲法を頂点とし、その下位にあるほとんどの重要な法は成文法で、慣習法などの不文法は例外的、補助的な地位を占めるにすぎないとされている。なお、日本の成文法の分類は、下記チャートのとおりである。

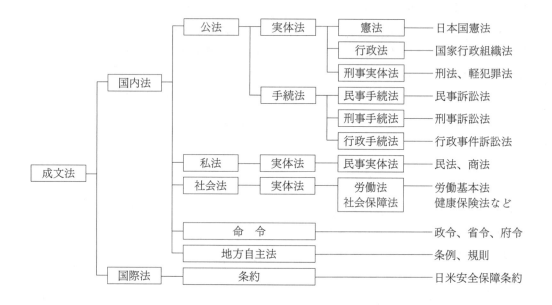

(B)　日本の契約法

契約を規律する日本の法令としては、主に民法と商法がある。民法は、民法第3編（債権）の第2章（契約）において、契約に関する総則（民521条〜548条）および13種の典型契約（民549条〜696条）を定める。商法は、商人の営業、商行為等につき、法律関係の早期安定等の見地から定められた特別法である。

a　民法の沿革

日本の民法制定の歴史的経緯の概要は、以下のとおりである（内田・民法Ⅰ24頁以下）。

すなわち、江戸時代末期に幕府が欧米と結んだ通商条約は、日本に関税の自主的な決定権がなく外国人に治外法権を認めるなど、不平等な内容であったため、日本政府は早期の改定を望んだ。改定交渉は難航し続けたが、その過程で、西洋の法理に従った近代的司法制度の整備が不可欠の条件として要求された。当時、フランス民法典は世界で最も優れた民法典とされていたことから、パリ

大学教授ボワソナードを招き、明治12（1879）年に財産法の部分の起案を依頼した。これに、日本人委員が起草することとなった家族法の部分を加えて、民法典（旧民法）が完成し、明治23（1890）年に公布された。

ところが、旧民法によって日本古来の家制度をはじめとする良き伝統が滅んでしまう、という反発（法典論争）に発展し、その結果、交付された民法典は施行されず、日本人委員により、旧民法をベースにドイツ民法典を参考にしながら、あらためて民法典（明治民法）が起草された。

その後、1898（明治31）年から施行された民法典の財産法は、起草時の条文の多くがほぼそのまま維持されていたが、2004（平成16）年に古風な文体が現代語化され、2017（平成29）年に大改正があった。このように、2017年6月、現行民法（以下、単に「民法」ともいう）の債権法に関するルールを大幅に見直す民法の一部を改正する法律（平成29年法律第44号）が成立した（以下、これにより改正された民法を「改正民法」という。施行は、2020年4月1日）。その目的は、1896年の制定時から実質的に変わっていない現行民法の規定を、社会経済の情況の変化に対応させること、また、判例等が形成してきた多くの解釈の蓄積を明文化し、ルールの明確化を図ることである。

b　商法の沿革

日本の商法も、民法と同様、近代的司法制度確立の一部として制定された。日本政府は、明治14（1881）年、ドイツ人法学者カール・フリードリッヒ・ヘルマン・ロエスレルに商法の起草を依頼した。しかし、民法の起草と商法の起草で相互に調整することまでは依頼されておらず、両草案の矛盾点、重複点を取り除くのに3年が費やされた。最初の商法は、明治26（1893）年に制定され、これは明治32（1899）年に改正された（いわゆる「新商法」）（以上、田中嘉寿子「明治初期（1868－1912）における商法起草過程を例とした自立的法整備について」慶應法学8号273頁））。

なお、商法は、その後も頻繁に改正され、上記民法の大改正の際も、関連する商法の規定（法定利率や消滅時効等）が改正されている。

(C)　ライセンス契約の日本契約法上の位置付け

a　民法における位置付け

ライセンス契約は、民法の典型契約にあたらない（非典型契約）が、有償の場合、売買に関する規定（民555条〜585条）が準用され得る（民559条）。もっとも、同条は「その有償契約の性質がこれを許さない」場合を除外しているため、準用の範囲、程度は、個別に判断される（柚木馨ほか編『新版注釈民法(14)』（有斐閣、1993年）187頁以下）。

たとえば、担保責任に関する規定（民561条〜572条）は、有償契約に準用される余地が比較的広いが、雇用や寄託のような労務契約には準用の余地がないとされる。また、代金の支払に関する規定（民573条〜578条）は、消費貸借や賃貸借等の継続的契約には準用の余地がないとされる（柚木ほか・前掲）。

ライセンス契約についてみると、売買の担保責任（民561条以下）については準用が肯定されるものの、その範囲は制限され得る（制限の詳細については、第2部第12章「保証および責任」で述べる）。また、売買の代金の支払に関する規定（民573条〜578条）は、消費貸借や賃貸借の場合と同様、準用が否定されると思われる。

b　商法における位置付け

[第1部] 総　論

　商法にはライセンス契約に関して直接定めた規定はなく、また、民法のような有償契約への準用規定もないため、商法の売買に関する規定（商524条〜528条）等の適用・準用はない。
　ただし、ライセンス契約は、通常、商人による商取引であり商法の一般規定の適用がある（商1条）。たとえば、法定利率は、民法であれば年5分（民404条）であるのに対し商法であれば年6分（商514条）、債権の消滅時効は、民法であれば原則10年（民167条1項）であるのに対し、商法であれば原則5年（商522条）とされる（ただし、民法改正後の規定については第2部第5章第5参照）。

2　ライセンス契約の多様性と個性

　ライセンス契約と一口にいっても、その内容は多種多様である。一般的に、特許ライセンス契約、特許・ノウハウライセンス契約およびノウハウライセンス契約の三つに分類して考えられている。
　ライセンス契約は、契約対象技術、契約相手方当事者、契約相手方当事者が所在する国の法律・規則、業界の取引慣行、ライセンサーおよびライセンシーのライセンシングポリシー、その他取引が置かれた環境等により、検討すべき条件やリスクは異なる。よって、ライセンス契約は常に個別的・個性的にならざるを得ない。
　さらに、条件の設定の仕方等具体的な内容は、業種やノウハウの種類によってリスクの見方や実務の進め方が大いに異なる。
　本書で事例として紹介するものは、特許・ノウハウライセンス契約またはノウハウライセンス契約である。特許だけのライセンス契約、ソフトウェアライセンス等は含まない。

3　長期の契約期間

　ライセンス契約期間は、通常の売買契約と異なり、一般的に、長い。ノウハウライセンスの場合、短くても5年、長いものでは10年、15年ということもある。また、特許ライセンスの場合は、特許有効期間を契約期間とすることが多い[18]。

18　実施許諾期間
　　科学技術庁科学技術政策研究所の調査報告（第3調査研究グループ発行、平成7年12月付「日本の技術輸出の実態（平成5年度）」10頁「4．契約期間」）によると、契約期間について、全体の3割強の回答企業が、下記のとおり、5年以上10年未満と回答している。
　　・5年以上10年未満　　　　　　：32.1％
　　・10年以上15年未満　　　　　 ：15.0％
　　・工業所有権等の期間まで　　　：8.9％
　　また、社団法人発明協会が特許庁からの委託事業として平成10年1月に行った「特許ライセンス契約等に関する実態調査」報告（石田・ハンドブック197〜198頁（資料2）収録）によると、実施許諾期間について、7割の回答企業が特許の有効期間、また1割強の企業が3年〜5年とそれぞれ回答している。
　　・特許有効期間　　　　　　　　：70.8％
　　・3年〜5年　　　　　　　　　 ：12.8％
　　・6年〜10年　　　　　　　　　：9.6％
　　・3年未満　　　　　　　　　　：3.7％
　　・11年〜15年　　　　　　　　 ：3.1％
　　なお、日本の特許法は、特許権の存続期間（67条）について「特許出願の日から20年をもって終了する」としているので、「実施許諾期間」は最長20年近くになる。
　　上記科学技術庁の調査と発明協会の調査結果に差異があるが、これは著者の推測では、科学技術庁の調査対象の契約は特許の他に「ノウハウ」をも含むのに対し、発明協会のほうは「特許」のみを対象としているからではないかと思われる。

契約期間が長期であるということは、一方において当事者の地位の安定をもたらすが、他方において契約によって長期間拘束されるため、事業リスクもそれだけ大きくなる。ライセンサーもライセンシーも、契約の締結にあたり、リスク負担も含めて事業に対する採算見通しと明確なライセンス契約に対するビジョンの確立が求められる。

4　ライセンシングポリシーの必要性

　ライセンス契約の対象となる技術情報は、ライセンサーの知的活動の成果物である。それは企業の貴重な知的財産であり、重要な経営資源でもある。かような技術情報を、他者に実施許諾または使用許諾することで一定の対価を得る契約がライセンス契約である。

　ライセンサーは、かように貴重な知的財産としての技術情報を他者に実施許諾または使用許諾するためには、この技術情報を日本国内外において自らどのように活用しまたは他者にどのように活用させるのかを、自社が保有する他技術の活用も含めて、総合的、多角的に検討し、判断しなければならない。そこで、ライセンサーは当該技術を戦略的にどのように位置付けるかが問われる。ライセンス契約は、常に、ライセンサーの明確なライセンシングポリシーに裏打ちされたものでなければならない。

　他方、ライセンシーからみれば、ライセンス契約によって、こうした他者の貴重な技術情報を一定の対価を支払い、実施許諾または使用許諾を得ることで、開発費用と時間の節約が可能となり、タイムリーに市場に参入でき、ライセンシーの事業拡大に貢献できるという意義がある。

　しかし、こうした他社技術を導入するにあたって、ライセンシーもまた、自社の技術開発方針として、こうした他社からの導入技術と自社技術との調整や整合性をどのようにとるのかを、社内に向かって明確に示すことを求められる。ここでもライセンシーのライセンシングポリシーの確立が問われる。

第2　英文ライセンス契約の一般性

　国際的な商取引において契約書を作成する場合、英語で契約書を作成することが多い。これは英語を母国語としない国の企業同士の間で締結される契約書についても同じことがいえる。

　もちろん、英文契約書が受け入れられない場合もある。たとえば、南米諸国等スペイン語圏の企業との契約は、スペイン語の契約書によることもある。中国の企業との契約書も以前は日中両国語で作成されていた。

　しかし、依然として、契約書は英語で作成されることが多い。それはおそらく英語がビジネスに適した言語として国際的に認知されているからであろう。特に、ライセンス契約は、ほとんど英米の契約様式に従って作成されている現実からして、英米法の考え方の影響を大きく受けている[19]。準拠法によって契約の考え方は変わってくるが、英米の契約様式に則ってしかも英語で契約書を作

---

[19] 「……これは、契約当事者たちが英米と無関係でも、例えば、日本から東南アジア向けのプラント輸出契約でも、英米のプラント輸出業界の商慣習を基礎とした各種の契約書式が使用される場合が多いことからもうかがえる」（岩崎・英文契約書5頁「（3）英米の契約実務の強い影響下にある」の項の2～5行目）との指摘もあるとおりである。

[第1部] 総　論

成することになれば、必然的に英米法的な発想が入ってくるのは否めない。

　英米では、かつて契約書が一つの文章で書かれていた名残から、ライセンス契約書も一つの様式が定着している。すなわち、「前文」「本文」「末尾文言」「署名」という構成である。「前文」および「末尾文言」には古典的な様式が、今もなお、かなり残っている。

　しかし、「本文」は現代の取引関係が非常に複雑になってきており、古典的な様式にこだわっていては処理しきれないという取引の現実から、コンマ、コロン、セミコロン等でつなぐ表現は今ではみられない。

　「署名」についても、昔は、契約書は署名捺印が必要とされていたが[20]、今では単に署名または立会人（WITNESS）の署名が加わる程度になっている。

第3　英文ライセンス契約の考え方

1　英語に堪能なだけでは、英語の契約書は読めない

　英文ライセンス契約書は、英語で書かれた許諾契約書である。英語で書かれた契約書は、多くの場合、英米法の契約の考え方、ルールに則っている。ライセンス契約に関しては、大陸法の支配する国々（フランス、ドイツ他）に所在する企業との契約であっても、英米法系の諸国（イギリス、米国他）で使われている契約書式に則って締結することが多く、そうした契約は英米法の契約の考え方の影響を強く受ける傾向にある。

　英語で書かれた契約書を読むためには、英語でものを考えなければならない。英語でものを考えるためには、英語の背景にある文化や歴史に対する理解が欠かせない。さらに、契約書の英語を理解するには、法律英語の知識が要求される。そうした法律英語で書かれた契約書は、英米法の法理に則って理論構成がなされ、起草されている。英語を読み、書き、話すことができるだけでは契約書を正しく理解することはできない。日本語を理解できる日本人が、日本語で書かれた法律を理解できるとは限らないのと同じである。

2　準拠法の合意の重要性

　「ライセンス契約の条件交渉は準拠法から始めよ」といわれることがある。

　契約の解釈は、厳密にいえば、適用される法律によって異なる。どこの国の法律をもって、その契約書を律するかは重要な問題である。準拠法によっては、契約書の起草者の意図に反した解釈がなされ、大きなリスクを負担することにもなりかねない。まず、準拠法について合意をしてから、その他の契約条件について交渉を開始すべきであるというのである。これは、至極ごもっともな正論である。

　現実には、ライセンス契約の交渉において準拠法から開始したならば、お互いに自国の法律の適用を主張して譲らず、契約交渉が最初から暗礁に乗り上げることもあり得る。これは交渉相手にも

---

[20] 署名に関する歴史的な背景および現代的意義については、早川武夫「英文契約の解釈とドラフティング(24)　署名と捺印」国際商事法務20巻10号1300〜1301頁（1992年）が詳しい。

よるが、口で言うほどやさしい問題ではない。

にもかかわらず、準拠法は契約紛争の場面では、大きな役割を演ずるわけであるから、準拠法問題は契約交渉において最重要課題の一つであると心得るべきである。

3　価値観の相違を認識する

契約締結の前向きの議論の最中に、契約不履行や破産・倒産の話題を持ち出すのはタブーといわれるかもしれない。それは結婚の段取りを決めているときに、離婚の条件を決めるようなものであるから、一般の日本人の思考にはそぐわない。

契約を文書で交わすということは、約束事の履行を担保することのほかに、不測の事態や契約解消を余儀なくされたときのために存在するといっても過言ではない。欧米では、契約時に予想されることはすべて、対応を契約にて合意しておくというのが当たり前である。それが彼らの価値観でもある。契約の起草者は、まず相手の価値観を認識しなければならない。

4　「奥ゆかしさ」を排除する

契約書に明記すべきことは、契約当事者間の権利・義務関係である。権利・義務関係を明確に規定するためには、契約の文章表現もそれに応じた書き方が要求される。誰が、誰に対してどういう義務を負担し、または権利を持つのかを明確に表現しなければならない。そのためには、英語の構文上、当事者を主語にして、能動態で表現するのがわかりやすい。権利・義務に関わる規定を受動態や抽象的な表現で表すことは、できるだけ避ける必要がある。

権利・義務が契約文言上明確であっても、権利・義務を行使する具体的な手続について合意がなされていなければ、いざというとき権利行使ができない。またはできても、非常に時間がかかってしまう。権利・義務の実行手続を明定することは、権利・義務を明定するのと同じくらい重要である。曖昧性を徹底的に排するのが、欧米の文化であり、考え方である。それは、物事をむしろ曖昧の中に包んでおくことを「奥ゆかしさ」として美化する日本の伝統的な文化と大いに異なる。彼我の相違を我々はしっかりと認識しなくてはならない。

5　契約交渉は理論闘争である

契約は論理の世界である。契約交渉は理論闘争である。契約条項が30条あれば、その30条の間の考え方が一貫していなくてはならない。ある条項である権利・義務を明確にしたつもりが、他の条項でこの権利・義務関係を曖昧にしたり、または否定するような書き方があってはならない。契約の起草者には常にある種のバランス感覚（リーガルセンス）が要求される所以である。

契約条項間の矛盾やそれぞれの条件の曖昧さに起因した問題は、裁判官、仲裁人等、第三者が当事者の意思を推定することを難しくする。それは、しばしば問題を複雑にし、無用の時間とお金を費やす結果につながりかねない。契約論理の一貫性は不可欠である。

6　専門家の知恵を活用する

外国企業とのライセンス契約を担当する者は、許諾技術の内容、取引の営業的背景、相手国の法

[第1部] 総　論

律規則、商慣習等、多面的な検討を行うと同時に、契約書としての適正性を常に考慮し、契約書を起草しなければならない。しかし、一人の担当者が技術、営業、経理、外国法および国内法等、諸々の事柄に精通することはなかなか難しい。必要に応じ、それぞれの社内外専門家の知恵を活用することが、契約書の起草または契約管理・運営をスムーズに行うコツである。

第2章　ライセンシングポリシー

　ライセンシングポリシーとは、企業が長年にわたり多大の人・物・金を投じて開発したその企業に固有の技術である貴重な知的財産を、経営資源の一つとして、いかに活用するかを経営的視点に立って策定する一連の事業実行基本政策である。

　たとえば企業がその保有する知的財産を活用して海外進出をするためには、現地に子会社等を設立する、現地の会社と合弁会社を設立する、現地の会社にライセンスをする等さまざまな方法があるが、ライセンシングポリシーは、ライセンスを通じた知的財産の活用を目的とした事業実行基本政策である。

　以下、ライセンシングポリシー策定のための検討項目[1]としてここでは下記を取り上げる。下記項目について、技術を供与する立場と技術を導入する立場から論じる。

① 事前調査の徹底
② 企業経営におけるライセンス契約の位置付け
③ ライセンシングの目的の明確化
④ ライセンス対象技術の価値評価
⑤ 実施許諾形態の決定
⑥ 世界市場戦略の策定

第1　技術供与契約

1　事前調査の徹底

(1) ライセンシーに関する調査

A　ライセンシーの選定

　ライセンサーがライセンシーを選定する場合、大きく分けて二つの動機が考えられる。一つは、ライセンサーがライセンシーから特定技術の実施許諾を懇請されて、受動的にその技術を実施許諾する場合である。もう一つは、ライセンサーが自己の特定技術をライセンシーに対して積極的に売

---

[1] 石田・ハンドブック30頁（(4)　図7ライセンスポリシーのポイント）参照。ライセンスポリシーのポイントとして下記を挙げている。
「① ライセンシングの目的
② 技術・特許の公開を原則とするのか、自社独占を原則とするのか
③ 必要技術・特許は自社開発を原則とするのか、コストパフォーマンス等の観点から他社技術・特許も導入するのか
④ 経済性を重視するのか、取引の安全・信用を重視するのか
⑤ ライセンスの種類（独占・非独占・サブライセンス）はどうするか
⑥ 他の取引等と総合的に判断するのか、ライセンシング単独の判断を原則とするのか
⑦ クロスライセンスを考慮するのか
⑧ ライセンシングに関する世界戦略」

[第1部] 総 論

り込む場合である。

　契約の動機にもよるが、一般的に、ライセンサーとライセンシーとの提携関係は長期的なものとなることが多い。ライセンサーは、契約交渉開始前にまたは契約交渉と並行して、ライセンシーについて多面的にしかも慎重に調査を行ったうえでライセンシーを選定すべきである。

　　B　ライセンシーの評価
　　　(A)　ライセンシーの技術力

　ライセンシーの選定にあたり、許諾技術を消化できるライセンシーの基本的な技術能力、技術陣体制、製造設備能力の有無を検証しなくてはならない。

　許諾技術がライセンシーにとって全く新しい技術である場合、ライセンシーが新しい技術を吸収できる潜在的技術力を有するかどうかは、ライセンス契約の成否を左右する。

　ライセンシーの技術力を知るためには、ライセンシーが現に製造する自社製品の図面、製造図面を閲覧し、工場設備等を見学することも必要である。新製品として許諾製品を受け入れる工場の設備能力に関し、既存設備の利用が可能か、新設備の導入が不可欠か、工場敷地の余裕はどうか等、多角的にライセンシーの技術力を調査する必要がある。

　なお、ライセンシー自身の新技術に対する旺盛な好奇心と実行力が重要であることはいうまでもない。

　　　(B)　ライセンシーの営業力

　ライセンシーの選定にあたり、ライセンシーの営業力を検証しなくてはならない。許諾技術を使用して製造した許諾製品を円滑に市場に流通させるための販売体制をライセンシーは持っているか、または構築できるか等について、事前調査が欠かせない。

　具体的には、許諾製品の販売のために割り当てられる営業人員数、契約製品の販売のために利用可能な既存の販売網または新しく販売網を構築する必要がある場合の具体的な計画内容、許諾市場におけるライセンシーの知名度、ライセンシーの他製品に関する顧客の評判等、でき得る限りライセンシーの営業体制を分析的に検討しなければならない。

　ライセンシーは、ライセンサーにとって許諾製品の事業において運命をともにするパートナーである。特に、特定のテリトリーについて独占的な実施権を許諾した場合、ライセンサーは専らライセンシーの技術力、販売力に依存することになる。ライセンサーはより適切なパートナーを選ぶことに時間を惜しんではならない。

　　　(C)　ライセンシーの経営基盤

　ライセンサーは、経営体質が健全なるライセンシーを選定しなければならない。

　まず、ライセンシーの最近3年間くらいの事業報告書、バランスシート、納入実績表等をライセンシーに要求して、提出してもらう。特別な事情がない限り、こうした情報の提供を拒むようであれば、ライセンシーとしての基本的な要件を欠くといわざるを得ない。

　第三者の調査機関を利用して調べるのも一つの方法である。

　許諾技術の導入でライセンシーが起死回生をかけている等、経営が逼迫している場合、当然、ライセンサーは慎重に対応しなければならない。ライセンシーの親会社や関連会社との資本的なつながり、取引企業への支払状況、顧客の評判、設立準拠法等についても調査が必要である。

(2) 市場調査

ライセンシーに製造販売を許諾することを予定している市場について、ライセンサーが正確な情報を持つことは、ライセンス契約締結の是非を判断する基本的条件である。

ライセンス契約に関連した市場調査は、一義的には、その市場を任せることを予定しているライセンシーに実施させるのが至当であろう。市場に精通していないライセンシーは、ライセンス契約のパートナーとしてはふさわしくない。もっとも、ライセンサー自身が市場調査を全く行わないというのではなく、必要に応じ行わなければならない。

問題は、ライセンシーが作成した市場調査報告の内容である。現状分析から始まって将来の見通し（契約予定期間）まで、ライセンシーの見方が重要な決め手である。調査データの信頼性、データ分析の適確性、ライセンシーの結論の妥当性等について、ライセンサーは判断しなければならない。

(3) ライセンス規制等の事前調査

適法な契約締結のため、ライセンシーが所在する国が定めるライセンス契約を規制する各種法律規則、ガイドライン等の事前調査を行い、必要な対応を契約条件として契約書案に盛り込むことが必要である。特に、契約交渉方針の一環として策定した契約基本条件が受け入れられないような法規制や行政指導等がある場合は、技術供与すべきかどうか、ライセンシングポリシーを策定するための最も基本的な問題として経営判断が求められる。

2　企業経営におけるライセンス契約の位置付け

技術供与契約に基づいて許諾される技術は、企業が多大の人・物・金を投じて、開発努力した結果獲得したその企業固有の技術である。それは、企業にとっては貴重な知的財産として有効活用すべき経営資源の一つでもある。かような価値ある技術を他社に実施許諾するために締結されるライセンス契約は、一般的に、その契約の性質上、契約期間が長期にわたることが多く、それだけ事業リスクも大きい。

こうした長期間にわたる事業リスクが潜在するライセンス契約に関し、その締結の承認を得るために、事業執行の最高機関である取締役会や常務会等に諮ることを内部手続として定めている企業もある。これは企業経営におけるリスク管理の面からのみならず、企業の貴重な知的財産の積極的な活用という面からも大いに評価に値する。

3　ライセンシングの目的の明確化

(1) 概　説

ライセンシングポリシーの策定において、ライセンシングの目的を明確にすることが重要である。技術を供与する立場から、ライセンシングの目的を集約する。

①　開発投資の回収および収益の確保
②　販売拠点の確保
③　海外製造拠点の確保
④　技術的な相互補完

⑤ 権利侵害等のトラブル解消
(2) 開発投資の回収および収益の確保
A 新規開発技術の場合
(A) 開発投資の回収

契約対象技術が新規開発技術である場合、開発投資の回収を第一に考えるのは当然であろう。

ライセンサーが新技術を使用して新製品を製造・販売することによって、販売益を確保することで、開発費の一部を回収することができる。さらに、技術が安定した段階で、他社に新技術の実施許諾を行い、収益を得ることもできる。かような方法は保守的だが、堅実な開発投資の回収方法である。

(B) 収益の確保

ライセンス契約の目的の一つが開発費用の回収にあることは間違いがない。しかし、ライセンサーは初期の開発費用を回収したら、それで終わるわけではない。企業の利益追求は可能な限り続く。企業の最終目標は、むしろ開発費用回収後の収益の確保にある。換言すれば、開発費用回収後にどれだけ多くの収益を確保できるかが、企業の最大の関心事であるといってよい。

B 既存技術の活用
(A) 現使用技術の活用

ライセンサーが現に製品を製造・販売し、収益を得ているような製造ノウハウを他社に使用許諾することで、さらなる収益の増進を図るためにライセンス契約を締結することもある。この種の技術はすでに多数の製造実績を踏まえて、製造技術としての安定性が確保され、市場の評価も定まっているので、技術供与するほうも技術を受けるほうも安心して契約を締結できる。

(B) 古い技術の活用

倉庫に眠っていた図面が日の目を見ることがある。日本や先進国ではもはやあまり使われなくなった技術でも、発展途上国においては十分に利用価値のある技術というものもある。そうした技術は、厳密にはノウハウとはいいにくいものであるが、それを必要としている企業にとっては、その技術は未だノウハウ的な価値があり、十分にライセンス契約の対象になり得る。先人の知的財産の有効活用でさらなる収益の増進を図ることができる。

(3) 販売拠点の確保

発展途上国において未発達な産業分野における国内企業の保護・育成のため、政府が特定の機械設備の輸入を制限することがある。その場合、完成品の輸入は制限されるが、製品を製造するための技術については、国内で入手不可能であれば、国内産業育成の観点から技術導入を認めるという政策がとられることがある。こうした国の政策を受けて、現地の機械設備メーカーも外国企業からより優れた製造技術を習得するため、技術導入契約を締結したいという場合がある。

他方、外国企業メーカーとしては完成品の輸出はできないが、現地企業との技術提携を通じて技術料の他に部品の輸出が期待できる。また、ライセンシーを通じて相手国の市場に関する各種情報も入手できるというメリットがある。かような情報は、将来、市場が解放されたとき、技提品以外の自社製品をその市場に売り込むための準備にも役に立つことがある。閉鎖的な市場への販売拠点の橋頭堡を確保する意味で技術供与を行うこともある。

(4) 海外製造拠点の確保

　安価で、良質な原材料の入手が可能な外国において一定水準の技術力を持った安い労働力を提供できる企業に対してより勝れた技術を供与すれば、より競争力のある製品を確保することができる。かような目的を実現するため海外の外国企業と共同事業体を設立し、そこに技術を供与することがある。それは、いわば海外における製造拠点の確保である。

(5) 技術的な相互補完

　お互いに補完できるような技術を所有している企業同士が、技術的に相互補完し合うためにライセンス契約を締結することがある。かようなライセンス契約をクロスライセンスと称する。クロスライセンス契約において交換し合う技術は、通常、相手が提供する技術的価値と同等の価値を有する技術である。

(6) 権利侵害等のトラブル解消

　侵害行為を止めさせるために、ライセンサー（権利者）がライセンシー（権利侵害者）に対して侵害された技術を一定の条件で技術供与することがある。かようなライセンス契約の締結は、侵害行為に関わるトラブル解決の有効な一つの手段である。

4　ライセンス対象技術の価値評価

(1) 多様な価値評価

　許諾技術の価値評価は多様である。各許諾技術をこれら多様な価値基準に当てはめ、その価値を評価し、その価値を実現できるのは、ライセンシングポリシーによる。

① 許諾技術の予測寿命は、許諾技術の技術的な価値評価基準の一つになり得る（技術的価値評価）。
② 許諾技術が特許権を付与されている場合、許諾技術の寿命は法的に定められる結果、一定の明確な価値評価が自動的に定まる（法的価値評価）。
③ ライセンサーが許諾技術を自ら使って製造・販売する場合、自ら経済的価値を定めることができる（経済的価値）。
④ 企業は、許諾技術を企業の重要な経営資産の一つとして価値評価することができる（経営資産的価値）。

(2) ノウハウと寿命

　ノウハウ技術がライセンス契約の対象である場合の寿命とその技術の価値実現との関連性について、以下述べる。

　ライセンス対象技術がノウハウを主体とする場合、はたしてどのくらいの期間、競合他社に対して技術的優位性を維持することができるかをライセンサーもライセンシーも見極めることが肝心である。

　ノウハウを主体とするライセンス対象技術は有用であるが、たとえば、5〜6年以内には類似技術や代替技術が出てくると予想される等、その寿命が非常に短いと想定される場合、契約上対価条件や契約期間等の条件を工夫したり、ライセンシーを積極的に増やす等、開発投資回収の工夫が必要になる。

ノウハウ技術は、リバースエンジニヤリング等によって適法に技術的に解析される場合、これを阻止することはできないという基本的問題を内包している。当該技術の寿命が短ければ、ライセンシーを探す時間的余裕もまた少なくなる。

他方、一つの技術がユーザーの中に定着することで、新しい代替技術が排除されるということもある。

5 実施許諾形態の決定

契約によって特定技術を実施許諾する場合、独占的な製造・販売権を許諾するか、非独占的な製造・販売権を許諾するか、また、独占的な製造・販売権を許諾する場合に再実施権も付与するかは、まさにライセンシングポリシーとして決定すべき性質の問題である。その選択は、許諾技術を自社の経営資源としてどのように位置付け、また、許諾テリトリーをグローバルな市場戦略の中でどう位置付けるかによって判断されるべきである。

6 世界市場戦略の策定

国内市場および販売網の確立している外国市場において、あえて自社製品の製造・販売を他社にライセンスする必要性は少ないかもしれない。しかし、それ以外の地域においては、他社にライセンスを与えてロイヤルティ収入を得るということが有効な戦略となり得る。ライセンスを外国企業に許諾する場合、海外市場に対する中・長期的な販売政策の確立が不可欠である。米国・カナダ、ヨーロッパ、東南アジア、ロシア、中近東、アフリカ、南米、オセアニア等、地域別に、販売計画や戦略を練ったうえで、最適なライセンシーを探し、ライセンスを許諾するのが望ましい。

第2 技術導入契約

1 事前調査の徹底

(1) ライセンサーに関する調査

A ライセンサーの選定

ライセンシーがライセンサーを選定する場合、大きく分けて二つの動機が考えられる。一つは、ライセンシーがライセンサーから特定技術について積極的な売り込みを受けて導入を決意する場合である。もう一つは、ライセンシーが自らの調査に基づき、それがライセンシーの導入目的に合致した技術であるとの評価をして導入する場合である。

契約の動機にもよるが、一般的に、ライセンシーとライセンサーとの提携関係は長期的なものとなることが多い。ライセンシーは、契約交渉を開始する前または契約交渉と平行して、ライセンサーについて多面的にしかも慎重に調査を行った後、ライセンサーを選定するのが望ましい。

B ライセンサーの評価

(A) ライセンサーの技術力

ライセンサーの選定にあたり、ライセンサーがライセンシーを十分に支援できるだけの基本的な

技術力、技術陣体制、研究開発設備等を有するかどうか、ライセンシーは検証すべきである。

特に、ライセンサーがベンチャー企業であるような場合、必ずライセンサーの本社または事務所等を訪問し、自分の眼でその所在地を確認することから始めなければならなない。ライセンシーはライセンサーに対して、技術陣の年齢構成、経歴等についても情報の提供を求めるかまたは調査機関を利用してきちっと調査をし、納得をすべきである。ライセンサーが製造工場や研究所等を有する場合、ライセンシーはかような設備も必ず見学させてもらうようにすべきである。

技術力の評価には、ライセンス契約の対象となる技術はもちろんのこと、その他技術に関しても、過去の実績や顧客の技術的評価を調査しておくのが賢明である。

(B) ライセンサーの信用度・知名度

ライセンサーの企業としての社会的信用度を測る一つの目安として、ライセンサーが事業活動を展開している国や地域における知名度を調査することも必要であろう。特に、ベンチャー企業等の場合は、ベンチャー企業の意思決定者本人の知名度、経歴、人柄等も調査対象になる。

(C) ライセンサーの経営基盤

ライセンシーは、経営体質が健全なライセンサーを選定しなければならない。

本件に関しては、ライセンサーの立場からライセンシーについて上述したことが、ライセンシーの立場からライセンサーについても同じことがいえる。

(2) **市場調査**

許諾を受けて製造販売する許諾製品に関し、市場の需要予測（購買力）、競争会社の動向（技術力、販売力、開発能力、市場占有率等）、経済環境（安定成長、インフレ、デフレ、法的規制等）、商慣行等について、ライセンシーは、当然、熟知していなければならない。その事業計画が、新しい市場への進出であるような場合、新市場について上記のような事情を契約締結前に十分に調査すべきである。

かような調査は、許諾製品の販売計画立案の基礎となるものであり、契約条件の設定にも大いに関連する。特に、ミニマム条件が付帯した独占的なライセンス契約においてライセンシーが販売見通しを誤ると、その負うべき代償は大きい。したがって、ライセンシーは徹底した調査を行わなければならない。

(3) **ライセンス規制等の事前調査**

ライセンシーは、第2部において検証する「基本的な考え方」を踏まえて、ライセンサーが提示する契約条件を十分に検討し、少なくとも不公正な取引条件を強要されることがないようにしなければならない。同様な意味で、ライセンサーが所在する国のライセンス契約に関する諸規制についても、あらかじめ研究調査を行い予備知識を得ておくことは、契約条件交渉に臨む者の心得である。

2　企業経営におけるライセンス契約の位置付け

企業経営におけるライセンス契約の位置付けについての認識は、ライセンサーの立場とライセンシーの立場で、特に相違はない。

3 ライセンシングの目的の明確化

(1) 概　説
ライセンシングポリシーの策定において、ライセンシングの目的を明確にすることが重要である。技術を導入する立場から、ライセンシングの目的を設定する。
① 開発投資の節約
② 開発時間の節約または短縮
③ 導入技術依存の利益
④ 技術的な相互補完
⑤ 権利侵害等のトラブル解消

(2) 開発投資の節約
製品価格の数パーセントを技術料としてライセンサーに支払うことによって、ライセンシーは多大な人・物・金の投資を行うことなく、一定の条件の下でライセンサーの開発成果である許諾技術を利用し収益を得ることができる。それは人・物・金という経営資源の効率的な運用に資することになる。

(3) 開発時間の節約または短縮
製品価格の数パーセントの技術料をライセンサーに支払うことでライセンサーの許諾技術を利用できることは、ライセンシーにとっては多大な人・物・金の節約に加えて、開発時間の節約または短縮が可能となる。

それは、研究者の貴重な頭脳と時間の節約につながり、その余裕として残った研究者の頭脳と時間は他の事業に振り向けることができるという意味で貴重な経営資源の効率的な運用に資することになる。

他方、許諾製品の販売市場においてライセンシーは同製品の先行者に短時間で追いつくことができ、短縮された時間分だけより多くの利益を享受できることになる。

(4) 導入技術依存の利益
自社にて研究開発したのでは費用対効果の観点から採算がとれない等の理由にて、導入技術に依存するのが得策であると判断される場合がある。

また、他の関連商品との関係で営業政策的に品揃えの必要があるという場合もある。許諾製品を自社で取り扱っているということで、関連製品の受注がしやすくなる等ということである。

あるいはまた、ライセンサーが許諾製品のメーカーとして世界的に著名であり、許諾製品の製造実績も豊富で、技術的信頼性も高く、専ら許諾技術に依存しているほうが営業政策上、技術政策上または経済政策上得策であるという場合もある。

(5) 技術的な相互補完
クロスライセンス契約においては、契約当事者は相互にライセンサーであり、ライセンシーである。

(6) 権利侵害等のトラブル解消
ライセンサー（権利者）が保有していた権利とは知らずにその権利を侵害した場合、またはライ

センサーの技術をどうしても使用しなければ自社の技術を完成できない場合、ライセンシー（権利侵害者）はライセンサーとの協議により、当該技術の実施許諾を受けるためにライセンス契約を締結することがある。

4　ライセンス対象技術の価値評価

ライセンス対象技術の価値評価に関し、技術供与契約の場合と技術導入契約の場合とで特に相違はない。

5　実施許諾形態の決定

技術導入の形態に関しても、技術供与契約の場合と同様な発想が必要である。

契約によって特定技術の実施許諾を受ける場合、独占的な製造・販売権の実施許諾を受けるか、非独占的な製造・販売権にとどめるか、また、独占的な製造・販売権と共に再実施権も受けるかは、まさにライセンシングポリシーとして決定すべき性質の問題である。その選択は、実施許諾を受ける技術を自社の経営資源としてどのように位置付け、また、許諾を受けた販売テリトリーをグローバルな市場戦略の中でどう位置付けるかによって判断されるべきである。

6　世界市場戦略の策定

契約によって実施許諾を受けた特定技術を使用して製造した許諾製品を、特定地域または国において販売する場合、かような地域または国をグローバルな市場戦略の中での位置付けを明確にすることが重要である。たとえば、ライセンシーは全社的な中長期の販売政策の一環として、今後5年間でアジア地域への販売額を3割増やしたいと考えたと仮定する。そうした販売政策の中でライセンス製品の輸出も重要な意味を持つとすれば、そのライセンス契約はライセンシーの全社的な世界市場戦略の中で明確に一定の役割を果たすことになる。

第3章　ライセンス交渉

第1　技術供与契約

1　契約交渉の前準備

一般的に、ライセンス契約の交渉の目的または動機は、下記のように集約できる。
① 新規契約締結のため
② 既存契約更新のため
③ 契約期間中に発生した問題解決・処理のため
④ 契約早期終結のため
⑤ 契約満了後の取扱いを具体的に確認するため

契約交渉に対する当事者の姿勢は、それぞれの交渉目的によりまたは立場（ライセンサーまたはライセンシー）により異なる。ここでは、新規にライセンス契約を締結する場合について検討する。技術供与契約および技術導入契約のそれぞれについて、契約交渉の前準備および契約交渉について述べる。

なお、ここでは、将来ライセンサーになる予定の者も含めて便宜上「ライセンサー」という。また、将来ライセンシーになる予定の者も含めて便宜上「ライセンシー」という。

(1)　ライセンシングポリシーの確認

ライセンシーの信用性やテリトリーの市場に関する事前調査結果を踏まえて、許諾技術に関するライセンシングポリシーを確認する。

(2)　契約交渉方針の策定
　　A　チーフネゴシエーターの人選

契約交渉団は各部門の利益代表で構成されることが多い。そこで、全体をまとめ、統率する役割を担う者、すなわち、団長が必要となる。団長は、通常、職位のより高い者がこの任にあたる。団長は、チーフネゴシエーターでもある。

ここで留意すべきは、ライセンス契約の交渉は、知的財産に関わる特別な法分野における専門的な知識と豊富な経験に裏打ちされたリーガルセンスが要求されるということである。

売買契約とライセンス契約を比較してみる。売買契約は契約の対象が物であり、目に見えるので、問題点がわかりやすくしかも物の引渡で契約が完結し（瑕疵担保の保証期間はあるが）、契約期間も、一般的に、短い。他方、ライセンス契約は、契約の対象が技術であることから、図面等にて表現できるとはいえ、実際に使ってみないとその技術の善し悪しがわからないという問題がある。しかも、一般的に、契約期間は短くても3年、長いものは10年、15年、またはそれ以上ということも稀ではない。

かようなライセンス契約の性質から、契約上のリスク評価および契約条件の設定に関し、売買契

約等と比べて、法的に非常に緻密な論理構成がなされているという事情がある。ライセンス契約の各条項は、一見決まり文句のような条文であっても、それらは明確な論拠を持っている。それは、時には法律であり、判例であり、また学説であったりする。このことは第2部において「基本的な考え方」として検証する。

　ライセンス交渉は、かようなライセンス契約の特質を考慮して、自国の法律規則のみならず、相手国の法律規則をも踏まえ、適法に行わなければならない。そこには相当高度なリーガルセンスが要求される。企業は利益を追求することを使命とするも、ライセンス契約は、売買契約のように単純に損得だけ判断することはできず、ある種の衡平さが要求される。事実、国際的な取り決めもある。そこにライセンス契約の条件設定および契約交渉の難しさがある。

　リーガルセンスは、個々人の法的知識と長年の経験の中から養われ、非常に個性的なものであり、一朝一夕には身に付かない。ライセンス契約に関わるリーガルセンスを身に付けた経営者は、少ない。外国企業の経営者は、一般に、契約交渉には法務部門の長や弁護士を同席させることが多い。また、契約交渉の場にそうした専門家を同席させない場合でも、必ず、そうした専門家が準備したシナリオに基づいて彼らは契約交渉に臨んでいる。ライセンス契約の交渉においては、特に法律家の意見が重要視されていることはいうまでもない。

　相手がそうしたリーガルな準備を万端整えてライセンス契約交渉の場に臨むのであるから、これを迎え撃つ当方もこれに対応できる能力を備えたネゴシエーターの人選と体制が必要である。より職位の高い者が必ずしもリーガルセンスを有するとは限らない。その意味では、より職位の高い者が契約のネゴシエーターとして必ずしも適切ではない。特に、ライセンス契約の場合は、一般的な企業法務とは相違する特殊な分野であるから、なおさら専門家の専門知識を要する。

　賢明な団長は、チーフネゴシエーターとして交渉の大きな方向付けのみを示し、契約交渉の実務を契約法務部門等の専門家に任せ、交渉の最終とりまとめ等の場面において決断を下したり、あるいはまた、自らチーフネゴシエーターとして交渉の矢面に立つも、専門家を隣に座らせ、専門家の意見に傾聴し、その判断を十分に尊重しつつ、契約交渉を進めるであろう。チーフネゴシエーターが専門家の力を借りることは、恥でも何でもない。むしろ知ったかぶりをすることのほうが、欧米のネゴシエーターからみれば、恥ずべきことであると思われるであろう。

　職位が上位であるということは、社内においてそれだけ責任も重く、発言力もあるということである。交渉結果の責任を果たすという意味で、職位が上の者がチーフネゴシエーターになることは、実務上一定の合理性がある。

　チーフネゴシエーターを人選する立場の者は、チーフネゴシエーターに委任すべき任務を明確にすべきである。チーフネゴシエーターとして選任された者は、自己が果たすべき役割を明確に自覚することが強く期待される。

　事業責任は、事業部が負担するというのが、事業部制を採用する企業の経営理念である。契約の締結は当然事業部が責任を持つという考え方もそこから出てくる。他方、本社部門は、常に、全社的な立場から人事、財務、法務、研究開発等を会社全体の事業運営に関わる問題を掌握し、事業部間の利害調整を行う機能を有するものであろう。そうした本社機構に契約法務部門が所属する場合、一事業部の利害を超えた全社的な経営の観点から、また、国際的な法務感覚を備えた専門家集

団として、ライセンス契約の交渉において契約法務部門がリーダーシップをとるのが自然であり、また、最も適切である。相手企業は当方のチーフネゴシエーターが契約法務の専門家であるというだけで、職位の高低に関係なく、当方の意見に傾聴し、神妙に敬意を払うものである。それは彼我の企業風土の違いでもある。そのような状況を考慮するとき、ライセンス契約のチーフネゴシエーターは、契約法務部門から選任されるのが望ましいといえよう。

　　Ｂ　交渉団の編成

契約交渉団のメンバーの人選は、案件の規模、性質、経営上の重要性等によりそれぞれ異なる。一般論としては、契約法務部門、技術部門、管理部門等の参加は必須といってもよいであろう。最小規模でも契約法務部門と管理部門、または契約法務部門と技術部門ということになろう。事案により、工場現場から専門家を参加させることもあり得る。営業部門が同行することもある。メンバーの編成は、事案の取引経緯や取引環境にも配慮する必要がある。いずれにせよ、団長やネゴシエーターの能力に見合った補佐ができる布陣が求められる。

　　Ｃ　社内のコンセンサスづくり

交渉団の編成は社内のコンセンサスづくりという意味でも重要である。否、交渉団の編成自体が、すでに、社内のコンセンサスそのものであるといっても過言ではない。交渉団がまとめた契約条件について、社内の各部門から承認や支援が得られなければ交渉団の努力が水泡に帰すばかりか、ライセンシーの信用も失い、ひいては、交渉団を派遣したライセンサーの経営姿勢も問われることにもなる。

交渉団メンバーが確定したならば、ライセンシーへの提示条件やポリシーについて十分内部打ち合わせを行い、社内のコンセンサスを得られる土壌をつくっておくことも、企業においては重要な契約交渉の下準備の一つである。

(3)　技術情報の開示と秘密保持契約の締結

ライセンサーはライセンシーに対して、許諾技術に関し技術的な評価の機会を与え、契約製品の正確な製造コストを試算させるために、契約締結前に、一定の範囲内で許諾技術を開示する必要に迫られることがある。かような技術情報を開示する場合、ライセンサーはライセンシーと秘密保持契約を締結する必要がある。これも重要な契約交渉の事前準備の一工程である。

feasibility study（F/S）の結果、契約締結に至らなかった場合、この秘密保持契約は開示情報の取扱いに関し両当事者を拘束する唯一の手段となる。契約締結に至らなかった場合、この契約がどのくらいの期間有効に存続し、両者を拘束するか等は、開示する情報の内容、性質、価値等、諸般の事情を慎重に考慮し、明確に定めねばならない。

(4)　F/S の評価と販売計画書の提出要求

テリトリー内における契約製品の製造・販売をライセンシーに独占的に任せるような契約の場合、ライセンサーはライセンシーに対して、契約締結前の一定期間内に契約製品に関し多角的な市場調査をせしめ、その調査結果として、販売計画書を提出させるのが望ましい。ライセンシーの販売計画が甘ければ、これを指摘し、その結果を契約条件に反映させる必要がある。販売見通しは、ライセンス契約条件を考える原点である。

(5) 契約書案の起草

ライセンシーを選定し、必要な事前調査を終了したならば、これをタームシートにまとめると契約書案の起草がスムースになる。タームシートとは、契約の主要な条件を項目別にまとめた書面を指す。基本的な条件についての合意すらできていないのに詳細な契約書案を作成し、交渉するのは無駄が多い。タームシートは、このような無駄を少なくし、効率的に契約書案を起草するうえで役立つ。

タームシートにより基本的な条件の確認ができたら、いよいよ契約書の起草である。契約書の起草はライセンサーが行うべきである。契約書の論理は、起草者の論理によって支配される。契約書は起草者に有利な結果をもたらす。具体的な契約条件を設定するにあたり、ライセンサーは事前調査の結果を十分に加味しなければならない。いわゆる、リスクカリキュレーションである。

社内的には、契約担当部門が、取引の特殊事情を踏まえ、国際的に受け入れられる様式に則り、相手国の法律規則に配慮しつつも、公取指針を踏まえ、契約書案を起草すべきである。起草された契約書案をベースに社内関係部門の意見を集約し、最終的な契約書案を完成する。必要とあれば、この段階で弁護士に相談、確認等をする。なお、ドラフティングの方法についての詳細は第1部第5章「ドラフティング」で述べる。

かようにして完成された契約書案を契約担当部門から、ライセンシーに対して提示するのが望ましい。契約条件に関するその後の交渉窓口は、必然的に、契約担当部門となる。

2　契約交渉

(1) 契約交渉期間

新規契約の場合、取引の特別な事情がない限り、一般的に、契約交渉期間をあらかじめ限定することはしない。お互いに納得のいくまで協議を重ねることが重要である。しかし、契約更改等の場合は、契約書においてあらかじめ契約更改のための交渉期間を定めておくべきである。契約に自動更新の定めがある場合を除き、少なくとも6カ月から1年を交渉期間とするのが妥当ではないかと思われる。契約期限が到来してから慌てて契約条件の更改交渉をしても間に合わない。

(2) 書簡等による条件交渉

A　対面交渉前に問題点を煮詰めておく

条件交渉は、手紙のやりとりで十分に問題点を煮詰めた後に、直接会って、交渉をするのが効率的である。問題が複雑になればなるほど書簡による交渉に時間を割くことを勧めたい。書簡による交渉の利点を以下列挙する。

① 複雑な問題であっても、社内の衆知を集めて対応できる。
② 書簡を作成することによって、複雑な問題もその要点を把握・整理できる。
③ 重要問題を把握・整理することによって、効率的な対面交渉が実現できる。
④ 効率的な対面交渉は、交渉日程を短縮でき、出張経費等の節約になる。
⑤ 交渉経緯を記録に残すことができ、後日の誤解の回避に役立つ。
⑥ 話し言葉は気持ちの伝達には適するが、正確な意思伝達には不向きである。

B　電子メールやFAXの利用は秘密保持に注意

ライセンサーの契約書案をライセンシーに提示する場合、伝達手段として書簡、FAX あるいは電子メールを使うことが考えられる。以前は FAX も多く使われていたが、今日では電子メールの方がより頻繁に使われているであろう。

　しかし、秘密保持の観点からいえば、電子メールは必ずしも安全ではない。厳重な秘密保持を必要とする内容のやりとりについては、電子メールと同時並行的に電子メールのハードコピーに送り状を付けて別途郵送し、確認する等の処理が欠かせない。電子メールを使わない場合は、書簡に頼ることになる。契約条件交渉等に関する諸連絡に関しては、FAX の利用はできるだけ回避したい。

(3)　対面交渉

　対面交渉を行う場合、ネゴシエーターが、当然、メインスピーカーとなる。意見発言はメインスピーカーを通じてすべて行う。交渉の大原則は、スピーカーは一人、聞き手は大勢である。

　人数が多くなると、また、複数部門から代表の形で交渉団が構成されていると、それぞれがそれぞれの立場で意見をいいたくなるのが人情である。それが一番見苦しく、相手に誰が交渉権を持ち、決定権があるのかを疑わせることになる。一番好ましくない交渉のやり方である。

　どうしてもそのタイミングで意見をいう必要がある場合は、メモを書いて、スピーカーに渡せばよい。スピーカーはその意見が的を射ていると思えば、自分の意見として相手に伝えればよい。意見が的を外れていると思えば、無視すればよい。スピーカーの話を遮るのは、厳に慎まなくてはならない。

　それぞれの意見を反映する場として、交渉開始前の事前内部打合せや1日の交渉終了後の反省会等を設けるのがよい。交渉の途中でも、スピーカーが判断を迷うようなときまたは重大な決断をする必要がある場合は、交渉の一時中断を相手側に申し入れ、別室等を借りて、内部打合せを行い、内部の意見統一を図るなりまたは確認をするのがよい。

(4)　ネゴシエーターの心得

A　この契約はどうあるべしという哲学を持つ

　営業部門がライセンス契約の引き合いを持ってきたとする。その技術は、図庫に保管されている図面を使えると仮定する。この契約が成立すれば、もともと売れないで残って技術が、売れるのであるから、値段等はあってなきがごとしである。ライセンシーのために作成する図面のコピー代と諸経費が賄えればそれで十分である。これによって利益を得る必要はない。むしろそのライセンス契約を締結することで、ライセンシーとの関係を構築して、何か物の販売につなげることができれば、その方がはるかに会社にとっては利益になると考えたりすることがある。これは物の販売を使命とする営業マンの商売感覚である。

　メーカーは純利益が得られなくても、原材料代、加工費、若干の管理費を賄えれば受注することがある。メーカーは物を製造するために設備機械を稼動することで機械の減価償却ができるので、それだけでも不況の折りには助かるという考え方がある。

　しかし、物の販売と技術の取引は利益の考え方が大いに相違する。他社が欲しがる技術または他社にライセンスできる技術は、その会社の固有の技術である。その固有の技術は、先人が人・金・物を投じて、汗水流して開発した貴重な知的財産である。それが現在自社においてはまたは日本国内において古い技術となって市場価値がなくなっていようとも、他国においては市場価値を有し、

他国の企業がその技術を使用して利益を得ることが期待できる技術であるとするならば、その技術は立派な市場価値を有するというべきである。

そうであれば、その市場価値に見合った技術料をライセンサーとしてライセンシーに対して要求することは、商売の理に適うものであり、また、先人の努力に報いることにもなる。技術取引における技術の価値評価とはそういうものであろう。これは技術という無体財産に特有な考え方である。今、時代はこの無体財産に対する価値評価が一段と高まっていることは、読者もご承知のとおりである。

B 決定権は私にある

ネゴシエーターは交渉相手に対して「本契約に関しては私が決定できる」という印象を相手に与えることが、相手の信頼を得て相手から本音の条件を引き出すコツである。今、この場で決めなければ後日交渉をしても今以上に有利な条件を引き出すことは難しいという印象を相手に与えることができれば、交渉はこちらのペースで進めることができる。事実、こちらも即決即断できるネゴ代をあらかじめ用意しておく必要がある。

C 相手のものの考え方を素早く理解する

国により文化が違う。人により、物の考え方も異なる。交渉相手を説得するには、交渉相手の思考方法に合わせて説明をしなければならない。交渉相手の思考方法を素早く理解することは、交渉を進めるうえで非常に重要である。

交渉相手は、採算を重視する考え方なのか、交渉相手が立案した考え方をこちらが受け入れないことが交渉相手のプライドを傷付けているのか、交渉相手はただ上司の指示に従って発言・主張しているだけで、交渉相手の上司を説得しなければ問題の解決にならないのか、交渉相手は法律規則に弱いか、強いか、等々である。

D 相手の心理状態を読む

交渉ごとは理詰めだけの話で済むものではない。交渉相手がその時々でどんな心理状態にあるのかも、時には注意深く観察しながら説得をしなければならない。これはネゴシエーターの経験と感に依存する問題である。それを鋭く感じる感性は長年の交渉経験と不断の努力から生れるものである。口で説明できるものではない。個人差は大きい。

E 本音と駆け引きを見分ける

物ごとには本音と建前がある。この問題は交渉ごとにはつきものである。本音をどう引き出すか。これも人、それぞれであろう。

1日の交渉が終わり、夕方、交渉相手を招きあるいは招かれて一杯やる機会があれば、そうした約束の時間のちょっと前に個人的に交渉相手とざっくばらんに、腹を割って話をするということもある。簡単なことなら、昼食休憩に行く道すがら、話をすることができるかもしれない。

こちらが本音をぶつけて相手を説得することもある。しかし、本音を言ってしまったために押し切られる危険性が常にある。相手の本音を聞き出そうとするこちらの意図を読みとられ、逆に不見識の謗りを受けるかもしれない。

それはすべて交渉相手とその交渉環境から、臨機応変に、相手の顔色まで読みながら判断しなければならない。

F　交渉相手の内部のやり取りにも傾聴する

　和気藹々の雰囲気の中で交渉を進めていると、お互いに気が緩む。英語を母国語としている交渉相手が交渉の席上で、内部でやりとりをするとき等、注意深く聞いていると、何が彼らの問題であるのかがわかることもある。

　あるとき、当方は会社の方針としてどうしても製造物責任（PL）を引き受けるわけにはいかないので、相手側に全面的負担をしてもらうべく交渉をしていた。当時、相手国では契約対象技術を使う業界でPL訴訟が多発していて、相手企業も非常に神経過敏になっていた。当方がどうしてもPLに関して譲歩しないので、交渉は休憩に入った。その休憩時間に彼等はその同じ場所で、内部で雑談的に話をしていた。私は席を立たずにその場で休憩をしていて、聞くとはなしに彼らのヒソヒソ話が聞こえてきた。交渉相手は社長さんであったが、営業部長に対してPL保険でカバーするとすればいくらかかるかを尋ねた。営業部長はいくらぐらいかかる旨答えた。つまり、その保険料相当分を交渉で確保できれば、PLを全面的に引き受けるという姿勢と私は察知した。交渉再開時に私は理論的には相手企業がその保険料を捻出できるに近いロイヤルティの値下げを提案して、PLの引受けを再度要求した。彼らは私の提案がどうして出てきたのか、おそらく気が付かなかったと思う。しかし、逆算すると理論的には彼等が負担する保険料に近いロイヤルティの値下げで、彼等の計算は成立するはずであった。彼らも内部打合せのための休憩をとり、別室で協議をした結果、当方の提案どおりで交渉を終えたことがある。

　当方もロイヤルティの料率は減ったが、PLという化け物を引き受けなかったことで会社上層部への説明もスムーズに受け入れられたことがある。

　反面教師として内緒話には気を付けなくてはならない。

G　論理の矛盾を突く

　契約交渉は理論闘争である。企業は利益を追求することを使命としているがゆえに、ややもすると手前味噌的な理論構成に陥る危険性がある。論理の矛盾を突くのは交渉の定石である。

　その契約が非独占的ライセンス契約であることは、契約書に明記されていて疑問の余地はなかった。しかし、テリトリー内のある国（外国）で許諾製品が製造されない間は当方（ライセンシー）が自由に許諾製品をその外国に供給できるという条件があり、また、国内においても競合会社もなく、実質的に独占的に製造・販売ができる状態で長年経過してきた。

　ところが、ライセンサーは自社テリトリー内の許諾製品の販売不振他諸般の事情により、ライセンシーに許諾していたテリトリー内の外国企業とライセンス契約を締結し、許諾製品の製造・販売を開始した。実質的に独占的製造販売を享受してきたライセンシーにとって寝耳に水であったことから、早速ライセンサーとクレーム交渉を開始した。

　実質的に独占的製造・販売を約束してくれていたということから、独占的製造販売権をもらっているはずという社内の大勢意見に押されて、独占的製造販売権を前提に論陣を張った。交渉会議で先方の法務部長は、黙ってライセンシーの主張を傾聴していたが、最後に「今の話は独占的製造販売権を許諾していることが前提になっているが、現行契約は非独占的な製造販売権しか許諾していないのであるから、ライセンシーの主張は受け入れられない」と一言で議論は終わってしまった。一つの失敗事例である。

H　即断即決を迫る

　交渉相手が優柔不断な態度をとる場合、その問題に対する回答が得られなければその他の話題に進めないとして、交渉を中断して相手に即決を迫るという交渉作戦をとることもある。それは、当方には即断しなければならないような大きな問題がないという状況において初めてできることである。すべて、交渉事は相手との相対的な関係で決められる。

I　口角泡を飛ばす

　議論をしているときは、時には机を叩き、声を荒げても相手の理不尽と思えるような態度や条件に対しては、抗議をしなければならない。流暢な英語で話すことはできなくても、こちらが真剣な態度をとれば交渉者の真意は伝わる。紳士風に振る舞うばかりが能ではない。

J　質問攻めにする

　相手の主張に何となく同意できないが、どう説得してよいかわからないときがある。その場合は、何となく同意できない箇所を一つひとつ "why?" と言って、その理由を突き詰めていくと、意外と相手は論理の矛盾を露呈してくることもある。

K　ライセンシーの提示条件の実害の可能性を測る

　ライセンシーがカウンタープロポーズしてくることは当然ある。ライセンシーの要求を皆拒否したら、やはりまとまるものもまとまらない。交渉事は "give and take" の精神が必要である。ライセンシーの要求が理に適わないものであっても、実害がないものであれば甘受するということも時にはある。理に適わない条件を受容することは極力避けたいが、実害がないとすれば交渉をまとめる最終段階ではそれも認めることも実務ではあり得る。

L　説明は法律規則、客観的な資料および具体的事例で行う

　ライセンス交渉での説明は、特に、法律規則、判例、学説等できるだけ客観的な情報や資料をもって説明するのが、相手を説得する早道である。個人的な主観をいくら述べてみても説得力に欠ける。技術説明についても、できる限り客観的なデータに基づいて説明すべきである。また、いずれの場合も具体的事例がある場合は、そうした事例で説明するのは、相手を説得するうえで効果的である。

M　テーマを絞り、短期決戦

　書簡による前交渉をしっかりとやっておけば、交渉すべきテーマは三つか、四つくらいに絞ることができる。否、そのくらいに絞り込んでから対面交渉に臨むべきと考える。問題の大きさ、複雑さによって、交渉に要する時間は異なるが、ライセンス契約条件交渉であれば、正味2日か、長くても3日もあれば十分であろう。予備の日を1日とって、工場見学や関連企業の視察等、関連情報を収集してくることも忘れてはならない。

〔第1部〕総　論

第2　技術導入契約

1　契約交渉の前準備

(1)　ライセンシングポリシーの確認

　ライセンサーおよびライセンサーの市場に関する事前調査結果を踏まえて、技術導入に関するライセンシングポリシーを確認する。

(2)　契約交渉方針の策定

　　A　チーフネゴシエーターの人選

　チーフネゴシエーターの人選に関しては、技術供与契約における考え方と相違はない。

　　B　交渉団の編成

　契約交渉団の編成についても、技術供与契約における考え方と相違はない。

　　C　社内のコンセンサスづくり

　社内のコンセンサスづくりに関しても、技術供与契約における考え方と相違はない。

(3)　技術情報の開示と秘密保持契約の締結

　ライセンシーとしては、導入技術に関し契約締結前に技術的な評価をしっかりと行い、導入技術を使用して契約製品を製造した場合の正確な製造コストおよび販売価格を試算しておかねばならない。そのためには、契約締結前に、かような目的のために導入技術を一部でも開示してもらうようライセンシーはライセンサーに対して要求することになる。かような技術情報の開示を受けるためには、ライセンシーはライセンサーとの間に秘密保持契約を締結する必要があろう。これも重要な契約交渉の事前準備の一工程である。

　feasibility study（F/S）の結果、契約締結に至らなかった場合、この秘密保持契約は開示情報の取扱いに関し両当事者を拘束する唯一の手段となる。契約締結に至らなかった場合、この契約がどのくらいの期間有効に存続し、両者を拘束するか等は、開示される情報の内容、性質、価値等、諸般の事情を慎重に考慮し、明確に定めておく必要がある。

(4)　F/S の評価と販売計画書の提出要求

　テリトリー内における契約製品の製造・販売をライセンシーが独占的に任されるような契約の場合、ライセンサーはライセンシーに対して、販売数量や販売額において一定の保証条件を課してくる可能性があるので、ライセンシーとしても契約締結前の一定期間内に契約製品に関し多角的な市場調査を慎重に行い、販売計画を立てる必要がある。ライセンサーに対しても、要求あれば、そのような調査結果について情報の提供をすることも必要であろう。ただし、販売計画書等をライセンサーに提出することは、販売額や販売数量について保証を与えることになるおそれがあるので、慎重な対応が望ましい。

　販売計画が甘ければ自分の首を絞めることになるし、また、あまり販売の見通しがよくないということであれば、ライセンサーのライセンス意欲を殺ぐことになる。いずれにせよ、ライセンシーがライセンサーに提供する市場調査の結果や販売計画書は、契約条件に反映されるものであることに留意する必要がある。販売見通しは、ライセンス契約条件を考える原点である。

(5) 契約書案の起草

　技術導入先を選定し、必要な事前調査を終了したならば、タームシート・契約書の起草である。タームシート・契約書の起草はライセンサーが行うことが多いが、できることならライセンシーのほうで起草するお手伝いをするという姿勢で起草を引き受けるのが望ましい。契約書の論理は、起草者の論理によって支配される。契約書は起草者に有利な結果をもたらす。具体的な契約条件を設定するにあたり、ライセンシーは事前調査の結果を十分に加味しなければならない。いわゆる、リスクカリキュレーションである。

　社内的には、契約担当部門が取引の特殊事情を踏まえ、国際的に受け入れられる様式に則り、相手国の法律規則に配慮しつつも、公取指針を踏まえ、契約書案を起草すべきである。起草された契約書案をベースに社内関係部門の意見を集約し、最終的な契約書案を完成する。必要とあれば、この段階で弁護士に相談、確認等をする。なお、ドラフティングの方法についての詳細は第1部第5章「ドラフティング」で述べる。

　かようにして完成された契約書案を契約担当部門から、ライセンサーに対して提示するのが望ましい。契約条件に関するその後の交渉窓口は、必然的に、契約担当部門となる。

2　契約交渉

　契約交渉の考え方については、技術供与契約の場合と特に相違はないので、以下省略する。

第4章　契約の成立要件・効果

第1　契約の成立要件

　契約は、一定の合意に法的な拘束力を生じさせる制度である。その目的は、当事者間の公平ひいては社会秩序が図ることである。すなわち、たとえ当事者間で合意をしたとしても、一方が自由にこれを破ることができるとすれば、他方の意思は実現できず、公平、社会秩序は保てないことから契約という制度が設けられた。
　ただし、契約の具体的な意味（要件・効果等）は各国の法制度によって異なる。
　以下、日本法と米国法における契約の成立要件・効果をみる。

1　日本法の場合

(1)　合　意

　日本法のもとにおいて、契約が成立するためには、相対立する意思表示の合致（合意）が必要である（民521条以下）。ここに「意思表示」とは、法律効果の発生に向けられた意思（効果意思）の表示行為である。
　そして、「効果意思」とは、一定の効果の発生を欲する意欲である。効果意思の内容は、社会関係における事実的効果であって、法律がその理想からみて、当事者の意欲するところに従って法律的効果を与える価値があるとなすものである。たとえば、親子や夫婦の些細な物の貸借、友人の間の儀礼上の約束、純粋に宗教上の約束等においては、効果意思は認められない（我妻・民法総則240頁）。
　また、「表示行為」は言語・文字等から成立するのが普通であるが、それ以外の挙動によることも少なくない。ただし、意識ある挙動であることを必要とし、強制を受けている間の挙動等は表示行為にあたらない（我妻・民法総則240頁）。

(2)　合意以外の要件

　上記のように契約は原則として意思表示の合致により成立する。しかし、かかる一般原則は、商法や消費者保護法等の特別法により修正されることがある。たとえば、商人が平常取引をなす者から、その営業の部類に属する契約の申込みを受けたときは、遅滞なく諾否の通知を発することを要し、これを怠ったときは、仮に承諾がなくても承諾したものとみなされる（商509条）。また、たとえば、消費者を相手方にする一定の取引については契約の成立のために書面が要求されることもある（特定商取引に関する法律4条）。

(3)　実務の考え方

　上記のような特別法がない限り、契約は口頭でも成立する。そこで、日本の裁判では、契約の成立等について、「言った、言わない」の水掛け論がなされることが多い。しかし、実際上は、口頭の場合は勿論のこと、電子メールのやりとり等があっても、契約の成立が認められることは難し

く、書面の作成が要求されているのと結果的に変わらない場合が多い。

たとえば、電子メールのやりとりによる売買契約の成否が問題となった事例として、以下の裁判例（東京地裁平成21年9月2日判決 Westlaw Japan）がある。

原告は、被告に対し、原告・被告間の契約の破棄の条件として、本件パネルを購入してもらいたい旨の通知をした。被告は、同日、原告に対し、「液晶パネルだけを買い取るということでしたら・・・何とかなるかと思います・・・」と記載したメールを送信した。そこで、原告は、原告・被告間の契約が破棄された後に本件パネルの売買が成立したとして本件パネルの代金の支払を求める訴えを提起した。争点は、原告・被告間の契約の破棄の有無および本件パネルの売買の成否等であった。

裁判所は、「被告は、同日、原告に対し、『液晶パネルだけを買い取るということでしたら・・・何とかなるかと思います・・・』と記載したメールを送信したが、このような不確定な記載をもって被告が本件パネル売買契約の締結を承諾したとすることはできない」とした。

このように、日本では、口頭でも契約が成立する建前ではあるが、実際上は、書面が作成されていないと、契約の成立等の立証が困難であることがわかる。

2　米国法の場合

(1)　合　意

英米法（コモンロー）においても、日本法同様、申込み（Offer）に対する承諾（Acceptance）、すなわち合意（Agreement）は、契約の基本的な成立要件である。ただし、英米法は、日本法（シビルロー）のように意思表示の概念を基礎とせず、「合意」を「意思表示の合致」より広く「事実上の合意」ととらえる反面、契約の成立要件として、合意以外にも、Consideration（約因）等、他の要件を要求している。

(2)　合意以外の要件

上記のように英米法（コモンロー）は、契約の成立要件として合意以外の要件を課すが、要件の立て方は一律ではない。

以下、契約の成立要件として、米国法における、Consideration（約因）、Statute of Frauds（詐欺防止法）および Parol Evidence Rule（口頭証拠排除の原則）について検討する。

A　Consideration（約因）

契約が執行可能であるためには約因が必要と解され、また、約因が認められるためには、履行または報酬の約束が駆け引きされる必要がある。要は、契約が有効であるためには対価が必要であるということである。

約因には例外がある。たとえば、既存の契約の修正、また、道徳的な義務を履行する約束（伝統的な例としては、救助する際にケガした者に対する報酬）は約因を要しないとされる。また、近代契約法理は、約因の代わりの手段となる法理として禁反言を許容しているとされる。

ライセンス契約の場合、ライセンサーによる使用許諾とライセンシーによるロイヤルティの支払は対価関係にあり、約因の要件を満たすと思われる。ただし、実務においては、ライセンスの契約書の前文（Preamble）に、確認的に、約因の要件を満たす旨の文言（Consideration Clause）が記載されることが多い（第2部第1章第2「前文」参照）。

[第1部] 総論

以下、約因に関するリステイトメントの17条および71条（抜粋）を検証する。

Section 17. Requirement of a Bargain

(1) Except as stated in Subsection (2), the formation of a contract requires a bargain in which there is a manifestation of mutual assent to the exchange and a consideration.

(2) Whether or not there is a bargain a contract may be formed under special rules applicable to formal contracts or under the rules stated in Sections 82-94.

〈訳文〉

第17条　駆け引きの必要性

(1) 第2項に定める場合を除き、契約の成立には、双方が取引の合意を表明すること及び約因のある駆け引きが必要である。

(2) 駆け引きがあるか否かにかかわらず、契約は、正式契約に適用される特別ルールにより、又は第82条から94条により成立し得るものとする。

Section 71. Requirement of Exchange; Types of Exchange

(1) To constitute consideration, a performance or a return promise must be bargained for.

(2) A performance or return promise is bargained for if it is sought by the promisor in exchange for his promise and is given by the promisee in exchange for that promise.

(3) The performance may consist of

　(a) an act other than a promise, or

　(b) a forbearance, or

　(c) the creation, modification, or destruction of a legal relation.

(4) The performance or return promise may be given to the promisor or to some other person. It may be given by the promisee or by some other person.

〈訳文〉

第71条　相互性の必要性、種類

(1) 約因を構成するためには、履行又は報酬の約束が駆け引きされる必要がある。

(2) 履行又は報酬の約束が駆け引きされたといえるためには、約束した者が、それを求める代わりに約束をし、約束をされたものがその約束の代わりに求めに応じる必要がある。

(3) 履行は、以下を含み得る

　(a) 約束以外の行動、又は

　(b) 権利行使の自制、又は

　(c) 法的関係の創設、修正、破壊

(4) 履行又は報酬の約束は約束した者、又はその他の者に対して与えられることができる。それは約束された者又はその他の者により与えられることができる。

B　Statute of Frauds（詐欺防止法）

詐欺防止法とは、英米法に基づく考えであり、契約等に書面性を要求する考えである。具体的には、「詐欺の防止を目的として、不動産の遺言処分、土地を信託財産とする信託の宣言及び譲渡、さらに一定の契約について、書面による証拠がない限り、裁判所がそれらに基づく救済を与えることができないと定める制定法。1677年のイギリスの制定法に始まり、アメリカでも広く継受されて、ルイジアナを除くすべての州で立法又は判例により、同趣旨の法が定められている」（田中・英米法辞典）と説明される。

詐欺防止法の典型例として、動産売買に関する詐欺防止法を定めるUCC Article 2の201条がある。また、同じ考えは、知的財産権に関する連邦法にも反映されている。たとえば、米国の特許法（35 U.S.C.）261条[1]は、特許権の移転または独占的なライセンスの設定に書面を要求し、また、著作権法（17 U.S.C.）も同様の定めを設けている。

以下、動産売買に関する詐欺防止法を定めるUCC Article 2の201条を検証する。

Section 2-201. Formal Requirements; Statute of Frauds.

(1) Except as otherwise provided in this section a contract for the sale of goods for the price of $500 or more is not enforceable by way of action or defense unless there is some writing sufficient to indicate that a contract for sale has been made between the parties and signed by the party against whom enforcement is sought or by his authorized agent or broker. A writing is not insufficient because it omits or incorrectly states a term agreed upon but the contract is not enforceable under this paragraph beyond the quantity of goods shown in such writing.

(2) Between merchants if within a reasonable time a writing in confirmation of the contract and sufficient against the sender is received and the party receiving it has reason to know its contents, it satisfies the requirements of subsection (1) against such party unless written notice of objection to its contents is given within 10 days after it is received.

(3) A contract which does not satisfy the requirements of subsection (1) but which is valid in

---

[1] 35 U.S. Code § 261 - Ownership; assignment
Subject to the provisions of this title, patents shall have the attributes of personal property. The Patent and Trademark Office shall maintain a register of interests in patents and applications for patents and shall record any document related thereto upon request, and may require a fee therefor.
Applications for patent, patents, or any interest therein, shall be assignable in law by an instrument in writing. The applicant, patentee, or his assigns or legal representatives may in like manner grant and convey an exclusive right under his application for patent, or patents, to the whole or any specified part of the United States.
A certificate of acknowledgment under the hand and official seal of a person authorized to administer oaths within the United States, or, in a foreign country, of a diplomatic or consular officer of the United States or an officer authorized to administer oaths whose authority is proved by a certificate of a diplomatic or consular officer of the United States, or apostille of an official designated by a foreign country which, by treaty or convention, accords like effect to apostilles of designated officials in the United States, shall be prima facie evidence of the execution of an assignment, grant or conveyance of a patent or application for patent.
An interest that constitutes an assignment, grant or conveyance shall be void as against any subsequent purchaser or mortgagee for a valuable consideration, without notice, unless it is recorded in the Patent and Trademark Office within three months from its date or prior to the date of such subsequent purchase or mortgage.

other respects is enforceable.

（以下、省略）

〈訳文〉

第2－201条　形式要件、詐欺防止法

(1)　本条に別段の定めがない限り、価格が500ドル以上の物品の売買契約は、以下の場合でない限り、訴訟又は抗弁の手段によって強制することはできない。即ち、売買契約がその当事者間で締結されたことを示すのに十分であって、強制が求められた相手方当事者による、又はその者が授権した代理人若しくは仲立人による署名がなされた何らかの書面がある場合。合意された条項を書き落としていたり、不正確に記載していることを理由として、書面が不十分であるとされることはないが、当該の書面に記載された物品の数量を超えて、その契約が本項によって強制されることはない。

(2)　商人間では、もし合理的期間内に契約を確認する書面であって発信人に対し十分であるものが受理され、それを受理した当事者がその内容を知るべき理由があるならば、その書面は、当該の当事者に対しては(1)項の要件を満たしている。ただし、その内容に対して異議を申立てる通知書が、それを受理した後10日以内に与えられる場合はその限りではない。

(3)　(1)項の要件を満たした契約ではないが、その他の観点から有効であるならば、強制力を持ち得る。

C　Parol Evidence Rule（口頭証拠排除の原則）

Parol Evidence Rule とは、contract（契約）、deed（捺印証書）、will（遺言書）等について、書面化された合意内容ないし意思内容と異なることを、他の口頭証拠または文書証拠を用いて証明するのを許さないという準則（田中・英米法辞典）をいう。契約の成立には原則として書面が必要とされる（Statute of Frauds）が、それだけでなく、同書面は、口頭証拠等により排除されない（Parol Evidence Rule）とされることにより、書面主義が徹底されている。

以下、Parol Evidence Rule に関する UCC Article 2 の202条を検証する。

Section 2-202. Final Written Expression: Parol or Extrinsic Evidence.

Terms with respect to which the confirmatory memoranda of the parties agree or which are otherwise set forth in a writing intended by the parties as a final expression of their agreement with respect to such terms as are included therein may not be contradicted by evidence of any prior agreement or of a contemporaneous oral agreement but may be explained or supplemented;

(a) by course of dealing or usage of trade (Section 1-205) or by course of performance (Section 2-208); and

(b) by evidence of consistent additional terms unless the court finds the writing to have been intended also as a complete and exclusive statement of the terms of the agreement.

〈訳文〉

> 第2-202条　最終的文書表現、口頭証拠又は外部証拠
> 両当事者の意思確認の覚書により合意されている条項、又は、その他の方法によって書面に、当該文書に含まれる条項に関し、当事者の最終的な表現とする意図で記載された条項は、先行する合意の証拠によって、又は同時になされた口頭の合意の証拠によって、否認することはできないが、次の方法で説明、又は補充することはできる。
> (a) 取引交渉の過程又は取引の慣例（第1-205条）によってか、又は履行の過程（第2-208条）によって、及び
> (b) 矛盾のない追加条項の証拠によってなされる場合に限る。ただし、裁判所が、当該書面を完全且つ排他的に、合意の条項を表記した書面として作成することを意図したものと認める場合は、この限りではない。

3　Battle of Forms（書式戦争）

　上記のように、日本法や米国法のもとにおいては、合意の存在が契約成立の基本的な要件となっている。では、たとえば、一方当事者（X社）が他方当事者（Y社）に対し「A」という条件を提示し、Y社がX社に対し「A＋α」という条件を提示した場合、合意はあるか。また、合意があり契約が成立するとして、その契約は「A」という条件となるのか、それとも「A＋α」という条件となるのか。X社が同社の注文書（X社の約款が印刷されたもの）を使って発注し、Y社が同社の請書（Y社の約款が印刷されたもの）を使って受注した場合等に問題になる（いわゆる Battle of Forms）。

　日本法の場合、申込みが「A」であり、承諾が「A＋α」の場合、意思表示の合致がないため契約は成立せず、承諾が新たな申込みとなる。ただし、たとえば、X社・Y社が平常取引をなし、Y社がその営業の部類に属する契約の申込みを受けた後、遅滞なく諾否の通知をしない場合は契約が成立し得る（商509条）。

　米国法の場合、契約の成立を定める各州法による。たとえば、動産売買に関する契約の成立について定める UCC Article 2 の206条（契約の成立における申込みと承諾）および207条（契約の条項、確認の効果）によると、追加条件（α）があっても、遅滞なく諾否の通知をしない等の場合には契約が成立するとし、その場合契約条件は「A＋α」となる。

　このように、書式戦争（Battle of Forms）の結論は準拠法により異なり得る。したがって、相手方の意思表示が自分の考えと異なる場合は、契約が成立していないと推測してそれを放置するのではなく、速やかに諾否を明確にするのが望ましい。

第2　契約成立の効果

　契約が成立すると法的拘束力が生じる（内田・民法Ⅱ12頁）。法的拘束力が生じるというのは、要は、契約違反があった場合に国家権力（裁判等）がその実現に助力してくれることを意味する。国家権力が具体的にどのように助力してくれるかは各国の法制度により異なる。

　以下、「債務不履行の要件・効果」について、日本法および米国法の基本的な考え方を述べる。

[第1部] 総 論

1　日本法の場合

(1)　債務不履行の要件

たとえば、債務不履行による損害賠償請求権が発生する要件は、次の3つと解される。

① 債務不履行の事実があること（民415条）
② 債務者に「責めに帰すべき事由」（帰責事由）があること
③ 債務不履行と因果関係のある損害が発生していること

現行民法415条1項の文言上は、帰責事由の要件（②）が明らかとされていないが、民法の過失責任主義の基本原理から必要と解される（最高裁昭和34年9月17日判決）。

また、改正民法の415条1項も、債務不履行による損害賠償につき、以下のとおり帰責事由を要求している。

「債務者がその債務の本旨に従った履行をしないとき又は債務の履行が不能であるときは、債権者は、これによって生じた損害の賠償を請求することができる。ただし、その債務の不履行が契約その他の債務の発生原因及び取引上の社会通念に照らして債務者の責めに帰することができない事由によるものであるときは、この限りではない」。

そして、帰責事由とは、「故意・過失または信義則上これと同視すべき事由」と解される。

なお、天災等による不履行について不可抗力条項（Force Majeure Clause）が設けられることが多い。しかし、天災等による不履行の場合、帰責事由がない場合が多いため、あえて不可抗力の条項を定めるまでもなく、契約違反に該当しない。そこで、日本法を前提に不可抗力の条項を定める場合は、帰責事由の有無と不可抗力の関係が問題となり得る。

(2)　債務不履行の効果

債務不履行の主な効果として、債権者は、第一に履行請求（民414条1項）、第二に契約の解除（民541条）、第三に履行請求の場合においても、解除の場合においても、損害賠償を請求し得る。それぞれの具体的な内容については、第2部第12章「保証および責任」の第5、第21章「派生的損害賠償」の第5等を参照されたい。

2　米国法の場合

(1)　コモンローの考え

英米法、すなわち、コモンローにおいては、契約の定めに違反（breach of contract）すれば、どのような事情で違反となったかを問わず契約違反となる（"pacta sunt servanda"「契約は守られなければならない」）との考えからスタートする。英国では17世紀のParadine v. Jane 事件（1647）で「契約絶対」の法理が確立され、かかる考え方は、米国のリステイトメントの2第11章（Impracticability of Performance and Frustration of Purpose）の「序」（Introductory Note）[2]にも表れている。

2　"Contract liability is strict liability. It is an accepted maxim that pacta sunt servanda, contracts are to be kept. The obligor is therefore liable in damages for breach of contract even if he is without fault and even if circumstances have made the contract more burdensome or less desirable than he had anticipated. (As to the effect of hardship on equitable remedies, see Section 364(b).)"

しかし、それでは当事者にとってあまりにも酷な結果となることから、フラストレーション（Frustration）、ハードシップ（Hardship）等の法理が用いられるようになった。

また、コモンローにおいては、債務不履行の救済方法は、原則として、損害賠償の請求（普通法上の救済）だけである。しかし、すべての契約違反の場合に、金銭による損害賠償だけで十分であるとは限らない。そのような場合に裁判所の裁量で衡平法上の救済として、「特定履行」（specific performance）、「差止命令」（injunction）、「契約解除」（rescission）および「原状回復」（restitution）を認めることがある[3]。

(2) UCC およびリステイトメント

まず、リステイトメントによると、不履行は、それがたとえ軽微なものであっても否定されず、また、不履行は故意または過失に基づく必要もない、とされる。

以下、契約の履行および不履行の効果について定める、リステイトメントの235条を検証する。

Section 235. Effect of Performance and Non-Performance

(1) Full performance of a duty under a contract discharges the duty.

(2) When performance of a duty under a contract is due any non-performance is a breach.

〈訳文〉

235条（履行及び不履行の効果）

(1) 契約上の全ての義務の履行は、義務を消滅させる。

(2) 契約上の義務の履行の期限が到来している場合、その不履行は契約違反となる。

また、売買の売主による保証違反および救済手段に関するUCC Article 2の規定については、第2部第12章「保証および責任」のとおりである。これらによると、UCC Article 2は、買主の救済の要件として売主の帰責性を要求しておらず、また、買主の救済手段としては損害賠償のほか、一定の場合には解除（UCC／2-711）や特定履行（UCC／2-716）を認めている。

---

[3] M. P. Furmston『Cheshire, Fifoot, and Furmston's Law of Contract (Seventeenth Edition)』742頁以下による英米法における普通法と衡平法の説明（英文抜粋）は以下のとおりである。
"At common law the only case is where the guilty party's outstanding obligation is to pay a fixed sum of money: in equity there exist the remedies of specific performance and injunction but these, as we shall see, are only exceptionally granted." "The common law courts early decided that they would not order contracts to be specifically performed. This was probably because common law judgments were enforced by distraint on the defendant's goods which ultimately produced a money sum." "During the nineteenth century there was legislation which enabled common law courts to order specific performance and the Court of Chancery to award damages and since the Judicature Acts of 1873-5 all remedies have been available in all divisions of the High Court. Nevertheless the distinction between common law remedies and equitable remedies bears very clearly the impress of their historical origins."

第5章　ドラフティング

第1　総論

1　ドラフティングの目的

　ドラフティング、すなわち契約を書面化する目的は、当事者の意思を「より確実に実現」することである。

　すなわち、契約の目的は当事者の意思の実現を図ることであるが、当事者はこれを書面化することにより、口頭の場合に比べ、第一に、契約の成立および内容に関する当事者の意思をより明確化にすることができる、第二に、後日、「言った、言わない」の水掛け論から紛争が生じることを防止することができる、また、第三に、仮に紛争が生じても権利の実現が容易となる（前記の米国の詐欺防止法、口頭証拠排除の原則および日本の東京地裁平成21年9月2日判決等参照）等、当事者の意思を「より確実に実現」することができる。

2　ドラフティングの方法

　良いドラフティングといえるためには、ドラフターが、①契約当事者の意思を特定し、②これを契約書に反映させることが必要である。なぜなら、契約の目的は当事者の意思を実現することであるところ、上記①、②により、当事者の意思に沿った契約を作成することができ、ひいては裁判所がこれを実現することができるからである。

　一般的に、ドラフティングの方法として、「記載の正確性、明確性」が強調されることがある。しかし、仮に当事者の意思が特定されていなければ、いかに優秀な弁護士であっても当事者の意思を正確、明確に記載することはできない。逆に、当事者の意思が特定されていれば、その後の作業はこれを契約書に忠実に反映させれば足りる。その意味で、記載の正確性、明確性を議論する前提として、当事者の意思の特定（上記①）のプロセスが見過ごされてはならない。

3　ドラフティングの基本方針

　契約当事者の意思を特定し、これを契約書に反映させるといっても、その方法はさまざまである。特に、当事者の意思をどの程度詳細に特定すべきかについては、大きく、必要最低限のことを特定すれば足りるとの考え（以下、「消極主義」という）と、それだけでは足りず、有益と思われる事項を含めて網羅的且つ具体的に特定すべきとの考え（以下、「積極主義」という）に分かれる[1]。

---

[1] 積極主義は、契約書にリーガル的な機能にとどまらず、ビジネス的な機能をも持たせる立場ともいえる。その結果、契約の拘束力を、より多くの合意内容で活用し、会社のゴールをより確実に実現することができるというメリットもある。たとえば、会社は対象製品の販売計画を個々の契約に反映させることにより、個々の契約の法的拘束力を通じて、その販売計画をより確実に実現することができる。

消極主義は、迅速に契約を締結できるとのメリットがあるが、リスク対策を先送りするというデメリットもある。一般的に、日本企業は、消極主義の考えをとり、あまり議論をせずに契約を締結し、問題が生じたらそのときに「誠実に協議」すれば足りると考える傾向にある。

これに対し、積極主義は、契約の締結に時間がかかるというデメリットがあるが、契約が締結された後は、契約書が行動指針となり、また、将来のリスクをマネージできるというメリットもある。一般的に、書面を重んじるコモンローをバックグラウンドとする英米の企業は積極主義の考えをとることが多い。

このように、いずれのアプローチにも長所と短所があるが、少なくとも国際取引においては積極主義のアプローチが好ましいと思われる。なぜなら、国際取引は、国内取引と比べ、一般的にリスクが大きく、リスクマネジメントがより重要となるからである。

すなわち、まず、国際取引は、国籍、人種、言語、宗教、文化、商慣習等、バックグラウンドを異にする当事者間で行われるため、一つの用語につき当事者の解釈が大きく異なり得る。たとえば、「契約」（Contract）の一言をとっても、その意味は日本と米国で異なる（第1部第4章「契約の成立要件・効果」参照）。このように、同じ国の当事者であれば言わずもがなのことであっても、異なる国の当事者においてはこれを説明しなければ、本当に合意できているのか疑わしいことがある。

また、国際取引は、複数の国の法制度が関わることから、法的リスクおよびそのマネジメントの方法も国内取引と異なり得る。たとえば、同じ損害賠償請求であっても、米国においては、日本で一般的に認められる賠償金より極めて多額の賠償金が認められる可能性があるため、そのマネジメントの方法も大きく異なる。

近年世間を騒がせたタカタ社製のエアバッグの欠陥や東芝による米国子会社の債務の保証の問題は、リスクに対する対応の遅れが問題をより大きくした例とされる。これらの問題は、消極主義が顕在化したものではないかと推測してしまうのは著者だけだろうか。

以下、積極主義の観点から、ドラフティングに関する①当事者の意思の特定、および②当事者の意思の反映について、具体的に検討する。

第2　各　論

1　当事者の意思の特定

(1)　ゴールの特定

「あなたはどうしたいのか」（What do you want?）。これはドラフターが、通常、当事者の意思を特定するために最初に聞く質問である。当事者が契約書を通じて実現しようとする意思は、会社のライセンシングポリシー（第1部第2章「ライセンシングポリシー」参照）によってさまざまであるが、いずれの場合も、ゴールが特定されている必要がある。

そして、ゴールを特定するためには、ゴールを構成する各要素（契約対象、結果、期間等）が特定されている必要がある。以下、具体的に述べる（なお、下記に引用する裁判例は、上記各要素の「記載方法」に関する裁判例であるが、その前提たる「当事者の意思の探求・特定」においても指針となる）。

A 契約対象の特定

契約対象を特定することは、契約条件を検討する大前提である。なぜなら、契約対象が異なれば契約条件は当然異なるからである。また、契約対象を特定することは、裁判所による権利の実現を図るうえでも不可欠だからである。

以下は、契約対象の特定の重要性を示す裁判例（東京地裁平成28年5月12日判決）である。

同裁判例は、原告が、被告に対して預けた自動車の返還を求めた事案であるが、原告は自動車の特定を「メルセデスベンツ・AMG」、「Eクラス」としたが、車検証を発見できず、「自動車登録番号なし」「車体番号不明」等とした。裁判所は、「このような特定物の引渡し請求に当たっては、第三者（裁判所）においても、その対象物を他の同種のものと区別できる程度に特定されていなければ、勝訴判決を得たとしても強制執行をすることもできないのであって、訴えの対象物は、当事者において区別できるというだけでは足りず、第三者においても区別できる程度に特定される必要があるべきである」、「そうすると、本件訴えのうち、本件 AMG の引渡しを求める部分は、対象物が特定されているとはいえない不適法な訴えであり、却下するほかない」とし、契約対象の特定の重要性を説いている。

B 結果の特定

結果とは、当事者が実現しようとする結果のことである。結果を特定することの重要性を示す事例として、以下の米国の裁判例がある。

同裁判においては、遺言者の遺産の受取人として遺言者の姪（niece）1名と遺言者の妻の甥（nephews）・姪（nieces）22名、合計23名がいたところ、遺言には "should be divided equally between all of our nephews and nieces on my wife's side and my niece" と記載されていた。

遺言者の妻の甥・姪（22名）は、遺産が合計23名に等分に分配されるべきと主張し、遺言者の姪（1名）は、遺産が2等分され、半分が遺言者の妻の甥、姪（22名）に、残りの半分が遺言者の姪（1名）に分配されるべきと主張した。

裁判所は、遺言者の姪の主張（2等分）を認容し、その理由として "between" は、通常、2つの目的物の存在を前提とし、目的物がそれ以上の場合は、"among" が使用されることを挙げた。

"between" と記載すべきか "among" と記載すべきか、という用語の取捨選択の問題もある（ただし、between と among の違いは、目的物の数だけではなく、目的物が特定しているか否かで区別するとの解釈もある）が、そもそも、遺言者が実現しようとした結果（分配結果）が適切に反映されていなかったことが根本的な問題と思われる。すなわち、仮に遺言者の意思が、遺産を自分の姪に対し50％を譲ろうとするものであれば、端的に、"My niece will be entitled to half share of the residual estate." 等と記載したほうが適切であったと思われる。

C 期間の特定

ゴールを設定する場合、一定の期間が設けられることが多い。期間を定める難しさを示す事例として、以下の米国の裁判例がある。

アイオワ州には「少年に対する猥褻行為」に対して罰則を科す法令があったところ、16歳と6カ月の者に対する猥褻行為が、かかる罰則の対象になるかが問題となった。同罰則は、「少年」を "age of sixteen years, or under" と記載していた。最高裁判所は、"a child is sixteen only on his sixteenth birthday. Before that day, he is "under sixteen", after that day, he is "over sixteen" と述べ、16歳と6カ月の者は「少年」に当たらないとした。

　思うに、期間（年、月、週等）は、一定の幅を有する記載であるため、同記載の "before" や "after" を説明しようとしても、幅のある説明になってしまう。そこで、このような問題が生じないようにするためには、基準となる日時を具体化するか、"under the age of seventeen years"（17歳未満）等と期間の幅に影響されない文言を選択すべきである。同様の問題は、契約書のドラフティングでも生じる。たとえば、契約書において12月末までの履行を求める場合、"no later than the end of December"、または "on or before the end of December" と記載すれば明確であるが、"before the end of December" とすると、12月31日が含まれるかが曖昧となるため、その解釈について争いが生じ得る。

(2) アクションプランの特定

　当事者は、当事者のゴール（契約対象、結果、期間等）を特定するだけでなく、かかるゴールを実現するために必要な行動計画（アクションプラン）を特定する必要がある。すなわち、当事者のゴールを達成するためには、さまざまな手段が存在し得る。アクションプランを特定しないと、各当事者が異なる手段を想定し行動をする結果、円滑な履行が阻害される危険性があるのである。

　アクションプランの特定方法としては、たとえば、ゴールを実現するために、①当事者がなすべき行為（技術の特定、技術の移転、契約製品の特定、販売促進、原料の供給等）を分析し、②時系列に沿って整理することが考えられる。

　以下は、原料の供給に関するアクションプランの具体例である。

（原料供給に関するアクションプランの例）

	アクションプラン	リスク	リスク・マネジメント
①	契約締結		
②	原材料の調達	原材料が不足する。	代替可能な仕入先があるかを確認する。
③	製造	機械が故障する。欠陥品が生じる。	代替可能な工場があるかを確認する。
④	梱包	運送中にA製品が損傷する。	梱包方法を指定する。
⑤	運送	運送中にA製品が損傷する。	保険をかける。
⑥	輸出入手続	A製品の原材料が米国の輸入規制に抵触する。	Y社に輸入規制の事前調査および報告を委託する。
⑦	引渡	A製品の引渡しが遅延する。	スケジュールを立てる。ペナルティを設ける。
⑧	検査	A製品に欠陥が発見される。	保証の有無、要件、効果を明らかにする。
⑨	代金支払	Y社が代金を支払わない。	代金確保の手段を検討する。

(3) リスクマネジメント

　アクションプランを描けたとしても、取引がプランのとおりに進まないこと（リスク）はある。また、最悪の場合、販売を開始できない、第三者から莫大な製造物責任クレームを受ける、取引が頓挫する等のシナリオを辿ることもある。そこで、当事者の目標を確実に実現するためには、あら

かじめ、このようなリスクを予測・評価し、その対策を設けておく必要がある（以下、「リスクマネジメント」という）。

リスクマネジメントの方法としては、たとえば、上記アクションプランのように時系列に沿って想定されるリスクを洗い出したうえ、その大きさ、実現可能性の観点から優先順位を決め、順位の高いものから契約条項で手当をすることが考えられる。

このように、当事者は、さまざまなリスクに対応する必要があるが、少なくとも最悪のシナリオに対する手当は不可欠である。

悩ましいのは、最悪のシナリオに対する手当をしようとすると、契約交渉が暗礁に乗り上げる危険も生じることである。たとえば、国際的な大企業を相手とする取引であれば、一方において大きなビジネスチャンスであるが、他方において債務不履行等があった場合に莫大な損害賠償責任を負わされる危険にさらされ、しかも、交渉力の違いから、思うようにリスクを回避することができない。このような場合、折衷案や他の代替手段（保険）等を検討する等、両当事者の意思が取引に反映されるまで交渉をあきらめるべきではない。とはいえ、合意に至らない場合、最悪のシナリオを覚悟しても、当該取引を行うべきか、という厳しい選択を迫られることになる。

なお、具体的な条項例については、第2部の「特別条項」および「一般条項」で述べる。

2　当事者の意思の反映

当事者の意思を特定したら、同意思を契約書に反映させる必要がある。当事者の意思を契約書に反映させる方法に決まりはないが、以下、有益と思われる5つの手法を挙げる。

(1)　論理的構成

契約書の構成は、論理的になされるべきである。なぜなら、これにより、当事者の意思を網羅すると同時に、重複記載を回避することができるからである。

契約書を論理的に構成するためには、当事者が最終的に実現しようとする意思（ゴール）を頂点として、これを実現するために必要な条件を大項目、同条件を実現するために必要な条件を中項目というように、いわゆるデシジョンツリーのような形で構成することが有益である。たとえば、ライセンス契約のゴールが「①技術の移転、ひいては②テリトリーにおける契約製品の商業化」であれば、①を実現するためには技術を特定したうえ移転方法を決める必要があり、②を実現するためには契約製品を特定したうえ商業化の方法を決める必要がある。

（論理的構成のイメージ）

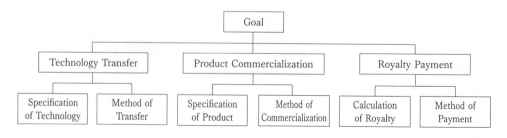

(2) 一文一意

　契約書の文は、一文一意によることが望ましい。一文一意とは、一つの文では一つのことしかいわないことをいう。そのためには、文中の「主語」「述語」「修飾語」等をなるべくシンプルに配置する必要がある。

　文のシンプルな配置の重要性を示す事例として、以下がある。

　ライセンシー（日本企業）は、ライセンサー（米国企業）から開示を受けたデータを自己のみならず欧州の提携企業に無償で使用させる必要があった。そこで、ライセンス契約に "The Data may be used or allowed to be used by Licensee free of charge." との条項も設けた。

　しかし、契約締結後、ライセンシーがデータを提携企業に使用させようとしたところ、ライセンサーは「第三者の無償使用は認められない」としてこれに反対した。

　ライセンシーは、"be used by Licensee" の他に "allowed to be used by Licensee" と定めているのはライセンシーがデータを第三者に使用させることができることを意味すると主張したものの、結局、第三者によるデータの利用は認められないという結論に至った。

　仮にライセンシーが第三者に対しデータの使用を許諾できるのであれば、"Licensee may allow third parties to use the Data." 等とすることが考えられるが、上記記載には「第三者」との文言も、また、ライセンシーによる「使用許諾」をうかがわせる文言も記載されなかった（省略された）ため不明確な記載となり、上記結論に至ったものと思われる。普段の会話では省略される主語や述語も契約書では省略することなく、「主語」「述語」「修飾語」等をなるべくシンプルに配置する必要があるといえる。

(3) 用語の選択

　"The difference between the almost right word and the right word is really a large matter—it's the difference between the lightning bug and the lightning."[2]（「正しい用語と、ほぼ正しい用語の違いは大きい。それは、雷（lightning）と蛍（lightning bug）ほどの違いである」）といわれることがある。契約書の用語の選択も同様であり、当事者の意思を最も正確・明確に反映するものを一つひとつ選択する必要がある。

　そして、一度選択した用語は、一貫して同じ使われ方がされなければならない。これは "draftsman's golden rule"（ドラフティングの黄金ルール）と呼ばれる。たとえば、"I give my car to my brother John. If he predecease me, the property is to go to my sister Judy." との記載は、"car"（車）と "property"（資産）の使い方が一貫していないため、Judy が取得し得る「資産」が「車」なのか、それとも車とは別の「資産」なのかについて争いが生じる可能性がある。

　以下、当事者の「権利・義務」を反映する用語の選択方法について述べる。なお、その他の用語の選択については、Adams・Manual を参照されたい。

A　義務を示す用語の選択

(A)　通常の義務を示す用語の選択

　たとえば、ライセンシーのロイヤルティ支払義務を定める場合、"Licensee shall pay the Royalty

---

[2] 米国の小説家、マーク・トウェインの言葉。

Fee to Licensor within [　　] days after [　　　]."等と記載する。

　義務を定める場合、上記のように shall ("has a duty to"と同義)を用いるほか、"will"、"must"、"covenants to"、"has the obligation to"、"shall be obligated to"、"agrees to"等を用いることもあるが、shall を用いることが多い。一般的な用語の意味に従えば、上記各用語にはそれぞれ微妙な意味の違いがあり得るが、契約書においてはいずれも当事者の義務を示すものであり、別段の意味を持たせる場合でない限り、同一の用語を用いるべきである。

　　　(B) 努力義務を示す用語の選択

　当事者の義務を定める場合、同義務が努力義務とされる場合がある。努力義務を記載する方法としては、"best efforts"、"reasonable efforts"、"commercially reasonable efforts"等を用いることが多いが、"good faith efforts"とか"diligent efforts"等と記載される場合もある。これらの用語の意味および選択方法については、第2部第7章「販売促進」を参照されたい。

　　B　権利を示す用語の選択

　たとえば、ライセンシーが新たなライセンスを取得するオプション権を有する場合、"Licensee may exercise the option at any time before [　　　]."等と記載する。

　権利を定める場合、上記のように may を使用するほか、"shall have the right but not the obligation to"、"will be free to"、"is entitled to"等を用いることもある。

　一般的な用語の意味に従えば、上記各用語にはそれぞれ微妙な意味の違いがあるが、契約書においては、これらに別段の意味を設けない限り、同一の用語を用いるべきである。

(4)　不要記載の排除

　当事者の意思の実現に必要でない記載や重複的記載は、無益であるだけでなく、有害であることが多い。

　重複的記載が問題となった事例に、一般条項(Boilerplate)の記載と主要条項の記載の矛盾が問題となった米国の裁判例(ClubCorp, Inc. v. Pinehurst, LLC)がある。C社はP社と補償契約を締結していたところ、同契約には、地位の譲渡禁止条項(No Assignment)および重畳的権利条項(Rights Cumulative)が定められていた。

　地位の譲渡禁止条項は次のとおり規定されていた。

"No Assignment.　None of this Indemnification Agreement or any of the rights, interests or obligations hereunder shall be assigned by any of the parties hereto, in whole or in part, by operation of Law or otherwise, without the prior written consent of the other parties, and any attempt to make such assignment without such consent shall be null and void."

　また、重畳的権利条項は次のとおり規定されていた。

"Rights Cumulative.　The right of any indemnified party to the indemnification provided herein … shall extend to such indemnified party's successors, assigns, heirs, and legal representatives."

　しかし、その後、P社は第三者と合併し、C社は地位の譲渡禁止条項(No Assignment)を根拠に、第三者による地位の承継を争った。

　裁判所は、一方において地位の譲渡禁止条項(No Assignment)が、合併による地位の譲渡("by operation of Law or otherwise")を含んでいることが地位の承継を否定する根拠となるとしながらも、

他方において、重畳的権利条項（Rights Cumulative）が、地位の承継人による権利の行使を含意している（"right … shall extend to such indemnified party's successors"）ことは地位の承継を肯定する根拠になるとし、両条項は矛盾しているため、いずれの解釈をとることもできるとした。

同裁判例は、不要な記載が契約全体の解釈を不明確にさせる危険性があること、また、このような不要な記載が、定型文（ひな型）をそのまま使用（cut and paste）することによって生じやすいことを喚起させるものといえる。なお、両条項を整合させる方法については、第2部第19章「契約譲渡」を参照されたい。

(5) 検　証

主観的には当事者の意思を正確に網羅・反映できたと思っても、客観的には不正確、不明確な記載がなされている等ということは多々ある。怖いのは、このようなミスが明らかになるのは、裁判等、契約の解釈が会社に重大なインパクトを与え得る局面であることである。そこで、当事者の意思を記載できたと思っても、これを検証する必要がある。

当事者の意思が記載されていることを検証するためには、自分を疑い、一度反対の立場に立ち、争点となり得る文言を探し出し、これを排除・修正する必要がある。

また、完全を期すために、通読（可能であれば音読）を忘れない。通読をすると、誤字・脱字等がみつかることが多い。そして、一箇所につき誤字・脱字等を修正すると、同修正が他の箇所にも影響し得るので、再度通読をする必要がある。

なお、検証に時間的な制限がある場合、少なくとも契約の最終目標や必要条件等に直接関係する条項等、優先順位を設けて上記の検証を行うべきである。

第2部

各　論
〈ライセンス契約条項〉

I　導入部分 (Front of the Contract)

第1章　導入部分

第1　表　題 (Title)

1　表題例の紹介

　ライセンス契約書の表題としては、"LICENSE AGREEMENT"等、ライセンス契約であることを端的に示すものや、"EXCLUSIVE LICENSE AGREEMENT"等、ライセンス契約であることだけではなくライセンスの態様も示すものがある。また、契約の目的が「ライセンス」だけではなく「技術支援」等も含む場合は、"LICENSE AND TECHNICAL ASSISTANCE AGREEMENT"（ライセンスおよび技術支援契約）等とその内容も示すものがある。

2　表題例の解説

(1)　表題の意義

　表題は、当該契約の名称であり、通常、契約の冒頭に付される記載である。表題は、それ自体当事者の権利・義務を定めるものではなく、法的拘束力はない。しかし、契約の内容に予測可能性を持たせるため、また、他の契約書と峻別する等のため、これを付することが望ましい。

(2)　表題の付し方

　表題は、通常、①契約の内容を示す用語（たとえば"LICENSE"）および②契約であることを示す用語（たとえば"AGREEMENT"）から構成される。

A　契約内容を示す用語

　契約内容を示す用語としては、上記のように"LICENSE"、"EXCLUSIVE LICENSE"等、許諾や許諾の態様を示す端的な用語を用いることが望ましい。端的な用語が用いられていない例として、"LICENSE WITH RESPECT TO THE COMMERCIALIZATION OF THE PRODUCTS"等がある。

　また、契約の内容が、ライセンスに留まらない、いわゆる複合契約の場合は、"LICENSE AND TECHNICAL ASSISTANCE"、"LICENSE, DEVELOPMENT AND COMMERCIALIZATION AGREEMENT"等と付されることがある。

B　契約であることを示す用語

　契約であることを示す用語としては、"AGREEMENT"、"CONTRACT"等がある。Restatement of the Law[1]によると"Contract"（契約）と"Agreement"（合意）は、以下のとおり異なる意味を有する。すなわち、「契約」とは、一つの約束または複数の約束の集合体であり、その違反に対し法

が救済手段を与えたり、またはその履行を法が何らかの方法で義務とみなすものをいう（第1条）のに対し、「合意」とは、2人以上による相互の同意の表明をいう（第2条）。要は、リステイトメントによると、"Agreement" は、"Contract" と異なり、「法的拘束力」を要せず、より広い意味を有する。ただし、米国における契約実務においては "Agreement" が使用されることが多く、これは法的拘束力を否定する意図と解されるものではないとされる（Adams・Manual12頁以下）。

(3) 結 論

上記のように表題には法的拘束力がない。しかし、表題は、以下に述べる裁判例のように、契約内容の解釈に影響を及ぼし得る。したがって、契約内容を示す用語および契約であることを示す用語をそれぞれ正確に表現する必要がある。また、一度用いた用語（たとえば "Agreement"）は、その後の本文においても一貫して同じ表現方法を用いる必要がある。

3 表題が問題となった裁判例

日本の裁判例（東京地裁平成19年2月19日判決）に、売買契約書の表題が問題になったものがある。マンション1棟について「売買協定書」を締結した原告（買主）が、これを破棄した被告（売主）に対して、売買は成立しており理由なく解除することはできないと主張して損害賠償を求めた事案である。同事例では、協定書が「契約」であるのかどうかが不明確であった。裁判所は、本協定書によって、売買対象物はほぼ特定し、単価も基本的に合意され、その他売買を履行するに必要な事項もほとんどすべて合意されていたことが明らかであり、その限りにおいて、本協定書によって売買契約が成立していたということが一応可能であるとしながら、本協定書の「協定書」との文言、売買契約書のドラフトが存在したこと等から売買の「契約」は成立していないとした。

「協定書」等、契約を成立させるか否か不確定な文言を表題に使用する場合は、本文において契約の成否、法的拘束力の有無を明らかにすべきであるといえる。

---

1 Restatement of the Law は米国法の判例の内容を条文の形にまとめ説明を付した準則であり、法的拘束力はないが裁判等で引用される。

第2 前 文 (Preamble)

1 事例1の紹介〔技術供与〕

① THIS AGREEMENT, made and entered into this ( ) day of (Month), (Year) by and between Company X, a corporation duly organized and existing under the laws of Japan, having its registered head office at (Address) (hereinafter referred to as "LICENSOR") and Company Y, a corporation duly organized and existing under the laws of the state of ( ), the United States of America, having its registered office at (Address) (hereinafter referred to as "LICENSEE"),

② WITNESSETH:

③ WHEREAS, LICENSOR has long been engaged in the design, manufacture and sale in Japan and elsewhere of, among others, Licensed Equipment, and

④ WHEREAS, LICENSEE has long been engaged in the design, manufacture and sale in the United States and elsewhere of Licensed Equipment of any design other than LICENSOR's design, and in particular specializing in the repair and remolding of previously-built Licensed Equipment of such design; and

⑤ WHEREAS, LICENSOR has, in joint cooperation with COMPANY-A (as hereinafter defined) and COMPANY-B (as hereinafter defined), succeeded in developing technology for the manufacture of Licensed Product incorporated in Licensed Equipment, and is in a position to license such technology to others for COMPANY-X itself and on behalf of COMPANY-A and COMPANY-B; and

⑥ WHEREAS, LICENSEE is, as a result of technical evaluation and cost-feasibility study conducted by LICENSEE concerning the said Licensed Equipment pursuant to certain Proprietary Data Disclosure Agreement of (Month Day, Year) between LICENSOR and LICENSEE, now desirous of manufacturing and selling the said Licensed Equipment in the United States and toward this end acquiring from LICENSOR a license and the related technical assistance to manufacture and sell the said Licensed Product of LICENSOR's design; and

⑦ WHEREAS, LICENSOR is willing to grant and furnish such license and technical assistance to LICENSEE subject to the terms and conditions herein contained;

⑧　NOW, THEREFORE, in consideration of the aforesaid premises and the mutual covenants herein contained, and intending to be legally bound, the parties hereto agree as follows:

2　事例1の訳文

①　日本法に基づき正当に設立され存続している、（住所）に登記上の本社を有する法人、X社（本契約書において以後「ライセンサー」と称する）とアメリカ合衆国（　）州の法律に基づき正当に設立され存続している、（住所）に登記上の事務所を有する法人、Y社（本契約書において以後「ライセンシー」と称する）との間で（　年）（　月）（　日）付で締結された本契約書は、

②　以下のことを証する：

③　ライセンサーは今日まで長年にわたり日本及びその他どこの国においても、取り分け、契約装置の設計、製造及び販売に従事してきたので、

④　ライセンシーは今日まで長年にわたり米国及びその他どこの国においても、ライセンサーがデザインしていない契約装置の設計、製造及び販売に従事し、特に既存の契約装置の修理及び改造工事を専門としてきたので、

⑤　A社（本契約書において以後定義される）及びB社（本契約書において以後定義される）との相互協力により、ライセンサーは契約装置の契約製品を製造するための技術開発に成功し、ライセンサー自身のため並びにA社及びB社に代わって同技術を他社に許諾することができる立場にあるところ、

⑥　ライセンサーとライセンシーとの間の（　年）（　月）（　日）付の財産的情報開示契約に従い契約装置に関して、ライセンシーが実行した技術評価及びコスト的に実行可能かどうかの検討の結果、ライセンシーが、米国において同契約装置の製造・販売並びにそのために同契約製品の製造・販売のライセンス及び関連技術援助をライセンサーから取得したいと望むので、

⑦　ライセンサーは本契約に包含された諸条件に従いライセンシーに対して同ライセンスと技術援助を与えることを望む。

⑧　よって、上記事項及び本契約書に包含された相互の約束を約因（対価）として、また法的

〔第 2 部〕 Ⅰ 導入部分（Front of the Contract）

> 拘束力をもって、本契約当事者は本契約によって以下のとおり合意する：

3 事例 1 の解説

(1) 導入部（①、②）

1 行目の "made and entered" から 7 行目の "LICENSEE" までが冒頭の "THIS AGREEMENT"（主語）を説明する修飾部分で、8 行目の "WITNESSETH" が述語としてこれを受ける。

"WITNESSETH" は "witnesses" の古語。WITNESSETH の後に "that" が省略されており、「(that 以下のこと) を証する」という意味になる。ここまでが前文の導入部である。この導入部では、一般的に、契約締結日および当事者の特定がなされる。

契約締結日は、通常、契約の効力が発生する日である。契約締結日は、ライセンサーの技術援助、ライセンシーの支払等の当事者の義務の履行時期や契約期間等の条項と関連し得る。そこで、契約締結日を "Effective Date" 等と表記すると、これらの条項で引用する際に便利である。

当事者の特定は、通常、契約当事者名、設立準拠法[2]、登記上の主たる事務所の所在地等によりなされる。当事者の特定は、相手方当事者を、これと似た名前の第三者（関連会社を含む）と区別するうえで必要となる。当事者を特定したら、以降その表記につき「ライセンサー」とか、会社の略称を使用すると便利である。

(2) WHEREAS-CLAUSE

"WITNESSETH:" の後に "WHEREAS" に導かれる節がくる。これらの節をいわゆる "WHEREAS-CLAUSE" と称する。

WHEREAS-CLAUSE ③④は、ライセンサーおよびライセンシーの実績経験を述べ、WHEREAS-CLAUSE ⑤では、契約対象技術が、ライセンサーと他社との共同開発によるものであることを述べている。同時に、ライセンサーが契約対象技術についてライセンスできる立場にあることも明記している。

WHEREAS-CLAUSE ⑥は、ライセンシーが、ライセンサーと秘密保持契約を締結し、契約締結前に必要情報の開示を受けて、コスト・技術の両面からライセンス契約対象技術を十分に検討していた事実を明記している。この事実記載によって、ライセンシーは、たとえば、将来、契約製品の販売不振を、単純にライセンサーの技術的な欠陥や市場性の欠落等のせいにするようなことがし難くなる。

WHEREAS-CLAUSE ⑦は、ライセンサーのライセンシーに対する実施許諾の意思表明である。

---

[2] デラウエア一般会社法（Delaware General Corporation Law）
　　設立準拠法としてデラウエア州会社法を採用している会社が米国では多い。米国では、株式会社は州法に基づき設立される。しかも法人はその所在地に関わりなく、州法を選択できる。「デラウエア州の会社法は、柔軟な規定と数多い判例を有し、法的安定性も高く、一番多く利用されている」（北川・国際法務187頁）といわれている。
　　デラウエア州では1899年の会社法制定に際し、自州での会社設立を勧誘する政策をとり、会社を設立し、運営しようとする者に魅力のある会社法を制定した。同会社法は1967年に全面改正を行い、その後も部分改正を行ってきている。他の諸州の会社法および模範会社法にも影響を及ぼしている。NY株式取引所の株式上場会社の45％がデラウエア会社であるといわれている（北沢／鴻・英米商事法辞典参照）。

(3) 前文の末尾文言（WHEREAS-CLAUSE ⑧）

前文末尾では、約因の存在を確認し（in consideration of the aforesaid premises and the mutual covenants herein contained,)、以下の本文内容に合意する旨の意思表示（the parties hereto agree as follows:）をする。これは前文を締めくくる伝統的に完成された様式である。

英文契約書では、ライセンス契約も含めてこの形態のものが多い。約因という法概念は、英米契約法特有の考え方である。要は、契約というものは対価を交換し合って成り立つとの思想である（早川・ドラフティング⑳714頁参照）。

ノウハウライセンス契約でも、ライセンサーはノウハウを（約因として）ライセンシーに提供し、ライセンシーは（約因として）ロイヤルティをライセンサーに提供する（＝支払う）ということで有償契約・双務契約となっており、約因の存在は文言上からはっきりしているので、今や、約因条項を設ける必要はないともいわれている（早川武夫「英文契約の解釈とドラフティング⑳ 約因条項」国際商事法務20巻6号（1992）714頁参照）。なお、約因の意味の詳細については第1部第4章「契約の成立・効果」を参照されたい。

4 「前文」の位置付け

前文は法的拘束力を持たないが、契約書上の文言解釈等をめぐって解釈に争いが生じ、契約当事者の意思をはかる場合等に参考にされることがあり、事実関係を正確に記述しておかなければならない。

5 「前文」のチェックポイント

(1) 関連当事者の事前調査

A 相手方の当事者適格性

契約の当事者となり得る者の範囲は各国の法制度によって異なり得るので、これを調査する必要がある。たとえば、日本において当事者となり得るのは、自然人、法人の他、いわゆる権利能力なき社団であると解される（我妻・民法総則43頁以下）。ここに「権利能力なき社団」とは法人格がない団体でありながら、法人格のある社団と同様の実態を有する団体をいう。そして、かかる実態を有するといえるためには、「団体としての組織を備え、多数決の原則が行われ、構成員の変更にもかかわらず団体が存続し、その組織において代表の方法、総会の運営、財産の管理等団体としての主要な点が確定していることを要する」（最高裁判所昭和39年10月15日判決）。

これに対し、米国のUCC（1-201(b)㉗）では、取引ないし契約の当事者となり得る者の総称を"Person"と定義し、次のとおり、日本法では当事者適格が認められない遺産、組合等に当事者適格を認めている（ただし、具体的な当事者適格の有無は各州法により異なり得る）。

"Person" means an individual, corporation, business trust, estate, trust, partnership, limited liability company, association, joint venture, government, governmental subdivision, agency, or instrumentality, public corporation, or any other legal or commercial entity.

〈訳文〉

> 「人」とは、個人、法人、事業信託、遺産、信託、組合、有限責任会社、協会、合弁会社、政府、政府下部組織、代理店、又は機関、公開会社、又はその他の法的又は事業上の存在をいう。

B　相手方の信用調査

　技術導入先または技術供与先を決める前には、必ず相手の会社について信用調査をしておかねばならない。契約の相手方当事者は、いわばその事業のパートナーである。それはまさに運命を共にする相手と言ってもよい。

　たとえば、技術供与先の財務状態があまりよくないと仮定する。導入技術を使って契約製品を製造するためには、現有設備の改造等が必要だとする。その設備改造のための設備投資ができなければ、折角の導入技術を生かすことができない。ライセンシーが導入技術を使って契約製品を製造、販売することができなければ、ライセンサーはロイヤルティを得ることができない。そんな契約では、双方にとって何の利益にもならない。

　特に、契約の相手が初めて取引する会社であったり、または一般にはあまり知られていない会社であるような場合、たとえその会社が十分な技術力を備えていると評価できたとしても、財務状態、事業実績、セールズネットワーク、経営陣の経歴、または顧客の評判等について、単に"Moody"等の出版物による調査だけでなく、しかるべく調査機関を使って最新情報を調査しておくことが肝心である。

　信用調査にはダン・レポートで有名なダン（Dun & Bradstreet Business Information Services（Japan）K.K.）等を利用することも多い。調査の重点をどこに置くかで調査機関の選定も異なる。

C　第三者の調査

　ライセンス契約においては、たとえばライセンシーが契約製品の製造、保管、販売等を第三者（ライセンシーの関連会社を含む）に委託する等、第三者が関与することがある。このような場合、ライセンサーは、契約締結前にかかる第三者を調査する必要がある。

(A)　第三者の利用の可否

　仮にライセンス契約に第三者の利用について明示しない場合、そもそも契約当事者は第三者を利用することができるのか。

　まず、日本法の場合、原則として「債務の弁済は、第三者もすることができる」（民474条1項本文）とし、例外として、①債務の性質がこれを許さないとき（民474条1項ただし書前段）、②「利害関係を有しない第三者」は債務者の意思に反するとき（民474条2項）および③当事者が反対の意思を表示したとき（民474条1項ただし書後段）を除外している。そして、「債務の性質がこれを許さないとき」とは、名優の出演債務、学者の講演債務等、個性のある債務であり、債務者自身による履行が期待される場合であると解される。

　次に、UCC Article 2 は、債務者は原則としてその履行を第三者に委託することができるものとしながら、そのことは債務者の責任を免除するものではないとする（UCC 2-210条）。以下、同条（一部抜粋）を検証する。

> Section 2-210. Delegation of Performance; Assignment of Rights.
> (1) A party may perform his duty through a delegate unless otherwise agreed or unless the other party has a substantial interest in having his original promisor perform or control the acts required by the contract. No delegation of performance relieves the party delegating of any duty to perform or any liability for breach.
>
> 〈訳文〉
> 第2－210条　履行の委託；権利の譲渡
> 　別段の合意があるか、あるいは本来の約束者に契約によって要求される行為を履行させるか又は支配させることに相手方当事者が実質的利害を持つ場合を除き、当事者はその者の義務を、代理人を通じて履行させることができる。履行の委任は、委任する当事者に対し履行義務又は違反に対する責任を免除するものではない。

　結局のところ、日本法の場合も、米国法の場合も、個性のある債務については第三者による履行が否定され得ることになる。ライセンス契約についてみると、たとえば製造や販売は個性のある債務であるとも思えるが一義的ではない。したがって、契約上これを明らかにする必要がある。

　　(B)　第三者の利用の法的効果
　第三者の義務違反の効果については、民法上一般規定[3]がなく、「履行補助者の故意・過失」として議論されている。
　すなわち、日本において履行補助者とは、債務者が履行の際に使用する者をいい、伝統的通説は、履行補助者を①真の意味の履行補助者（債務者の手足として使用する者）、②履行代行者（債務者に代わって履行の全部を引き受ける者）、③利用補助者（家屋賃借人の家族や同居人等）に分類する。
　そして、まず、真の意味の履行補助者（上記①）の故意・過失については常に責任を負う。また、履行代行者（上記②）については、履行代行者を用いることが明文上許されない場合は履行代行者を用いたこと自体が債務不履行となり、履行代行者を用いることが明文上許される場合は履行代行者の選任監督上の過失についてのみ責任を負い、履行代行者を用いることが禁止も許可もされていない場合は真の意味の履行補助者の場合と同様の責任を負う。さらに、利用補助者（上記③）についても、同様の分類に応じて責任を負うとされる。
　ライセンス契約におけるライセンシーの第三者の利用についてみると、運送の取扱い等、商法の規定で対応できればそれによる（商560条、590条、592条）。また、製造の下請であれば、下請負が許されているときは、下請負人は元請負人の履行代行者または履行補助者であるから、下請負人の故意過失につき元請負人は責任を負うとされる（内田・民法Ⅱ270頁）。
　これに対し、UCC Article 2 では、「履行の委任は、委任する当事者に対し履行義務又は違反に対する責任を免除するものではない」（2－210条）とされ、委任者は受任者の違反について責任を負う。
　このように、第三者の利用の法的効果も法制度によって異なり得るため、これらを契約上明らか

---

[3]　民法の個別規定としては、復代理（民104条、105条）、寄託（民658条2項）、遺言執行者（民1016条2項）等において、一定の代行者の利用に際しての選任・監督上の責任を規定している。

(2) 当事者・第三者のドラフティング

A 当事者

前記（本章第2・3(1)）のとおりである。

当事者に準じたものとして、当事者の関連会社が定義されることがある。たとえば、当事者がその関連会社を通じて契約を履行する場合である。

以下は、関連会社の定義を定めた条項例である。

"Affiliate" means: (i) any corporation or business entity Controlled by a Party; or (ii) any corporation or business entity Controlling a Party; or (iii) any corporation or business entity Controlling or under Control of a corporation or business entity as described in (i) or (ii). For the purpose of this definition, the term "Control" means the possession, direct or indirect, of the power to (a) vote fifty percent or more of the voting stock, or (b) direct or cause the direction of the management and policies, whether by contract or otherwise.

〈訳文〉

「関連会社」とは、(i)会社または社団であり、当事者がコントロールしているもの、(ii)会社または社団であり、当事者をコントロールしているもの、または(iii)会社または社団であり、上記(i)または(ii)記載の会社または社団をコントロールし、またはされているものをいう。「コントロール」とは、直接的または間接的に、(a)50％以上の議決権を支配する力、または、(b)契約その他の理由に基づき、経営や方針を指示、または指示させる力を保有していることをいう。

なお、上記「関連会社」の定義を限定するためには、関連会社を当事者の子会社に限定する、契約締結時のものに限定する、関連会社の名称を特定する等が考えられる。

以下は、関連会社を当事者の子会社に限定した記載例である。

AFFILIATE: any company, corporation, or business in which LICENSEE owns or controls at least fifty percent (50%) of the voting stock or other ownership. Unless otherwise specified, the term LICENSEE includes AFFILIATES.

〈訳文〉

関連会社：　ライセンシーが少なくともその議決権又はその他の所有権限の50％以上を所有又はコントロールする会社又は事業をいう。別段の定めがない限り、ライセンシーという用語は、関連会社を含むものとする。

B 第三者

そもそも、第三者の利用の可否、法的効果は各国の法制度により異なり得る。したがって、これらを契約上明らかにする必要がある。

(A) 第三者の利用を広く認める場合

Performance by Third Parties. The Parties recognize that each Party may perform some or all of its obligations under this Agreement through its Affiliates and Third Party contractors provided, however, that each Party shall remain responsible and liable for the performance by its Affiliates and Third Party contractors and shall cause its Affiliates and Third Party contractors to comply with the provisions of this Agreement in connection with such performance.
〈訳文〉
　<u>第三者による履行</u>　　両当事者は、各当事者が本契約の義務の一部又は全部を関連会社や第三者である業者を通じて履行することができることを認識する。ただし、各当事者は、その関連会社や第三者である業者の履行について責任を負い、又その関連会社及び第三者である業者が履行をするについて本契約を遵守させるものとする。

(B)　第三者の利用を認めない場合

Licensee shall not subcontract to any contractors any portion of its obligations with regard to the [manufacturing of the Products] without Licensor's prior written consent.
〈訳文〉
　ライセンシーは、ライセンサーの事前の書面による承諾なく、(契約製品の製造)に関する同人の義務を業者に委託してはならないものとする。

(C)　第三者の利用を制限的に認める場合

Licensee shall not subcontract to any contractors any portion of its obligations with regard to the [manufacturing of the Products] without Licensor's prior written consent, which consent shall not be unreasonably withheld, except: (i) those contractors listed in Attachment __, and (ii) those other contractors who perform routine ministerial services. Without limiting the foregoing, in the event that Licensee uses any contractor, Licensee shall cause such contractors to comply with the terms of this Agreement and Licensee shall remain responsible for any breach by the contractor.
〈訳文〉
　ライセンシーは、ライセンサーの事前の書面による承諾なく（ただし、同承諾は不合理に拒絶されないものとする）、(契約製品の製造)に関する同人の義務を業者に委託してはならないものとする。ただし、(i)別紙__に記載された業者、(ii)事務的な業務を行う業者に対する再委託はこの限りではないものとする。上記の制限を前提に、ライセンシーが業者を利用する場合、ライセンシーは同業者に対し本契約の義務を守らせるものとし、ライセンシーは業者の義務違反について責任を負うものとする。

(D) 他の条項との整合性

第三者の利用については、実施許諾条項、譲渡禁止条項等において定められる場合がある。たとえば、実施許諾条項であれば"grant the license to make, have made…"の"have made"のように第三者の実施を認める場合である（詳細については第2部第3章「権利および実施許諾」の第5・1(2)参照）。また、譲渡禁止条項であれば、"no delegation"（委託の禁止）が定められている場合である（詳細については第2部第19章「契約譲渡」第5・1(2)参照）。したがって、各条項間で第三者の利用に関する記載内容が整合している必要がある。

(3) WHEREAS-CLAUSE のドラフティング

A 契約当事者の目的の明確化

前文において契約当事者はお互いにその事業内容や技術提供の経緯等を簡潔に記述するが、その際、特に技術提供の経緯を述べる部分において、その技術提供の目的を「……する目的で……に関するノウハウの使用許諾を得たい」等と記述することがある。

契約目的を明確にすることにより、たとえば、契約締結後に契約目的が達成できないような事態に陥り、両当事者の契約目的についての認識がどうであったかが争いの焦点になったり、または本文中の一部表現について解釈が分かれ、契約当事者の意図がどうであったかについて契約目的等を確かめる必要が生じたとき等、前文に当事者の意図が明記されていれば、仲裁人や裁判官の判断を助けることになる。

当事者の契約目的が明確ならば、契約交渉の段階においても、そうした目的が達成できないような条件はお互いに受け入れられないということになる。契約書のドラフティングに際して、こんな点にも配慮する必要がある。

事例1で詳細なWHEREAS-CLAUSEを紹介しているので、以下、シンプルなものを紹介する。

WHEREAS, Licensor has developed certain intellectual property relating to the Products; and WHEREAS, Licensor desires to grant to Licensee, and Licensee desires to obtain from Licensor, the right to develop, market and sell the Products, all on the terms and conditions set forth herein.

NOW, THEREFORE, in consideration of the foregoing premises and the mutual promises, covenants and conditions contained in this Agreement, the Parties agree as follows:

〈訳文〉

　ライセンサーは、契約製品に関する知的財産権を開発したので、

　本契約の条件に基づき、ライセンサーは、ライセンシーに対し契約製品を開発、営業、販売する権利を許諾することを望み、ライセンシーは、ライセンサーから同権利の許諾を受けることを望む。

　よって、前記事項及び本契約書に包含された相互の約束・条件を約因（対価）として、両当事者は以下のとおり合意する。

また、当事者の目的をより具体化したWHEREAS-CLAUSEとして以下がある。

> WHEREAS, Licensor and Licensee desire to complete the development of the Product for the Indications up to Registration in the Territory, and Licensee desires to commercialize the Products in the Territory pursuant to the terms and conditions of this Agreement.
> 〈訳文〉
> ライセンサーとライセンシーは、本適応症に関する本製品に関する、テリトリーにおける登録までの開発を完了させることを、又、ライセンシーは本製品をテリトリーにおいて商業化することを、本契約の条件にて行うことを望む。

B　事実の記載

契約当事者の目的と関連して、当事者の技能等、契約締結に至るまでの経緯が述べられることがある。

> WHEREAS, Licensor has developed certain intellectual property relating to the use of the Compound for the treatment of ＿＿＿＿；
> WHEREAS, Licensee has substantial expertise in the research, development, distribution, sales and marketing of pharmaceutical products in ＿＿＿＿；
> 〈訳文〉
> ライセンサーは、特定の＿＿＿＿の治療に関する化合物に関する知的財産権を開発し、ライセンシーは、＿＿＿＿において医薬品の調査、開発、譲渡、販売、営業について多くの経験を有する。

また、契約当事者が他の関連する契約を締結している場合、両契約の関係を明らかにする必要がある。

> WHEREAS, Licensor and Licensee entered and consummated certain Joint Development Agreement dated ＿＿, 2017, pertaining the joint development of the Products (as defined below).
> WHEREAS, …
> 〈訳文〉
> ライセンサーとライセンシーは、本製品（後記）の共同開発に関し、2017年＿月＿日付の共同開発契約書を締結し、履行した。
> ……

事実が正確に述べられているかどうか、本文と内容的に矛盾・衝突がないか、または本文に記載すべき合意事項が混じっていないか等確認しなければならない。

また、事実として記述されたことに誤りや偽りがあっても、いったんその契約文言として合意し

[第2部] Ⅰ 導入部分（Front of the Contract）

た以上、後日、裁判所等においてこれを翻すことができないという考え方（estoppel by representation＝表示による禁反言）もあるので留意する必要がある（岩崎・英文契約書32頁②参照）。

C 他の目的の不存在

契約目的を明らかにするべく、たとえば、契約目的がパートナーシップ（組合）等ではないことを明らかにすることがある。これは、パートナーシップ等の成立により、ライセンサーが製造物責任等、ライセンシーの行為について責任を負担するリスクを回避するためである。

パートナーシップ等の成立を否定する一般条項として、以下がある。

The Parties are independent contractors, and nothing contained herein shall constitute or be construed to create a partnership, [agency] or joint venture between the Parties. Except as expressly authorized in this Agreement, neither Party has any authority to act, make representations or bind or contract on behalf of the other Party.

〈訳文〉

当事者は、独立した契約者であり、本契約により組合、代理または合弁が形成されるものではない。本契約により明示的に許諾された場合を除き、いずれの当事者も他方当事者に代わって行動したり、代理をしたり、契約を締結することはできないものとする。

---

6 一口コメント

条項間の矛盾や衝突又は解釈上の争いにおいては、契約書を作成した側に厳しく解釈されることに常に留意すべきである[4]。なお、このような解釈がなされることを防止するための Advice of Counsel 条項等[5]が設けられることもある。

---

[4] 並木・契約法125頁「第2節 契約の解釈」11〜15行目、およびシェーバー／ローワー・契約法121〜127頁参照。
[5] "Advice of Counsel. Licensor and Licensee have each consulted counsel of their choice regarding this Agreement, and each acknowledges and agrees that this Agreement shall not be deemed to have been drafted by one party or another and will be construed accordingly."

64

II－1　主要条項 (Principal Terms)

第2章　用語の定義 (Definition of Terms)

第1　事例2の紹介〔技術供与〕

ARTICLE 1　DEFINITION OF TERMS

As used herein, the following terms shall have the following meanings, respectively:

1.1.　The term "Licensed Products" means and is to be limited to the following of certain machines of LICENSOR's design

1.1.1.　Model-A for which general specifications are described on Appendix 1-1 attached hereto and making an integral part hereof,

1.1.2.　Model-B (including Model-BX) for which general specifications are described on Appendix 1-2 attached hereto and making an integral part hereof,

1.1.3.　Any and all spare parts, replacement parts and components for the above models and any and all optional items including but not limited to the attachments and accessories for use as part of or in conjunction with the above Models, and/or

1.1.4.　Any and all normal modifications and/or improvements of the above Models made or acquired by LICENSOR during the life of this Agreement subject to the provisions of Section 3.2 of Article 3 hereof and Sections of 17.1 and 17.2 of Article 17 hereof.

1.2.　The term "Territory" means an area comprised of and delimited by the geographical region lawfully occupied by the country of (Country's Name) as of the Effectuation Date hereof (as hereinafter defined).

1.3.　The term "LICENSOR's Technical Information" means the inventions, industrial secrets, know-how, drawings, and technical and engineering data including specifications and drawings directly connected with the manufacture and after-sales service of the Licensed Products owned or controlled by LICENSOR and normally used by LICENSOR in the manufacture and after-sales service of the Licensed Products during the life of this Agreement subject to the provisions of Sections of 17.1 and 17.2 of Article 17 hereof.

1.4. The term "LICENSOR's Industrial Property Rights" means any and all patents, utility models and applications therefor in any country throughout the world covering inventions applicable to the manufacture of the Licensed Products made or acquired by LICENSOR not later than the Termination Date hereof (as hereinafter defined), in each case to the extent that, and subject to the conditions under which LICENSOR shall have the right to grant licenses and/or other transferable rights thereunder. LICENSOR's Industrial Property Rights as of (Month) (Day), (Year) are as enumerated on Appendix 2 attached hereto and making an integral part hereof.

1.5. The term "Net Selling Price" means the gross invoice price billed by LICENSEE for any of the Licensed Products manufactured and sold or otherwise disposed of by LICENSEE hereunder without any deduction other than the following items of expenses, if any, to the extent each of such items is actually paid by LICENSEE by whom it has to be duly paid and separately stated on the invoice or shown by reasonable proof by LICENSEE to the effect that it has been included in said gross invoice price:

1.5.1. Sales discount,
1.5.2. Sales return,
1.5.3. Sales commissions,
1.5.4. Indirect taxes on sales,
1.5.5. Packing expenses on sales,
1.5.6. Transport expenses on sales,
1.5.7. Insurance premium on sales,
1.5.8. [Advertisement fee], and
1.5.9. CIF price, import duties of any components and parts purchased from LICENSOR and other expenses relevant to import thereof.

1.6. The term "Accounting Period" means each six (6) months period during the life of this Agreement ending on the last day of June or December, which shall be herein referred to as the "Former Accounting Period" or the "Latter Accounting Period", as the case may be, provided that the "First (1st) Accounting Period" shall be a period ending on the last day of

June, (Year) from the Effectuation Date and that the "Last Accounting Period" shall be a period ending on the Termination Date hereof (as hereinafter defined) from the first day of preceding January or July, as the case may be.

1.7. The term "Contractual Year" means each one (1) year period during the life of this Agreement consisting of the "Former Accounting Period" and the "Last Accounting Period" provided that the "First (1st) Contractual Year" shall be a period ending on (Month) (Day), (Year) from the Effectuation Date and that the "Last Contractual Year" shall be a period ending on the Termination Date from the first day of preceding January.

1.8. The term "Effectuation Date" means the date on which this Agreement shall come into full force and effect pursuant to the provisions of Section 15.1 of Article 15 hereof.

1.9. The term "Termination Date" means the date on which this Agreement shall terminate by the expiration of the term or for any cause or by agreement of the parties hereto pursuant to the provisions of 13.4 of Article 13 hereof or any of Sections 15.2, 15.3, 15.4, 15.5, 15.6 or 15.8 of Article 15 hereof or 19.2 of Article 19 hereof.

第2 事例2の訳文

1条 用語の定義

下記用語は、本契約書における使われ方として、それぞれ下記の意味を有するものとする：

1.1. 用語「契約製品」は、ライセンサー設計の特定機械のうち下記を意味し、下記に限定される。

1.1.1. 本契約書に添付され、本契約書の一部を構成する付属書1－1にその一般仕様が記載されているModel-A、

1.1.2. 本契約書に添付され、本契約書の一部を構成する付属書1－2にその一般仕様が記載されているModel-B（Model-BXを含む）、

1.1.3. 上記モデル用の予備品、交換部品及び構成部品並びに上記モデルの一部として使用又は結合されるアタッチメント（付帯品）及びアクセサリ（付属品）を含み、これに限定されることなくすべてのオプション項目、及び又は

1.1.4. 本契約書「追加技術情報に関する条項」及び「改良技術の取扱いに関する条項」の規定を条件として、本契約有効期間中にライセンサーによってなされるか又は取得される上記モデルの通常の部分的修正及び改良のすべて。

1.2. 用語「テリトリー」は、本契約書の発効日（本契約書において以後規定されるとおり）現在、（国名）が法律的に支配する地理上の地域から成り、又、そこで境界が定められている一つの特定地域を意味する。

1.3. 用語「ライセンサーの技術情報」は、「改良技術の取扱いに関する条項」（17.1条、17.2条）の規定を条件として、本契約有効期限中、契約製品の製造及びアフターサービスにおいて、ライセンサーが保有し又は支配しそして通常使用している製造及びアフターサービスに直接関連のある発明、産業上の秘密、ノウハウ、図面並びに仕様書及び図面を含む技術データ及びエンジニヤリングデータを意味する。

1.4. 用語「ライセンサーの工業所有権」は、本契約書の「終了日」（本契約書において以後規定されるとおり）以前にライセンサーが行った又は取得した、契約製品の製造に適用される発明を含む、世界中どこの国の特許権、実用新案及びこれらの出願のすべてを意味するものとするが、いずれの場合も、ライセンサーがライセンスを許諾できる権利及びその権利に基づくその他譲渡可能な権利又はそのいずれかの権利を有する範囲を限度とし、又、条件とする。（　年）（　月）（　日）現在のライセンサーの工業所有権は、本契約書に添付され、本契約書の一部を構成する付属書2に列挙されているとおりである。

1.5. 用語「正味販売価格」は、本契約に基づきライセンシーが製造、販売した、又は別途処理した契約製品に対して、ライセンシーが請求した送り状総額を意味し、控除する場合、下記費用項目以外は控除できないものとし、しかも、その範囲は、ライセンシーが実際に支払う範囲までとし、同控除項目は、それぞれ、ライセンシーがしかるべく支払うべきものであって、送り状には別々に記載されているか、あるいは、前記控除項目が送り状総額に含まれていたことをライセンシーが合理的な証拠に基づき立証するべきものとする：

1.5.1. 値引額
1.5.2. 返品
1.5.3. 販売口銭
1.5.4. 販売に係る間接税
1.5.5. 販売に係る梱包費
1.5.6. 販売に係る輸送費
1.5.7. 販売に係る保険料

1.5.8. （広告宣伝費）
1.5.9. CIF金額、ライセンサーから購入した構成部品及び部品輸入税及び輸入に関するその他諸費用

1.6. 用語「会計期間」は、6月末日又は12月末日で終わるところの本契約期間中の各6ヵ月の期間を意味し、本契約書ではそれぞれ「前期会計期間」「後期会計期間」と称するも、ただし、「第一期会計期間」は契約発効日から起算し（年）6月末日に終わる期間とし、「最終期会計期間」はそのすぐ前の1月1日又は7月1日から起算しそれぞれ本契約の「終了日」（本契約書において以後に規定されているとおり）に終わる期間とするものとする。

1.7. 用語「契約年」は、「前期会計期間」及び「後期会計期間」から成る本契約有効期間中の各1年を意味するが、ただし、「契約年初年度」は契約発効日から起算し（年）12月31日に終わる期間とし、「契約年最終年度」はそのすぐ前の1月1日から起算し契約終了日に終わる期間とするものとする。

1.8. 用語「契約発効日」は、本契約が本契約書の「契約発効条項」（15.1条）の規定に従い発効する日を意味する。

1.9. 用語「契約終了日」は、本契約書の13条4項、15条2項、15条3項、15条4項、15条5項、15条6項、15条8項及び19条2項の規定に従って、契約期間満了又は何らかの原因又は本契約当事者の合意により本契約が終了する日を意味する。

第3　事例2の解説

1　契約製品（1.1項）

(1) 説明文（1.1項1行目）
"shall mean"と書かれることがあるが、"means"でよい。"shall"は契約書では義務を表す助動詞として使われるが、用語の定義は義務とは関係なく、単なる事実の陳述である。

(2) 契約製品の特定（1.1.1項および1.1.2項）
契約製品としてMODEL-AおよびMODEL-Bを挙げている。その契約製品を特定する詳しい仕様を付属書として添付している。この手法が実務的には推奨できる。その場合、仕様は契約製品を特定できるに十分なほど詳しいものでなければならない。

(3) 予備品、交換部品、構成部品およびアタッチメント（1.1.3項）
契約で許諾された技術を使って製造されるものは、すべて契約製品であるという考え方である。たとえば、MODEL AまたはMODEL-Bとして完成しなければ、それらの構成部品単品では、契

約製品とは認められないという考え方に立てば、ロイヤルティの支払対象は、当然、MODEL-A またはMODEL-Bとして完成された機械のみであって、部品は対象外となる。

販売の実態面からみると、契約製品によっては、金額的に機械本体の販売と同じくらいの部品販売が期待でき、しかも利益は本体よりもはるかに大きいことがある。そのような場合、部品商売がロイヤルティの対象から除外されては、ライセンサーとしては一方的な損をすることになる。他方、ライセンシーは一人勝ちとなる。これでは、商取引としてフェアーではない。

技術的な観点からみると、契約製品、MODEL-A または MODEL-B に使われる予備品、交換部品、構成部品、アクセサリーまたはアタッチメントを製造するためには、契約製品 MODEL-A または MODEL-B の製造図面そのものを使わねばならない。使用許諾した技術資料を使って製造・販売したら、技術料としてロイヤルティを支払うという約束がこのライセンス契約であるから、部品の生産に技術資料を使えば、ロイヤルティを支払うのは当然である。

もしも完成品の製造・販売の場合にのみ技術料を支払い、部品の製造・販売には技術料を払わなくてよいという論理を進めていくと、完成品の製造は部品と部品の結合の結果であるから[1]、完成品でさえも技術料を支払わなくてよいという理屈が出てきてしまう。これでは明らかに実態とかけ離れてしまうし、契約の意図や当事者の意思に反することになる。

よって、部品も契約製品となる。契約製品であるから、部品に関する改良技術も当然にライセンサーはライセンシーに対して供与せねばならない。ライセンシーの方から見れば、部品の改良技術や改良品の供給を受ける権利（メリット）が出てくる。

(4) 修正品および改良品（1.1.4項）

契約有効期間中にライセンサーが契約製品に通常の部分的な修正を加えたりまたは改良を施したりした場合、この契約では一定の条件の下で契約製品の範囲に含めるという考え方を採っている。一定の条件というのは、「追加技術情報提供に関する条項」および「改良技術の取扱いに関する条項」に定められた条件のことである。

「追加技術情報提供に関する条項」の規定によれば、契約有効期間中にライセンサーが契約製品に通常の部分的な修正を加えたりまたは改良を施したりした場合、当該技術を追加情報としてライセンシーへ直ちに提供するという趣旨である。

一方、「改良技術の取扱いに関する条項」の規定によれば、その改良によって製品のネイミング等も変わり、それまで日本で製造・販売されていた契約製品に取って代わるものであっても、当該契約製品の能力に変更がない限り、それは通常の部分的修正または改良の範囲とみなすと規定している。

ただし、その部分修正や改良というものが、全く新しい設計概念（design concept）によるものかまたは尋常でない多額の開発費（extraordinary development costs）がかかった場合は、それは新しいモデルとして通常の部分的な修正を加えたりまたは改良を施したりした契約製品の範囲を越えるも

---

1 部品と部品の結合
「生産とは、物をつくり出す行為を指し、工業的生産物の生産のみならず、組立、構築、成型、植物の栽培等も含まれる。部品と部品の結合も生産に該当する。又、重要部分の改修や改造も生産に該当すると解されている。……」（中山・工業所有権法295頁「2．物の発明の実施」）。

のとみなすとしている。

　この契約では、「全く新しい設計思想」とか「尋常でない多額の開発費」とか抽象的、概念的な規定となったが、「全く新しい設計思想」とは何かの判断基準をもっと定量的に規定するのが望ましい。たとえば、材料の変更としてそれまで使ってきた木材に代えてFRP材を使うようにしたため耐久性が倍増し、保守点検費用も格段に安くなったとか。また「尋常でない多額の開発費」についても、判断基準として具体的な金額を明示しておくべきである。たとえば、通常は5000万円くらいあれば新機種の開発ができると仮定すれば、5000万円というのが一つの考え方の目安になる。

　実際に契約においてどのくらいの金額を設定できるかは相手方との交渉による。

2　テリトリー（1.2項）

　本契約におけるテリトリーの規定はかなり丁寧である。旧ソ連邦、旧ユーゴスラビア、旧チェコスロバキア等のように、民族運動や革命により、国が分裂し、小さな独立国になることもある。またはEU等とひっくるめてテリトリーに記載した場合、EUから脱退したりまたは加入したりした場合、その国の扱いをどうするのか等、規定上明確にしておく必要がある。契約書は、事実に反した記述を避けねばならない。事実に反した記述はその契約書の信頼性を損なう。要は、テリトリーの規定一つをとってみても、単に国名を機械的に列挙するのではなく、将来起こり得る事態を可能な限り想定しながら、注意深くドラフティングする必要がある。

3　ライセンサーの技術情報（1.3項）

　ライセンサーが本契約で許諾しようとする技術内容・性格を規定している。契約製品の製造およびアフターサービスに直接関係のある技術情報はすべて供与するという考え方である。それは発明、産業上の秘密、ノウハウ、図面、技術的データ、エンジニアリングデータ、製造図面および製造仕様である。

　ライセンサーがライセンシーに許諾するこれらの技術情報は、契約有効期間中ライセンサーが所有し、支配し、ライセンサー自身も契約製品の製造やアフターサービスに使用しているものである。ただし、技術情報といっても、改良技術の取扱いについては別途規定があるので、その別条項の規定に従うという趣旨である。

4　ライセンサーの工業所有権（1.4項）

　工業所有権とは、産業上の知的財産権をいい、産業財産権とも称されている。通常、特許権、実用新案権、意匠権、商標権の4種の産業上の排他的支配権を指称する（法律学小辞典）。ライセンサーの工業所有権を定める必要性および方法については、基本的にライセンサーの技術情報で記載したことが当てはまる。

　上記事例の1.4項はライセンサーが契約製品に関して保有する工業所有権の内容・性格を規定している。

　契約製品の製造に適用される発明を包含するものならば、特許権であろうと、実用新案であろうと、または特許権や実用新案等の出願中のものでもすべてが、本契約でいうところの工業所有権で

ある。しかも、この工業所有権はライセンシーの国だけではなく、世界中どこの国に出願したものも、本契約が終了するまでの間にライセンサーが取得したものは、ここでいうところの工業所有権の範疇に入る。ただし、いずれの場合でも、ライセンサーがライセンスを許諾できる権利やその他譲渡権を有する範囲を限度としあるいは条件とする。

契約締結時点でライセンサーが保有する工業所有権を、登録番号、出願番号、公開番号等、客観的に特定できる形でリストを作成し、これを付属書として契約書に添付し、また、契約書の一部として合意しておくことも実務上大切なことである。いったん工業所有権リストを契約書の付属書として添付したなら、適宜、そのリストを更新する必要があるので、更新の具体的な連絡方法等、あわせて合意しておくのが実務的である。

5 正味販売価格（1.5項）

(1) ロイヤルティ支払の対象となる契約製品の範囲

ロイヤルティの対象となる契約製品について本項では「……製造・販売したもの又は別途処理したもの、いずれの契約製品……」と規定している。

ライセンス契約では、契約で許諾された技術情報を使って契約製品を製造・販売したときロイヤルティを支払う。

しかし、たとえばライセンシーの会社の中で事業部間での取引の場合やまたは自社工場や研究室の設備の一つとして契約製品を使うために契約製品を製造した場合等は、ロイヤルティを支払うべきかどうか問題となることがある。いずれの場合も、ロイヤルティの支払対象である。その理由は下記のとおり。

① ライセンサーが許諾した技術情報を使っている。
② 製造した契約製品を使って直接・間接にライセンシーは利益を得ている。

すなわち、社内事業部間の取引であっても、最終的に契約製品が他事業部の製品に組み込まれてエンドユーザーに市場価格で販売されたりまたは他事業部の製品と同じ取引に包含されて販売されるものであれば、通常の取引と同じである。

また、自社の工場設備や研究所の設備として販売した場合も、その工場や研究所は直接・間接に会社の営業活動に関与し、会社の利益に貢献している。

なお、自社の工場設備や研究所の設備として販売した場合、実務的には、正味販売価格をどう算定するか、また、ロイヤルティレートを通常の販売の場合と比べて変更するかどうか等、あらかじめ契約の中で合意しておくのが望ましい。また、ライセンシーが、その関連会社等に対し技術情報の使用をサブライセンスできる場合、当該関連会社等により製造・販売された契約製品も正味販売価格に含める必要がある。その場合、正味販売価格の定義の "Licensee" を "Licensee or its Affiliates" に修正する必要がある。

(2) 正味販売価格の定義の仕方

正味販売価格の定義をどのように英文で表現するか。「正味販売価格はライセンシーの請求金額である」と一度言い切っておいて、それから「下記項目以外のものは控除してはならない」という言い方をすることが多いようである。

ライセンシーは、通常、発注者に対して、ここに列挙されたような費用項目をも含めて、契約製品の代金として請求するものであるから、正味販売価格としては、これら控除項目を控除した金額とすることでよいと定義している。

正味販売価格の定義の仕方としては、ライセンシーの請求金額でなくても、契約金額、販売金額等をベースにしてもよい。要は、英文の構文があまり複雑にならないように、しかもできるだけ内容的に簡明になるよう文章表現を工夫することが肝心である。

(3) 正味販売価格を定義することの意味

通常、ランニングロイヤルティは契約製品の販売額に対して何%支払えと規定する。しかし販売価格の中にはロイヤルティの対象とするのに相応しくないものも含まれていることが多いので、そうしたものを控除した、いわゆる正味販売価格に対して合意された%を乗じてランニングロイヤルティの金額を算出する。

正味販売価格が大きければ大きいほど、ランニングロイヤルティは大きくなる。よって、正味販売価格とは何かを明確に規定しておく必要がある。

(4) 控除項目の意味

控除項目として、一般的に、値引額、返品、販売口銭、公租公課、梱包費、運送費、保険料、ライセンサーから購入した原材料や部品の価額等がある（事例2のように広告・宣伝料等が含まれることもある）。その理由は以下のとおりである。

販売価格にはライセンシーの利益に直結しない性格の費用や税金等が含まれていて、見掛けの販売価格が大きくなることがある。または、ライセンサーから部品やコンポーネント等を購入し、これらをライセンシーが自社で製造した物に組み込んで、最終製品としてエンドユーザーに販売するような場合、ライセンシーの販売価格には、これらライセンサーから購入した部品やコンポーネントの価格も含まれる。

ライセンサーは、ライセンシーにこれら部品やコンポーネントを販売した時点で、すでにロイヤルティ相当の利益を確保していると考えられるので、ライセンシーがエンドユーザーに製品を販売した時点で、再度ロイヤルティをライセンサーが請求するのは、ロイヤルティの二重取りと看做され、不公正であるといわれている。そこで、ライセンシーがライセンサーから購入した物はロイヤルティの支払対象から除外するという考え方が国際的にも定着している。

国によっては（インドほか）技術導入契約のガイドライン等の中で、ロイヤルティの支払方について明記している場合がある。ロイヤルティの支払対象としてふさわしくない項目が販売価格の中に含まれる可能性がある場合、契約締結前に契約当事者間で十分協議し、控除項目を契約書に明記しておく必要がある。契約書に明記することによって、将来のトラブルを防止できる。

なお、Michael A. Epstein ほか『Drafting License Agreements, 4 th edition』によると、一般的な控除項目は、税金、運送費、運送に関わる保険費、設置費であるとされている（"The royalty base most often selected for licensed products is net sales price - that is, gross sales price less taxes, transportation, insurance, and installation. The insurance cost, which is subtracted from the gross sales price, is the cost of insuring the product against loss or damage during shipping. In contrast, the significantly higher cost of product liability insurance is typically borne by the licensee and, accordingly, is not used to calculate the royalty base.")。宣伝・広告費の控除は必ずしも一般的ではないため、上記のとおり（ ）を付した。

　さらに、ここに分類・規定された項目に従って実際に控除をする場合、当事者の自己申告ではなく、客観的にその裏付けとなる証拠書類、たとえば、発注書に明記されていれば発注書のコピーまたは梱包費なら梱包費の請求書と受領書等のコピーの提出等を、本事例ではライセンシーに義務付けている。これらは取引の形態によっては必ずしも明確にならない場合もあるが、契約時点で想定できる実務的な原則を決めておくことが、将来の無用のトラブル回避につながる。提出すべき書類名をも契約に明記できれば理想的であるが、その国の商取引の詳細がわからない場合は、この事例のような表現とならざるを得ない。

6　会計期間（1.6項）

　会計期間は、その期間内に製造・販売した契約製品を集計し、支払うべきロイヤルティの金額を算出するために必要な時間的枠組であって、ロイヤルティの支払時期を規定するときの起算点にもなる。この契約では会計期間を1月から6月の前期及び7月から12月の後期と、1年を2期に分割し、ロイヤルティの支払はそれぞれの会計期間終了後60日以内としている。

　会計期間は、債権確保の実務上の観点から重要な一つのポイントである。ライセンシーまたはライセンサーの会計年度に合わせることもあれば、1月から12月までの歴年を1会計年度とし、ロイヤルティの精算は年1回とすることもある。または、1年を3分割して3会計期間を設定し、ロイヤルティの精算は年3回とすることもある。1会計期間を短く設定し、こまめにロイヤルティの支払を義務付けると、債権確保という意味では確実になるが、事務処理が繁雑になることは否めない。実務としては、債権確保と事務処理のバランスを上手にとることが肝要である。

　この契約は12月に調印し、その後1カ月以内には契約が発効するとの見通しのもとに、初年度の会計期間は契約発効日から起算して6月末日までと定めた。しかし、契約最後の会計期間は、何らかの理由で途中解約という事態も理論的にはあり得るので、実際の契約終了日の直近の1月1日または7月1日から起算して、実際の契約終了日までとする、と規定している。

7　契約年（1.7項）

　1契約年は、前期会計期間と後期会計期間とから構成される。契約初年度が契約発効日から起算してある特定年の12月31日までの期間と定めている。上記会計期間の項で説明したように、この契約は上記特定年の前年の12月に調印されたが、実は契約の発効までに約1カ月かかることを見通していたので、初年度の期間終了日をある特定年の12月31日と設定したのである。

　もしライセンシーが所在する国の政府に対する技術導入契約認可手続がなければ、契約調印日、すなわち、契約発効日ということになるから、その場合は、暦年で単純に12月31日とするか、または契約発効日の翌年の12月31日とするかを契約当事者が選択することになる。暦年で単に12月31日までを初年度の契約年とした場合、契約調印日（＝契約発効日）から起算して1カ月足らずで終わってしまう。

　実務的には、この期間内に契約製品の製造販売を行うことは不可能であるので、この場合もやはり特定年の12月31日を契約初年度の終期とすることで合意する可能性がある。

8　契約発効日（1.8項）

　この契約は、上記7にて触れたとおり、ライセンシーの所在国の政府に対する技術導入契約認可手続を必要としていたので、契約発効日については、独立の条項で詳しく規定した。すなわち、当該国の政府の承認が得られた日を契約発効日と規定している。

　一方、別条項では、相手国政府から認可のための条件が付けられた場合、その認可条件を契約当事者が受諾できることが契約発効の条件であるとも規定している。また、同認可条件を受諾できない場合、一方の当事者が相手方当事者に対し書面にて契約終了する旨の通知を出し、相手方当事者が同書状を受領したならば、同書状を受領した日をもって、その契約を終了させることに両当事者は合意する旨、別途、契約発効条項にて規定している。したがって、この定義条項では、契約発効条項の規定によると書いている。

9　契約終了日（1.9項）

　契約終了日は契約が終わる日を意味するが、契約の終わり方はいろいろある。契約終了原因を分類すると下記四つになる。

① 契約期間の満了（15条3項）
② 明確な原因の存在：
　　－「特許侵害」（13条4項）
　　－「政府認可条件について合意不可」（15条2項）
　　－「契約違反等」（15条4項）
　　－「破産等」（15条5項）
　　－「競合会社の傘下に併合又は契約製品の事業継続不可」（15条6項）
③ 「不可抗力」（19条2項）
④ 「合意解約」（15条8項）

　契約終了の原因については、別途詳述する。

第4　本条項の位置付け

　当事者間で合意したことを文書の形でまとめたものが契約書である。合意内容は、誰が読んでも同じ理解や解釈ができるように表現されていなければならない。そのためには契約書で使われている少なくともキーワードは当事者のみならず、第三者が読んでも同じ理解に到達できるものでなければならない。

　一般的に、法律用語や技術用語は概念が明確化されている。しかし、法律用語や技術用語でも国により、業界により異なり、必ずしも万国共通ではない。たとえば、ノウハウという言葉はそれぞれの国の法律規則や団体等で考え方が少しずつ異なる。ある契約でノウハウという言葉を使いたいなら、その契約では具体的に何を指すのか明確にしなければならない。そうすることによって初めてその契約でノウハウといえば、こういう意味だと同じ解釈や理解ができるようになる。

[第2部] II-1　主要条項（Principal Terms）

　一般用語に特定の意味を持たせたいような場合も定義が必要である。たとえば、テリトリーという言葉はライセンス契約では、特別の意味を持つ。すなわち、その契約で許諾された技術情報を一定の条件の下で使うことが認められている地域を指す。上述のように、その契約で頻度多く使われるキーワードは、契約書の初めの部分で定義しておけば、契約書を作成する者にとっても、読者にとっても便利である。そんな理由で、定義条項が独立条項で設けられている。定義条項は形式的、内容的に存在理由がある。

第5　本条項のチェックポイント

1　契約製品

(1)　契約製品の特定

　契約製品の特定は、ライセンス契約の諸条件を検討する大前提である。なぜなら、仮に契約製品が異なれば、契約条件も変わり得るだけでなく、そもそも契約の成否自体が疑わしくなるからである。

　契約製品の特定方法に決まりはないが、通常、契約製品の「仕様」（Specification）により特定し、その他、「分野」（Field）や包含する「知的財産権」（第2部第13章参照）により特定される場合もある。以下は、契約製品を仕様および分野で特定する条項例である。

"Product" means any product having the specifications set out in Schedule __ [and that is suitable for use in the Field].
〈訳文〉
「本製品」とは、別紙__に記載された仕様を有する製品（であり、且つ、本フィールドにおける使用目的に適合するもの）をいう。

以下は、契約製品を内包する知的財産権により特定する記載例である。

LICENSED PRODUCTS: products covered by PATENT RIGHTS or products made or services provided in accordance with or by means of LICENSED PROCESSES or products made or services provided utilizing BIOLOGICAL MATERIALS or incorporating some portion of BIOLOGICAL MATERIALS.
〈訳文〉
ライセンス製品：本特許権により保護された製品又はライセンス製法に基づき、又はその方法により製造又は提供されたサービス、又は本生物学的原料により製造された製品又はこれを使用して提供されたサービスをいう。

　契約製品の仕様および分野の具体例としては以下が挙げられる。なお、知的財産権の具体例につ

いては、第2部第13章を参照されたい。

(契約製品の仕様および分野の例)

仕様	外観	サイズ	センチ、メートル、ヤード等
		デザイン	色、形等
		重量	グラム、キログラム、ポンド等
	内容	材料	鉄、プラスチック、ガラス等
		構造	(事例による)
		性能	(事例による)
	価格	基準価格	(事例による)
分野	B to C	アパレル	衣服、履物、身の回り品(バッグ、時計、その他)
		食品	食料(生鮮、加工)、飲料(アルコールあり、なし)
		住宅その他	家、家具、電気製品、自動車、ヘルスケア、文具、スポーツ、その他
	B to B	上記の原材料、加工品等の供給	アパレル
			食品
			住宅その他
		上記の製造、販売関連	同上

　契約製品の特定をどの程度具体的にするかは、各条項につき、当事者が戦略的な見地からこれを判断する必要がある。たとえば、ライセンサーの立場からするなら、「権利の帰属条項」における対象製品の定義は広いほうが好ましいし、「実施許諾条項」における対象製品の定義についてはこれを限定したほうがよい場合がある。

(2) 契約製品の改良

　契約製品の改良(Improvement)とは、たとえば、契約当事者が、契約製品(A製品)とは異なる改良製品(A＋α製品)を開発する場合をいう。一般に「改良」は、元の技術と技術的に関連性が深く、これらの技術の構成要素を変更したり、加えたりして、その利用価値等を高めたものといわれている。

　では、契約当事者が、契約製品を改良した場合、改良製品に関する法律関係はどうなるか。以下、改良製品に関し、①権利の帰属をめぐる法律関係と、②権利の利用をめぐる法律関係に分けて論じる。

A 権利の帰属をめぐる法律関係

(A) 各国の法制度

a 米国法

　原発明の単なる延長や拡大は改良発明ではないが、発明としての要件が整えば、改良発明として特許される(田中・英米法辞典参照)。したがって、特許が登録されていても、その改良または派生発明について別の特許を取得することは可能である。その結果、特許の保有者は、他の者が自分の特許の周辺で別の発明を描いたり、オリジナルの特許を改良することを好ましく思わない。ほとん

どの場合においては、改良特許はオリジナルの特許によって「ブロック」されることになる(すなわち、改良特許はオリジナルの特許の保有者からのライセンスを取得しなければオリジナル特許を含む製品を実施することができない)。同様に、オリジナルの特許保有者は、改良特許の保有者からのライセンスを取得しなければ改良特許を含む製品を実施することができない。このように改良技術については互いにブロックされる状況が予測されるためライセンス契約においてその帰属や実施許諾について定める必要がある。なお、上記の考えは、知的財産権の種類によっても異なり得る(以上、Dow・Improvements580頁以下)。

　b　日本法

　改良発明は、特許制度の目的、すなわち発明を公開せしめることにより社会の技術水準を向上させ、それにより新たな発明を促す目的に沿うものである。しかし、他人の特許発明を利用する発明につき特許権を取得しても、それを実施すれば他人の特許権侵害となる(特72条)。当事者の協議で実施権許諾契約を締結することにより解決される場合もあろうが、協議不成立の場合には利用発明の実施の途が閉ざされてしまい、産業の発展に好ましくない。そこで利用発明の特許権者とその専用実施権者は、利用関係にある特許権、実用新案権、意匠権について裁定実施権を請求できる制度が設けられている(特92条)(以上、中山・特許法529頁以下)。

　(B)　権利の帰属条項のドラフティング

　a　法令(特許法等)に従う場合

　上記米国法や日本法の立場からすると、ライセンサーの改良発明はライセンサーに、ライセンシーの改良発明はライセンシー、両者の共同の改良発明は共有に帰属するのが原則になると思われる。

　Ownership of Inventions.　Title to all inventions and other intellectual property made solely by employees of Licensor, but not Licensee, in the course of and in connection with the performance of this Agreement (the "Licensor Inventions") shall be deemed owned by Licensor. Title to all inventions and other intellectual property made solely by employees of Licensee, but not Licensor, in the course of and in connection with the performance of this Agreement (the "Licensee Inventions") shall be deemed owned by Licensee. Title to all inventions and other intellectual property made jointly by employees of Licensor and Licensee in the course of and in connection with the performance of this Agreement (the "Joint Inventions") shall be deemed owned jointly by Licensee and Licensor.

〈訳文〉

　発明の権利の帰属　本契約の履行に関連し、ライセンサーの従業員のみ(ライセンシーの従業員を含まない)によりなされた全ての発明その他の知的財産の権利(「ライセンサーの発明」)はライセンサーに帰属するものと看做される。本契約の履行に関連し、ライセンシーの従業員のみ(ライセンサーの従業員を含まない)によりなされた全ての発明その他の知的財産の権利(「ライセンシーの発明」)はライセンシーに帰属するものと看做される。本契約の履行に関連して、ライセンサーの従業員とライセンシーの従業員により共同でなされた全ての発明又は知的財産

の権利（「共同発明」）は、ライセンサーとライセンシーの共有となるものと看做される。

b　当事者自治により修正する場合

　法令の立場は上記のとおりであるが、当事者は、改良発明の帰属に関し、法令と異なる定めを設けることもできる（当事者自治）。

　(a)　ライセンサーに有利な修正

　以下は、ライセンサーのノウハウを利用した改良発明をライセンサーに帰属させる条項例である。

All Inventions developed by Licensee in the course of its performance of, and arising from, this Agreement which could not have been made, conceived, reduced to practice, generated or developed without the use of or access to Licensor's Know-How, are owned by the Licensor.

〈訳文〉

　ライセンシーが本契約の履行又は本契約に基づき開発した全ての改良発明で、ライセンサーのノウハウを使用又はアクセスをせずに発明、創出、実用化、開発等できなかったものはライセンサーの所有に帰属する。

以下は、ライセンシーに帰属した改良発明の移転義務を定めた条項例である。

Notwithstanding the foregoing, Licensee agrees to assign to Licensor, pursuant to Section __ of this Agreement, all of its right, title and interest in and to any such solely owned or jointly owned inventions that relate to the composition of matter, manufacture or use of the Product, and agrees to take, and to cause its employees, agents, consultants and sublicensees to take, all further acts reasonably required to evidence such assignment and transfer to Licensor, at Licensor's reasonable expense.

〈訳文〉

　上記にも拘わらず、ライセンシーはライセンサーに対し、単独で所有又は共有にかかる契約製品の組成物、製造又は使用に関する発明に対する権利を、本契約第__条に基づき譲渡し移転することに合意し、ライセンサーに対する譲渡を証明するために合理的に必要な行為を、ライセンサーの合理的な費用にて、ライセンシー自ら、又はその従業員、代理人、コンサルタント、子会社にさせるものとする。

　改良発明の移転の条件としては、ライセンサーのオプション権の行使や対価の支払等が考えられる。対価については、無償とすると後述する公取指針等に抵触する危険性があるが、有償とするとその価格をいくらにするべきかの決定が困難となる。解決方法としては、中立の第三者に算定を依頼したり、また書面化された開発費に一定の割合を乗じた額とする等のルールを設ける必要があると思われる。

　(b)　ライセンシーに有利な修正

〔第2部〕 II-1 主要条項（Principal Terms）

以下は、ライセンシーのノウハウを利用した改良発明をライセンシーに帰属させる記載例である。

All Inventions developed by Licensor in the course of its performance of, and arising from, this Agreement which could not have been made, conceived, reduced to practice, generated or developed without the use of or access to Licensee's Know-How, are owned by the Licensee.

〈訳文〉

ライセンサーが本契約の履行又は本契約に基づき開発した全ての改良発明で、ライセンシーのノウハウを使用又はアクセスをせずに発明、創出、実用化、開発等できなかったものはライセンシーの所有に帰属する。

---

c 当事者自治の限界

当事者自治による修正には後述する公取指針（第2部第10章第5参照）による制限や、裁判所の解釈による制限があることに注意をする必要がある。

たとえば、米国の裁判例（Deering Milliken Research Corp. v. Leesona Corp.）において、ライセンサーはライセンシーとの間で、ライセンサーの装置（A製品）につき、"any improvements made on the apparatus or process which is the subject matter of this agreement … shall become the property of (licensor)" との記載を含むライセンス契約を締結したところ、ライセンシーがA製品と同じ目的を有し、より効率的な製品を開発したため、ライセンサーが同製品の権利を争った。裁判所は、ライセンシーが開発した製品とA製品の技術の違いを重視し、ライセンシーが開発した製品はA製品の "improvement" ではないとした。これは当事者の特約の対象（improvement made on the apparatus）を制限的に解釈したものであるといえる。

このような紛争を回避するためには、改良の範囲を明確にするだけでなく、公取指針や裁判所の解釈による制限に注意を払う必要がある。

B 権利の利用をめぐる法律関係

(A) 改良製品の権利がライセンサーに帰属する場合

a 改良製品を「契約製品」に含める場合

改良製品の権利がライセンサーに帰属する場合、改良製品がライセンス契約の対象たる「契約製品」に含まれるかが問題となる。

「契約製品」の変更は契約の変更であり、本来、当事者の合意がなければなし得ない。しかし、ライセンシーとすれば改良製品についてもライセンスを取得したい場合が多く、ライセンサーとしても、大きな変更でない限りこれを認めても特段問題はない。

そこで、一定の改良製品については、これを「契約製品」に含めることが合理的な場合がある。そして、その判断については、①Functional（機能）、②Infringing Improvements（侵害可能性）、③Technical Description（技術記載）、④Field of Uses（使用される分野）、⑤Other Considerations（その他の事情）が斟酌されることが多い（Dow・Improvements594頁以下）。

改良の定義の条項例は以下のとおりである。

> "Improvement" means any derivatives, adaptation, change, modification, or redesign, of the Products or any manufacturing apparatus, intermediates or processes used to make the Products.
> 〈訳文〉
> 「改良」とは、本製品又は本製品を製造するための製造装置、中間体、製造方法の派生、改造、変更、修正又はデザインの変更をいう。

一定の改良製品を契約製品に含める場合の条項例は以下のとおりである。

> The rights to Improvements owned solely or jointly by Licensor pursuant to Section __, [which would, if made, used or sold by an unlicensed entity, infringe one or more claims of the Patent], shall be included in the definition of, as appropriate, Licensor Patents or Licensor Know-How, and, accordingly, shall automatically become subject to the license grant to Licensee pursuant to Section 2.
> 〈訳文〉
> ライセンサーが__条に基づき、単独又は共有で保有する改良発明の権利は、(仮にライセンスを受けていない第三者が製造、使用、販売された場合に本特許の一つ又は複数のクレームの侵害となるものである場合)、適宜、ライセンサーの特許又はライセンサーのノウハウに含まれるものとし、その結果、自動的に2条のライセンスの付与の対象になるものとする。

b　改良製品を「契約製品」に含めない場合

> Any modification to the scope of the Product shall be consented in writing by the parties.
> 〈訳文〉
> 本製品の範囲の変更には、双方当事者の書面による承認が必要であるものとする。

c　折衷案

改良製品を契約製品に含めるかについては、これを肯定するか、否定するか以外にも、折衷的な解決方法がある。具体的には、①契約製品に含めるがその期間をたとえば最初の数年に限定する、②契約製品には含めないがライセンシーに優先的交渉権 (right of first refusal、right of first offer、right to negotiate 等) を与える、③契約製品には含めないがライセンサーに競合禁止義務を課す等である (Dow・Improvements597頁以下)。

以下は、ライセンシーの優先的交渉権を認める場合の条項例である (ただし、同条項例は改良製品ではなく、他分野製品に関するものである)。

> During the term of this Agreement, Licensee has a right of first refusal to obtain an exclusive and royalty-bearing license, with a right to grant sublicense, to the Licensor Intellectual Proper-

> ty for the development and Commercialization of the Licensed Products outside the Field in the Territory ("Option Product"). In the event that Licensor intends to license out any or all of the right to the Option Product, Licensor shall first offer such right to Licensee.
> 〈訳文〉
> 　本契約の期間中、ライセンシーは、ライセンサーの知的財産権に基づく、本テリトリーにおける本フィールド外における契約製品（「オプション製品」）の開発及び商業化に関する、独占的、有償の、サブライセンス権のあるライセンスを取得するための、優先交渉権を有するものとする。ライセンサーがオプション製品に関する権利を第三者にライセンスしようとする際には、まずこれをライセンシーに対しオファーするものとする。

d　他の条項との整合性

改良製品が契約製品に含まれる場合、ライセンサーの契約製品に関する各種義務（実施許諾の範囲、技術援助、維持管理義務、保証等）が、改良製品に同様にあてはまるのかも検討する必要がある。

　　(B)　改良製品の権利がライセンシーに帰属する場合

改良製品の権利がライセンシーに帰属する場合、ライセンサーがかかる権利を使用できるか。これはいわゆるグラントバックの問題である。グラントバック（grant-back）とは、ライセンシーが許諾技術をベースに応用技術を開発した場合に、ライセンサーに実施許諾することを義務付けるものである。

以下は、グラントバックの条項例である。

> 　Licensee shall grant Licensor a non-exclusive royalty-free license under the rights to Inventions owned solely by Licensee pursuant to Section ＿ in the Field outside the Territory.
> 〈訳文〉
> 　ライセンシーは、＿条により単独で所有する改良発明に基づき、ライセンサーに対し、フィールド内且つテリトリー外において、非独占的、無償のライセンスを付与する。

グラントバックの詳細については、第2部第10章「ライセンシーによる修正および改良」で述べる。なお、グラントバックの条件については、通常、あまり詳細に定められないことが多いが、ライセンスグラントの条件同様、その条件を詳細に検討する必要はある。

2　対象技術

対象技術についても、対象製品同様、これを特定し、改良についての処理を検討する必要があり、基本的に、契約製品の改良で述べた議論が当てはまる。

3　記載方法

(1)　簡潔で、具体的な定義

定義の書き方は、でき得る限り抽象的な表現を避け、具体的で、簡潔な表現とするのが望ましい。

しかし、抽象的にしか表現できない場合もある。

(2) 付属書、添付書類の取扱い

契約書に添付書類や付属書（appendix）を付け、これらの書類に当事者を拘束する法的効果を持たせたい場合、これらの文書が契約書の一部を構成することを明確に契約書の中で規定しなければならない。

以下は、付属書、添付書類等の取扱いに関する条項例である。

The Schedules form part of this Agreement and a reference to this "Agreement" includes its Schedules. A reference to a Section (an Article or an Annex) in this Agreement is, unless stated otherwise, a reference to a Section (an Article or an Annex) of this Agreement. A reference to a particular time of day in this Agreement is, unless stated otherwise, a reference to that time in [Japan]. A reference to "include", "includes" or "including" in this Agreement, does not limit the scope of the meaning of the words preceding it.

〈訳文〉

別紙は、本契約の一部であり、本契約には別紙も含まれる。本契約の条項（章または別紙）の引用は、別段の定めがない限り、本契約の条項（章または別紙）を意味する。本契約において日時が指定された場合、別段の定めがない限り、（日本）の日時を意味する。本契約において「を含む」と記載された場合、「を含む」の前に記載された事項に限られるものではない。

第6　一口コメント

良い契約書は誰が読んでも同じ解釈になる。

〔第2部〕 II－1 主要条項（Principal Terms）

第3章　権利および実施許諾
(Grant of Rights and License)

第1　事例3の紹介〔技術導入〕

ARTICLE 2　LICENSE

2.1. Licensor hereby grants to Licensee, subject to the limitations, restrictions and conditions herein contained, a non-transferable, exclusive license, without the right to sublicense, to use the Technology for the purpose of manufacturing, distributing and selling Products in the Exclusive Territory and a non-exclusive license and right to sell in the "Open Territory" only with the prior written permission of Licensor. The license granted herein shall not include the right to offer for sale or to sell engineering services only for the Products without the express written consent of Licensor. The license granted herein shall not include the right to offer for sale products or processes especially licensed to Licensor from others.

2.2. Licensee agrees not to manufacture Products outside of the Exclusive Territory or to sell or ship Products to any person, corporation or other entity outside of the Exclusive Territory without the written consent of Licensor. Licensee further agrees not to sell Products to any person, corporation or other entity if Licensee knows or has reason to know that such person or entity intends to distribute, sell or transship Products, directly or indirectly, outside of the Exclusive Territory without the written consent of Licensor.

2.3.

(a) During the term of this Agreement, to the extent that it is not precluded from doing so as a result of any confidentiality agreement or other restriction in favor of a third party, Licensor shall make available to Licensee all improvements to or modifications in the Technology which Licensor may discover or develop, patentable or not, with respect to Products on an ongoing basis as soon as practicable after any such improvement or modification is put into commercial practice. Any such improvements or modifications when disclosed to Licensee shall constitute a part of the Technology and all provisions of this Agreement relating to the Technology shall apply thereto and Licensee shall have the right to utilize such improvements and modifications under the terms of this Agreement without the payment of any additional royalty or cost.

(b)　During the term of this Agreement, to the extent that it is not precluded from doing so as a result of any confidentiality agreement or other restriction in favor of a third party, Licensee shall disclose to Licensor, free of charge, all improvements to or modifications in the Technology which Licensee may discover or develop, patentable or not, with respect to Products as soon as practicable after any such improvement and modification is put into commercial practice. In addition, Licensee shall grant Licensor a royalty free, perpetual right and license to manufacture, use and sell Products incorporating such improvements or modifications and otherwise to use such improvements or modifications exclusively for the performance of the Licensor's business for the Products, outside the Exclusive Territory regardless of the expiration or termination of this Agreement, provided, however, that the foregoing provisions of this Sub-section 2.3(b) shall not prevent Licensee from applying such improvements or modifications in any way for the Licensee's business. Licensee agrees not to grant any of the foregoing rights to any third party, including Licensor's competitors, relating to the Products.

(c)　Should the said modifications, improvements and/or developments made or acquired by the parties hereto contain any patentable inventions, Licensor shall be entitled to file applications for patents and own the issued patents in any countries selected by Licensor covering inventions of Licensor and Licensee shall have the right to file applications for patents and own the issued patents in any countries selected by Licensee covering inventions of Licensee.

2.4.　Licensee shall diligently use its best efforts (a) to exploit fully the license granted to it by Licensor hereunder, (b) to develop and maintain high standard sales outlets, (c) to maximize the sales volume and distribution of Products, (d) to maximize advertising and promotional efforts, and (e) to develop and satisfy fully the market in the Exclusive Territory for Products. Licensee shall refrain from any activity which may adversely affect these efforts, including without limitations, establishing or participating in any business involving products which, in Licensor's reasonable judgement, are competitive with or similar to Products.

2.5.　Licensee shall not make sales in the exclusive territories of other licensees without their and Licensor's express written permission. Such permission may be subject to Licensee's payment of suitable compensation and other conditions which shall be determined on a case-by-case basis.

第2　事例3の訳文

2条　ライセンス（実施許諾）

2.1. ライセンサーは、本契約によりライセンシーに対して、本契約に包含された制限、規制及び諸条件に従うことを条件に、独占テリトリーにおける契約製品の製造、流通及び販売の目的で許諾技術（the Technology）を使用するサブライセンス権（再実施権）なしの譲渡不可・独占的ライセンスを、又、ライセンサーの事前の書面による許諾をもって初めて「オープンテリトリー」内で販売する非独占的ライセンス及び権利を、許諾する。本契約において与えられたライセンスには、ライセンサーの事前の書面による同意なくして契約製品に関するエンジニアリングサービスのみの販売見積りの提出又は販売を行う権利は含まれないものとする。本契約において許諾されたライセンスは、ライセンサーが他社から特別に許諾を受けた他社製品又は他社プロセスの販売見積り提出の権利を含まないものとする。

2.2. ライセンシーは、ライセンサーの書面による同意を得ずに独占テリトリー外で契約製品を製造したり、又は独占テリトリー外の個人、法人又はその他企業体に契約製品を販売又は出荷しないことに同意する。さらに、ライセンシーは、個人や企業体がライセンサーの書面による同意なくして独占テリトリー外へ直接・間接に契約製品を流通、販売又は迂回出荷の意図を持っていることを知っていたり又は知る理由がある場合、こうした個人、法人又はその他企業体に契約製品を販売しないことに同意する。

2.3.
(a) 本契約有効期間中、第三者のために秘密保持契約又はその他制限によってそうすることを妨げられない範囲まで、ライセンサーは、改良技術や修正技術が商業的に実施できるようになった後可及的速やかに、進行状態で、契約製品に関して特許になろうとなるまいと、契約技術の改良や修正を発見したり又は開発したりした場合、これをすべてライセンシーの利用に供さねばならない。こうした改良技術や修正技術がライセンシーに開示された場合、それは契約技術の一部を構成するものとし、契約技術に関連した本契約のすべての規定がこれに適用され、しかもライセンシーは追加ロイヤルティ又は追加費用（コスト）を支払わずに本契約条件に基づきこうした改良技術や修正技術を利用する権利を有するものとする。

(b) 本契約有効期間中、第三者のために秘密保持契約又はその他制限によってそうすることを妨げられない範囲まで、ライセンシーは、改良技術や修正技術が商業的に実施できるようになった後可及的速やかに、契約製品に関して特許になろうとなるまいと、契約技術の改良や修正を発見したり又は開発したりした場合、これをすべて無償にてライセンサーに開示しなければならない。さらに、ライセンシーはライセンサーに対して、本契約満了又は終了にかかわらず独占テリトリー外において、こうした改良技術や修正技術を取り入れた契約製品を製造・使用及び販売し、しかも別途、専らライセンサーの契約製品事業遂行のためにこうした改良技術や修正技術を使用するロイヤルティなしの永久の権利とライセンスを許諾しなければならない。ただし、本条項2.3(b)の上記規定はライセンシーが自己の事業のためにこう

した改良技術又は修正技術を適用することを妨げないものとする。ライセンシーは、契約製品に関して、ライセンサーの競合他社を含めて第三者に対し上記権利を許諾しないことに同意する。

(c) 本契約当事者によってなされた又は取得された上記修正技術、改良技術及又は開発技術に特許になり得る発明が含まれている場合、ライセンサーはライセンサーが選択した国においてライセンサーの発明をカバーする特許出願を行う権利を有し、特許証が発行されれば特許権を所有することができるものとし、又、ライセンシーはライセンシーが選択した国においてライセンシーの発明をカバーする特許出願を行う権利を有し、特許証が発行されれば特許権を所有することができるものとする。

2.4. ライセンシーは、(a)本契約に基づきライセンサーによって許諾されたライセンスを十分に活用し、(b)高水準の販路を開発・維持し、(c)契約製品の販売数量及び流通を最大にし、(d)広告と販促の努力を最大にし、さらに(e)契約製品の独占テリトリーにおける市場を十分に開発し充足させるよう誠実に最善の努力をしなければならない。ライセンシーは、ライセンサーの合理的な判断において、契約製品と競合する又は類似の契約製品を含む事業を興したり又は参画したりすることも含めて（including without limitation）、こうした努力に不利益をもたらす可能性のある事業活動を慎まねばならない。

2.5. ライセンシーは、他のライセンシー及びライセンサーの明白なる書面による許諾を受けずに他のライセンシーの独占テリトリーにおいて販売することはできない。許諾にはライセンシーによる補償金の支払その他の条件が付され得るものとし、それはケースバイケースである。

第3 事例3の解説

1 標 題

標題（grant of rights and license）の grant は「権利付与」、「ライセンス付与」の「付与」という意味で、right や license という言葉と一緒によく使われる。rights は、当然、法律上認められている特許権等の権利のことであり、license はそうした特許権やノウハウの使用許諾または実施許諾を意味している。

2 独占的実施権および非独占的実施権の許諾（2.1項前段）

ライセンサーは許諾を与える者を指し、ライセンシーは許諾を受けて権利を実施する者を指す。前者を許諾者、後者を実施権者と称することもある。技術取引に関わっている人々の間では license、licensor、licensee 等の用語はそのまま通用しているので、あえて日本語に訳さず、そのま

まライセンス、ライセンサーおよびライセンシーとして片仮名書きで使う。また、territory は契約で合意された製造販売地域を指すが、これもテリトリーとして片仮名書きでそのまま使う。

　まず、前段において、ライセンサーが本契約によってライセンシーに与える基本的な権利範囲および使用許諾の範囲並びにそれらの基本条件を規定している。ライセンサーはライセンシーに対して、独占テリトリーにおいて契約製品の製造、流通および販売を行うために契約によって許諾されたライセンサーの技術を独占的に使用できるライセンスと、オープンテリトリーにおいては非独占的に販売できるライセンスを与える旨規定している。

　独占的実施権にはいくつかの条件が付されている。一つ目は、この権利は第三者に譲渡することができない（non-transferable）ということ。二つ目は、ライセンシーがライセンサーから許諾された技術を第三者に使わせること（再実施権・サブライセンス）を禁じている。

　ここでいうオープンテリトリーとは、本契約の当事者であるライセンシーまたは他のライセンシーにも特に販売ライセンスを許諾していない地域のことを指す。そのオープンテリトリーにライセンシーが契約製品を販売する場合は、事前に書面にてライセンサーの許可を得ることとなっている。逆に、ライセンサーの許可が得られれば、ライセンシーは販売を行うことができる。ただし、その販売権は独占的なものではないから（non-exclusive）、他のライセンシーと競合する可能性がある。

　オープンテリトリーにおける非独占的販売ライセンスには、本契約の他の条項に定められた諸々の制限条件が適用される（subject to the limitations, restrictions and conditions contained herein）。本来、独占テリトリーにおける独占的製造および販売のライセンスに適用される諸条件が、オープンテリトリーにおける非独占的販売ライセンスにも適用されるというのは、論理の矛盾があるばかりか、厳し過ぎる。

　しかし、そうした厳しいオープンテリトリーの発想であっても、商売のチャンスが少しでもあるのであれば、そのチャンスを放棄する必要はないという考え方もある。ただ、わずかなチャンスのために、将来足枷となるような条件を負担することは回避しなければならない。かような契約条件の受諾については慎重な検討が必要といえる。

3　エンジニアリングサービスおよびプロセスの販売見積禁止（2.1項後段）

　後段で、契約製品に関してエンジニアリングサービスだけを販売の対象とすることについて、ライセンシーはライセンサーから明確な書面による同意を得ることを、条件として明記している。これは大変注意深い規定である。

　ライセンサーは、自己の技術の使用許諾を与えたが、それはあくまで契約製品を製造・販売させ、ロイヤルティを稼ぐことが目的である。ライセンシーがライセンサーの技術や自己の経験を生かしてエンジニアリングサービスにあまり力を入れすぎ、肝心の契約製品の製造・販売をおろそかにされては、ロイヤルティの実入りが少なくなる。そもそもエンジニアリングサービスはライセンサーの本来の業務であり、本契約ではそこの分野までライセンシーに技術を開示していないし、また、開示したくない。それはおそらくライセンシーから要求を受けても開示することには慎重になる部分であろう。

たとえば、ライセンシーがある特定の顧客との取引関係で、近い将来かなり大きな注文が期待できるとか、または日本市場における顧客とメーカーとの間のアフターサービスに関する独特な関係等、その国のまたはその業界の商取引慣行・慣習からそうしたエンジニアリングサービスが必要な場合があるとする。ライセンシーは、ライセンサーとの交渉結果如何では、そうしたエンジニアリングサービスのみの営業を認めさせるチャンスがある。ライセンサーの同意が得られた場合は、きちんと書面にて確認しておく必要がある。

この規定がなかったらどうなるであろうか。ライセンシーは当該技術の使用許諾を得ているわけであるから、エンジニアリングサービスもこの使用許諾の範囲に含まれていると主張するかもしれない。そんな危惧をライセンサーは想定して対応している。

4　販売地域制限（2.2項）

テリトリー外での製造・販売は原則的に禁止であるが、ライセンサーの同意が得られればこれを認める可能性があることを前段で述べている。後段では、テリトリー外へ販売・出荷されることを承知のうえで契約製品を他者に販売することや、間接的な販売経路をたどってテリトリー外へ販売・出荷されることも、原則としてこれを禁止し、例外的にこれを認める余地を残している。

契約製品の販売先が最終需要家ではなく、商社や販売代理店等を介する場合、ライセンシーの意に反して、テリトリー外へ販売されたり、出荷されたりすることがあり得るので、注意が必要である。しかしそうした販売をすることで、ライセンサー、ライセンシー共に利益になるとライセンサーが判断すれば、これを認めることもあり得る。常に、全部を否定せず、商売上の利益が少しでもあれば、その可能性を残しておくというライセンサーの考え方である。

5　ライセンサーの改良技術（2.3項(a)）

許諾技術に関し、契約期間中にライセンサーが改良・修正を行った場合、これをライセンシーに速やかに供与することをライセンサーが義務として引き受けている。しかもこの改良技術は特許性のあるものと否とを区別していない（patentable or not）。その供与時期については、その改良技術が商売上実用に供せられるようになってから（put into commercial practice）、できるだけ早い時期となっている。

ただし、こうした技術が、常に、ライセンサーが単独で行うとは限らない。他社と共同開発する場合や他のライセンシーによる開発の場合もあり得る。そのような場合、これら改良技術の取扱いについて秘密保持契約等、締結することが考えられる。そのような契約によってライセンサーは、こうした改良技術を本契約の当事者であるライセンシーに開示することができないこともあり得る（to the extent that it is not precluded from doing so as a result of any confidentiality agreement or other restriction in favor of a third party）。これはかような状況を想定した規定である。

いったんこうした改良技術がライセンサーからライセンシーに対して開示された場合、これは本契約の許諾技術の一部となり、許諾技術に関する本契約の規定はすべて適用される。ライセンシーはこの改良技術を利用することについて追加のロイヤリティを支払わなくてよいが（without the payment of any additional royalty or cost）、本契約の条件には従わねばならない（under the terms of this Agreement)。

　ここでは特許になり得るような改良技術であっても、これを無償でライセンシーに使わせることを謳っている。こうした一見ライセンシーに有利な条件を契約に盛り込むことによって、ライセンサーはロイヤルティの料率をできるだけ高く維持することを狙ったものと思われる。

　なお、権利を有することを"shall have the right"と書かれることがあるが、"may"、"is entitled to"等の表現方法もあるため、統一することが望ましい。

6　ライセンシーの改良技術（2.3項(b)）

　上記2.3項(a)において、ライセンサーが、契約期間中に許諾技術の改良・開発を行った場合、一定の条件に基づきこれをライセンシーに速やかに供与することを義務として引き受けたが、本(b)項前段において、ライセンシーもライセンサーと同様に同条件で同程度の義務を引き受けることが規定されている。

　さらに、ライセンサーは、本契約満了後または終了後にライセンシーの改良技術を使用する場合に問題が生じないように、その使用条件について、下記のとおり詳細に規定している。

(1)　改良技術の用途範囲
① 改良技術を包含した契約製品を製造・販売し、契約製品を使用すること。
② 上記(a)とは別に（otherwise）ライセンシーの改良・修正技術を使えるのは、あくまでライセンサーが契約製品事業遂行の場合に限る。これはライセンサーがライセンシーの改良技術を契約製品以外の製品に転用することを明確に禁止したもので、ライセンシーの要求事項として契約で合意された条件である。

(2)　権利・ライセンスの性格
① 権利は永久、無期限である（perpetual right and license）。
② 権利は排他的である（exclusively）。

(3)　対　価
対価は無償（royalty free）である。

(4)　その他条件
① 改良技術の他商品への応用に関し、本条項の上記規定があっても、ライセンシー自身は自社の事業に改良技術をどう使おうと（in any way）妨げられない。つまり、ライセンシーとしては改良技術の他商品への応用の可能性を考え、その場合に制限を受けないように配慮している。
② 改良技術の第三者へのライセンス制限に関し、ライセンシーは契約製品に関連してライセンサーの競合会社等、第三者に上記権利を許諾しないことを約束している。ここでライセンシーは自社の改良技術について、第三者に対するライセンス制限を受けた形となった。契約製品技術は相当に成熟した技術であったので、現実問題としてライセンシーが契約期間中に画期的な技術改良を行い得る可能性は低いというライセンシーの判断であった。

7　改良発明の特許出願（2.3項(c)）

　ライセンサーおよびライセンシーがなした改良技術の中に特許になるような発明が含まれている

場合、ライセンサーおよびライセンシーは、それぞれが選択した国でそれぞれに特許出願（特36条）をし、特許権を取得する権利（特33条）があることが明記されている。

8　販売促進義務（2.4項前段）

2.4項前段では、ライセンシーがライセンスをフルに活用し、最大限の販路と販売量を確保し、そのために最大の宣伝広告をし、もって契約製品市場を開発・充足するというライセンシーの最善努力義務が規定されている。なお、販売促進の詳細については第2部第7章「販売促進」で述べる。

9　競合禁止（2.4項後段）

2.4項後段は、ライセンシーの競合品取扱い禁止規定である。ライセンシーが契約製品と類似または競合するような製品事業を興し、本項前段の最善努力義務に反するような活動をライセンシーが行わないことを定めている。なお、競合禁止の詳細については第2部第8章「競合禁止」で述べる。

10　他のライセンシーのテリトリーへの販売（2.5項）

本項は、契約で許諾されたテリトリー外での販売を定めるものであり、特殊な条項である。本項では、独占的なテリトリーを有する他のライセンシーのテリトリーに販売活動をすることができないとし、ただし、相手のライセンシーおよびライセンサーに事前に書面にて許可を得た場合は、これを認める。もっとも、許諾には補償金等の条件が付され得るものとされ、それはケースバイケースのことであって、補償金を払えばそうした域外販売が必ず認められるとは限らないという趣旨である。

第4　本条項の位置付け

本条項は、ライセンス契約において最も重要な条項である。この条項にはライセンス契約の目的および内容が凝縮されている。この条項に続くすべての条項は、この条項にてなされた約束をどのように履行するかを規定する。

たとえば、「技術支援、販売促進、競合禁止、秘密保持、製品表示、保証、改良・開発、契約期間、不可抗力、通知、法律遵守、契約譲渡、権利放棄、間接損害、完全なる合意及び準拠法等」は、約束の具体的な履行方法または条件を規定したものであり、「ロイヤルティの金額設定や支払」規定は、約束の履行に対する対価に関するものであり、「契約終了及び契約終了の効果」に関する規定は、約束を実施した後または約束を中途で終えた場合の後始末を定めたものであり、そして約束事に関し紛争が起きた場合の取扱いを定めたのが、「紛争処理」条項である。

第5 本条項のチェックポイント

1 基本的な考え方

ライセンサーのライセンシーに対する使用許諾の範囲を定める条項として、いわゆる許諾条項（グラント条項）が設けられる。一般的に許諾条項は読みにくい。それは、多くの許諾条項が、ドラフティングの原則である「一文一意」に反し、さまざまな要素を一つの条項に記載するからである。そこで、まず、許諾範囲の要素を整理する。

（実施範囲の要素）

独占性	独占・非独占	独占
		非独占
	専用実施権・通常実施権	専用実施権
		通常実施権
使用・収益性	実施行為	制限なし（製造、使用、販売の申込み、販売、輸入等）
		制限あり（上記の一部の制限）
	テリトリー	制限なし
		制限あり
	期間	期間終了前
		期間終了後（残存条項）
処分性	譲渡禁止	例外なし
		例外あり（合併、関連会社へ譲渡等）
	サブライセンスの禁止	例外なし
		例外あり（関連会社へのサブライセンス等）
	委託等の禁止	例外なし
		例外あり（個性のない債務の委託等）

以下、各要素を個別に検討する（なお、各要素のうち、「期間」については第2部第14章「契約期間および契約終了」、「譲渡禁止」については第2部第19章「契約譲渡」、「委託等の禁止」については第2部第1章「導入部分」を参照されたい）。

(1) 独占・非独占の別

A 各国の法制度

(A) 米国法の場合

米国では、独占を示す用語として、"exclusive"や"sole"の文言が用いられることが多い。一般的に、"exclusive"は、第三者への実施権の付与のみならず、ライセンサー自身による実施をも否定すると解されるのに対し、"sole"は、第三者への実施権の付与は否定するが、ライセンサー自身による実施を否定しないと解される。ただし、上記は確定的な解釈ではないので（Anderson・Guide246

頁）、"exclusive (even as to Licensor)" 等と記載してライセンサーによる実施の可否を明確にすることが望ましい。

独占的ライセンスの場合、ライセンシーは、特許侵害に関し自ら訴訟を提起し、ライセンサーを強制的に原告（Involuntary Joinder）とすることができるとされる（村上・特許ライセンス(2)127頁「(1)排他的実施許諾」の項およびH．幸田・逐条解説「第26章　所有権及び譲渡」243頁《判例》(1)参照）[1]。

　　(B)　日本法の場合

日本の特許法では、ライセンスには専用実施権を付与する場合と通常実施権を付与する場合があり、通常実施権には独占的ライセンスと非独占的ライセンスがあるとされる。

まず、「専用実施権者は、設定行為で定めた範囲内において、業としてその特許発明の実施をする権利を専有する」と定められ（特77条2項）、登録が効力発生要件とされる（特98条）。そして、専用実施権を設定したライセンサー自身は実施ができず（中山・特許法497頁）、専用実施権者は第三者による侵害に対し、直接侵害行為の差止め（特100条）および損害賠償（特102条）を請求することができる。

これに対して、通常実施権は、「当該特許発明を設定行為で定めた範囲内において、業として実施をする権利」を有し（特78条2項）、専用実施権のように独占性・排他性が認められない。また、従来、通常実施権を第三者に対抗するためには登録が必要とされていたが、平成23年の特許法の改正により、通常実施権は当然に対抗力を有するようになった（特99条）。

B　独占・非独占のドラフティング

以下は、独占部分と非独占部分を認める許諾条項例である。

LICENSOR hereby grants to LICENSEE and LICENSEE accepts, subject to the terms and conditions hereof, in the TERRITORY and in the FIELD:

(a) an exclusive commercial license under PATENT RIGHTS, and

(b) a license to use BIOLOGICAL MATERIALS

to make and have made, to use and have used, to sell and have sold the LICENSED PRODUCTS, and to practice the LICENSED PROCESSES, for the life of the PATENT RIGHTS.

〈訳文〉

ライセンサーは、ライセンシーに対し、本契約の条件に基づき、テリトリー内及びフィールド内において以下を付与し、ライセンシーはこれを受諾する：

---

[1] 特許侵害に関するライセンシーの訴訟提起の権利に関わる判例
　上記判例として、「バルメット・ペーパー・マシーナリー社対ベロイト・コーポレーション事件」（Valmet Paper Machinery, Inc. v. Beloit Corp., W. D. Wis. 1994, 32USPQ 2d 1794：ウイスコンシン州判例集西部地区1994年、米国特許審判決集第2集（USPQ 2d）32巻1794頁）がある（H．幸田・逐条解説243頁《判例》(1)参照）。
〈補足説明〉
　USPQとは、The United States Patents Quarterly（米国特許審判決集）のこと。別称 PQ ともいう。米国には裁判官が発行する公式な判例集（official reports）と非公式な判例集（unofficial reports）がある。USPQは、The Bureau of National Affairs ＝ BNA が季刊で発行する非公式な判例集である。特許、商標および著作権に関する判例が収録されている。収録審判決の範囲は、連邦最高裁、巡回控訴裁、控訴裁、クレームズ・コート、地裁、特許商標庁長官による行政処分、特許審判インターフェアレンス部、商標審判課、米国国税裁判所、国際貿易委員会、州裁判所のもの等である（AIPPI用語辞典参照）。現在はCDも発行されている。

> *(a)* 本特許権に基づく独占的商業的ライセンス、及び
> *(b)* 本生物学的原料を使用するためのライセンス
> その使途は、本特許権の有効期間中、ライセンス製品を製造し又は製造させ、使用し又は使用させ、販売し又は販売させること及びライセンス製法を実用化することである。

ライセンス契約においては、独占か非独占かの二択ではなく、折衷的な定め方（独占を前提としながらその期間を限定したり、非独占を前提としながらライセンシーの数を制限する等）をすることもある（下記条項例参照）。

> Semi-Exclusive License. Licensor hereby grants to Licensee a worldwide license under the Technology to make, have made, use, and sell the Products in the Field with the right to grant sublicenses to third parties. The license shall be exclusive (even as to Licensor), subject only to the rights of the companies listed in Schedule 1 which have rights in the Field under the license agreements with Licensor.
>
> 〈訳文〉
> 準独占的ライセンス　ライセンサーは、ライセンシーに対し、本技術に基づき本製品を全世界において、本フィールドにおいて製造し、製造させ、使用し、販売するライセンスを付与する。ライセンスは独占的（ライセンサーに対しても）であるが、本フィールドにおいてライセンサーとのライセンス契約に基づく権利を有する添付1記載の会社に対してはこの限りではないものとする。

(2) 実　施

ライセンス契約における実施権の範囲を検討するについては、そもそもライセンサーが法令上どのような実施権を有しているかを知る必要がある。なぜなら、ライセンサーは、その有する権利以上の権利を付与することはできないからである。以下、日本特許法と米国特許法における、「実施」の意味を検証する。

A　各国の法制度

(A) 日本の特許法

a 「業として」の実施

特許権の効力が及ぶ範囲は「業として」の実施に限られる（特68条）。この要件は、単に個人的あるいは家庭的な実施を除外するだけの意味と考えられている（中山・特許法321頁以下）。

b 「実施」の定義

特許法2条3項は、「実施」につき以下のとおり定義する。

> この法律で発明について「実施」とは、次に掲げる行為をいう。
> 一　物（プログラム等を含む、以下同じ。）の発明にあっては、その物の生産、使用、譲渡等（譲渡及び貸渡しをいい、その物がプログラム等である場合には、電気通信回線を通じた提供を含む。

> 以下同じ。）、輸出若しくは輸入又は譲渡等の申出（譲渡等のための展示を含む。以下同じ。）をする行為
> 二　方法の発明にあっては、その方法の使用をする行為
> 三　物を生産する方法の発明にあっては、前号に掲げるもののほか、その方法により生産した物の使用、譲渡等、輸出若しくは輸入又は譲渡等の申出をする行為

　　(a)　物の発明（特2条3項1号）

　「生産」とは物を作り出す行為を指し、工業的生産物の生産のみならず、組立、構築、成形、植物の栽培等も含まれる。部品と部品の結合も生産に該当する。また、重要部分の改修（修理）や改造も生産に該当すると解されている（中山・特許法324頁以下）。

　「使用」とは、発明の目的を達するような方法での当該特許発明に係る物を用いることを指す。また、当該発明に係る物を用いて生産された物の使用は実施に該当しない（中山・特許法325頁）。

　「譲渡」は、無償の譲渡であっても、業としてなされた場合には侵害となる。譲渡の典型例は所有権の移転であるが、それ以外でも実質的にそれと同視できるような場合も含まれ、たとえば法律上は請負と評価される行為であっても、対価を得て製造・納入するものであれば譲渡に該当する（中山・特許法325頁）。

　「貸渡し」とは貸与のことであり、譲渡の場合と同様、有償であるか無償であるかを問わない。ただ無償の場合は、個人間の貸与のように業としての貸渡しでないことも多く、その場合には非侵害となる（中山・特許法326頁）。

　「輸出」と「輸入」については、従来、「輸出」は実施に該当しないため差し止めることはできないと解されていた。しかし、平成18年改正で輸出が実施概念に加えられたため（特2条3項）、許諾のない輸出を禁止できるようになった（中山・特許法326頁以下）。

　「譲渡等の申出」（譲渡等のための展示を含む）とは譲渡の意思や希望の外部への表明であり、その目的での展示、カタログやパンフレット等の配布や勧誘、あるいはウェブサイトを開設して対象商品を掲載し、販売に係る問合わせフォームを作成する行為も含まれる（中山・特許法327頁）。

　　(b)　方法の発明（特2条3項2号）

　「方法の使用」は、物の発明の場合と同様、その方法の発明の本来の目的を達成するような方法での使用が実施とされる（中山・特許法329頁）。

　　(c)　物を生産する方法の発明（特2条3項3号）

　物を生産する方法の発明については、物の発明と方法の発明の双方の性格を兼備しており、その方法の使用のほか、その方法により生産した物（生産物）の使用、譲渡等、輸出、輸入、譲渡等の申出が実施とされている（2条3項3号）（中山・特許法330頁）。

　c　特許権の効力の制限

　特許権の効力には、諸々の制限が課されている。その一つに「試験又は研究のための実施」（特69条1項）がある。ただし、たとえ試験・研究という名目でなされても、技術の発展とは関係がないような形態での実施（たとえば試験・研究という名の下に、商品をテスト販売して市場調査をする目的での実施等）には特許権の効力が及ぶと解される（中山・特許法332頁以下）。

ところで、医薬品や農薬に関しては、その製造販売には厚生労働省や農林水産省の許可や承認（処分）が必要であり、そのためには膨大な量の試験データの提出が要求され、その準備には相当の時間を要する。そして第三者が特許権の期間満了後直ちに販売するためには、特許期間満了前にそのための試験を行い、試験データを揃えて官庁の処分を得ておく必要があり、そのような実施は試験・研究に該当するか、という点が問題となる。最高裁判所判決（平成11年4月16日判決）は、そのような実施は試験・研究に該当し合法であるとしながら、「製造承認申請のための試験に必要な範囲を超えて、同期間終了後に譲渡する後発医薬品を生産し、又はその成分とするため特許発明に係る化学物質を生産・使用することは、特許権を侵害するものとして許されない」とし、一定の歯止めをかけている（以上、中山・特許法332頁以下）。

　(B)　米国の特許法
　a　「実施」の範囲

特許は、その発明（invention）につき、製造（make）、使用（use）、販売の申出（offer for sale）、販売（sell）または輸入（import）を行う権利を付与するものではなく、他者が上記の行為を行うことを排除する権利を付与するものである[2]。

以下、「実施」の範囲を規定した米国特許法271条を検証する。

Section 271. Infringement of patent

(a) Except as otherwise provided in this title, whoever without authority makes, uses, offers to sell, or sells any patented invention, within the United States or imports into the United States any patented invention during the term of the patent therefor, infringes the patent.

…

(g) Whoever without authority imports into the United States or offers to sell, sells, or uses within the United States a product which is made by a process patented in the United States shall be liable as an infringer, if the importation, offer to sell, sale, or use of the product occurs during the term of such process patent. In an action for infringement of a process patent, no remedy may be granted for infringement on account of the noncommercial use or retail sale of a product unless there is no adequate remedy under this title for infringement on account of the importation or other use, offer to sell, or sale of that product. A product which is made by a patented process will, for purposes of this title, not be considered to be so made after (1) it is materially changed by subsequent processes; or (2) it becomes a trivial and nonessential component of another product.

〈訳文〉

第271条　特許侵害

(a) 本法に別段の定めがある場合を除き、米国内において特許権の存続期間中に、特許された発明を許可なく製造し、使用し販売の申出を行い、販売し、又は米国内に輸入した者は、特

2　米国特許商標庁のウェブサイト（https://www.uspto.gov/）。

許権を侵害したものとする。

......

(g) 米国で特許が付与されている方法により得た製品を許可なく米国内に輸入するか、又は米国内で販売し、販売の申出を行い、又は使用する者は、もし当該製品の輸入、販売の申出、販売、又は使用が当該方法の存続期間の間に行われたときには、侵害者としての責に問われる。方法特許の侵害訴訟にあっては、そのような製品の輸入又は他の形での使用あるいは販売の申出及び販売による侵害に対して本法の下での適切な救済手段がないとはいえない限り、当該製品の非商業的使用又は小売りによる侵害に対しては救済は認められない。特許に係る方法により得られた製品が、もし(1)その後の工程で本質的に変更されているか、又は(2)別の製品の中で、些細な、本質的でない要素となっているときは、本法の下では、その製品は当該方法特許で得られたものとは看做されない。

b　セーフハーバー条項

米国特許法における特許侵害の例外の一つに、同法271条(e)(1)がある（以下、「セーフハーバー条項」という）。以下、同セーフハーバー条項を検証する。

(e)(1)　It shall not be an act of infringement to make, use, offer to sell, or sell within the United States or import into the United States a patented invention (other than a new animal drug or veterinary biological product (as those terms are used in the Federal Food, Drug, and Cosmetic Act and the Act of March 4, 1913) which is primarily manufactured using recombinant DNA, recombinant RNA, hybridoma technology, or other processes involving site specific genetic manipulation techniques) solely for uses reasonably related to the development and submission of information under a Federal law which regulates the manufacture, use, or sale of drugs or veterinary biological products.

〈訳文〉

(e)(1)　特許発明（新規の動物用医薬品又は獣医学用生物学的製品（当該用語は、連邦食品医薬品化粧品法及び1913年3月4日の法律における使用による）であって、主として組換えDNA、組換えRNA、ハイブリドーマ技術又は位置特定遺伝子操作技術を含む他の方法を使用して製造されたものを除く）を、医薬品又は獣医学用生物学的製品の製造、使用又は販売を規制する連邦法に基づく開発及び情報提出に合理的に関連する使用のみを目的として、合衆国内において生産し、使用し、販売の申出をし若しくは販売すること又は合衆国に輸入することは、侵害行為とはしない。

B　実施内容のドラフティング

　(A)　実施内容

ライセンシーが許諾されていない実施行為を行った場合、契約違反となるだけでなく、特許権侵害等に該当する危険性もある。したがって、実施行為の内容を明確にする必要性は高い。

ところで、米国の特許法の場合、特許権者が有する権利は、上記のように「他の者が特許発明を製造（make）、使用（use）、販売の申込み（offer to sell）、販売（sell）、輸入（import）することを禁止すること」である。したがって、特許ライセンスの実施許諾は、上記実施権の内容の範囲内でなされるべきとも思える（下記条項例参照）。

Licensor hereby grants Licensee an exclusive right under the Patent Rights to make, have made, use, offer for sale, sell, and import the Products in the Field in the Territory.

〈訳文〉

ライセンサーは、本特許権に基づき、ライセンシーに対し、本フィールド及び本テリトリーにおいて、本契約製品を製造し、製造させ、使用し、販売の申込みをし、販売し、輸入する独占的な権利を付与する。

しかし、実際上は、「製造、使用、販売の申込み、販売、輸入」以外にも、「開発」（develop）、「輸出」（export）、その他の行為を含めることがある。このような合意は、本来、ライセンシーがライセンサーの許諾がなくてもできる可能性があり、その場合、ライセンサーの許諾は何の意味もないように思えるが、その記載方法には注意が必要である。なぜなら、仮に許諾なくできることについて対価が発生したり、また仮にライセンシーが契約終了後これらの行為を行えないのであれば、その有効性が問題となり得るからである。

以下は、一定の開発の権利を留保する条項例である。

LICENSOR reserves the right to

(i) make, use, and provide the BIOLOGICAL MATERIALS to others on a non-exclusive basis, and grant others non-exclusive licenses to make and use the BIOLOGICAL MATERIALS, all for NON-COMMERCIAL RESEARCH PURPOSES; and

(ii) make and use, and grant to others non-exclusive licenses to make and use for NON-COMMERCIAL RESEARCH PURPOSES the subject matter described and claimed in PATENT RIGHTS.

〈訳文〉

ライセンサーは、以下の権利を留保する。

(i) 非商業的調査目的のため、他の者のために、本生物学的原料を、非独占的に製造、使用及び供給すること、及び他の者に対し、本生物学的原料の製造及び使用をするための非独占的ライセンスを付与すること。

(ii) 本特許権につき記載及びクレームされた対象事項につき、非商業的調査目的のため、製造及び使用すること、並びに他の者に対し非独占的に製造及び使用についてライセンスを付与すること。

以下は、許諾の範囲を明確にすべく、これに「賃貸借」が含まれることを明らかにする記載例で

ある。

> The terms "sold" and "sell" include, without limitation, leases and other transfers and similar transactions.
> 〈訳文〉
> 「販売」という用語には、リース、その他移転及び類似取引を含む。

(B) 第三者への委託

許諾条項には、「製造、使用、販売の申込み、販売、輸入」以外にも、「製造させる」(have made)、「使わせる」(have used)等の記載がなされることがある。これは、第三者への製造委託等が認められることを明らかにするためである。

たとえば、第三者への委託を広く認める条項例は以下のとおりである。

> Licensor hereby grants Licensee an exclusive (even as to Licensor), royalty-bearing license, with the right to sublicense directly or through multiple tiers, under the Licensor Technology, to research, develop, use, have used, sell, have sold, offer for sale, have offered for sale, distribute, have distributed, import, have imported, and otherwise Commercialize the Product in the Field in the Territory.
> 〈訳文〉
> ライセンサーは、ライセンサーの本技術に基づき、ライセンシーに対し、本フィールド及び本テリトリーにおいて、本契約製品を研究し、開発し、使用し、使用させ、販売の申込みをし、販売の申込みをさせ、販売し、販売をさせ、輸入し、輸入をさせ、その他本契約製品を商業化するための独占的（ライセンサーに対しても）、有償、直接又は複数の層を介してサブライセンス権を含む権利を付与する。

以下は、第三者への委託を（原則として）認めない条項例である。

> Licensee shall not subcontract to any contractors any portion of its obligations with regard to the manufacturing and the distribution of the Products without Licensor's prior written consent, which consent shall not be unreasonably withheld. Without limiting the foregoing, in the event that Licensee uses any contractor, Licensee shall cause such contractors to comply with the terms of this Agreement and Licensee shall remain responsible for any breach by the contractor.
> 〈訳文〉
> ライセンシーは、ライセンサーの事前の書面による承諾なく（但し、同承諾は不合理に拒絶されないものとする）、製造及び販売に関する同人の義務を業者に委託してはならないものとする。上記の制限を前提に、ライセンシーが業者を利用する場合、ライセンシーは同業者に対し

> 本契約の義務を守らせるものとし、ライセンシーは業者の義務違反について責任を負うものとする。

　(C)　他の条項との整合性

上記(B)の条項例は、テリトリーにおける独占的実施権の付与、有償性、サブライセンス、第三者への委託等を定めている。しかし、サブライセンスや第三者への委託については、別の独立の条項に定められていたり（第2部第1章第2・5参照）、また、一般条項である「譲渡禁止条項」に定められていることもある（第2部第19章「契約譲渡」参照）。したがって、このような場合、これらの条項は整合している必要がある。

(3)　テリトリー

　A　各国の法制度

　　(A)　日本特許法

場所的制限については、「どのような制限を課しても特許法上は有効である。行政地区により制限することも可能であるし、特定の工場内のみでの製造、新幹線車両内のみで販売できるという制限を課すことも可能である。ただその特許製品が一度適法に流通過程に置かれると、その製品に関する限り特許権は消尽し、それが制限地域外で再販売されても特許権侵害とならない」（中山・特許法500頁）。

　　(B)　米国特許法

　a　米国特許法261条（所有権；譲渡）

米国特許法261条（所有権；譲渡）[3]は、特許権者が特許の有効期間中にその権利の一部について地域を区分して他人に排他的権利を付与し、譲渡することを認めている。

　b　製造・販売の地域限定、用途別実施許諾、再販売の地域限定

特許権の実施許諾に関しては、米国特許法261条の趣旨から、製造、販売等についても地域を限ることは合法とされる。さらに、特許権の用途別に、たとえば、業種や産業別に特許製品の実施許諾を行うことも合法とされる。ただし、特許製品の再販売について地域を限定することは違法とされる（村上・特許ライセンス(2)141〜142頁「(1)　地域制限、用途制限」参照）。

　B　テリトリーのドラフティング

テリトリーについては、特許等の知的財産権が保護されている地域が対象となり得るが、その一部のみ（たとえば、米国のニューヨーク州）を対象としたり、また、将来の権利取得を考えてこれを

3　米国特許法261条
U.S.C.261 Ownership; assignment
Subject to the provisions of this title, patents shall have the attributes of personal property.
Applications for patent, patents, or any interests therein, shall be assignable in law by an instrument in writing. The applicant, patentee, or his assignees or legal representatives may in like manner grant and convey an exclusive right under his application for patent, or patents, to the whole or any specified part of the United States.
〈訳文〉
　本法律の規定に従い、特許は個人的財産としての特性を有するものとする。特許出願、特許又は特許に係る権利は文書によって法的に譲渡し得るものとする。出願人、特許権者又はその譲受人又は法律上の代理人は、同様な方法にて、合衆国全域又は特定地域に対する特許出願又は特許に基づく排他的権利を付与し、譲渡することができる。

第3章 権利および実施許諾（Grant of Rights and License）

拡張（たとえば、全世界）することもある。また、テリトリーの記載方法としては、アジア、アメリカ、ヨーロッパ等、包括的な表現を用いるとその具体的な適用範囲が問題になるのでそのような表現は避けたいところである。

以下は、テリトリーを広く全世界としながら、一定の例外を設ける場合の条項例である。

> "Territory" means all of the countries of the world, excluding [Japan], [the Republic of Korea] and [People's Republic of China (including Hong Kong)].
> 〈訳文〉
> 「テリトリー」とは、（日本）、（韓国）及び（中国（香港を含む））以外の全ての国を意味する。

以下は、テリトリーを限定しながら、これを広げる必要が生じた場合、ライセンサーは不合理にこれを拒否できないとした条項例である。

> Territory means Japan. Additional countries may be added to this agreement upon Licensor's prior written consent (which consent shall not be unreasonably withheld).
> 〈訳文〉
> テリトリーとは日本を意味する。本契約への国の追加には、ライセンサーの事前の書面による承諾（不合理に留保されないものとする）を必要とする。

以下は、テリトリーに例外を設ける場合の記載例である。

> Territory means Japan, provided that Licensee may ship the Products worldwide only for production/assembly purposes.
> 〈訳文〉
> テリトリーとは、日本を意味するが、ライセンシーは、製造・組立目的であれば本製品を世界各国に運送することができるものとする。

なお、テリトリーを定めなかった場合、広く国外における使用が認められ得るので注意を要する[4]。

(4) 再実施権（サブライセンス）

たとえば、ライセンス契約のテリトリーが日本と米国の場合において、ライセンシー（日本企業）は、米国における実施権を第三者（米国企業）にサブライセンス（sublicense）することができるか。

サブライセンスとは、上記例でいえば、日本企業がライセンシーの地位を保持しながら、米国企

---

[4] ㈱服部セイコー対レファック・テクノロジー・ディベロップメント・コーポレーション事件（K.K.Hattori Seiko v. Refac Technology Development Corp., S.D.N.Y.1988, 9 USPQ 2 d 1046：ニューヨーク州控訴裁判所判例集南部地区1988年、USPQ 第2集9巻1046頁）
　上記判例によると、「米国特許権に関し、ライセンスを受けた実施権者は、契約において特に制限がない限り、特許製品の販売を米国内に限定されることはない」とされる（H. 幸田・逐条解説244頁(7)）。

業が米国での実施権を許諾される場合をいう。日本企業がライセンシーの地位を保持し続ける点で地位の譲渡（Assignment）と異なり、また、米国企業が米国での実施権を許諾される点で委託・下請（Delegation）と異なる[5]。

以下、再実施権に関する米国特許法および日本特許法の立場を確認する。

A 各国の法制度

(A) 米国特許法

米国特許法の下で、「排他的実施許諾では、ライセンシーは第三者にサブライセンスを与えることができる」（村上・特許ライセンス(2)128頁1行目～2行目）とされる。ただし、「特約で排他的実施許諾においてサブライセンスを認めないことも可能である……」とされる（村上・特許ライセンス(2)130頁「Ⅱ 米国におけるライセンス契約論の意義」10行目～11行目）。

すなわち、再実施権を与えたくない場合は、その旨契約に明記（合意）しておかねばならない。

(B) 日本特許法

日本の特許法77条4項には「専用実施権者は、特許権者の承諾を得た場合に限り、……他人に通常実施権を許諾することができる」と定められている。この規定は実用新案法（18条3項）、意匠法（27条4項）、商標法（30条4項）においてもそれぞれ準用されている。ここでは再実施権とはいっていないが、再実施権のことと解されている。

日本の特許法の下では、「……、実務上、独占的通常実施権者が特許権者との実施契約において、一定の条件の下に第三者に再実施権を付与する権限を与える旨規定することが慣行化されている」（吉藤／熊谷・特許法概説569頁「2）再実施権」）といわれているが、これはあくまで、「特許権者の承諾を得た場合に限り」である。つまり、日本の特許法では、米国の場合と異なり、自動的にサブライセンスの権利がライセンシーに付与されるわけではない（特77条4項）。

なお、「一定の条件下での下請は、ライセンシーの実施行為として認められ、ライセンサーの許諾を必要とされない……」（石田・ハンドブック42頁「③ サブライセンス許諾権」および63頁「(1) サブライセンス（Sublicense）」参照）とされる。

B 再実施権のドラフティング

一般的に、独占的実施権者が第三者との間に締結するサブライセンスは、特許権者との契約によって与えられた権利の範囲内で、その全部または一部を第三者に再実施させることを約束するものとされ、また、特許権者との契約において実施権に付された制限（時間的、地理的、または権利内容）は、再実施権にも及ぶとされている。

ただし、これらの権利の有無は各国の法制度により異なり得るので、これらを契約上明らかにす

---

[5] 再実施契約と下請契約

まず、「……（ライセンス契約の場合）ライセンシーは、ライセンサーとは別個独立の事業として自己のために当該技術を実施する権利を有する。従って、下請者が下請委託者の一機関として技術の実施をなし得るにすぎない下請契約と区別される」（石田・ハンドブック6頁「(1)（ライセンス契約）」）とされる。

また、「上述した『一機関としての実施』」とは、次の3要件を具備した実施のことと解されている（大審院昭和31年12月22日判決、最高裁昭和49年12月24日判決参照。石田・ハンドブック6頁「(2)（下請実施契約）」）。

「① 下請委託者は、下請者の製造した製品全部を引き取ること、
② 下請委託者は、下請者による原材料の購入、品質等につき指導監督すること、
③ 下請委託者は、下請者に工賃を払うこと」。

る必要がある。

 (A) 再許諾に同意を要求する場合

 The licenses granted hereunder shall include the right to grant sublicenses, subject to LICENSOR's approval, which approval shall not be unreasonably withheld.

〈訳文〉

 本契約により付与されたライセンスには、ライセンサーの承認（同承認は不合理に留保されないものとする）を条件に、サブライセンスを付与する権限を含むものとする。

 (B) 再許諾を条件付で認める場合

以下は、再許諾の条件を定める条項例である。

 Licensee shall have the right to sublicense the rights granted in Section __; provided that, within ( ) days following the execution of any such sublicense, Licensee shall provide Licensor with at least the following information with respect to each sublicensee: (i) the identity of the sublicensee, (ii) the description of the Product, and the rights granted to the sublicensee, (iii) the territory in which the Product will be sold. Each sublicense granted by Licensee shall be consistent with all the terms and conditions of this Agreement, and subordinate thereto. Licensee shall remain responsible to Licensor for the compliance of each such sublicensee with the obligations due under this Agreement. No sublicense granted by Licensee may be assigned, transferred or further sublicensed to any third party without the prior written consent of Licensor.

〈訳文〉

 ライセンシーは、__条により付与されたライセンスをサブライセンスする権利を有する。ただし、サブライセンスの契約締結の（ ）日以内にライセンシーはライセンサーに対し、少なくとも、サブライセンスに関する以下の情報を提供するものとする。(i)サブライセンシーを特定する情報、(ii)契約製品の説明及びサブライセンシーに付与された権利、(iii)契約製品が販売されるテリトリー。ライセンシーが付与した各サブライセンスは本契約の条件と整合し、これに従う必要がある。ライセンシーは、サブライセンシーによる本契約の義務の遵守について責任を負う。ライセンシーにより付与されたいかなるサブライセンスも、ライセンサーの事前の書面による承諾なく、譲渡性を有さず、移転されず、又は第三者に対しさらにサブライセンスがされないものとする。

 (C) ライセンシーがサブライセンスをしない場合のライセンサーの権利

以下は、ライセンシーがサブライセンスをしない場合、ライセンサーに一定の権利を認める条項例である。

> If LICENSEE is unable or unwilling to grant sublicenses, either as suggested by LICENSOR or by a potential sublicensee or otherwise, then LICENSOR may directly license such potential sublicensee unless, in LICENSOR's reasonable judgment, such license would be contrary to sound and reasonable business practice and the granting of such license would not materially increase the availability to the public of LICENSED PRODUCTS.
>
> 〈訳文〉
> 仮にライセンシーがサブライセンスを付与することができず、又はこれを望まない場合、ライセンサーの提案又はサブライセンシー候補者等に従い、ライセンサーは同サブライセンシーに対し直接ライセンスを付与することができる。但し、ライセンサーの合理的な判断により、同ライセンスが健全且つ合理的な商業実務に抵触し、同ライセンスの付与がライセンス製品の一般入手可能性を実質的に増大させない場合はこの限りではない。

(D) 他の条項との整合性

サブライセンシーが登場する場合、多くの条項に影響を与えるが、その中でもロイヤルティに関連する条項への影響が大きい。すなわち、通常のライセンスであれば、ロイヤルティはライセンシーの売上をベースに算定されるが、サブライセンシーが登場する場合は、サブライセンシーの売上をも算定の基礎としなければならない。

そこで、たとえば、定義条項における「正味販売価格」(Net Sales) の定義については、"the invoice price of the Products sold by Licensee and its Sublicensees to third parties" 等と修正する必要がある。

また、同様に、売上の報告や会計資料の監査についても、ライセンシーに対するものだけでなく、サブライセンシーに対するものも含める必要がある。

さらに、ライセンス契約の終了に伴い、サブライセンス契約への影響も検討する必要がある。この点については、第2部第15章「契約終了の効果」で述べる。

(5) その他

実施許諾の範囲が決まったら、同範囲を明確にすべく、以下のように「黙示的なライセンスの否定条項」(No Implied License) を設けることがある。

> Except for the purposes expressly permitted under Section __ of this Agreement, Licensee shall not use or practice any of the Licensor's Intellectual Property Rights licensed to it under such Section.
>
> 〈訳文〉
> 本契約__条に基づき明示的に許諾された場合を除き、ライセンシーは同条に基づきライセンスされたライセンサーの知的財産権を使用又は実施しないものとする。

2　公取指針の考え方

(1)　独占・非独占の別

独占的ライセンスについて、公取指針から「第4　不公正な取引方法の観点からの考え方　5　その他の制限を課す行為」の考え方を検証する。

---
(8)　改良技術の譲渡義務・独占ライセンス義務
　（省略）
　　注19　本指針において独占的ライセンスとは、特許法に規定する専用実施権を設定すること、独占的な通常実施権を与えるとともに権利者自身もライセンス地域内で権利を実施しないこと等をいう。権利者自身がライセンス技術を利用する権利を留保する形態のものは非独占的ライセンスとして取り扱う。

---

(2)　実　施

A　技術の利用範囲の制限

技術の利用範囲を制限する行為について、公取指針から「第4　不公正な取引方法の観点からの考え方　3　技術の利用範囲を制限する行為」の考え方を検証する。

---
(1)　権利の一部の許諾
　ア　区分許諾
　　例えば、特許権のライセンスにおいて生産・使用・譲渡・輸出等のいずれかに限定するというように、ライセンサーがライセンシーに対し、当該技術を利用できる事業活動を限定する行為は、一般には権利の行使と認められるものであり、原則として不公正な取引方法に該当しない。
　イ　技術の利用期間の制限
　　ライセンサーがライセンシーに対し、当該技術を利用できる期間を限定することは、原則として不公正な取引方法に該当しない。
　ウ　技術の利用分野の制限
　　ライセンサーがライセンシーに対し、当該技術を利用して事業活動を行うことができる分野（特定の商品の製造等）を制限することは、原則として不公正な取引方法に該当しない。
(2)　製造に係る制限
　ア　製造できる地域の制限
　　ライセンサーがライセンシーに対し、当該技術を利用して製造を行うことができる地域を限定する行為は、前記(1)と同様、原則として不公正な取引方法に該当しない。
　イ　製造数量の制限又は製造における技術の使用回数の制限
　　ライセンサーがライセンシーに対し、当該技術を利用して製造する製品の最低製造数量又は技術の最低使用回数を制限することは、他の技術の利用を排除することにならない限り、原則として不公正な取引方法に該当しない。

〔第２部〕 II−1　主要条項（Principal Terms）

　　　他方、製造数量又は使用回数の上限を定めることは、市場全体の供給量を制限する効果がある場合には権利の行使とは認められず、公正競争阻害性を有する場合には、不公正な取引方法に該当する（一般指定第12項）。
(3)　輸出に係る制限
　ア　ライセンサーがライセンシーに対し、当該技術を用いた製品を輸出することを禁止する行為は、原則として不公正な取引方法に該当しない。
　イ　当該製品を輸出し得る地域を制限することは、原則として不公正な取引方法に該当しない。
　ウ　当該製品を輸出し得る数量を制限することについては、輸出した製品が国内市場に還流することを妨げる効果を有する場合は、後記４−(2)−アと同様に判断される。
　エ　ライセンサーが指定する事業者を通じて輸出する義務については、後記４−(2)−イの販売に係る制限と同様に判断される。
　オ　輸出価格の制限については、国内市場の競争に影響がある限りにおいて、後記４−(3)と同様に判断される。

　　B　研究開発活動の制限

研究開発活動の制限について、公取指針から「第４　不公正な取引方法の観点からの考え方　５　その他の制限を課す行為」の考え方を検証する。

(7)　研究開発活動の制限
　ライセンサーがライセンシーに対し、ライセンス技術又はその競争技術に関し、ライセンシーが自ら又は第三者と共同して研究開発を行うことを禁止する等、ライセンシーの自由な研究開発活動を制限する行為は、一般に研究開発をめぐる競争への影響を通じて将来の技術市場又は製品市場における競争を減殺するおそれがあり、公正競争阻害性を有する[注18]。したがって、このような制限は原則として不公正な取引方法に該当する（一般指定第12項）。
　ただし、当該技術がノウハウとして保護・管理される場合に、ノウハウの漏洩・流用の防止に必要な範囲でライセンシーが第三者と共同して研究開発を行うことを制限する行為は、一般には公正競争阻害性が認められず、不公正な取引方法に該当しない。
　　注18　プログラム著作物については、当該プログラムの改変を禁止することは、一般的に著作権法上の権利の行使とみられる行為である。しかしながら、著作権法上も、ライセンシーが当該ソフトウェアを効果的に利用するために行う改変は認められており（著作権法第20条第２項第３号、第47条の２）、このような行為まで制限することは権利の行使とは認められない。

(3)　テリトリー

地域の制限について、公取指針から「第４　不公正な取引方法の観点からの考え方　４　技術の利用に関し制限を課す行為」の考え方を以下検証する。

(2)　販売に係る制限

ライセンサーがライセンシーに対し、ライセンス技術を用いた製品（プログラム著作物の複製物を含む。）の販売に関し、販売地域、販売数量、販売先、商標使用等を制限する行為（価格に係る制限については次項を参照）は、ライセンシーの事業活動の拘束に当たる。

　ア　ライセンス技術を用いた製品を販売できる地域及び販売できる数量を制限する行為については、基本的に前記3の柱書[6]及び同(2)[7]の考え方が当てはまる。しかし、当該権利が国内において消尽していると認められる場合又はノウハウのライセンスの場合であって、公正競争阻害性を有するときは、不公正な取引方法に該当する（一般指定第12項）。

　イ　ライセンス技術を用いた製品の販売の相手方を制限する行為（ライセンサーの指定した流通業者にのみ販売させること、ライセンシー毎に販売先を割り当てること、特定の者に対しては販売させないこと等）は、前記アの販売地域や販売数量の制限とは異なり利用範囲の制限とは認められないことから、公正競争阻害性を有する場合には、不公正な取引方法に該当する[注13]（一般指定第12項）。

　　注13　種苗法上の品種登録がされた種苗について、種苗の生産に係るライセンシーが生産した種苗の販売先を種苗を用いた収穫物の生産に係るライセンシーに限ることは、収穫物の生産に係る権利の侵害を防止するために必要な制限と考えられる。

　ウ　ライセンサーがライセンシーに対し、特定の商標の使用を義務付ける行為は、商標が重要な競争手段であり、かつ、ライセンシーが他の商標を併用することを禁止する場合を除き、競争を減殺するおそれは小さいと考えられるので、原則として不公正な取引方法に該当しない。

(4) 再実施権（サブライセンス）

サブライセンス契約について、公取指針から「第4　不公正な取引方法の観点からの考え方　3　技術の利用範囲を制限する行為」の考え方を検証する。

(4)　サブライセンス
　ライセンサーがライセンシーに対し、そのサブライセンス先を制限する行為は、原則として不公正な取引方法に該当しない。

---

[6] 公取指針第4・3柱書「ある技術に権利を有する者が、他の事業者に対して、全面的な利用ではなく、当該技術を利用する範囲を限定してライセンスをする行為は、前記第2－1に述べたとおり、外形上、権利の行使とみられるが、実質的に権利の行使と評価できない場合がある。したがって、これらの行為については、前記第2－1の考え方に従い権利の行使と認められるか否かについて検討し、権利の行使と認められない場合には、不公正な取引方法の観点から問題となる」。

[7] 公取指針第4・3(2)製造に係る制限「ア　製造できる地域の制限　ライセンサーがライセンシーに対し、当該技術を利用して製造を行うことができる地域を限定する行為は、前記(1)と同様、原則として不公正な取引方法に該当しない。（以下省略）」。

3　実務の考え方

(1)　独占・非独占の別

A　技術供与契約

(A)　ライセンサーのリスク

特定のライセンシーに対して特定地域における契約製品の製造・販売権を独占的に許諾するということは、当該地域における契約製品の製造・販売をそのライセンシーに一任することである。もしライセンシーが期待どおりの製造・販売をしてくれなければ、ライセンサーはその市場を失うという大きなリスクを負担している。したがって、ライセンサーは、独占的な製造・販売権を許諾しようとする場合、ライセンシーの選定はもちろんのこと、その契約条件（たとえば、ミニマムロイヤルティ、競合技術の取扱禁止、最善販促努力義務、グラントバック等）の設定も厳しくならざるを得ない。

(B)　ライセンシーの選定

ライセンシーの選定は最も基本的にして、最も重要な要素である。ライセンシーの選定にあたり、下記についてのチェックは不可欠である。

a　技術力

導入技術を使いこなせる技術陣体制、エンジニアリング能力、契約製品を製造するために必要な工場設備能力およびその他ライセンシーの技術的能力等について多角的な調査が必要である。

b　販売力

ライセンシーが契約製品の販売に割り当てることのできるマンパワーは十分であるか。契約製品の販売ルートの確保はできるのか。販売力は、所詮、競合他社との相対的な問題であるから、競合他社の販売能力についても調査が不可欠である。

c　財務力

技術導入に伴い新規投資が必要な場合には、そうした投資ができる十分な経済力を持っているのか等、調査が不可欠である。

d　技術導入方針

ライセンシーが自社技術との調和をどのように図り、導入技術を経営資源としてどのように位置付けているか等、その基本的な技術導入方針の確認も必要であろう。

e　経営姿勢

ライセンシーは、どのような経営姿勢を持っているか。短期的な売上を期待しているのか、または長期的な視野に立って経営判断をする企業か。トップの経営姿勢はどうか、等。

(C)　需要予測

適正な経済見通しに裏付けられた、契約製品の当該市場における中長期の需要見通しを立てることは、ライセンス契約の必須条件である。特に、特定企業に対して特定市場における独占的な製造販売権を許諾するとなれば、これは避けて通れない問題である。

しかし、ライセンサーがライセンシーの所在国における契約製品市場の現状や需要見通しについてすべて調査することができない場合もある。そのような場合、ライセンシーに対して詳しい情報の提供を求め、ライセンシーとの協議を通じて、これら情報の検討・分析を行うという方法もある。

将来契約製品の需要がどの程度見込めるか、ライセンシーに対してどの程度のシェアを期待できるかを、ライセンシーも検討作業に巻き込みながらまた、ライセンシーの納得も得ながら、ミニマムロイヤルティの額を設定するということも考えられる。

(D) 信頼関係の構築

一般的に、ライセンス契約は長期にわたることが多い（第1部第1章「英文ライセンス契約概説」および第2章「ライセンシングポリシー」参照）。しかも独占的ライセンス契約の場合、非独占的ライセンス契約と比べて、ライセンサーとライセンシーの関係はより緊密で、拘束的で、相互依存的である。一方が失敗すれば、他方も損害を被る。それは、いわば、運命共同体的関係といってもよい。かような契約関係は、相互の確固たる信頼関係がなくては成り立たない。そのためには、トップ同士の個人的な信頼関係の構築が欠かせない。

B　技術導入契約

技術導入において最も重要なことは、技術導入方針の確認である（第1部第2章「ライセンシングポリシー」参照）。そうした方針が確認されていることを前提にライセンシーとしての対応および考え方を以下述べる。

(A) ライセンシーの利益

ライセンシーは、多くの場合、独占的ライセンスの許諾を要求する。独占的ライセンスを取得することは、その地域における契約製品の製造・販売を一切、お任せくださいという意味である。他にライセンシーがいなければ、ライセンシーは独占的に契約製品の製造・販売を行うことによって、利益も独占的に享受できる。

(B) 成熟技術の導入

技術導入をするに際しライセンシーが最も関心を持つのは、技術そのものの完成度、成熟度である。導入技術が技術として未完成部分が少なく、しかも使用実績が豊富であれば、その技術は完成度、成熟度が高いといえる。そうした技術は安心して使用することができる。

(C) 未完成技術の導入

市場競争に生き残るためには、ライセンシーは常に他の追従を許さぬ最新技術の確保を欣求している。一般的に、使用実績の少ない最新技術は、実用面で十分に検証されていない。その場合、製造実績、使用実績を重ねることによって、当該技術の不安定な部分や未完成な部分を顕在化させ、ライセンサーとライセンシーが協力して、これら問題を解決していくことになる。そこにはライセンシー側に一定のリスク負担を伴うが、それも技術導入の一つの選択肢である。

ただし、一般論として、技術導入に熱心な技術者は、ややもすると新しい技術の長所を評価するあまり、未知数部分で、将来、技術的欠陥になり得る部分を過小評価してしまうという過ちに陥りやすいことも指摘しておかねばならない。

(D) 導入技術の事前チェック

導入しようとする技術内容を少しでもよく知るために、長期の技術導入契約を締結する前に、秘密保持契約（Secrecy Agreement or Confidential Disclosure Agreement）を締結して、導入技術の一部を開示してもらう。同契約で定められた一定期間内に（たとえば、3カ月）、当該技術に関し、製造コスト面、他社技術との競争力、契約製品の需要度、当該技術の寿命、その他多角的に当該技術を

109

調査・検討する。場合によっては、契約製品の需要者に面談、契約製品の使い勝手等ヒヤリングを行い導入しようとする技術の確かさを確認することが必要である。導入技術の選択は、そのくらい手間暇をかけて十分に行う価値があるのである。

(2) 実施・テリトリー

特許・ノウハウライセンス契約において、契約製品の製造・販売に関して、ライセンサーとライセンシーが世界中の市場（＝テリトリー）をどう分担するかというのが、実務で考えるテリトリー問題である[8]。

特に、特許ライセンス契約における契約製品の販売テリトリーに関しては、その検討対象は、理論的には、特許権の及ぶ国や地域のすべてである。ライセンサーおよびライセンシーがそれぞれの利益を追求しながら、しかも不公正な取引といわれないようなやり方で、この世界市場をいかに役割分担するかを契約条件として決めなければならない。

そのためには、契約当事者ではない第三者である他のライセンシーとのテリトリーに関わる利害関係の調整、ライセンシーの総合的な事業能力の判断、さらにはライセンシーの契約製品に関する基本的な販売方針を含めたライセンシングポリシーが問われることになる。以下、問題を個別に検討する。

A 技術供与契約

(A) 輸出地域の制限

a ライセンサーの特許権登録地域

ライセンサーがライセンシーに対して、ライセンサーの特許権が登録されている地域に対する輸出を制限しても違法とはならない。

b ライセンサーの経常的な販売活動地域

「経常的に販売活動を行っている国や地域」とは、一応下記のような国や地域を想定できるが、個別案件では公取相談窓口に相談することをお勧めする。

① ライセンサー自らが、現に契約製品を製造・販売している国や地域
② ライセンサーが合弁事業会社等を介して、現に契約製品を製造・販売している国や地域
③ ライセンサーが海外支店や子会社（100％）等を通じて、契約製品を恒常的に販売（輸出）している国や地域
④ ライセンサーが特定の企業や個人との間で、既に契約製品について排他的な販売代理店契約を締結している国や地域

c 他のライセンシーの独占的販売地域

ライセンサーはライセンシーに対して、ライセンサーが既に第三者との間で契約製品の独占的製

---

8 特許権等の実施地域の限定
　発明協会平成9年度特許庁委託調査報告書「特許ライセンス契約等に関する実態調査」の「ライセンス契約の対象となる特許権等の実施地域の限定について」に対するアンケート回答は、下記のとおり。約6割の企業がテリトリーを限定して実施許諾している。
　　・「限定なし」　　　　　　　　　　41％（回答数1289件のうち528件）
　　・「国内及び国外一部地域に限定」　32.9％（424件）
　　・「国内のみに限定」　　　　　　　26.1％（337件）

造およびまたは販売を許諾している国や地域への契約製品の輸出を契約上制限しなければならない。さもなくば、ライセンサーは第三者に対して許諾した独占的製造権およびまたは販売権を侵害し、契約違反を犯すことになる。

(B) 特許権等の実施権の種類による販売地域の区分

a 独占的販売地域

一般的には、ライセンシーの所在する国に対して、独占的製造権とともに独占的販売権を許諾することが多い。独占的販売権に関しては、ライセンシーの所在する国以外の周辺国にも認めることがある。それはあくまでライセンシーの能力次第であり、また、ライセンサーの販売方針にもよる。

b 非独占的販売地域

独占的販売地域以外で、下記条件の整っている国や地域において、他のライセンシーとの競争関係を前提に、ライセンシーに対して販売権を許諾することがある。契約製品の販売見通しは、常に客観的なデータの裏付けを求めるべきである。

① ライセンシーが現に海外合弁事業を展開しており、その合弁会社の販売網を利用して、今後、契約製品の販売が期待できる可能性のある国や地域

② ライセンシーが現に海外支店や子会社等を通じて海外事業を展開しており、今後、契約製品の販売が期待できる可能性のある国や地域（例＝恒常的な輸出先等）

③ ライセンシーが特定の企業との間で契約製品以外の自社製品に関し現に販売代理店契約を締結しており、そうした販売網を利用して、今後、契約製品の販売が期待できる可能性のある国や地域

(C) オープンテリトリー

独占的販売権も非独占的販売権も許諾していないその他の国や地域をオープンテリトリーと位置付け、その地域で案件が具体的に出てきた段階で、その都度、ライセンシーと協議し、条件を取り決め、非独占的な販売権を許諾するというやり方もある。独占的販売権を許諾していない国や地域はすべて、非独占的販売権をライセンシーに許諾しなければならないとは考えず、そのどちらの分類にも属さない国や地域の存在を認め、具体的な引き合いをライセンシーまたはライセンサーが受領した時点で、協議・決定するという現実的な発想である。

B 技術導入契約

(A) 輸出地域の制限

a ライセンサーの特許権登録地域

ライセンサーは、ライセンシーが契約製品をライセンサーが特許権を登録している地域に販売することを禁止することができる。

b ライセンサーの経常的な販売活動地域

ライセンサーが契約製品について自ら経常的な販売活動を行っている地域への販売権を要求しては、ライセンサーのライセンス意欲を殺ぎ、ライセンス交渉そのものが成立し難くなる。ライセンサーもライセンシーも、相互にメリットがなくてはライセンス契約という取引も成立しない。

c 他のライセンシーの独占的販売地域

契約製品に関し他にライセンシーが存在し、そのライセンシーに対して特定地域における独占的

販売権が許諾されている状況において、新しいライセンシーとしては、ライセンサーに対して既存のライセンシーの既得権である特定地域における独占的販売権を侵害するような要求はするべきではないし、また、ライセンサーもそのような条件は受け付けないであろう。

(B) 特許権等の実施権の種類による販売地域の区分

a 独占的販売地域

ライセンシーとしては、自国内における契約製品の独占的製造権および独占的販売権は何としても確保したい。

同時に、事業拡大を技術導入目的の一つと考えている以上、できるだけ広い地域に販売権を確立し、できるだけ多くの販売の機会を確保したい。しかもその販売権は、他のライセンシーと競合関係に立たされるのではなく、独占的な権利として確保したい。

しかし、独占的販売権を確保するとなれば、上述したように、ミニマムロイヤルティ等ライセンサーから一定の保証を求められる。そうした保証やリスク負担に耐えられるかどうか慎重な対応が必要となる。たとえば、販売の機会が多いということは、その販売の機会に見合った合理的な営業人員の確保等の問題も考慮しなくてはならない。

b 非独占的販売地域

独占的販売地域以外で、下記条件の整っている国や地域において、他のライセンシーとの競争関係を覚悟で、ライセンサーに対して販売権を要求することもあり得る。契約製品の販売見通しは、常に客観的なデータの裏付けによるものでなければならない。

① ライセンシーが現に海外合弁事業を展開しており、その合弁会社の販売網を利用して、今後、契約製品の販売が期待できる可能性のある国や地域

② ライセンシーが現に海外支店や子会社等を通じて海外事業を展開しており、今後、契約製品の販売が期待できる可能性のある国や地域（例＝恒常的な輸出先等）

③ ライセンシーが特定の企業との間で契約製品以外の自社製品に関し 現に販売代理店契約を締結しており、そうした販売網を利用して、今後、契約製品の販売が期待できる可能性のある国や地域

(C) オープンテリトリー

独占的販売権も非独占的販売権も許諾していないその他の国や地域をオープンテリトリーと位置付け、その地域から案件が具体的に出てきた時に、その都度、ライセンサーと協議し、条件を取り決め、非独占的な販売権を確保するという現実的な発想は、ライセンシーにとっても受け入れやすい。

(3) 再実施権（サブライセンス）

A 技術供与契約

(A) ライセンサーの再実施権許諾の基本スタンス

再実施権の問題は、基本的に、独占的ライセンス契約におけるライセンシーの関心事である。ライセンサーは、原則として、ライセンシーに対して再実施権を与えないとの立場をとることが多いと思われる。ライセンシーから乞われたら、その時初めて、どうするかを考えるという受身の立場がライセンサーの立場である。以下、ライセンサーの実務上の留意点を検討する。

第3章　権利および実施許諾（Grant of Rights and License）

(B)　再実施権の許諾の有無

上述したように、特許法上の再実施権の取扱いが日米では異なるので、ライセンス契約においては、必ず許諾の有無を明定しておかねばならない。

(C)　サブライセンシーの特定

ライセンシーがサブライセンスを希望する場合、ライセンサーはライセンシーに対して、サブライセンシーをあらかじめ特定させ、これを契約に明記するのが望ましい。

(D)　再実施権の許諾と秘密保持

再実施権を許諾する場合にライセンサーが一番懸念することは、サブライセンシーの秘密管理のまずさ等により、サブライセンシー以外の他者に許諾技術に関する秘密情報が漏洩することである。

サブライセンス契約に包含される一般的な秘密保持条項（それは、原則として、ライセンサーとのライセンス契約に包含されている秘密保持条項と同じ内容）だけで十分かどうかは、サブライセンシーの企業規模、企業体質およびその他取引条件によって判断する必要がある。

一般的な秘密保持条項だけでは不十分のおそれがあれば、ライセンシーに対して、改めて細かい具体的な条件（たとえば、秘密保持の対象となる図面、仕様書、材料表、検査基準書、運転マニュアル等の特定を含む）を定めた秘密保持契約または覚書を、サブライセンス契約とは別個に、サブライセンシーとの間で交わすよう指導するかまたは義務付けるのが望ましい。

(E)　再実施権の許諾によるライセンサーの利益

ライセンサーは、ライセンシーから再実施権の要請があった場合、再実施権の必要性について納得し得る説明を受けて始めて、再実施権を許諾する。独占的ライセンス契約であるから、当然、ライセンシーは再実施権を要求できるし、ライセンサーもこれを許諾しなければならないものとは考えない。

ライセンシーにとって再実施権が必要であると同時に、ライセンサーにとっても何らかの利益につながるものでなくては意味がない。再実施権の許諾によってライセンサーが何らかの不利益を被るおそれがある場合、ライセンサーは再実施権の許諾には応じる必要はない。

(F)　再実施権許諾範囲

再実施権の許諾といっても、再実施が認められる範囲は、再実施目的が充足される範囲であればよいと実務家としては考える。許諾範囲は再実施目的により異なるので、図面、仕様書等により明確に画定して、これを再実施契約の一構成部分として契約に含め、合意しておくのが実務的である。

(G)　サブライセンスの条件と期限

サブライセンスの条件は、基本的にライセンサーとの契約条件と同じである。前述のとおり、ライセンサーとの契約において実施権に付された各種制限（時間的、地理的、または権利内容）は、再実施権にも及ぶ。

ここで特に留意すべきことは、サブライセンスの期限である。日本の判例でも「サブライセンス契約は、ライセンス契約と別個独立の契約であるが、ライセンス契約を前提として存続する契約であるから、ライセンス契約が終了すれば、これに伴って当然終了したものというべきである」とされる（発明協会・判例ライセンス法95頁本文1行目～2行目）。

しかし、ライセンシーは、実質的にサブライセンシーと共同して、契約製品の瑕疵担保保証およ

113

びその他さまざまなアフターサービスを最終需要家に対して約束することがある。こうした保証やサービスは、当該契約製品が最終需要家によって使われている限り要求される性質のものである。したがって、ライセンス契約およびサブライセンス契約の終了時には、ライセンサーは、上述の保証やサービスの対応について、ライセンシーおよびサブライセンシーと十分協議をしてこれを引き継がねばならない。

B　技術導入契約

ライセンシーの立場から経験的に二つのケースを考えてみる。

(A)　外国市場への参入

外国市場へ参入するための一つの手段として、現地企業と連携して契約製品の製造・販売を行うことがある。

ライセンシーはライセンス契約に基づき、自社工場で製造した契約製品の主要構成部品を現地企業へ供給する。現地企業はその主要構成部品と安価に現地で調達し得る周辺部品や付属品等を、ライセンシーが派遣した技術者の指導の下に現地企業の工場で契約製品（＝完成品）として組み立て、現地企業の販売網を駆使して国内市場または周辺諸国市場へ販売する。

その場合、ライセンシーは現地企業に対し、契約製品の工場内出荷前検査、据付現場試運転および引渡し後のアフターサービス等に関連して技術者を派遣し、技術指導等を行うが、その過程で主要構成部品に関する技術内容も開示する必要に迫られる。ライセンシーは、現地企業が契約製品に関し1日も早く技術的に習熟することにより現地製作部分が増え、最終的には契約製品全体のコストダウンにつながることを期待する。

かような現地企業との製造・販売における提携の場合、単なる下請契約でよいかまたはサブライセンスを締結しなければならないのか迷うところである。しかし、ライセンシーが現地企業に対して主要部品の供給と組み立て・運転指導に責任を負う一方、現地企業はライセンシーから提供された主要部品と自ら調達した部品とで完成品を製造し、自社の販売方針に従って自社のために自社の販売網を使って契約製品の販売を行うとすれば、単なる下請契約ではなく、サブライセンス契約を締結する方が適切である（本章第5・1(4)「再実施権」参照）。

なお、主要構成部品の供給に関しては、サブライセンス契約とは別に売買契約が必要である。

(B)　子会社と二人三脚で製造・販売

親会社がライセンシーとしてライセンサーとライセンス契約を締結し、契約製品を製造、販売していたが、その後、同契約製品の製造・販売事業を別会社として母体から切り離し、運営するという経営方針の転換を行うことがある。そうすることによって、小回りの利いた営業活動の展開と人件費等の節約により、契約製品の競争価格の創出が可能になる。そのような場合、ライセンシーは、ライセンサーから再実施権を正式に取得して、子会社に再実施権を許諾する方が実務的である。

ライセンシーである親会社が、子会社とのサブライセンスにおいてライセンサーとの契約で引き受けた責任を実質的に子会社に負担させるのは合理的である。

しかし、こうした親会社と子会社との間の取引では、しばしば契約関係が曖昧になり、後日問題となることも多い。特に、サブライセンス契約における売上報告やロイヤリティの計算の方法等は、権利者（ライセンサー）と親会社（ライセンシー）との契約条件に呼応したものとすべきである。

国内の子会社との取引では、とかく相殺処理等ルーズな事務処理も行われがちである。親会社または子会社の契約管理部門の適切な指導が期待される。

第6 一口コメント

契約は理屈の世界、理屈に負ければすべて負け。

第4章　技術援助（Technical Assistance）

第1　事例4の紹介〔技術供与〕

ARTICLE 3 TECHNICAL ASSISTANCE

3.1. Subject to the provisions of Article 6 hereof, Licensor shall furnish to Licensee, not later than ninety (90) days after the Effectuation Date, Licensor's Technical Information in the possession of Licensor on the Effectuation Date enumerated on Appendix 3 attached hereto and making an integral part hereof according to the schedule set forth on such Appendix 3.

3.2. Subject to the provisions of Article 6 hereof and Sections 17.1 and 17.2 of Article 17 hereof, Licensor shall promptly furnish to Licensee additional Licensor's Technical Information then in the possession of Licensor concerning any and all normal modifications and/or improvements of the Licensed Products made or acquired by Licensor from time to time during the life of this Agreement.

3.3. Subject to the provisions of Article 6 hereof and Sections 17.1 and 17.2 of Article 17 hereof, at the request of Licensee from time to time during the life of this Agreement, Licensor shall receive at Licensor's offices and/or factories in Japan Licensee's personnel of not exceeding five (5) persons for two (2) weeks in the First Contractual Year and four (4) persons for five (5) weeks in any subsequent Contractual Year as for the two (2) Models of the Licensed Products set forth in Paragraphs 1.1.1 and 1.1.2 of Section 1.1 of Article 1 hereof for the purpose of providing training services in order to help such Licensee's personnel become acquainted with Licensor's manner in the design and manufacture of the Licensed Products within the scope of Licensor's Technical Information furnished to Licensee pursuant to the provisions of Sections 3.1 and 3.2 of this Article. In each case of dispatch, Licensee shall in advance advise Licensor of the purpose of dispatch, the number and names of Licensee's personnel dispatched, and the scheduled length of their stay and obtain Licensor's agreement on receiving such Licensee's personnel provided that Licensor shall not unreasonably refuse nor postpone receiving such Licensee's personnel unless it is certain that receiving such Licensee's personnel will impede the normal conduct of the relevant work of Licensor. All costs and expenses incurred by such Licensee's personnel in connection with their visit and stay with Licensor hereunder shall be borne by Licensee. In no event, however, Licensee shall be entitled to enjoy Licensor's training services under this Section after the end of the Fourth (4th) Contractual Year.

3.4. Subject to the provisions of Article 6 hereof and Sections 17.1 and 17.2 of Article 17 hereof, at the request of Licensee from time to time during the life of this Agreement, Licensor shall send to Licensee engineers Licensor shall select for the purpose of providing consulting and advisory services as Licensee may need within the scope of Licensor's Technical Information furnished to Licensee pursuant to the provisions of Sections 3.1 and 3.2 of this Article for a period not exceeding fifty (50) man-calendar days in the First (1st) Contractual Year as for the two (2) Models of the Licensed Products set forth in Paragraphs 1.1.1 and 1.1.2 of Section 1.1 of Article 1 hereof. Reasonable local living expenses for lodging and meals and traffic and transportation expenses incurred in the Territory by such engineers sent by Licensor for the purpose set forth in this Section shall be borne by Licensee. In no event, however, Licensee shall be entitled to enjoy Licensor's consulting and advisory services under this Section after the end of the Fourth (4th) Contractual Year.

3.5. Any additional training services and consulting and advisory services exceeding the limits set forth in Sections 3.3 and 3.4 of this Article, respectively, shall be rendered by Licensor provided that in any event Licensee shall pay Licensor X Yen per man-calendar day for any additional training services and consulting and advisory services by Licensor under this Section and provided further that Licensor and Licensee shall have mutually agreed upon any other related conditions. In no event, however, Licensee shall be entitled to enjoy Licensor's such services under this section after the end of the Fourth (4th) Contractual Year.

第2　事例4の訳文

3条　技術援助

3.1. 本契約第6条の規定を条件に、ライセンサーはライセンシーに対して、契約発効日から90日以内に、本契約書に添付され本契約書の一部を構成する付表3に列挙された契約発効日現在ライセンサーが所有する技術情報を、同付表3に定められた日程に従って提供しなければならない。

3.2. 本契約第6条及び本契約第17条の17.1項及び17.2項の規定を条件に、ライセンサーは、本契約期間中、その時々に行ったか又は取得した契約製品の通常の修正及び改良又はそのいずれかに関する、ライセンサーがその時点で所有する追加技術情報を、ライセンシーに速やか

に供与しなければならない。

3.3. 本契約第6条及び本契約第17条の17.1項及び17.2項の規定を条件に、ライセンサーは、本契約期間中、適宜、ライセンシーからの要求があれば、ライセンサーは日本のライセンサーの事務所及び工場又はそのいずれかにおいて、本契約第1条1.1項の1.1.1及び1.1.2に規定された契約製品2モデルに関して、ライセンシーの人員を契約初年度は2週間5人及び契約次年度は5週間4人を超えない範囲で受け入れ、教育訓練を施し、もって本条3.1項及び3.2項の規定に従いライセンシーへ供与したライセンサーの技術情報の範囲内で、契約製品の設計及び製造におけるライセンサーのやり方にライセンシーの人員が習熟するのを援助しなければならない。派遣の都度、ライセンシーは事前にライセンサーに対して、派遣目的、滞在予定期間を連絡するものとし、こうしたライセンシーの人員をライセンサーが受け入れることについて同意を得なければならない。ただし、ライセンサーはこうしたライセンシーの人員を受け入れることで、ライセンサーの通常の関連作業の運営が確実に支障をきたすということでなければ、こうしたライセンシーの人員の受け入れを不当に拒否したり、延期したりしてはならない。本契約に基づきライセンシーの人員がライセンサーを訪問し、滞在することに関連してライセンシーの人員にかかるすべての諸費用はライセンシーが負担しなければならない。しかしながら、ライセンシーは、第4契約年度末日以降は、いかなる場合でも、本条項に基づくライセンシーの教育訓練サービスを享受する権利を有しないものとする。

3.4. 本契約第6条及び本契約第17条の17.1項及び17.2項の規定を条件に、本契約期間中、時に、ライセンシーからの要求があれば、ライセンサーは、みずから人選した技術者をライセンシーのもとへ派遣し、本条3.1項及び3.2項の規定に従いライセンシーへ供与したライセンサーの技術情報の範囲で、ライセンシーが必要とする相談を受け又はアドバイスを与えなければならない。ただし、本契約第1条1.1項の1.1.1及び1.1.2に規定された契約製品のうち2モデルに関し、契約初年度は50人暦日を超えないものとする。本条項に規定された目的のためにライセンサーが派遣した技師にテリトリー内で発生する住居及び食事に関する合理的な生活費並びに交通費は、ライセンシーが負担しなければならない。しかしながら、ライセンシーは、第4契約年度末日以降は、いかなる場合といえども、本条項に基づくライセンサーへの相談及びアドバイスを享受する権利を有しないものとする。

3.5. 本条3.3項及び3.4項に規定された限度を超えた教育訓練、相談業務及びアドバイスの追加サービスもそれぞれライセンサーは行うものとするが、ただし、ライセンシーは、必ず、本条項に基づく相談業務及びアドバイスに対して1暦日当たりX円をライセンサーに支払わねばならないし、しかもライセンサーとライセンシーがその他の関連条件について合意していることが条件である。しかしながら、ライセンシーは、第4契約年度末日以降は、いかなる場合といえども、本条項に基づくライセンサーへの相談及びアドバイスを享受する権利を有しないものとする。

第3　事例4の解説

1　情報提供の条件・時期ほか（3.1項）

(1) 情報提供の条件
情報提供の条件として、第6条の規定によるとしているが、第6条は支払条件を定めた条項である。そして同条は、契約発効後30日以内にイニシャルの支払をライセンシーに義務付けている。

(2) 情報提供の時期
情報提供の時期として、本事例は「契約発効後90日以内」としている。提出期限をいつと定めるかは、ライセンサーがいつ当該情報を提供できる状態になるかで決まる。しかも、情報提供は1回で一括して提供する場合もあれば、数回に分割して提供する場合もある。それぞれライセンサーのライセンシングポリシーによる。

(3) 提供する情報の特定
提供する情報の内容について、本事例の契約では契約書に添付された付表形式で明示し、特定している。契約書に添付された付表は、契約書の一部を構成するものとして、契約書と不可分一体の形をとっている。

単なる契約書の付表であれば、それは契約書の一部ではなく、参考資料とみなされるおそれがある。付表には情報提供の日程も情報の種類ごとに明記されている。参考資料とみなされれば、いずれの当事者もこれら情報提供の日程によって拘束されないことになる。そこで、付表が契約書の一部であることをここに明確に規定している。

2　修正または改良技術の追加提供（3.2項）

ライセンサーは、契約製品に関する修正または改良技術を取得したならば、遅滞なくライセンシーに対して供与することを約束している。ただし、17条1項および17条2項の規定によるとしている。17条では、ライセンサーが修正・改良したものをライセンシーに無償で供与する場合（17条1項）とライセンシーが希望すれば有償で供与する場合（17条2項）の二つのケースを規定している。この3条2項に基づき直ちにライセンシーに供与されるものは、17条1項にて無償供与と規定された技術である。

3　研修生の受け入れ（3.3項）

(1) 関連条項
本条項は6条（支払）並びに17条1項および2項の規定に従うとしている。6条は、イニシャルペイメントおよびランニングロイヤリティの規定である。17条1項および2項は、上述のとおり、改良技術に関する規定である。

(2) 支払規定との関連性
本条項で6条の規定を条件とした理由は、本条項に基づき供与される研修生に対する教育・訓練サービスに係る費用を、ライセンサーがイニシャルで賄うことを予定していたからである。そこ

119

で、ライセンサーは、ライセンシーが契約どおりイニシャルを支払うことが条件であることを確認している。

(3) 研修生の受け入れ

本事例では、ライセンサーは必ず研修生を受け入れなければならないという考え方に立っていない。あくまでライセンシーが研修を希望するなら、ライセンサーは受け入れる用意があるというスタンスである。

(4) 研修の要求期限ほか

本事例の契約期間は5年間であったが、ライセンシーが研修のサービスを受けられるのは4年目末までと限定されている。初年度および2年目以降4年目末までの受け入れ人数（初年度5人、次年度以降毎年4人）、期間（初年度2週間、2年目以降5週間）および研修対象となる契約製品モデル（2機種）を特定している。契約製品モデルの2機種に関しては、定義規定（1条1.1項の1.1.1および1.1.2）を参照している。

(5) 研修内容と研修姿勢

研修内容は、契約製品の設計および製造に関するライセンサーのやり方の学習である。ライセンシーは受け身の姿勢で学ぶのではなく、自主的に学ぶ姿勢が期待されている。そこで、ライセンシーが研修内容に習熟するのをライセンサーが助けると表現している[1]。教え方が悪いという他人に寄りかかった姿勢を牽制し、ライセンシーがわからないところがあれば、教えるという姿勢である。もちろん、ライセンサーは、実際には、カリキュラムをきちんと組んで、テキスト等も用意して教えるわけであるが、契約上の考え方は上述のとおりである。

(6) 研修対象としての技術範囲

対象となる技術範囲は、ライセンサーが契約に基づき供与する技術範囲に限定される。物をつくるとき、ライセンスされた技術だけではつくれない。ライセンスされた技術を使いこなす技術、知識および経験がバックボーンとして必要である。技術範囲に関しては、本条3.1項および3.2項を参照している。

(7) 研修受け入れ時期

受け入れ時期は、相互協議して決める。ライセンシーの希望時期を優先的に考えるが、ライセンサーとしても仕事の繁忙があるので、通常業務を著しく妨げられるような時期は、できるだけ回避したい。しかし、ライセンサーとしても、ライセンシーがライセンスした技術を早く習得し、契約製品の製造・販売を開始してもらいたいという願望がある。そこで、双方協議して適切な研修時期を決めるとしている。

(8) 研修場所

研修生の受け入れ場所は、ライセンサーの事務所または工場である。

1　技術指導のスタイル
　技術指導契約には、監督型と助言型がある。監督型契約の場合、指導を受ける側には、指導者の助言や指示に従う義務があり、また、指導側には、その助言や指導の結果責任を負う義務が生じる。他方、助言型契約の場合、指導を受ける側には、指導者の助言や指示に従う義務はないし、また、指導者側も、その助言や指導の結果責任を負わない。したがって、その契約における技術指導は、監督型か助言型かを明確に規定しておく必要があるとされる（石田・ハンドブック7～8頁「6(2)（技術指導契約）」参照）。

(9) 研修生に係る費用負担
　ライセンシーの研修生派遣に係る費用は、すべてライセンシーの負担である。すなわち、渡航費用、往復の航空運賃、宿泊費用、食費、国内交通費、日当、医療費およびその他諸費用等である。

4　現地指導員の派遣（3.4項）

(1) 関連条項
　上記3.3項と同じく、支払条項（6条）および改良技術の取扱条項（17.1条および17.2条）の規定を条件としている。

(2) 現地における技術指導のための技術者の派遣
　ライセンサーは、ライセンシーから派遣要請を受けなければ、技術者の派遣を行わない。

(3) コンサルテーションの範囲
　コンサルテーションの範囲は、許諾技術の範囲内に限る。

(4) 技術指導の対象
　技術指導の対象は、契約製品に限られる。

(5) 派遣期間
　現地指導員の派遣費用は、ライセンサーがイニシャルの範囲で賄い、日当はもらわないという契約になっている。したがって、技術者の派遣について、初年度は50人暦日以内と限定した。ここには2モデルと表現しているが、契約製品は2モデルしかないので、契約製品と表現したほうがわかりやすかった。

(6) 滞在費等の費用負担
　ライセンサーが派遣した技術者の宿泊費、食事代および交通費等の滞在費用は、ライセンシーの負担としている。技術者の日当等はイニシャルで賄わなければならないという厳しい条件であったので、滞在費用はライセンシーに負担させた。

(7) ライセンシーが技術援助を享受できる期限
　第4契約年度末以降は、こうした技術援助は受けられないとして、ライセンシーが技術援助を受けられる期限を定めたのも、一つには、上述のような、経済的理由による。

5　技術支援サービスの追加（3.5項）

(1) 追加サービス
　上記に規定された技術支援サービスの限度を超えて、ライセンシーがサービスを要求できる規定である。これは非常にライセンシーに対して思いやりのある規定である。否、サービス過剰の気味がある。

(2) 追加サービスの条件
　追加サービスの条件は二つある。第一の条件は、追加の技術支援サービスは有料で、暦日1日当たり一定金額を申し受けるというものである。第二の条件は、技術者の日当以外の派遣諸条件を相互協議で決めるというものである。

(3) 追加サービスを受けられる期限

こうした追加サービスを受ける権利は、第4契約年度末以降は行使できない。

第4 本条項の位置付け

1 技術移転の手続

「定義条項」「実施許諾条項」に続いて出てくるこの技術支援条項は、ライセンサーがライセンシーに対して、「実施許諾条項」において約束した技術移転の手続を具体的に規定するものである。すなわち、ライセンサーがライセンシーに対して、契約製品に関する特許やノウハウ等の情報を、いつ、どのような方法で、どのような形で、どこまで、どういう手順で開示するかを具体的に定めている。本条項は、ライセンサーおよびライセンシーの双方にとって、実務的に非常に重要な規定である。

2 イニシャルペイメントとの関係

本条項は、権利の許諾を約束したライセンサーが具体的にどのようにこの約束を履行するのか（義務）を規定している。

本条項は、ライセンシーのイニシャルペイメントと密接に関わっている。ライセンシーが、約束どおり、イニシャルの支払を実行しなければ、ライセンサーは、技術情報の提供を行わない。

3 ライセンサーの義務違反と契約の準拠法

ライセンス契約において、ライセンサーが契約違反を問われるとすれば、それは主に「実施許諾条項」および本条項に規定された義務違反である。

ライセンサーの義務の大部分はライセンサーの自国において履行される。ライセンス契約における最も重要な契約行為はライセンサーが契約で合意した特定技術情報をライセンシーに対して開示する行為である。このライセンサーの行為を律するに最もふさわしい法律規則は、ライセンサーが所在する国の法律規則であるといえよう。よって、ライセンス契約の準拠法もライセンサー自国の法律規則によるとすることには、一定の合理性があるように思える。

4 実施権の登録

本事例の条項例には、実施権の登録についての規定はない。しかし、法制度によっては、ライセンス契約の実施権の成立または対抗要件として登録等の手続が要求される場合がある。

第5　本条項のチェックポイント

1　基本的な考え方

　ライセンス契約は、ライセンサーの技術の使用を許諾する契約に過ぎず、許諾をしたからといって当然にライセンサーの技術援助義務が導かれるわけではない。特に、ライセンス契約の本質を、許諾した行為を妨げないという不作為義務ととらえる本書の立場からすると、ライセンサーの技術援助義務は否定されるとも思える。

　しかし、ライセンシーの立場からすれば、技術の使用の許諾を受けても、技術の援助がなければ技術を使用することができない可能性がある。

　そこで、契約上ライセンサーの技術援助義務の有無を明らかにする必要がある。以下、前提として、ライセンサーの技術援助義務に関する日本法および米国法の考え方を検討する。

(1)　日本法の場合

A　技術援助

　売買契約上の目的物引渡義務や代金支払義務のような、契約から発生する中心的な債務を「給付義務」と呼ぶのに対して、中心的な債務の履行に付随して生ずる義務群を、「付随義務」と呼ぶことがある。付随義務は、民法に手がかりがある場合もあるが、それ以外にも、信義則上、多くの義務が判例で認められてきた。たとえば、不動産売買やフランチャイズ契約については、一方当事者は、契約締結前に相手方に対して十分な情報を提供したり、助言したりする義務があるとされた裁判例がある（札幌地裁昭和63年6月28日判決、京都地裁平成3年10月1日判決等。内田・民法Ⅲ13頁）。

　したがって、ライセンサーの技術援助義務についても、給付義務（使用許諾義務）に付随する義務として信義則（民1条2項）認められ得る。

　ただし、付随義務は、あくまで給付義務に付随するものであるため、たとえば、それらの義務に対応する債権を想定して、その内容を強制的に実現することが観念できないとされる（内田・民法Ⅲ2頁以下）。

B　実施権の登録等

　日本法の下においては、従来、特許の実施権の登録は、専用実施権の効力発生要件であり、また、通常実施権の対抗要件であった。しかし、平成23年の特許法の改正により、通常実施権は当然に対抗力を有するようになったため（特99条）、通常実施権に関する登録制度は廃止された。もっとも、専用実施権に関しては、第三者に与える影響が大きく公示の必要性があるため、現在でも登録制度が維持されている。

　専用実施権は登録によって発生するので（特98条1項2号）、特許権者には登録義務が生ずるとされる。具体的には、共同して登録するか（特許登録令18条）、登録義務者の承諾書を添付して登録権利者単独で登録する（同19条）。特許権者のその他の義務としては、特許権の維持、具体的には特許料を納付すること、特許権の放棄や訂正審判の請求には実施権者の承諾を得ること、無効審判に適切に対応すること等があるとされる（中山・特許法502頁以下）。

(2) 米国法の場合
A 技術援助

ライセンサーの技術援助義務の有無、内容を直接定めた成文法はないと思われる。ただし、米国の統一コンピュータ情報取引法（Uniform Computer Information Transaction Act（UCITA））は、コンピュータ情報に関し、ライセンサーのライセンシーに対する使用を可能ならしめる義務（Licensor's Obligations to Enable Use）を定めているため、参考までに関連条項を以下引用する。

SECTION 602. LICENSOR'S OBLIGATIONS TO ENABLE USE.

(a) In this section, "enable use" means to grant a contractual right or permission with respect to information or informational rights and to complete the acts, if any, required under the agreement to make the information available to a party.

(b) A licensor shall enable use by the licensee pursuant to the contract. The following rules apply to enabling use:

(1) If nothing other than the grant of a contractual right or permission is required to enable use, the licensor enables use when the contract becomes enforceable.

(2) If the agreement requires delivery of a copy, enabling use occurs when the copy is delivered. If the agreement requires delivery of a copy and steps authorizing the licensee's use, enabling use occurs when the last of those steps occurs.

(3) In an access contract, to enable use requires furnishing all access material necessary to obtain the agreed access.

(4) If the agreement requires a transfer of ownership of informational rights and a filing or recording is allowed by law to establish priority of the transferred ownership, on request by the licensee, the licensor shall execute and deliver a record for that purpose.

〈訳文〉

602条　ライセンサーの使用を可能ならしめる義務

(a) 本条において「使用を可能ならしめる」とは、情報又は情報の権利につき契約上の権利を付与し、又は許諾し、必要な場合、当事者に情報を使用できるようにするため、契約上要求されている行為を完了することを意味する。

(b) ライセンサーは、契約に基づき、ライセンシーに対し使用を可能ならしめる。使用を可能ならしめるについては、以下のルールが適用される。

(1) 使用を可能ならしめるため、契約上の権利の付与又は許諾以外に何も要求されない場合は、ライセンサーは、契約が強制可能となった時に使用を可能ならしめたといえる。

(2) 使用を可能ならしめるため、契約がコピーの提供を要求する場合、コピーの提供時に使用を可能ならしめたといえる。

(3) アクセス契約においては、使用を可能ならしめたといえるためには、合意されたアクセスを取得するために必要な全てのアクセス材料の提供が必要である。

(4) 契約が情報に対する所有権の移転を要求し、法律上、所有権に対する優先権を取得する

ための申請又は登録が認められる場合、ライセンシーの要請に従い、ライセンサーはその目的で記録を作成し、交付するものとする。

B　実施権の登録等

　米国特許法上ライセンスを登録する制度はないが、ライセンサーまたはライセンシーの申請により、米国特許商標庁が保管するファイルに記録することはできるとされる（一般財団法人知的財産研究所「独占的ライセンス制度の在り方に関する調査研究報告書（平成25年度特許庁産業財産権制度問題調査研究報告書）」（2014年）90頁）。

(3)　技術援助条項等のドラフティング

A　技術援助条項

(A)　両当事者の役割分担

　技術援助の条項は、ライセンサーの技術移転の枠組みを定める条項である。実務手続が効率的であれば、ライセンサーはランニングロイヤルティを遅滞なく受け取ることができる。そのためには、当事者がそれまでになすべき事項を適切に定める必要がある。

　技術援助に関し、契約交渉段階でよく出てくる問題または考え方を列挙してみる。ライセンス契約は長期にわたるので、内在する問題をできる限り予見し、探し出し、規定しておくことが重要なポイントであるとされる（Goldscheider・Handbook§1.08[5] Technology Exchange and Technical Assistance55～56頁参照）。

① ライセンシーに提供すべきノウハウの文書化、マニュアル化の整備
② 許諾技術に関するライセンシー側の受け入れ体制：技術者の適正な技術力や経験
③ ライセンサー側のライセンシーに対する教育指導体制の整備：教育設備や相互訪問
④ 移転ノウハウの秘密保持手続：特に、ライセンシー側で技術移転に関わる人員と会社間の秘密保持契約または社外コンサルタントとの秘密保持契約等。知る必要のある人達にだけに、しかも必要な断片情報だけを開示するというのが一般原則である。
⑤ 費用問題：イニシャルで賄える範囲（人数、期間、実施場所、人員の種類、旅費、生活費、傷害保険等）の確認
⑥ ライセンシーに関する緊急事態発生時の対応
⑦ 実施計画日程を遵守しない人が出てきたらどうするか。
⑧ ある種のコンサルテーション：ライセンシーがライセンサーの技術陣または営業陣との常時接触を通じて改良技術等の情報交換を効率的に行うことができるようにするための費用負担をどうするか。
⑨ ライセンシーに特定技術をライセンスすることでそのノウハウが第三者に知られては、ライセンサーにとっては大変なリスク負担となるので保護が必要。

　以下は、技術支援の内容を定めた条項例である。

3.1 Technical Assistance.
(a) Licensor may, at Licensee's cost and upon Licensee's request, provide necessary technical

advice and guidance for the designing, assembly and/or manufacture of the Products and/or sample Products as set out in Exhibit _ (the "Technical Assistance").

(b) Licensee shall bear all reasonable costs and expenses for the dispatched engineers, including, but not limited to air fares and accommodations in the Territory and Technical Assistance fee equivalent of [amount] per working day, provided that each engineer's time spent for transportation shall be considered as working days.

3.2 Training.

(a) In order to study the use, assembly and manufacture of the Products, Licensee may, upon Licensor's written consent, dispatch trainees who are to be directly engaged in the manufacture and assembly of the Products.

(b) Licensee shall bear all reasonable costs and expenses for the dispatched trainees, including, but not limited to air fares and accommodations in Japan and shall pay Licensor a training fee separately agreed by the Parties.

〈訳文〉

3.1 技術支援

(a) ライセンサーは、ライセンシーの要請があった場合、ライセンシーの費用にて、本製品および／または、付属書C記載の、本製品のサンプルのデザイン、組み立ておよび／または、製造に必要な技術的アドバイスおよび指導を提供できる（以下、「技術支援」という）。

(b) ライセンシーは、派遣エンジニアの航空料金やテリトリーでの宿泊費を含む全ての合理的な費用を負担するが、航空料金や宿泊費だけに限定される訳ではない。また1日当たり（金額）相応の技術支援費、または両当事者間で別途同意するその他の費用を負担する。各エンジニアの移動時間は就労日とみなす。

3.2 訓練

(a) 本製品の使用、組み立て、また製造を学ぶために、ライセンシーは、ライセンサーの書面による同意を得た後、本製品の製造、組み立てに直接携わっている研修生を派遣することができる。

(b) ライセンシーは、派遣された研修生の航空料金、日本での宿泊費を含み、かつこれに限定されないあらゆる合理的な経費および費用を負担し、両当事者によって別途同意された訓練費用をライセンサーに支払うものとする。

(B) 通常の義務と努力義務

事例4の技術援助条項は、"Licensor shall furnish ..."（ライセンサーは提供しなければならない）としている。しかし、提供すべき情報の範囲が明確でない場合、ライセンサーの義務を、以下のように努力義務に緩和することが考えられる。なお、努力義務の法的効果の詳細については第2部第7章「販売促進」で述べる。

Licensor shall use its commercially reasonable efforts to provide Licensee with material and

information comprising the Licensor's Know-How existing as of the Effective Date.
〈訳文〉
　ライセンサーは、ライセンシーに対し、効力発生日において存在する、ライセンサーのノウハウが含まれる材料及び情報を提供するよう商業的に要求される合理的な努力を尽くすものとする。

(C)　情報の十分性・正確性の確保（Further Assurance）

　If any Licensor Know-How not contained in the Technology Package that has been provided by Licensor under this Agreement is necessary and required for manufacturing the Product, Licensor shall, as soon as practically possible after its acknowledgement of such deficiency, provide such Licensor Know-How to Licensee. If Licensor becomes aware that there is any mistake, except minor mistakes, in the Technology Package, Licensor shall, as soon as practically possible after its awareness of such mistake, give Licensee a written notice clarifying and correcting such mistake.
〈訳文〉
　仮に、本契約に基づき提供された本技術パッケージに含まれていないライセンサーのノウハウが本製品の製造のために必要な場合、ライセンサーは、その欠落を知った後、実務的に可能な限り速やかに当該ライセンサーのノウハウをライセンシーに提供するものとする。仮にライセンサーが本技術パッケージに誤り（些細な誤りを除く）があることを認識した場合、ライセンサーは、その誤りに気付いた後、実務的に可能な限り速やかにライセンシーに対し、書面による通知により当該誤りを明らかにし、これを訂正するものとする。

(D)　情報に使用される言語（Language）

　All information, including Licensor Know-How, Confidential Information, and the Technology Package provided by the Licensor under this Agreement shall be in [English] language only. If an interpreter or translator is required for any information, the costs shall be paid by Licensee.
〈訳文〉
　ライセンサーのノウハウ、秘密情報及び本技術パッケージを含め、ライセンサーが本契約に基づき提供する全ての情報は、（英語）によるものとする。いずれかの情報につき、通訳者又は翻訳者が必要となった場合、その費用はライセンシーが負担するものとする。

B　実施権の登録

　Registration of License. Licensee shall have the right to record or register the licenses granted hereunder, and allow its Sublilensees to record or register the sublicenses granted under the sublicense agreements, at any patent office or other relevant authority in the Territory. Licensor shall execute all documents and give all declarations regarding the licenses or sublicenses and reasonably cooperate with Licensee or its Sublicensees at the costs of Licensee or its Sublicensees to the extent such documents, declarations and/or cooperation are required for such record or registration of the licenses or sublicenses.

〈訳文〉

　実施権の登録　　ライセンシーは、テリトリーの特許事務所又は関連官庁において本契約により許諾された実施権を記録又は登録することができ、又サブライセンシーに対しサブライセンス契約により許諾された再実施権を記録又は登録することを許すことができる。ライセンサーはライセンシー又はそのサブライセンシーに対し、それがライセンシー又はサブライセンシーが記録又は登録するために必要である限りにおいて、ライセンシー又はサブライセンシーの費用にて、ライセンス又はサブライセンスに関し必要な書類を発行し、陳述書を提供し、合理的に協力する。

　以下は、許諾後、販売前のライセンシーの義務（実施権の登録を含む）を定めた条項例である。

　LICENSEE agrees (i) to obtain all regulatory approvals required for the manufacture and sale of LICENSED PRODUCTS and LICENSED PROCESSES and (ii) to utilize appropriate patent marking on such LICENSED PRODUCTS. LICENSEE also agrees to register or record this Agreement as is required by law or regulation in any country where the license is in effect.

〈訳文〉

　ライセンシーは、(i)ライセンス製品及びライセンス製法の製造及び販売に関する全ての許認可を取得すること、及び(ii)ライセンス製品に適切な特許のマーキングをすることに同意する。ライセンシーは、ライセンスが有効な国において法令又は規制により要求される本契約の登録又は記録をすることにも同意する。

2　実務の考え方

　技術援助に対する実務の考え方は、本事例そのものが一つの典型例である。本事例の解説は、事例の中に現れた考え方の補足説明である。技術援助に対する基本的な考え方は、本事例そのものおよび上記解説で大方説明尽くされている。

(1)　技術供与契約

ここでは、特に、下記3項目について注意を喚起することとする。

　A　提供する情報の特定

　伝達しようとする情報（含、ノウハウ）は、少なくとも図面化または文書化（いずれも日本語と英語の併記が望ましい）しておかねばならない。

　さらに、こうした図面や文書はできれば電子データ化しておくほうがよい。電子データ化された

情報は、大量に、迅速にしかも正確に伝達ができる。しかし、電子データ化された情報は、簡単に複製される。複製の容易さはメリットであると同時に、デメリットでもある。秘密管理には特別の留意が必要である。

現場で技術者同士が、実務作業を通じてしか伝えられないノウハウやコツの場合も、できる限り打合覚や議事録のような形で残しておくのが、後日のトラブル処理にも有効である。しかし、現地で技術指導を行うために派遣された技術者が語学力等の問題も含めて、そこまではできないということもあり得る。現地でメモを作成できない場合は、帰国後打合せの内容について確認状を出しておくというやり方もある。

B 情報の形態

ライセンサーはライセンシーに対して、具体的にどんな情報を、どのような形で、提供できるのかを契約書または契約付属書に明記する。たとえば、機械図面であれば図面の種類（全体組立図、断面図、部品図、各種加工図他）、形態（複写可能な用紙に印刷したものとか、マイクロフィルムとか、フロッピーディスク他）、サイズ（Ａ０、Ａ１等）、提出時期、枚数等を明記した一覧表を契約付属書として契約書に付ける形で伝達情報を特定する。伝達情報の種類は、図面の他に各種設計計算書、製造コストに関する情報、材料表、検査基準書、JIS規格、運転マニュアル、保守点検マニュアル、マーケッティングマニュアル、カタログ、実績表、アフターサービスに関する情報およびその他多々ある。

図面や文書では伝達できない情報もある。そうした情報は技術者をライセンシーの元へ派遣し、契約製品の製造、試験・検査、運転、保守・点検、修理等の現場にて指導しながら伝達することになる。

C 情報伝達ルートの特定

(A) 情報交換窓口の設定

日常的な情報交換の方法として、ライセンサーおよびライセンシーがそれぞれ営業的な問題を扱う営業の窓口として、たとえば、担当営業部の部課長クラスの人を、また、技術的な問題を扱う技術の窓口として、たとえば、担当設計部の部課長クラスの人をそれぞれ選任し、これら窓口を通じてライセンス契約に関連する諸連絡および情報交換行うようにするのが効率的、実務的である。

情報交換の窓口を決めておくことで、改良・開発情報も含めて責任あるタイムリーな情報伝達が可能となり、もって相互の信頼関係の醸成にも役立つ。これら窓口を通じて伝達された情報のみが、契約上正式に伝達された情報ということで合意しておけばよい。

(B) 定例年次会議の開催

日常的な情報交換とは別に、ライセンサーおよびライセンシーが、たとえば、年１回交互にそれぞれの国で一定の時期にマネージメントレベル（たとえば、事業部長クラス以上―担当部長同行等）で会議を開催し、過去１年間の活動実績報告並びに今後１年間の計画等を伝達する。同時に、相互に親睦を深める。こうしたことは、両者の信頼関係の構築に大いに役立ち、ライセンス契約をスムーズに履行するうえで意外と大切なのである。

かような親睦会を兼ねた情報交換会では、競合会社の動静も含めて、世界の業界の動きについても情報交換を行う。トラブルがあれば、トラブルの処理等について意見交換や方針決定が行われて

もよい。

(2) 技術導入契約

実務の考え方としては、上述のとおり、本事例そのものが実務の考え方を表している。さらにいえば、上記「技術供与契約」の項においてライセンサーの留意点として列挙した事項を確実にライセンサーに実施させることがライセンシーとしての留意点である。

第6 一口コメント

良い契約書は、当事者の権利・義務のみならず、事務手続も規定する。

第5章 支 払 (Payments)

第1 事例5の紹介〔技術供与〕

ARTICLE 4 PAYMENTS

In consideration of the rights and licenses granted to Licensee by Licensor hereunder and the technical assistance rendered to Licensee by Licensor hereunder except as otherwise specifically set forth herein, Licensee shall pay to Licensor as follows:

4.1.　Licensee shall pay to Licensor an initial payment of X yen in three (3) installments according to the following schedule:

4.1.1.　First (1st) installment: 50% of the initial payment not later than thirty (30) days after the Effectuation Date,

4.1.2.　Second (2nd) installment: 30% of the initial payment not later than sixty (60) days after the Effectuation Date, and

4.1.3.　Third (3rd) installment: 20% of the initial payment not later than sixty (90) days after the Effectuation Date.

4.2.　In addition to the initial payment under Section 4.1 of this Article, Licensee shall pay to Licensor the following percentages of royalty on the Net Selling Price for each of the Licensed Products manufactured and sold or otherwise disposed of by Licensee hereunder:

4.2.1.　Three Percent (3%): applicable until any Contractual Year in which the total sum of royalties paid and payable by Licensee to Licensor accumulated from the First (1st) Accounting Period (hereinafter referred to as the "Accumulated Royalty") has attained to Y yen.

4.2.2.　Two Point Five Percent (2.5%): applicable from the Contractual Year subsequent to the Contractual Year set forth in Paragraph 4.2.1 of this Section until any Contractual Year in which the Accumulated Royalty has attained to Z yen, and

131

4.2.3. Two Point Three Percent (2.3%): applicable from the Contractual Year subsequent to the Contractual Year set forth in Paragraph 4.2.2 of this Section.

4.3. Not later than sixty (60) days after the close of each Accounting Period, Licensee shall pay to Licensor royalties for all of the Licensed Products that were sold or otherwise disposed of by Licensee hereunder during such Accounting Period.

4.4. Licensee undertakes that if in the Fifth (5th) Contractual Year ending on the Expiry Date, the Accumulated Royalty has not attained to Y yen, Licensee shall, in addition to the payment of actually accrued royalties pursuant to the provisions of Sections 4.2 and 4.3 of this Article for the Latter Accounting Period of such Contractual Year, pay the deficiency to make up for Y yen not later than sixty (60) days after the close of the Latter Accounting Period of such Contractual Year.

4.5. The royalty specified in Section 4.2 of this Article shall be paid irrespective of whether the Licensed Products are complete units, spare parts, replacement parts, component parts or optional items including but not limited to attachments and accessories except as otherwise specifically set forth herein.

4.6. For the purpose of Section 4.2 hereof, any of the Licensed Product shall be deemed to have been sold if and when such Licensed Product manufactured by Licensee hereunder has been shipped or carried out of Licensee's factory or other facilities and invoiced by Licensee to any Licensee's dealer or other purchaser, as the case may be, pursuant to Licensee's sales contract for such Licensed Product, irrespective of whether or not the payment of the price for such Licensed Product has been made by such Licensee's dealer or other purchaser against Licensee's invoice. In any event any of the Licensed Products shall bear the royalty one (1) time only even if such Licensed Product is repeatedly sold or otherwise disposed of by Licensee due to return of the goods, cancellation of order, rent, lease, or for any other reason or in any other manner.

4.7. Payment of the royalty pursuant to the provisions of Sections 4.3 and 4.4 of this Article shall be made in the Japanese currency converted from the local currency at the foreign exchange rate for telegraphic transfer spot selling prevailing at the Local Foreign Exchange Market on the date on which the remittance is made by Licensee.

4.8. The initial payment, the royalty and any other payments due to Licensor hereunder shall be made remitted by Licensee in favor of Licensor by means of telegraphic transfer to the

第 5 章　支　払（Payments）

>   following bank account:
>   For（Licensor's full name）
>   Bank:（Name of the designated bank）
>   Account No.:
>   or any other bank account Licensor may designate from time to time during the life of this Agreement. Upon remittance, Licensee shall advise Licensor by e-mail as to the date of remittance, name and location of Licensee's paying bank in the capital of the country where Licensee exists, exchange rate applied and Japanese Yen amount remitted.
>
>   4.9. Any payment that has once been made by Licensee pursuant to the provisions of this Article shall in no way be refunded to Licensee by Licensor in whole or in part for any reason whatsoever.

第2　事例5の訳文

> 4条　支払
>
> 本契約において別途特に定めある場合を除き、本契約に基づきライセンサーがライセンシーへ許諾する権利及びライセンス並びに本契約に基づきライセンサーがライセンシーへ供与する技術援助に対する対価として、ライセンシーはライセンサーに対し、下記のとおり支払わねばならない。
>
> 4.1.　ライセンシーはライセンサーに対し下記スケジュールに従って3分割払いにてX円のイニシャルペイメントを支払わねばならない。
>
> 4.1.1.　第1回支払：契約発効後30日以内にイニシャルペイメントの50％
>
> 4.1.2.　第2回支払：契約発効後60日以内にイニシャルペイメントの30％
>
> 4.1.3.　第3回支払：契約発効後90日以内にイニシャルペイメントの20％
>
> 4.2.　本条4.1項に基づくイニシャルに加えて、ライセンシーはライセンサーに対し、本契約に基づきライセンシーが製造、販売又はその他の方法で処理された契約製品の各々正味販売価格に対する下記パーセンテージの実施料を支払わねばならない。
>
> 4.2.1.　3％

133

最初の会計期間から累計して、ライセンシーがライセンサーに対して支払った及び支払うべき実施料総額が、累計でＹ円に到達する契約年度まで適用される。

4.2.2. 2.5%

本条項4.2.1に定められた契約年度の翌年度から起算して、累計で実施料総額がＺ円に達する契約年度まで適用される。

4.2.3. 2.3%

本条項4.2.2に定められた契約年度の翌年度から適用される。

4.3. 各会計期間末日以後60日以内に、ライセンシーはライセンサーに対して、同会計期間中にライセンシーが販売又はその他の方法で処理された契約製品のすべてに対して実施料を支払わねばならない。

4.4. 契約満了日に終了する第5契約年度において、実施料累計額がＹ円に未達の場合、ライセンシーは、同契約年の後期会計期間中に、本条項4.2及び4.3の規定に従い実際に発生した実施料に加えて、同契約年度の後期会計期間末日以後60日以内に、Ｙ円との差額を支払わねばならない。

4.5. 本条4.2項に規定された実施料は、本契約に特に別途定めがある場合を除き、契約製品が完体（complete unit）、予備品、交換部品、構成部品又は付帯品及び付属品を含む随意項目であろうとこれにかかわりなく、支払われねばならない。

4.6. 契約製品の代金支払が、ライセンシーの送り状に対して、ライセンシーのディーラー又は購入者によって完了しているか否かにかかわらず、本契約に基づいてライセンシーが製造した契約製品が、同契約製品のライセンシーの販売契約に従いライセンシーの工場又はその他の施設から出荷又は搬出され、ライセンシーがディーラー又は購入者に対し送り状を送付した時点で、本条4.2項の趣旨に従い契約製品は販売されたものと看做されるものとする。契約製品が返品、注文取消、リース又はその他理由により又はその他の方法で、繰り返し販売され又は処理されようとも、いかなる場合でも、契約製品の実施料負担は一回限りとする。

4.7. 本条4.3項及び4.4項の規定に従った実施料の支払は、ライセンシーが送金を行う日の現地外国為替市場において支配的な、電信為替による直物販売の外国為替レートにて、現地通貨から換金された日本国通貨にてなされるものとする。

4.8. 本契約に基づきライセンサーに対して支払われる頭金、実施料及びその他の支払は、下記銀行口座に電信為替にてライセンサーのためにライセンシーによって送金されなければな

らない。
- （ライセンサーの会社名）宛て
- 銀　行：（指定銀行名）
- 口座番号：

又は、本契約期間中に適宜ライセンサーが指定できるその他銀行口座。送金時、ライセンシーはライセンサーに対して、電子メールにて送金日、ライセンシー所在国首都にあるライセンシーの支払銀行の名前及び住所、適用された為替交換率並びに送金された日本円金額を通知しなければならない。

4.9. 本条の規定に従いライセンシーが一旦支払ったものは、理由の如何を問わず、全額でも一部でも、ライセンサーはライセンシーに対し返還しないものとする。

第3　事例5の解説

1　確認事項（柱書）

支払規定の前文として、ライセンサーに対してライセンシーが支払う実施料は、許諾された権利およびライセンス並びに技術支援に対する対価であることを確認している。

2　イニシャルペイメント（4.1項）

実施料の支払方式は、出来高に応じた支払方式と出来高に無関係に支払われる一括払い方式とに大別される。本事例は、出来高に応じた3分割支払方式を採用している[1]。

第1回目は契約発効後30日以内、第2回目は契約発効後60日以内、そして第3回目は契約発効後90日以内である。

ライセンサーはイニシャルペイメントを契約製品に関する技術使用料の一部として[2]、図面およびその他技術資料の作成、コピー、郵送諸費用並びにライセンシーの技術者受け入れ費用の一部等に充当することを予定している。

イニシャルの支払時期は、ライセンシーがライセンサーから図面や技術資料等の受領直後または受領直前である。本事例では、ライセンシーの支払が先行し、ライセンサーの技術資料の提供はその後である。

---

[1] 実施料の支払方式
　　石田・ハンドブック（資料2）204頁「⑬　実施料の支払方式」によると、実施料の支払方式について、回答数の40.5％が「イニシャルペイメント＋ランニングロイヤルティ」方式を、次いで、31.7％が「ランニングロイヤルティ（一律方式）」を選択しており、「一時払い」との回答は21.7％で、ランニングロイヤルティ方式が契約時一括払い方式を上回っている。
[2] イニシャルペイメントの意味
　　石田・ハンドブック（資料2）205頁「⑭　イニシャルペイメントの採用理由」によると、イニシャルペイメントの意味について、回答数の31.1％が「契約前実施の実施料」、29.2％が「技術提供の手段に対する支払」（本事例は、これに該当する）、そして18.7％が「ミニマム実施料として」としている。

具体的には、ライセンシーは契約発効後30日以内にイニシャルの半額をライセンサーに支払う。ライセンサーはイニシャルの第１回分入金（半額）を確認後10日以内、すなわち、契約発効後40日以内に特定の技術資料をライセンシーに供与する。

　本事例では、ライセンサーは90日以内に図面およびその他技術資料をすべてライセンシーへ供与する義務を負う。ライセンサーはライセンシーが技術習得をしやすい工程を考慮しながら、図面及びその他技術資料の提供日程を作成し、これを「技術資料一覧表」と称し、契約文書の一部として契約書に含めている。「技術資料一覧表」によると、ライセンシーはその最終資料を契約発効日から遅くとも90日目までには受領できる。

　上記のように、イニシャルの支払・受領日程は、図面およびその他技術資料の提出または受領日程と密接に関連している。

3　ランニングロイヤルティ（4.2項）

　4.1項のイニシャルの他に、契約製品１台製造・販売する毎に正味販売価格の一定割合（％）の技術料を支払う。売上に応じて支払われる技術料をランニングロイヤルティという。

　まず、「正味販売価格」の意味については、事例２の定義条項（1.5項）を参照されたい。

　次に、実施料はパーセンテージで定める（料率実施料）場合と、絶対額で定める（従量実施料）場合と二通りある。どちらを採用するかは、ライセンサーの政策判断による。社団法人発明協会「特許ライセンス契約等に関する実態調査（平成９年度特許庁委託調査報告書）」によると、パーセンテージ表示が多い[3]。

　本事例のランニングロイヤルティは固定式ではなく、支払われるランニングロイヤルティの累計額が一定額を超えると逓減する方式を採用している。これはライセンシーに対する契約製品の製造、販売または使用への一層の努力を奨励するものである。

4　実施料の支払期限（4.3項）

　実施料の計算期間である会計期間は、１年を２期に分けて、１—６月を前期会計期間、７—12月を後記会計期間としている。実施料の支払期限は、各会計期間末日から起算して60日以内としている。60日は、ライセンシーが半年分の売上整理および支払手続等、事務処理可能な最短日数である。

　実施料の支払期限の定め方は、契約製品によってもさまざまである。契約製品が受注生産品の場合と汎用生産品の場合とでは異なる。年２回の実施料の支払は、この契約製品が汎用生産品で、数が多く売れることを想定している。１年に１、２台しか売れないような契約製品の場合は、１年に１回の支払で十分である。

---

[3]　実施料の算定対象
　　石田・ハンドブック（資料２）208頁２—１「(1)　実施料算定の対象」によると、実施料の算定対象について、回答数の50.7％が「販売額（工場出荷額・税抜き）」、次いで、24.0％が「販売個数」、第３位は「販売額（グループ出荷額・税抜き）」で17.1％となっている。販売額をベース（料率方式）とする方が、販売個数をベース（従量方式）とするものを上回っている。

5　ミニマムロイヤルティ（4.4項）

　一定期間内に一定額の売上がなくても、最低一定額の実施料の支払をライセンシーに義務付けるのがミニマムロイヤルティである。最低一定額以上の売上がある場合、それに応じた実施料を支払わねばならない。

　本事例では、契約期間（5年）満了時点で、ランニングロイヤルティの累計額がY円に達しない場合、その不足分を最終会計年度末日から60日以内に支払うべしと定めている。すなわち、5年間のランニングロイヤルティ累計額、Y円相当の販売がライセンシーに義務付けられ、ライセンシーはY円の支払保証を引き受けている。したがって、たとえY円に見合う売上がなくても、ライセンシーは不足額を支払わなければならない。

　ミニマムロイヤルティの設定期間は、ライセンサーのライセンス政策にもよるが、1年間で区切られることが多いようである。本事例では、それを5年間の契約期間満了時点で判断するとしている。この契約条件は、1年の短期間内での成果判断に比べ、緩やかで、ライセンシーには有利である。

　他方、ライセンサーは、ミニマム条項の挿入によって、最悪の場合でも、この契約によって5年間でY円の商売が保証されたことになる。これは、ライセンサーにとってもメリットであるといえる。

6　実施料の対象（4.5項）

　4.2項に定められたランニングロイヤルティは、事例2において述べたように、契約製品として定められたものすべてに対して課せられる。

7　みなし販売（4.6項）

　ライセンシーからすれば実施料の支払義務が、また、ライセンサーからすれば実施料に対する請求権が、それぞれ発生する時期はいつかという問題である。

　本事例では「契約製品が……契約に従い……ライセンシーの工場から出荷され、ライセンシーが……購入者に対し送り状を送付した時点で、……契約製品は販売されたものと看做される」としている。実際にライセンシーが購入者から代金の支払を受けたかどうかは無関係である。

　また、注文取消、返品等の場合でも、実施料の支払は1台の契約製品に対し1回限りである。

8　支払通貨と換算率（4.7項）

　外国企業との取引では、支払通貨を定めておかねばならない。本事例では、販売は現地通貨、支払通貨は円貨である。ライセンシーは現地通貨から円貨に換算後ライセンサーへ送金する。為替換算率は円貨を購入する時と販売する時とでは異なる。銀行によっても変わる。1日のうちでも為替交換率は変動する。したがって、実施料送金時にどの料率によって換算・送金するかを契約によってあらかじめ合意しておかねばならない。

9　振込銀行口座と送金通知（4.8項）

　本事例の送金方法は電信送金（telegraphic transfer）である。現地通貨から円貨への換算（converted from）に適用される外国為替交換率（foreign exchange rate）は、ライセンシー所在国首都の外国為替市場（Foreign Exchange Market）における直物販売（spot selling）の料率で、送金日当日の時価（prevailing）としている。たとえば、送金日当日の午後1時に送金手続を行えば、午後1時の時点での料率が適用される。ライセンシーは、その日の為替市場の動きをよくみて一番有利なときに送金手続を行うことができる。

　ライセンシーによる実施料の振込先として、ライセンサーの取引銀行名と口座番号をあらかじめ契約書に明定しておくのが実務的である。ただし、契約期間中に銀行や口座番号の変更の可能性もあるので、その場合は変更できる旨付記している。

　ライセンシーに対して送金日、ライセンシー側の送金銀行名、換算率および日本円換算の送金額を必ず電子メールで通知することを義務付けている。ライセンサーは毎日多数の決済を取り扱うので、担当実務者はライセンシーの送金通知受領直後、必要あれば、社内の担当部門（資金部等）へ連絡し、入金を確認する。

10　実施料不返還条項（4.9項）

　いったん受領した実施料は一切返還しない。許諾した特許権等の無効、取消しまたは移転の場合または契約解除の場合、ライセンサーはその時までにライセンシーから受領した実施料をライセンシーに返還しないのが一般である。

　また、ライセンシー側の事由に基づく返還請求は通常認められない。いずれの場合も、理由は、ライセンシーはその時点まで当該技術を使用して相当の利益を享受し得たと考えられている。

　以上に対し、たとえば、一括払い実施料（Lump Sum Payment）等の場合には、不返還条項を削除ないし修正すべきかを検討する必要がある。

　許諾した特許権等の無効、取消しまたは移転が確定した後または契約解除後においても、実施料をライセンシーに支払わせることは独占禁止法上違法とされる。ただし、合意した実施料が分割払いまたは延べ払いであると認められる場合、不公正な取引方法に該当しない。

第4　本条項の位置付け

　ライセンサーおよびライセンシーは、対価の考え方について微妙に相違する。

　ライセンサーのライセンス目的は、当該技術の開発コストの回収、新規開発投資資金の一部確保またはさらなる純利益の獲得であったりする。特許権等の実施許諾を与えることによって対価（＝技術料）を得ることそのものが、ライセンスの主目的となることも多い。

　他方、ライセンシーがライセンス契約を締結する目的の一つは、他社から合理的な値段で自社が所有していない新技術の使用許諾を得て、契約製品の製造・販売を行い、利益を得ることである。実施料は、新技術の使用許諾の対価であるだけでなく、契約製品の製造・販売に必要な技術習得の

ための代償でもある。そこで、一般的にライセンシーは適正な技術の開示があって初めて対価を支払う。

　実施料の支払規定は、特許権等の実施許諾と表裏一体の関係にあり、契約条項の配列としても、通常、特許権等の実施許諾条項および技術支援条項のすぐ後に位置付けられ、ライセンス契約条項の中で最も重要な条項の一つである。

第5　本条項のチェックポイント

1　基本的な考え方

(1)　実施料の意味

　実施料は通常、ロイヤルティと呼ばれる。ロイヤルティとは、著作者または発明者に対し、著作権または特許に基づき販売された出版物または製品について、前払金に加え、またはこれに代わって支払われる代金である、とされる（Black's Law Dic.）。

　ただし、実務では、ロイヤルティは、実施権の対価に限られず他の対価を含むことがある。たとえば、工業所有権用語辞典編集委員会編『工業所有権用語辞典』（日本工業新聞社、1968年）は、実施料について、下記のとおり説明している。

　「特許・ノウハウ（技術情報）等の技術的無形資産に基づく実施権の許諾の対価として、実施権者が実施許諾者に対し支払うべき金銭債務をいい、狭くは、特許等工業所有権の実施許諾の対価を指す。ただし、ノウハウの実施許諾の場合には、実施権の対価だけでなく、ノウハウの開示料、ライセンスに伴う役務費等も含めて実施料とされることもある」。

(2)　実施料の種類

　　A　定額実施料（Fixed Sum Royalty）
　　　(A)　一括払い実施料（Lump Sum Payment）

　一括払いの実施料とは、ライセンシーが一定の契約期間中に許諾技術を実施する対価として、契約締結時に一括払いする実施料のことをいう。一括払いの典型的なライセンス契約は「完納ライセンス（fully paid-up license）」である。契約締結時に実施料を一括払いすることで、その後は契約製品を製造・販売・使用を自由に行うことができる契約である。

　こうした支払方式は、下記のような契約に適用されることが多い。

① 　ノウハウライセンス契約
② 　ソフトウェアライセンス契約（売買型）
③ 　残存有効期間が少ない特許ライセンス契約
④ 　技術標準の特許ライセンス
⑤ 　社会主義国等へのライセンスで、ランニングロイヤルティの把握が難しい場合、または実施料の回収に不安がある契約
⑥ 　特許侵害訴訟中またはこれを回避するための和解金支払契約等

　　　(B)　イニシャルペイメント（Initial Payment）

イニシャルペイメントとは、契約製品の実際の製造、販売または使用に関係なく、契約発効時または契約調印時から一定期間内にライセンシーがライセンサーに対して支払う一定額の実施料のことをいう。この実施料の性格は、一般的に、頭金（down payment）、研究開発費の一部負担分、ノウハウ開発費の一部負担分、ランニングロイヤルティの一部前払い、一種のミニマムロイヤルティまたはノウハウ開示料等と考えられている。

　　(C)　前払い実施料（Advanced Payment）

前払い実施料とは、契約期間中に期待されるランニングロイヤルティの一部または全額について、契約発効後または契約調印後一定期間内になされる前払い分のことをいう。実際に契約製品の製造、販売または使用が行われ、ランニングロイヤルティの支払額が確定した時点で、当該確定支払分をその前払金額から償却するやり方である。

　　(D)　最大実施料（Maximum Royalty）

最大実施料とは、一定期間内に支払われる実施料の限度額を定め、その限度額を超過した場合、支払を免除するような支払方式の実施料のことをいう。

　　(E)　最低実施料（Minimum Royalty）

　a　通常の最低実施料

通常の最低実施料とは、一定期間内に実施料が発生しなかった場合または一定期間内に発生した実施料が一定金額以下である場合に、契約において支払うべく定められた最低額の実施料のことをいう。

　b　低額の最低実施料

低額の最低実施料とは、当該特許の維持費用相当額またはライセンス契約の維持管理手数料相当額といった、非常に低額な実施料であって、定期的に支払われるものである。この実施料の目的は、低額であっても、定期的にライセンシーに実施料として支払わせることによって、ライセンシーがライセンサーの許諾技術を実施して事業を展開していることを認識させることにある。当然、ライセンシーはその許諾技術を第三者に譲渡することはできない。

　　B　ランニングロイヤルティ（Running Royalty）

継続実施料とは、契約期間中に製造・販売した出来高に応じて支払われる一定割合または一定金額の実施料のことをいう。

　　(A)　従量法

「従量法」に基づく実施料（per-quantity royalty）は、たとえば、契約製品1台当たり何円と規定される。為替や価格の変動に左右されず、実施料の支払額または受領額を確定することができる。これがメリットになる場合とデメリットになる場合がある。

　　(B)　料率法

「料率法」に基づく実施料は、製造、販売した製品価格の何パーセントと定められる。最も一般的に採用されているやり方である（本章第3・3参照）。どの段階の製品価格にこの料率を掛けるかが問題である。「工場出荷価格（Ex-Factory Price）」または「正味販売価格（Net Selling Price）」が採用されることが多いようである。

なお、「正味販売価格」とは、通常、製造・販売した製品価格から必要な諸経費を控除した金額

とされる。控除項目としては、一般的には、値引額、返品、販売口銭、公租公課、梱包費、輸送費、保険料、ライセンサーから購入した原材料や部品の価格等が考えられるが、具体的には、個々の取引事情により異なり、広告・宣伝費等が含まれることもある。

〈継続実施料についての若干のコメント〉
① 料率を最終製品に課す場合、一般的に、継続実施料の絶対額は多くなる。
② 料率を製造コストに課す場合、一般的に、料率は高くなる。
③ 継続実施料は、実施地域で変えることもあり得る。
④ 料率は、製造・販売を行う場合と輸入販売のみ行う場合とで変えることもあり得る。
⑤ 継続実施料は、たとえば、1年間でいくらと規定することもあり得る。
⑥ 会計処理上は、継続実施料を製造時に支払えば、製造原価に入り、販売時に支払えば一般管理費に入る。

C 変動的実施料（逓減・逓増方式）

逓減・逓増実施料（royalty calculated by stepping-method）とは、一定期間内に達成される契約製品の販売数量または販売金額が、段階的に設定された一定販売数量または一定販売金額を超えた場合、それぞれの段階に対応して支払われる実施料率が逓減する支払方式の実施料のことをいう。

たとえば、年間販売額が1億円未満の場合は5％、1億円を超え2億円未満の場合は4％等と、売上額が増加するにつれて、実施料率が減少していくような支払方式である。

(3) 実施料の算出方法

日米の実施料算出方法に関する総合的な説明としては、JIPA・ライセンス委論説(1)(2)が詳しいので、同論文を参照願いたい。紙幅の都合により、ここでは同論文の分類項目を紹介し、説明は最小限にとどめた。

A 米国における実施料の算出方法

(A) 通常のケースにおける実施料の算出方法

a Market Approach

(a) Established Royalties（確立された実施料）

これは、既存のライセンス契約がある場合、既存の実施料を新しいライセンシーにも適用するという実績主義の考え方である。ただし、当然ながら、ライセンスの他の条件（知的財産権の内容、類似製品の有無、独占・非独占の別、テリトリー、期間等）により実施料は変わり得る。

(b) Industry Standard（業界基準）

これは、日本における業界相場の考え方と同じである。なお、Epstein・Draftingによると、業界基準（特許ライセンスの場合）は、正味販売価格をベースに、コンピュータ製品は3～5％、セミコンダクター製品は1.75～3％、医薬品は8～15％以上（or higher）、ケミカル製品は1～3％程度とされている。

b Cost Approach

(a) Return on R&D Cost（開発費の還元）

これは、現有特許や技術をあらためて創造するとしたらいくらかかるかを算出し、その金額の一部を実施料として負担させるという考え方である。開発費の程度は、知的財産権の価値とは必ずし

も一致せず、また、対象製品やテリトリーの制限がある場合に、どのように開発費を割り当てるかという問題もある。

(b) R&Dのインセンティブを与えるもの

実施料はライセンサーがR&Dを継続する意欲をかき立てるに十分なものでなければならないとする考え方である。ライセンス契約締結時に対象製品の開発が完了しておらず、その後も開発が必要な場合に検討される。

c　Income Approach（Return on Sales）

(a)　Excess Income Approach（超過収益）

これは、特許や技術を実施した結果売上増および利益増となるのであるから、その一部の純増キャッシュフローまたは純利益の一部を実施料として還元させるという考え方である。

(b)　Postulated Loss of Income Approach（公準収益損）

これは、ライセンスを受けなかったらどれだけ損をするかを、市場データ、利益性、必要資本、資本蓄積等を考慮して評価し、実施料を算定するという考え方である。

(c)　25％ Rule（25％ルール）

これは、企業が得る総利益（Gross Income）は資本、組織、労働（企業努力）および技術の4要素の総合的効果であるから、技術の対価として4分の1が妥当であるとする考え方である。"If the patents protect the Licensee from competition and appear to be valid the royalty should represent about 25 percent of the anticipated profit for the use of the patents" 等と説明され、権利が特許により有効に守られていることが前提となっている。また、正味販売価格ではなく、総利益をベースとするため原価の変動による影響を回避することができる。

(d)　Residual Income Approach（残余利益手法）

この手法の一つにRoyalty Economics Approachというのがある。これは、負債を除いた純利益（Debt-free Net Income）を、この利益を生んだ金融資産（Monetary Assets）、有形資産（Tangible Assets）および特許を含む無形資産（Intangible Assets）に対する見返り（Return）としてそれぞれ割り振り、特許およびノウハウの実施料は無形資産の見返りとする考え方である。

(e)　General Business Profit Approach（一般事業収益手法）

これは、新技術で、未だ経済的な市場の価値評価が定まらない技術の場合に、税引前収益（earnings before tax）をベースに実施料を決める手法である。

(B)　特殊なケースにおける実施料の算出方法

a　Reasonable Royalty（適正実施料）の算出方法

特許侵害に対しての適切な賠償として裁判所によって認定される実施料が適正実施料で、個別に事情を勘案して裁判所がそのつど判断する。

(a)　Analytical Approach（分析手法）

これは、侵害者が侵害開始時点で企画した侵害期間中の利益計画をベースに算出する方法で、権利者に有利な手法といわれている。

(b)　Willing Licensor-Willing Licensee Approach（互恵方式）

適正実施料のようにライセンサーもライセンシーもお互いに納得ずくで締結できるような実施料

の決め方である。

　　b　Super Royalty Provision（国税局方式）

　米国内企業が関係会社にライセンスする場合に、課税当局が実施料を評価する基準を示したものである（米国財務省の実施料評価の考え方）。

　　B　日本における実施料の算出方法
　　　(A)　慣行的実施料を基準とする方法
　　a　世間相場法（業界相場）

　これは、発明協会研究所編『実施料率〔第4版〕─技術契約のためのデータブック』（発明協会、1993年）に示されているようなそれぞれの業界の実施料率に関する統計的なデータを参考にしながら、個別の技術内容、開発の程度、権利範囲等の要素を加味して実施料率を決める方法である。実務では広く採用されている考え方の一つである。

　　b　国有特許権方式

　国有特許権方式は、昭和25年2月27日付特総第58号（改正：昭和47年2月9日特総第88号）による特許庁長官通牒に基づく実施料算定方式である。

　　c　発明協会方式

　これは発明協会が権利評価および実施料算定用に作成した方式である。

　　　(B)　投資を基準とする方法
　　a　開発（R&D）投資回収方式

　これは、ライセンサーのR&D投資額に対する収入を主体として考える方式である。

　　b　投資節減評価方式

　これは、ライセンシーが特許やノウハウの許諾を受けることによって節減できる投資額を評価し、実施料を算定するやり方である。

　　　(C)　発明の実施収益を基準とする方法
　　a　純利益三分方式

　これは、特許発明の実施から得られた純利益は「資金力」「営業力」および「特許発明」によるものと考え、特許の寄与率を純利益の3分の1と評価する考え方である。

　　b　純利益四分方式

　これは、五月女正三氏（元日本特許協会参与）の説で、公式的に表せば下記のとおり。下記4要素の利益への貢献度は等しいと考えるもの。

　　　特許発明を実施して得られる利益＝発明＋資本力＋組織力＋労力

　　c　国税庁方式

　これは、昭和41年11月2日付国税庁長官通達「相続税財産評価に関する基本通達の一部改正について」の中で示された考え方である。

　　d　新技術開発事業団方式

　これは、新技術開発事業団（現新技術事業団の前身）が開発した新技術をライセンスするために考案した方式である。

　　e　英_{はなぶさ}方式

143

これは、尊優美氏の考えた方式である。純利益三分法をベースに、特許権の価格に特許管理費、研究開発費を考慮した考え方である。

C　実施料の考え方

発明協会が平成9年度の特許庁委託事業の一つとして行った「特許ライセンス契約等に関する実態調査」（石田・ハンドブック（資料2）210頁「(2)　実施料算定にあたっての基準」参照）によると、実施料算定にあたっての基準について、下記のような報告がある。

- 第1位：「過去の自社のライセンシング実績」　　155件（74.5％）
- 第2位：「ケースバイケース」　　　　　　　　　124件（59.6％）
- 第3位：「業界相場（過去の実績）」　　　　　　　71件（34.1％）
- 第4位：「既存の算定方式」　　　　　　　　　　38件（18.3％）

「実施料の考え方」問題は、ライセンス契約を考えるうえで、ライセンシングポリシーの策定または契約交渉とも密接に関連する重要なテーマである。実務においては、過去の実績は大いに参考になる。しかし、実績がない場合、ケースバイケースで案件毎に実施料を決めねばならない。そうした場合に備えて、実施料の決め方について、以下、企業実務家および学者の考え方並びに米国の判例を参照し整理する。なお、著者の経験的な考え方は、「実務の考え方」の項で述べる。

(A)　実務家の考え方

企業実務家が「実施料を決める際に考慮すべきファクター」としてまとめたJIPA・ライセンス委論説(2)から、大項目および中項目を拾ってみた（同1404～1405頁参照）。

大項目	中項目
a．ライセンス対象技術と権利	ライセンスの対象、製品における技術・権利の占める重要度、技術の寿命、権利の強さ、権利の唯一性、技術の完成度、技術の特徴
b．両当事者における利益と不利益	ライセンサーの費用・支出、ライセンサーの被る損失、ライセンシーの得る利益、ライセンシーの負担するリスク、ライセンサーとライセンシーとの関係
c．対象技術が絡む製品のマーケットと収益性	特許が絡む製品の市場性、特許・ノウハウが絡む製品の収益性、経済状況
d．実施料（率）についての一般情報	既存の契約例、世間相場、判例
e．法制・経理上の配慮	法制上の制約、経理上の取り扱い
f．契約条件	ライセンスの種類と期間、実施範囲と地域、関連技術サービス、実施料の対象製品、実施料計算方式、最恵待遇条項の有無、特許侵害への対応

(B)　学者の考え方

学者が「算定にあたって考慮すべき要素」として指摘したものとして、吉藤／熊谷・特許法概説570頁「(c)　実施料の算定」の項目で指摘されたものを下記する。

a．発明の重要性
　　―基本的発明か改良発明か

　　　　—代替技術の有無
　　b．発明の開発程度
　　　　—完成された技術か、さらに研究を要する技術か
　　c．発明完成とライセンスに至るまでの所用経費
　　d．需要見通し
　　e．実施によって得られる利益または節約額
　　f．実施権の種類と範囲
　　　　—独占的か非独占的か
　　　　—地域的範囲の広狭
　　　　—契約期間の長短等
　　g．改良発明の取扱い方
　　h．ノウハウを伴うかどうか
　　i．保証条項の有無
　　　　(C)　米国判例の考え方
　米国判例の考え方として、Georgia Pacific Corp. 対 U.S. Plywood 事件（166USPQ235 (2 Cir.1971)）から「適正実施料決定のための15のファクター」を下記する。
　　a．特許の実施許諾に対して受領する実施料
　　b．比較特許に対してライセンシーが支払う実施料率
　　c．排他的ライセンスか、制限付きライセンスか
　　d．他者に実施許諾しないライセンサーの方針
　　e．ライセンサーとライセンシーの関係、即ち、競合関係にあるか
　　f．非特許製品の販売促進剤としての発明の価値
　　g．特許の有効期限
　　h．商業的成功、すなわち、発明の現在の人気度
　　i．特許装置の利点
　　j．発明の性質並びに該発明を利用する人々にとっての利益
　　k．侵害者が該発明を利用した範囲
　　l．類似発明の利用に許容される慣行的な利益分若しくは販売価格
　　m．該発明に帰する利益分
　　n．専門家の証言
　　o．特許権者およびライセンシーが合意に達する努力をしていたならば合意していたであろう金額

(4)　**ランニングロイヤルティとその他の実施料**
　　Ａ　ランニングロイヤルティ
　　　(A)　正味販売価格の定義

　NET SALES: the amount billed, invoiced, or received (whichever occurs first) for sales, leases, or other transfers of LICENSED PRODUCTS, less:

(a) customary trade, quantity or cash discounts and non-affiliated brokers' or agents' commissions actually allowed and taken;

(b) amounts repaid or credited by reason of rejection or return;

(c) to the extent separately stated on purchase orders, invoices, or other documents of sale, taxes levied on and/or other governmental charges made as to production, sale, transportation, delivery or use and paid by or on behalf of LICENSEE or sublicensees; and

(d) reasonable charges for delivery or transportation provided by third parties, if separately stated.

NET SALES also includes the fair market value of any non-cash consideration received by LICENSEE or sublicensees for the sale, lease, or transfer of LICENSED PRODUCTS.

〈訳文〉

　正味販売額：　ライセンス製品の販売、リース、その他の移転につき請求又は受領（いずれか先に生じた方）された額をいい、但し、以下を控除する。

(a)　通常取引においてなされる数量又は現金値引き、及び実際に認められ支払われた関連会社ではないブローカー又は代理人の報酬；

(b)　受領拒否又は返品を理由としてなされた返金額又はクレジットされた額；

(c)　発注書、請求書又はその他の販売に関する書類に別途記載がなされている限りにおいて、製造、販売、運送、引渡し又は使用に関してライセンシー又はサブライセンシーが支払った税金及びその他の政府による課金；及び

(d)　別途定められている限り、第三者による引渡し又は運送に関する合理的費用。

　正味販売額には、ライセンス製品の販売、リース又は移転に関してライセンシー又はサブライセンシーが受け取った現金以外の対価の公正な市場価格も含まれるものとする。

(B)　ランニングロイヤルティの算定

以下は、ランニングロイヤルティの算定（サブライセンスを含む）に関する記載例である。

　LICENSEE shall pay to LICENSOR during the term of this Agreement a royalty of (number) percent ([number]%) of NET SALES by LICENSEE and sublicensees.

〈訳文〉

　ライセンシーは、ライセンサーに対し、本契約期間中、ロイヤルティとしてライセンシー及びサブライセンシーによる正味販売額の（数字）パーセント（(数字)％）を支払うものとする。

(C)　ライセンシー・サブライセンシー間の売上

サブライセンスがなされる場合、一般的に、サブライセンスの正味販売額をベースにロイヤルティが算定される。そこで、たとえば、ライセンシーが契約製品をサブライセンシーに販売し、サブライセンシーが同契約製品を転売する場合、ロイヤルティを、ライセンシーまたはサブライセン

シーのいずれの正味販売額により算定すべきかを明らかにする必要がある。

> On sales between LICENSEE and its AFFILIATES or sublicensees for resale, the royalty shall be paid on the NET SALES of the AFFILIATE or sublicensee.
> 〈訳文〉
> ライセンシーと関連会社又はサブライセンシーとの間の転売のための売上に関しては、ロイヤルティは関連会社又はサブライセンシーの正味販売額に基づいて支払われるものとする。

B ランニングロイヤルティ以外の実施料

(A) 一時金の支払

> LICENSEE shall pay to LICENSOR a non-refundable license royalty fee in the sum of [amount] dollars ($[amount]) upon execution of this Agreement [and the sum of [amount] dollars ($[amount]) upon issuance of the first U.S. patent in PATENT RIGHTS].
> 〈訳文〉
> ライセンシーは、ライセンサーに対し、返還不能なライセンスロイヤルティ費用として、本契約締結後合計（数字）ドル、本特許権の最初の米国特許の発効後合計（数字）ドルを、それぞれ支払うものとする。

(B) サブライセンシーの一時金等の支払

サブライセンスがなされる場合、ライセンシーはサブライセンシーの正味販売額によるロイヤルティ収入以外に、契約金、マイルストーンペイメント等の収入を得ることがある。そこで、ライセンサーの立場からは、これらのロイヤルティ以外の収入についても支払の対象とし、一定割合の支払を要求することがある。

以下は、支払の対象となるロイヤルティ以外の収入の範囲について定める記載例である。

> NON-ROYALTY SUBLICENSE INCOME: Sublicense issue fees, sublicense maintenance fees, sublicense milestone payments, and similar non-royalty payments made by sublicensees to LICENSEE on account of sublicenses pursuant to this Agreement.
> 〈訳文〉
> 非ロイヤルティサブライセンス収入：　サブライセンシーのライセンシーに対する、本契約に基づくサブライセンスに関する非ロイヤルティの支払をいい、サブライセンス費用、サブライセンス維持費用、サブライセンス・マイルストーン支払、及びこれらに類するものをいう。

以下は、ロイヤルティ収入と非ロイヤルティ収入についての支払を要求する記載例である。

> In the case of sublicenses, LICENSEE shall also pay to LICENSOR a royalty of [number]

percent ([number]%) of NON-ROYALTY SUBLICENSE INCOME.
〈訳文〉
　サブライセンスの場合、ライセンシーは、ライセンサーに対し、非ロイヤルティサブライセンス収入の（数字）パーセント（（数字）％）も支払うものとする。

(C) 費用の支払

　No later than January 1 of each calendar year after the effective date of this Agreement, LICENSEE shall pay to LICENSOR the following non-refundable license maintenance royalty and/or advance on royalties. Such payments may be credited against running royalties due for that calendar year and Royalty Reports shall reflect such a credit. Such payments shall not be credited against milestone payments (if any) nor against royalties due for any subsequent calendar year.

　　January 1, [year]　　　$[amount]
　　January 1, [year]　　　$[amount]
　　January 1, [year]　　　$[amount]
　　each year thereafter　　$[amount]

〈訳文〉
　本契約の効力発生日後の毎暦年の1月1日以前に、ライセンシーはライセンサーに対し、返還されない以下のライセンス維持ロイヤルティ及び／又は前払いロイヤルティを支払うものとする。これらの支払は該当する暦年のランニングロイヤルティに充当することができるものとし、ロイヤルティレポートはかかる充当を反映するものとする。同支払いは、マイルストーンの支払（ある場合）やその後の暦年のロイヤルティに充当することはできないものとする。

　　〇〇年1月1日　　　（　　）ドル
　　〇〇年1月1日　　　（　　）ドル
　　〇〇年1月1日　　　（　　）ドル
　　その後の年　　　　（　　）ドル

　特許維持費用等は、ライセンサーやライセンシーの規模により異なり得る。そこで、以下のような条項が設けられることがある。

　If LICENSEE or any AFFILIATE or sublicensee (or optionee) does not qualify as a "small entity" as provided by the United States Patent and Trademark Office, LICENSEE must notify LICENSOR immediately.
〈訳文〉
　仮にライセンシー、又はそのいずれかの関連会社又はサブライセンシー（又はオプション対象者）が、米国特許商標局の定める「小規模法人」に該当しない場合、ライセンシーはライセ

ンサーに対し直ちに通知するものとする。

(5) ハイブリッドライセンスの実施料

A 問題点

ライセンスが特許、ノウハウ、商標等、複数の知的財産権を対象とすることがある。このようなハイブリッドライセンス（hybrid license）の場合でも、ロイヤルティが一律に定められることは珍しくない。では、このような場合において、たとえば特許が消滅したらロイヤルティはどうなるか。

米国法における最高裁判所判決[4]は、通常の特許ライセンスにおいて対象特許が消滅した後もロイヤルティの支払義務を課すことは原則として違法（unlawful per se）であるとする。このような合意は、特許期間の延長を認め、法令以上に独占権を認めることになるからである。

そこで、このような考えからすると、ハイブリッドライセンスにおいて、特許が消滅した後も同じレートでロイヤルティの支払義務を課すことは違法と解される危険性がある。

B 対策

上記のような問題意識から、ハイブリッドライセンスにおけるロイヤルティ条項の定め方として、以下の方法をとることが好ましいとされる（Epstein・Drafting・Section 7.07）。

(A) 特許申請

申請中または将来申請される予定の特許がライセンス契約の対象技術の一部である場合において、仮に当該特許が登録されなかった場合、ロイヤルティは実質的に減少すべきである。

(B) 契約の対象米国特許が期限切れとなった場合

契約の最後の対象米国特許が期限切れとなった場合、最も安全なのは、以降、ロイヤルティの支払義務を課さないことである。ただし、米国特許とその他の国の特許で個別にロイヤルティの支払義務を課したり、ロイヤルティの額を実質的に減額（meaningful reduction of royalty rates）させることによりこれを回避することができる。

(C) 一括ロイヤルティ

前記米国の最高裁判所判決は、ロイヤルティの総額を長期間に亘り、分割払いすることを否定するものではない。そして、同支払が特許消滅後に継続したからといって違法となるものではない。もっとも、多くの場合、ロイヤルティの総額を契約締結時点で確定することは困難であり、一時金の分割払いとランニングロイヤルティとの組み合わせで定めるのが実際的である。

(D) 特許と他の知的財産権のロイヤルティの分配

特許と他の知的財産権の価値は、ケースバイケースであり、必ず特許の価値が他の知的財産権より高いわけではない。しかし、上記米国の最高裁判所判決からすると、特許の消滅後にロイヤルティの支払義務を課すためには、特許と他の知的財産権のロイヤルティを分けて定めるとか、特許消滅後にロイヤルティの実質的な減額（meaningful reduction of royalty rates）をすることが望ましいとされる。

C ハイブリッドライセンスのロイヤルティ条項のドラフティング

---

4 Brulotte v. Thys. Co., 85 S. Ct. 176, 179 (1964)

〔第 2 部〕 Ⅱ－1 主要条項（Principal Terms）

以下は、Epstein・Drafting・Section 26 からの抜粋（ただし一部編集）に日本語訳を付したものである。

(A) 特許・ノウハウライセンスのロイヤルティ

BASIC ROYALTY ON PATENTS AND KNOW-HOW

LICENSEE agrees to pay and shall pay to LICENSOR running royalties on the following basis:

(a) [   ] percent(%) on Net Sales of Licensed Product which incorporate or utilize Patent Rights.

(b) [   ] percent(%) on Net Sales of Licensed Product which incorporate or utilize only Know-How (and not any Patent Rights).

〈訳文〉

ライセンシーは、ライセンサーに対し、以下をベースにランニングロイヤルティを支払うものとする。

(a) 特許を含む又は使用する契約製品の正味販売価格の（   ）パーセント（   %）

(b) ノウハウのみ（特許は含まない）を含む又は使用する契約製品の正味販売価格の（   ）パーセント（   %）

(B) 申請特許のロイヤルティ

ROYALTY PAYMENTS

LICENSEE agrees to pay to LICENSOR, as royalties, the following percentages of the Net Sales (as defined herein) of Licensed Products in the United States and throughout the world:

(a) Initial Royalty: until [date] a royalty of [ ] percent(%) of Net Sales of Licensed Products.

(b) Royalty if Patent Issues: the royalty rates specified in subparagraphs (a) shall be increased to [ ] percent (%) if a patent or patents are issued on the Subject Technology and sales of Licensed Products are covered by Valid Claims of an Issued Patent.

〈訳文〉

ライセンシーは、ライセンサーに対し、ロイヤルティとして、契約製品の米国その他の国における正味販売価格（本契約で定義）の後述の割合に相当する金員を支払うものとする。

(a) 最初のロイヤルティ：　契約製品の正味販売価格の（　　）パーセント（　　%）

(b) 特許登録された場合のロイヤルティ：　前(a)項で定められたロイヤルティの割合は、対象技術について特許が発行し、契約製品の販売が発行された特許が有効なクレームの範囲内である場合は、（　　）パーセント（　　%）に増加するものとする。

(C) 第三者の知的財産権を侵害する場合のロイヤルティ

REDUCED ROYALTY IF ROYALTIES MUST BE PAID TO THIRD PARTY

If a patent is issued to a third party which would be infringed by the unauthorized use of Know-How or the Patent Rights, and LICENSEE is required to pay to said third party a royalty for the right to make, have made, use and sell the Products, LICENSEE may deduct said sums from the royalties payable to LICENSOR pursuant to this Agreement up to, but no more than, twenty percent (20%) of the royalties otherwise payable to LICENSOR hereunder. If LICENSEE notifies LICENSOR that LICENSEE wished to attempt to resolve the problem raised by the patent or patents issued to the third party, LICENSEE's royalty obligations to LICENSOR under this Agreement with respect to such country as such third party's patents shall be in effect shall be suspended for a period of up to six (6) months pending the resolution by LICENSEE of the matter. In such event LICENSEE shall promptly and diligently seek to resolve such problem in good faith with said third party. The matter shall be deemed resolved if the LICENSEE obtains at its expense: (a) a fully paid-up license from said third party permitting LICENSEE to make, have made, use, sell and offer to sell the Products (which licenses shall provide that no royalties shall be payable by LICENSEE to said third party); or (b) a legally binding statement or representation from such third party that (1) no action will be taken by said third party against LICENSEE; or (2) that the patent issued to said third party is not infringed by LICENSEE; (c) a judicial holding that the patent issued to said third party is invalid, unenforceable, or not infringed from a court of competent jurisdiction from which no further appeal has or can be taken. LICENSEE shall resume the payment of royalties to LICENSOR hereunder upon the effective date of the resolution of said matter or, if the matter is not resolved, upon the expiration of the aforementioned six (6) month period.

〈訳文〉

　仮に第三者が特許を取得し、これが本ノウハウ又は本特許の許諾ない使用により侵害され、ライセンシーが契約製品を製造し、製造させ、使用し、販売するために第三者に対して支払をしなければならないときは、ライセンシーは同支払額を本契約に基づきライセンサーに支払うべきロイヤルティから減額することができるが、減額できる額は支払うべきロイヤルティの20％を上限とする。仮にライセンシーがライセンサーに対し、第三者に対して発行された特許について生じた問題を解決することを希望する通知をした場合、ライセンシーのライセンサーに対するロイヤルティの支払義務は当該第三者の特許が発行された国に関し、同第三者の特許が効力を有する場合、同問題が解決されるまで、6カ月を上限として停止される。かかる場合、ライセンシーは速やかに且つ誠実に同第三者との問題の解決にあたるものとする。ライセンシーがその費用において、以下を取得した場合、同問題は解決されたものと看做す。
(a)ライセンシーが同第三者から、契約製品を製造し、製造させ、使用し、販売し、販売の申込みをする完全ペイドアップライセンスを取得した場合（当該ライセンス契約には、ライセンシーの第三者に対するロイヤルティ支払義務がないとの定めがなされるものとする）、又は(b)ライセンシーが、同第三者から(1)同第三者がライセンシーに対して法的措置をとらない、又は(2)同第三者に対して発行された特許はライセンシーにより侵害されていない、との法的拘束力のある陳

> 述又は表明を取得した場合、(c)同第三者に対して発行された特許が管轄権のある裁判所により無効、執行できない、又は侵害されていないとされ、これが確定した場合。ライセンシーは、ライセンサーに対する支払をこれらの事項の解決した効力日から、又これらの事項が解決されなかった場合は前記6カ月間の満了から再開するものとする。

(6) 実施料と税金

A ライセンス契約に課税される税金の種類

(A) 法人税

ライセンス契約で法人が得た実施料や支払った実施料は、益金、損金に相当し、課税の対象となる。また、外国法人の場合、日本国内に源泉のある所得についてのみ課税対象となる(所得税法5条4項「納税義務者」[5]および178条「外国法人に係る所得税の課税標準」[6])。

(B) 所得税

「自然人の所得に課税されるのが本来の所得税である。ただし、課税技術上の要請から、内国法人や外国法人にも所得税の納税義務が生じる場合がある。所得税法には、源泉徴収制度が規定されており、特定の所得(利子、配当、給与、工業所有権の使用料等)については、……その支払者が所得税を差し引き、これを国庫に納付する義務を負うこととされている」(JIPA・資料222・3頁(2)2行目～7行目)。

(C) 消費税

「ライセンスのロイヤルティに関しては、国内当事者間の契約では殆ど課税の対象となるが、海外との契約では課税の対象となるものとならないものがあり適用は複雑である」(JIPA・資料222・3頁(3)下3行)。よって、実務においては、案件毎に、必要に応じ、経理部門等に確認するのが望ましい。

(D) 印紙税

工業所有権譲渡契約は、海外で締結される場合を除き、所定の印紙を貼付して納税しなければならない(印紙税法2条「課税物件」[7]、3条「納税義務者」[8]および別表第1番号1参照)。なお、通

---

[5] (納税義務者)
所得税法5条 居住者は、この法律により、所得税を納める義務がある。
　2 非居住者は、第161条(国内源泉所得)に規定する国内源泉所得(以下この条において「国内源泉所得」という。)を有するときは、この法律により、所得税を納める義務がある。
　3 内国法人は、国内において第174条各号(内国法人に係る所得税の課税標準)に掲げる利子等、配当等、給付補てん金、利息、利益、差益、利益の分配又は賞金の支払を受けるときは、この法律により、所得税を納める義務がある。
　4 外国法人は、国内源泉所得のうち第161条第1号の2から第7号まで又は第9号から第12号までに掲げるものの支払を受けるときは、この法律により、所得税を納める義務がある。

[6] (外国法人に係る所得税の課税標準)
所得税法178条 外国法人に対して課する所得税の課税標準は、その外国法人が支払を受けるべき第161条第1号の2から第7号まで及び第9号から第12号まで(国内源泉所得)に掲げる国内源泉所得(その外国法人が法人税法第141条第4号(国内に恒久的施設を有しない外国法人)に掲げる者である場合には第161条第1号の3から第7号まで及び第9号から第12号までに掲げるものに限るものとし、政令で定めるものを除く。)の金額(第169条第1号、第2号、第4号及び第5号(分離課税に係る所得税の課税標準)に掲げる国内源泉所得については、これらの規定に定める金額)とする。

常のライセンス契約は、平成元年4月の印紙税法改正によって課税が廃止された。

B 国際的二重課税問題と二国間租税条約

(A) 国際的二重課税問題

国際的二重課税問題とは、たとえば、外国企業が日本企業に、または日本企業が外国企業に支払う特許やノウハウの使用料に対して双方の国が租税を徴収する場合がこれに該当する。こうした二重課税を防止するため、「居住地国又は源泉地国が課税権を放棄したり」または「外国で納付した税額を居住地国で控除する……」等の方策が採られている。

(B) 二国間租税条約

国際的な二重課税を排除するため国内法で規定している国も多数あるが、内容が各国で相違することもあるので、2国間で租税条約を締結することが多い。租税条約のモデルフォームをOECD（経済協力機構）理事会が1963年に採択し、各国に採用を勧告している。日本は30カ国以上と租税条約を締結しているが、内容は同一ではないので、必要に応じ、個別に検討する必要がある。

C 源泉徴収義務

所得税法212条[9]には、外国法人に対し国内において国内源泉所得の支払をする者は、その支払の際、所得税を徴収し、これを国に納付しなければならない旨「源泉徴収義務」が規定されている。

D 日米租税条約と特許・ノウハウライセンス契約

「所得に対する租税に関する二重税の回避及び脱税の防止のための日本国政府とアメリカ合衆国政府との間の条約」、いわゆる「日米租税条約」は、1971年3月8日に調印されて以来30数年間日米間に有効に存続してきたが、日米を取り巻くその後の経済環境の大きな変化に対応するため、2001年10月から日米両国政府は、交渉を重ねた結果、大幅な改訂を行い、2003年11月7日に新たな

---

7 （課税物件）
印紙税法2条　別表第1の課税物件の欄に掲げる文書には、この法律により、印紙税を課する。
8 （納税義務者）
印紙税法3条　別表第1の課税物件の欄に掲げる文書のうち、第5条の規定により印紙税を課さないものとされる文書以外の文書（以下「課税文書」という。）の作成者は、その作成した課税文書につき、印紙税を納める義務がある。
2　1の課税文書を2以上の者が共同して作成した場合には、当該2以上の者は、その作成した課税文書につき、連帯して印紙税を納める義務がある。
9 （源泉徴収義務）
所得税法212条　非居住者に対し国内において第161条第1号の2から第12号まで（国内源泉所得）に掲げる国内源泉所得（その非居住者が第164条第1項第4号（国内に恒久的施設を有しない非居住者）に掲げる者である場合には第161条第1号の3から第12号までに掲げるものに限るものとし、政令で定めるものを除く。）の支払をする者又は外国法人に対し国内において同条第1号の2から第7号まで若しくは第9号から第12号までに掲げる国内源泉所得（その外国法人が法人税法第141条第4号（国内に恒久的施設を有しない外国法人）に掲げる者である場合には第161条第1号の3から第7号まで又は第9号から第12号までに掲げるものに限るものとし、第180条第1項（国内に恒久的施設を有する外国法人の受ける国内源泉所得に係る課税の特例）又は第180条の2第1項（信託財産に係る利子等の課税の特例）の規定に該当するもの及び政令で定めるものを除く。）の支払をする者は、その支払の際、これらの国内源泉所得について所得税を徴収し、その徴収の日の属する月の翌月10日までに、これを国に納付しなければならない。
2　前項に規定する国内源泉所得の支払が国外において行われる場合において、その支払をする者が国内に住所若しくは居所を有し、又は国内に事務所、事業所その他これらに準ずるものを有するときは、その者が当該国内源泉所得を国内において支払うものと看做して、同項の規定を適用する。この場合において、同項中「翌月10日まで」とあるのは、「翌月末日まで」とする。

153

〔第2部〕 II－1 主要条項（Principal Terms）

「日米租税条約」[10]を締結し、2004年3月30日に発効した。

新しい日米租税条約は、下記について適用される：

① 源泉徴収される租税に関しては、2004年7月1日以後に租税が課される額
② 源泉徴収されない所得に対する租税および事業税に関しては、2005年1月1日以後に開始する各課税年度の所得

ロイヤルティに関しては、日米租税条約12条1項に「一方の締約国において生じ、他方の締約国の居住者が受益者である使用料に対しては、当該他方の締約国においてのみ租税を課すことができる」と明記され、契約当事者の源泉徴収義務が免除された。

日米租税条約は、内容の大幅な改訂と同時に、契約条項の構成も大きく変更された。本書第3部第4章に「ロイヤルティの受領と源泉税課税」（日米租税条約）を引用しているので、参照されたい。

　　E　税金に関するドラフティング

源泉徴収義務が課せられる場合の処理の条項例は以下のとおりである。

Taxes. Licensee shall pay all taxes and charges imposed on Licensee by relevant government offices in the Territory with respect to the payments by Licensee to Licensor under this Agreement. To the extent Licensee is required by any applicable tax law or regulations to withhold a portion of the payment owing to Licensor hereunder, Licensee shall submit the payment of any such taxes to the relevant authorities, and shall pay to Licensor the amounts specified under this Agreement after deducting such withholding portion of the payment. After receiving the tax receipts issued by the relevant tax authorities for the aforesaid withholding taxes, Licensee shall

---

10　日米租税条約12条
1．一方の締約国において生じ、他方の締約国の居住者が受益者である使用料に対しては、当該他方の締約国においてのみ租税を課すことができる。
2．この条において、『使用料』とは、文学上、芸術上若しくは学術上の著作物（映画フィルム及びラジオ放送用又はテレビジョン放送用のフィルム又はテープを含む。）の著作権、特許権、商標権、意匠、模型、図面、秘密方式若しくは秘密工程の使用若しくは使用の権利の対価として、又は産業上、商業上若しくは学術上の経験に関する情報の対価として受領されるすべての種類の支払金等をいう。
3．1の規定は、一方の締約国の居住者である使用料の受益者が、当該使用料の生じた他方の締約国内において当該他方の締約国内にある恒久的施設を通じて事業を行う場合において、当該使用料の支払の基因となった権利又は財産が当該恒久的施設と実質的な関係を有するものであるときは、適用しない。この場合には、第7条の規定を適用する。
4．使用料の支払の基因となった使用、権利又は情報について考慮した場合において、使用料の支払者と受益者との間又はその双方と第三者との間の特別の関係により、当該使用料の額が、その関係がないとしたならば支払者及び受益者が合意したとみられる額を超えるときは、この条の規定は、その合意したとみられる額についてのみ適用する。この場合には、支払われた額のうち当該超過分に対しては、当該使用料の生じた締約国において当該超過分の額の5％を超えない額の租税を課すことができる。
5．一方の締約国の居住者がある無体財産権の使用に関して他方の締約国の居住者から使用料の支払を受ける場合において、次の(a)及び(b)に該当する者が当該無体財産権と同一の無体財産権の使用に関して当該一方の締約国の居住者から使用料の支払を受けないとしたならば、当該一方の締約国の居住者が当該無体財産権の使用に関して当該他方の締約国の居住者から使用料の支払を受けることはなかったであろうと認められるときは、当該一方の締約国の居住者は、当該使用料の受益者とはされない。
　(a)　当該他方の締約国内において生ずる使用料に関し、当該一方の締約国の居住者に対してこの条約により認められる特典と同等の又はそのような特典よりも有利な特典を受ける権利を有しないこと。
　(b)　いずれの締約国の居住者でもないこと。

154

submit the original tax receipt in a timely manner to Licensor.

〈訳文〉

　　税金　ライセンシーは、本契約のライセンシーのライセンサーに対する支払に関連して本テリトリーの関連する政府当局がライセンシーに対して課した税金その他のチャージを支払うものとする。ライセンシーが、ライセンサーへの支払に関し、適用される関連税法により源泉徴収義務が課せられる場合、ライセンシーは当該税金を関連する政府当局に支払うものとし、ライセンサーに対しては、本契約に基づき支払うべき金額から上記金額を控除した後にこれを支払うものとする。関連当局から、源泉徴収義務の支払の領収書を受け取ったら、ライセンシーは適時にオリジナルの税領収書をライセンサーに提出するものとする。

(7)　実施料の支払方法等

A　実施料の支払方法

(A)　支払時期

以下は、ランニングロイヤルティの支払時期を定めた条項例である。

Within [sixty (60)] calendar days after the end of each [Calendar Quarter], Licensee shall pay to Licensor the royalty due for such [Calendar Quarter].

〈訳文〉

　　各（会計四半期）の終了から（60日以内に）、ライセンシーは、ライセンサーに対し、当該（会計四半期）に生じたロイヤルティを支払うものとする。

以下は、一時金の支払時期を定めた条項例である。

LICENSEE shall pay to LICENSOR a non-refundable license royalty fee in the sum of [amount] dollars ($[amount]) upon execution of this Agreement [and the sum of [amount] dollars ($[amount]) upon issuance of the first U.S. patent in PATENT RIGHTS].

〈訳文〉

　　ライセンシーは、ライセンサーに対し、返還不能なライセンスロイヤルティ費用として、本契約締結後合計（数字）ドル、本特許権の最初の米国特許の発効後合計（数字）ドルを、それぞれ支払うものとする。

(B)　支払手段

All payments to be made by Licensee to Licensor under Section __, shall be paid in [US Dollars], by wire transfer to a bank account designated by Licensor.

〈訳文〉

　　本契約__条に基づき、ライセンシーがライセンサーに対してなすべき支払は、（米ドル）に

〔第2部〕 Ⅱ-1 主要条項（Principal Terms）

より、ライセンサーが指定した銀行口座に送金されるものとする。

国際送金の支払完了時期を明らかにするために、以下のような条項例が設けられることがある。

All payments due hereunder shall be deemed received when funds are credited to LICENSOR's bank account and shall be payable by check or wire transfer in United States dollars. No transfer, exchange, collection or other charges shall be deducted from such payments.
〈訳文〉
　本契約に基づいてなされるべき全ての支払は、ライセンサーの銀行口座に入金された時に受領されたものと看做され、チェック又は送金により、米国ドルにより支払われるものとする。送金手数料（送金、為替、集金その他を含む）は上記支払いから控除されないものとする。

　　(C)　裁判例
ライセンス契約に関するものではないが、以下の裁判例は、国際送金のリスクの大きさを再認識させるものである。
〈事案の概要〉
　原告と被告（海外在住）は、訴訟上の和解をし、その中で被告が原告に対して5億円の支払義務を負うこと、うち90万ユーロを以下のとおり分割して、原告の指定する銀行口座に送金して支払うものとすること、一度でも支払を遅滞したときは期限の利益を失うこと、分割金の支払を遅滞なく完了したときは残額の支払義務を免除すること等を合意した。

　① 2004年5月31日　　　　10万ユーロ
　② 2004年12月30日　　　　 8万ユーロ
　③ 2005年12月30日　　　　18万ユーロ
　④ 2006年12月29日　　　　18万ユーロ
　⑤ 2007年12月28日　　　　18万ユーロ
　⑥ 2008年12月30日　　　　18万ユーロ

　被告は、原告に対し、第1回目の分割金を期限までに支払った。第2回目の分割金について被告は、2004年12月29日に外国のG銀行を通じてその送金を依頼した。しかし、G銀行と原告の指定したM銀行には共通の通貨勘定がなかったことから、上記送金はG銀行→D銀行→M銀行というルートで行われたため、手数料100ユーロが引かれ、M銀行への入金が2005年1月4日になった。

　原告は、分割金の支払金額の不足および遅延を理由に期限の利益の喪失を主張し、被告に対し5億円を請求し、被告はこれを争った。

〈判決・理由〉
　裁判所は、被告は、支払期限の前日、銀行に送金を依頼したものの、指定口座に入金されたのは支払期限後であったから、被告は、本件2回目の分割金の支払を遅滞したというべきである、入金の遅れを避けることは十分に可能であるから、指定口座への入金が遅れたことについて、被告の責めに帰すべき事由がないとはいえない、期限の利益の喪失を認めても、被告が債務の免除という利

益を得ることができなくなるというだけで、被告に対して新たな義務を負わせるものとはいえない、等として原告の請求を認容した。

上記和解条項の記載を重視した判断といえるが、一方において被告は期日前に送金依頼をしていること、また、他方において原告は入金の遅れにより実質的な不利益を被っていないことから、結論として被告に5億円の支払を強制することは、違反の程度と当事者に与えるインパクトのバランスを考慮しない形式的な判断であるとの疑問をぬぐえない。なお、上記裁判例は控訴され和解となった。

以上のとおり、実施料を海外送金する際には、国内送金との違いに注意をする必要がある。

B 実施料に対する請求権

実施料請求権の発生時点を考えるとき、下記が問題となるとされる（H. Stumpf・ノーハウ契約71頁「cc）請求権の発生」参照）。

① 顧客との契約締結時
② ノウハウを利用して製造された製品の完成時
③ ノウハウを利用して製造された製品の供給時
④ 顧客に対する決済請求時、あるいは
⑤ 顧客の支払開始時

さらに、H. Stumpf博士は、実施料請求権について、下記のとおり指摘している。

上記「① 顧客との契約締結」および「④ 顧客に対する決済請求」は、操作されるおそれがあるので注意が必要である。

顧客が支払不能になった場合、実施料の請求権は消滅する場合と消滅しない場合が考えられるが、いずれも契約で合意しておくべきあるとしている。

顧客が支払不能になったことの確認は、当然、客観的に行われなければならない。

また、ライセンシーが顧客から支払を受けるために適切な処置をしていない場合、ライセンサーの請求権が存続するかどうかも問題になり得るので、契約で明定しておくべきであるとしている。

(8) 実施料の通貨および為替

たとえば、契約製品が米ドルで販売され、実施料も米ドルで支払われる場合のように契約製品の販売通貨と実施料の通貨が一致する場合は為替の問題は生じない。これに対し、たとえば、契約製品が米ドルで販売され、実施料が日本円で支払われる場合のように契約製品の販売通貨と実施料の通貨が異なる場合は、どの時点の為替を使うかによって為替レートが異なり、ライセンサーへの入金額が異なり得る。

為替レートの確定時期については、大きく、①固定為替、②請求権が発生した時点の為替、③締め日または支払期日の為替、等の考え方がある。また、為替レートの根拠については、Wall Street Journal等、公で、信用性のある機関の情報を根拠とすることが望ましい。

以下、為替レートの確定時期について上記③をとり、ヨーロッパ中央銀行（European Central Bank）の情報を根拠とする条項例を紹介する。

> The Net Sales shall be calculated by converting Japanese Yen into Euros applying the middle

exchange rate as fixed by the European Central Bank for the last business day of each of the calendar quarters covered by the sales report.

〈訳文〉

　正味販売価格は、販売レポートの対象となる各四半期の最後の営業日の時点において、ヨーロッパ中央銀行が定めた為替の仲値により、日本円をユーロに変換することにより算出される。

以下は、為替レートの確定時期について上記③のうち、支払期日を採用した条項例である。

Payment of the royalty pursuant to the provisions of Sections 4.3 and 4.4 of this Article shall be made in the Japanese currency converted from the local currency at the foreign exchange rate for telegraphic transfer spot selling prevailing at the Local Foreign Exchange Market on the date on which the remittance is made by Licensee.

〈訳文〉

　本条4.3項及び4.4項の規定に従った実施料の支払は、ライセンシーが送金を行う日の現地外国為替市場において支配的な、電信為替による直物販売の外国為替レートにて、現地通貨から換金された日本国通貨にてなされるものとする。

(9) 実施料の遅延損害金

A　遅延利息に関する各国の法制度

(A)　日本法の場合

日本の民法においては、金銭債務の不履行につき、債務不履行の一般原則（民415条）ではなく、以下の特則が設けられている[11]。

a　金銭債務の特則[12]

（金銭債務の特則）
民法419条　金銭の給付を目的とする債務の不履行については、その損害賠償の額は、法定利率によって定める。ただし、約定利率が法定利率を超えるときは、約定利率による。
2　前項の損害賠償については、債権者は、損害の証明をすることを要しない。

11　これは、金銭は相当の利息を払えば容易に入手できるから、履行不能が考えられないことが根拠とされる（内田・民法Ⅲ155頁）。
　しかし、天災や戦争等により国際送金に支障が生じる可能性は否定し得ず、「履行不能が考えられない」との前提で金銭債務の特則（無過失責任および法定利率による損害賠償義務）を国際取引においても適用するのには、問題があると思われる。
　なお、改正民法419条3項は、金銭債務の特則を残すが、法定利率の内容については当初の民事年5％、商事年6％から、一括年3％（ただし、3年毎に見直される）に変更されている（改民404条）。
12　改正民法419条（金銭債務の特則）
　「金銭の給付を目的とする債務の不履行については、その損害賠償の額は、債務者が遅滞の責任を負った最初の時点における法定利率によって定める。ただし、約定利率が法定利率を超えるときは、約定利率による。
2　前項の損害賠償については、損害の証明をすることを要しない。
3　第1項の損害賠償については、債務者は、不可抗力をもって抗弁とすることができない」。

第 5 章　支　払（Payments）

3　第 1 項の損害賠償については、債務者は、不可抗力をもって抗弁とすることができない。

b　法定利率[13]

（法定利率）
民法404条　利息を生ずべき債権について別段の意思表示がないときは、その利率は、年 5 分とする。

c　商事法定利率[14]

（商事法定利率）
商法514条　商行為によって生じた債務に関しては、法定利率は、年 6 分とする。

　(B)　米国法の場合

　日本法の場合と異なり、金銭債務の不履行について、他の債務不履行の場合と異なる扱いをしていない。

　たとえば、UCC Article 2 は、売主の救済方法一般について以下のように定める。

Section 2-703. Seller's Remedies in General.

Where the buyer wrongfully rejects or revokes acceptance of goods or fails to make a payment due on or before delivery or repudiates with respect to a part or the whole, then with respect to any goods directly affected and, if the breach is of the whole contract (Section 2-612), then also with respect to the whole undelivered balance, the aggrieved seller may

　(a) withhold delivery of such goods;

　(b) stop delivery by any bailee as hereafter provided (Section 2-705);

　(c) proceed under the next section respecting goods still unidentified to the contract;

13　改正民法404条（法定利率）
　「利息を生ずべき債権について別段の意思表示がないときは、その利率は、その利息が生じた最初の時点における法定利率による。
2　法定利率は、年 3 パーセントとする。
3　前項の規定にかかわらず、法定利率は、法務省令で定めるところにより、3 年を 1 期とし、1 期ごとに、次項の規定により変動するものとする。
4　各期における法定利率は、この項の規定により法定利率に変動があった期のうち直近のもの（以下この項において『直近変動期』という。）における基準割合と当期における基準割合との差に相当する割合（その割合に 1 パーセント未満の端数があるときは、これを切り捨てる。）を直近変動期における法定利率に加算し、又は減算した割合とする。
5　前項に規定する『基準割合』とは、法務省令で定めるところにより、各期の初日の属する年の 6 年前の年の 1 月から前々年の12月までの各月における短期貸付けの平均利率（当該各月において銀行が新たに行った貸付け（貸付期間が一年未満のものに限る。）に係る利率の平均をいう。）の合計を60で除して計算した割合（その割合に0.1パーセント未満の端数があるときは、これを切り捨てる。）として法務大臣が告示するものをいう」。
14　改正商法により削除。なお、商事消滅時効に関する商法522条の規定等も、改正商法により削除されている。

159

(d) resell and recover damages as hereafter provided (Section 2-706);

(e) recover damages for non-acceptance (Section 2-708) or in a proper case the price (Section 2-709);

(f) cancel.

〈訳文〉

2－703条　売主の一般的救済方法

買主が物品の受領を不法に拒絶するか、又は取り消すか、あるいは引渡し時又はその前になすべき弁済をしないか、あるいは一部又は全部の履行拒絶をする場合、直接影響を受ける物品に関し、又、もし違反が全体の契約に関わるものならば、引き渡されていない残り全体に関しても、損害を被った売主は、

(a) 当該物品の引渡しを保留し、

(b) 以下に規定するように（第2－705条）、受寄者による引渡しを停止させ、

(c) 当該の契約にまだ特定されていない物品に関する次の規定による手続を進め、

(d) 以下に規定する（第2－706条）ように、再販売して損害賠償を回復し、

(e) 受領しないこと（第2－708条）又は、それが適切な場合には価格に対する損賠（第2－709条）の賠償を回復し、

(f) 解除する。

B　遅延利息のドラフティング

Late Payments. If the payment from the Licensee to Licensor described in Section __ is not paid when due as specified above, the unpaid amount shall bear simple interest on the deficit from the time due until the time paid at [five percent (5%)] per annum above the [six month London Interbank Offered Rate (LIBOR)].

〈訳文〉

遅延利息　仮に本契約__条に基づくライセンシーのライセンサーに対する支払いが同支払期限までになされなかった場合、未払部分は同支払い期限から支払がなされるまで（6カ月のロンドン銀行間取引金利（LIBOR））に（年5パーセント）を加えた単利息が発生するものとする。

2　公取指針の考え方

(1)　ランニングロイヤルティ

ランニングロイヤルティについて、公取指針から「第4　不公正な取引方法の観点からの考え方　5　その他の制限を課す行為」の考え方を検証する。

(2)　技術の利用と無関係なライセンス料の設定

ライセンサーがライセンス技術の利用と関係ない基準に基づいてライセンス料を設定する

行為、例えば、ライセンス技術を用いない製品の製造数量又は販売数量に応じてライセンス料の支払義務を課すことは、ライセンシーが競争品又は競争技術を利用することを妨げる効果を有することがある。従って、このような行為は、公正競争阻害性を有する場合には、不公正な取引方法に該当する（一般指定第11項、第12項）。

なお、当該技術が製造工程の一部に使用される場合又は部品に係るものである場合に、計算等の便宜上、当該技術又は部品を使用した最終製品の製造・販売数量又は額、原材料、部品等の使用数量をライセンス料の算定基礎とすること等、算定方法に合理性が認められる場合は、原則として不公正な取引方法に該当しない。

(3) 権利消滅後の制限

ライセンサーがライセンシーに対して、技術に係る権利が消滅した後においても、当該技術を利用することを制限する行為、又はライセンス料の支払義務を課す行為は、一般に技術の自由な利用を阻害するものであり、公正競争阻害性を有する場合には、不公正な取引方法に該当する（一般指定第12項）。

ただし、ライセンス料の支払義務については、ライセンス料の分割払い又は延べ払いと認められる範囲内であれば、ライセンシーの事業活動を不当に拘束するものではないと考えられる。

(2) ミニマムロイヤルティ

ミニマムロイヤルティについて、公取指針から「第4　不公正な取引方法の観点からの考え方　3　技術の利用範囲を制限する行為　(2) 製造に係る制限」の考え方を検証する。

イ　製造数量の制限又は製造における技術の使用回数の制限

ライセンサーがライセンシーに対し、当該技術を利用して製造する製品の最低製造数量又は技術の最低使用回数を制限することは、他の技術の利用を排除することにならない限り、原則として不公正な取引方法に該当しない。

他方、製造数量又は使用回数の上限を定めることは、市場全体の供給量を制限する効果がある場合には権利の行使とは認められず、公正競争阻害性を有する場合には、不公正な取引方法に該当する（一般指定第12項）。

3　実務の考え方

(1) 技術供与契約

A　実施料の意味

WIPOは、その「ライセンス契約のガイドブック」において、技術移転者が受領する工業所有権または技術の「価格」または「費用」について、その表現・呼称がさまざまであることを指摘している（WIPO・L／Aガイド114頁「2．概念及び用語」参照）。それらは「補償」(compensation)、「対価」(consideration)、「所得」(income)、「価格」(price)、「報酬」(remuneration) および「見返り」(return)

〔第2部〕 II－1 主要条項（Principal Terms）

等である。

　実施料の考え方は、実施料を生み出す技術についてのライセンサーの認識によって左右され、それが実施料の呼称にも表れている。

　ライセンスの対象となる技術が有用性および市場性を有することを前提に、ライセンサーはライセンシーに対して、当該技術の使用を許諾し、その対価としてライセンシーから実施料を受け取る。

　実施料の金額や料率は、すでに述べたように当該技術、契約相手方当事者、マーケットの事情、ライセンシングポリシーその他諸要素を慎重に検討して、総合的に判断すべきものと考える。

　技術の有用性に関する経済的な評価には、その技術を実施して得られる経済効果（販売予想収益、開発費の節約等）およびその技術を生み出すのに要したコスト（開発費用）を考慮すべきものと考える。

　技術の市場性の評価には、その技術の独自性（競合技術の存否）、競争力（競合技術に対する優位性）、技術を体現した製品の製造コスト、既存の契約実績および業界相場等を総合的に考慮すべきものと考える。

　企業におけるライセンス実務は、実施料を算定し、交渉し、契約し、実際に期待どおりの収益を得るところまでの一連の作業である。

　実施料を算定し、交渉し、契約を締結するところまでは、ライセンサーとライセンシーの間の力関係で、ものごとを決することができる。

　しかし、契約締結後、期待どおりの収益を実現するためには、実施料が、技術の真価に見合った適正なものでなければならない。その適正な実施料とは、ライセンサー側からみれば、技術の有用性や市場性が適正に反映された金額でなければならない。ライセンシー側からみれば、ライセンシーにとっても売りやすい金額で収益性に結びつくものでなければならない。

　ライセンス交渉においては、この適正金額の合意をめぐってライセンサーとライセンシーは駆け引きをするが、客観的にみれば、ライセンサーおよびライセンシーの双方にとって適正な実施料の交渉幅はそれほど大きくはない。

B　実施料の種類

　イニシャルペイメントとランニングロイヤルティまたはこれらにミニマムロイヤルティ等を組み合わせて実施料を受領することが多い。

　　(A)　イニシャルペイメント（Initial Payment）

　ライセンサーにとってイニシャルペイメントは、ノウハウ等技術情報の開示料的性格を有する。よって、支払が実行されて初めてノウハウ等技術情報を開示することとしたい。支払は一括払いが望ましい。

　イニシャルペイメントがノウハウ等技術情報の開示料的性格を有する理由は、二つある。一つ目は、秘密情報を開示すること自体が重大な意味と価値を有するがゆえに、対価請求の正当な理由となり得る。二つ目は、かような情報開示には一連の実務作業（例＝図面等関連技術資料の複写、印刷、郵送または研修用テキストの作成等）を伴い、それには費用が発生する。

　本事例のごとく、ライセンシーとの交渉の結果、ライセンシー側の事情にも配慮し、分割払いとすることもあり得るが、それはあくまでその案件を取り巻くビジネス環境を勘案しての、政策判断

による。

　ライセンシー側の事情の中には、企業の事情によることもあるが、相手国政府の技術導入政策等により制約を受けることもある[15]。

　　(B)　ランニングロイヤルティ（Running Royalty）

　契約製品1台当たりいくらと固定金額を定めて受け取る「従量法」と、契約製品の正味販売価格の何％と定めて受け取る「料率法」の両方があるが、経験的には「料率法」による受け取り方の方が圧倒的に多い（本章第3・3「ランニングロイヤルティ」参照）。

　1台当たりいくらと固定金額で契約する場合は、為替の変動リスクや経済変動のリスクを回避することに狙いがあることが多い。その場合は、こうしたリスクを担保する代わりに、金額的には譲歩し、相対的に低く抑えることもある。

　　(C)　ミニマムロイヤルティ（Minimum Royalty）

　一般的に、長期の独占的ライセンス契約においてはミニマム条項が伴いやすい。しかし、実務においては、ライセンサーの考え方もいろいろある。

　将来の販売見通しについて確固たる自信もなく、ミニマム条項を受諾できないような、頼りない相手に対して、企業の貴重な知的財産である技術の使用許諾を与えるべきではないという考え方もある。

　リスク管理の観点からすれば、なるべく短期間、たとえば1年単位に区切ってミニマムを管理する方が望ましい。しかし、本事例のように、契約期間満了時点で、判断することもある。

　ライセンシーがミニマム条項の条件を達成できない場合、ライセンサーが契約を解除できる権利を確保しておくのが実務的ある。出来高払い（ランニングロイヤルティ・ベース）の契約においては、ライセンサーはライセンシーに対して、ミニマム以上の売上を期待する。もしもライセンシーがミニマムをクリアーできない状態が何年も続き、改善の見通しが立たなければ、ライセンサーは契約を解除し、新しいパートナーを探すべきである。

　合弁事業のパートナーに対する長期の独占的ライセンス契約等においては、ミニマム条項は存在しても、当初の5、6年はミニマムの適用を猶予するということもあり得る。

　契約形態はランニングロイヤルティ・ベースのミニマム条項付となっているが、本音は、ミニマムロイヤルティだけをもらえれば一応満足するということもあり得る。その契約は、実質的には、延べ払い方式で当該技術の使用を許諾したことになる。

　　C　実施料の算出方法

　実施料の算出方法に関し、あまり理論的算出方法に拘泥した経験はない。実務では、過去の実績、業界相場、製品市場価格、契約相手の総合能力、その時のビジネス環境および当該技術の個別事情

15　インドの技術移転契約

　　インドにおいては、従来、ロイヤルティの支払が、地元の販売では5％、輸出では8％強、一括払いについては200万米ドルを超える技術協力契約の送金について政府の事前許可を要求していた（2000年外国為替管理法の一覧表2の第8項目）。しかし、2010年5月5日付の告示により、同項目が削除され、その後、インド準備銀行は、金額の上限制限も政府の事前許可もなく、許可された業者に送金が許可された（2010年5月13日付通達）。

　　上記以外の注意点等は、山上・藤川・法律相談763～770頁〔山名美加・Q100　インド企業とのライセンス契約〕が参考になる。

等を社内関係部門との会議の席上で情報交換しながら、合議して実施料を決めていた。結果的には、ライセンサーによって提案された実施料案が大幅に引き下げられた経験はあまりない。しかし、実施料の算出方法についての考え方は、技術の性格、業種・業界または相手企業等により大いに異なると思われる。企業は、案件毎に個別の対応を求められる。

　　D　実施料の考え方

　企業実務者は、それぞれ、「実施料の決め方」において列挙された諸要素を意識的にまたは無意識に考慮しながら、総合判断をして、実施料を決めている。

　下記(A)に列挙した諸要素は、著者が社内で議論をするときにまたは交渉をするときに、常に考えていたことで、案件によりどの要素に比重を置くかは、そのときの取引事情を考慮しながら判断をしていた。

　　　(A)　実施料の決定要素
　a　技　術
　―技術の種類（特許か、ノウハウか、または両方か）
　―技術の寿命（特許期間、契約期間、ライフサイクル）
　―技術の完成度（成熟技術か、未完成技術か）
　―開発コスト（実費の把握）
　―競争力（技術的優位性＋経済的優位性＊）（＊相対的に安価な製造コスト）
　―既存契約実績または過去の類似技術の実績
　―業界相場

　b　市場（ライセンシーおよびライセンサーのテリトリー）
　―競争相手の有無（技術の独自性）
　―予定販売台数および予想利益額
　―潜在需要
　―販売戦略

　c　ライセンシーとの関係
　―通常の関係
　―合弁事業の相手
　―クロスライセンスの相手
　―侵害事件等、和解の相手
　―ライセンシーの能力（設計・開発技術力、製造技術力、販売力、資金力、経営能力等）

　d　ライセンシングポリシー
　―当該技術の経営上の位置付け
　―当該技術に関するグローバルな市場戦略
　―ライセンスビジネスとしてトータルでいくらの商売と考えるか（ミニマムの金額をいくらに設定するか）
　―他の自社製品の販売や企業イメージに及ぼす影響他
　―その他

(B)　新規契約の場合

　新規契約では、前例（実績）や業界相場等に安易に依存して決めるべきではない。それでは企業の知的活動の貴重な成果である技術とその技術開発に注いだ人々の努力を軽んずることになる。個別の事情を十分に加味しながら、上述のような諸要素を丁寧に議論し、検討して実施料を決めるべきである。

(C)　既存契約の場合

　ライセンサーは、一般的に、実施料も含めて現行契約条件に満足していると考えられ、現行契約条件の積極的な改訂は考えない。ライセンサーは、多くの場合、ライセンシーの強い要請に基づき現行条件の改訂を検討するものであり、それは受身の姿勢である。

　しかし、ライセンサーが既存の契約条件の改訂を要求する場合がないわけではない。たとえば、ライセンサーの経営陣やライセンス担当マネージャーの交代により、ライセンサーがそのライセンシングポリシーを変更することがある。その場合、ライセンサーはライセンシーに対して、改訂条件について明快な説明を行う必要がある。他のライセンシーに対しても同条件で契約更改を行う方針であるとか、またはこの改訂条件を受諾できないライセンシーとは契約更改を行わないと言い切れるほどの確固たる意思表示が必要かもしれない。

　実施料（率）が、ライセンサーの所在国における物価指数の動きに連動して定められるという契約条件の場合もある。その場合はライセンサーの変更要求となるが、あらかじめ契約で合意されていることであるので、問題は少ない。

E　実施料と損害賠償

　実施料は損害賠償額を算定する際の客観的な根拠になり得るという意味で、損害賠償と深く関わることは、日米の過去の判例をみてもわかる。日本においては、実施料相当額に依存する傾向が強いようである。米国においては、裁判官の判断により実際の損害額の3倍まで増額できる。損害賠償についての日米の考え方には根本的に大きな相違があることに留意して契約書を作成し、交渉する必要がある。

F　実施料に対する請求権

　実施料に対する請求権の発生をどの時点でとらえるかについてはいろいろな考え方がある。

　一つの考え方は、ライセンシーが許諾技術を使用し、製品を製造し、製品を工場から顧客向けに出荷した時点で、許諾技術の使用と販売行為が完結したものとみなし、その時点でライセンサーの債権、すなわち、請求権が発生するととらえるものである。

　製品をライセンシーの工場から顧客向けに出荷した時点とは、具体的には、本事例のように工場において顧客宛てに製品を運搬車両に搭載（FOB = Free on board a carrier）した時点を指す。この時点は、売買契約では、一般に商品に対する所有権と危険負担が売手から買手に移転する時点としてとらえることのできる時点でもある。この時点をこの事例では、ライセンシーが顧客にライセンス製品を販売した時点とみなして、ライセンサーの実施料に対する請求権が発生する時点ととらえる考え方である。

　「ライセンシーが顧客と売買契約を契約締結した時点」や「ライセンシーが顧客に対する代金を請求する時点」等は、H. Stumpf 博士も指摘しているように、ライセンシーに都合よく操作される

おそれがある。

「ライセンシーが現実に製品を顧客に供給、引渡した時点」、「ライセンシーが顧客に対する代金を請求する時点」または「顧客がライセンシーに支払を開始した時点」等で、実施料に対する請求権の発生時点をとらえようとすると、ライセンシーによる許諾技術の使用および販売行為が実質的に完結した時期と現実の実施料の支払時期との間に大きな時間的落差が生じ、ライセンサーに著しく不利益をもたらすおそれがある。無体財産（権）取引においては、一般的に、許諾技術の使用と実施料の支払時期の間にあまり時間的経過を認めない。

よって、ライセンサーの請求権の発生時点は、上述のとおり、「契約製品が製造工場からトラック、運搬車両等に搭載された時点（FOB）」でとらえるのが合理的であり、実務的であると考える。

G 実施料と源泉徴収

ライセンサーが非居住者としてライセンシーから実施料の支払を受ける場合、相手国との間に二国間租税条約があれば、ライセンサーは契約で合意された実施料金額から条約で定められた一定割合の金額を租税として、ライセンシーによって徴収された後に残額を受領することになる。ライセンシーは、自国の法律規則に従って徴収した金額をライセンサーに代わって租税として自国の税務当局に納付する。

一方、ライセンサーは、二国間の租税条約の適用を受けるためには、ライセンシーが源泉徴収して納税する前に、ライセンシーが所在する国の税務当局に対し所定の様式に従って租税条約に関する届出書を提出する必要がある。

ライセンサーは、契約締結後速やかに、第1回の支払を受ける前に、ライセンシーから税務当局が発行する所定の様式を送付してもらい、署名し、ライセンシーへ返却し、ライセンシーに対して速やかに所定の手続を進めるよう要請しなければならない。ライセンシーが納税を完了したならば、直ちに納税証明書を送付するようライセンシーに対して確認をしておきたい。

ライセンサーは同証明書を自国の税務当局に提出することで、当該実施料に対する税金の支払を免除される。

H 実施料計算報告書

実施料の計算報告については、ライセンサーがあらかじめ様式を指定し、ライセンシーがその報告書に必要事項を記入してライセンサーに提出するよう決めておくのが実務的である。第3部第1章「実施料報告書のサンプル」参照。

(2) 技術導入契約

A 実施料の意味

WIPOはそのライセンス契約のガイドブックにおいて、潜在的被技術移転者（ライセンシー等）が支払う工業所有権または技術の「価格」または「費用」についても、最もよく使われる表現として以下の用語を列挙している（WIPO・L／Aガイド114頁「2．概念及び用語」参照）。「支払」(payments)、「ロイヤルティ」(royalties)、「フィー」(fees)、「役務料」(service charges)、「コミッション」(commissions)および「費用」(costs)等である。

ライセンシーがライセンス契約を締結する目的の一つは、他社から合理的な値段で自社が所有していない技術の使用許諾を得て、契約製品の製造・販売を行い、そこから利益を得ることである。

ライセンシーにとって、実施料は、そうした契約製品の製造・販売・使用等に必要な技術が適正に開示されることに対する対価である。したがって、ライセンシーとしては、技術情報の開示があって、初めて対価を支払うと主張したい。

B 実施料の種類

技術導入契約においても、イニシャルペイメント、ランニングロイヤルティおよびミニマムロイヤルティの組合せで実施料を支払うことが多い。

(A) イニシャルペイメント（Initial Payment）

イニシャルペイメントは、ライセンシーの立場からすれば、ノウハウ等技術情報の開示の度合いに応じて支払うことを主張すべきである。ライセンサーが一括して技術情報を開示するなら、イニシャルペイメントも一括して行うが、技術情報が分割して開示されるなら、イニシャルペイメントも分割して支払うべきである。

イニシャルペイメントの支払は、基本的には、情報開示直後とするのが望ましい。そのためには、契約締結時点で情報開示時期が確定するので、契約締結と同時に社内手続を開始する等してあらかじめ準備することで、情報開示直後の支払も可能となろう。情報開示直後とは、やはり1週間から10日は欲しい。この時間は開示された情報のチェック期間として利用したい。

現実には、ライセンサーとの力関係で、ライセンサーの情報開示に先立ち、ライセンシーが支払をせねばならないこともある。その場合は政策的判断に委ねることになる。

(B) ランニングロイヤルティ（Running Royalty）

契約製品1台当たりいくらと固定金額を定めて支払う「従量法」と、契約製品の正味販売価格の何％と定めて支払う「料率法」の両方あるが、「料率法」によって支払うほうが圧倒的に多い。

1台当たりいくらと固定金額で契約する場合は、為替の変動リスクや経済変動のリスクを回避することに狙いがあることが多い。その場合は、こうしたリスクをライセンシーが負担するということで、ライセンサーに対してロイヤルティの引下げ交渉を行うというのも一つの考え方である。

(C) ミニマムロイヤルティ（Minimum Royalty）

ミニマム条項は、一定期間内の一定額のランニングロイヤルティの支払をライセンシーがライセンサーに対して保証するものである。

契約期間が10年、15年と長期にわたるライセンス契約において、どういう経済環境の変化があるか予測がつかない以上、一定額のランニングロイヤルティの支払を保証するミニマム条項の挿入は、ライセンシーとしてはできる限り回避すべきである。そのためには自社の資本力や社会的ステイタス等を強調して、ライセンサーの信頼を得る努力をしなければならない。

しかし、独占的ライセンス契約において、ライセンサーの多くは、ミニマム条項の挿入を強く主張する。ミニマム条項の挿入を受け入れる場合、ライセンシーはそれだけの覚悟とミニマムをクリアーできる確実な見通しを持たなければならない。

ミニマム達成の判断は1年毎に行われることが多いが、本事例のように契約期間が短期間であれば契約期間満了時点でその判断がなされることも考えられる。ミニマム達成を判断する期間は、一般的にいえば、長いほどライセンシーにとっては有利である。ミニマム条項を受け入れる場合でも、その判定期間をできるだけ長く設定するよう交渉するのが望ましい。

一つの期間でミニマムを達成してあり余る場合は、ミニマム達成を超過した分を次の期間に繰り越したり、また、ミニマムをクリアーできない場合、次の一定期間内にミニマムを達成すればその２期間を通じてミニマム達成が認められる等、いろいろ方法や考え方はある。辛抱強くライセンサーと交渉する価値はある。

　ミニマム条項を受け入れる場合でも、「ライセンシーがその契約の継続を望み、ミニマムを支払い続ける限り、ライセンサーは一方的に契約を解除することができない」旨条件付ける方法もある。

　ミニマムを達成できない場合、ライセンサーが契約解除の権利を留保することもあり得る。最悪、契約が解除されても、ライセンシーはミニマムを支払うだけで損害賠償等、請求されないようにしておかなくてはならない。そのためには、ミニマム未達を理由にライセンサーが契約解除を行う場合、ライセンサーはライセンシーに対して損害賠償を請求しないことを契約で合意しておかねばならない。

　一方、ミニマムをクリアーできない販売状況が持続するようであれば、ライセンシーとしても契約を解除したいと望むかもしれない。そうした場合には、ライセンシーの方から損害賠償等を支払うことなく契約を解除できることについても、契約で合意しておく必要がある。

C　実施料の算出方法

　実施料の算出方法を決めるのは、原則として、ライセンサーであって、許諾技術の内容詳細および開発経緯等を知らないライセンシーではない。

　ライセンシーはまずライセンサーの考え方をよく聞き、論理的矛盾がないかまたは事案の個別事情が適正に反映されているどうか等を確かめ、納得するまで議論をすることが肝心である。そのためには、ライセンシーの立場であっても、実施料の算出方法についてどんな公式や考え方があるか理解しておく必要がある。

D　実施料の考え方

　実施料を決めるのは基本的にライセンサーである。しかし、ライセンシーがライセンサーの提示する実施料を受けるかどうかは、ライセンシー側に選択権があることも事実である。

(A)　実施料の決定要素

　ライセンシーが検討すべきことは、ライセンサーの提示している実施料を支払いなおかつ適正な利益をライセンシーが得られるかどうかの見通しである。そうした検討を行うためには、ライセンサーが「実施料の決定要素」として挙げている事項をライセンシーの立場で検討しなければならない。ライセンシーにとっての「実施料の決定要素」は、ライセンサーのそれと同じである。

(B)　新規契約の場合

　新既契約の場合、ライセンシーも前例（実績）や相場等に安易に依存して決めてしまうことがあってはならない。あくまで個別の事情を十分に加味しながら、上述のような実施料決定の諸要素を丁寧に議論し検討すべきである。

(C)　既存契約の場合

　既存契約の契約延長を行う場合、ライセンシーとしては実施料の引き下げを要求したい。理由（下記）はいろいろある。一つの理想的な形としては、一定年限経過後は実施料がゼロとなり、「完納ライセンス（fully paid-up license）」が得られることであろう。

第5章 支払（Payments）

　a　特別の営業努力への報酬

　長い契約期間中（例：10年～15年）、ライセンサーが許諾技術から派生した利益を享受し得たのはライセンシーの営業努力に負うところ大である。ライセンシーの特別の営業努力に対して何らかの報酬を支払うべきである。「特別の営業努力」とは何か（たとえば、新聞、雑誌、TV等の宣伝広告、業界団体での講演、代理店への大々的なアナウンス、特別のパンフレットの作成・配布、対顧客PRチームの編成とPR実施等考えられるが、何が特別なのかは、業種、業界により判断基準が異なるであろう）の説明が難しいかもしれないが、実施料の引き下げを要求するなら、知恵を絞って理屈付けをする努力も必要である。

　b　良好な販売見通し

　これから先の契約期間中も販売が右肩上がりの見通しで、ライセンサーは利益を享受できる。

　c　競争力の維持

　市場の競争が厳しく、価格の引き下げが必至である。製造コストの引き下げは限界である。このままいけば、他社にシェアーを食われてしまう。許諾された技術の力ではこれ以上の品質向上は難しい。

　d　技術的貢献

　ライセンシーは、契約期間中、技術改良に大いに貢献し、ライセンサーにグラントバックをした。

　e　ボーナス条項の追加

　今後、一定金額以上の売上を達成した場合、実施料を一定金額または一定料率まで引き下げる。

　E　実施料と損害賠償

　上述のとおり、実施料は損害賠償額を算定する際の客観的な根拠になり得るという意味で、損害賠償と深く関わることは、日米の過去の判例をみてもわかる。日本においては実施料相当額に依存する傾向が強いが、米国においては裁判官の判断により実際の損害額の3倍まで増額できる等、損害賠償についての日米の考え方には根本的に大きな相違がある。契約書の作成または契約交渉にあったっては、こうした日米の考え方の相違に留意する必要がある。

　F　実施料に対する請求権

　実施料に対する請求権の発生をどこでとらえるかについてはいろいろな考え方があるが、売買契約においても一般に「商品に対する所有権と危険負担」が売手から買手に移転する時点、すなわち、契約製品が製造工場からトラック、運搬車両等に搭載される時点（FOB）でとらえる考え方には一定の合理性があり、ライセンシーとしても同意できるものと思われる。

　G　実施料と源泉徴収

　内国企業であるライセンシーが非居住者である外国企業のライセンサーに対し実施料を支払う場合、ライセンシーは、所得税法212条の定めに従い、相手国との間に二国間租税条約があればその条約で定められた一定割合の金額を、租税として当該支払予定の実施料から控除して税務署に納税しなければならない。

　ライセンシーは、ライセンサーに二国間の租税条約の適用を受けさせるためには、ライセンシーが源泉徴収して納税する前に、ライセンシー国の税務当局に対し、所定の様式に従って、租税条約に関する届出書をライセンサーに提出させる必要がある。ライセンシーは、契約締結後速やかに、

169

第1回の支払期日前に所定の様式をライセンサーに送付し、署名し、返却してもらうよう要請しなければならない。

ライセンシーは源泉徴収し、納税したならば、直ちに納税証明書をライセンサーに送付しなければならない。ライセンサーは同証明書を自国の税務当局に提出することで、当該実施料に対する税金を支払ったものとみなされる。

H　実施料計算報告書

実施料の計算報告については、ライセンサーがあらかじめ様式を指定し（第3部第1章「実施料報告書のサンプル」参照）、ライセンシーがその報告書に必要事項を記入してライセンサーに提出するというやり方は実務的であり、ライセンシーとしても合意できるものと思われる。

第6　一口コメント

契約交渉は、知恵比べ、我慢比べ。

第6章 帳簿、報告書および監査
(Records, Reports and Auditing)

第1 事例6の紹介〔技術供与〕

ARTICLE 5 RECORDS, REPORTS AND AUDITING

5.1.　Licensee shall keep and maintain true and complete books of account containing accurate records of all data necessary for the proper calculation of Running Royalty payable hereunder.

5.2.　Within sixty (60) days after the close of each Accounting Period, Licensee shall report to Licensor in writing the calculation of all Royalties that shall have become due and payable during such Accounting Period pursuant to Section 4.3 of Article IV hereof in the form shown on Appendix IV attached hereto and making an integral part hereof.

5.3.　Licensee shall also furnish Licensor with such other reports and evidences as Licensor may from time to time require in writing in order to verify the accuracy of Licensee's calculation of Running Royalty.

5.4.　In order to ascertain the accuracy or inaccuracy of Licensee's books of account set forth in Section 5.1 of this Article, Licensor shall have the right through the use of its authorized accountants and/or its own personnel to inspect and/or audit such Licensee's books of account at all reasonable times during Licensee's normal business working hours at the offices of Licensee, and Licensee shall permit such Licensor's authorized accountants and/or Licensor's own personnel to take excerpts from and make copies of any entries in or details of such Licensee's books of account. In the event that Licensor exercises the said right of inspection and/or audit, Licensor shall in writing notify Licensee in advance of Licensor's intended inspection and/or audit.

第2 事例6の訳文

5条　帳簿、報告書及び監査

> 5.1. ライセンシーは、真正で完全な帳簿を維持管理するものとし、この帳簿には本契約に基づき支払われるランニングロイヤルティを適正に計算するために必要なすべてのデータの正確な記録が含まれるものとする。
>
> 5.2. 各会計期間終了後60日以内に、ライセンシーはライセンサーに対して、本契約書に付属し、本契約書の一部を構成する付表Ⅳに表示された様式にて、本契約Ⅳ条の4.3項により、同会計期間内に支払期限が到来し、支払うべきすべての実施料計算を書面にて報告しなければならない。
>
> 5.3. ライセンシーは、ライセンシーの実施料計算の正確性を証すため、ライセンサーの書面による時々の要請に応じて、その他報告書又は証拠となるものをライセンサーに提出しなければならない。
>
> 5.4. 本条5.1項に規定されたライセンシーの帳簿の正確性又は不正確性を確認するために、ライセンサーは、ライセンサーの会計士又は従業員を使って、ライセンシーの事務所においてライセンシーの業務時間中の合理的な時間にライセンシーの帳簿を検査及び（又は）監査する権利を有するものとし、しかもライセンシーは、こうした権限を与えられた会計士及び又は自社従業員がライセンシーの帳簿から抜粋し、その記載事項又は詳細の複写を許可しなければならない。ライセンサーが上記検査権及び又は監査権を行使する場合、ライセンサーは、事前に、ライセンサーの検査目的及び又は監査目的について、ライセンシーに通知しなければならない。

第3　事例6の解説

1　帳簿の維持管理（5.1項）

ライセンシーは、ランニングロイヤルティの計算帳簿を、正確に、正直に記載し、少なくとも契約期間中は帳簿を適正に保管しなければならない。

2　実施料計算報告書（5.2項）

一つの会計期間が終了後、ライセンシーは、一定期間内にランニングロイヤルティの計算書を提出することを義務付けられている。ライセンサーはライセンシーのレポートを確認し、実施料を受け取る。ランニングロイヤルティの計算報告書は、あらかじめ様式を定め、これを契約書の付属書として添付しておくのが実務的である第3部第1章「実施料報告書のサンプル」参照）。

3　その他報告書および証拠書類の提出義務（5.3項）

実施料は、「正味販売価格」に契約で合意された料率を乗じて算出される。「正味販売価格」は、

ライセンシーが契約製品の買手との間に締結した売買契約の金額から、ライセンス契約で合意された控除項目を控除した金額である。実施料算出のために実際に控除された項目が、契約で合意された控除項目に一致するかどうか、実際の控除項目の支払伝票等を照合する等して確認する必要が出てくることがある。その場合に備えて、ライセンサーはライセンシーに対して支払を証す資料等の提出を請求する権利を確保し、同時にライセンシーはそのような資料の提出義務を負うことが定められている。かような合意がなければ、ライセンサーはライセンシーのこの種内部資料をみることはできない。

4 帳簿監査権（5.4項）

ライセンサーは、ライセンシーが正確に帳簿を記入し、実施料を正しく管理しているかどうかを確認するために、ライセンシーの帳簿を監査する権利を確保している。この監査権を行使し、公認会計士および自社の担当者がライセンシーの事務所に立ち入り、帳簿をみることができる。帳簿をみるときは、ライセンシーの業務時間内で、業務を著しく妨げないように配慮している。必要あれば帳簿のコピーも取れる。この監査権を行使するに先立ち、ライセンサーはライセンシーに対して、書面にて検査目的や監査目的について通知しなければならない。

第4 本条項の位置付け

本条項は実施料が適正に支払われることを確保するための条項である。監査権を行使するかどうかは契約締結時点ではわからない。しかし、監査を行う可能性が少しでもあれば、監査内容を契約にて合意しておかねばならない。その監査に関する規定内容は、手続も含めて、実行性のあるものでなければならない。実行性のある監査規定は実利がある。

本条項の存在により、契約当事者双方が一定の緊張感をもって適正に契約管理・運営を行うインセンティブとなり得る。そうした間接的な効果も大きいのである。

第5 本条項のチェックポイント

1 基本的な考え方

(1) 報告書の信用性

海外におけるライセンシーの報告に関する情報では、「ライセンシーの8〜9割が正確な報告をしておらず、報告されたロイヤルティ金額の1〜2割程度が間違っている可能性があるといわれている」、「よくある指摘事項としては……①ライセンス対象製品の範囲の理解の相違、②計算対象とすべき出荷、製造等のタイミングの理解の相違、③販売子会社を通じて販売するような場合の基準価格の理解の相違がある」とされる（山上・藤川・法律相談364頁）。

そこで、ライセンスによる収入を上げるためには、ライセンス料の回収を確実にすることが有効と解される。このような観点から、ライセンサーは、ライセンシーの報告を鵜呑みにするべきでは

なく、ライセンサーの監査権を認める等により、報告書の信用性を確保する必要がある。

(2) 監査の方法

報告書の信用性を確保する方法としては、ライセンシー（およびサブライセンシー）の売上に関連する帳票の保管義務を課し、ロイヤルティの算出に誤りがある疑いがある場合に監査権を行使できるようにし、ロイヤルティの算出に誤りがあった場合にペナルティを課す（たとえば、ライセンシーに不足額、遅延利息に加え監査費用を負担させる等）等を検討する必要がある。

以下、米国公認会計士によるロイヤルティの監査の実施方法をまとめた記事（Brett Brandenber ほか「Performing a License Agreement Royalty Audit: A CPA's Perspective」）から引用する。

① 監査チームは、公認会計士、技術者、弁護士等により構成されるのが理想である。まず、公認会計士は、ロイヤルティ監査が通常の監査と大きく異なることから、ロイヤルティ監査の経験のある会計士を選ぶ。また、技術者は、改良製品が技術を含むか等について判断できるよう、対象技術に精通しているライセンスマネジャーや発明者が好ましい。さらに、弁護士はライセンス契約の解釈ができるよう、知的財産権に精通している必要がある。

② 監査の対象となる書類としては、通常、次のようなものがある。ⓐ請求書（invoices）、ⓑ総勘定元帳（general ledgers）、ⓒ販売登録および販売分析報告書（sales registers and sales analysis reports）、ⓓ監査済財務諸表および確定申告書（audited financial statements and/or income tax returns）、ⓔ在庫のロールフォーワード（inventory roll-forwards）、ⓕ売上税（sales tax returns）、ⓖ運送書類（shipping documents）、ⓗ価格リスト・カタログ・パンフレット（price list, catalogs, and brochures）、ⓘ購入記録（purchase records）等。

③ 報告違反の原因として、次のようなものがある。ⓐ契約書の解釈の誤り、ⓑ関連会社への市場価格以下の移転、ⓒ新製品・改良製品の漏れ、ⓓ誤った為替の適用、ⓔ契約上認められていない費用の控除（開発費、販促費等）、ⓕ契約に違反するテリトリー外での売上、ⓖ契約に違反するサブライセンス、ⓗ不当な価格でのまとめ売り、ⓘ帳票の漏れ、ⓙミニマムロイヤルティ等の失念、ⓚ間違った源泉税の取扱い等。

(3) 監査等に関するドラフティング

A 報告書

Within [forty-five (45) calendar days] after the end of each Calendar Quarter, Licensee shall provide Licensor with the royalty report that indicates (i) the gross sales for the Calendar Quarter in question, on a monthly basis and for each Product presentation, (ii) the amount of each deduction, (iii) the Net Sales for the Calendar Quarter in question and the cumulative Net Sales in the Calendar Year and (iv) the calculation of the royalties payable for the Calendar Quarter in question. The said royalty report shall be in such level of detail as requested by the reporting format attached as Schedule __ hereto.

〈訳文〉

各四半期終了後（45日以内に）、ライセンシーは、ライセンサーに対して以下を記載したロイヤルティレポートを提出するものとする。(i)各月別の各契約製品の当該四半期の総売上、(ii)各

第6章　帳簿、報告書および監査（Records, Reports and Auditing）

控除額、(iii)当該四半期の正味販売価格及び会計年度における累積した正味販売価格、(iv)当該四半期のロイヤルティの計算。当該レポートは、本契約に添付された別紙__と同程度に詳細なものでなければならないものとする。

以下は、サブライセンシーの正味販売額を考慮したレポートの条項例である。

> LICENSEE shall submit to LICENSOR within sixty (60) days after each calendar half year ending June 30 and December 31, a Royalty Report setting forth for such half year at least the following information:
> (i) the number of LICENSED PRODUCTS sold by LICENSEE, its AFFILIATES and sublicensees in each country;
> (ii) total billings for such LICENSED PRODUCTS;
> (iii) an accounting for all LICENSED PROCESSES used or sold;
> (iv) deductions applicable to determine the NET SALES thereof;
> (v) the amount of NON-ROYALTY SUBLICENSE INCOME received by LICENSEE; and
> (vi) the amount of royalty due thereon, or, if no royalties are due to LICENSOR for any reporting period, the statement that no royalties are due.
>
> Such report shall be certified as correct by an officer of LICENSEE and shall include a detailed listing of all deductions from royalties.
>
> 〈訳文〉
> ライセンシーは、ライセンサーに対し、6月30日及び12月31日に終了する毎暦半年後60日以内に、同半年に関し、少なくとも以下を含むロイヤルティレポートを提出するものとする。
> (i) ライセンシー、その関連会社及びサブライセンシーの各国におけるライセンス製品の販売数；
> (ii) 同ライセンス製品に関する合計請求額；
> (iii) 使用又は販売されたライセンス製法に関する会計；
> (iv) 正味販売額を算定するために適用される控除額；
> (v) ライセンシーが受領した非ロイヤルティサブライセンス収入の額；及び
> (vi) 支払うべきロイヤルティの額、又、仮にライセンサーに対し報告対象期間につきロイヤルティの支払義務がない場合は、ロイヤルティの支払義務がない旨。
>
> 同レポートは、その正確性がライセンシーの役員により証され、且つロイヤルティの控除項目の詳細なリストが含まれるものとする。

以下は、正味販売額以外の事項についてもレポートを要求する条項例である。

> No later than sixty (60) days after June 30 of each calendar year, LICENSEE shall provide to LICENSOR a written annual Progress Report describing progress on research and development,

175

regulatory approvals, manufacturing, sublicensing, marketing and sales during the most recent twelve (12) month period ending June 30 and plans for the forthcoming year. If multiple technologies are covered by the license granted hereunder, the Progress Report shall provide the information set forth above for each technology. If progress differs from that anticipated in the plan required under Paragraph 5.1, LICENSEE shall explain the reasons for the difference and propose a modified research and development plan for LICENSOR's review and approval. LICENSEE shall also provide any reasonable additional data LICENSOR requires to evaluate LICENSEE's performance.

〈訳文〉

　毎暦年の6月30日の60日以前に、ライセンシーは、ライセンサーに対し、直近の6月30日までの12ヶ月間の調査及び開発、許認可、製造、サブライセンス、営業及び販売に関する進捗状況、今後1年間の計画について、書面による年間進捗レポートを提供するものとする。仮に本契約により付与されたライセンスに複数の技術が含まれる場合、進捗レポートは各技術について上記情報が記載されるものとする。仮に進捗状況が上記5.1条により要求される予測と異なる場合、ライセンシーは異なる理由を説明し、変更された調査及び開発計画を提案し、ライセンサーのレビューと承認を受けるものとする。ライセンシーは、ライセンサーが要求するライセンシーのパフォーマンスを評価するために必要なその他の合理的なデータを提供するものとする。

B　監　査

(A)　帳簿等の管理

Licensee shall keep, for a period of [three (3)] years after the date of each milestone payment under Section ＿ and royalty payment under Section ＿, complete and accurate records of all sales upon which the above payments hereunder accrue.

〈訳文〉

　ライセンシーは、本契約＿条のマイルストーンペイメント及び本契約＿条のロイヤルティペイメントから（3年間）、本契約に基づく支払義務が生じる全ての販売の完全且つ正確な記録を保管するものとする。

以下は、サブライセンシー等に対しても帳簿等の管理義務を負わせる条項例である。

LICENSEE shall keep, and shall require its AFFILIATES and sublicensees to keep, accurate records (together with supporting documentation) of LICENSED PRODUCTS made, used or sold under this Agreement, appropriate to determine the amount of royalties due to LICENSOR hereunder. Such records shall be retained for at least three (3) years following the end of the reporting period to which they relate.

第 6 章 帳簿、報告書および監査（Records, Reports and Auditing）

〈訳文〉

　ライセンシーは、ライセンサーに対する本契約に基づくロイヤルティ額を算定するために適切な、本契約に基づき製造、使用又は販売された契約製品に関する正確な記録（裏付け資料と共に）を自ら保持し、且つその関連会社及びサブライセンシーに対し保持させるものとする。同記録は、少なくとも関連する報告期間の終了から 3 年間、これを保持するものとする。

(B) 帳簿等の監査

　The records shall be open, upon no less than [fourteen (14)] calendar days' advance notice to Licensee [but no more often than once per Calendar Year], to an inspection and audit by a certified public accountant selected by Licensor who shall, at Licensor's expense, have access to said records for the purpose of verifying the compensation and payments accrued as herein provided.

〈訳文〉

　同記録は、ライセンシーに対する（14日前）の事前通知があった場合（ただし、1年に1度までとする）、本契約に基づく支払を確かめるため、ライセンサーの費用において、ライセンサーが選定した公認会計士の監査のために開示されなければならないものとする。

以下は、サブライセンシー等の帳簿等に対して監査を認める条項例である。

　The records of the LICENSEE, its AFFILIATES and sublicensees shall be available during normal business hours for examination by an accountant selected by LICENSOR, for the sole purpose of verifying reports and payments hereunder. In conducting examinations pursuant to this paragraph, LICENSOR's accountant shall have access to all records which LICENSOR reasonably believes to be relevant to the calculation of royalties under Article IV.

〈訳文〉

　ライセンシー、その関連会社及びサブライセンシーの記録は営業時間中、本契約のレポート及び支払いを検証するためのみの目的から、ライセンサーの選択した会計士により監査され得るものとする。本段落による検査を行う際、ライセンサーの会計士は、ライセンサーが第4章に基づくロイヤルティを計算するために関係すると合理的に信じる全ての記録にアクセスすることができるものとする。

C　違反の効果

　If there is any underpayment greater than five percent (5%) on an annualized basis, Licensee shall pay all reasonable costs relating to the inspection for such period and any unpaid amounts that are discovered will be paid promptly by Licensee together with interest thereon from the

date such payments were due at the rate of ( ) percent per year.
〈訳文〉
　仮に年間で5％以上の未払いが発見された場合、ライセンシーは、当該期間に関する合理的な監査費用を支払い、速やかに未払い額を、支払期限から年（　）パーセントの利息を付して支払うものとする。

　以上に対し、ライセンシーとしては、過度の資料の提出は企業活動の妨害となり得ることから、開示すべき資料の範囲の限定、監査回数の制限、秘密保持契約の締結等を検討する必要がある（詳細については、後述の実務の考え方(2)参照）。

2　実務の考え方

(1)　技術供与契約

A　監査権行使のタイミング

　ライセンサーにとっては、事前通知をしさえすればいつでも、監査権を行使できる状態にしておくほうがやりやすい。そのためには、「事前通知をしさえすればいつでも、監査権を行使できる」旨、契約書に明定しておかねばならない。何も書いてなければ、その監査のタイミングをめぐって議論が紛糾する可能性がある。実務上は、年間の監査回数および監査時期等を特定しておくのが望ましい。

　監査のタイミングとしては、第1回目の実施料計算報告書を受領した時点で、即刻、監査権を行使するのも一つの考え方である。最初にライセンシーの会計・経理処理に関する考え方を理解しておけば、その後は安心して実施料計算報告書を読むことができる。特に、ライセンシーが発展途上国の企業である場合または先進国の企業であっても中小企業である場合等には、こうした契約管理・運営が欠かせない。

B　監査のポイント

(A)　経理処理上の問題点

　正味販売価格は、実売価格から契約であらかじめ合意された控除項目を控除した金額である。控除項目の中には販売口銭、広告宣伝費、値引額等が含まれることがあるが、それぞれの項目の範囲や考え方をめぐって解釈の相違が生じる場合がある。そうした場合には、この監査権を活用してライセンシーの事務所に出向いて関係書類をみることができる。

(B)　監査費用

　ライセンシーの所在国において帳簿等を監査するには、その国の会計原則・規則やその会社の経理処理のやり方等を熟知していなければ、帳簿を理解することはできない。公認会計士や税理士の助けが必要である。

　帳簿は当然その国の言語で記載されているので、その国の言語も理解できなくてはならない。場合によっては、通訳が必要である。

　帳簿等関係書類の監査にあたり、会社の秘密事項に触れる可能性もある。監査人には、秘密保持義務の遵守が求められる。弁護士、公認会計士、税理士等、守秘義務を負って業務を行う者が監査

人となることをライセンシーから要求されることがある。

　以上の条件を満たす人を相手国内で探すことも、国によっては一苦労である。また、適任者を見つけ、監査を依頼するには、それなりの費用がかかる。ライセンサーの社内から派遣される責任者の出張費用もかかる。監査を実施するには、お金がかかることを認識しなければならない。もっとも相手国に支店や合弁会社等を持っていれば、監査人を見つけるのも容易であろうしまた、費用も少なくて済むかもしれない。

(2) 技術導入契約
A　監査権行使のタイミング

　ライセンシーの側からすれば、監査等ないに越したことはない。しかし、ライセンサーの監査権を認めざるを得ないとなれば、監査の時期、1回の日数、1日の時間帯、年間回数または契約期間中の回数等できる限り具体的に詳細に日程を決めておくのが望ましい。

B　監査のポイント

　契約相手のライセンサーが監査権を行使する可能性があるかどうかによって、この条項の書き方や対応も変わる。監査を行う可能性がある場合、ライセンサーの意向を十分にくみ取り、できるだけ具体的に契約書に明定しておくべきである。

　以下は、一般的に、最低限この程度のことは明確にしておいたほうがよいと思われる点を列挙してみた。

① 監査人の限定

　　ライセンシーとしては会社の経理内容までも開示する可能性があるので、ライセンサーが派遣する監査人は、公認会計士、税理士、弁護士等、公的な資格を有し、業務上明確に守秘義務を負う者に限定して認める。その場合、契約で合意をしておくべきである。

② 監査項目

　　監査の対象は、当然、契約の対象範囲に限定しなければならない。その旨契約書に明定する。

③ 秘密保持義務

　　ライセンサーが派遣する監査人に対し、ライセンシーが自社の経理内容等を開示するにあたり、場合によっては、監査によって知り得た情報を、監査目的以外に使用したり、ライセンサーの関係者以外に開示したり、漏洩したりしないことの約束を、ライセンサーまたは同監査人から文書にて提出させるのが望ましい。

第6　一口コメント

契約履行の透明性は相互の信頼関係を育む。

II－2　特別条項（Special Terms）

第7章　販売促進（Sales Promotion）

第1　事例7の紹介〔技術供与〕

ARTICLE 6 SALES PROMOTION

6.1.　Licensee shall make all reasonable efforts to manufacture and sell enough quantity of the Licensed Products to reasonably meet with market demand in the Territory.

6.2.　In view of the exclusive right and license granted to Licensee hereunder, Licensee shall make utmost efforts to promote the use of the Licensed Products and enhance the sales growth thereof in the Territory pursuant to the terms and conditions of this Agreement.

6.3.　In addition to the reports to be made by Licensee pursuant to the provisions of Article 7 hereof, Licensee agrees to furnish Licensor with such other reports as Licensor may reasonably require from time to time during the life of this Agreement in connection with the activities of Licensee under this Agreement.

6.4.　Promptly after the Effectuation Date, Licensor will furnish Licensee with one (1) set of Licensor's current catalogs and salesman handbooks covering the Licensed Products. Licensor will also furnish Licensee, upon request of Licensee, with other Licensor's then available information Licensor may deem necessary for Licensee to prepare quotations. It is understood, however, that Licensor shall in no way be obliged hereunder to furnish Licensee with any cost/price and profit/loss information of Licensor concerning the Licensed Products manufactured and sold by Licensor.

第2　事例7の訳文

6条　販売促進

> 6.1. ライセンシーはテリトリー内の市場需要を合理的に満たすに十分な数量の契約製品を製造・販売するためにあらゆる合理的な努力をしなければならない。
>
> 6.2. 本契約に基づきライセンシーに許諾される排他的権利及びライセンスに鑑み、ライセンシーは、本契約の諸条件に従い、テリトリー内において契約製品の使用を促進し、その販売量を増進させるため最大の努力をしなければならない。
>
> 6.3. 本契約7条の規定に従いライセンシーが作成する報告書に加えて、ライセンシーは、ライセンサーが本契約に基づくライセンシーの活動に関連して、本契約期間中、書面にて合理的な範囲で時々要求する可能性のあるその他の報告書を、ライセンサーに提出することに同意する。
>
> 6.4. 契約発効日以後直ちに、ライセンサーはライセンシーに対して、契約製品をカバーするライセンサーの現行カタログ及び販売員のハンドブックを1組供与する。ライセンサーは、ライセンシーからの要求があれば、ライセンシーが見積書を作成するのに必要であるとライセンサーが看做した情報で、その時点で入手可能なものを、ライセンシーへ供与する。ただし、ライセンサーはライセンシーに対して、ライセンサーが製造・販売した契約製品の原価／販売価格並びに損益情報を提供する契約上の義務はないと了解する。

第3　事例7の解説

1　製造・販売の最善努力義務（6.1項）

テリトリー内の市場の需要に応えるため、製造・販売に最善の努力をすることがライセンシーの義務である。

2　使用増と販売量の増進（6.2項）

本事例は独占的ライセンス契約である。契約製品の製造・販売はすべてライセンシーの努力に依存している。よって、ライセンシーが契約製品の潜在需要を最大限に喚起し、販売数量の伸長に努力することを、ライセンサーはライセンシーに対して要求している。

3　ライセンス契約に関連した事業活動報告（6.3項）

契約に明定されていなくとも、ライセンサーから要求があった場合、それがライセンス契約に関連する限り、ライセンシーの事業活動について報告すべしというのが本条項の趣旨である。ライセンサーとしても無理な要求をするつもりはなく、あくまで合理的な範囲内である。たとえば、第三者の侵害行為、ライセンシーの契約違反行為等があった場合、ライセンサーとしてはライセンシー

に対して調査・報告を要請できるようにしておきたい。

4　販促資料の提供（6.4項）

　契約発効後、直ちに、製造図面等の提供ができない場合がある。その場合、ライセンシーが1日でも早く契約製品について予備知識を習得できるように、ライセンサーはライセンシーに対して、まず、現行のカタログやセールスハンドブックを提供するという実務的な対処である。

　製造図面等がないからといって、見積引合いに応じられないというのでは困る。ライセンシーが見積引合いに対応できるように、ライセンサーは必要な見積資料をライセンシーへ提供する。ただし、ライセンサーが製造・販売した契約製品の価格や損益に関する情報までは提供できない旨断っている。

　製造コスト等は、工場設備、稼動率、原材料管理、従業員の能力・配置、労働組合、資金繰り、その他諸々の工場運営のやり方次第で大きく変動する。ライセンサーが製造コストに関する情報をライセンシーに提供した場合、ライセンシーに対して損益に関し、参考情報が参考ではなく、保証につながることをおそれる。

　販売価格は、その市場の成熟の度合いによりまたはその時々のマーケットの状況や販売政策により、変動する。この種情報の提供には、ライセンサーとしても慎重にならざるを得ない。

第4　本条項の位置付け

　ライセンス契約は、通常、技術の使用だけなく、同技術を使用した契約製品をテリトリーにおいて普及することをも目的とする。そして、かかる目的を達成するために、ライセンシーがなすべきこと（積極的義務）、なすべきでないこと（消極的義務）はさまざまである。本条項は、上記積極的義務の一環として、ライセンシーに対してテリトリー内における契約製品の製造・販売に専念することを義務付けている。それは契約の誠実な履行という観点で重要である。なお、ライセンシーの消極的義務については、第2部第8章「競合禁止」、第9章「秘密保持」等で述べる。

第5　本条項のチェックポイント

1　基本的な考え方

(1)　日本法の場合

　ライセンス契約は、ある者が他の者に対し、それなしには違法となる行為をすることを許諾する契約であり（田中・英米法辞典）、これにより、当然にライセンシーの販売促進義務が導かれるものではない。

　ただし、当事者が別途ライセンシーに販売促進義務を課す合意をすることはでき、その場合、ライセンシーは、善良な管理者の注意をもってその事務を処理する義務を負う（民656条、644条）。これを善管注意義務といい、受任者と同様な職業・地位にある者に対して一般に期待される水準の注

意義務とされる（内田・民法Ⅱ273頁）。

(2) 米国法の場合
A　通常の義務と努力義務
(A)　努力義務の内容

ライセンシーの販売促進義務は、通常の義務ではなく、努力義務として規定されることが多い。努力義務とは、たとえば、"best efforts"、"reasonable efforts"、"commercially reasonable efforts"等のように、一定の行為・結果にコミットせず、努力をすることの表明にとどまるものをいう[1]。

ここに、"best efforts" は、義務を履行するうえで勤勉な試み（diligent attempts to carry out an obligation）をいい、いわゆる "good-faith obligation"（誠実義務）よりも高度な義務とされる（Black's Law Dic.）。

では、"best efforts" は、誠実義務のみならず、他の努力義務より、義務の程度が高いのか。

上記のように "best efforts" は、diligent attempts（勤勉な試み）を要求する。

また、"diligent efforts"（勤勉な努力）と "reasonable efforts"（合理的な努力）は同義と解される（Adams・Manual161頁）。

さらに、これらの用語の前に "commercially" と付しても、義務の程度は変わらないとされる（商取引における当事者の義務はすべて商事的な観点から判断されるから）（Adams・Manual161頁）。

結局、これらの定義からは、"best efforts" が、他の努力義務よりも義務の程度が高いともいえない（いずれも勤勉な試み・努力で足りるから）。

ただし、"best" と記載すると、一般的には、同人が可能なすべてのことをやらなければならないと解釈されかねず、また、紛争（裁判）になると債務不履行の根拠として "best efforts" 違反が持ち出され易くなる。

そうだとすると、かかるリスクを避けるべく、"best" を用いず、"reasonable efforts" とか "commercially reasonable efforts" 等を用いることが好ましいのではないかと思われる。

(B)　努力義務の違反

ライセンシーが、販売努力を怠った場合、ライセンサーはライセンシーに対し損害賠償請求等をなし得るか。

Adams・Manual161頁は、努力義務に強制力（enforceability）が認められるためには、努力義務の内容や履行時期が具体的でなければならないとして、以下の二つの裁判例を紹介する。

まず、Kevin M. Ehringer Enterprises, Inc. v. McData Services Corp.[2] において、裁判所は、債務者の努力義務であった「契約期間（3年）中、製品を宣伝し販売するにつき最大限の努力をする」（best efforts to promote, market, and sell products during the three-year term）義務が定められた契約につき、「努力義務を定めた契約は、同努力義務が果たされたか否かを判断するための目標又はガイドラインを定めない限り、強制力を有しない」とした。

1　米国の公開会社が公開する重要な契約書に関する非公式な統計によると、努力義務を示す用語として最も使用される頻度の高い用語は、"best efforts"、"reasonable efforts"、"commercially reasonable efforts"、"reasonable best efforts" であり、その他の用語としては "good-faith efforts"、"diligent efforts"、"commercially reasonable best efforts"、"every efforts" 等があるとされる（Adams・Manual159頁）。

2　Kevin M. Ehringer Enterprises, Inc. v. McData Services Corp., 646 F.3d 321 (5th Cir. 2011)

また、Herrmann Holdings Ltd. v. Lucent Technologies Inc.[3]において、裁判所は、特定された申請行為を「できる限り速やかに行う努力義務」が定められた契約につき、強制力を認めた。

このように努力義務は、強制力が認められ得るが、そのためには、努力義務の内容や履行時期等が具体的に定められていなければならないと解される。

B　米国法の関連規定

(A)　「UCC／2-306(2)：産出量、基準量及び排他的取引」

UCC Article 2 は、ライセンス契約に直ちに適用されるものではないが、以下、参考までに最善努力義務について、UCC／2-306(2)の規定を検証する。

> (2)　売主若しくは買主による当該種類の物品の適法な排他的取引契約は、別途定めがない限り、売主に対しては物品供給のための最善努力義務を課し及び買主に対してはその購入品の販売促進のための最善努力義務を課すものとする。

〈補足説明〉

同条項についてオフィシャル・コメントは、たとえ契約書上明示されていなくても、契約の履行は誠実に行うことが義務付けられるとしている。

(B)　「UCC／1-304：誠実義務」

契約の履行について、UCC／1-304の規定を検証する。UCC／1-201(b)⒇ Good Faith 参照。信義誠実は、日本民法の大原則（1条2項）である。

> 本法（this Act）の範疇にあるすべての契約又は義務は、その履行又は強制において誠実義務を課す。

〈補足説明〉

オフィシャル・コメントは、この条項はこの法律全体を通じての一つの基本的原則を規定したものであると説明している。

(3)　販売促進義務のドラフティング

ライセンサーの立場からすれば、まずは販売促進義務を通常の義務として定めることを検討（ただし、公取指針に注意）し、それが困難である場合は、以下の条項例のように販売計画書を提出させる等して、努力義務をなるべく詳細に定めることを検討することが望ましい。

> Licensee shall use its commercially reasonable efforts to maximize the sales of the Products throughout the Territory. Licensee shall prepare and submit to Licensor a commercialization plan (the "Commercialization Plan") within ( ) months after the Effective Date. The Commercialization Plan shall incorporate the commercialization diligence requirements set forth below:

3　Herrmann Holdings Ltd. v. Lucent Technologies Inc., 302 F.3d 552 (5th Cir. 2002)

第 7 章　販売促進（Sales Promotion）

(a) …

(b) …

(c) …

Licensee shall update such Commercialization Plan on a yearly basis and will provide quarterly reports to Licensor describing Licensee's progress against such Commercialization Plan. Licensee, its Affiliates and its Sublicensees shall have responsibility for all decisions related to and implementation of the commercialization activities.

〈訳文〉

　ライセンシーは、テリトリーにおける契約製品の販売を最大化するよう商業的に合理的な努力を尽くすものとする。ライセンシーは、効力発生日から（　）ヶ月以内に、販売計画書（以下「本販売計画書」という）を作成し、これをライセンサーに提出するものとする。本販売計画書は、以下の商業的努力義務を含むものとする。

(a) ……

(b) ……

(c) ……

　ライセンシーは、販売計画書を毎年アップデートし、ライセンサーに対し毎四半期に販売計画書の進捗状況を報告するものとする。ライセンシー、その関連会社及びそのサブライセンシーは商業的判断及び活動について責任を負うものとする。

以下は、ライセンシーの販売促進義務違反について定めた条項例である。

　At any time after [number] years from the effective date of this Agreement, LICENSOR may terminate or render this license non-exclusive if, in LICENSOR's reasonable judgment, the Progress Reports furnished by LICENSEE do not demonstrate that LICENSEE:

(i) has put the licensed subject matter into commercial use in the country or countries hereby licensed, directly or through a sublicense, and is keeping the licensed subject matter reasonably available to the public, or

(ii) is engaged in research, development, manufacturing, marketing or sublicensing activity appropriate to achieving 3.2(d)(i).

[Specific performance milestones should be inserted here.]

〈訳文〉

　本契約の効力発生日から（数字）年経過後は、ライセンサーは、ライセンシーが提供した進捗報告書がライセンシーによる以下を示さなかった場合、ライセンサーの合理的な判断により、本契約を終了又は非独占とすることができる。

(i) ライセンシーが、直接又はサブライセンスを通じて、ライセンスの対象事項をライセンスされた国又は国々において商業的に使用できる状況におき、且つ、一般的に合理的に入手可能な状態におき続けていること。

185

> (ii) ライセンシーが3.2(d)(i)条を達成するために適切な、調査、開発、製造、営業又はサブライセンス活動を行っていること。
>
> (具体的な行動マイルストーンをここに記載する)

2 公取指針の考え方

最善実施努力義務について、公取指針から「第4 不公正な取引方法の観点からの考え方 4 技術の利用に関し制限を課す行為」の考え方を検証する。

> (5) 最善実施努力義務
> ライセンサーがライセンシーに対して、当該技術の利用に関し、最善実施努力義務を課す行為は、当該技術が有効に使われるようにする効果が認められ、努力義務にとどまる限りはライセンシーの事業活動を拘束する程度が小さく、競争を減殺するおそれは小さいので、原則として不公正な取引方法に該当しない。

3 実務の考え方

(1) 技術供与契約

特定地域において特定の1社に契約製品の独占的な製造・販売権を許諾したにもかかわらず、そのライセンシーが十分に製造・販売を実現しなかった場合、ライセンサーはその市場を失ったと同じことになる。独占的な製造・販売権を許諾するということは、そうした大きなリスクをライセンサーが負担することを意味する。ライセンサーはライセンシーに対して、常に、契約製品の製造、販売に専念することを強く要望する。

事例3の2.4項では、ライセンサーはライセンシーに対して、下記5項目の最善実施努力義務を課している。下記5項目は、UCC／2-306(2)（上述）およびUCC／1-304（上述）の趣旨に則り、具体的に列挙したものと思われる。最善実施努力義務の理念規定としてはうまくできている。

① ライセンスのフル活用
② 高水準の販路開拓・維持
③ 販売量および流通量の最大化
④ 広告および販促についての最大の努力
⑤ 独占地域内における市場開発および充足

(2) 技術導入契約

米国の法律規則に基づき米国の企業と契約を締結した場合、契約に特に定めがなければ、ライセンシーは、ライセンス契約が動産売買と評価される場合は、UCC／2-306(2)（上述）およびUCC／1-304（上述）の規定に従い黙示的に製造・販売の努力義務を負い、そうでない場合であってもコモンローに従い、同義務を負い得る。

ライセンシーが最善実施努力義務を軽減することを望むならば、契約において「最善実施努力義

務」の意味・内容をその趣旨に沿って定義しておかなければならない。それには個別、具体的な検討が必要である。

　たとえば、ミニマム条項付き契約において、ミニマム条件をクリアーしただけでは最善実施努力義務を果たしたとはみなせないとか、またはミニマム条件をどのくらい上回ったら最善実施努力義務を果たしたとみなすとか、できるだけ定量的な判断基準の設定が望ましい。

第6　一口コメント

　契約の世界に情状酌量という言葉はない。

〔第2部〕 Ⅱ－2 特別条項 (Special Terms)

第8章　競合禁止 (Non-Competition)

第1　事例8の紹介〔技術供与〕

ARTICLE 7 NON-COMPETITION

Licensee shall have the right to engage, directly or indirectly, in manufacturing, selling or otherwise handling any construction machines falling within the same category of the Licensed Products having operating weight of thirty-five (35) metric tons or smaller, competitive against the size class of the Licensed Products provided that Licensee shall have given Licensor a sixty (60) day written notice of its intent to take such action and further that Licensor shall not have offered to develop such competitive product on terms and conditions and within a time schedule acceptable to Licensee.

In no way shall the provisions of this Paragraph be construed to impair Licensee's right to manufacture and sell Licensee's models A and B as referred to in Paragraph 14.01 hereof and/or any modified and/or improved versions thereof. If and when Licensee takes said action following said procedures, then Licensor shall be relieved from its obligation under Paragraph 3.07 hereof to develop new models and Licensee shall have the right under Article ⅩⅣ hereof to continue to use Licensor's Proprietary Data for Licensee's models on a non-exclusive basis to the extent then utilized; however, Licensee shall not, without further agreement with Licensor, utilize Licensor's Proprietary Data under Article ⅩⅣ hereof to any greater extent than then utilized, or on any new Licensee's models.

第2　事例8の訳文

7条　競合禁止

　ライセンシーがライセンサーに対してそうした行動を取る旨の意思表示をした60日の書面通知を出し、しかも、ライセンシーにとって受け入れ可能な諸条件および期限内に、こうした競争品の開発提案をライセンサーが行わなかった場合、ライセンシーは、許諾製品の大きさクラス（size class）と競合する、運転重量で35メトリックトン以下の、許諾製品と同じ範疇に属する建設機械の製造、販売または取扱いに、直接または間接に、関与する権利を有するものとする。

188

本条項の規定は、本契約14.01項で言及されているライセンシーのモデルＡおよびＢ並びに同モデルの改良型をライセンシーが製造、販売する権利を妨げるという意味では決してない。万が一、ライセンシーが前記手続に従って前期行動を取った場合、ライセンサーは新モデルを開発するという3.07項に基づく義務を免除され、そしてライセンシーは、本契約14条に基づく権利として、その時に使用していた範囲内に限って、非独占ベースで、ライセンサーの財産権情報をライセンシーのモデルに引き続き使用することができるものとする。ただし、ライセンシーは、ライセンサーと更なる合意を得ずに、その時使用していた範囲を超えて、または、ラインセンシーのニューモデルに対して、本契約14条に基づくライセンサーの財産的情報を使用してはならない。

第3　事例8の解説

　本条項は、文面上は、競合禁止条項というよりはむしろ競合容認条項である。ただし、ライセンシーが競合品の取扱いを開始したならば、独占的権利を非独占的権利に変更するという趣旨の規定である。

1　競合品の定義

　実務では、契約製品の競合品とは何かが問題となることが多い。そこで、いかなる建設機械が契約製品の競合品に該当するのかをまず定義している。ここでいう競合品とは、契約製品と機種(class)や大きさ（size）が同じで、機械の作業能力が35メトリックトン以下で、しかも契約製品と競争し得る建設機械であるとしている。

2　競合品の取扱いと実施権の変更

　この規定の原案は、ライセンシーは競合品の製造・販売は勿論のこと、どんな形であれ競合品を取り扱ってはならないという文面であった。これに対し、ライセンシー側の弁護士が交渉の席上で現行の規定のように変更・改訂した。これにより、ライセンシーはより広範な自由裁量権を持てると考えたと思われる。

　これに対してライセンサーは、もしライセンシーが競合品を取り扱うようになったなら、独占的な製造・販売権を剥奪して非独占的なものに変更し、以後ライセンサーの技術をライセンシーの他のモデルには使わせないと逆提案した。

　ライセンシーはこのライセンサーの反対提案を受け入れた。その結果、この競合禁止規定の解釈が、ライセンシーが当初意図したものとはかなり違った意味合いを持ってしまった。ライセンシーは競合品の製造、販売を直接行わなくても、間接的であっても、競合品のビジネスに関われば、それは競合のビジネスに関与したことになる。そのときは、ライセンシーは独占的な製造・販売権を剥奪されてしまうという厳しい規定に変質した。

3 競合品の取扱手続とその意味（provided-that clause）

ライセンシーが競合品を取り扱うためには、二つの前提条件＝手続を要するとした。

一つ目は、競合品の取扱開始に先立ちライセンサーに予告をすること。予告期間は60日で、書面による。競合品の取扱いといっても、第三者からライセンスを受けて製造・販売をするのか、販売だけを行うのか、またはその他のやり方か、いろいろある。60日の予告期間は、問題解決の友好的な話し合いに使うこともできる。また、ライセンサーは、ライセンシーが今後取り扱う競合品に対して、抜本対策を講ずるため社内で知恵を絞る時間に当てることもできる。

二つ目は、開発日程と条件がライセンシーの要望に合致しないこと。ライセンサーはライセンシーの要請に基づき新製品の開発提案を行ったが、その開発日程と条件がライセンシーの要望に合致せず、受け入れられなかったという事実が必要である。ただし、かかる条件は結局のところライセンシーの意思により左右されるので、実質的には、ライセンシーの競合品の取扱いを制限していない。

開発競争の熾烈なこの業界において、アイデアとタイミングが事業の成否を左右する。アイデアが似たり寄ったりなれば、1日も早く市場へ製品を出したほうが他を制する。ライセンシーは、市場競争において生き残るために、ライセンシーが製造・販売する市場の需要動向（技術と価格）にマッチしたタイムリーな開発協力をライセンサーに要求している。

4 競合品の取扱規定とライセンシーの固有の製品の製造・販売との関係

ライセンシーが競合品の取扱いを開始すると、ライセンサーが許諾した技術の使用範囲がそれまでに使用された範囲に限定されるばかりか、製造権・販売権も独占的なものから非独占なものに変わる。

他方、ライセンシーが競合品の取扱いを開始した時点では、すでにライセンシーの固有の製品であるモデルAおよびB[1]は、ライセンサーの許諾技術を使って改良されている可能性がある。

かようにライセンサーの許諾技術がライセンシーの製品、モデルAおよびBに使われていると想定されるところから、将来、ライセンサーが何らかの理由を付けてこれらモデルAおよびBの製造・販売を妨げる可能性がないとも限らないとのライセンシーの思惑から、「この競合品の取扱規定がライセンシーのモデルA及びBの製造・販売を妨げない」という文言になった。

5 開発義務の免除とライセンサー技術の利用制限等

競合品の取扱いを容認する代わりに、ライセンサーはライセンシーに対して、契約上の義務免除条件を三つ提案し、認められている。

一つは、ライセンサーによる以後の新製品開発義務の免除である。ライセンシーが競合品を取り

---

1 ライセンシー独自の設計による製品、モデルAおよびB
　ライセンシー独自の設計による製品、モデルAおよびBは、本契約締結以前からライセンシーが製造・販売していた製品で、本契約の契約製品と類似した機械ではあったが、契約製品とは型式の異なるものであった。しかし、本契約の締結に際し、ライセンサーがライセンシーに許諾する技術をこれらライセンシー製品、モデルAおよびBに利用して使うことを特約により認容した。

扱うということは、半分、競争者の立場に立つことと同じである。ライセンサーは、競争相手となったライセンシーのために、新製品の開発を行うことはできない。ただし、ライセンサーが自発的に改良した技術をライセンシーに無償で供与するライセンサーの義務は残る。

二つ目は、許諾技術の利用制限である。それまでにライセンシーの製品であるモデルAおよびBに利用された技術を、ライセンシーが以後も引き続き使用することはよいが、それ以上に範囲を広げて、たとえば、ライセンシーのニューモデルに当該技術を利用すること等は禁じている。

さらに、ライセンサーが許諾した権利は、独占的な製造・販売権から非独占的な製造・販売権に変質する。それでも、どうしてもライセンシーがライセンサーの技術をもっと範囲を広げてまたは新しい製品に応用したいと希望する場合は、別途ライセンサーの合意が必要であると規定している。現実問題として、ライセンサーがそうした合意に応ずる可能性はなく、気休めの条件である。

第4　本条項の位置付け

独占的製造・販売権を許諾している契約において競合品の取扱いを禁止することは、ライセンサーが実施料収入の確保の観点から一般的に許容されている。本条項は、契約製品の製造・販売に関して、ライセンシーによる最善実施努力義務、専念義務等とも呼応している重要な規定である。この事例では、この条項が実際に契約有効期間中、非常に重要な役割を演じた。

第5　本条項のチェックポイント

1　基本的な考え方

「競合禁止」(non-competition clause = covenant not to compete) とは、誓約者 (covenantor) は一定期間および特定地域内で被誓約者 (covenantee) と競合しないことに同意すること、とされる (Black's Law Dic.)。

契約自由の原則からすると、競合禁止規定を設けることも許されるはずである。しかし、他方で、このような規定が広く認められると競争原理が働かなくなり、ライセンシーのみならず、最終的には消費者にとっても不利益となり得る。そこで、契約自由の原則と競争原理の確保のバランスを図る必要がある。ただし、かかるバランスのとり方は各国の法制度により異なり得る。

(1) 日本法の場合
A　競合禁止の法的根拠
ライセンス契約における競合禁止の範囲について直接定める法令はない。しかし、ライセンシーが契約上販売促進義務を負う場合、ライセンシーは同義務の履行につき善管注意義務（民656条、644条）を負うと思われる。そうだとすると、ライセンシーによる競合製品の取扱いは、かかる善管注意義務と抵触するケースが生じ得る。

なお、会社法356条は、会社に対して忠実義務（会355条）を負う取締役の競業について以下のように定める。

〔第2部〕 II－2　特別条項（Special Terms）

> 取締役は、次に掲げる場合には、株主総会において、当該取引につき重要な事実を開示し、その承認を受けなければならない。
> 一　取締役が自己又は第三者のために株式会社の事業の部類に属する取引をしようとするとき。
> 　（以下、省略）

　ここに「会社の事業の部類に属する取引」（競業）とは、会社が実際に行っている取引と目的物（商品・役務の種類）および市場（地域・流通段階等）が競合する取引である（江頭憲治郎『株式会社法〔第7版〕』（有斐閣、2017年）439頁）。

　また、退任後の競業を禁止する特約は、取締役の職業選択の自由に関わるので、①取締役の社内での地位、②営業秘密・得意先維持等の必要性、③地域・期間等の制限内容、④代償措置等の諸要素を考慮し、必要・相当性が認められる限りにおいて公序良俗に反せず有効と解すべきであるとされる（江頭・前掲443頁）。

　　B　裁判例

　ライセンス契約ではないが、フランチャイズ契約の競合禁止条項に関し、東京地裁平成27年10月14日判決は、以下のとおり判断している。

〈事案の概要〉

　原告は、被告とフランチャイズ契約を締結し、ショッピングモール内でフランチャイズの時計店を営んでいた。その後、被告の解約申入れにより同契約が終了したが、原告は同ショッピングモール内で直営の時計の販売および修理業を営んだ。同契約には競業禁止規定（「契約終了後2年間は、自営も含め、同一商業施設で、同一の営業をしてはならないものとする」）が定められていたことから、被告は原告に対し、競業禁止規定に基づく営業禁止の通知をした。これに対し、原告は、本条項は、被告の解約申入れによる契約終了の場合には適用されない、本条項は「優越的地位の濫用」によるものであり公序良俗に反し無効である、本件の経緯からすれば、本条項を本件に適用することは信義則に違反すると主張して争い、競業禁止義務が存在しないことの確認を求めた。

〈判決および理由〉

　裁判所は、本条項は被告の解約申入れの場合にも適用されるとしたうえで、本件事情からすれば、被告が本条項に基づき原告に対して本件モールにおける時計店の営業の禁止を求めることは、信義則に違反し許されないとして、請求を認容した。

　具体的には、「競業避止義務は、フランチャイザーの運営するフランチャイズシステムの顧客及び商圏を保全するとともに、ノウハウ等の営業秘密を保持するという目的において、合理性を有するものである。他方、競業避止義務は、フランチャイジーの営業の自由を直接的に制約するものであるから、その制約の程度や契約終了の経緯等に照らして、これをフランチャイジーに対して主張することが信義則に違反する場合がある」としたうえで、「本件解約につき原告に帰責性があったとはいえないにもかかわらず、被告による本件解約の申し入れにより本件契約が終了したであるから、そのような本件契約終了の経緯を踏まえると、その後の被告の○○倉敷における商圏を保全すべき正当性は乏しいといえる」、「他方……○○倉敷における原告の時計店の営業が2年間も禁止さ

192

れれば、原告は帰責性もないのに耐え難い経済的損失を被ることになるといえる」等として、原告に対して○○倉敷における時計店の営業の禁止を求めることは、信義則に違反し許されないとした。
〈コメント〉

このように日本においても、米国の考え方と同様に、競合品の取扱いの禁止には制限がある。ただし、ライセンシーの責めに帰すべき事由にて中途解約した場合、短期間に限って契約終了後においても競争品の取扱い等を制限することは可能とされる（上杉秋則編著『特許・ノウハウライセンス契約ガイドライン：Q＆A』（商事法研究会、1989年）144〜145頁参照）。

(2) 米国法の場合

米国の判例、McCullough v. Kammerer Corp.[2] おいて、油田用 pipe-cutter の特許権者、K社は、B社（世界的な規模で事業を行い、米国だけでも11の州の油田会社に pipe-cutter の事業を展開している大企業）に対し、米国における独占的な pipe-cutter の製造・使用権（販売権を除く）を許諾した。

同ライセンス契約において、ライセンシーは「契約期間中は、契約でカバーされている装置と競合するであろう装置の製造、使用、賃借（rent）をしない」旨の約束をし、また、ライセンサーも「契約期間中は、契約でカバーされている装置又は同装置と競合するであろう装置の製造、販売、賃貸（rent）、ライセンス、使用等しない」旨の約束をした。

K社は、第三者であるM社がK社の油田用 pipe-cutter の特許を無断で使用していることを知り、特許権侵害で訴え、損害賠償を請求した。

M社は、K社とB社のライセンス契約が公益（public interest）を阻害すると主張した。

一審ではK社の訴えが認められたが、控訴審では、M社の主張が認められた。判決要旨は下記のとおり。

① 特許権の独占の拡張

　ライセンサーとライセンシーの合意（上記）は、特許権の付与の有無にかかわらず、ライセンシーが製造、使用若しくは販売する他の pipe-cutter の特許権との競合を禁止することで特許権の独占を拡張するものである。

② 発明才能の不活用→競合製品の普及阻害

　競合を排除することで特許権の独占を拡張するという合意は、ライセンサーが本来ビジネスとして成り立ち得る競合品を創造することにライセンサーの高級社員（3名の発明者）の発明才能を活用しないという合意によってサポートされることになる。

③ 公　益

　この契約により契約当事者が誰も被害を受けないという議論は重要なことではないのであって、問題は公衆が被害を受けたかどうかということである。公衆は被害を受けていないという地裁の主張は間違いで、こうした制限が公衆の利益に反するのである。

この判例は、「パテント・ミスユースが適用された典型的事例」（村上政博『特許・ライセンスの日米比較〔第三版〕』（弘文堂、2000年）153頁）といわれている。また、競合禁止条項の違法性について、

2　McCullough v. Kammerer Corp., 9th Cir.1948（76USPQ503）（マッククラッフ対カンマー・コーポレーション事件）、第9巡回控訴裁判所（9th Cir. = Ninth Circuit Court of Appeals (federal)）、米国特許審判決集（USPQ = The United States Patents Quarterly）76巻503頁）。

現実の競争排除よりも、ライセンシーによる競合特許の発明意欲の減退や競合製品の普及阻害に論拠を置く傾向があるとされる。

(3) 競合禁止条項のドラフティング
A　一般的な競合禁止条項

> Neither Party shall be involved [directly nor indirectly] in the distribution, marketing, sale or promotion of any Competing Product in the Territory during the term of this Agreement.
>
> 〈訳文〉
> いずれの当事者も、本契約の期間中、テリトリーにおいて、(直接的にも間接的にも) 競合製品の拡販、営業、販売又は宣伝に携わらないものとする。

たとえば、独占的ライセンスにおいて、契約期間中にライセンシーの競合を禁止することは問題ないと解される。なぜなら、独占的ライセンスを付与したライセンサーが競合禁止規定を設ける必要性は高く、ライセンシーの事業活動もその範囲で保護されているからである。

これに対し、非独占的ライセンスにおいて競合を禁止する場合や独占的ライセンスであっても契約期間後に競合を禁止する場合等は、競合禁止規定の適用範囲を制限しない限り、ライセンシーの事業活動への不当な制約となる危険性がある。特に、上記(1)Bの日本の裁判例のように、従前より行っていた事業が制約される等の場合には、不当な制約となる危険性が高いといえる。

競合禁止規定の適用範囲を制限する方法としては、①競合製品の定義を制限する、②競合が禁止される地域や期間を制限する、③契約違反があった場合等適用場面を制限する等が考えられる。以下、個別に検討する。

B　競合製品の定義を制限する場合

競合製品の定義（上記①）は、たとえば、これを広く、「契約製品と同じ分野（Field）にある製品」等と定義すると競争原理が制限される危険性が高く、反対に、これを狭く、「契約製品と同じ分野（Field）にあるだけでは足りず、仕様において〇〇を有する製品」等と定義すれば競争原理が制限される危険性が減少する。

以下は、競合禁止の対象となる競合製品を限定している条項例である。

> "Competing Product" means any product that is being Commercialized in the Field in the Territory containing ___.
>
> 〈訳文〉
> 「競合製品」とは、本テリトリーの本フィールドにおいて商業化された製品であり、___を含む製品をいう。

なお、競合製品の定義をさらに狭く、「ライセンサーの秘密情報を使用した製品」等に限定した場合、そもそも競争原理の制限の問題は生じないと思われる。なぜなら、ライセンシーがこのような製品を販売すること自体が不正競争に該当しかねない行為だからである。

C　競合禁止の地域や期間を制限する場合

競合禁止の地域や期間（上記②）は、当然ながら、これを限定したほうが、競争原理が制限される危険性は低い。以下は、競合禁止の期間を限定している条項例である。

> Neither Licensee nor its Affiliates shall Commercialize, directly or indirectly, any Competing Product in the Territory prior to (　) months following the Effective Date (unless this Agreement has been terminated).
>
> 〈訳文〉
>
> ライセンシーもその関連会社も、効力発生日から（　）ヶ月間は、直接的にも間接的にも、テリトリーにおいて競合製品を商業化しないものとする（ただし、本契約が終了した場合はこの限りではない）。

D　一定の条件で競合を認める場合

> Subject to Section ＿ of this Agreement, if during the term of this Agreement, Licensee Commercializes any Competing Product in the Territory, Licensee shall pay Licensor certain compensation pursuant to Section ＿.
>
> 〈訳文〉
>
> 第＿条による場合を除き、本契約の期間中、ライセンシーが競合製品をテリトリーにおいて商業化する場合、第＿条に基づき対価を支払わなければならないものとする。

2　公取指針の考え方

競合禁止について、公取指針から「第4　不公正な取引方法の観点からの考え方　4　技術の利用に関し制限を課す行為」の考え方を検証する。

> (4)　競争品の製造・販売又は競争者との取引の制限
>
> 　ライセンサーがライセンシーに対し、ライセンサーの競争品を製造・販売すること又はライセンサーの競争者から競争技術のライセンスを受けることを制限する行為は、ライセンシーによる技術の効率的な利用や円滑な技術取引を妨げ、競争者の取引の機会を排除する効果を持つ。従って、これらの行為は、公正競争阻害性を有する場合には、不公正な取引方法に該当する（一般指定第2項、第11項、第12項）。
>
> 　なお、当該技術がノウハウに係るものであるため、当該制限以外に当該技術の漏洩又は流用を防止するための手段がない場合には、秘密性を保持するために必要な範囲でこのような制限を課すことは公正競争阻害性を有さないと認められることが多いと考えられる。このことは、契約終了後の制限であっても短期間であれば同様である。

3　実務の考え方

(1)　技術供与契約

A　独占的ライセンス

ライセンサー自らも実施できない独占的ライセンス契約において、ライセンシーに対して競合品の製造、販売を認めることは、契約製品の製造、販売への専念義務を免除することになり、出来高払実施料による利益の確保ができなくなるおそれがある。

競合技術や競合品の取扱い禁止は、ライセンサーにとっては譲歩できない重要な契約条件の一つである。そのような独占的ライセンス契約において、もしも競合技術や競合品の取扱い禁止が許容されない場合、多くのライセンサーはそのようなライセンス契約の締結を断念するであろう。また、本事例のごとく、いったんは独占権を許諾しても、競合品の取扱いを開始した時点で、非独占権に変更する等の条件を付して対応することになる。

B　非独占的ライセンス

非独占的ライセンス契約において、ライセンサーは常に許諾技術について他社にライセンスできる立場にある一方、ライセンシーはライセンサーからライセンサーの技術をライセンスしてもらわざるを得ない立場にあるとき、一般的に、ライセンサーはライセンシーに比べてはるかに優位な立場にあるといえる。ライセンサーがそのような優越的地位を利用して、ライセンシーに対して競合技術や競合品の取扱いを禁止することは、下記理由により、市場における競争秩序に悪影響を及ぼすおそれがある場合、不公正な取引方法に該当し、違法となる。

① 　ライセンシーが製造しようとする製品または採用しようとする技術に関し選択の自由が奪われる。

② 　もしくは、こうした制限によって特許製品等に係る競争が阻害される。

③ 　または、競争事業者の取引先もしくはそれとの取引の機会が奪われる。

(2)　技術導入契約

A　独占的ライセンス

契約期間中に限って競合技術や競合品の取扱い禁止を受けることは、ライセンシーとしては、やむを得ない。

しかし、契約終了後も競合技術や競合品の取扱い禁止を受けることは、ライセンシーの将来の事業展開が著しく制限され、大きな不利益を被るおそれがある。よって、通常は、ライセンシーはこうした制限や義務を甘受することはできない。

ただし、ノウハウライセンス契約においては、短期間であれば制限することが可能とされる場合もある。ライセンサーとの十分な協議が必要である。

B　非独占的ライセンス

契約期間中であろうと、契約終了後であろうと、競合技術や競合品の取扱いを禁止されることは、ライセンシーとして、甘受できない。

ただし、ノウハウライセンス契約においては、短期間であれば制限することが可能とされる場合もある。ライセンサーとの十分な協議が必要である。

第6　一口コメント

契約は論理という一本の糸で編まれた編み物のごとし。一つほつれると、全体がバラバラになる。

第9章　秘密保持（Confidentiality）

第1　事例9の紹介〔技術供与〕

ARTICLE 8 CONFIDENTIALITY

8.1. Licensee agrees to hold in confidentiality all Licensor's Technical Data disclosed to it hereunder and not to disclose or divulge the same in whole or in part, directly or indirectly, to anyone else except to such Licensee's directors, employees, agents, subcontractors, vendors and/or suppliers as will be authorized by Licensee to have access to Licensor's Technical Data to the extent necessary to Licensee's exercise of its rights and licenses granted hereunder, subject to the provisions of Section 8.4 of this Article, provided, however, that the following information shall not be subjected to Licensee's confidentiality obligation under this Section:

(1) information which at the time of disclosure thereof hereunder was already in the public domain, as can be evidenced by Licensee;

(2) information which after disclosure thereof hereunder becomes part of the public domain by publication or otherwise through no fault of Licensee, as can be evidenced by Licensee;

(3) information which was in Licensee's possession at the time of disclosure thereof hereunder and which was not acquired by Licensee, directly or indirectly, from Licensor or from a third party having confidentiality obligation, as can be evidenced by Licensee; and

(4) information which was received by Licensee after the time of disclosure thereof hereunder from a third party who did not require Licensee to hold it in confidence and who did not acquire it, directly or indirectly, from Licensor under confidentiality obligation, as can be evidenced by Licensee.

8.2. Any specific information on Licensed Product for a certain particular capacity of Licensed Equipment disclosed to Licensee hereunder as part of Licensor's Technical Data shall not be deemed to fall within the exceptions set forth in Section 8.1 of this Article on the ground that any constituent elements of such information or any combinations of such information with any other elements, including without limitation any equipment itself falling within the same category of Licensed Equipment, are part of the public domain or in Licensee's possession.

8.3. Licensee further agrees not to use any part or all of Licensor's Technical Data disclosed to Licensee hereunder subjected to Licensee's confidentiality obligation for any purpose other than Licensee's exercise of its rights and licenses granted hereunder without the prior written permission of Licensor.

8.4. Licensee warrants that any and all of its directors, employees, agents, subcontractors, vendors and/or suppliers who will be authorized by Licensee to have access to Licensor's Technical Data are and will remain under written obligation to Licensee to hold in confidence Licensor's Technical Data to which they will have access, not to disclose or divulge the same to anyone else, and not to use the same for any other unauthorized purpose.

8.5. Licensee acknowledges that its failure to comply with its confidentiality undertaking under this Article may result in immediate and irreparable injury to Licensor. Accordingly, Licensor shall, in addition to monetary remedies it may have at law, be entitled to injunction and any other equitable relief.

8.6. The confidentiality undertaking of Licensee under this Article shall apply without territorial limitation and survive after Termination Date subject to the provisions of Sections 13.01 and 13.03 of Article XIII hereof.

第2　事例9の訳文

8条　秘密保持

8.1.　ライセンシーは、本契約に基づきライセンシーに開示されたライセンサーのすべての技術情報を秘密に保持し、同情報の全部又は一部を、直接・間接を問わず、以下の者を除き誰にも開示又は漏洩しないことに同意する。以下の者とは、ライセンシーの役員、従業員、代理人、下請業者、販売業者及び納入業者のことをいい、本条8.4項の規定に従いライセンシーが本契約に基づき許諾された自己の権利及びライセンスを実施するに必要な範囲までライセンサーの技術情報にアクセスすることをライセンシーによって権限を与えられた者である。ただし、下記情報は本条項に基づくライセンシーの秘密保持義務に服さないものとする。

(1) 本契約に基づきライセンサーの当該技術情報が開示された時点で、既に公知となっている

ことを、ライセンシーが立証し得る情報；

(2) 本契約に基づきライセンサーの当該技術情報が開示された後、出版物又はライセンシーの過失ではないその他の方法によって、公知の一部となっていることを、ライセンシーが立証し得る情報；

(3) 本契約に基づきライセンサーの当該技術情報が開示された時点で、ライセンシーが占有していたものでありしかもライセンシーがライセンサー又は第三者から秘密保持義務を負って直接・間接に取得したものではないことを、ライセンシーが立証し得る情報；

(4) 本契約に基づきライセンサーの当該技術情報が開示された後、ライセンシーが第三者から受領したものであるが、その第三者はライセンシーに対して秘密保持を要求せず、秘密保持義務に基づきライセンサーから直接・間接に取得したものではないことを、ライセンシーが立証し得る情報。

8.2. ライセンサーの技術情報の一部として本契約に基づきライセンシーに開示された特定容量の契約装置（著者注：契約製品を包含する装置全体をいう）のための契約製品に関する特定情報は、同特定情報の構成要素、又は契約装置と同じ範疇に属する装置そのもの等他の要素と同特定情報との組み合わせが、公知情報の一部であるか又はライセンシーが占有するものであるとの根拠をもって、本条項8.1に規定された例外の範疇に属するとは看做されないものとする。

8.3. さらに、ライセンシーは、ライセンシーが秘密保持義務に服することを条件に本契約に基づきライセンシーに開示されたライセンサーの技術情報を全部であろうと一部であろうと、ライセンサーの事前の書面による許可を受けずに、本契約に基づき許諾された権利及びライセンスの実施以外の目的で使用しないことに同意する。

8.4. ライセンサーの技術情報にアクセスすることをライセンシーが将来許可するライセンシーの役員、従業員、代理人、下請業者、販売業者及び納入業者が、ライセンシーに対して、彼らがアクセスするライセンサーの技術情報を秘密に保持し、他者に同情報を開示・漏洩せず、しかもその他許可されていない目的に同情報を使用しないという義務を、現在及び将来にわたって、負うことを書面で確認することを、ライセンシーは保証する。

8.5. ライセンシーは、本条項に基づく自己の秘密保持の約束を遵守しなければ、ライセンサーに対して、直ちにしかも修復しがたい損害をもたらす可能性のあることを認める。従って、ライセンサーは、コモンロー上（at law）の金銭的救済に加えて、差止命令及びその他衡平法上の救済（equitable relief）を求める権利を有するものとする。

> 8.6. 本条項に基づくライセンシーの秘密保持の約束は、本契約書13.1項及び13.3項を条件として、地域的には無制限にて、契約終了日以後も存続するものとする。

第3 事例9の解説

1 秘密保持および不開示の原則（8.1項）

　ライセンサーの開示情報をライセンシーが秘密に保持し、第三者に開示しないことは大原則である。直接、間接を問わず、少々の情報の漏洩も許されない。

　本事例では、情報の開示先をライセンシーの取締役、従業員、代理人、下請業者、販売業者および納入業者に限定した。しかも、情報開示の限度を、ライセンシーが許諾された権利を実施するに必要な範囲内に限定した。

　ライセンサーの開示情報に、公知情報が含まれている可能性がある。公知情報は秘密保持義務の対象から除外する旨規定している。秘密保持義務対象外の情報を、本事例では、下記四つの範疇に分類し、当該情報がどの範疇に属するものであるかをライセンシーが立証することを義務付けている。

(1) 第一分類：情報開示時の公知情報

　ライセンシーがライセンサーから情報開示を受けたとき、すでに、一般公衆が誰でも自由に利用できる状態になっている情報で、一般に「公知」といわれている情報は、秘密保持の対象から除外される。ただし、ライセンシーはその情報が公知であることを立証する責任がある。

(2) 第二分類：情報開示後の公知情報

　ライセンシーがライセンサーから情報開示を受けた後に、「公知」となった情報は秘密保持の対象から除外される。ライセンシーがライセンサーから開示を受けた秘密情報の一部が、第三者の出版物等によって公知となる場合等が考えられる。この場合も、ライセンシーはその情報の公知化について立証責任を負う。

　ただし、こうした情報の公知化が専らライセンシーの過失による場合は、ライセンシーの秘密保持義務違反が問われることになり、その免責はあり得ない。

(3) 第三分類：情報開示以前からの既得情報

　ライセンシーがライセンサーから情報開示を受ける以前に、ライセンシーが専有していた既得情報は秘密保持の対象外である。ただし、この情報源がライセンサーであったり、または秘密保持義務を負担している第三者ではないことが条件付けられている。この場合も、ライセンシーはその情報の既得性について立証責任を負う。

　ライセンサーが以前に開示した情報であれば、その時の開示条件に従わねばならない。ライセンシーが第三者から取得した情報でしかもその情報について秘密保持義務を負っていれば、ライセンシーはその義務に服さねばならない。

(4) 第四分類：情報開示後に第三者から取得した情報

ライセンサーから情報開示を受けた後にライセンシーが第三者から取得した情報であっても、秘密保持義務をその第三者から要求されていない場合およびその第三者がライセンサーから得た情報であってもライセンサーに対して秘密保持義務を負担していない場合、かような状況をライセンシーが立証できれば、秘密保持義務の対象外となる。

2　公知情報を含む秘密情報（8.2項）

特定の性能を持った契約装置に適合するように特に設計された契約製品の情報は、全く固有な情報である。よって、契約製品に関するかような情報は秘密保持義務の対象になる。たとえ契約製品に関するかような財産的情報の一部またはかような財産的情報と他要素との組合せが、公知情報の一部であったりまたはライセンシーの所有する情報の一部であったとしても、秘密保持義務の対象になる。

なお、ここで「他要素」との組合せに言及している。他要素には、契約装置と同等の性能を持った装置は当然に含まれるが、それ以外の装置も含まれるとして、対象を限定していない。これはどういう技術情報が当該契約製品の情報に応用されるか言明することが難しいからである。契約書等法律文特有の表現方法である。

3　目的外使用禁止（8.3項）

許諾された権利とライセンスを実施する以外の目的でライセンサーの技術情報を使用しないことをライセンシーは約束している。万が一、他目的に同情報を使う場合は、事前に書面にてライセンサーの許可を得なければならない。

4　関係者の秘密保持義務（8.4項）

ライセンシーは、許諾された特許やノウハウを実施するために、ライセンサーから開示を受けた技術情報を、必要に応じて関係者に開示する。ライセンサーはライセンシーに対して、ライセンシーが関係者に情報開示を行うにあたり、関係者に当該情報について秘密保持義務を課すことを約束させている。秘密保持義務を課すやり方は、相手が個人であれば、秘密保持誓約書を提出させ、相手が法人であれば、秘密保持協定の締結というのが一般的である。秘密保持誓約書や秘密保持協定には、開示情報の他目的使用禁止規定も入る。

5　金銭賠償、差止請求権および衡平法上の救済（8.5項）

秘密保持の対象となる情報はいわゆるノウハウである。ノウハウは秘密として管理されている限り情報としての価値があり、法的保護も受けられる。そのノウハウがライセンシーの秘密保持義務違反により他者に漏洩または不当に開示された場合、そのノウハウの価値はその瞬間に滅失する。

ノウハウの漏洩や不当な開示がなされた場合、可及的速やかに当該情報の使用禁止を含めた差止命令を裁判所に出してもらう手続を進めなければならない。すでに情報が使われ、製品が製造されている場合は、販売の差止め・製品回収および在庫品の没収・破棄も必要となる。場合によっては、

製造設備の破棄も必要となることがある。

　こうした一連の手続を手早く行わなければ、被害は増大する。その場合、ライセンサーは修復しがたい損害を被ることになる。本事例は米国企業との契約であるので、ライセンサーはライセンシーに対して、コモンロー上の金銭賠償のみならず、差止請求権並びに衡平法上の救済[1]をも受ける権利がある旨規定している。

6　秘密保持義務の地理的無制限および契約終了後の残存義務（8.6項）

　ノウハウの秘密保持義務は地理的制限を受けず、世界中どこにおいても有効である。

　本事例では、契約終了と同時にライセンサーの技術情報の使用禁止並びにライセンサーの要請があれば、ライセンシーは自己の費用負担で技術資料等をライセンサーに返却しなければならないことが別条項で定められている（13.01項）。

　さらに、契約終了後にライセンシーがライセンサーの技術情報を第三者に転売、譲渡またはライセンスすることを別条項で禁止している（13.03項）。

第4　本条項の位置付け

　ノウハウライセンス契約において、「秘密保持条項」は、「使用許諾条項」および「実施料の支払条項」とともに最も重要な条項の一つである。

　特許・ノウハウライセンス契約においても、有用な特許を実際に使いこなすノウハウを知らなくてはその特許を活用できないということがある。ここでもノウハウの存在意義は大きい。

　かようなノウハウは、秘密に管理されている限りその価値を保持することができ、法的保護も受けられる。ノウハウを他者に開示する際には当然厳重な秘密管理が要求される。よって、ノウハウの生命ともいうべき秘密性の保持義務を規定する本条項は、ノウハウライセンス契約管理上最も留意すべき条項である。

---

[1]　衡平法（equity）上の救済
　「合衆国においては、衡平法上の救済を認めるための手続は、各州において同様ではない。……大部分の州においては、普通法（common law）と衡平法（equity）において、違った原則が存在するのを認めつつ、同一の裁判所が、その双方を同時に運用している。そして、普通法による救済で十分なときは、衡平法上の救済は認められない。
　衡平法の手続は、普通法の手続とはやや違っている。例えば、原則として、普通法の手続においては、陪審（jury）の裁判を受けることはできないが、衡平法の事件においては、それが認められている。
　裁判所が衡平法上の救済を認める前に、それを求める当事者は、自己の法律上の権利が、被告によって侵害されたことと、普通法上の救済では不十分であることを、証明しなければならなかった。そこで、『衡平法は普通法に従う（"Equity follows the law."）』といわれる。かくて、裁判所は、普通法上の権利が侵害され、普通法上の救済では不十分であって、正義と衡平の見地からみて、救済を与えるのが相当と考えるときは、自己の裁量によって適当な救済を与えた。……
　かくて、衡平法裁判所は、正義と衡平からみて、新しい救済方法を認める必要があると考えるときは、随時、新しい救済方法を認めるようになった。現在、広く認められているものとしては、契約の特定履行（specific performance of contract）、差止命令（injunction）、契約の訂正命令（reformation of contract）、契約の解除と原状回復（rescission and restitution of contract）、離婚（divorce）等がある」（並木・契約法24～25頁）

第5　本条項のチェックポイント

1　基本的な考え方

(1)　各国の法制度
　秘密保持条項の重要性を理解するためには、法令による秘密保護の困難性を理解する必要がある。以下、秘密保護に関する、米国法および日本法の法令を説明したうえ、欧州におけるEU指令案について言及する。

　　A　米国法の場合
　　　(A)　米国統一トレードシークレット法（モデル法案）
　統一トレードシークレット法（the Uniform Trade Secrets Act = UTSA）は、統一州法全国委員会議（the National Conference of Commissioners on Uniform State Laws）によって起草されたものである。産業構造審議会知的財産分科会不正競争防止小委員会が作成した「米国における営業秘密保護の現状について」[2]によると、「現在、UTSAは、マサチューセッツ州及びニューヨーク州を除いた全米各州で採用されている。マサチューセッツ州及びニューヨーク州では、UTSAを採用することなく依然として州のコモンロー（不法行為）によって営業秘密を保護している」とされる。トレードシークレットについて、UTSAの定義規定を検証する。
　UTSAは、営業秘密を次のように定義する。

　トレードシークレットとは、以下の方式（formula）、配列（pattern）、編集（compilation）、プログラム（program）、考案（device）、方法（method）、技術（technique）又は工程（process）等の以下の情報であると定義する。
　(i)　それは他人には一般的に知られておらず、しかも正当な手段では容易に確かめることができないが、その他の人でもそれが開示され、使えば経済的価値を得ることができるような、実際の若しくは潜在的な、独自の経済的価値を生み、しかも
　(ii)　その秘密性を維持するためにその置かれた状況下において合理的であるような努力の対象となるものである。

　また、上記「米国における営業秘密保護の現状について」によると、UTSAにおける「misappropriation」は、不正な使用行為、不正な開示に追加して不正な取得行為（以下、「不正取得等」と訳す）を含んでおり、UTSAは、利用可能な救済手段として、差止め、損害賠償請求（現実損害および逸失利益）、不当利得返還請求および合理的なロイヤルティ、並びに、故意・悪意による場合には補塡的損害賠償の2倍までの懲罰的損害賠償および弁護士費用の賠償を認めているとされている。
〈補足説明〉
　Black's Law Dic. は、Trade Secret の項で次のように説明している。

---
[2]　〈https://system.jpaa.or.jp/patent/viewPdf/2892〉

「不正流用から保護される"トレードシークレット"とは、事業において使用され、それを知らない又は使用しない競争者に対して有利となる機会を人に与える方式（formula）、配列（pattern）、情報集積の考案（device of compilation of information）から成る。即ち、それは一つの方式（formula）であり又は一つの化学合成（chemical compound）であり、材料加工、材料取り扱い又は材料保存の工程（a process of manufacturing, treating or preserving materials）であり、機械の配列又はその他の考案であり（a pattern for a machine or other device）、又は顧客リスト（a list of customers）であり得る。Cherne Indust., Inc. v. Grounds & Associates, Inc., Minn., 278 N. W. 2 d 81, 89, 90; Kedekey Electronics, Inc. v. Mechanex Corp. C. A. Colo., 486F. 2 d 449, 445」。

(B) 米国連邦営業秘密保護法（Defend Trade Secrets Act）

2016年5月11日、米国において連邦営業秘密保護法（Defend Trade Secrets Act。以下、「DTSA」という）が制定された。従来、営業秘密の不正取得等に対しては各州の裁判所に訴えを提起せざるを得なかったが、DTSAの制定により、州法のみならず連邦法によっても民事上保護されることとなった。

DTSAの2条は、同法の適用範囲について、次のように定めている。

> An owner of a trade secret that is misappropriated may bring a civil action under this subsection if the trade secret is related to a product or service used in, or intended for use in, interstate or foreign commerce.
>
> 〈訳文〉
>
> 　営業秘密を不正取得等された営業秘密の所有者は、その営業秘密が州間又は海外の取引に使用される製品又はサービスに関連しているか、又は当該取引に使用される予定である製品又はサービスに関連している場合、本条に従い民事訴訟の訴えを提起することができる。

なお、上記「米国における営業秘密保護の現状について」によると、DTSAは「従来の州法やコモンローにはない、DTSAに特有の新しい制度として、一定の条件のもとにおいて、営業秘密の頒布等を防ぐため一方当事者の申立に基づいて財産の差押命令（ex-parte seizure）を裁判所が命じることができる」とされる。

B　日本の不正競争防止法

営業秘密について、不正競争防止法2条6項の規定を検証する。

> 　この法律において「営業秘密」とは、秘密として管理されている生産方法、販売方法その他の事業活動に有用な技術上又は営業上の情報であって、公然と知られていないものをいう。

日本法も米国法やEU法と同様、概ね、①秘密管理性、②有用性、③非公知性の要件を必要としているといえる（金春陽『営業秘密の法的保護――アメリカ・中国・日本の比較法研究』成文堂、2007年）137頁以下）。

これらの3要件の中で、秘密管理性が営業秘密の中核的要件とされ、裁判例においては、管理の

ために合理的な努力がなされたかどうかは、当該情報にアクセスした者に当該情報が営業秘密であることを認識できるようにしているかどうか（客観的認識可能性）や、当該情報にアクセスできる者が制限されているかどうか（アクセス制限）を機軸とした判断枠組みが示されていると解される（金・前掲137頁以下）。

しかし、実際上、具体的な情報が「営業秘密」に該当するか、該当した場合に「不正」といえるか。該当するとして「損害」の有無・範囲等の立証は困難である。

たとえば、秘密情報の漏洩があった場合の損害の算定が問題となった日本の裁判例に、いわゆる日経マグロウヒル事件（東京地裁昭和48年2月19日判決）がある。同裁判例は、コンピュータ用磁気テープの保管者につき、機密保持上の注意義務違反を認めながら、損害については、①同義務違反に基づき実際に生じた損害（漏洩への対応費用等）、②社会的評価ないし信用の低下等による無形損害を認めたものの、③その他の損害（得べかりし利益等）については、立証が不十分であるとしてこれを認めなかった。

上記裁判例は損害立証の困難性を再認識させるものである。

〈補足説明〉

米国ではトレードシークレット、欧州ではノウハウと称される秘密の情報は、日本においては、営業秘密と称している。

不正競争防止法は、営業秘密に関する不正行為を6つのパターンに類型化して（2条1項4号～9号）、営業秘密をこうした不正競争行為から保護すると同時に、万が一、故意または過失により営業秘密が侵害された場合には、差止請求権（3条）、損害賠償請求権（4条）および損害額の算定方法（5条）等の規定を設けて、営業秘密を保護している。それは技術情報のみならず、営業情報も包含され、しかも理論的には、書面化されたりまたは記録媒体に記録された情報のみならず、人の記憶の中にある情報も対象になる。しかし、この人の記憶の中にある情報の取扱いは、実務的には非常に難しい。

なお、平成27年の不正競争防止法等の改正により、営業秘密の保護が強化されている。たとえば、従来、生産方法等の営業秘密の不正使用により生じた物（営業秘密侵害品）を譲渡・輸出入等する行為は規制の対象としていなかったが、同改正により規制の対象となった（2条1項10号）。不正競争防止法が規定する営業秘密の範囲は広い。

また、平成30年の不正競争防止法等の改正により、いわゆるIoTやAI等の情報技術の革新に伴うデータ、その分析方法、これらを活用した製品やビジネスモデルに対応するため、一定のデータの不正な取得、使用および開示を不正競争に位置付け、これに対する差止請求権等の民事上の措置を設け、また、裁判所が書類提出命令を出すに際して非公開（インカメラ）で書類の必要性を判断できる手続を創設するとともに、技術専門家（専門委員）がインカメラ手続に関与できるようにする等した。なお、同改正の詳細については、特許庁のウェブサイト[3]等を参照されたい。

C　EU指令案

2016年6月8日、欧州議会（European Parliament）および欧州理事会（European Council）は、欧

---

3 〈https://www.jpo.go.jp/torikumi/kaisei/kaisei2/fuseikyousou_h300530.htm〉

州委員会（European Commission）の提案に応じて営業秘密の保護に関するEU指令案を採択した[4]。これまで、営業秘密はEUの各加盟国において一定程度の保護がなされていたが、その内容は加盟国によって異なっていた。そこで、本指令案の採択により営業秘密の保護に関する統一的な制度が誕生した。なお、同プレスリリースによれば、各EU加盟国は2018年6月9日までにEU指令案が国内法で担保されるよう措置する必要がある。

なお、EU指令案の第2条によると、営業秘密とは、以下の全ての要件を満たす情報を意味する[5]。

(a) 以下の意味において秘密である。即ち、その本体又はその構成要素の正確な構造と組立が、その類の情報を取り扱う者において一般に知られておらず、又は容易にアクセスできないこと；
(b) 秘密であるが故に商業的な価値があること；
(c) その秘密性を保持するために、その情報を適法にコントロールする者による、その状況下における合理的な手続の対象となっていること

(2) 秘密保持条項のドラフティング

A　秘密情報の定義

秘密開示者の保護の見地からは秘密情報の定義を広く、秘密受領者の保護の見地からは秘密情報の定義を狭くする。秘密情報の定義の広さは、下記条項例の［　］内の記載方法等により変わる。

"Confidential Information" means any and all information [which is proprietary or confidential in nature] including, but not limited to, [technical and economic data, studies, forecasts, trade secrets, research or business strategies, inventions, financial or contractual information], [Option 1 (Broad): whether oral, written, or graphical, Option 2 (Narrow): which is written and marked as "confidential" or bears similar legend], that is disclosed or provided by a party to the other party [prior or after the Effective Date].

〈訳文〉

秘密情報とは、（その性質上、財産性、秘密性を有し）、（技術、経済データ、研究、予測、営業秘密、研究又は事業戦略、発明、財務又は契約上の情報を含む）一切の情報であり、（Option 1（広い）：

4　〈https://ec.europa.eu/commission/index_en〉
5　営業秘密の定義は以下のとおりである。
According to art. 2 of the Directive, trade secret means information:
(a) That is secret in the sense that it is not, as a body or in the precise configuration and assembly of its components, generally known among or readily accessible to persons within the circles that normally deal with the kind of information in question;
(b) That has commercial value because it is secret;
(c) That has been subject to reasonable steps under the circumstances, by the person lawfully in control of the information, to keep it secret;
　EUライセンス法の全体像については、山上・藤川・法律相談837～845頁（Q93　EUのライセンス法―概論〔柴崎洋・浜中孝之〕）を参考にするとよい。

口頭、書面、グラフィックによるかを問わず、Option 2（狭い）：書面化され「秘密」等の表示がなされ）一方当事者から他方当事者に対し（契約締結前又は後に）開示された情報である。

以下は、契約交渉・締結の経緯や内容を秘密情報の対象とする記載例である。

"Confidential Information" means (i) subject to the exceptions set out in Section __, all information disclosed by a party to the other party, whether disclosed prior or after the Effective Date of this Agreement and (ii) the negotiation process, existence and terms of this Agreement.
〈訳文〉
秘密情報とは、(i)__条の例外を除き、一方当事者から他方当事者に対し、本契約の効力発生日の前に交付されたか否かを問わず、開示された全ての情報、および(ii)本契約の交渉経緯、締結、締結内容に関する情報をいう。

B　秘密情報の例外

情報開示者の保護の見地からは、下記条項例の［　］を含め、情報受領者の保護の見地からはこれを含めないことになる。

The obligation of confidentiality set forth in this Section __ shall not apply to any Confidential Information that is:

(a) lawfully possessed by the receiving party prior to receipt from the disclosing party; or

(b) published or available to the general public otherwise than through the receiving party's breach of this Agreement, or its breach of any other obligation of confidentiality; or

(c) obtained by the receiving party from a third party with a valid right to disclose such Confidential Information, provided that said third party is not under a confidentiality obligation to the disclosing party; or

(d) independently developed by employees, agents or consultants of the receiving party who had no knowledge of the disclosing party's Confidential Information.

[Any combination of features or disclosures shall not be deemed to fall within the foregoing exclusions merely because individual features are published or available to the general public or in the rightful possession of the receiving party unless the combination itself and principle of operation are published or available to the general public or in the rightful possession of the receiving party.] [The burden of proving of the applicability of this exclusion shall rest with the receiving party.]

In the event that the receiving party is required by judicial or administrative process to disclose any or all of the Confidential Information, such party may disclose such Confidential Information; [provided, however, that said party shall promptly notify the disclosing party and allow the disclosing party a reasonable time and opportunity to oppose such process before disclosing any

Confidential Information].
〈訳文〉
　本条記載の秘密保持義務は、以下の秘密情報には適用されないものとする。
　(a)　秘密の受領者が、秘密情報の開示を受ける前から保有していた情報。
　(b)　秘密の受領者による本契約ないし秘密保持義務違反によらずして、公知となった情報。
　(c)　秘密の受領者が第三者より、開示権限を伴って取得した情報。ただし、同第三者が秘密の開示者に対し秘密保持義務を負う場合は除く。
　(d)　秘密の受領者の従業員、代理人、コンサルタントにより、秘密情報を知らず、独自に開発された情報。
（情報の組み合わせによる情報は、同組み合わせ情報を構成する各情報が前記の除外条件を満たすからといって、組み合わせ情報が同除外条件を満たすことにはならず、同除外条件を満たすためには、同組み合わせ自体及び全体の仕組みが同除外条件を満たす必要がある。）（同除外条件については情報の受領者が立証責任を負担する。）
（仮に情報の受領者が裁判所又は行政により秘密情報の開示を要請された場合、同秘密情報を開示することができるが、ただし、情報の受領者は、情報の開示者に同要請を争う時間と機会を与えたうえで同情報を開示するものとする。）

C　秘密保持義務の内容
　(A)　第三者への開示禁止
以下は、第三者への秘密情報の開示禁止を定める条項例である。

The Receiving Party shall not disclose the Confidential Information to any third party, without the prior written consent of the Disclosing Party.
〈訳文〉
　受領当事者は、秘密情報を開示当事者の書面による事前の承諾なく、第三者に開示しないものとする。

　情報受領者の保護の見地からは、第三者への開示禁止に例外を設けるべきかを検討する必要がある。情報開示者の保護の見地からは、仮に例外を認めるとしても歯止めをかける必要がある。

The receiving party shall not disclose the Confidential Information to any third party, [except that it may disclose the Confidential Information to those officers, employees, agents, consultants and/or affiliates of the receiving party (collectively "Representatives") who have a need to know the Confidential Information], [provided that (i) the receiving party shall cause each Representative to be bound by the terms of this confidentiality obligation and (ii) the receiving party shall remain responsible for any breach of the confidentiality obligation made by the Representatives.]

〔第2部〕 II-2　特別条項（Special Terms）

〈訳文〉
　情報受領者は、秘密情報を第三者に開示しないものとする。例外として、情報受領者は、秘密情報を知る必要がある情報受領者の役員、従業員、代理人、コンサルタント及び関連会社（以下、併せて「代理人」という）に開示することができるが、ただし、(i)情報受領者は、各代理人に本書の秘密保持義務を課し、(ii)代理人による秘密保持義務違反について責任を負うものとする。

　(B)　目的外使用の禁止

The receiving party shall not use the Confidential Information for any purpose other than for the purpose to perform this Agreement.
〈訳文〉
　情報受領者は、秘密情報を本契約の履行以外の目的で使用しないものとする。

　(C)　その他
　情報開示者の保護の見地から、秘密受領者に対し、上記に加え、以下の義務が課されることがある。

　a　秘密情報の管理

The Confidential Information shall be kept in a secure place with adequate safeguards to ensure that unauthorized person do not have access to, and the receiving party shall not make copies of or otherwise reproduce the Confidential Information without the prior written consent of the disclosing party.
〈訳文〉
　秘密情報に対し権限ない者がアクセスできないような安全な場所に保管するものとし、秘密受領者は、情報開示者の書面による事前の同意がない限り、秘密情報のコピーを作成したり、再現したりしないものとする。

　b　秘密情報の返還

Upon the written request of the disclosing party, the receiving party shall immediately either return to the disclosing party, or destroy, all Confidential Information of the disclosing party, in accordance with the instructions of the disclosing party, including all notes, summaries, and translations that have been made regarding such Confidential Information, and all copies of the foregoing.
〈訳文〉
　情報の開示者より書面の要請があった場合、情報の受領者は、直ちに情報の開示者の指示に

第9章　秘密保持（Confidentiality）

> 従って、秘密情報のノート、サマリー、翻訳文等の秘密情報を返還し、又はこれを廃棄するものとする。

D　違反の効果
(A)　保全処分

コモンローにおいては、契約違反に対する救済手段は、原則として損害賠償である。情報開示者の保護の立場からは、損害賠償の他、保全処分等もなし得ることを明らかにする必要がある。

> The parties acknowledge that the failure to comply with the confidentiality obligations under this Section might result in immediate and irreparable harm to the disclosing party of the respective Confidential Information. Accordingly, the disclosing party of such Confidential Information may, in addition to monetary remedies it may have, be entitled to injunction and any other equitable relief.
> 〈訳文〉
> 両当事者は、本条に基づく秘密保持義務への違反が開示当事者に対し、直ちに、回復不能な損害を与え得ることを認識する。よって、開示当事者は、金銭的な賠償請求に加え、保全処分やその他の衡平法に基づく救済を求めることができるものとする。

(B)　違約金

秘密保持義務違反による損害（特に無形の損害）を証明することは困難であることから違約金を定めることがある。しかし、違反があった場合に、直ちに違約金が発生するとすれば、それ以上の救済（たとえば、差止請求）が認められなくなる危険性があり、また、違約金の額が実際の損害額を大きく上回ると無効となる危険性もある。そこで、違約金の発生を情報開示者のオプションとすることが考えられる。

> If the receiving party breaches any of its obligations under this Section ＿, then the receiving party shall, at the disclosing party's option, either (i) compensate the disclosing party's losses (including loss of profits) or (ii) pay ＿＿＿ U.S. dollars as liquidated damages.
> 〈訳文〉
> 仮に情報受領者が第＿条の義務に違反した場合、情報受領者は、情報開示者の選択により、(i)情報開示者の損害（逸失利益を含む）を賠償するか、又は(ii)違約金として（　　）米ドルを支払うものとする。

E　秘密保持義務の存続期間

秘密保持義務の存続期間の定め方としては、主に、一定の年数を設ける方法と、公知となるまで等、一定の条件を設ける方法がある。前者の例として、以下がある。

> The obligation under this Section __ shall continue for five (5) years after the expiration or termination of this Agreement.
> 〈訳文〉
> 本__条の義務は、本契約の終了後、5年間存続するものとする。

F　その他
公開会社は、プレスリリースの方法も検討する必要がある。

> Each party will consult with the other party before issuing, and provide each other the opportunity to review and comment upon, any press release or other public statements with respect to this Agreement and shall not issue any such press release or make any such public statement prior to such consultation, except as may be required by applicable Law, court process or by obligations pursuant to any listing agreement with any national securities exchange.
> 〈訳文〉
> いずれの当事者も、本契約に関する報道その他の公表を行う場合は、相手方当事者に、それを検討し、コメントを与える機会を与えるものとし、そのような機会を与える前にそのような報道や公表を行わないものとする。ただし、適用法令、裁判所の手続、上場における証券取引に関する規則に基づき開示を要請される場合はこの限りではない。

2　公取指針の考え方

秘密保持について、公取指針から「第4　不公正な取引方法の観点からの考え方　4　技術の利用に関し制限を課す行為」の考え方を検証する。

> (6)　ノウハウの秘密保持義務
> ライセンサーがライセンシーに対して、契約期間中及び契約期間終了後において契約対象ノウハウの秘密性を保持する義務を課す行為は、公正競争阻害性を有するものではなく、原則として不公平な取引方法に該当しない。

3　実務の考え方

(1)　技術供与契約
ノウハウライセンス契約または特許・ノウハウライセンス契約において、そのノウハウの秘密性を保持し、財産的価値を維持するためにはライセンサーはライセンシーに対して秘密保持義務を課すことが不可欠である。

A　秘密保持義務チェック項目
本事例に則してチェック項目を整理すると下記のとおり。

① 秘密保持義務の対象となる情報の明定（不競2条6項）
② 「秘密保持」の表記方法の明定（同上）
③ 情報開示先の特定（同上）
④ 情報開示目的の明定と目的外使用禁止の明定（不競2条6項、1項4号～9号）
⑤ 情報開示範囲の特定（不競2条6項）
⑥ 秘密保持義務対象外情報の概念規定の明定（同上）
⑦ ライセンシーの挙証責任の明定
⑧ 財産的情報と公知情報との関連性の明定（不競2条6項）
⑨ ライセンシーの賠償責任の明定
⑩ 契約終了後の秘密保持義務残存規定の明定（不競2条6項）
⑪ 契約終了に伴う技術資料等の返還義務および流用禁止の明定

　B　秘密保持留意点

ライセンサーがライセンシーに対して要求する秘密保持誓約書を契約書に添付するのが実務的である（第3部第2章「契約締結時の付随契約書のサンプル」参照）。

なお、ライセンシーが秘密保持義務に違反した場合の対策として、事案によっては、具体的に下記内容を契約にて合意しておくのが望ましい。

① ノウハウ技術を含む図面および関連技術資料の破棄（不競3条）
② ノウハウ技術に基づく製品の製造中止（同上）
③ ノウハウ技術に基づいて製造された製品の回収と破棄（同上）
④ 顧客への誠実な説明および謝罪広告の掲載（不競7条）
⑤ ライセンサーによる契約解除権の行使（ライセンス契約の当該条項による）
⑥ ライセンサーによる損害賠償請求権の行使（不競4条、5条）
⑦ その他状況に応じた適正な処置（不競4条、5条、7条等）

(2) 技術導入契約

ノウハウライセンス契約または特許・ノウハウライセンス契約において、そのノウハウの秘密性を保持し、財産的価値を維持するためにライセンサーがライセンシーに対して秘密保持義務を課すことが不可欠であるとの認識に立って、ライセンシーは秘密保持義務の内容に対応しなければならない。

　A　秘密保持義務チェック項目

　　(A)　秘密保持義務の対象となる情報の特定

ライセンシーの秘密保持義務の対象は、業種により、ノウハウの性質により異なる。産業機械の製造ノウハウについて典型的な例を挙げれば、各種設計計算書、各種製造図面、各種組立図面、機械配置図面、製造工程配置図面、運転マニュアル、検査マニュアル、研究開発データ、実験データ、アプリケーションデータ、材料表、各種製造コスト管理データ、セールスマニュアル、未公開特許出願明細書およびその他これ等情報に関連した各種コンピュータデータ等である。秘密保持の対象となる各種文書情報等は、可能な限り一覧表の形で契約書に添付する等してライセンサーに特定させるのが望ましい。

(B) 「秘密保持」の表記方法

「取扱注意」「社外秘」「部外秘」「関係者以外秘密」「秘密」「極秘」等、秘密性の度合いによりまた、それぞれの企業により、表記の仕方もさまざまある[6]。秘密性の程度については、社内規則にて明確に規定しておかねばならない。これら表記は当該文書の文字よりも数倍大きくしかも朱記する等して、一見して「秘密」であることが判断できるものでなければならない。また、秘密の表示をしたうえで、たとえば、「本図面は米国 A 社との契約に基づく秘密保持対象物である。秘密保持違反者は社内規則又は契約に従い処罰される」等と明記すればなおわかりやすい。表記言語は英語と日本語の併記が実務的である。最終的な表現、形式についてライセンサーの確認を取得するかどうかは契約による。

(C) 情報開示先の特定

a　秘密情報の社外開示先の特定

予定されている社外の情報開示先は、契約書にて特定するのが望ましい。契約履行の透明性は相互の信頼性を育むうえで重要である。

ライセンサーとの契約締結時点で情報開示先を特定することが難しい場合でも、ライセンシーは決定次第ライセンサーに通知する旨契約書にて約束するのが望ましい。

社外開示先としては、顧客、原材料・部品等購入先、子会社・関連会社を含め委託加工先、下請先その他が考えられる。

b　秘密情報の企業内開示先の特定

外国企業とのライセンス契約において、担当役員や当該案件を取り扱う従業員との秘密保持契約を義務付けられることがある。

しかし、日本においては、一般的に、役員の就任（6.5％）・退任（5.8％／全役員対象）にあたり秘密保持誓約書を提出させている企業は、過去のアンケート調査をみても、まだ非常に少ない[7]。

また、同じアンケート調査で、従業員の雇用（41.2％）・退職（23.2＋9.2＝32.4％）に際し、秘密保

6　防衛庁の秘密管理
　　平成13年10月28日付産経新聞朝刊（2面「新任務のポイント―自衛隊法改正案5」）の報道によると、防衛庁は、「秘密保全に関する訓令」にて秘密事項を重要な事項の順に、「機密」（2,270件）、「極秘」（11,350件）、および「秘」（121,420件）の三つに分類して管理しており、自衛隊法改正案の中で「防衛上、特に秘匿することが必要なもの」とされる防衛秘密に指定されるものは、「極秘」以上の秘密事項とのことである。
　　・防衛秘密漏洩者（自衛官）に対する処罰：1年→5年以下の懲役（改正）
　　　（防衛秘密を取り扱う民間委託業者も処罰対象：新規追加）
　　・「（漏洩を）共謀、教唆、扇動した者」：最高懲役3年（新規追加）
　　・防衛秘密の内容：10項目を指定。
7　秘密保持誓約書に関するアンケート調査
　　平成7年12月～平成8年2月に日本知的財産協会が会員企業（当時693社）に対して行った営業秘密に関する実態調査（回答企業：413社）報告書（日本知的財産協会フェアトレード委員会『資料244－(1)号　不正競争防止法アンケート調査報告書Ⅰ（管理実態の分析報告）―営業秘密』（1996年））によると、一般従業員および役員に対する秘密保持誓約書の提出要求の度合いは下記のとおりである。
　　（新入社員に対して）
　　・秘密保持誓約書の提出要求　　　　　：41.2％（同報告書86頁参照）
　　・実態的対応ができており不要　　　　：15.5％（同上）
　　（入社後数年経過した従業員に対して）
　　・秘密保持誓約書の提出要求　　　　　：　3.6％（同報告書98頁参照）
　　・実態的対応ができており不要　　　　：40％（同上）

第9章　秘密保持（Confidentiality）

持誓約書を提出させている企業は、半数にも満たない。

このアンケート調査の結果をみる限り、多くの日本企業は、役員や従業員に対して秘密保持誓約書を提出させる必要がないと考えているようである。その主な理由は、役員については、在任期間中、会社法、民法の規定に基づき忠実義務、善良なる管理者の注意義務、競業避止義務等を負担しているからとされる[8]。

（一般従業員の転職・退職時）
- 秘密保持誓約書の提出要求　　　　　　：32.4%（同報告書102頁参照）

（役員就任時の秘密保持誓約書）
- 全役員に提出要求　　　　　　　　　　： 6.5%（同報告書106頁参照）
- 特定の業務統括者に提出要求　　　　　： 1.7%（同上）
- 秘密保持は当然であり不要　　　　　　：41.6%（同上）
- 実態的な対応ができており不要　　　　：10.4%（同上）

（役員退任時の秘密保持誓約書）
- 全役員に提出要求　　　　　　　　　　： 5.8%（同上）
- 特定の業務統括者に提出要求　　　　　： 2.7%（同上）
- 秘密保持・競業避止義務の両方、およびその期間を規定した誓約書の提出要求：1.7%（複数回答方式）（同上）

8　取締役の「忠実義務」、「善良なる管理者の注意義務」および「競業避止義務」
- 会社法355条（忠実義務）
「取締役は、法令及び定款並びに株主総会の決議を遵守し、株式会社のため忠実にその職務を行わなければならない」。
- 民法643条（委任）
「委任は、当事者の一方が法律行為をすることを相手方に委託し、相手方がこれを承諾することによって、その効力を生ずる」。
- 民法644条（受任者の注意義務）
「受任者は、委任の本旨に従い、善良な管理者の注意をもって、委任事務を処理する義務を負う」。

〈補足説明〉

取締役と会社の関係は、委任関係にある。取締役は民法644条に従い、善良なる管理者の注意義務をもって職務を遂行しなければならない。また、定款の規定および株主総会の決議を遵守し、専ら会社のために忠実に職務を行わなければならない。

判例によれば（最高裁大法廷昭和45年6月24日判決・八幡製鉄政治献金事件）、本条の趣旨は、善良なる管理者の注意義務を敷衍し、より明確にした。通常の委任関係に伴う善管注意義務とは別の高い義務を課したものではないとされる。

しかし、学説多数説は、善管注意義務と忠実義務とは異なるとする。善管注意義務は取締役が業務遂行において尽くすべき注意の程度に関するものであるが、忠実義務は会社の利益を犠牲に、取締役としての地位を利用して自分の個人的な利益を求めてはならないとする（早川・商法119頁参照）。

- 会社法356条（競業及び利益相反取引の制限）
「取締役は、次に掲げる場合には、株主総会において、当該取引につき重要な事実を開示し、その承認を受けなければならない。
　一　取締役が自己又は第三者のために株式会社の事業の部類に属する取引をしようとするとき。
　二　取締役が自己又は第三者のために株式会社と取引をしようとするとき。
　三　株式会社が取締役の債務を保証することその他取締役以外の者との間において株式会社と当該取締役との利益が相反する取引をしようとするとき。
　2　民法第108条の規定は、前項の承認を受けた同項第2号の取引については、適用しない」。

〈補足説明〉

「会社の事業の部類に属する取引とは、会社の実際に行う事業と市場において競合し、会社と取締役との間で利益の衝突をきたす可能性のある取引をいう」（早川・商法120頁）とされる。

なお、自己または第三者のためとは、自己または第三者の計算においてなのか、名においてなのか、について学説が二つに分かれている。計算においてとする学説は、自己の名前であろうと、第三者の名前であろうと、「行為の経済上の結果が自己又は第三者に帰属することを意味する（多数説）」（早川・商法120頁）とする。他方、名においてとする学説は、自己のためとは自己の名前で行うことであり、「他人のためにするとは他人の代理人又は代表者としてすることである」（早川・商法120頁）とする。

また、取締役会の承認は事前承認であり、「重要な事実とは、例えば、取引相手方、目的物、数量、価額、取引

215

他方、一般従業員については、入社時等の秘密保持誓約書や就業規則の定めにより秘密保持義務を総括的に負担しているからとする考え方が、前記アンケート結果から読み取れる。

秘密保持誓約書提出に関し、一般的には、次のような効果が考えられる。

① 契約による秘密防衛→法的効果
② 情報管理の徹底→客観的なアピール効果
③ 注意喚起→心理的効果

特に、法的効果に関しては、雇用契約において秘密保持義務が明示されなくても信義則上当然秘密保持義務を負うとする考え方(前橋地裁昭和50年3月18日判決)がある一方、明確な秘密保持規定がない場合、秘密保持義務が否定されるとする考え方もある(平成2年3月16日付け産業構造審議会財産的情報部会報告書「財産的情報に関する不正競争行為についての救済制度のあり方」第4章2③(1)(a)参照)。

以上の日本における実態を踏まえ、また、自社の秘密情報管理体制の現状に鑑み、契約上の秘密保持義務の引受について、慎重な対応が必要である。

　　(D) 情報開示目的の明定と目的外使用禁止

契約履行以外の目的で情報開示を行えば、不正な目的があると解釈される。

　　(E) 情報開示範囲の特定

情報開示の範囲は、開示目的に合致した必要にして十分な程度とすべきである。

　　(F) 秘密保持義務対象外となる情報の概念規定の明定

一般的に、秘密保持義務の対象とならない情報は、基本的に四つの要件を具備した情報といわれ、その最も簡単な定義の仕方として、下記のような事例もある。

Any technical information which, as established by reasonable proof:

(1) at the time of disclosure by Licensor, is in the public domain,

(2) after the time of disclosure by Licensor, becomes part of public domain without fault on the part of Licensee,

(3) at the time of disclosure by Licensor, was in the possession of Licensee and was not acquired directly or indirectly from Licensor, or

(4) after the time of disclosure by Licensor, was lawfully received by Licensee from a third party.

〈訳文〉

合理的な証拠によって立証できる下記技術情報：

(1) ライセンサーが開示した時点で、公知となっている、

(2) ライセンサーが開示した後、ライセンシーの過失によらずして公知となっている、

(3) ライセンサーが開示した時点で、ライセンシーの所有であったもので、ライセンサーから直接・間接に取得したものではなかった、又は

期間、利益等をいう」(早川・商法120頁)とされる。

(4) ライセンサーが開示した後、ライセンシーが適法に第三者から受領したもの。

　　(G) ライセンシーの挙証責任
　問題となる情報が契約で合意された秘密保持義務の対象とならないこと（公知・公用）を主張するためには、ライセンシーが合理的な証拠をもって証明しなければならない。
　　(H) 財産的情報と公知情報との関連性
　公知情報がライセンサーの財産的情報の一部を構成するという事実だけでは、財産的情報を否定することはできない。
　　(I) ライセンシーの賠償責任
　ノウハウがいったん漏洩すれば、修復し難い損失をライセンサーに与えることを考えれば、秘密保持義務違反に対し賠償責任を問われることはやむを得ない。ライセンシーとしては、いかに秘密保持義務を堅実に果たすかに腐心すべきである。
　　(J) 契約終了後の秘密保持義務残存規定
　ノウハウは、秘密に保持される限り価値を有するという特性がある。契約終了後においても当該ノウハウがノウハウとして価値を有する限り、秘密保持義務を課せられるのはやむを得ない。ただし、ノウハウの性質により、ライセンサーとの交渉を通じて秘密保持期間を限定することは可能である。
　　(K) 契約終了に伴う技術資料等の返還義務および流用禁止
　契約終了に伴い秘密の対象である技術資料等を返還し、以後当該情報の流用を禁止することは、今や、知的財産の世界では常識みたいなものである[9]。

　B　秘密保持留意点

---

[9] 技術輸出入管理条例
　中国の技術輸入契約の主たる根拠法であった「技術導入契約管理条例」（1985年5月24日公布、施行）および「技術導入契約管理条例施行細則」（1988年1月20日公布、施行）が、2002年1月1日で廃止され、新たに、同日付で「技術輸出入管理条例」（以下、「新条例」という）が施行された。
　新条例は、技術導入契約の管理に関して「自由輸入技術」「制限技術」「輸入禁止技術」に分類して定めている。これらの分類については、それぞれ該当技術のリストが公表されている。量的には、「自由輸入技術」が圧倒的に多い。「自由輸入技術」の輸入には、契約の登録が必要である。ただし、この登録は、契約が有効に成立する法的要件ではないことが新条例に明記された。政府は、「自由輸入技術」の輸入契約の内容に関与しない。したがって、たとえば、諸々の制限条項を契約に挿入しても、当事者間で合意し、紛争にならなければ、契約として履行できる。
　しかし、契約の有効性が争われた場合は、裁判または仲裁によって判断されることになる。ライセンシングの世界で、不当な取引制限や不公正な取引方法であるとして既に判断されているような契約諸条件は、やがて、中国においても、同じ判断が法律となるのは、時間の問題であると思われる。政府の契約内容への介入がないことを理由に、そうした不当もしくは不公正な契約諸条件を無理強いすることは慎むべきであろう。
　ここでは、「秘密保持」「契約期間満了後の特許利用」および「契約の有効期間」について、新条例のポイントを下記に整理しておく。
　なお、新条例の「技術輸入管理」のその他詳細は、第3部第6章「中国技術輸出入管理条例『技術輸入管理』の留意点」を参照されたい。
　下記条文和訳は、2004年3月付JETRO「模倣対策マニュアル　中国編」26頁「(3)　新条例と旧条例の異動の比較対照表」を参照した。その他参考資料として、山上・藤川・法律相談819〜810頁（Q99　中国企業とのライセンス契約〔中島敏〕）も併せて参考にするとよい。
(1)「秘密保持」について
　新条例26条は次のように規定している。
「技術輸入契約の譲受人、譲渡人は契約で約定する秘密保持の範囲及び秘密保持期間内に譲渡人が提供する技術で

217

〔第 2 部〕 II-2 特別条項（Special Terms）

ノウハウは特許権と異なり属地性を有しない。したがい、ノウハウの秘密保持義務は実施許諾地域に限定されず、世界中に及ぶ。

第6　一口コメント

契約の締結を考えるとき、契約を終結するときのことを同時に考えよ。

なお公開されない部分について、秘密保持義務を負わなければならない。
2　秘密保持期間内において、秘密保持義務を負う一方について、秘密保持する技術が自己の原因によらずに公開された後に、その負担する秘密保持義務は即時終了する」。
〈コメント〉
　ライセンシーの秘密保持期間について、旧条例（8条および9条(5)）および旧施行細則（12条）では、契約の有効期間内とされていたが、新条例ではその規定がなくなったので、原則として、当事者間で自由に合意できるようになった。
(2)　「契約期間満了後の特許利用」について
　新条例28条は次のように規定している。
　「技術輸入契約の期間満了後、技術譲渡人及び譲受人は公平合理の原則に従い、技術の継続使用について協議することができる」。
〈コメント〉
　旧施行細則（15条）では、契約期間終了後の技術の継続使用禁止条項を契約に含めることが禁止されていたが、新条例ではその規定がなくなり、原則として、当事者間で協議によって自由に合意できるようになった。
(3)　「契約の有効期間」について
〈コメント〉
　旧施行細則（8条）では、契約期間は、原則、10年とされていたが、新条例ではその条項がなくなった。よって、契約期間は、当事者間で自由に合意できるようになったと解されている。

第10章　ライセンシーによる修正および改良
(Modifications and Improvements by Licensee)

第1　事例10の紹介〔技術供与〕

ARTICLE 9　IMPROVEMENTS BY LICENSEE

9.1.　Licensee may change or modify the technical data furnished to Licensee by Licensor hereunder if, as and to the extent that Licensee shall be required to suit the Licensed Products to local conditions and/or to improve the Licensed Products provided that Licensee shall not be relieved from the payment of unit royalties and all the other fees specified in Article IV hereof on account of any changes, modifications, improvements and/or developments made in whole or in part by Licensee in the Licensed Products for any reason or purpose whatsoever.

9.2.　Licensee shall at Licensee's costs and expenses keep Licensor informed of any changes, modifications, improvements, developments, inventions and/or experiences Licensee may make or acquire during the life of this Agreement.

9.3.　Licensee shall be entitled to apply for and obtain patents under the name of Licensee in any countries throughout the world, covering inventions connected with the Licensed Products made or acquired by Licensee during the life of this Agreement provided that Licensee shall first offer Licensor the right to apply for and obtain patents covering such inventions in any country where Licensee should not elect to obtain such patents.

9.4.　Licensee agrees to grant to Licensor a royalty-free, non-exclusive right and license under Licensee's patents and know-how to utilize in any country throughout the world outside of the Territory during the life of this Agreement said modifications, improvements and/or developments made or acquired by Licensee and agrees to furnish Licensor free of charge with all pertinent technical information and data as promptly as practicable.

9.5.　In the event that Licensor desires to continue to enjoy the right and license to be granted back to Licensor by Licensee under Section 9.4 of this Article after the termination of this Agreement, Licensee undertakes to continue to grant such right and license to Licensor provided however that Licensor shall pay to Licensee an appropriate royalty therefor to be then

〔第2部〕 II-2 特別条項（Special Terms）

agreed upon between the parties hereto in each case.

第2　事例10の訳文

9条　ライセンシーによる改良

9.1.　ライセンシーは、契約製品を現地の条件に適合させ、改良を施す必要がある場合は、必要なやり方で、必要な程度まで本契約に基づきライセンサーがライセンシーに供与した技術情報を変更又は修正を加えることができる。ただし、ライセンシーは、いかなる理由又は目的であれ、契約製品の全体又は部分的な変更、修正、改良及び開発を行ったからといって本契約第4条に規定された単価実施料（unit royalty）及びその他技術料の支払を免れるものではない。

9.2.　ライセンシーはライセンサーに対して、本契約期間中になす又取得した変更、修正、改良、開発、発明及び経験について、自己の費用負担において、常に情報を提供しなければならない。

9.3.　ライセンシーは、本契約期間中ライセンシーがなしたか又は取得した契約製品に関わる発明をカバーする特許を、世界中どこの国においてもライセンシーの名前で出願し、取得する権利を有するものとする。ただし、ライセンシーは、ライセンシーが同特許の取得を選択しない国における同発明をカバーする特許の出願、取得の権利を最初に、ライセンサーに提案しなければならない。

9.4.　ライセンシーはライセンサーに対して、ライセンシーが行ったか又は取得した同修正、改良及び開発又はそのいずれをも、本契約期間中、テリトリー外の世界中どこの国においても利用できるように、ライセンシーの特許及びノウハウに基づく実施料なし（royalty-free）の非独占的な権利とライセンスを許諾し、しかもできるだけ速やかに、すべての関連技術情報及びデータを無償にてライセンサーに供与することに同意する。

9.5.　本契約終了後、本条9.4項に基づきライセンシーによってライセンサーに対しグラントバックされる権利とライセンスを継続して享受することをライセンサーが希望する場合、それぞれの場合に本契約当事者間でその時に合意される適切な実施料をライセンサーがライセンシーに対して支払うことを条件に、ライセンシーはライセンサーに対して同権利とライセンスを引き続き許諾することを保証する。

第3　事例10の解説

1　ライセンシーによる技術情報の改変（9.1項）

　本条項は、ユーザー要求、取引慣行等現地事情に適合させて、ライセンシーがライセンサーの許諾技術を改良することを許容している。ただし、ライセンシーが行った改良技術に対しても実施料を支払わねばならない。なお、本事例の実施料は、固定単価方式である。

　ライセンシーに許諾技術の改良・開発を許容した理由は二つある。一つ目は、許諾技術が、当時、他技術との相対的なバランス上、ライセンサーの開発計画の対象外にあった。二つ目は、ライセンサー自身、許諾テリトリーへの販売実績が少なく、契約製品の現場での応用技術（application technology or know-how）についてのノウハウの蓄積が少なかったことである。

　上記ライセンサーの内部事情にもかかわらずライセンスをしたのには、三つの動機があった。一つ目は、ライセンシーからの強い要請があったこと。二つ目は、ライセンシーを通じて間接的にテリトリーへ契約製品を販売することで、テリトリー内のユーザーや業界情報を収集し、将来ライセンサー自身による契約製品の直接販売の可能性を探ること。三つ目は、ライセンスを通じて、応用技術に関する情報を得ることであった。

2　ライセンシーによる技術情報の改変通知義務（9.2項）

　本条項は、ライセンシーがライセンサーに対して、ライセンシーの改良・開発情報を遅滞なく通知することを義務付けている（feed-backフィードバックという）。ライセンサーとしては、この規定を忠実にライセンシーに遵守させることが重要である。本問題は契約当事者間のコミュニケーションのあり方や信頼関係とも密接に関わる。

3　ライセンシーの出願権とライセンサーの出願選択権（9.3項）

　ライセンシーの改良発明の中で特許になり得るものは、ライセンシーがライセンシーの名前でどこの国にでも出願できる（特36条）ことを確認している。ライセンシーが出願しない国に対する改良発明の特許出願権は、最初にライセンサーに提案し、ライセンサーの出願の意向を確認するよう、ライセンシーに対して義務付けている。

4　グラントバック（9.4項）

　ライセンサーはライセンシーに対して、ライセンシーの改良・開発技術を、契約期間中、ライセンサーが世界中どこででも無償でしかも非独占ベースで使用できることを確認し、関連技術情報も可及的速やかに無償提供することを約束させている。

5　契約終了後のライセンシー改良技術の利用（9.5項）

　契約終了後もライセンシーの改良技術をライセンサーが継続使用を希望する場合、ライセンシーに対して適正な実施料を支払うことで、ライセンサーはライセンシーの改良・開発技術の継続使用

権を確保している。実施料の料率等はその時点で協議して決める。

第4　本条項の位置付け

　改良技術の取扱いは、非常にデリケートな多くの問題を含む。取扱条件の設定が適切でなければ、独占禁止法上または米国の場合であれば、独占禁止法（antitrust law）上、違法とされるおそれがある。

　改良技術が契約で定められた許諾技術の範疇に属するか否かが問題となることがある。その場合、本条項は許諾技術を定義した定義条項とも関わる。また、ロイヤルティの料率またはイニシャルペイメントの額の設定は、改良技術の提供条件（その範囲および有償・無償の別等）によっても左右されることがある。その意味で、本条項はロイヤルティまたは支払を定めた条項とも関連する。本条項は、特に契約履行上、「秘密保持条項」と並んで重要な規定である。

第5　本条項のチェックポイント

1　基本的な考え方

(1)　改良技術

　Improvement は「改良」の意。米国特許法上、特に定義はない。一般に「改良」は、元の技術と技術的に関連性が深く、これらの技術の構成要素を変更したり、加えたりして、その利用価値等を高めたものといわれている。発明としての要件が整えば、改良発明として特許される（田中・英米法辞典参照）。

　なお、「原発明の単なる延長や拡大は改良発明ではない。……改良特許権者は、基本特許（pioneer patent）を相手の許可なく実施することはできない」（AIPPI・用語辞典の「改良発明」から）とされる。また、「逆に基本特許権者が改良特許を許可なく実施することもできない。……改良特許の保護範囲は基本特許に比べて狭く解釈される」（AIPPI・用語辞典の「改良特許」から）とされる。

　なお、ライセンサーによる改良技術の帰属およびその実施許諾の詳細については第2部第2章「用語の定義」（契約製品の改良）を参照されたい。

(2)　グラントバック

　グラントバック（grant-back）とは、ライセンシーが許諾技術をベースに応用技術を開発した場合に、ライセンサーに実施許諾することを義務付けるものである。グラントバックは当然違法、原則違法でもない。ただし、これによって技術独占が生じる場合等、一定の場合には独占禁止法（anti-trust law）によって違法とされることがある（田中・英米法辞典参照）。

　判例の蓄積の結果、グラントバックで実施権の提供を受けることは、「特許権に対する正当な報酬の一部」（H. 幸田・米独禁法(5)）との見解で、今日、米国では定着している。ただし、独占禁止法違反と認定される場合がないわけではない。

　一つ目は、グラントバックで許諾される実施権が専用実施権の場合、ライセンシーは「将来的な

第10章　ライセンシーによる修正および改良（Modifications and Improvements by Licensee）

発明を自ら使用する権限」を奪われ、「創作意欲が失われる」ことになり、それは特許法の精神に反する（H．幸田・米独禁法(5)参照）と判断された場合である。

　二つ目は、ライセンサーが強力な市場支配力を持っている場合に、実施許諾契約の対象である原特許が満了後においてもライセンシーから無償で新しい特許の実施権を受けることが（assign-back アサインバック）、「市場における競争原理に反する」（H．幸田・米独禁法(5)）と判断された場合である。

　なお、米国「知的財産ライセンシングに関する独占禁止法ガイドライン」（Antitrust Guidelines for the Licensing of Intellectual Property）（以下、「ガイドライン」という）は、グラントバックに関して5.6項にて次のように述べている。

　「グラントバックは、イノベーションのコストと成果を共有することにより競争促進効果を有する。しかし、それが独占的なグラントバックである等、ライセンシーの研究・開発のインセンティブを減少させるものである場合には競争阻害効果をもたらす」。

　米国ガイドラインの詳細については、第３部第７章米国の「知的財産ライセンシングに関する独占禁止法ガイドライン」を参照されたい。

(3)　改良に関するドラフティング
A　改良の可否

[Except those activities that are reasonably required for the performance of this Agreement], Licensee shall not make any development related to the Product, without the corresponding previous and written approval by Licensor, which approval shall not be unreasonably withheld.

〈訳文〉

（本契約の履行に合理的に必要な活動である場合を除き）、ライセンシーは、ライセンサーのそれに関する事前の書面による承諾なく（同承諾は不合理に拒絶されないものとする）、契約製品についての開発を行わないものとする。

B　改良の帰属・グラントバック

Ownership and title over the intellectual property, including patents, generated by Licensee in connection with any development referred to in Section ＿ above, shall be allocated as follows: (i) those inventions and discoveries which are covering exclusively any improvements of the Product shall be owned by, and registered in the name of Licensor; and (ii) those inventions and discoveries which are covering non-exclusively any improvements of the Product shall be owned by, and registered in the name of Licensee, provided that Licensor shall have perpetual, sublicensable and royalty free license rights on these patents and on non patented inventions and discoveries, to the extent required for their use or application of the Product for any countries outside the Territory, or outside the Field.

〈訳文〉

特許を含め、ライセンシーが本契約＿条の開発行為による発明から生じた知的財産権の権利は、以下のとおり割り当てられる。(i)契約製品の範囲内の発明及び発見はライセンサーの所有に帰属し、ライセンサーの名で登録されるものとする、(ii)契約製品の範囲内に留まらない発明及び発見はライセンシーの所有に帰属し、ライセンシーの名で登録されるものとする。ただし、ライセンサーは、特許その他の発明及び発見につき、契約製品の使用またはアプリケーションにおいて必要な限りにおいて、テリトリー外、フィールド外において、永遠の、サブライセンスのできる、無償のライセンスを付与されるものとする。

C　他の条項との整合性

ライセンシーの改良は、契約製品、改良等の定義（第2部第2章）、ライセンサーの工業所有権（第2部第13章）、契約終了の効果（第2部第15章）等とも関連し、これらの条項と整合している必要がある。

2　公取指針の考え方

改良発明等について、公取指針から「第4　不公正な取引方法の観点からの考え方　5．その他の制限を課す行為」の考え方を検証する。

(8)　改良技術の譲渡義務・独占的ライセンス義務

　ア　ライセンサーがライセンシーに対し、ライセンシーが開発した改良技術について、ライセンサー又はライセンサーの指定する事業者にその権利を帰属させる義務、又はライセンサーに独占的ライセンス[19]をする義務を課す行為は、技術市場又は製品市場におけるライセンサーの地位を強化し、又、ライセンシーに改良技術を利用させないことによりライセンシーの研究開発意欲を損なうものであり、又、通常、このような制限を課す合理的理由があるとは認められないので、原則として不公正な取引方法に該当する[20]（一般指定第12項）。

　イ　ライセンシーが開発した改良技術に係る権利をライセンサーとの共有とする義務は、ライセンシーの研究開発意欲を損なう程度は上記アの制限と比べて小さいが、ライセンシーが自らの改良・応用研究の成果を自由に利用・処分することを妨げるものであるので、公正競争阻害性を有する場合には、不公正な取引方法に該当する（一般指定第12項）。

　ウ　もっとも、ライセンシーが開発した改良技術が、ライセンス技術なしには利用できないものである場合に、当該改良技術に係る権利を相応の対価でライセンサーに譲渡する義務を課す行為については、円滑な技術取引を促進する上で必要と認められる場合があり、又、ライセンシーの研究開発意欲を損なうとまでは認められないことから、一般に公正競争阻害性を有するものではない。

　　注19　本指針において独占的ライセンスとは、特許法に規定する専用実施権を設定すること、独占的な通常実施権を与えるとともに権利者自身もライセンス地域内で権利を実施しないこと等をいう。権利者自身がライセンス技術を利用する権利を留保する形態のものは非独占的ラ

イセンスとして取り扱う。

注20 ライセンシーが特許等の出願を希望しない国・地域について、ライセンサーに対して特許等の出願をする権利を与える義務を課すことは、本制限には該当しない。

(9) 改良技術の非独占的ライセンス義務

ア ライセンサーがライセンシーに対し、ライセンシーによる改良技術をライセンサーに非独占的にライセンスをする義務を課す行為は、ライセンシーが自ら開発した改良技術を自由に利用できる場合は、ライセンシーの事業活動を拘束する程度は小さく、ライセンシーの研究開発意欲を損なうおそれがあるとは認められないので、原則として不公正な取引方法に該当しない。

イ しかしながら、これに伴い、当該改良技術のライセンス先を制限する場合（例えば、ライセンサーの競争者や他のライセンシーにはライセンスをしない義務を課す等）は、ライセンシーの研究開発意欲を損なうことにつながり、又、技術市場又は製品市場におけるライセンサーの地位を強化するものとなり得るので、公正競争阻害性を有する場合には、不公正な取引方法に該当する[注21]（一般指定第12項）。

注21 ライセンシーが開発した改良技術がライセンサーの技術なくしては利用できない場合において、他の事業者にライセンスをする際にはライセンサーの同意を得ることを義務付ける行為は、原則として不公正な取引方法に該当しない。

(10) 取得知識、経験の報告義務

ライセンサーがライセンシーに対し、ライセンス技術についてライセンシーが利用する過程で取得した知識又は経験をライセンサーに報告する義務を課す行為は、ライセンサーがライセンスをする意欲を高めることになる一方、ライセンシーの研究開発意欲を損なうものではないので、原則として不公正な取引方法に該当しない。ただし、ライセンシーが有する知識又は経験をライセンサーに報告することを義務付けることが、実質的には、ライセンシーが取得したノウハウをライセンサーにライセンスをすることを義務付けるものと認められる場合は、前記(8)又は(9)と同様の考え方により、公正競争阻害性を有するときには、不公正な取引方法に該当する（一般指定第12項）。

3 実務の考え方

特許・ノウハウライセンス契約実務においては、ライセンサーがライセンシーに対して許諾技術の改良・開発の権利を認めるかどうかは、ライセンス政策上または戦略上の一つの重要な検討課題である。それは、ライセンス契約の履行過程において、ライセンサーおよびライセンシーが許諾技術に関し果たすべき役割に大きな影響があると考える。そうした観点から以下考察する。

(1) 技術供与契約

A ライセンシーによる許諾技術の改良を認めない場合

(A) ライセンサーの技術開発方針

ライセンサーがライセンスによってライセンシーに実施許諾しようとする技術は、通常、成熟し

た技術である。成熟した技術は、ライセンサーが長年にわたり、人・物・金を費やして得た知的財産でもある。当然、ライセンサーは、ライセンスしようとする自社技術に対し強い自信と誇りを持っている。ゆえに、ライセンサーは、時には、技術的純血性を維持することを経営方針とし、ライセンシーによる許諾技術の改良を全く認めないことがある。

そうしたライセンサーは、いつ、どのように、どのような理由で、許諾技術の改良を行うかまたは行わないかは、自己のライセンス政策および研究開発方針に則って判断すべきものであり、ライセンシーの要求に配慮して決定すべき事柄ではない。

かような契約思想の下では、ライセンサーはライセンシーに対し、許諾技術の有用性に対し黙示的に一定の保証を与え、また、改良・開発義務を負担し、その結果として、市場における競争力の確保にも一定の責任があるものと解されるおそれがある。ライセンサーは、許諾技術の有用性の保証、改良開発義務および競争力の確保等の責任について契約書に明記するのが望ましい。

(B) ライセンサーの改良技術報告義務

a 改良事実の報告

ライセンサーはライセンシーに対して、無償・有償を問わず、許諾技術の改良を行った場合、その改良の事実を遅滞なく通知するのが望ましい。

改良通知のタイミングは、下記四つの段階が考えられる。

① 改良開始時　改良に関する基本的な概念設計が完成された段階
② 改良途中　概念設計に基づき試作機を作り、テスト等を実施している段階
③ 改良完成時　試作機による成功的なテスト結果が出て、特許として権利化するための手続等も開始できる段階、または
④ 実用化時　技術的に改良目的が達成された後、量産するための製造ラインの確保、製造コストおよび販売価格の確定、および販売網の確保等の体制が整う段階

どの時点で、ライセンシーに通知するかは、契約において定めておくのが望ましい。

なお、改良技術の具体的内容が、ライセンサーの重要な企業秘密に属する情報であることに鑑みれば、ライセンサーはライセンシーに対しても、原則として、これら秘密の技術情報の実用化以前に開示すべきではないとする考え方もある。

b 改良技術情報の開示方法

改良技術の実用化以前にライセンシーに開示すべき合理的な理由が発生し、これら技術情報をライセンシーに開示せざるを得ない場合は、ライセンス契約において明確な秘密保持規定がある場合を除き、秘密保持契約を別途締結すべきである。秘密保持契約書は、雛形を契約書に添付しておくのが実務的である。

改良技術といっても、その内容により価値の高いものから、比較的低いものまでさまざまである[1]。価値の重要度に応じて改良技術を分類し、それぞれに対応した開示条件を契約にて合意して

1　改良技術の価値評価基準
　　改良技術の価値をどう評価するか、その基準となりそうなものを下記に列挙する。
　　① その改良の対象は、一構成部品か、契約製品全体か（部分と全体）。
　　② その改良技術は、特許性のあるものか、否か（特許性）。
　　③ その改良技術は、ノウハウとして秘匿するに値するか、否か（ノウハウ性）。

第10章　ライセンシーによる修正および改良（Modifications and Improvements by Licensee）

おくという考え方もある。

(C)　ライセンサーの改良技術提供条件

ライセンサー側からみれば、改良技術の提供を無償とするか、有償とするかは、実務上の重要な検討課題である。

ライセンサーが改良開発に多額の費用を要した場合、費用の一部をライセンシーに負担させたいという考え方がある[2]。ライセンサーとしては、ライセンシーが負担すべき金額にはできる限り制限を設けず、その改良に要した実額をベースに分担比率を決めることであらかじめ合意しておくのが望ましい。

改良発明が改良特許になり得るような高度な内容の場合、開発費用の多寡の問題のみならず、その有用性、収益性に鑑み、ライセンサーはライセンシーに対して、新しい技術の実施許諾とみなし、あらためてイニシャルを要求することも考えられる。そうした状況が想定される場合、契約にてその旨あらかじめ合意しておく必要がある。

B　ライセンシーによる許諾技術の改良を認める場合

(A)　ライセンシーの改良責任

ライセンサーがライセンシーに対して、現地の状況等に応じて許諾技術の自由改良・開発を認容

---

④　その改良技術は、他の機械部品等に広く応用が可能か、否か（汎用性）。
⑤　その改良技術を使って製造された一構成部品は、単独でも販売可能な性質のものか、否か（独立性）。
⑥　その改良の対象となった一構成部品は、契約製品の製造に不可欠なものであるか、否か（必要性）。
⑦　その改良の対象は一構成部品ではあるが、契約製品の付加価値増大に貢献するか、否か（付加価値貢献度）。
⑧　その改良の対象は一構成部品ではあるが、契約製品の販売利益の増大に貢献するか、否か（利益貢献度）。
⑨　その他。

2　ライセンシーによる開発費の一部分担
　ライセンス契約においてライセンシーがライセンサーの開発費の一部を分担することは合理的ではないという反論があると思う。
　問題はその開発目的なり、その開発された技術の用途範囲がどの程度の広がりを持っているかまたはライセンシーの販売政策等とも関連する。その開発がライセンサーの開発基本方針の一環として行われ、なおかつ開発成果はすべてのライセンシーに及ぶものであれば、それはライセンサーが本来負担すべき性格のものといえよう。
　他方、その開発がライセンシーの一顧客の特別な要求に基づくものまたはその市場でしか使われない特別な仕様の場合、ライセンサーは開発費用を全額負担することを必ずしも潔しとしないこともある。
　または、ライセンシーから受け取るロイヤルティ額に比例して多額の開発費用を要する場合、理論上はともかく、ライセンサーとしては採算が合わないということもあり得る。たとえば、年間1千万円足らずの実施料に対し、1億円以上の開発費を負担する場合等がこれにあたる。その場合、ライセンサーは開発そのものを引き受けない可能性がある。
　他方、そもそもライセンス契約において、ライセンサーの許諾技術に対する本来的開発責任及び通常の販売に対するライセンシーの実施料支払義務に鑑みるとき、ライセンサーが開発費を負担すること自体、合理的とはいえないというライセンシーの主張もあり得る。
　しかし、ライセンシーがテリトリー内で今後も契約製品の製造販売を継続するためには、その改良・開発が、他社との販売競争上不可欠であるというような場合がある。その場合、ライセンシーは、経営方針として、一定金額の範囲で、自社の開発費の一部を充当する等してライセンサーの開発費用の一部を分担して、ライセンサーに改良・開発を要請することも考えられる。
　ライセンサーは、こうしたライセンシーの要求を拒否することで、潜在需要のある有望市場を失いたくないと判断すれば、そうした改良・開発を引き受けるであろうし、その市場に対してそれほどの期待を持てないと判断すれば、ライセンシーの要求を認めないということになる。
　たとえライセンサーがライセンシーの要求を引き受け、改良・開発を原則として行うことで合意しても、開発費用の範囲をどう規定し、相互にどう費用分担するのかという問題、また、時には、開発成果の帰属等の問題も出てくるので、この開発費用の分担については、丁寧な議論に基づく、丁寧な取り決めが必要である。

する場合、ライセンサーはライセンシーに対し、ライセンシーが行った許諾技術の改良に起因して発生するあらゆる問題に関し、全面的に責任を負担せしめるべきである。その改良技術に起因して発生する事故等の被害が、ライセンサーのみならず、親会社、関連会社、下請会社等にまで及ぶおそれがあれば、ライセンシーが、被害の及ぶおそれのある関係者全員をそうした被害から免責することを契約にて義務付けておくべきである。いわゆる"hold-harmless clause"の挿入である。

(B)　ライセンシーの改良技術報告義務

a　ライセンサーの知る権利とライセンシーの知らせる義務

ライセンサーがライセンシーに対して許諾技術の自由な改良・開発を認容したからといって、許諾技術が本質的にライセンサーに帰属している事実関係は変わらない。ライセンサーはライセンシーによる許諾技術の改良・開発について当然に知る権利がある。

そうであれば、ライセンシーが許諾技術の改良・開発を行った場合、ライセンサーはライセンシーに対して、ライセンシーの改良・開発について適切に知らせる義務を負担させるべきであろう。

b　改良通知のタイミング

改良通知のタイミングは、上述のとおり、改良開始時、改良途中、改良完成時または改良技術の実用化時点等、四つの段階が考えられる。

改良は、原則自由であるが、通知は事前とするか、改良技術実用化の時点とするかまたはその中間時点とするかは、ライセンシーのライセンス戦略による。

(C)　ライセンシーの改良技術の帰属

a　ライセンシーの改良技術と独自技術

実務では、改良技術と独自技術の区別がしばしば問題になる。そうした区別のために、許諾技術の範囲は定義規定において明確に画定されていなければならない。改良技術は、一般的に、設計概念的に許諾技術の延長線上にあるものと解される。

ライセンシーが許諾技術に関する自己開発部分について独自技術を主張してきた場合、ライセンサーはライセンシーに対して、ライセンシーが主張する独自技術がライセンサーの許諾技術と相違する設計概念を有することを客観的な資料をもって立証することを契約上義務付けておくのが望ましい。

b　ライセンサーによるライセンシーの改良技術の買い取り

ライセンサーがライセンシーの改良技術を有用であると判断した場合、ライセンサーがライセンシーとの交渉により、ライセンシーの改良技術を買い取り、ライセンサーの技術として吸収することも考えられる。

または、ライセンシーが改良技術を第三者に譲渡する場合、最初にライセンサーに対して買い取りの提案をすべくライセンシーに対して契約上義務付けておくことも考えられる。

いずれの場合も、ライセンサーは最初の交渉権を契約上確保しておくべきであろう。ただし、こうした事態は、どのライセンス契約においても必ず起こり得るとは限らない。あくまで、そうした事態の発生の可能性をどう予測するか、またはライセンシングポリシーとしてどうするのかという観点から判断して、契約書に明記すべきか否かまた、契約書に明記する場合にどう表現するかを決めなくてはならない。

c　ライセンシーの改良技術に関する特許出願

改良技術が改良発明として特許出願できる場合、ライセンシーが出願しない国や地域に対して、ライセンサーが出願を希望すれば出願できるように出願の意向打診をライセンサーに対して最初に行うことをライセンシーに義務付けることは、独占禁止法上特に問題はないと思われる。

(D)　ライセンシーの改良技術提供条件

a　グラントバックとその論拠

ライセンシーが許諾技術の改良を行った場合、ライセンサーはライセンシーに対して、契約期間中ライセンシーのテリトリー外において製造、販売、使用可能な非独占的なライセンスを無償で要求するのが一般である[3]。

その主たる論拠は、ライセンシーの改良技術が、改良特許に相当するような新規性や有益性を具備するしないにかかわらず、ライセンサーの許諾技術を基盤にして開発された技術であるとの事実に鑑みれば、改良技術における許諾技術の貢献度が大であると考えられるからである。

b　契約期間中の非独占的なライセンス許諾と独占禁止法

ライセンシーの改良技術について、ライセンサーはライセンシーに対して、契約期間中、ライセンシーのテリトリー外の地域において製造、販売、使用可能な非独占的なライセンスを許諾するよう要求することは、独占禁止法上違法とはならない。

c　契約期間中の独占的なライセンス許諾と独占禁止法

ライセンシーの改良技術に関し、ライセンサーはライセンシーに対して、契約期間中、ライセンシー自身が改良技術を実施できないような形での独占的なライセンスを要求することは、独占禁止法上違法となるおそれがある。

d　契約期間中の非独占的なライセンス許諾と第三者へのライセンス制限と独占禁止法

ライセンシーの改良技術に関し、ライセンサーはライセンシーに対して、契約期間中、たとえそれが非独占的なライセンスであっても、ライセンシーがその改良発明、応用発明等を第三者にライセンスすることについて制限を課すことは、独占禁止法上違法となるおそれがある。

e　契約期間満了後の非独占的なライセンス許諾

ライセンシーの改良技術に関し、契約期間満了後も継続使用することを希望する場合、ライセンサーはライセンシーに対して、対価条件（有償ベース）その他の条件について合意ができることを条件に非独占的なライセンスを要求することは、独占禁止法上違法とはならない。

f　契約期間満了後の独占的なライセンスの許諾と独占禁止法

ライセンシーの改良技術に関し、契約期間満了後も継続使用することを希望する場合、ライセンサーはライセンシーに対して、ライセンシー自身がその改良技術を実施できないような形で独占的なライセンスを要求することは、独占禁止法上違法となるおそれがある。

g　契約期間満了後の非独占的なライセンス許諾と第三者へのライセンス制限と独占禁止法

---

[3]　グラントバックとその論拠
　　ライセンサーがライセンシーに対して、フィードバック（feed-back）、グラントバック（grant-back）等を要求する理由は、ライセンシーの改良技術の原点が許諾特許または許諾ノウハウにあることから、多かれ少なかれ許諾特許またはノウハウを含み、ライセンシーの技術改良に寄与しているとの考え方による。

ライセンシーの改良技術に関し、契約期間満了後も継続使用することを希望する場合、ライセンサーはライセンシーに対して、たとえそれが非独占的なライセンスであっても、ライセンシーがその改良発明、応用発明等を第三者にライセンスすることについて制限を課すことは、独占禁止法上違法となるおそれがある。

(2) 技術導入契約

A　ライセンシーによる許諾技術の改良を認めない場合

(A)　ライセンサーの改良責任

a　ライセンサーの開発方針とその成果の提供義務等の確認

ライセンサーがライセンシーによる許諾技術の改良を全く認めず、しかもライセンシーからの改良要求も一切容認しない場合、ライセンシーは、ライセンサーのライセンス政策および研究開発方針に完全に依存し、許諾技術をあるがままに受け入れざるを得ない。これはこれで、ライセンシーとしては、一つの立派な技術導入政策である。

しかし、そのような技術導入政策を採用する場合、ライセンシーはライセンサーに対し、下記の点に関し、契約上のライセンサーの責任と義務を明確にしておくべきである。

① 　許諾技術の有用性に関する保証の有無
② 　改良・開発義務の有無、
③ 　改良・開発技術の提供義務の有無、および
④ 　改良・開発技術の提供条件の明示等

b　一定条件の下でのライセンシーの改良・開発要求

許諾技術の改良・開発に関し、ライセンシーはライセンサーのライセンス政策および研究開発方針に依存することを原則とする一方、少々の例外規定を設けるということもある。すなわち、マーケットニーズ等に基づき、ライセンシーはライセンサーに対して、改良・開発の要求ができるものとし、また、ライセンサーはかようなライセンシーの改良・開発の要求内容が、ライセンサーの開発計画に合致するような場合に限り、ライセンシーの改良・開発要求を不当に拒絶することができないようにするという考え方である。

(B)　ライセンサーの改良技術報告義務

a　改良事実の報告

ライセンシーはライセンサーに対し、ライセンサーが許諾技術の改良を行った場合、無償・有償を問わず、その改良の事実を遅滞なくライセンシーに通知すべく義務付けるのが望ましい。

b　改良技術情報の開示方法

ライセンシーがライセンサーから改良技術の開示を受けるに際し、必要に応じ、秘密保持契約を締結することは合理的である。

(C)　ライセンサーの改良技術提供条件

ライセンサーからライセンシーに対する改良技術の提供が無償か、有償かというのは、ライセンス戦略上重要な検討課題である。

a　開発費用の多寡

ライセンサーが許諾技術の改良・開発に多額の費用を要した場合、ライセンシーはライセンサー

から改良・開発費用の一部負担を要求されることがある。ライセンシーがライセンサーのそのような要求に応じる用意がある場合には、ライセンシーが負担できる開発費用の範囲と金額の上限をあらかじめ契約にて合意しておくのが望ましい。

ライセンサーが行った改良技術が特許になり得るような高度な内容である場合、その提供条件等についてあらかじめ契約にて合意しておくのが望ましい。

b　ライセンシーのニーズと費用分担

ライセンシーのテリトリーのニーズに基づきライセンシーがライセンサーに対して許諾技術の改良を要求した場合に、そうした改良技術はライセンシーのテリトリー以外の地域では将来需要があまり見込めないという場合がある。

そのような場合、ライセンサーはライセンシーに対して、応分の費用負担を要求してくる可能性がある。ライセンサーとライセンシーは、それぞれの分担比率についてあらかじめ契約にて合意しておくのが望ましい。

c　改良発明の特許性

改良発明が改良特許になり得るような高度な内容の場合、開発費用の多寡の問題のみならず、その有用性、収益性を考慮するとき、ライセンサーがライセンシーに対して、新しい技術の実施許諾とみなし、あらためてイニシャルを要求するのは、あながち不合理とはいえない。この点についても、契約において基本的な考え方について合意しておくのが望ましい。

B　ライセンシーによる許諾技術の改良を認める場合

(A)　ライセンシーの改良責任

ライセンサーがライセンシーに対して現地の状況に応じて許諾技術の改良・開発を認容し、ライセンシーが実際に許諾技術の改良・開発を行った場合、ライセンシーはその許諾技術の改良に起因して発生するすべての問題に関して責任を負担し、ライセンサーを免責する義務（hold-harmless clause）を負担させられる可能性がある。

そのような場合であっても、ライセンシーの責任範囲は、問題がライセンシーの改良・開発に直接起因して起こった場合に限定すべきである。また、補償の対象は、できればライセンサーが直接被害を受けた損害に限定するのが望ましい。しかし、予想される被害がPL責任に関わるような性質のものは、製造物責任保険をあらかじめ付保して対処しなければならない。

(B)　ライセンシーの改良技術報告義務

a　ライセンサーの知る権利とライセンシーの知らせる義務

許諾技術が本質的にライセンサーに帰属している事実に鑑みれば、ライセンシーが許諾技術の改良・開発を行った場合、ライセンサーに対して改良・開発について適切に知らせる義務があるというのは、あながち不合理とはいえない。

b　改良通知のタイミング

改良通知のタイミングは、一般的には、改良開始時、改良途中、改良完成時または改良技術の適用時等、四つの段階が考えられる。

実務においては、改良技術が部品に関するものであれば、他部品との組合せ、汎用品等の場合、すでに市場に出ている同じ製品との整合性等への影響も考慮し、ライセンシーはライセンサーに対

してタイムリーな情報開示を行うよう心掛けるべきであろう。ライセンサーがそうした改良部品を純正部品として採用するか否かは、時には、ライセンサーの大きなライセンス政策とも深く関わることがあるからである。

(C) 改良技術の帰属

a　ライセンシーの改良技術と独自技術

実務では、改良技術と独自技術の区別がしばしば問題になる。許諾技術の範囲は定義規定において画定されている。改良技術は設計概念的に許諾技術の延長線上にあるものと解される。独自技術を主張するためには、ライセンシーは、その独自技術がライセンサーの許諾技術と相違する設計概念を有することを客観的な資料をもって立証しなければならない。

b　ライセンサーによるライセンシーの改良技術の買い取り

ライセンサーがライセンシーの改良技術を有用と判断し、買い取りの提案を受けた場合、ライセンシーは自己のライセンス政策に従いまた、ライセンサーの提示条件を検討のうえ、独自に判断すればよい。

c　ライセンシーの改良技術に関する特許出願

改良技術が改良発明として特許出願できる場合、ライセンシーが出願しない国や地域に対して、ライセンサーが出願を希望すれば出願できるように出願の意向打診を最初にライセンサーに対して行うことは、ライセンシーとして特に問題はない。

(D) ライセンシーの改良技術提供条件

a　グラントバックとその論拠

ライセンシーが許諾技術の改良を行った場合、ライセンシーがライセンサーに対して、その改良技術を、契約期間中、非独占的なライセンスとして無償許諾するのは、今やライセンスビジネス界では広く一般に受け入れられている考え方である。

b　契約期間中の非独占的な無償ライセンス許諾と独占禁止法

ライセンシーの改良技術について、ライセンサーの要求があれば、また、こうした要求と相矛盾する契約規定がない限り、ライセンシーはライセンサーに対して、契約期間中、ライセンシーのテリトリー外の地域において製造、販売、使用可能な、非独占的なライセンスを無償で許諾することはやぶさかではない。ライセンサーのかような要求は、独占禁止法上違法とはならない。

c　契約期間中の独占的なライセンス許諾と独占禁止法

ライセンシーの改良技術に関し、ライセンサーの要求があっても、ライセンシーはライセンサーに対して、契約期間中、ライセンシー自身が改良技術を実施できないような形での独占的なライセンスを許諾することはできない。ライセンサーのかような要求は、独占禁止法上違法となるおそれがある。

d　契約期間中の非独占的なライセンス許諾と第三者へのライセンス制限と独占禁止法

ライセンシーの改良技術に関し、ライセンサーの要求がたとえ非独占的なライセンスであっても、ライセンシーはライセンサーに対して、契約期間中、ライセンシーがその改良発明、応用発明等を第三者にライセンスすることについて制限を受けるような形では実施許諾することはできない。かような制限は、独占禁止法上違法となるおそれがある。

e　契約期間満了後の非独占的な有償ライセンス許諾

　ライセンシーの改良技術に関し、契約期間満了後もライセンサーが継続使用することを希望し、その旨要求があれば、ライセンシーはライセンサーに対して、対価等の条件について合意できれば、非独占的なライセンスを許諾することはやぶさかではない。ライセンサーのかような要求は、独占禁止法上違法とはならない。

f　契約期間満了後の独占的なライセンスの許諾と独占禁止法

　ライセンシーの改良技術に関し、契約期間満了後もライセンサーが継続使用することを希望し、ライセンシー自身がその改良技術を実施できないような形での独占的なライセンスを要求するのであれば、ライセンシーはライセンサーに対して、実施許諾することはできない。ライセンサーのかような要求は、独占禁止法上違法となるおそれがある。

g　契約期間満了後の非独占的なライセンス許諾と第三者へのライセンス制限と独占禁止法

　ライセンシーの改良技術に関し、契約期間満了後もライセンサーが継続使用することを希望し、たとえそれが非独占的なライセンスであっても、ライセンシーがその改良発明、応用発明等を第三者にライセンスすることについて制限を受けるようであれば、ライセンシーはライセンサーに対して、実施許諾することはできない。ライセンサーのそのような制限は、独占禁止法上違法となるおそれがある。

第6　一口コメント

　ライセンサーは、原則として、受け取るロイヤルティの額でものを考え、行動すべきである。

第11章　製品表示（Product Identification）

第1　事例11の紹介〔技術導入〕

ARTICLE 10　TRADEMARK LICENSE AND QUALITY CONTROL

10.1.　Licensor hereby grants to Licensee, subject to limitations, restrictions and conditions herein contained, an exclusive license to use the Trademarks in connection with the manufacture, distribution, marketing and sale of Products in the Exclusive Territory, provided that Licensor reserves its right to use the Trademarks in the Exclusive Territory. Licensee shall use one of the Trademarks as designated by Licensor on each Product produced by Licensee, and no Product shall be sold or transferred by Licensee without the Trademark so designated by Licensor. Licensee agrees to attach permanently to a conspicuous place on each of the licensed products an appropriate metal plate, in a format previously approved by Licensor, stating in English and local language that said licensed products have been built under license granted by Licensor.

10.2.　All of the Trademarks shall at all times be and remain the property of Licensor. Licensee shall not in any way dispute or impugn the validity of the Trademarks, Licensor's sole ownership of the Trademarks, or Licensor's right to use and control the use of the Trademarks during the term of this Agreement and thereafter, nor shall Licensee do or permit to be done any action or thing which shall in any way impair the rights of Licensor in and to the Trademarks, including filing registrations thereof in the Exclusive Territory or elsewhere. Licensee acknowledges that its use of the Trademarks shall not create in it any right, title or interest in the Trademarks and agrees that all use of the Trademarks shall be for the benefit of Licensor.

10.3.　Licensee agrees not to adopt any trademark, trade name, mark, logo or symbol which, in the opinion of Licensor, is similar to or likely to be confused with any of the Trademarks. Licensee shall not use any other trademark, word, symbol, letter or design in connection with any of the Trademarks, without the express written consent of Licensor. Licensee shall not use any of the Trademarks in connection with any product other than the Products

10.4.　Licensee shall submit any packaging and any promotional or advertising literature descriptive of the Products to Licensor prior to any distribution or commercial use thereof. Said literature shall state that the products offered for sale will be supplied by Licensee under license granted by said Licensor. In the event that Licensor, at any time, shall determine, upon reasonable grounds, that such material improperly utilizes any Trademarks and that such misuse constitutes a danger to the validity of Licensor's rights in any Trademark or may adversely affect any Trademark, then Licensor shall have the right to request, within thirty (30) days of the receipt of such information, in a written notice setting forth the danger or adverse effect created by such improper use, that such material be modified or amended to correct any improper use of such Trademark. Upon receipt of such notice, Licensee shall take prompt action to make the corrections requested by Licensor, and in the absence of such action, Licensor may suspend the right of Licensee to such Trademark until such time as Licensee complies with Licensor's request.

10.5.　To the extent that Licensee may acquire, during the term of this Agreement, any rights in or to any Trademark, other than those rights granted to Licensee under this Agreement, Licensee acknowledges that all such rights shall inure to the benefit of Licensor. At any time before or after expiration or termination of this Agreement, Licensee agrees to execute such documents of assignment and transfer as Licensor may request conveying any and all such rights to Licensor.

10.6.　Licensee shall comply with all laws and regulations of the Exclusive Territory governing registered trademarks, including but not limited to marking products with proper notices of registered trademarks.

10.7.　Licensee agrees to use its reasonable efforts to assist Licensor to make, obtain and renew any and all such Trademarks and Patents. In the event that Licensor is unsuccessful in registering any of the Trademarks, (a) Licensee shall not use such Trademark, (b) there shall be no reduction in the royalties payable pursuant to Article 6 hereof, and (c) Licensor shall have the right to designate a Trademark to replace such Trademark, and any such new trademark shall be deemed to constitute a Trademark and the provisions of this Agreement relating to the Trademarks shall apply thereto. Licensor disclaims any and all implied warranties that any Trademark licensed to Licensee hereunder does not infringe upon any third party's proprietary rights.

10.8.(a)　Licensee shall promptly notify Licensor upon becoming aware of any actions or conduct by third parties which involve (i) unauthorized use, misappropriation or infringement of any Trademark or Patent, or (ii) applications for registrations or registrations of any name or mark similar to any Trademark. Infringement or unfair competition proceedings against third parties for such actions or conduct shall be initiated by Licensor or Licensee. If Licensor initiated such proceedings, Licensee shall assist Licensor in such proceedings as requested by Licensor. Licensee may not make any settlement binding upon Licensor without Licensor's written permission.

(b) All legal costs and other out-of-pocket expenses incurred in connection with such unauthorized use, misappropriation, infringement, application for registrations, or registrations by third parties, including any proceedings with respect thereto, whether initiated by Licensor or Licensee, shall be borne by Licensee. Any recovery of damages with respect thereto, resulting from such proceedings by the parties will be applied first to reimburse Licensee for legal costs and other out-of-pocket expenses incurred in connection with such proceedings. Any remaining portion of the damages recovery shall be divided equally between the parties.

10.9. Licensee acknowledges that the products produced and sold by Licensor under its Trademarks have a high reputation for quality in the international market. Accordingly, Licensee shall produce all Products under this Agreement in accordance with the Code and Licensor's specifications for Products and using only those first-class industrial raw materials and components which meet Licensor's standards and specifications. Licensee shall acquire all of such items at its own expense. In addition, Licensee shall take all necessary action to assure that all Products manufactured by it shall meet the Code and the quality standards established by Licensor from time to time and accordingly shall establish and maintain comprehensive quality control procedures. Any Products manufactured by Licensee which do not meet the Code and Licensor's standards and specifications shall be disposed of only in accordance with Licensor's specific directions.

10.10. Licensee agrees to permit any authorized representative of Licensor to enter at reasonable times Licensee's facilities for the purpose of inspecting Licensee's equipment records, operation and supplies which relate to the manufacture, distribution and sale of the Products and Licensee's compliance with the Code and standards and specifications of Licensor.

10.11. Upon expiration or termination of this Agreement for any reason, Licensee shall immediately discontinue any use of the Trademarks, and Licensee shall immediately return to Licensor or destroy, at Licensor's option, all documents and materials, including promotional and advertising materials in its possession, which contain any of the Trademarks, except that, for a period of six (6) months after such expiration or termination, Licensee may sell any Products bearing any Trademark and properly manufactured prior to or which are in the process of being manufactured on the date of expiration or termination of this Agreement or for which firm quotations have been made prior to the date of such expiration or termination, it being understood that the royalties provided for in Section 6.1(b) hereof shall be payable on any such Products sold and/or shipped after such expiration or termination.

第2　事例11の訳文

10条　商標ライセンスと品質管理

10.1.　ライセンサーはライセンシーに対して、本契約に含まれる限度、制限及び諸条件を条件として、独占テリトリーにおいて契約製品の製造、流通、営業活動及び販売に関連して「商標」を使用する独占的ライランスを本契約によって許諾する。ただし、ライセンサーは独占テリトリーにおいて「商標」を使用する自己の権利を留保する。ライセンシーはライセンシーが製造した個々の契約製品に、ライセンサーが指定した「商標」の一つを使用するものとし、ライセンサーが指定した「商標」を付さずにライセンシーが契約製品を販売したり譲渡したりしてはならない。同許諾製品がライセンサーによって許諾されたライセンスに基づいて据え付けられたものであることを英語及び現地語にて記述した、ライセンサーが予め承認した様式に則った適正な金属板を、同許諾製品の一つ一つの表面のはっきり見える場所に永久に装着することにライセンシーは同意する。

10.2.　「商標」はすべて常にライセンサーの財産である。ライセンシーは本契約有効期間中、「商標」の有効性、「商標」に対するライセンサーの単独の所有権又は「商標」を使用する権利及び「商標」の使用を管理する権利について決して争ったり又は非難したりしてはならないし、又、独占地域又はどこででも、「商標」登録を含めて「商標」に対するライセンサーの権利を決して毀損してはならない。ライセンシーはライセンシーが「商標」を使用することで「商標」に対する権利、権原又は所有権を創造してはならないことを認識し、「商標」の使用はすべてライセンサーの利益のためであることに同意する。

10.3.　ライセンシーは、「商標」と類似又は混同のおそれがあるとライセンサーに言われた商標、商号、標章、ロゴ又は記号を採用しないことに同意する。ライセンシーは、ライセンサーの明白な書面による同意なくして、「商標」と関連して他の商標、単語、記号、文字又は図案を使用してはならない。ライセンシーは、契約製品以外の製品と関連して「商標」を使用してはならない。

10.4.　ライセンシーは、包装用及び販促用又は広告宣伝用の契約製品に関する説明的な印刷物を、配布又は商用するに先立ち、ライセンサーに提出しなければならない。同印刷物は、販

売に供される製品がライセンサーから許諾されたライセンスに基づきライセンシーが供給する旨を明記しなければならない。同印刷物が不適切な「商標」の使い方をし、こうした誤用が「商標」におけるライセンサーの権利の有効性に対する危険を構成したり、又は「商標」に悪影響を及ぼす可能性があると合理的な根拠に基づきライセンサーが判定した場合、その時は、同印刷物を修正・変更し、不適切な「商標」の使い方を訂正するよう、同情報受領後30日以内に、そうした不適切な使用により生ずる危険性又は悪影響を指摘した通知書面にて、ライセンサーは要請する権利を有するものとする。同通知を受領次第、ライセンシーは早急に行動を起こし、ライセンサーに要求された訂正を行わねばならないし、さらに、こうした行動がとられない場合、ライセンサーは、ライセンシーがライセンサーの要求に従うまでライセンシーの同「商標」に対する使用権を停止できる。

10.5. 本契約に基づきライセンシーに許諾された権利以外に、「商標」に対する権利をライセンシーが本契約有効期間中に取得できる可能性があるが、こうしたすべての権利がライセンサーの利益に帰すべきものとライセンシーは承知する。本契約満了又は終了後、又はそれ以前であっても、いつでもライセンシーは、ライセンサーの要求に従い、ライセンサーにこうした権利のすべてを引渡す権利譲渡書及び権利移転書に署名することに同意する。

10.6. ライセンシーは、登録商標の適切な告知を付した製品表示も含めて、登録商標を支配する独占地域の法律規則に従わねばならない。

10.7. ライセンサーがこうしたすべての「商標」及び特許を創出し、取得し、更新できるように、ライセンシーとして合理的な努力をし、支援することに同意する。ライセンサーが「商標」登録で不成功に終わった場合、ライセンシーは(a)同「商標」を使用してはならないし、(b)本契約第6条により支払われるべき実施料の減額があってはならいし、又(c)ライセンサーは同「商標」を置換する「商標」を指定する権利を有し、同新商標は一つの「商標」に該当するものと看做され、「商標」に関する本契約の規定が同新商標に適用されるものとする。ライセンサーは、本契約に基づきライセンシーに許諾された「商標」が第三者の固有の権利を侵害しないという黙示の保証を拒絶する。

10.8.(a) ライセンシーは第三者の以下の行動や行為を知ったとき直ちに、ライセンサーに通知しなければならない。即ち、(i)「商標」や特許の権限なき使用（unauthorized use）、不正目的使用（misappropriation）、侵害、又は(ii)「商標」に類似の名称又は標章の登録出願又は登録。こうした行動又は行為に関し、第三者に対してとる侵害訴訟手続又は不正競争防止訴訟手続は、ライセンサーか、ライセンシーのいずれかによって開始されるものとする。ライセンサーがこうした訴訟手続を開始したならば、ライセンシーはライセンサーの要求に従って同訴訟手続においてライセンサーを支援しなければならない。ライセンシーは、ライセンサーの書面による許諾なくしてライセンサーを拘束するいかなる紛争処理も行うことはでき

ない。

(b) ライセンサー、ライセンシーのいずれが訴訟を開始した場合であっても、第三者による上記権限なき使用、不正目的使用、侵害、登録出願、又は登録に関連してかかったすべての法律手続諸費用並びに実費を、それらに関する訴訟手続費用も含めて、ライセンシーが負担しなければならない。本契約当事者によるこうした訴訟手続の結果、回収した損害賠償金は、同訴訟手続に関連してかかった法律手続諸費用及び実費として、最初に、ライセンシーに対し償還、適用されるものとする。回収した損害賠償金の残額は当事者間で平等に分配されなければならない。

10.9. ライセンシーは、ライセンサーが自社の「商標」の下に製造、販売した製品が、国際市場において品質に関し高い名声を博していることを承知している。従って、ライセンシーは、契約製品に関する法典及びライセンサーの仕様に従いしかもライセンサーの基準及び仕様に合致する第一級の原材料及び構成部品のみを使用して、本契約に基づくすべての契約製品を製造しなければならない。ライセンシーは、こうした項目をすべて自社の費用にて取得しなければならない。加えて、ライセンシーは、ライセンシーが製造するすべての契約製品が、法典とライセンサーが適宜定める品質基準に合致することを確保するために、必要なあらゆる行動をとらなければならないし、しかもそれゆえに、総合的な品質管理基準を定めなければならない。ライセンシーが製造した契約製品で、法典及びライセンサーの基準及び仕様に合致しないものは、ライセンサーの特定の指示にのみ従い処理されねばならない。

10.10. ライセンシーは、権限を与えられたライセンサーの代表が、契約製品の製造、流通及び販売並びに法典及びライセンサーの基準及び仕様の遵守に関連するライセンシーの機械記録、運転及び支給品の検査のために、合理的な時間帯にライセンシーの施設へ立ち入る許可を与えることに同意する。

10.11. 理由の如何を問わず本契約が満了又は終了した場合、ライセンシーは直ちに「商標」の使用を打ち切り、ライセンシーは自社で所有する販促及び広告宣伝用物品を含めて、「商標」の付いたすべての文書及び物品を、ライセンサーの意向に従い、ライセンサーに直ちに返却するか、又は破棄しなければならない。ただし、例外として、満了後又は終了後6ヵ月間、ライセンシーは、本契約満了日又は終了日以前に「商標」を付し適正に製造された契約製品、又は本契約満了日又は終了日の時点で加工過程にあった契約製品、又は本契約満了日又は終了日以前に確定見積書が既に作成されていた契約製品を、販売することができるものとし、本契約6.1条(b)項に定められた実施料は、こうした契約満了後又は終了後、販売及び又は出荷された契約製品に関し、支払われるとの諒解である。

第3　事例11の解説

本事例は技術導入契約から選んだ事例で、ライセンサーのかなり一方的な意向が反映されているが、特許・ノウハウライセンス契約の中の商標に関する規定としては、充実した内容なので取り上げることにした。

1　商標の独占的ライセンス許諾（10.1項）

(1) 本条項の趣旨

商標の使用範囲は、契約製品の製造から販売まで契約製品の事業全般に認められている（対象製品の限定）。商標の使用地域は、独占的製造販売権を許諾された地域内に限る（地域制限）。ただし、ライセンサー自身は同地域内で同商標をいつでも使うことができる（ライセンサーの許諾地域内使用権留保）。また、契約製品の販売、譲渡に際し、商標を付けることをライセンシーに義務付けている（契約製品への貼付義務）。商標を付ける場所、様式、表示言語、表示内容および時間的長さ（permanently）を規定している（貼付要領指定）。

(2) 独占的テリトリー内におけるライセンサーの使用権留保

ライセンサーは、ライセンシーに対して独占的テリトリーという特定地域内に限って、商標の独占的な使用許諾をしているが、ライセンサー自身も同テリトリー内にて商標を使用することができるとしている。

(3) 表示名板の永久付着

表示名板を「永久的に」取り付けておくという表現は一見不適切なようにも思えるが、期限の定めようがないことから「永久的に」としたものと思われる。契約製品そのものが使われている間、つまり廃棄処分等により存在しなくなるまでは、表示名板を所定の位置にきちんと付けておき、剥離、離脱せぬよう管理するべしということである。

2　商標の不争義務（10.2項）

商標の所有権が、現在も、将来もライセンサーにあることを確認したうえで、ライセンサーはライセンシーに対して、商標の有効性、ライセンサーの単独所有権とともに使用権および使用管理権に関して、契約期間中はもとより、契約終了後も争ってはならないとしている。独占テリトリー内に限らずどこでも、登録も含めて商標に対するライセンサーの権利を毀損するようなことをしてはならない。ライセンサーが、ライセンシーに対して、商標の使用を許諾したからといって、商標に対してライセンシーの権利が発生するものではない。それは、あくまでライセンサーの利益のために使わせているに過ぎない。この考え方は、米国における商標権が、そもそも商標の使用によって発生し、それぞれの州のコモンロー上の権利となることからきている。

本事例の商標は、ある業界では世界的に知られている。商標権の維持は、ライセンサーにとっては営業政策上からも不可欠であると思われる。他方、ライセンシーとしては、本商標の有効性について、将来、争いを起こす意思もなければ、可能性も想定し難い。よって、ライセンシーはライセンサーの提案どおり本条文を受諾した。不争義務条項については、日本では独占禁止法上の問題等

もあるので、事例13において再度検討することにする。

3 類似商標等の使用禁止（10.3項）

(1) 本条項の趣旨
ライセンサーが見て、類似と判断したものは、ライセンシーは使ってはいけない。連合商標（associated trademarks）（共通の特徴を有する多数の異なる商標）や結合商標（combined trademarks）（ライセンシーの商標とライセンサーの商標と共に使用すること）[1]の使用も禁じている。また、当然に、契約製品以外の製品と関連して使用することも禁止されている。

(2) 商標の使用条件
商標の使用条件は一般に厳密に規定される[2]。厳密性を欠いた使用を容認することは、類似商標または偽の商標を容認することにつながる。

4 包装、販促・宣伝広告印刷物上の表示（10.4項）

(1) 本条項の趣旨
商標は契約製品そのものに名板上に付けられるほか、契約製品の包装、販促、宣伝・広告のためのパンフレット、カタログ、ラベル、その他各種印刷物にも使用される。そうした印刷物を配布する前に、ライセンサーに提出して記述内容の正確性の確認が要求される。

(2) 名板表示内容
表示内容は、ライセンサーから許諾されたライセンスに基づいてライセンシーが契約製品を製造したことを明示するものであり、しかも商標そのものの表示が指定どおり正確に表示されていなければならない。これら二つの事項が適正に表示されていない場合、ライセンサーはライセンシーに対して、一定の猶予期間を設けて（この事例ではライセンシーから情報を得てから30日以内）修正を要求できるとしている。ライセンシーが適正に修正したことを確認できるまで、商標の使用が停止される。

---

1 「連合商標」および「結合商標」
WIPO・L／Aガイド107頁「5. 連合商標及び結合商標」356節から。
5. 連合商標及び結合商標
356. ライセンシー又は技術受領者は、共通の特徴を有する多数の異なる商標（「連合商標」(associated trademarks)）を使用することを欲することがある。これらの商標の間の相違は、使用目的に応じて異なる製品の組成上のわずかなヴァリュエーションを示すものである。同様に、ライセンシーは、自分の商標をライセンサーの商標とともに使用することを欲することがある（「結合商標」(combined trademarks)）。このような場合に、当事者は、ライセンスに、連合商標又は結合商標の使用について、及びいずれかの当事者がこのような商標の登録を受けるためにとるべき手段について、適切な規定を設けるべきである。

2 「商標の使用条件」
「商標の使用条件」について、WIPO・L／Aガイドは、P.106に欄外条文例（184）として下記を例示している。
"The Licensee shall use the Trademark precisely as spelt or drawn by the Licensor and shall observe any reasonable directions given by the Licensor as to the color and size of the representation of the Trademark and the manner and disposition thereof on the Product or its containers"
〈訳文〉
「ライセンシーはライセンサーが書き描いたとおり正確に商標を使用し、商標の表示色及び寸法並びに製品若しくは製品の容器上に付す商標の様式及び配列に関するライセンサーの合理的な指示を遵守するものとする」。

(3) 承認手続

実務的には、ライセンサーに対して印刷物の原稿段階で一度提示し、内容を確認したうえで、印刷に回すことになる。そして、印刷物が正しく作成されていることをライセンシーとして確認したうえで、同印刷物をライセンサーに最終確認する形で提出するという手順を踏む。

5 商標に関する権利譲渡（10.5項）

ライセンシーは、ライセンサーの商標を一定の契約条件の下に使用することができる。ライセンサーの商標を使用することで、ライセンシーが同商標に関して何らかの権利を取得する可能性がないとはいえない。そうした権利はすべて、ライセンサーに譲渡することを、ライセンシーは約束している。

6 商標に関する法律規則の遵守（10.6項）

本条項において法律規則の遵守にあえて言及しているのは、商標の取扱いについては、国により異なるからである。

英国法系の国々では商標を使っていることだけである権利が得られるが[3]、多くの国では日本のように設定登録を必要とする[4]。米国の場合については、後述する。

---

[3] 商標登録

　Goldscheider・Handbookは、§1.07[1] Trademarks—In General（36頁、第3節目）において、商標登録について、下記のとおり説明している。

　「多くの商標権は、当該商標を登録することによって取得される。英国の法制度を見習う法域では、商標を使用することである種の権利を取得することができるが、これらの権利を行使する場合は、登録されている方が一般的には簡単にできる。商標は、特定商品に関して登録される。登録商標の商標ライセンスは、登録によってカバーされている『全商品』又は登録範囲内にある『特定商品』に限定してもよい」。

[4] 商標法18条（商標権の設定の登録）

　日本の商標法18条は、商標権の設定登録について、下記のとおり規定している。

　「商標権は、設定の登録により発生する。
2　第40条第1項の規定による登録料又は第41条の2第1項の規定により商標登録をすべき旨の査定若しくは審決の謄本の送達があつた日から30日以内に納付すべき登録料の納付があつたときは、商標権の設定の登録をする。
3　前項の登録があつたときは、次に掲げる事項を商標公報に掲載しなければならない。
　一　商標権者の氏名又は名称及び住所又は居所
　二　商標登録出願の番号及び年月日
　三　願書に記載した商標
　四　指定商品又は指定役務
　五　登録番号及び設定の登録の年月日
　六　前各号に掲げるもののほか、必要な事項
4　特許庁長官は、前項の規定により同項各号に掲げる事項を掲載した商標公報（以下「商標掲載公報」という。）の発行の日から2月間、特許庁において出願書類及びその附属物件を公衆の縦覧に供しなければならない。ただし、個人の名誉又は生活の平穏を害するおそれがある書類又は物件及び公の秩序又は善良の風俗を害するおそれがある書類又は物件であつて、特許庁長官が秘密を保持する必要があると認めるものについては、この限りでない。
5　特許庁長官は、個人の名誉又は生活の平穏を害するおそれがある書類又は物件であつて、前項ただし書の規定により特許庁長官が秘密を保持する必要があると認めるもの以外のものを縦覧に供しようとするときは、当該書類又は物件を提出した者に対し、その旨及びその理由を通知しなければならない」。

7 商標権取得支援および他社商標の不侵害不保証（10.7項）

(1) ライセンシーの協力

ライセンサーはライセンシーに対して、既存の商標や特許の更新または新しい商標や特許の取得をする場合、ライセンシーの協力を要求している。

ライセンシーは、商標や特許の使用実績表の作成およびその他ライセンサーから合理的に要請される限り、全面的に協力する必要がある。特に、更新される商標や特許または全く新しい商標や特許が、ライセンシーの現行契約に直接、間接に関連する場合、そうした協力は不可欠である。

(2) 実施料の減額

すでに使用中の商標が何らかの理由により登録取消しまたは更新不可となったため、ライセンサーが同商標の使用を中止した場合でも、ライセンシーは実施料の減額を要求できない。

本事例では、特許の実施、商標の使用およびある種の技術援助を受ける等してライセンシーが達成する年間販売額に対して、ライセンシーが支払うべき一定料率（％）の実施料が定められている。何らかの理由により商標が使えなくなった場合、その損害額は、商標の契約製品の販売高への貢献度にほぼ等しいと考えられるが、本事例の場合、これを客観的に、定量的に測ることは難しい。

他方、契約によってライセンシーがライセンサーから受領する情報量の面から考察するに、商標の使用と特許実施（技術援助を含む）とでは、特許実施に係る情報量の方が多い。

かような実態を勘案し、しかも実施料がこれら情報に対する対価であるとの考えに立てば、特許実施に係る実施料部分の方が商標に係る実施料部分よりも圧倒的に大きい。

かような次第で、本事例の場合、一部商標の使用中止をもって、即刻、実施料の減額要求に結び付けるのは実態面からみて適当ではないというのがライセンシーの判断であった。

(3) 新商標との置換

既存の商標が取り消された場合、ライセンサーは契約製品にすでに付いている商標を置換する権利があるとしているが、ライセンシー側に発生する費用の負担については特別に言及されていない。ライセンシーとしては、現実に商標を置換するとなれば、作業費用が発生するので、ライセンサーに一部負担を要求したいところである。ただ、現実問題として、本事例で許諾された商標に関する限り、こうした事態が起こる可能性は非常に低いと思われた。

ライセンシーが契約によって使用許諾を受けた商標は、それまで長年使用してきた商標であり、ある業界では世界的に知名度も高く、安定している商標であった。この商標が将来全く使えなくなることは想定しにくかった。事実、その技術と商標の所有者は、過去において吸収合併の波に洗われながら、その技術と商標を堅持してきた。その技術と商標を使ったほうが、使わないよりも、商売としてははるかにメリットが大きい限り、その技術と商標は使われ続けるであろう。

(4) 権利不侵害の不保証

ライセンサーは、許諾する特許が第三者の特許権を侵害しないとの黙示保証（Implied Warranty）義務を負担しない旨、明言している。現行米国特許法（1996年改正）154条(a)「(2) 期間」の項では、「権利期間は、特許発行日に始まり、米国における出願日から起算して20年」と定められている。しかし、1996年以前は発行日から起算して17年間となっており、しかも米国では、日欧等、多くの

諸国と異なり、公開制度がない。そのために、出願審査に長期間を要した後、権利化される場合（通称「サブマリン特許」）があり、企業として権利を無効にするための反証を調査するために多大の時間と費用を要するという問題があった。

　1996年特許法の改正により、原則、特許の有効期間が出願から20年に限定され、将来的には、サブマリン特許は回避されることになった。しかし、1996年以前に出願され、審査中の案件がどれほどあるか、少なくとも一般企業にはわからないので、現在も問題は残っていると言えよう（H．幸田・逐条解説172～173頁参照）。

　かような事情の下、ライセンシーにとって事前調査は不可欠ではあるが、調査しきれるものでもない。他方、ライセンサー側からすれば、かような事情の下では第三者の特許を侵害しないという保証はできない以上、万が一第三者の権利侵害を侵す状況に至った場合、損害賠償を支払わずに契約を解除できるよう契約において合意しておかねばなるまい。

8　商標権等の侵害対応（10.8(a)項）

(1)　侵害通知義務

　商標または特許の第三者による権限なき使用、不正目的使用または侵害をライセンシーが知ったならば、または第三者による商標に類似の名称や商標の登録または登録出願の行為をライセンシーが知ったならば、直ちにライセンサーに知らせなければならない。

　当然、ローカルマーケットの状況については、競合企業の動きも含めてライセンシーがより多くの、最新の、正確な情報を把握しているので、ライセンサーとしてはライセンシーの監視塔としての役割に期待している。

　ライセンシーとしても上記のような第三者の不正行為は自社の権益を侵害することになるので、放置することはできない立場にある。

(2)　訴訟義務

　上記不正行為に関して、ライセンサーまたはライセンシーのいずれかが侵害訴訟または不正競争防止訴訟を提起しなければならない。放置できないというのが、この規定の趣旨である。

(3)　ライセンシーによるライセンサー支援義務

　ライセンサーが訴訟提起を開始したならば、ライセンシーはライセンサーの求めに応じてライセンサーをバックアップすることが義務付けられている。

(4)　ライセンサーからの書面による許可取得義務

　ライセンシーが訴訟なり、友好協議等によって第三者との間で紛争解決を図るような場合は、その解決方法が何らかの形で、間接的にでもライセンサーを拘束する可能性は考えられる。そうした可能性がある場合は、必ず、ライセンシーは事前に書面にてライセンサーの承諾を得なければならない。

　確かに、ライセンシーが第三者と勝手に交渉をして、結果責任だけを押し付けられてはたまらないというのが、ライセンサーの立場である。しかし、特に、紛争を話し合いで解決するような場合には、当事者が歩み寄りの姿勢を持たなければ解決ができないことが多い。そうした場合に、ライセンサーは交渉の矢面に立たないことから、正論を盾に自社の権利主張に固執して、問題解決の支

障となることも現実にはよくあることである。そうした場合に備えて、10.8(a)項最終ライン（without Licensor's written permission）の後に "which shall unreasonably be withheld by Licensor." （ライセンサーの書面による許可をライセンサーが不当に留保してはならない）という条件を付け加えることもある。

9　商標に関する訴訟費用等の負担（10.8(b)項）

(1) 諸費用立替え・負担義務
　法的諸手続をとるのには当然費用が発生する。こうした費用負担を誰が一義的に負担するのかというのがここでの問題である。その負担者はライセンシーである。
　問題の発生は当然ライセンシーのテリトリー内であるから、その利害は一義的にはライセンシーにあるというのが、ライセンサーの理屈であろう。しかし、ライセンサーは当該技術の所有者であるから、問題と無関係ではいられない。それは承知のうえでの本規定におけるライセンサーの主張である。ライセンシーは降りかかった火の粉は振り払わねばならない。ライセンシーとしては費用の立て替えもやむを得ないであろう。

(2) 損害賠償金の立替え分への充当
　訴訟の結果、損害賠償をとることができたなら、法律的手続をとるのにライセンシーが負担した諸費用および現金払いの諸費用等にまず賠償金を充当するとしている。

(3) 損害賠償金残余分の分配
　諸費用を賠償金で支払って、残余金が出れば、そのときはライセンサーとライセンシーの両者で平等に分配する。訴訟手続等すべてライセンシーが主体で行って、結果的にライセンシーが勝訴し、賠償金を受領したら、ライセンサーもその利益に預かるという。
　訴訟等の場面では、ライセンシーが知らされていない権利に係る情報の開示等において、ライセンシーとしては、ライセンサーの協力を必要とすることも大いに予想される。実務上、ライセンシーが単独でこうした紛争に対応することはおそらく稀であろうから、ライセンサーの協力も適宜得られるとの前提で、こうした規定となっているものと思われる[5]。

---

[5] ライセンシーの訴訟の権利
　「排他的実施許諾の下で、ライセンシーはライセンサーと共同で特許侵害訴訟を提起し得る。ただし、ライセンシーはライセンサーの同意なしに侵害訴訟を提起し、ライセンサー（＝特許権者）を強制原告（Involuntary plaintiff）とする権利を有する。又、侵害訴訟の被告は、排他的ライセンシーに対し特許無効又は侵害不成立の確認判決を求めて訴訟を提起できる。……」（村上・特許ライセンス(2)128頁）とされる。
　さらに、同書において、許諾特許が第三者の特許を侵害しないとの黙示保証がないことについて、下記のとおりであるとする（村上・特許ライセンス128頁「2．ライセンサー・ライセンシーの権利義務」）。
　「(1) ライセンサーには許諾特許が第三者の特許権を侵害しないとの黙示保証（Implied Warranty）義務はない。ただし、実施許諾契約中に、不侵害条項や第三者からのライセンシーに対する侵害訴訟を防衛する義務を定めた条項があるとき、その義務を履行できなかったライセンサーはライセンシーに対し被った損害を賠償する責任を負う。
　(2) 第三者が実施許諾された特許権を侵害している場合、ライセンサーが自ら特許侵害訴訟を提起してライセンシーを保護するとの黙示保証義務はない」。

10　商標の著名性および契約製品の製造基準（10.9項）

(1)　許諾商標の高品質表示

本条項では、国際的なマーケットにおいて、使用許諾された商標の付いた製品が品質に関して高評を博しているという事実認識をライセンサーがライセンシーに対して確認している。

(2)　契約製品の製造基準の遵守

使用許諾された商標を付して販売される製品は、品質に関して、高評を博していることをライセンシーも認識していることが求められている。そのためには、ライセンシーは法律規則および仕様書を遵守し、しかもライセンサーの基準や仕様に合致した第一級の原材料だけを使用して、契約製品を製造しなければならない。当然、こうした原材料等は、ライセンシーが自社の費用負担で調達しなければならない。仕様を間違ったり、原材料の調達に瑕疵があれば、ライセンシーが責任を問われる。

(3)　商標と品質保証義務

ライセンサーはライセンシーに対して、ライセンシーの契約製品が法律規則並びにライセンサーの品質基準に合致することを保証し、そのために総合的な品質管理基準を定めるよう要求している。

これによりライセンシーは、契約製品の品質に関し絶対的な責任を負うことになる。ここでは、ライセンサーは、一方的にライセンシーに品質保証を押し付けるというのではなく、ライセンシーに対して自ら総合的な品質管理基準を策定せよとして、ライセンシーの自己責任体制の確立を促していることに注目したい。

(4)　基準外契約製品の処分方法

万が一ライセンシーの契約製品が上記基準に合致しない場合は、きちっとライセンサーの指示を仰いで対処しなければならない。もっともなライセンサーの要求である。

11　商標に関する監査権（10.10項）

ライセンサーがライセンシーの施設内に立ち入り、契約製品の製造機械の記録、運転状況および原材料品等の監査をする。もちろん、こうした監査人は、ライセンサーが権限を付与した者である。監査は合理的な時間帯に行うということであるから、就業時間内で、通常作業に大きな支障を来さない時間帯ということになろう。監査内容は、法律規則の遵守、ライセンサーの基準や仕様に合致していることの確認である。

12　商標に関する契約終了後の取扱い（10.11項）

理由の如何を問わず契約が終了したならば、即刻商標の使用を止め、広告宣伝用資料も含めてすべての資料を返却または破棄すべしとしている。返却か、破棄かはライセンサーの判断に従う。ただし、契約終了後6カ月間は、ライセンシーは商標を付けて契約製品を販売できる。なお、その場合の契約製品とは、契約終了以前に適正に製造されたもの若しくは契約終了時点において製造過程にあったものまたは契約終了日以前に確定見積書が既に発行されてしまっているものに限られる。これら契約製品に対する実施料は、契約終了後、販売時点または出荷時点で、支払われる。

実務上の留意点は、契約が終了した場合、契約製品の販売猶予期間が何カ月認められるかということである。契約製品の機種により、当然、合理的な期間は異なる。ライセンサーはできるだけ短く、ライセンシーはできるだけ長く確保したいと考える性格の問題である。本事例の場合、6カ月間は楽ではないが、不可能な期間とはいえない期間であった。

第4 本条項の位置付け

特許・ノウハウライセンス契約またはノウハウライセンス契約において付随的に使用許諾される商標は、製造技術等の実施許諾等そのものと同等に重要視される場合もあれば、単に付随的に使用許諾されているというだけで、その商標自体にそれほどの重きを置かない場合とがある。しかし、一般的にいえば、技術の実施許諾と相まって、その技術の品質保証や名声等による製品に対する一定の信用を表すという意味で、多かれ少なかれ、存在意義があるといえよう。

第5 本条項のチェックポイント

1 基本的な考え方

(1) 米国法の場合

A 商標の定義

trademark について、Black's Law Dic. は次のように説明している。

「trademark 商標：一般的にいえば、真正という識別標章（a distinctive mark of authenticity）であって、これを通じて特定製造業者の製品または特定商人の販売商品が他者のそれらと識別される。それは記号（symbol）若しくは語の形態（any form of words）に存するが、その役目はそれを付した商品の原産地若しくは所有を識別して指摘することであるが故に、その一義的意味（its primary meaning）がもたらす事実の性質からして、他人が同一目的のために同等の真実と同等の権利を持って使うことのできるような表象（sign）や語の形態は、有効な商標としては使うことができない（Koppers Co., Inc. v. Krupp - Koppers, D.C.Pa., 517 F.Supp. 836, 840[6]）。

商標とは、商品が市場において同定され、その原産地が証明され得るように、製造業者が製造する商品に製造業者がスタンプを押し、印刷し若しくは別な方法で貼付する識別標章、標語（motto）、考案（device）もしくは紋章（emblem）である。商標判例：100 U.S. 82, 87, 25 L. Ed. 550[7]。商標を使用する排他的権利は連邦政府によって10年間許諾され、10年毎に更新可能である。15 U.S.C.A. §§1058, 1059[8]」。

B 商標の保護対象

---

[6] コッパーズ社対クルップ・コッパーズ社事件、地裁（D.C. = District Court, U.S.）、ペンシルベニア州判例集（Pa. = Pennsylvania State Reports）、連邦判例集補遺（F.Supp. = Federal Reporter Supplement）第517巻836頁、840頁。
[7] 合衆国最高裁判例集（U.S. = United States Supreme Court Reports）第100巻82頁、87頁；合衆国最高裁判例集弁護士版（L.Ed. = U.S. Supreme Court Reports, Lawyer's Edition）第25巻550頁。
[8] 注釈合衆国連邦法規集（USCA = United States Code Annotated）第15巻1058節、1059節。

〔第2部〕 II－2 特別条項（Special Terms）

　商標として保護対象になり得るものは、文字、図形、色彩、これらの結合、立体、音、香り等、本来的にまたは使用した結果、自他商品またはサービスの識別力のあるものとされる（北沢／鴻・英米商事法辞典参照）。

　さらに、Black's Law Dic. は、下記のとおり補足説明をしている。

　「"trademark"という用語は、①人によって使われ、または②人が善意で商売に使用し、商標法によって定められた主要登録簿に登録、申請し、特有な製品も含めて自己の商品であることを確認し（identify）、他人が製造したり、販売したりする物と識別し、しかもその原産地がたとえ知られていなくても、その商品の原産地を表示する単語、名称、記号または考案またはそれらが結合したものも包含する。15 U.S.C.A. § 1127[9]」[10]。

C　商標の機能

商標は下記機能を有するとされる（北沢／鴻・英米商事法辞典参照）。
① 自社の商品・サービスを他社のそれらと識別する。
② 当該商標を付した商品・サービスの出所を表示する。
③ 商品品質またはサービスの質に対し保証を与える。
④ 商品・サービスの広告・宣伝に資する。

D　関連法令

「米国において、商標は、コモンロー（common law）及び制定法である連邦法（federal law）により保護されている。

　連邦法は Lanham Act とも呼ばれ15USC[11]の第22章第1051条〜第1141(n)条に規定されている。

　米国における商標権は、商標の使用によって発生し、それぞれの州におけるコモンロー上の権利となる[12]。したがって商標法による商標の登録だけでは商標権は発生しない。商標の登録は権利を

9　合衆国最高裁判例集弁護士版（L.Ed.）第15巻1127節。
10　商標の定義
　　商標については、実に、いろいろな説明の仕方がある。以下、ご参考に列挙する。
　・Black's Law Dic. の trademark の項には、descriptive and suggestive trademarks, fanciful mark, geographically descriptive mark, strong trademark, suggestive mark or term, trade name distinguished, weak trademark 等についても説明がなされている。
　・田中・英米法辞典は、下記のとおり。
　　「trademark 商標：製造業者、販売業者その他営業者が取引上自己の商品の同一性を表示し、自己の製造、販売その他取り扱う商品を他人のそれから識別し、商品の出所を表示するために、商品に付し又は商品に関連して使用する標識をいう。文字、数字、名称、図形、色彩又はこれらの組合せ等からなり、平面的なものでも立体的なものでもよい。しかし商標法で保護する商標の構成や保護の態様は、経済社会の事情や立法政策により異なる」。
　・ロナルド・B・ヒルドレス『米国特許法—特許実務ガイド』（AIPPI JAPAN、1995年）は、下記のとおり。
　　「商標とは、ある人の商品又はサービスを識別するために商業的に採用され、使用される語句、シンボル、又はデザインである。1989年11月から商標出願は、使用の誠実な『意図』だけに基づいてすることができるようになった。商標の権利は、連邦法と州法の両方で保護されている。
　　商標は米国特許商標庁に登録することができる。この登録は、『通商条項』として知られる州間及び外国との通商を規定する合衆国憲法の下での議会の権限に基づいている。期間は10年間である。しかしながら、登録された商標はその後10年間毎に何回でも更新できる。
　　商標の所有者は、第三者が承諾なしに『混同を生じさせるおそれがあるか、誤認を生じさせ、又は欺くような』マークを使用する場合、侵害として告訴できる」。
11　15USC：合衆国連邦法規集第15巻。
12　米国の商標制度
　　米国の商標制度は、商標登録がなされなくても、現に使用されていれば、商標権が発生する。しかし、現に使用

強化するという機能を有するものと考えることができる。また、商標法においては、サービスマークも同様に保護される。

商標法における商標の登録には、「補助登録簿」(supplemental register)（15 USC 1091 - 1096 (Sec. 23～Sec. 28)）への登録と「主要登録簿」(principal register)（15 USC 1051 - 1072 (Sec. 1～Sec. 22)）への登録がある。商標登録出願の審査を行って所定の要件を満たしており、しかも商標の使用によって顕著性を持つに至った商標は主要登録簿に登録される。顕著性を持つに至っていない商標は、他の要件を満たしていれば補助登録簿に登録される。

補助登録簿または主要登録簿に商標が登録されると登録者は登録済番号を用いることができ、審査官は、この商標を引用して用いることができる。主要登録簿に登録された場合には、所有権の主張の推定的告知 (constructive notice) の効果が発生し、権利行使をする上で利益が与えられる。補助登録簿への登録では、このような効果は発生しない」とされる（AIPPI・用語辞典から）。

(2) 日本法の場合

A 商標の定義

商標について、日本の商標法2条の規定を検証する。

（定義等）

第2条　この法律で「商標」とは文字、図形、記号若しくは立体的形状若しくはこれらの結合又はこれらと色彩との結合（以下「標章」という。）であつて、次に掲げるものをいう。

一　業として商品を生産し、証明し、又は譲渡する者がその商品について使用をするもの

二　業として役務を提供し、又は証明する者がその役務について使用をするもの（前号に掲げるものを除く。）

2　前項第2号の役務には、小売及び卸売の業務において行われる顧客に対する便益の提供が含まれるものとする。

3　この法律で標章について「使用」とは、次に掲げる行為をいう。

一　商品又は商品の包装に標章を付する行為

二　商品又は商品の包装に標章を付したものを譲渡し、引き渡し、譲渡若しくは引渡しのた

されていなければ、商標登録は受け付けられないというのが原則とされる。しかも、一州内だけの使用では、登録は受け付けられないとされる。

商標登録のメリットとして、次のようなことがいわれている。

① その商標に関し、独占的使用権を有することを第三者に通知したものとみなされる。未登録の場合、当該商標の効力は、使用している範囲内にとどまる。

② Ⓡマークを指定商品に付すことができる。未登録の場合、Ⓡマークを付けられない。

③ 連邦登録商標を持っていれば、連邦裁判所への訴訟提起を自動的に行うことができると同時に、その商標権の有効性も推定される。コモンローに基づく商標権の場合、訴訟になると、使用開始時期、対象商品、使用場所（地域）等、使用実績を証明する必要がある。

④ Principal Register（主要登録原簿）への登録はその商標の顕著性の証明となる。

なお、パリ条約の優先権主張は認められているので、外国人出願人は米国での使用証明無しに商標登録が可能である。しかし、米国内で使用していない場合に、侵害事件においては「出所混同のおそれの証明が困難であったり、不使用取消の審判により、登録が取り消されたりする等の弱点がある」（三宅理恵「米国における商標調査及び外国登録商標制度の有効活用」知財管理47巻6号 (1997) 840頁）と指摘されている（米国の商標制度に関する本注記全体は、三宅・上記を参照。特に、839～841頁）。

〔第2部〕Ⅱ-2 特別条項（Special Terms）

めに展示し、輸出し、輸入し、又は電気通信回線を通じて提供する行為
三　役務の提供に当たりその提供を受ける者の利用に供する物（譲渡し、又は貸し渡す物を含む。以下同じ。）に標章を付する行為
四　役務の提供に当たりその提供を受ける者の利用に供する物に標章を付したものを用いて役務を提供する行為
五　役務の提供の用に供する物（役務の提供に当たりその提供を受ける者の利用に供する物を含む。以下同じ。）に標章を付したものを役務の提供のために展示する行為
六　役務の提供に当たりその提供を受ける者の当該役務の提供に係る物に標章を付する行為
七　電磁的方法（電子的方法、破気的方法その他の人の知覚によつて認識することができない方法をいう。次号において同じ。）により行う映像面を介した役務の提供に当たりその映像面に標章を表示して役務を提供する行為
八　商品若しくは役務に関する広告、価格表若しくは取引書類に標章を付して展示し、若しくは頒布し、又はこれらを内容とする情報に標章を付して電磁的方法により提供する行為
4　前項において、商品その他の物に標章を付することには、商品若しくは商品の包装、役務の提供の用に供する物又は商品若しく役務に関する広告を標章の形状とすることが含まれるものとする。
5　この法律で「登録商標」とは、商標登録を受けている商標をいう。
6　この法律において、商品に類似するものの範囲には役務が含まれることがあるものとし、役務に類似するものの範囲には商品が含まれることがあるものとする。

B　商標権の侵害

商標権の侵害に対する差止請求権に関する、日本の商標法36条を検証する。

（差止請求権）
第36条　商標権者又は専用使用権者は、自己の商標権又は専用使用権を侵害する者又は侵害するおそれがある者に対し、その侵害の停止又は予防を請求することができる。
2　商標権者又は専用使用権者は、前項の規定による請求をするに際し、侵害の行為を組成した物の廃棄、侵害の行為に供した設備の除却その他の侵害の予防に必要な行為を請求することができる。

(3)　知的財産権の侵害に関するドラフティング

A　第三者による当事者の知的財産権の侵害

(A)　ライセンサーの権利行使義務

a　ライセンサーの権利行使義務なし

In the event that Licensor or Licensee becomes aware of any actual or threatened infringement of the Licensor Intellectual Property in the Territory, that party shall promptly notify the

250

other party in writing. Licensor shall have the first right to bring, at its own expense, any legal action against any third party to terminate any such infringement. If Licensor does not commence a particular legal action within [ninety (90) days] calendar days after the date of the notice, Licensee, after notifying Licensor in writing, shall be entitled to bring such legal action at its own expense and in the name of Licensee and, where appropriate, Licensor. The party conducting such action shall have full control over its conduct. In any event, Licensor and Licensee shall assist one another and cooperate in any such action at the other party's request.

〈訳文〉

　ライセンサー又はライセンシーが、本テリトリーにおけるライセンサーの知的財産権の現実の侵害又はその危険を知ったとき、その当事者は、直ちに他方当事者に通知をするものとする。ライセンサーは、当該侵害を除去するために最初に権利行使をする権利を有する。仮にライセンサーが同通知から（90日以内に）具体的な法的措置をとらない場合、ライセンシーは、ライセンサーに書面により通知後、その名（必要な場合はライセンサーとの連名にて）及びその費用にて、法的措置をとることができる。法的措置をとった当事者はその法的措置をコントロールすることができる。いずれの場合も、ライセンサーとライセンシーは、他方当事者の要請に応じて、相互に協力するものとする。

b　ライセンサーの権利行使義務あり

　Licensor shall at its own expense exercise its rights against any infringements of its Trademark. If Licensor fails so to do, Licensee may itself elect, in the name and at the expense of Licensor, to exercise such rights. For any payments made by Licensee in the exercise of such rights, Licensor shall forthwith indemnify Licensee.

〈訳文〉

　ライセンサーは、本件商標の侵害に対し、その費用において権利行使をしなければならないものとする。仮にライセンサーがかかる権利行使をしなかった場合、ライセンシーは、ライセンサーの名および費用において、その権利を行使できるものとする。ライセンシーが当該権利行使につき支払をなした場合、ライセンサーはその補償をする。

　ライセンサーは、本来、知的財産権の侵害に対して権利行使をする義務はないので、上記の条項例は、ライセンシーに有利な例である。

c　ライセンシーの権利行使義務なし

　With respect to any PATENT RIGHTS that are exclusively licensed to LICENSEE pursuant to this Agreement, LICENSEE shall have the right to prosecute in its own name and at its own expense any infringement of such patent, so long as such license is exclusive at the time of the commencement of such action. LICENSOR agrees to notify LICENSEE promptly of each infringement of such patents of which LICENSOR is or becomes aware. Before LICENSEE commences an action with respect to any infringement of such patents, LICENSEE shall give careful consideration to the views of LICENSOR and to potential effects on the public interest in making its decision whether or not to sue.

〈訳文〉

　本契約に基づきライセンシーに独占的にライセンスを付与された本特許権に関し、ライセンシーは、同特許の侵害につき、その名義及び費用において、訴追をする権限を有するものとし、但し、これは同訴追の時点で、独占権が付与されていることを要する。ライセンサーは、ライセンサーが知った同特許の侵害についてライセンシーに直ちに通知をすることに合意する。ライセンシーが同特許の侵害に対し行動を開始する前に、ライセンシーは、訴追をするか否かの判断をするについて、ライセンサーの意見及び公共の利益に対する潜在的な影響を慎重に考慮するものとする。

以下は、ライセンシーが権利行使しなかった場合に、ライセンサーの訴追権限の行使を認める条項例である。

If LICENSEE elects not to exercise its right to prosecute an infringement of the PATENT RIGHTS within [　], LICENSOR may do so at its own expense, controlling such action and retaining all recoveries therefrom. LICENSEE shall cooperate fully with LICENSOR in connection with any such action.

〈訳文〉

　仮にライセンシーが（　　）以内に、本特許権の侵害に対して訴追する権限を行使しないことを選択した場合、ライセンサーは、その費用において、訴追をすることができ、訴訟をコントロールすることができ、それによる回収を取得できるものとする。ライセンシーは、ライセンサーの同訴訟遂行に全面的に協力するものとする。

　　(B)　訴訟遂行
　a　協力義務

If LICENSEE elects to commence an action as described above, LICENSOR may, to the extent permitted by law, elect to join as a party in that action. Regardless of whether LICENSOR elects to join as a party, LICENSOR shall cooperate fully with LICENSEE in connection with any such action.

〈訳文〉

　仮にライセンシーが上記の行動をすることを選択した場合、ライセンサーは、法令上許される限りにおいて、同訴訟に当事者として参加することを選択することができるものとする。ライセンサーが当事者として参加することを選択したか否かに関わらず、ライセンサーは同訴訟

第11章 製品表示（Product Identification）

においてライセンシーに全面的に協力するものとする。

b 費用負担

(a) LICENSEE shall reimburse LICENSOR for any costs LICENSOR incurs, including reasonable attorneys' fees, as part of an action brought by LICENSEE, irrespective of whether LICENSOR becomes a co-plaintiff.
(b) If LICENSEE elects to commence an action as described above, LICENSEE may deduct from its royalty payments to LICENSOR with respect to the patent(s) subject to suit an amount not exceeding fifty percent (50%) of LICENSEE's expenses and costs of such action, including reasonable attorneys' fees; provided, however, that such reduction shall not exceed fifty percent (50%) of the total royalty due to LICENSOR with respect to the patent(s) subject to suit for each calendar year. If such fifty percent (50%) of LICENSEE's expenses and costs exceeds the amount of royalties deducted by LICENSEE for any calendar year, LICENSEE may to that extent reduce the royalties due to LICENSOR from LICENSEE in succeeding calendar years, but never by more than fifty percent (50%) of the total royalty due in any one year with respect to the patent(s) subject to suit.

〈訳文〉
(a) ライセンシーは、ライセンサーに対し、ライセンシーが提起した訴訟においてライセンサーが支出した合理的な弁護士費用を含めた費用を支払うものとし、これはライセンサーが共同原告となったか否かを問わないものとする。
(b) 仮にライセンシーが、上記のとおり訴訟を開始することを選択した場合、ライセンシーは、同訴訟の特許に関するライセンサーに対するロイヤルティの支払から、同訴訟の費用の50％を上限としてこれを控除できるものとし、但し、同控除は、訴訟の対象となっている特許に基づいて、同暦年に支払われるべきロイヤルティの合計の50％を超えないものとする。仮にライセンシーの費用の50％が、同暦年のロイヤルティからの控除額を超えた場合、ライセンシーはライセンサーに対するその後の暦年のロイヤルティからこれを控除することができるものとするが、同控除額は、訴訟の対象となった特許に基づく同暦年のロイヤルティの合計額の50％を超えないものとする。

c 和解等の可否

No settlement, consent judgment or other voluntary final disposition of the suit may be entered into without the prior written consent of LICENSOR, which consent shall not be unreasonably withheld.
〈訳文〉
ライセンサーの事前の書面による承認なく、和解、判決の承認、その他の最終的な任意の訴

253

訟の処分をしないものとする。但し、同承認は、不合理に留保されないものとする。

(C) 判決・和解後の処理

If any monetary damages are recovered from such third party, whether by judgment, settlement or otherwise, the amount recovered shall be distributed, first, to reimburse the parties for their actual out-of-pocket expenses associated with obtaining such recovery and, second, distributed to the parties on a pro rata basis taking into consideration the relative economic losses suffered by each party.

〈訳文〉

仮に、判決、和解その他により、同第三者より金銭的賠償が得られた場合、同金員は、第一に賠償金を得るために費やした実費に充てられ、第二に両当事者の経済的な損失を考慮した割合に応じて分配されるものとする。

B 当事者による第三者の知的財産権の侵害

(A) ライセンサーの防御義務

a ライセンサーの防御義務なし

In the event of the institution of any suit by a third party against Licensor or Licensee for an infringement of such third party intellectual property involving the commercialization of the Products in the Territory, the party sued shall promptly notify the other party to that effect in writing. The party sued shall have the right to defend the suit at its own expense, but shall all times consult with and coordinate with the other party.

〈訳文〉

第三者より、契約製品の本テリトリーにおける商業化による同第三者の知的財産権の侵害に関し、ライセンサー又はライセンシーに訴えが提起された場合、訴えを提起された当事者は、他方当事者に対し、直ちに書面にてその旨を通知するものとする。訴えを提起された当事者は、その費用にて防御をする権利を有するが、常に他方当事者と協議し、調整するものとする。

b ライセンサーの防御義務あり

Licensor shall defend any suit for any patent infringement brought against Licensee based solely on Licensee's use of the Products licensed under this Agreement. In the event that such action is brought against Licensee, it shall notify Licensor promptly of the commencement thereof. In the event of a judgment against Licensee for such patent infringement, Licensor shall pay the same and will indemnify Licensee against any liability, damage or expenses incurred in connection with any such suit.

〈訳文〉
　ライセンサーは、ライセンシーに対して提起された、ライセンシーによる、本契約に基づき許諾された本製品の使用に基づく特許侵害訴訟につき防御するものとする。ライセンシーに対してそのような訴訟が提起された場合、ライセンシーはライセンサーに対し速やかにそれを通知するものとする。もし、ライセンシーに対し勝訴判決が言い渡された場合、ライセンサーはそれを支払、ライセンシーに対しその訴訟に関連して負った債務、損害、費用を補償するものとする。

c　ライセンサーの防御権

　If a declaratory judgment action is brought naming LICENSEE as a defendant and alleging invalidity of any of the PATENT RIGHTS, LICENSOR may elect to take over the sole defense of the action at its own expense. LICENSEE shall cooperate fully with LICENSOR in connection with any such action.
〈訳文〉
　仮にライセンシーを被告として、本特許権の無効確認の訴訟が提起された場合、ライセンサーはその費用において同訴訟の単独被告としての地位を承継することを選択することができる。ライセンシーは、同訴訟に関し、ライセンサーに全面的に協力するものとする。

(B)　判決・和解後の処理

　In the event that any consideration is required to be paid to a third party by Licensor or Licensee in order to enable Licensee to exercise the license rights granted under this Agreement, the financial burden shall be shared between the parties based on their respective economic interest in the Territory, provided that no such agreement with such third party shall be made without the agreement by the parties.
〈訳文〉
　本契約によりライセンシーに付与された権利の行使を可能ならしめるために、ライセンサー又はライセンシーが第三者に金員を支払わなければならない場合、両当事者の経済的負担は、本テリトリーにおける両当事者の経済的利益を基準に分担されるものとする。ただし、両当事者の合意なく、同第三者と合意してはならないものとする。

C　他の条項との整合性
　本条項は、保証条項（第2部第12章）、補償条項（第2部第12章）、ライセンサーの工業所有権（第2部第13章）等とも関連するため、これらの規定との整合性を図る必要がある。

〔第2部〕 II-2 特別条項（Special Terms）

2 公取指針の考え方

商標について、公取指針から「第4 不公正な取引方法の観点からの考え方 4 技術の利用に関し制限を課す行為 (2) 販売に係る制限」の考え方を検証する。

---

(2) 販売に係る制限

　ライセンサーがライセンシーに対し、ライセンス技術を用いた製品（プログラム著作物の複製物を含む。）の販売に関し、販売地域、販売数量、販売先、商標使用等を制限する行為（価格に係る制限については次項を参照）は、ライセンシーの事業活動の拘束にあたる。

　ア　（省略）

　イ　（省略）

　ウ　ライセンサーがライセンシーに対し、特定の商標の使用を義務付ける行為は、商標が重要な競争手段であり、かつ、ライセンシーが他の商標を併用することを禁止する場合を除き、競争を減殺するおそれは小さいと考えられるので、原則として不公正な取引方法に該当しない。

---

3 実務の考え方

(1) 技術供与契約

　ライセンサーはライセンシーに対して、自己の商標の使用許諾に関し、契約に定めた正しい方法（商標の仕様、付着場所等）で使用することおよび商標を付した契約製品の品質について一定水準以上の品質を保持することを明確に義務付けなければならない。同時に、ライセンサーの契約管理実務としては、ライセンシーが契約期間中を通じてかような契約上の義務を正しく履行しているかどうかについて、ライセンサーは注意深くなくてはならない。

　また、契約上は、第三者による商標権侵害またはライセンシーまたはライセンサーによる第三者の商標権の侵害について、特許権の侵害等の場合と同様に、ライセンサー、ライセンシーが共同して問題に対処するために、具体的に金銭の負担等も含めて合意しておくのが望ましい。

　商標の使用制限については、ライセンシー所在国の商標法のほか、独占禁止法、不正競争防止法等にも抵触しないよう配慮しなければならない。

　その他諸問題に関しては、ライセンサーとしては本事例そのものが大いに参考になると思われる。

(2) 技術導入契約

　ライセンシーがライセンスに基づいて生産した契約製品またはその容器・包装等に一定の商標または標識を付すことが契約上義務付けられることがある。本事例はまさにそうした場合に該当する。本来、商標または標識の表示は、契約製品の品質や性能についてある確かな保証を表すものである。同時に、商標または標識の表示により、ライセンシーは商標または標識が持つライセンサーの暖簾（goodwill）をも享受できる。そういう意味では、商標または標識を契約製品に付すという契約上の義務は、ライセンシーにとっては利益である。

標識の内容は「本製品はライセンシー（社名）がライセンサー（社名）とのライセンスに基づき製造された」という趣旨となるが、その標識の仕様、付着場所等についても詳細に指定される。商標についても同じく詳細に規定される。

その他諸問題に関しては、ライセンシーとしても本事例そのものが大いに参考になると思われる。

第6　一口コメント

契約を扱う者は、語学力、専門知識、情報収集能力、折衝能力、そしてバランス感覚を養いつつ、専門家の知恵を活用することが大切である。

〔第2部〕 II－2 特別条項 (Special Terms)

第12章　保証および責任
(Warranties and Liabilities)

第1　事例12の紹介〔技術供与〕

ARTICLE 11　WARRANTIES AND LIABILITIES

11.1.　Licensor warrants that Licensor's Technical Data furnished to Licensee by Licensor pursuant to Article 3 hereof shall be the same as is being used by Licensor on Effective Date for the purpose of manufacturing Licensed Product or as will be used or usable for Licensor's own manufacture of Licensed Product at the time of Licensor's furnishing of such Licensor's Data to Licensee, as the case may be. Licensor in no way warrants that Licensor's Technical Data to be furnished to Licensee under this Agreement shall be free from defects nor that the Licensed Product manufactured by Licensee in accordance with such Licensor's Technical Data shall satisfactorily function so as to fit for any particular purpose or use required by a purchaser or user of such Licensed Product. If Licensor fails to comply with its warranty under this Section, Licensor shall at its own costs and expenses correct or modify such failure.

11.2.　Licensee shall, in accordance with its own commercial practice, take the sole responsibility for warranties to its customers, purchasers or users of Licensed Product that the Licensed Product manufactured and sold by Licensee under this Agreement shall be free from defects.

11.3.　Licensee shall indemnify and hold harmless Licensor, Licensor's Subsidiary and/or Licensor's Co-Developer from and against any claims, losses, damages and/or liabilities including but not limited to product liabilities which may be incurred by Licensor, Licensor's Subsidiary and/or Licensor's Co-Developer in connection with Licensed Product manufactured and sold by Licensee under this Agreement or due to any activities of Licensee under this Agreement.

11.4.　Licensor represents that to the best of its belief Licensor's Technical Data to be furnished to Licensee under this Agreement is not infringing upon any patents or other industrial property rights of any third parties as of Effective Date. Licensor in no way makes any further representation of warranty, express or implied, that any of Licensor's Technical Data to be furnished to Licensee under this Agreement shall not infringe upon any patents or other industrial property rights of any third parties. Notwithstanding the foregoing provisions of this Section, should Licensee be required to pay any royalty to any third party in order to manufacture and sell Licensed Product because of such third party's patent or other industrial property rights, and if Licensor acknowledges that such license is required by Licensee, the parties hereto agree to share the cost of such royalty on a fifty-fifty (50/50) basis. If a license from such third party for such third party's patent or other industrial property rights is unavailable, however, the parties hereto shall seek a solution acceptable to both parties hereto provided however that if the parties hereto are unable to find out any such solution, and then in the event that Licensee is obliged to discontinue the manufacture and sale of Licensed Product under this Agreement, either party hereto shall have the right to terminate this Agreement, without payment of any damages or penalty to the other party hereto, by giving a sixty (60) days' written notice to the other party hereto.

11.5.　Licensor's warranty pursuant to the foregoing provisions of this Article shall be sole and exclusive and shall replace any other liability, warranty, guarantee or condition which is imposed upon Licensor by law or customarily or implied by the context hereof.

第2　事例12の訳文

11条　保証及び責任

11.1.　本契約第3条に従い、ライセンサーがライセンシーに対して提供するライセンサーの技術情報は、契約製品を製造するために契約発効日現在ライセンサーが使用しているものであること又はライセンサーがライセンシーへ同ライセンサーの技術情報を提供する時点において契約製品をライセンサー自身が製造するために使用する又は使用できるものであることを、それぞれライセンサーは保証する。本契約に基づきライセンシーに供与されるライセンサーの技術情報に瑕疵がないこと、又は同ライセンサーの技術情報に従いライセンシーによって製造された契約製品が、同契約製品の購入者又はユーザーによって要求された特定目的又は使用に適合するように満足に機能することについて、ライセンサーは保証するものではない。ただし、ライセンサーは本条の保証違反があった場合、自己の費用負担においてかかる違反を訂正又は修正するものとする。

11.2.　ライセンシーは契約製品の顧客、購入者又はユーザーに対して、自己の商慣行に従い、本契約に基づきライセンシーによって製造、販売された契約製品に瑕疵がないことについて単独で保証責任を負うものとする。

11.3. ライセンシーは、本契約に基づきライセンシーが製造、販売した契約製品に関連して又は本契約に基づきライセンシーの活動に起因した、ライセンサー、ライセンサーの子会社及び又はライセンサーの共同開発者が被る可能性のある製造物責任も含めて、ただしこれに限らず、いかなる請求、損失、賠償及び法的責任から、ライセンサー、ライセンサーの子会社及び又はライセンサーの共同開発者を補償し、損害を被らせないようにするものとする。

11.4. 本契約に基づきライセンシーへ供与されるライセンサーの技術情報が、契約発効日現在、第三者の特許又はその他工業所有権を侵害しないと堅く信じていることを、ライセンサーは表明する。本契約に基づきライセンシーに供与されるライセンサーの技術情報が第三者の特許又はその他産業財産権を侵害しないというような保証は、明示的であれ、黙示的であれ、ライセンサーはこれ以上の表明をしない。本条項の上記規定にかかわらず、万が一ライセンシーが、第三者の特許又はその他産業財産権が原因で、契約製品を製造販売するために第三者にロイヤルティを支払う必要が生じ、しかも同ライセンスがライセンシーにとって必要であるとライセンサーが認める場合、本契約両当事者は、半々で、そのロイヤルティ費用を分担することに同意する。しかし、そうした第三者の特許又はその他工業所有権に対する第三者からのライセンスが得られない場合、本契約両当事者は双方にとって受諾可能な解決を探さなければならない。ただし、もしも本契約当事者がそうした解決策を見出すことができず、しかもライセンシーが本契約に基づく契約製品の製造、販売を中止せざるを得ない場合、本契約当事者の何れもが、相手方当事者に対し60日の書面通知を送達することによって、本契約の相手方当事者に対し賠償や罰金を支払わずに、本契約を終了させる権利を有するものとする。

11.5. 本条項の上記規定に基づくライセンサーの保証は、唯一にして排他的なものであり、コモンローもしくは慣習上ライセンサーに課せられた又は本条項の文脈により黙示されたその他いかなる賠償責任、瑕疵担保保証、金銭保証又は条件に取って代わるものとする。

第3　事例12の解説

1　開示情報の保証（11.1項）

(1)　開示情報の性質（前段）

ライセンサーがライセンシーに対して開示する情報は、ライセンサーが契約発効日現在使用しているものか（"as is"）、または情報開示の時点でライセンサーが契約製品を製造する場合に使用するものかまたは使用可能なものである。同ライセンサーの開示情報は、ライセンサーが使用している情報そのものであるという意味である。

(2) 開示情報の完璧性および特定目的への適合性（中段）

　ライセンサーがライセンシーに提供する開示情報は、決して完全無欠ではない。ライセンサーが定めた契約製品の仕様がユーザーの要求仕様にマッチするからといって、ライセンシーが実際に製造した契約製品が、ユーザー（顧客）の期待どおりに（契約製品が）機能するかどうかは別問題である。なぜならば、ライセンシーの加工技術、製造設備の品質、製造工程の管理体制、その他によって契約製品の出来上がり品質は異なるからである。

　また、仮に、ライセンシーが実際に製造した契約製品が、ライセンサーが定めた仕様に合致していても、当該契約製品がユーザーの特定目的に合致して機能するとは限らない。なぜならば、当該契約製品がユーザーの特定目的に合致して機能するかどうかは、契約製品が使用される環境、または契約製品と他社製品との関連性等エンジニアリング全体の問題とも密接に関連するからである。

　つまり、ライセンシーの製造技術や製造環境並びにユーザーの当該契約製品の使用環境および関連設備全体のエンジニアリング等から派生する問題については、ライセンサーの支配が及ばないという意味で、ライセンサーはライセンシーが製造した契約製品について保証を与えることができないというわけである。

(3) 開示情報の瑕疵（後段）

　ライセンサーがライセンシーに対して技術情報として開示した資料に保証違反があれば、ライセンサーは自己の費用負担で誤りの訂正または不足情報の追加提供を行う。それが、開示情報に関してライセンサーが負担することのできる保証責任のすべてである。

2　ユーザー等に対する瑕疵担保保証（11.2項）

　ユーザー等、販売先に対する契約製品に関する瑕疵担保保証は、すべてライセンシーの責任で行う。保証の具体的なやり方は、その販売地域の商慣行にも配慮する必要がある。販売に関してはライセンシーがすべて責任をもって処理し、ライセンサーは一切関知しないものとする。

3　ライセンサー等の免責（11.3項）

　ライセンシーが製造・販売した契約製品に関連し、製造物責任等の問題が発生し、ライセンサー、ライセンサーの子会社または共同開発者等ライセンス契約に関わる関係者に被害が及んだ場合、ライセンシーはこれら関係者の損害を補償し、一切迷惑をかけないようにする。これは、hold-harmless clause と呼ばれる免責特約である。

4　ライセンサーの特許権等による他社特許権等の不侵害不保証等（11.4項）

(1) ライセンサーの特許およびその他工業所有権（第1段）

　ライセンサーがライセンシーに対して実施許諾した特許やその他工業所有権は、ライセンサーが知る限り、第三者の特許やその他工業所有権を侵害していないと表明している。これは、第三者の特許やその他工業所有権を侵害しないことを保証したものではない。ライセンサーは、自社の調査能力の及ぶ範囲で自社特許が第三者の権利を侵害していないかどうかを調べたが、契約発効日現在、侵害の事実は発見されなかった。よって、ライセンサーは自社特許が第三者の権利を侵害して

いないと信じている。しかし、絶対に第三者の権利を侵害していないとは断言できないとしている。

(2) ライセンサーの技術情報（第2段）

ライセンサーがライセンシーに対して使用許諾した技術情報が、第三者の特許やその他工業所有権を侵害していないとは断言していない。それは明示的であれ、黙示的であれ、ライセンサーはそうした保証も表明も一切していないことを明記している。

(3) 第三者へのロイヤルティの支払分担（第3段）

ライセンサーとしては、事前に十分に特許調査等を行ったにもかかわらず、第三者の特許やその他工業所有権を侵害してしまうことがある。

そこで、ライセンシーがライセンス契約に基づく契約製品の製造・販売を継続するために当該権利者に対して一定のロイヤルティを支払う必要が生じ、ライセンシーが当該権利者からそうしたライセンスを受ける必要性をライセンサーも認識した場合は、ライセンサーとライセンシーは、当該権利者に対して支払うべきロイヤルティを折半して支払うというものである。折半の理由は、ライセンシーとしては諸般の取引事情を考慮してどうしても当該契約製品の製造販売を継続したいという強い意欲がある一方、ライセンサーは許諾技術が他社特許等を侵害する可能性を残した契約条件という意味で不完全であること等、それぞれに理由がある。

(4) 第三者の権利侵害に起因した契約終了（第4段）

事前の特許調査にもかかわらず第三者の特許やその他工業所有権を侵害し、当該権利者とのライセンス交渉も不調に終わり、ライセンスを受けることができないということもある。その場合、ライセンサーとライセンシーは当該権利者の権利を回避するための技術的改良を行う等の努力が必要であろう。しかし、そうした問題解決の努力にもかかわらず、問題を解決できない場合、ライセンス契約を解消せざるを得ない。

ライセンス契約を中途で終了すれば、お互いに損害が生じることは明らかである。ライセンサーは自己の権利が絶対に他者の権利を侵害しないという保証はしていないが、実際に侵害問題でライセンス契約の履行ができなくなれば、ライセンシーは損害の一部でもライセンサーに請求したくなる。そのような場合、ライセンサーとライセンシーの間で紛争に発展するおそれがないとはいえない。

本規定は、かような紛争を未然に防止し、スムーズに契約を解消することを意図したものである。具体的には、60日の書面通知で、お互いに賠償請求なしで、契約を終了させることができるとしている。

5 許諾技術に対する唯一、排他的保証（11.5項）

本条項にてライセンサーがライセンシーに対して約束した許諾技術に対する保証は、本条項に規定したものだけである。法律上、慣習上または本契約の文脈上黙示保証していると解釈されようとも、本条項にてライセンサーが意思表明した保証がすべてに取って代わるものであるとする。

第4　本条項の位置付け

　保証条項は、ライセンス契約の中でも、最も現実的で、実務的に重要な条項である。ライセンサーにとってみれば、保証問題を処理する予算枠はあくまでライセンシーから受け取るロイヤルティの範囲内に限らざるを得ない。そうであれば、保証の範囲、責任の範囲はできるだけ厳密に定めなくてはならない。

　他方、ライセンシーはできるだけ保証の範囲を広く確保したいと願う。しかし、ライセンサーの経済的受け皿に制限があることも事実として認めざるを得ない現実もある。そうであれば、技術資料等の誤りには最大限の注意を払う等して、自ら問題発生の予防に注力しなければならない。

第5　本条項のチェックポイント

　本条項は、ライセンス契約の対象技術や契約製品に欠陥があった場合の処理を定める条項である。これらの欠陥の処理に関しては、主に、ライセンサーのライセンシーに対する保証責任ないし担保責任（以下、「保証責任」という）とライセンサーおよびライセンシーの第三者に対する責任（以下、「対第三者責任」という）が問題となる。

　以下、保証責任及び対第三者責任について個別に検討する。

1　基本的な考え方（その1「保証責任」）

(1)　米国法における保証責任
　　A　概　説
　　　(A)　保証の定義
　保証（Warranty）とは、「担保責任；(品質又は権原の) 保証；瑕疵担保　契約の目的物がある品質を有すること、又は売買契約の売主がその目的物の正当な title（権原）を有することの保証」（田中・英米法辞典）、また、「契約の一部として構成される事実の表明であり、当事者が真実であるとするもの」（a statement of a fact, forming a part of the contract, which the party giving the warranty asserts to be true）等と説明される。

　なお、"warranty" は、イギリスの契約法において、契約条項のうちその違反が損害賠償責任のみを生じさせるもの、すなわち、契約条項を conditions（契約条項たる条件）と warranty の2種に分け、前者は契約の重要事項に関する約定であって、その違反は損害賠償請求権のみならず解除権をも発生させるが、後者はそれほどの重要性をもたないものであり、損害賠償のみの救済が認められるものとされる（田中・英米法辞典）。

　　　(B)　保証と他の類似制度の違い
　当事者が契約上守るべき事項として、一般的に、「義務」(obligation) のほかに、「保証」(warranty)、「表明」(representation) 等が定められる場合がある。

　まず、当事者の「義務」は、当事者の一定の作為・不作為を内容とするが、「保証」は、これらの義務に関してさらに一定の保証をするものである（"An express or implied promise that something in

〔第2部〕 II－2　特別条項（Special Terms）

furtherance of the contract is guaranteed by one of the contracting parties; especially a seller's promise that the thing being sold is as represented or promised" Black's Law Dic.）。

また、"representation"とは、表示、事実の表示とみなされる言葉や行為、契約法では、一方当事者から他方当事者への特定の事実に関する言動で、契約締結に影響を与えるものとされる（田中・英米法辞典）。

さらに、"covenant"とは、捺印証書による契約であって、当事者が作為もしくは不作為について約し、またはある事実が真実であることについて合意するなどのものをいうとされる（田中・英米法辞典）。

なお、「保証」は、「表明」と以下の4点で異なると説明される。

① 保証は契約の重大な要素と推定されるが、表明はそのようには推定されない（a warranty is conclusively presumed to be material, while the burden is on the party claiming breach to show that a representation is material）。

② 保証は厳格に守られなければならないが、表明は実質的な履行があれば足りる（a warranty must be strictly complied with, while substantial truth is the only requirement for a representation）。

③ 保証は契約の重要な一部であるが、表明は通常付随的な誘引に過ぎない（a warranty is an essential part of a contract, while a representation is usually only a collateral inducement）。

④ 明示保証は通常契約に記載されるが、表明は書面であったり口頭であったりする（an express warranty is usually written on the face of the contract, while a representation may be written or oral）。

B　保証責任の法的根拠

米国法においてライセンス契約は、特段の事情がない限り、統一商事法典（UCC）ではなく、コモンローにより規律される（Raymond T. Nimme『An Essay on Article 2's Irrelevance to Licensing Agreements』）。ここに、「特段の事情」とは、たとえば、ライセンス契約が動産売買を伴うとか、当事者が契約においてUCC Article 2を援用した場合等と説明される（Jay Dratler, Jr.『Licensing of Intellectual Property』（Chapter 10. Allocating the Risk of Infringement））。

これに対し、ソフトウェアライセンスにUCC Article 2の適用を認めた米国裁判例（Surplus.com, Inc. v. Oracle Corp., 2010., 2010 WL 5419075 (N.D. III. Dec. 23, 2010) 等）[1]を根拠に、ライセンス契約全般にUCC Article 2の適用を認めるべきとする立場もあり得る。

しかし、UCC Article 2は、物品の売買を規律する[2]のに対し、ライセンス契約は知的財産権の

1　ソフトウェアライセンス契約に対しUCCの適用を認めた判例について：Robert Goldscheider『Eckstorm's Licensing in Foreign and Domestic Operations』Volume 2, 12.03「LAW GOVERNING TRANSFERS OF COMPUTER TECHNOLOGY」（Clark Boardman Co. Ltd., 1992）およびMark F. Radcliffe『SOFTWARE LICENSING AND UCC』, The Law and Business of Licensing (Licensing in the 1990s), Volume 1 (Clark Boardman Co.) 参照（JIPA・ライセンス委論説(4)580頁参考文献6）および7）から）。

2　UCC／2－102.「適用範囲：本編から除外される特定担保及びその他取引」
　　「文脈上反対の要求がない限り、本編は物品の取引に適用する。本編は、無条件の売買すべき契約（contract to sell）又は即時売買（present sale）の形態であっても、担保取引としてのみ作用することを意図されたる取引には適用しないし、又、本編は顧客、農業者又はその他特定クラスの買主への売買を統制する法律を害したり又は無効にするものではない」。

使用許諾であり、両者は対象も取引の法的性質も異なる。また、ソフトウェアライセンスにUCC Article 2 の適用が認められたのはソフトウェアライセンスに関連する裁判例の一部に過ぎず、その理由も、問題となったソフトウェアライセンスが本、ビデオ、CD 等の知的財産権を含んだ動産の売買と類似する等の特殊事情があったからに過ぎない（Raysman Pisacreta ほか『Intellectual Property Licensing: Forms and Analysis』）。

したがって、ライセンス契約におけるライセンサーの保証責任は、原則としてコモンローにより規律される。

ただし、保証責任についてこれを直接規律する制定法がない現状においては、ライセンスと売買の違いを念頭におきながら、UCC の保証責任（保証の内容、違反に対する救済、救済の制限・拡張等）等の規定を修正しながら、これをライセンス契約に仮定的にあてはめることが実際的であると思われる。

そこで、以下、UCC の保証責任について述べる。

C　UCC の保証責任

UCC Article 2 は、売買に関する売主の保証責任につき、明示保証と黙示保証を定める。明示保証とは、売主の明白な言葉または行動によって創出される保証を意味し、黙示保証とは、表明や約束がなかった場合に法律により課せられる義務をいう（Black's Law Dic.）。

(A)　保証要件

a　明示保証（Express Warranties）

明示保証について、UCC ／2 − 313「確認、約束、説明、見本による明示保証」の規定を検証する。

---

(1) 売主による明示の保証は下記のとおり創出される。
　(a) 物品に関連したしかも売買契約の基本の一部となるような、売主が買主に対してなした事実認定（affirmation of fact）又は約束は、当該物品がその事実の確信又は約束に合致することの明示の保証を創出する。
　(b) 売買契約の基礎の一部を構成するような物品の説明（description）は、当該物品がその説明に合致することの明示の保証を創出する。
　(c) 売買契約の基礎の一部を構成するような見本又は模型は、当該物品がその見本や模型に合致することの明示の保証を創出する。
(2) 明示の保証を創出するために、売主が warrant 又は guarantee というような畏まった字句を用いたり又は保証をする旨の特別な意思表示をする必要はないが、当該物品の価値についての単なる確信又は当該物品に関する売主の意見や推奨は、保証を創出するものではない。

〈補足説明〉

物品の説明や見本の展示が契約交渉の一部を構成し、これらの要素が当該売買契約の基礎の一部となっている場合、保証について特別の意思表示の必要はない。交渉中に売主が物品についてなした事実の確信は、それら物品の説明の一部とみなされる（オフィシャル・コメント 3 参照）。売主は、

物品の説明に基づく売主の義務を一般的な免責文言によって、これを免れることはできない（オフィシャル・コメント4参照）。

物品の説明は、文言によるとは限らない。仕様書や青焼き図面（blueprint）は十分に物品の説明たり得る。仕様書や青焼き図面が売買契約のベースであれば、物品は、これら仕様書や青焼き図面に表示された内容に合致しなければならない（オフィシャル・コメント5参照）。

一般的には、見本や模型が事実の確信として提示されている限り、取引の基礎となり得る。売主が誠実に、現に存在する売買契約の目的物である製品そのものの中から抜き取り提示した見本であれば、それは明確にその責任を否定しない限り、契約製品の価値を表示したものとみなされる。しかし、売買契約の目的物である製品そのものが手元になく、製品そのものの中から抜き取ったものではなく、検査のために提示された模型の場合、文字どおりにはなかなか受け取れないということもある（オフィシャル・コメント6参照）。

b　黙示保証（Implied Warranties）

(a)　UCC／2-312(1)「権原保証（Warranty of Title）」

権原保証について、2-312(1)の規定を検証する。

---

(2)項を条件として、売買契約上次のような売主による保証がある：

a）　移転される権原が完全（good）であり、その権利譲渡が合法的（rightful）であること。

b）　物品には契約時点で買主が知らないような担保権（security interest）やその他先取特権等が付いていないこと。

(b)　UCC／2-312(3)「不侵害保証（Warranty against Infringement）」

「不侵害保証」について、2-312(3)の規定を検証する。

別途合意がない限り、売主がその種の物品を恒常的に取り扱っている商人であれば、売主は当該物品が権利侵害等により第三者からの適法な請求を受けないことを保証する。しかし、買主が売主に対して仕様書を提供している場合、当該仕様書に準拠したことから生じる請求に関しては、買主は売主を免責しなければならない。

(c)　UCC／2-314(1)「商品性の黙示保証（Warranty of Merchantability）」

物品の商品性（merchantability）の黙示保証について、2-314(1)の規定を検証する。

黙示保証を排除したり又は修正しない限り、物品に商品性があるとの保証は、売主がその種の物品に関する商人である場合、彼らの売買契約において黙示される。

(d)　UCC／2-314(2)「商品性の要件」

商品性の要件について、2-314(2)の規定を検証する。

> (a) 契約の記述に基づき取引上異議なく通用する（pass）こと。
> (b) 代替可能な物品の場合、契約の記述の範囲内で公正にみて平均的な品質を有すること。
> (c) 同様の物品が使用される通常の目的に適合すること。
> (d) 契約によって許容される変動範囲で、各単位の範囲内で及び包含されたすべての単位のなかで、種類、品質及び数量が一様であること。
> (e) 合意どおりに適正な内容、包装及びラベルであること。
> (f) ラベル上で又は容器に入っている場合はその容器上でなされた約束又は事実確信に合致すること。

(e) UCC／2-314(3)「取引慣行（Usage of Trade）」

取引慣行と黙示保証について、2-314(3)の規定を検証する。

> 排除または修正がなければ（2-316）、他の黙示保証は、取引過程（course of dealing）又は取引慣行から生じる可能性がある。

(f) UCC／2-315「適合性の黙示保証（Fitness for Particular Purpose）」

特定目的への適合性に関する黙示の保証について、2-315の規定を検証する。

> 売主が契約時点で物品に要求される特定目的を知る理由があり、しかも買主が物品の選択や適切な物品供給のための技術又は判断力を売主に依存する場合、次の条項に基づき削除若しくは修正がなされない限り、当該物品が特定目的に適合する旨の黙示保証がある。

なお、「次の条項」とは、2-316「保証の排除又は修正」の条項（後述）である。

　(B) 保証違反の効果

a　UCC／2-711「買主の一般的な救済（Buyer's Remedies in General）：拒絶物品に対する買主の担保権（security interest）」

買主の契約解除権および既払代金の返却請求権も含めて買主の一般的な救済について、UCC／2-711の規定を検証する。

> (1) 売主が当該物品に関し引渡しを行わないか若しくは履行拒絶をするか（repudiate）、又は買主が適法に受諾拒絶をするか若しくは正当に受諾撤回をした場合で、しかも違反が契約全体（2-612条）に及ぶ場合は契約全体に関し、買主は、契約解除を行うことができ、さらに契約解除を行おうと行うまいと、それまでに支払われた代価の多くを回収することに加えて、
> 　(a) 影響を受けた当該物品すべてが契約の目的物として特定されようとされまいと、その影響を受けたすべての物品について次の条項に基づき「代品入手を行い」、賠償を得ることができる；又は

(b)　本編規定（UCC／2-713）に従い、不引渡しに対する賠償を回収することができる。
(2)　売主が引渡しを行わないか又は履行拒絶をした場合、買主も又、
　　(a)　同物品が特定された場合、本編規定（UCC／2-502）に従い同物品を回収することができる；又は
　　(b)　適正な場合には、特定履行を得るか又は本編規定（UCC／2-716）に従い、同物品の占有を訴訟により取り戻す（replevy）ことができる。
(3)　適法な受諾拒絶時点で又は正当な受諾撤回時点で、買主は、その物品の代価並びに検査、受領、輸送、管理及び保管に合理的にかかった諸費用の支払に関し、自己が占有、支配する物品に担保権を有し、同物品を保持し、求償権を有する売主と同様な方法で（UCC／2-706）同物品を転売することができる。

〈補足説明〉
　本条項は買主の救済を規定する。(1)項では金銭賠償を、そして(2)項では物品そのものに言及している。本条項に列挙された救済は、買主が物品を受諾しなかった場合または正当に物品の受諾を撤回した場合にも適用される。最終的に受諾した物品に関する救済は、受諾物品に関する違反を取り扱う条項による。違反が物品の一部に係る場合の買主の救済は、分割給付契約の違反に関する条項および部分的受諾に関する条項による（オフィシャル・コメント1参照）。
　(3)項では、買主が代価の一部または規定されたような諸経費を支払った場合、買主が拒絶物品を保持し、転売できることを明確にしている。買主の転売の自由度は、売主の転売の自由度と同じ広がりを持つ（オフィシャル・コメント2参照）。

　　b　UCC／2-712「代品入手（Cover）：買主の代替品調達（Buyer's Procurement of Substitute Goods）」
　代品入手（cover）について、UCC／2-712の規定を検証する。

(1)　前条の範囲内での違反の後、買主は、誠実にしかも不当に遅れることなく、売主から提供されるべき（due）物品に代わる物品の購入又は購入契約を締結することで、代品入手を行うことができる。
(2)　買主は、売主から賠償として、代品入手コストと契約金との差額並びに後に規定される（UCC／2-715）付随的若しくは派生的損害賠償から、売主が契約違反の結果支払わずに済んだ売主の諸費用を控除したものを、回収できる。
(3)　本条項の範囲内で買主が代品を入手できないことで、買主が他の救済を妨げられるものではない。

　　c　UCC／2-713「不引渡し又は履行拒絶に対する買主の損害賠償請求」
　不引渡しまたは履行拒絶に対する買主の損害賠償の請求について、UCC／2-713条の規定を検証する。

第12章 保証および責任（Warranties and Liabilities）

> (1) 市場価格（2-723）の立証に関する本編規定を条件として、売主の不引渡し又は履行拒絶に対する損害賠償の尺度は、買主がその違反を知った時点での市場価格と契約金額との差額並びに本編に定められた付随的若しくは派生的損害賠償から、売主の違反の結果節約された諸費用を控除したものである。
> (2) 市場価格は、提供すべき場所について、又は到着後拒絶若しくは受諾撤回の場合には、到着場所について決定されるものとする。

d　UCC／2-714「受領物品に関する契約違反に基づく買主の損害賠償請求」

受領物品に関する違反に対する買主の損害賠償請求について、UCC／2-714の規定を検証する。

> (1) 買主が物品を受領し、告知（2-607(3)）を与えたときは、買主は、履行提供が契約に適合しないことに対する損害賠償として、合理的な方法によって算定される、売主の違反から通常の過程で起こる出来事の結果として生じる損失を回復することができる。
> (2) 保証違反に対する損害賠償の算定額は、受領したときの、その場所における、物品の価格、及び、もし保証どおりに履行されていれば当該物品がもっていたであろうと思われる価値との差額である。ただし、特別の情況があり、異なった額の近接した損害賠償額が示されている場合は、この限りではない。
> (3) 適切な事例があれば、次条による付随的損害賠償及び派生的損害賠償も回復され得る。

e　UCC／2-715「買主の付随的および派生的損害賠償」

買主の付随的損害賠償（incidental damages）および派生的損害賠償（consequential damages）について、UCC／2-715の規定を検証する。

> (1) 売主の契約違反の結果生じる付随的損害賠償は、合法的に拒絶された物品の検査、受領、輸送および管理、保管上合理的に発生した諸費用、代品入手に関わる商業的に合理性のある管理費、諸費用または手数料、並びに遅延又はその他違反に付随するその他合理的な諸費用を含む。
> (2) 売主の契約違反の結果生じる派生的損害賠償は、下記を含む。
> (a) 売主が契約時に知るべき理由のあった、しかも代品入手（cover）その他により合理的に阻止することができなかった一般的又は特定の要求またはニーズの結果生じる損失、並びに
> (b) 保証違反の結果、相当な関係から生じた人身又は財産に対する侵害（injury）

〈補足説明〉

(1)項は、買主が合法的に拒絶をした物品について、以後買主がこれら物品の保管に要した費用を、売主が償還することを規定している。「列挙された付随的な損害は、排他的なものではなく、

269

〔第 2 部〕 II−2 特別条項（Special Terms）

付随的損害賠償の典型的なものを例示したにすぎない」（オフィシャル・コメント 1）。

(2)項は、売主の契約違反の結果、買主側に生じた派生的な損害を、買主が売主に対して請求することを認めている。ただし、買主が代品入手などにより、損失を合理的に防止することができたような場合には、買主に損害賠償の回復は認められない。買主が損害を最小限に食い止める努力が求められている（オフィシャル・コメント 2 参照）。

一般的に言えば、買主の特定のニーズは売主に知らせるが、一般的なニーズは、特に売主に知らせない。売主が派生的な損害リスクを回避したい場合は、契約で合意しておくことが必要である（オフィシャル・コメント 3 参照）。

派生的な損害の範囲については、買主が立証責任を負うが、損失の証明に算術的正確性はそれほど求められてはいない。むしろその時の状況に鑑みて、損害の範囲の決め方などが合理的であったかどうかのほうが重要である（オフィシャル・コメント 4 参照）。

「(2)項(b)は通常の保証違反に関する原則を述べたものである。契約違反から相当な関係で生じた被害に対しては、回復（recovery）を認容している。被害の原因となった瑕疵を発見できずに物品を使用したためにその被害が発生した場合、『相当な原因（proximate cause）』という問題は、買主が検査をしていればその瑕疵を発見できた筈なのに、そうした検査を行わずにその物品を使用したことに、果たして合理性があったかどうかということによって定まる。買主がそうすることは合理的ではないとすれば、又は買主が使用前にその瑕疵を実際に発見していたとすれば、その被害は保証違反に基づく相当な関係から生じたものではないということになろう」（オフィシャル・コメント 5）。

f　UCC／2−716「特定履行又は占有を回復する買主の権利」

特定履行または占有を回復する買主の権利について、2−716の規定を検証する。

---

(1)　物品が唯一無二なものである場合、又は他の特別な情況にある場合、特定履行の命令が出され得る。

(2)　特定履行の命令は、裁判所が公正であると思料するような、代金の弁済、損害賠償、又はその他の救済手段に関する諸条件を含めてもよい。

(3)　もし合理的な努力をした後、買主がその物品の代品を入手することができない、又は、かかる努力をすることができないことを情況が合理的に示している場合、若しくは、当該の物品が留保を付して発送され、且つ、その物品に対する担保権の弁済がなされたか、又は供託された場合、買主は契約に特定された物品を回復する権利をもつ、個人、家族又は世帯の諸目的のために購入された物品の場合、買主の物品回復権は、たとえ売主がそのときに拒絶しておらず、又は引き渡していない場合であっても、特別財産権の取得のときに発生する。

---

g　UCC／2−717「代価からの損害賠償控除」

損害賠償を代価（price）から控除することについて、2−717の規定を検証する。

買主はその旨、意思表示を売主に通知次第、契約違反から生じた賠償の全部又は一部を当該

> 契約に基づき支払期限の到来した（due）代価のいかなる部分からでも控除できる。

(C) ライセンス契約へのあてはめ

a 黙示保証

ライセンス契約は、「対象技術」の使用を許諾する契約に過ぎず、「対象製品」の製造・販売はライセンシーが行う。したがって、「対象製品」の瑕疵につきライセンサーが当然に保証責任を負うものではない。

また、仮に「対象技術」が第三者の権利を侵害したとしても、ライセンサーの第三者の権利不侵害についての黙示保証は否定されると解されている（Rarmond T. Nimmer『An Essay on Article 2's Irrelevance to Licensing Agreements』256頁）。なお、この点の詳細については、cで述べる。

このように、UCCの黙示保証をライセンス契約にそのままあてはめることはできない。

b 救済手段

買主の救済手段に関するUCC／2-711以下の規定は、物品の受領、代品の入手、占有の回復を内容とする等、物品の取引（売買）を前提としているものと思われる。

また、救済手段のうち、損害の算定に関するUCCの規定はライセンス契約にはあてはまらないと思われる。すなわち、売買の買主の損害は目的物の市場価格と契約金額の差額をベースに算出されるのに対し、ライセンシーの損害は、対象技術の価値そのものではなく、その使用権の市場価格と契約金額の現在価格の差額をベースに算出されるものと思われる。なお、ライセンス契約同様、資産の使用を目的とするリース契約の借主の救済手段につき、UCC／2A-519は、使用権の市場価格と契約金額の現在価格の差額を損害賠償の算出のベースとしており、UCC／2-711より、ライセンス契約に沿った規定内容といえる。

c 第三者の権利不侵害についての保証とサブマリン特許

第三者の権利不侵害の保証を検討するについては、米国のいわゆるサブマリン特許（Submarine Patent）を考慮する必要がある。サブマリン特許とは、特許出願の後、補正手続等を繰り返すことで特許の公開を先送りし、記載された発明技術が普及した時点でこれを公開するものをいう。

従来の米国特許法、すなわち、先発明主義のもと、特許出願が公開されず、特許期間が発行日から起算（「発行日から起算して17年間」）される特許制度においては、上記のように特許権を水面下に潜水させておき、技術が普及した段階で特許権を主張することによって、利用者に特許実施料を請求するということが行われることがあった。

サブマリン特許の権利の有効性には疑義もあったが、企業は、権利を無効にするために多大な時間と費用を費やすより、サブマリン特許の権利を認め、高額の使用料を支払うことを選んだ（H. 幸田・逐条解説172～173頁参照）というのが、過去の事実である。

その後、1996年の改正により、特許期間は「出願日から起算して20年」（米国特許法154条(a)(2)）とされ、2000年の改正により出願公開制度も導入された。

しかし、米国出願以外の出願がない出願については公開しないことができること、また、古くに出願された特許については旧法が適用されるため、今後もサブマリン特許が明らかになる可能性が残っている（木梨貞男『米国特許入門』53頁）。その意味で、サブマリン特許の脅威は現在も残って

いるといえる。

したがって、ライセンサーが、このような制度のもとで権利不侵害を保証するのは困難であるといわざるを得ない。

D　当事者自治
(A)　責任の制限および損害賠償の予定
a　保証の排除または修正
(a)　UCC／2-312(2)「権原保証の排除」

本条(1)項に基づく保証の排除または修正について、2-312(2)の規定を検証する。

> (1)項に基づく保証は、特定の文言によるか又は売主が自己の権原を主張（claim）しないこと若しくは売主が自己又は第三者が持ち得るような権利若しくは権原のみを売ろうとしていることを、買主が知り得る状況にある場合に限って、排除又は修正がなされる。

(b)　UCC／2-316(1)「明示保証と制限」

明示保証の規定とこれを排除・制限する規定の解釈について、UCC／2-316(1)の規定を検証する。

> 明示の保証を創出することに関する字句又は行動及び保証を否定又は制限しようとする字句又は行動とは、それが合理的である限り、相互に両立し得るものとして解釈されねばならない。しかし口頭証拠又は外部証拠に関する本編（this Article ＝ UCC／Article 2 Sales）の規定を条件として、保証の否定又は制限は、かような解釈が不合理であるとされる限度では、効力を有しない。

〈補足説明〉

明示の保証とこれを排除・制限する規定は相互に抵触しないように解釈し、口頭証拠排除の原則に従いつつも、明示の保証は排除・制限規定に優先するとされる（並木・UCC83頁参照）。

(c)　UCC／2-316(2)「商品性及び適合性の黙示保証排除・修正」

商品性（merchantability）および適合性（fitness）に関する黙示保証の排除について、UCC／2-316(2)の規定を検証する。

> (3)項を条件として、商品性の黙示保証若しくはその一部を排除若しくは修正するためには、文言で商品性に言及し、文書の場合、明白でなくてはならず、さらに、適合性に関する黙示保証の排除若しくは修正を行うためには、排除は書面により、しかも明白に書かれていなければならない。適合性に関する黙示保証を排除する文言は、例えば、「書面上に記載されたものを超える保証はありません」（there are no warranties which extend beyond the description on the face hereof）と述べれば、それで十分である。

(d)　UCC／2-316(3)「黙示保証の排除文言」

「黙示保証の排除文言」について、UCC／2-316(3)の規定を検証する。

(2)項にかかわらず、
 a 状況が反対のことを示さない限り、すべての黙示保証は、「現状のまま（as is）」、「瑕疵付の状態で（with all faults)」という表現で又は共通の理解として、保証排除に対して買主の注意を喚起し、黙示の保証がないことを簡明に表すその他の文言によって排除され、しかも
 b 買主が、契約締結前に、当該物品、見本又は模型を思いとおりに十分に検査を行った場合又は物品の検査を拒否した場合、検査を行えばその状況下では買主に露呈したに違いないような欠陥に関しては、黙示の保証はないものとし、さらに
 c 黙示保証は、取引過程、履行過程又は取引慣行によっても排除又は修正することができる。

(e) UCC／2-316(4)「保証違反の救済の制限」
保証違反に対する救済の制限について、2-316(4)の規定を検証する。

保証違反に対する救済は、賠償の清算若しくは制限及び契約による救済の修正に関する本編（this Article）規定（2-718及び2-719）に従い、制限することができる。

b UCC／2-719「契約による救済の変更若しくは制限」
契約による救済の変更若しくは制限について、UCC／2-719の規定を検証する。

(1) 本条(2)項及び(3)項の規定並びに損害賠償の確定及び制限に関する前条の規定を条件として、
 (a) 合意は、本編に規定されたものに加えて又はこれに代えて救済を規定することができ、しかも買主の救済を当該物品の返品及び代価の払戻し又は不適合物品若しくは部品の修理及び払戻し（repayment）に限定する等して、本編に基づき回収可能な賠償の尺度を限定若しくは変更することができる；さらに
 (b) 規定された救済が排他的なものであることを明示的に合意している場合は、それが唯一つの救済となるが、そうでない場合には、規定に従って救済手段に訴えること（resort to a remedy）を自由に選択できる。
(2) 状況からみて、排他的若しくは制限的救済ではその本質的な目的を達成できない場合、本法律の規定に従って救済が得られる。
(3) 派生的損害賠償は、その制限又は排他性が非良心的でない限り、制限又は排除される。消費者物資（consumer goods）の場合、人身への損傷に対する派生的損害賠償の制限は、一応非良心的であると推定される（prima facie unconscionable）が、ただし、その損失が商業上のものである場合、損害賠償の制限は非良心的ではない。

〈補足説明〉

　本条項は、契約当事者は契約自由の原則により、自由に合意により救済を変更、制限することができる旨定める（(1)項）。ただし、最小限適正な救済が得られることが売買契約の基本である。救済を変更、制限した規定が、非良心的なものであれば、それは削除され、本編の規定が適用される（(3)項）。同時に、状況からみて、排他的若しくは制限的救済では取引の実質的な価値（the substantial value of the bargain）が得られない場合、本法律の一般的な救済規定に委ねることになる（(2)項）。

　(1)項(b)は、本条項に規定される救済が、排他的なものではなく、累積的なものであるから、契約に基づき排他的な救済を希望する場合は、その旨明記しなくてはならないとされる（オフィシャル・コメント2参照）。

　(3)項は、派生的損害賠償の有効性に関する規定である。派生的損害賠償の制限、排除の問題は、未知の不確定なリスク分担の問題であるから、非良心的なやり方では認められない。

　c　UCC／2−718「損害賠償の予定」（Liquidated Damages）

　損害賠償の予定について、UCC／2−718「損害賠償の予定」（Liquidated Damages）を検証する。

---

(1) 一方の当事者による契約違反に対する賠償金は、契約において確定することができるが、ただしその金額は、契約違反によって生じる予見される損害又は実損害（actual damages）、損失の立証の難しさ及び別途適正な救済を得ることが不都合であるか又は実行不可能であること等に照らして、合理的であるものに限られる。不当に大きな損害賠償の予定を定めた条件は、制裁金（penalty）と看做され無効である。

(2) 売主が買主の契約違反を理由に、正当に物品の引渡しを留保している場合、買主は、自己の支払額が下記を超える不当利得の返還を請求できる（restitution）[3]：

　(a) 売主が(1)項に従い自己の賠償金を決定する条件によって請求できる金額、又は

　(b) こうした契約条件がない場合、買主が契約上義務を負担する全履行金額の20％又は500ドルのいずれか小額の方。

(3) (2)項に基づく買主の不当利得返還請求権（right to restitution）は、売主が下記を定める限度まで相殺の対象である。即ち、

　(a) (1)項以外に本編規定に基づく損害賠償回収の権利、及び

　(b) 契約によって直接・間接に買主が得た金額若しくは利益価額

(4) 売主が物品で支払を受けていた場合、それら物品の合理的な価額又はそれら物品の転売金額は、(2)項の目的に対する支払として扱われる。ただし、売主が履行の一部として受領した物品を転売する以前に、買主の契約違反に気付いていた場合、売主の転売は、求償権を有する売主の転売に関して本編において定められた条件に従う（2−706）。

　　(B)　当事者自治の制限

　当事者は、契約自由の原則に則り契約内容を自由に定めることができ、法令で規定された保証内

---

[3] "restitution" は、「原状回復」または「不当利得の返還」の意味。

容を削除・修正することもできる（当事者自治）。ただし、当事者自治といえども無制限ではない。以下、主要な制限を述べる。

　a　非良心的な契約

非良心的な契約は無効とされ得る。以下、良心的でない（unconscionable）[4]契約や条項について、UCC／2－302の規定を検証する。

---

(1)　裁判所が法の問題としてその契約又は契約条項が作成された時点で非良心的であったと判断した場合、裁判所はその契約の実施を拒絶することもできれば、又、裁判所は非良心的な条項を除く残余の契約条項を実施させることもでき、あるいは又、裁判所は非良心的な結果を回避するために非良心的な条項の適用を制限することもできる。

(2)　契約又は契約条項が非良心的である旨裁判所に対して請求がなされ又はそのように裁判所が思えば、契約当事者は、裁判所が判決を下すのを助けるために商業的な背景、目的及び効果について証拠を提出する合理的な機会を与えられる。

---

　b　明白性の原則

後述のように、一定の保証責任の排除・修正は、明白に定められていなければならない。以下、明白性について、UCC／1－201(b)(10)の規定を検証する。

---

(10)　「一つの用語に関して、「明白な」（conspicuous）」とは、合理的な人間が、その用語が不利に作用する場合に、その用語を見てそのことに当然気がつくように書かれ、展示され、若しくは提示されていることを意味する。一つの用語が「明白であるか」どうかは、裁判所の判断である。明白である用語には下記を含む。(A)大文字で書かれていて、文字の大きさが周囲の文言（text）と比べて同じか若しくはより大きく書かれているか、又は同一若しくはより小さい大きさの周囲の文言と比べて、対照的な字体（type）、フォント、若しくは色刷りの表題、及び(B)周囲の文言と比べて大きな字体でレコードや展示物の本体に書かれた、又は同じ大きさの周囲の文言と比べて、対照的な字体（type）、フォント、若しくは色刷りの、又は注目を引きつける記号やその他標章によって、同じ大きさの周囲の文言とは区別された言葉（language）。

米国の典型的な「保証と責任に関する条文」の具体例（大文字かつ太字で表記された部分は、読者に「はっきりとわかる」ようにするためである）については、後述の「保証条項（Warranty Clause）の

---

[4] "unconscionability"とは、「非良心性」ということ。それには、「良心に衝撃を与えるほど不公正で非良心的な契約にspecific performance（特定履行）等のエクイティの救済を」拒否するというエクイティ裁判所の姿勢があったとされる。「このような非良心性は、特にアメリカの裁判所で、契約の全部又は一部の実現を否定する根拠とされるようになり」UCC／2－302にもその旨規定された。しかもこのUCCの規定趣旨は、動産契約以外の「他の多くの種類の契約に適用されている」とされる。具体的に、非良心性の内容については、判例による。「契約内容の理解と自由な意思を欠く場合」および「契約が一方当事者に抑圧的となるほど不利で相手方当事者に不当に不利な場合」に、「非良心性」が成立するとされる（以上、田中・英米法辞典参照）。

ドラフティング」のA(A)のとおりである。

　　　(C)　ライセンス契約へのあてはめ
　まず、当事者自治を具現化した責任の制限および損害賠償の予定に関するUCCの規定の趣旨は、ライセンス契約にもあてはまると思われる。特に、ライセンス契約におけるライセンサーは、テリトリーにおける契約製品の事業をコントロールし得ず、売買契約の売主と比較してもその責任を制限する必要性が高いこと、また、瑕疵が存在した場合の損害額の把握が困難であることから、これらの規定の活用がなされる場合が多いと思われる。
　また、当事者自治の制限に関する非良心的な契約や明白性の原則の趣旨も、ライセンス契約にあてはまると思われる。

(2)　日本法における担保責任
A　概　説
　　　(A)　民法の担保責任
　特許・ノウハウライセンス契約は、民法上の典型契約に該当しない（非典型契約）。ただし、同契約が有償である場合、売主の担保責任の規定（民560条以下）が、民法559条[5]の規定により準用される。もっとも、準用される規定の範囲、程度は個別に検討される（柚木馨・髙木多喜男編『新版注釈民法⒁』）。
　以下、担保責任の「法的性質」および「内容」を明らかにしたうえ、ライセンス契約への準用の範囲・程度を検討する。
　　　(B)　担保責任の法的性質
　　a　法定責任説と契約責任説
　担保責任の法的性質については、法定責任説と契約責任説の争いがあった。
　法定責任説は、「契約で特定された特定物の売買においては、売主は特定物の引渡しをする債務を負担するだけである（民法555条）。品質や数量に相違がある場合、それは買主の錯誤の問題であり、債務不履行に当たらない。しかし、それでは売主と買主の取引の安定や公平さを欠くとして、民法は特定物の売買に関して売主の担保責任を定めている。その結果、売主の担保責任は特定物の売買に限る、とされる（我妻・債権各論㊥272頁㈘）。
　契約責任説は、「特定物・不特定物を問わず、売買の目的物に『隠れた瑕疵』があった場合に適用される、債務不履行責任の特則とみるわけである」、「契約責任説の立場からみると、無過失責任とされていることも、短期の権利行使期間が定められていることも、売買契約の特質に由来するものだと説明できることになる。もっとも、瑕疵担保の規定を売買における債務不履行の特則だと考え、これを優先的に適用することにすると、効果は解除と損害賠償に限定されそうである。しかし、修理や完全な代物の請求ができないのは妥当ではない。そこで、契約責任説は、担保責任のところに規定のない効果については、債務不履行の一般原則が適用されると考える。その結果、買主には瑕疵のない給付の履行を請求する完全履行請求権があり、そのコロラリーとして瑕疵の修補を請求

5　民法559条（有償契約への準用）
　「この節の規定は、売買以外の有償契約について準用する。ただし、その有償契約の性質がこれを許さないときは、この限りでない」。

すること（瑕疵修補請求権）や瑕疵のない代物を請求すること（代物請求権）も認められる（これらを追完請求権ともいう）。そして、完全履行が可能である限り、解除には催告が必要とされる。また、損害賠償の範囲も、特に信頼利益に限定しなければならない論理的必然性はないから、原則として債務不履行の一般原則によって決まることになる（予見可能な範囲で損害が賠償される、416条）」（内田・民法Ⅱ128頁以下）。

　　b　改正民法の立場

　改正前民法においては、瑕疵担保責任の法的性質について、上記の対立があった。しかし、「近時の学説では、瑕疵担保責任についても契約責任説が通説的見解となっていたことから、部会においても、売主の瑕疵担保責任を含む担保責任全般を契約責任の立場から整理する方向で検討された」（日弁連・改正債権法377頁以下）。

　なお、改正前民法の担保責任は無過失責任と理解されていた。しかし、改正後の担保責任は債務不履行であるから、帰責性が要求され（民415条）、「債務者の責めに帰することができない事由」（免責事由）があれば、損害賠償責任が否定される理論的可能性があることとなる。もっとも、改正前の裁判実務においては、かかる免責事由が認められた例は乏しく、仮に改正後に民法415条が適用されたとしても、適用されない場合と比べ、結論はほとんど変わらないと評価されている（日弁連・改正債権法391頁）。

　　(C)　担保責任の内容

　　a　現行民法

　民法の定める担保責任の内容は、①権利の瑕疵、②物の瑕疵、③強制競売における担保責任に分けられる。それぞれの概要は、以下のとおりである（我妻・債権各論㊥274頁）。

	全部他人の権利（561条）		一部他人の権利（563条）		数量不足・一部滅失（565条）		用益権による制限（566条）		担保権による制限（567条）		隠れた瑕疵（570条）	
買主の善意・悪意	善意	悪意	善意	悪意	善意	悪意	善意	悪意	善意	悪意	善意	悪意
代金減額請求			あり1項	あり	あり	なし						
解除	あり	あり	あり※1	なし	あり	なし	あり※2	なし	あり※3	あり	あり※5	なし
損害賠償請求	あり	なし但書	あり3項	なし	あり	なし	あり1項後・2項	なし	あり※4	あり	あり	なし
除斥期間	なし	なし	知った時から1年（564条）	契約の時から1年（564条）	知った時から1年		知った時から1年（3項）		なし	なし	知った時から1年	

※1　目的不到達のとき（2項）　　※2　目的不到達のとき（1項前・2項）
※3　所有権喪失のとき（1項）　　※4　所有権喪失のとき（3項）　　※5　目的不到達のとき

277

b 改正民法

契約責任説の立場からは、債務不履行の考えにより、履行が契約内容に適合するか否かが問題となるため、現行民法のように、それが権利の瑕疵であるか、物の瑕疵であるか、または数量不足であるか等により分ける論理的必然性はないと思われる。

B 瑕疵担保責任の要件・効果

瑕疵担保責任は、売主の担保責任のうちで、実際上最も適用の多いものである（我妻・債権各論（中）286頁）。そこで上記担保責任のうち、以下、瑕疵担保責任の要件・効果について、現行民法と改正民法を比較しながら検討する。

(A) 現行民法の瑕疵担保責任

現行民法の瑕疵担保責任によると、目的部の瑕疵につき善意の買主は、瑕疵があるために契約目的不到達の場合、契約解除権および損害賠償請求権を有する。その場合、除斥期間は、事実を知った時から1年以内。買主が悪意の場合、いずれの権利も有しない（民570条、566条）。

a 瑕疵担保責任の要件

(a)「売買の目的物」

売買の目的物は、法定責任説からは特定物と解され、契約責任説からは特定物であるか不特定物であるかを問わないと解されやすい。また、目的物には、判例上、無体財産権の権利の売買にも民法559条が適用されており、「多くの学説でもこれを肯定している」（JIPA・ライセンス委論説(6)592頁）とされる。

(b)「瑕疵」

「瑕疵」（民570条）とは、取引通念からみて通常であれば同種の物が有するべき品質・性能を欠いていることをいい、「法律上の瑕疵」も含まれると解される（判例）。したがって、たとえば、目的物が第三者の知的財産権を侵害するような場合も「瑕疵」といえる。

(c)「隠れた」瑕疵

「隠れた」瑕疵とは、買主が取引上において一般的に要求される程度の通常の注意を払っても知り得ない瑕疵を指し、買主は善意・無過失であることが必要であると解される（判例・通説）。したがって、たとえば、目的物が第三者の知的財産権を侵害する場合、「瑕疵」があるが、調査により容易に判明し得る場合は、ライセンシーが「無過失」であると主張することは困難になるものと思われる。これに対し、前述したサブマリン特許の場合は同調査によっても判明が困難であり、ライセンシーが「無過失」であると主張することが比較的容易になると思われる。

b 瑕疵担保責任の効果

(a) 目的を達することができない場合

瑕疵があるために売買の目的を達することができないときは、買主は、契約を解除し、かつ損害の賠償を請求することができる。目的を達することができないというためには、修補が容易かつ低廉にできない場合でなければならない。解除は、常に、契約全部についてなし得るとは限らない。目的物が数量的に可分であり、瑕疵がその一部にだけ存在し、契約の目的が一部についても達成し得る場合には、瑕疵のある一部についてだけ解除を認めるべきである（我妻・債権各論㊥289頁以下）。

(b) 目的を達することができる場合

瑕疵が契約の目的を達し得ないというほど重大なものでない場合には、買主は、損害賠償の請求をすることができるだけである。

(c) 権利の行使期間

買主の解除および損害賠償の請求は、ともに、買主が瑕疵を発見した時から１年以内にしなければならない。この１年は、民法564条と同じく、除斥期間と解されている。

なお、商人間の売買では、買主は目的物を受け取ったら遅滞なく検査し、瑕疵あることを発見したときは直ちに売主にその旨を通知しないと、売主の責任を問うことができないとされる（商526条）[6]もっとも、ライセンス契約には、民法の売買の規定（担保責任の規定を含む）は準用され得るが、商法の売買の規定の準用規定はない。

(d) 担保責任と同時履行の抗弁権

担保責任と同時履行の抗弁権について、民法571条の規定を検証する。

民法571条は、「第533条〔同時履行の抗弁権〕の規定は、第563条から第566条〔権利の瑕疵に対する担保責任〕及び前条〔570条　瑕疵担保責任〕の場合に準用する」（〔　〕内は著者注）とする。

また、民法533条は、「双務契約の当事者の一方は、相手方がその債務の履行を提供するまでは、自己の債務の履行を拒むことができる。ただし、相手方の債務が弁済期にないときは、この限りでない」とする。

(B) 改正民法の担保責任

以下、瑕疵担保責任に関連する改正民法の条項を検証し、現行民法との違いについては脚注で述べる。

a　改正民法562条（買主の追完請求権）[7]

> 第562条　引き渡された目的物が種類、品質又は数量に関して契約の内容に適合しないものであるときは、買主は、売主に対し、目的物の修補、代替物の引渡し又は不足分の引渡しによる履行の追完を請求することができる。ただし、売主は、買主に不相当な負担を課すものでないときは、買主が請求した方法と異なる方法による履行の追完をすることができる。
> 2　前項の不適合が買主の責めに帰すべき事由によるものであるときは、買主は、同項の規定による履行の追完の請求をすることができない。

---

[6] 商法526条（買主による目的物の検査及び通知）
「商人間の売買において、買主は、その売買の目的物を受領したときは、遅滞なく、その物を検査しなければならない。
2　前項に規定する場合において、買主は、同項の規定による検査により売買の目的物に瑕疵があること又はその数量に不足があることを発見したときは、直ちに売主に対してその旨の通知を発しなければ、その瑕疵又は数量の不足を理由として契約の解除又は代金減額若しくは損害賠償の請求をすることができない。売買の目的物に直ちに発見することのできない瑕疵がある場合において、買主が６箇月以内にその瑕疵を発見したときも、同様とする。
3　前項の規定は、売主がその瑕疵又は数量の不足につき悪意であった場合には、適用しない」。
[7] かかる追完の方法の選択については、明文の規定を置かないとすると、個々の紛争の場面において、売主及び買主の利害関係が対立し、深刻な紛争となるおそれがあることから、紛争解決の透明性を確保するため明文の規定をおいたものである（日弁連・改正債権法386頁）。

b 改正民法563条（買主の代金減額請求権）[8]

第563条　前条第1項本文に規定する場合において、買主が相当の期間を定めて履行の追完の催告をし、その期間内に履行の追完がないときは、買主は、その不適合の程度に応じて代金の減額を請求することができる。
2　前項の規定にかかわらず、次に掲げる場合には、買主は、同項の催告をすることなく、直ちに代金の減額を請求することができる。
　一　履行の追完が不能であるとき。
　二　売主が履行の追完を拒絶する意思を明確に表示したとき。
　三　契約の性質又は当事者の意思表示により、特定の日時又は一定の期間内に履行をしなければ契約をした目的を達することができない場合において、売主が履行の追完をしないでその時期を経過したとき。
　四　前3号に掲げる場合のほか、買主が前項の催告をしても履行の追完を受け得る見込みがないことが明らかであるとき。
3　第1項の不適合が買主の責めに帰すべき事由によるものであるときは、買主は、前2項の規定による代金の減額の請求をすることができない。

c 改正民法564条（買主の損害賠償請求及び解除権の行使）[9]

第564条　前2条の規定は、第415条の規定による損害賠償の請求並びに第541条及び第542条の規定による解除権の行使を妨げない。

d 改正民法565条（移転した権利が契約の内容に適合しない場合における売主の担保責任）[10]

第565条　前3条の規定は、売主が買主に移転した権利が契約の内容に適合しないものである場合（権利の一部が他人に属する場合においてその権利の一部を移転しないときを含む。）につい

---

[8] 改正前民法は、代金減額請求権について563条（権利の一部が他人に属する場合における売主の担保責任）および565条（数量の不足又は物の一部滅失の場合における売主の担保責任）にのみ規定を設けていた。しかし、瑕疵担保責任を契約責任の立場で整理する以上は、売買における対価的均衡を確保するために、権利の一部移転不能や数量不足の場合に限らず、売買一般について、代金減額請求権の規定を設ける必要があった（日弁連・改正債権法388頁）。

[9] 改正前民法における瑕疵担保に基づく損害賠償責任は、信頼利益の賠償に限られ履行利益には及ばないと解釈されていたが、改正後は債務不履行による損害賠償責任の一般準則によることとなり、履行利益のみならずいわゆる拡大損害の賠償も認められる可能性がある（日弁連・改正債権法391頁）。
　　解除については、改正前民法570条でも債務者の帰責事由は要求されていないところ、本改正でも、解除の一般準則として債務者の帰責事由を要件としていない（日弁連・改正債権法391頁）。

[10] 改正により変更される点としては、①追完請求権の明文が設けられたこと、②すべての類型において代金減額請求が可能となったこと（特に改正前民法566条、567条が適用される場面について可能となったこと）、③損害賠償については善意を要件としないこと（改正前民法561条、563条3項、566条1項後段参照）、④解除については、解除権者の善意を要件としないこと（改正前民法563条2項、566条1項前段参照）等が挙げられる（日弁連・改正債権法394頁）。

e 改正民法566条（目的物の種類又は品質に関する担保責任の期間制限）[11]

> 第566条　売主が種類又は品質に関して契約の内容に適合しない目的物を買主に引き渡した場合において、買主がその不適合を知った時から１年以内にその旨を売主に通知しないときは、買主は、その不適合を理由として、履行の追完の請求、代金の減額の請求、損害賠償の請求及び契約の解除をすることができない。ただし、売主が引渡しの時にその不適合を知り、又は重大な過失によって知らなかったときは、この限りではない。

　　(C)　ライセンス契約への準用

　特許・ノウハウライセンス契約における下記問題に関する隠れた瑕疵が存在する場合、民法570条の瑕疵担保責任の考え方が準用され得る（JIPA・ライセンス委論説(6)591頁「6.1　瑕疵担保責任について」参照）。

① 許諾技術そのもの
② 特許またはノウハウの有効性
③ 許諾技術を使用した製造物の品質および性能
④ 工業的実施の可能性
⑤ 商業的実施の可能性
⑥ 第三者による権利の侵害
⑦ 第三者の特許権の侵害
⑧ 許諾技術で製造された契約製品

「保証について判例は、(a)特許製品につき特別な性能を有すると広告宣伝されていたがその性能が欠如していた場合（大判昭8.1.14民集12.71）；(b)見本品販売において給付されたものがこれと異なる場合（大判大15.5.24民集5.433）；(c)試掘権の売買において鉱石が見本と異なっていた場合（大判昭8.1.14民集12.71）のような保証違反について学説・判例ともこれらを瑕疵の概念としてとらえている。ライセンス契約にあっても見本品が定められた場合、これと違っていた場合には、瑕疵担保責任の適用が認められるものと考えられる」（JIPA・ライセンス委論説(6)592頁「6.1　瑕疵担保責任について」）とする。

---

[11] 目的物の種類および品質に関する契約内容不適合については、改正前民法570条の瑕疵担保責任と比較すると、①特定物の契約内容不適合（瑕疵）については、改正前のごとく「売主に対し具体的に瑕疵の内容とそれに基づく損害賠償請求をする旨を表明し、請求する損害額の根拠を示す」必要もなく、担保責任を追及するには、契約内容不適合を知った時から１年以内に売主に通知すれば足りることに変更されるから、改正前より期間制限は緩やかになるといえる。これに対して、②種類物の契約内容不適合（瑕疵）については、改正前は10年の一般の消滅時効に服していたところ、改正法においては担保責任を追及するには契約内容不適合を知った時から１年以内に売主に通知しなければならないこととなるから、期間制限については制約が増えるといえよう。また、③数量に関する契約内容不適合（数量不足）や権利移転義務については、目的物の種類及び品質に関する契約内容不適合とは異なり、契約内容不適合を知った時から１年以内の通知は要求されず、期間制限は消滅時効の一般規定（主観的起算点から５年、客観的起算点から10年）に従うことになるから、改正前の１年の除斥期間に比較すれば、期間制限は緩やかになるといえよう（以上、日弁連・改正債権法397頁以下）。

また、ノウハウに関する瑕疵についての判例をみると、「判決では、本件契約が、営業目的である工業用ゴム板製品及びゴム成型製品をライセンスに指定してこれにマンダラ技術（著者注：原告と被告が昭和55年に開発したノウハウで、ゴム並びに合成樹脂等に係る微粒子状気泡の安定制御技術のこと）を適用することを目的とするノウハウライセンス契約であり、又、ロイヤルティの支払も別途予定されていたことによれば、ライセンサー（被告）はライセンシー（原告）のライセンス製品に使用し得る技術的に実施可能なものとする義務を負うべきものというべきところ、ノウハウには契約目的を達成し得ない隠れた瑕疵がある。これによりライセンシー（原告）は本件契約を解除できる。又、契約上、契約金不返還の定めがあるが、本定めは契約目的が達成し得ない場合にまでライセンサー（被告）を免責するものとは到底いえず、ライセンサー（被告）の主張には理由がない。これよりライセンサー（被告）には契約金の返還義務があるとしている（神戸地昭60.9.25＊）」（JIPA・ライセンス委論説(6)593頁「(1)　瑕疵担保責任に関する判例①」）とする（＊出典＝無体財産研究会編『判例特許・実用新案法』1284頁ノ18～1284頁ノ28（新日本法規出版、加除式））。

　このようにライセンシーによる実施ができない場合は解除ができると判断されたが、逆に実施ができていれば解除はできず、そのような場合、損害の立証も困難と思われるため、実際上、ライセンサーが担保責任を負うケースは、売買と比較して限定されるものと思われる。

　　C　当事者自治
　　　(A)　担保責任の制限
　　a　現行民法572条（担保責任免除の特約）
　担保責任免除の特約について、民法572条の規定を検証する。
　民法572条[12]によると、売主は、民法560条から571条に定められた担保責任を負わぬ旨の特約ができる（562条は除外）。ただし、その場合でも、売主は、知っていながら買主に知らせなかった事実および第三者のために設定または第三者に譲渡した権利については責任を負う。

　売主は、この特約によって損害賠償の責を免れることができる。ただし、解除については別の解釈もあり得る。すなわち、売買の目的である権利が全部他人に属し、売主が買主に対してこれを移転できない場合（民561条）や担保物権が行使されて買主が契約の目的物をすべて喪失した場合（同法567条1項）、買主は完全に契約目的を達成することができない。かような場合に、買主が契約を解除できないというのは法の趣旨や当事者の意思にも反するものと思われる。かような状況においては、買主が契約を解除することは認められるものと考えられる（我妻・債権各論(中)298頁［455］二(1)参照）。

　　b　改正民法572条（担保責任を負わない旨の特約）

第572条[13]　売主は、第562条第1項本文又は第565条に規定する場合における担保の責任を負わない旨の特約をしたときであっても、知りながら告げなかった事実及び自ら第三者のため

12　民法572条（担保責任を負わない旨の特約）
　　「売主は、第560条から前条までの規定による担保の責任を負わない旨の特約をしたときであっても、知りながら告げなかった事実及び自ら第三者のために設定し又は第三者に譲り渡した権利については、その責任を免れることができない」。
13　改正前と基本的な立場は変わらないが、引用条文が変わっている。

> に設定し又は第三者に譲り渡した権利については、その責任を免れることができない。

　　(B)　損害賠償の予定
　a　現行民法420条（賠償額の予定）
　日本法における損害賠償の予定について、民法420条（賠償額の予定）を検証する。

> 第420条　当事者は、債務の不履行について損害賠償の額を予定することができる。この場合において、裁判所は、その額を増減することができない。

　売主の担保責任につき、法定責任説に立つ場合、上記規定の適用・類推適用の有無が問題になり得るが、契約責任説に立つ場合は上記規定が適用される。
　そして、「この約定があれば、債務不履行の事実さえ証明されれば、損害の発生・その額の立証は不要となる」、「損害賠償額の予定には、2つの制限がある。第1に、特別法で制限がなされる場合がある。例えば、利息制限法は4条で遅延損害金の約定を制限し、割賦販売法6条にも損害賠償額の予定の制限がある」、「第2に、余りに高額又は低額の予定をすると、公序良俗違反として民法90条で全部又は一部が無効とされることがある。従って、過大な賠償額の予定は、この方法で、実質的に減額されることになる」（内田・民法Ⅲ171頁以下）。
　b　改正民法420条（賠償額の予定）

> 第420条[14]　当事者は、債務の不履行について損害賠償の額を予定することができる。
> 2　賠償額の予定は、履行の請求又は解除権の行使を妨げない。
> 3　違約金は、賠償額の予定と推定する。

　　(C)　ライセンス契約への適用・準用
　ライセンス契約におけるライセンサーの責任は、売買契約の売主の責任と比べ、制限をすべき場合が多く、また、知的財産権の侵害については損害の立証が困難であることから、UCCの場合と同様、日本民法のこれらの規定が活用される場面が多いと思われる。
(3)　保証条項（Warranty Clause）のドラフティング
　ライセンス契約の保証責任の内容は多種多様であるが、以下、売買契約の売主の保証責任との比較において検討する。ただし、前述のように、ライセンス契約の場合、ライセンシーの使用が阻害されていない限りにおいては、ライセンサーは担保責任を負う立場にはないともいえる。
　したがって、売買の売主と比較して、通常、ライセンサーが負担すべきリスクは限定されると思われる。

---

[14] 改正前民法420条1項後段は、賠償額の予定がされた場合に「裁判所は、その額を増減することができない」と規定していた。しかし、多くの裁判例においては、賠償額の予定のうち著しく過大であると認められた部分については信義則等を理由に無効とされているので、このような実務との間で齟齬が生じており、改正が必要となった（日弁連・改正債権法119頁以下）。

〔第2部〕 Ⅱ－2 特別条項（Special Terms）

〔売買の保証内容例〕

保証 Warranty	あり	要件 Condition	瑕疵（Defect）	① 限定 ② 標準 ③ 広範
			瑕疵基準日（Timing）	① 引渡し日 ② 一定期間
			期間（Claim Period）	① 引渡し後一定期間 ② 瑕疵発見後一定期間 ③ その他
			その他（Others）	① 通知要件等
		効果 Consequence	交換（Replacement）	手続等
			修理（Repair）	手続等
			損害賠償（Damages）	① 限定 ② 標準 ③ 広範
			その他（Others）	解除、契約条件の変更等
	なし			現状有姿 "As is"

A 保証の有無

(A) 現状有姿

以下は、現状有姿の場合の条項例である。

　LICENSOR does not warrant the validity of the PATENT RIGHTS licensed hereunder and makes no representations whatsoever with regard to the scope of the licensed PATENT RIGHTS or that such PATENT RIGHTS or BIOLOGICAL MATERIALS may be exploited by LICENSEE, an AFFILIATE, or sublicensee without infringing other patents. LICENSOR EXPRESSLY DISCLAIMS ANY AND ALL IMPLIED OR EXPRESS WARRANTIES AND MAKES NO EXPRESS OR IMPLIED WARRANTIES OF MERCHANTABILITY OR FITNESS FOR ANY PARTICULAR PURPOSE OF THE PATENT RIGHTS, BIOLOGICAL MATERIALS, OR INFORMATION SUPPLIED BY LICENSOR, LICENSED PROCESSES OR LICENSED PRODUCTS CONTEMPLATED BY THIS AGREEMENT. Further LICENSOR has made no investigation and makes no representation that the BIOLOGICAL MATERIALS supplied by it or the methods used in making or using such materials are free from liability for patent infringement.

〈訳文〉

　ライセンサーは、本契約によりライセンスされた本特許権の有効性を保証せず、又ライセンスされた本特許権の範囲、又はライセンシー、関連会社又はサブライセンシーが他の特許を侵

害せずに本特許権又は本生物学的原料を利用できることを表明するものではない。ライセンサーは、如何なる黙示的又は明示的保証もせず、本契約の定める本特許権、本生物学的原料又はライセンサーが提供した情報、ライセンス製法、又はライセンス製品につき、商品性又は特定目的への適合性について何ら黙示的又は明示的保証をしない。さらに、ライセンサーは、その提供した本生物学的原料又はこれを製造又は使用するための方法が特許を侵害しないことについて調査しておらず、表明もしない。

現状有姿（as is）の場合（ただし、技術の帰属を除く）の条項例として、以下がある。

Warranties, Representations and Disclaimers

(1) Licensor represents and warrants to Licensee that Licensor owns all right, title and interest in and to all the Technology which Licensor will provide to Licensee under this Agreement. Licensee understands and acknowledges that other persons may own or possess similar technology and know-how, and such ownership or possession shall not constitute a breach of Licensor's warranties hereunder. Licensor further represents and warrants that the Technology being provided to Licensee is the same technology as Licensor currently utilizes.

(2)[15] THE WARRANTIES SET FORTH IN SECTION 1 HEREOF ARE THE ONLY WARRANTIES MADE BY LICENSOR. SUCH WARRANTIES ARE IN LIEU OF, AND LICENSOR EXPRESSLY DISCLAIMS, ALL OTHER WARRANTIES AND/OR CONDITIONS, EXPRESS OR IMPLIED, STATUTORY OR OTHERWISE, INCLUDING BUT NOT LIMITED TO ANY IMPLIED WARRANTY OF MERCHANTABILITY, ANY IMPLIED WARRANTY OF FITNESS FOR A PARTICULAR PURPOSE, ANY IMPLIED WARRANTY OF NON-INFRINGEMENT AND ANY IMPLIED WARRANTY ARISING OUT OF THE COURSE OF DEALING, CUSTOM OR USAGE OF TRADE. THE WARRANTIES SET FORTH IN SECTION 1 HEREOF MAY NOT BE ENLARGED, DIMINISHED OR AFFECTED WITHOUT LICENSOR'S WRITTEN CONSENT.[16]

〈訳文〉

保証、表明及び免責

(1) ライセンサーが本契約（this Agreement）に基づきライセンシーに対して供与しようとするすべての「技術」に関し、ライセンサーが権利、権原及び利益を有することを、ライセンサーは保証し、表明する。ライセンシーは、他者が類似の「技術」及びノウハウを所有又は保有する（own or possess）ことができることを理解、認識するものとし、さらにかような所有又

---

[15] 同項の文字が大文字となっているのは、「明白性の原則」（本章第5(1)「米国法における保証責任」参照）に基づくものである。

[16] 明示の保証を創出するのに"warrant"や"guarantee"というフォーマルな言葉を使用し、保証するという特定の意思表示をすることは必ずしも必要ではない。また、単に物品の価値についての確信や物品についての売主の単なる意見や推奨を意味する発言等は、保証を創出するものではない。しかし、契約のベースとなるような契約交渉中の売主の発言が、契約後において偽りとわかれば、詐欺防止法の適用がある（オフィシャル・コメント8参照）。

は保有は、本契約上のライセンサーの保証違反を構成しないものとする。ライセンシーに対して供与される「技術」が、ライセンサーが現に使用している技術と同一の技術であることをライセンサーはさらに表明し、保証する。

(2) 本条項1項に規定された保証は、ライセンサーが行う唯一の保証である。この保証は、商品性の黙示保証、特定目的に対する適合性の黙示保証、不侵害の黙示保証及び取引過程、取引習慣又は取引慣行から生じるいかなる黙示保証も含め、これに限定されることなく、その他すべての明示又は黙示の、法定又はその他一切の保証及び条件に取って代わるものであり、しかもライセンサーはこれらすべての保証責任を拒否するものである。本条項1項に規定された保証は、ライセンサーの書面による同意なくして、拡大、減縮又は影響され得ないものとする。

(B) 将来提供される予定の技術

将来提供される予定の技術についても現状有姿とする場合の条項例として以下がある。

Licensor warrants that Licensor's Technical Data furnished to Licensee by Licensor pursuant to Article 3 hereof shall be the same as is being used by Licensor on the Effective Date for the purpose of manufacturing Licensed Product [or as will be used or usable for Licensor's own manufacture of Licensed Product at the time of Licensor's furnishing of such Licensor's Data to Licensee, as the case may be].

〈訳文〉

本契約第3条に従い、ライセンサーがライセンシーに対して提供するライセンサーの技術情報は、契約製品を製造するために契約発効日現在ライセンサーが使用しているものであること（又はライセンサーがライセンシーへ同ライセンサーの技術情報を提供する時点において契約製品をライセンサー自身が製造するために使用する又は使用できるものであること）を、それぞれライセンサーは保証する。

B　保証の要件

(A) 保証の対象・内容

a　ライセンサーの権原

(a) 権原の帰属

対象技術に関する所有権の存在を保証する場合の記載例として以下がある。

Licensor represents and warrants to Licensee that, as of the Effective Date, it is the sole and exclusive owner of the Technology.

〈訳文〉

ライセンサーは、ライセンシーに対し、効力発生日において、本技術の単独の保有者であることを保証する。

(b) 許諾権限の存在

対象技術に関する許諾権限の存在を保証する場合の記載例として以下がある。

The Licensor has full right and authority to grant the licenses to Licensee as herein described. There are no outstanding liens, encumbrances or agreements regarding the Technology which are inconsistent or conflicting with this Agreement.

〈訳文〉

ライセンサーが本契約に記載されているようなライセンスをライセンシーに付与するための権限を有すること。本技術に関し、本契約と整合せず、又は抵触する担保、負担、又は合意が存在しないこと。

---

b 対象技術

(a) 対象技術の十分性

対象技術の十分性を保証する場合の記載例として以下がある。

The Licensor's Information contains all [the material] data or information that Licensor uses to manufacture and control the quality of the Products.

〈訳文〉

ライセンサーの本情報が、ライセンサーが本製品を製造し品質管理をするために使用している（重要な）データ又は情報を全て含むこと。

(b) 対象技術の安全性等

対象技術の安全性等を保証する場合の記載例として以下がある。

There are no relevant safety and efficacy issues involving the products bearing the Technology.

〈訳文〉

本技術を含む製品について、安全又は効能に関し問題がないこと。

(c) 対象技術が第三者の知的財産権を侵害しないこと

第三者の知的財産権の不侵害を保証する場合の記載例として以下がある。

Licensor represents and warrants to Licensee, as of the Effective Date, [and to the best of its knowledge], that the Technology does not infringe any intellectual property rights of any third party in the Territory.

〈訳文〉

ライセンサーは、ライセンシーに対し、効力発生日において、（知る限りにおいて）本技術が

〔第 2 部〕 Ⅱ-2 特別条項（Special Terms）

テリトリーにおいて第三者の知的財産権を侵害しないことを表明し、保証する。

(d) 開示情報の正確性・安全性

開示情報の正確性・完全性についても保証する場合の記載例として以下がある。

> Licensor represents and warrants that, as of the Effective Date, [and to the best of its knowledge and belief], all data and information that Lisensor has disclosed to Licensee through [Licensee's due diligence for this Agreement] is accurate [in all material aspects]; and [to the best of its knowledge and belief] Licensor has not withheld from Licensee any [material] information concerning the Technology or other aspects of similar importance in the context of this Agreement.
>
> 〈訳文〉
> ライセンサーは、効力発生日において、（知る限りにおいて、又、信じる限りにおいて）、ライセンサーがライセンシーに対して（本契約に関するデューディリジェンス）において開示したデータ及び情報が（実質的に）正確であること、又（知る限りにおいて、又、信じる限りにおいて）ライセンサーがライセンシーに対し本技術に関する（重要な）情報又はその他本契約の内容に照らして同等の重要性を有する事項を非開示としていないことを表明し保証する。

なお、上記に関連し、米国のUCITA[17]が、情報ライセンスに関する黙示保証につき、UCCにはない情報の正確性に関し、以下の保証を設けている。

> Unless the warranty is disclaimed or modified, a merchant that, in a special relationship of reliance with a licensee, collects, compiles, processes, provides, or transmits informational content, warrants to its licensee that there is no inaccuracy in the informational content caused by the merchant's failure to perform with reasonable care.
>
> 〈訳文〉
> 保証が免責又は修正されない限り、情報内容を収集し、編集し、加工し、提供し、移転する、ライセンシーと特別な信頼関係にある商人は、同情報内容に、商人の合理的な注意義務違反により生じた情報内容の不正確性が存在しないことを、ライセンシーに対し保証する。

要は、「商人の善管注意義務違反により生じた不正確な情報がないこと」の黙示保証を認めており、情報に関する保証条項のドラフティングにおいて参考になる。

(B) 瑕疵の基準日

保証条項には、瑕疵の基準日を設けるものと、設けないものがある。前者は、たとえば、"as of

---

17 UCITAとは、Uniform Computer Information Transaction Act（統一コンピュータ情報取引法）の略称である。UCITAは、1999年に成立した、コンピュータ・ソフトウェアやデータベース等のデジタル情報を対象とした取引に関するモデル法である。

the Effective Date"（効力発生日において）等とするものであり、基準日以降に生じた保証違反を保証責任から除外することができる。これに対して後者は、瑕疵の基準日が明らかではなく、契約期間の間瑕疵が生じないことの保証をし続けているように解釈されかねない。

以下は、前者の条項例である。

> Licensor warrants [as of the Effective Date] that the Product [conforms with the Specifications].
> 〈訳文〉
> 　ライセンサーは、本製品が、（効力発生日において）、（本仕様）に適合することを保証する。

(C) 保証期間

保証期間を設けない保証条項は多くみられる。保証期間を設けない場合、適用法令の除斥期間や消滅時効等の期間制限に服するものと思われる。これに対し、保証期間を設けると保証期間が不合理な場合には無効になるとの危険性もある（Jessel v. Lockwood Textile Corp., 276 App. Div. 378, 95 N.Y.S.2d 77 (1950))。ただし、明らかな瑕疵（apparent defect）についての制限は、隠れた瑕疵（hidden defect）の期間より相当短くても有効とされやすいとされる（Daniel H. Lidman『Time Limitations on Warranties: Application and Validity Under the U.C.C.』）。

以下は、保証期間を設ける場合の条項例である。

> Any claim by Licensee based on Licensor's representation and warranties shall be made in writing and shall be received by Licensor within the earlier of ＿＿ months after the Effective Date or ＿ days after the finding of such defects by Licensee. If Licensee fails to comply with this stipulation, Licensee shall be deemed to have waived such claim.
> 〈訳文〉
> 　ライセンサーの表明・保証の履行に関するライセンシーの請求は、書面により、効力発生日から＿ヶ月または瑕疵の発見から＿日以内のいずれか短い期間になされなければならない。ライセンシーが、上記期間内に請求をしなかった場合、ライセンシーは同請求権を放棄したものと看做す。

(D) その他の保証条件

a　Knowledge（知る限りにおいての）保証

Knowledge 保証は、保証の対象となる事実について、「知る限り」との制限を付することによってその保証責任を制限するものである。Knowledge 保証には、一般的に合理的な調査を行ったうえでの knowledge を要求するもの（たとえば、"to the best of its knowledge, information and belief…"）と、このような調査を行ったか否かを問わない knowledge で足りるとするもの（たとえば、"as far as the warrantor is aware but without conducting any investigation"）がある（Anderson・Guide494頁以下）。

> Licensor represents and warrants to Licensee, as of the Effective Date, [and to its knowledge], that the Technology does not infringe any intellectual property rights of any third party in the Territory.
> 〈訳文〉
> ライセンサーは、ライセンシーに対し、効力発生日において、(知る限りにおいて)本技術がテリトリーにおいて第三者の知的財産権を侵害しないことを表明し、保証する。

b 通知義務等

その他の保証条件として、保証責任を追及する当事者が、その損害の発生に寄与していないことや、特定様式に従った通知義務等を課すものがある。

以下は、前者の条項例である。

> Licensor's failure to comply with its representation and warranties shall be excused to the extent such failure is caused by Licensee's failure to perform its obligations under this Agreement.
> 〈訳文〉
> ライセンサーの、本契約に基づく表明・保証違反は、同違反がライセンシーの本契約に基づく義務の違反に基づく場合は、その限りにおいて免責されるものとする。

以下は、後者の条項例である。

> Licensee shall have a surveyor from a testing institution to report Licensor the specifics of the defects within twenty (20) days after the above notification.
> <訳文>
> ライセンシーは、検査機関の検査人を通じて、瑕疵の詳細を、上記通知から20日以内に、ライセンサーに通知させるものとする。

C 保証違反の効果

　(A) 補　正

保証違反の効果を補正義務にとどめる場合の記載例として以下がある。

> In case there is any defect in the Technology, Licensor's sole obligation shall be to correct or modify such defect.
> 〈訳文〉
> 本技術に瑕疵がある場合、ライセンサーの唯一の義務は当該瑕疵を補正し修正することであ

第12章 保証および責任（Warranties and Liabilities）

> る。

(B) 損害賠償

損害賠償の種類としては、一般的に、名目的損害賠償（nominal damages）、補償的損害賠償（compensatory damages）、派生的損害賠償（consequential damages）、損害賠償の予定（liquidated damages）があるとされる（第2部第21章「派生的損害賠償」参照）。

a 派生的損害の免除

派生的損害賠償を制限する場合の記載例として以下がある。

> Neither Party shall be liable to the other Party for any special, indirect or consequential damages, (including loss of profit) of the other Party whether based upon contract, negligence, or other theory of law.
> 〈訳文〉
> いずれの当事者も、他方当事者に対して、特別、間接、派生的な損害（逸失利益を含む）についての責任を、契約上も、又は過失その他の法理によっても負わないものとする。

b 損害賠償額の上限

損害賠償の額に上限を設ける場合の記載例として以下がある。

> Licensee hereby agrees that Licensor's total liability under this Agreement under any circumstance shall not exceed the net payment Licensor actually receives from Licensee, [except to the extent that such liabilities have been caused by the gross negligence or willful misconduct by Licensor].
> 〈訳文〉
> ライセンシーは、本契約に基づくライセンサーの責任の合計が、いかなる場合においても、ライセンサーがライセンシーから現実に受領した支払の合計額を超えないものとする。（ただし、同責任がライセンサーの故意又は重過失により生じた場合はこの限りではない。）

D その他

(A) その他の非保証

保証の内容が確定したら、黙示保証との関係を明らかにする必要がある。

> EXCEPT AS EXPRESSLY STATED IN THIS AGREEMENT, NEITHER PARTY MAKES ANY REPRESENTATION OR WARRANTY, AND EACH PARTY HEREBY DISCLAIMS ALL IMPLIED WARRANTIES, INCLUDING WARRANTIES OF MERCHANTABILITY, FITNESS FOR A PARTICULAR PURPOSE, WITH RESPECT TO ANY OF THE MATERIALS, INFORMATION, SERVICE OR LICENSES PROVIDED PURSUANT TO THIS AGREEMENT.

〔第2部〕 II－2 特別条項（Special Terms）

〈訳文〉
　本契約に明確に定められている場合を除き、いずれの当事者も表明又は保証をせず、各当事者は、本契約に基づき提供される材料、情報、サービス又はライセンスに関する商品性、特定目的への適合性を含め、黙示保証を免除する。

　　(B)　他の救済手段との関係
保証条項を設ける場合、他の関連条項、適用法令上の救済手段との整合性についても検討をする必要がある。整合性が問題となりやすい救済手段として、契約上の補償条項（Indemnification Clause）、法律上の契約責任や不法行為責任がある。

保証条項を唯一の救済手段とする場合の記載例として以下がある。

　The remedies provided in this Section with respect to claim for damages based on Defects are exclusive to other possible remedies.
〈訳文〉
　瑕疵による損害に基づくクレームに関する本条の救済手段は、他の可能な救済手段を排除する。

他の救済手段を排除するものではないのであれば、"the rights and remedies provided by this Agreement or under the applicable law are cumulative"（本契約又は適用法令に定められた権利及び救済手段は、重畳的である）等と記載したり、以下のような一般条項（Remedies Cumulative条項）を設けることもできる。

　[Except otherwise provided in this Agreement,] the rights and remedies provided by this Agreement or under the applicable law are cumulative, and the use of any one right or remedy by any party shall not preclude or waive the right to use any or all other remedies.
〈訳文〉
　（本契約に別段の定めがない限り）本契約または適用法令に定められている権利又は救済方法は重畳的に行使することができ、一つの権利を行使したことが他の権利の行使を制限するものではない。

なお、契約上の「保証」と法令上の「救済手段」の関係に関し、米国における請負契約に関する、次のような裁判例がある（Independent Consolidated School District No. 24, Blue Earth County v. Carlstrom）。
〈事案の概要〉
　発注者と建築業者は、建物の建築を合意し、完成後1年の保証期間を設けたが、完成から5年後に床が沈んだ。発注者は、同保証は法律上の救済までを排除するものではなく、法律上、建築業者の責任の消滅時効が6年であることから建築業者は責任を負う旨主張し、建築業者は上記保証が唯

一の救済手段である旨主張した。

〈判決・理由〉

裁判所は、"a remedy provided in a contract is exclusive to other possible remedies only when the language of the contract clearly indicates an intent to make it exclusive." と述べながら、上記保証条項には、"claims for damages may be made by the owner after final payment but those claims are limited to those appearing within one year of substantial completion" との記載があり、同記載は同保証が、損害賠償に関する注文者の唯一の救済手段であるとした。

このように、保証を設けるについては、それが唯一の救済手段なのか、他の法律上の救済手段と併存するのかを明らかにする必要がある。

2　基本的な考え方（その2「対第三者責任」）

ライセンス契約の対象技術や契約製品に欠陥があった場合の処理に関しては、ライセンサーのライセンシーに対する保証責任以外にも、ライセンサーおよびライセンシーの第三者に対する責任も問題となる（以下、「対第三者責任」という）。以下、対第三者責任として、「製造物責任」と「知的財産権侵害」について検討したうえ、一方当事者が責任を負った場合の「求償関係」について論じる。

(1)　製造物責任

製造物責任（Product Liability）とは、物品の欠陥によって損害を被った者に対して、製造者および卸売業者・小売業者等、その物品を製造、供給または販売した者が賠償責任を負う法理である（田中・英米法辞典）。製造物責任の要件・効果は各国の法制度により異なり得る。

A　米国法における製造物責任

(A)　概　説

a　製造物等の定義

製造物とは、一般的には、個人の有形財産のことと考えられるが、製造物責任の定義では、電気、ガスといった無体物（intangibles）、ペットのような自然の物（naturals）、家屋のような不動産の付帯物（fixtures）、および航空用地図（navigation charts）といった著作物（writings）も含まれるとされる（フィリップス・米国PL法15頁参照）。

欠陥は、米国では一般的に三つに類型化されて考えられている。

①　製造上の欠陥（manufacturing defects）
②　設計上の欠陥（design defects）
③　警告書の欠陥または不適切な指示書（warning defects or inadequate instructions）

上記のほかに、④として「不実表示」（misrepresentation）を加える学説もある。ラベリングが不実な製品は、不適切な警告文を付された製品と同じく危険であるとする考え方である（フィリップス・米国PL法17～18頁参照）。

b　製造物責任の背景

製品の欠陥による損害について、製造者はprivity of contract（直接の契約関係）にない者に対する不法行為責任を負わないとした先例（Winterbottom v. Wright (1842)）の法理があった。しかし、

〔第2部〕 II-2 特別条項（Special Terms）

20世紀に入ってから判例（アメリカでは MacPhersohn v. Buick Motor Co. (1916)、イギリスでは Donoghue v. Stevenson (1932)）等によって改められ、negligence という不法行為の成立が認められるようになった（田中・英米法辞典）。その後、この過失責任は、判例によって拡大され、製造に関わる過失のみならず安全性に関する設計上の過失にも及ぶとされ、また、賠償責任の対象も製品の利用者に限らず、欠陥製品の使用される範囲内に入ることが予見されるすべての被害者に及ぶとされている。さらに人身被害に限らず財産損害についても賠償責任が及ぶ（田中・英米法辞典）。

　c　製造物責任の法的根拠

米国における製造物責任の法理は、主として不法行為法（common law）および UCC Article 2（成文法）に基づくものである。連邦政府（the United States Department of Commerce）は、1979年に「統一製造物責任モデル法」（a Model Uniform Products Liability Act）を策定したが、法律としては成立せず、現在、製造責任に関する連邦法はない[18]。

製造物責任の請求原因は、法域（jurisdiction）により異なるが、過失責任（negligence）、保証責任および厳格責任（strict liability）とすることができる。多くの州では包括的な製造物責任に関する法律を制定している。これら制定法は多様である。

　d　ライセンス契約における留意点

日本知的財産協会ライセンス委員会は、JIPA・ライセンス委論説(5)の中で、「3.4　ライセンサーの留意点」として、八つの点を指摘している。その要旨を下記する。

①　ライセンサーがライセンシーに対して、下記二つの義務を怠ると過失責任に基づく製造物責任が成立し得る。
　―安全な設計の提供
　―危険性についての警告
②　明示、黙示の保証違反は、保証違反に基づく製造物責任が成立し得る。
③　代理責任論または流通経路理論によって、厳格責任に基づく製造物責任を成立し得る。
④　ライセンサーとライセンシーとの間に資本関係がある場合または長期の技術援助等の密接な関係がある場合、厳格責任に基づく製造物責任が成立する可能性が高い。
⑤　技術および商標の両方をライセンスした場合、厳格責任に基づく製造物責任が成立する可能性が高い。
⑥　契約上の合意があれば、製造物責任に基づくライセンサーの全損失をライセンシーに請求できる。
⑦　保証責任および過失責任に関する契約上の合意があれば、ライセンシーからの賠償請求（過失責任）、求償（保証責任）、損失補償（厳格責任）の要求を拒否できる。
⑧　厳格責任は州により異なるが、厳格責任について契約にて定めておくのが無難である。

以下、リステイトメント、判例および UCC 等を参照し、米国の製造物責任の考え方を検証する。

　　(B)　請求原因

　a　過失責任（Negligence）

---

[18] legal information institute〈http://www.law.cornell.edu/topics/productsliability.html〉

過失（negligence）は、故意による不法行為（intentional torts）、厳格責任（strict liability）と並んで不法行為責任の基礎となる原則の一つである。「通常、人が払うべき注意を怠ることにより損害を引き起こした場合に、行為者は賠償責任を問われる」（田中・英米法辞典）とするものである。

過失責任に基づく製造物責任とは、製造物に関して製造業者や販売者に過失があった場合、製造業者や販売者に賠償責任を負わせるという判例法上の法理である。被害者が製造業者や販売者の過失責任を追及するために、製造業者や販売者との間に契約関係は必要とされない。ただし、被害者は、製造業者や販売者の過失と被害との因果関係について立証責任を負う。

米国では、この被害者の立証責任についても、その挙証責任が緩和され、事故発生の事実をもって、被告の過失を推定する考え方（res ipsa loquitur「過失推定則」）[19]がある（JIPA・ライセンス委論説(5)698頁「(1) 過失責任が訴因の場合」参照）。

「過失推定則」について Restatement (Torts) Second, Sec.328D の規定を検証する。同規定は、下記の場合には、原告が被った被害が被告の過失が原因であると推定できるとしている。

(a) その事故が、過失がなければ通常は起こらない種類のものである；
(b) 原告及び第三者を含めて、他の帰責原因が証拠によって十分に排除されている（＊）；及び
(c) 指摘された過失が、原告に対する被告の義務範囲内にある。

（＊すなわち、「帰責原因は被告の過失以外に考えられない」という意味）

判例としては、「エスコーラ対コカコーラ事件（1944年）」[20]がある。レストランでウエイトレスがコカコーラのビンに触れたところ、爆発し怪我をしたという事件である。「被告の手を離れた後では取り扱いの手落ちがなかった場合には、過失の存在について推定が働くことになる。この場合、被告側の過失行為が特定して証明されなくとも構わない、とされている」（フィリップス・米国PL法44頁）とする。

b 保証違反（Breach of Warranty of Fitness）

保証責任は、本来、売買契約に基づく売主の買主に対する製品品質に関する無過失責任であり、当事者間に契約関係が存在することが前提であった。しかし、「ヘニンゲン対ブルームフィールド・モーターズ事件（1960年）」[21]にて、製造業者の利用者に対する黙示保証責任が、契約関係を要件と

---

19 res ipsa loquitur（＝ The thing speaks for itself.）「過失推定則」
「(1)被害の原因とされる手段が被告の排他的支配に属し、(2)その事故が過失なしには通常発生しないものである場合に、一部の法域では被告に過失があったものと推定し、原告が(1)(2)について相当の証拠を提出すれば、被告が推定を覆す反証をあげない限り、被告の過失が推定されるとする。これに対し、多くの法域では、この場合には過失ありと inference（推論）することが許されるにすぎず、反証がなくても事実認定者が過失なしと判断することもできるとする」（田中・英米法辞典から）。
20 Escola v. Coca Cola, 24 Cal. 2nd 453, 150 P.2nd 436（1944）（JIPA・ライセンス委論説(5)698頁参照）
21 Henningen v. Bloomfield Motors, Inc. 32 N.J.358, 161 A. 2nd 69（1960）
自動車購入者の妻が事故を起こした事件で、契約上は購入者以外には、黙示保証も含めて一切保証をしない旨定められていたが、裁判所は、欠陥製品により生命身体に危険が発生する場合には、製造業者と消費者との契約関係の存在を要求すべきではない旨判決したものである。ただし、アリゾナ、ジョージア、インディアナ等では契約関係を要件とした（JIPA・ライセンス委論説(5)698〜699頁参照）。

することなく認められた。以来、保証責任の追及において、当事者間に契約関係が存在することは要件とされなくなった。

　厳格責任に基づく訴訟では認められない経済的損失についても、保証責任に基づく訴訟では可能であり、また、出訴期限も厳格責任の場合と比べて長いこと等もあり、保証責任が訴因となることも多いと指摘されている(JIPA・ライセンス委論説(5)698～699頁「(2)　保証責任が訴因の場合」参照)。

　　c　厳格責任（Strict Liability）

　厳格責任に基づく訴訟においては、原告は製品の欠陥および損害並びにその因果関係を立証すれば足り、製造業者や販売業者の過失を立証する必要はない。これは「グリーンマン対ユバ・パワー・プロダクト事件（1963年）」[22]において出された考え方であるが、後にRestatement (Torts) Second, Sec.402Aに規定されることとなったとされている。厳格責任を認めるほとんどの州でこの条項は受け入れられている(JIPA・ライセンス委論説(5)699頁「(3)　厳格責任が訴因の場合」参照)。

　「利用者又は消費者に対する物理的損害（physical harm）に対する製造物の売主の特別の責任」について、Restatement (Torts) Second, Sec.402Aの規定を検証する。

---

(1)　利用者若しくは消費者、又は利用者若しくは消費者の財産にとって不当に危険な、瑕疵ある状態にある製造物を販売する者は、以下の場合には、最終利用者若しくは消費者又は最終利用者若しくは消費者の財産に対して引き起こした、物理的損害に対する責任を負担する。

(a)　売主が、かような製造物の販売事業に従事する者である、及び

(b)　同製造物が、販売された状態で実態的に変更されることなく利用者又は消費者のもとに届くことが期待されており、事実届いている。

(2)　(1)項に述べられた原則（rule）は、下記の場合であっても、適用される。

(a)　売主が、自己の製造物の準備及び販売においてあらゆる可能な注意を払った、及び

(b)　利用者又は消費者が売主から購入をしていない又は売主といかなる契約関係にもなかった。

　　(C)　ライセンサーの製造物責任

　米国の上記製造物責任の考え方を踏まえ、ライセンサーが製造物責任を問われる可能性について以下検討する。ライセンサーである日本企業が、その州と最低限の接触があれば、州の裁判所は、ロングアーム法[23]に基づき裁判管轄を行使することができる。

22　Greenman v. Yuba Power Products, Inc., 59 Cal.2d 57, 27 Cal.Rptr. 697, 377 P. 2d 897 (1963) (JIPA・ライセンス委論説(5)699頁参照)

23　"long arm statute"（ロングアーム法）
　　「ある州の非居住者であっても、
　　・その州内で取引行為を行うこと、
　　・物品が州内で使用又は消費されることを知って州外から物品の購入を勧誘すること、
　　・州外でなした行為により州内で被害を引き起こすこと、
　　・州内で法人役員として行動すること、
　　等、その州と最小限度の接触を有する人又は法人に対する対人管轄権を認めるアメリカの州の立法の通称。……1945年の合衆国最高裁判所判決、International Shoe Co., v. Washingtonによる。……」(小林秀之『アメリカ民事訴訟法』（弘文堂、1985年）29頁参照)。

a　過失責任を訴因とする場合

　過失責任に基づいて製造物責任を追及するためには、被害者は、ライセンサーが安全設計の提供義務を怠り、また、適切な警告を被害者に対して行わなかったこと等を立証しなければならない。これは現実問題として非常に難しく、ライセンサーが製造物責任を負わされる可能性は低いといわれる。

　たとえば、ソフトドリンクのボトルキャップが飛んで被害を受けたとする「アルム対アメリカ・アルミニウム会社事件（1985年）」[24]では、安全設計の瑕疵に関する証拠は不十分とされ、しかも被告であるライセンサーは、ライセンシーに対してだけ適切な警告をすれば足り、消費者に対して直接行う必要はないとされ、被告の過失は認められなかった（JIPA・ライセンス委論説(5)700頁「(1)　過失責任が訴因の場合」参照）。

　b　保証責任を訴因とする場合

　契約関係を要件とする必要のない州においては、被害者は製造業者や販売業者に対する場合と同様に、ライセンサーに対しても、品質保証義務違反およびこの保証義務違反に起因して被った損害であることを立証できれば、ライセンサーの製造物責任を追及することができるという理屈になる。

　しかし、現実問題として、被害者とライセンサーとの間には明示の保証はない。また、商品性や適合性等の黙示保証も、両者の間に存在するかどうかは明確ではないことを考慮すれば、保証責任を根拠として、ライセンサーが製造物責任を負わされる可能性は低いということになろう（JIPA・ライセンス委論説(5)700頁「(2)　保証責任が訴因の場合」参照）。

　c　厳格責任を訴因とする場合

　厳格責任を訴因として製造物責任を追及する場合、米国では、被害者は、製造物の製造から流通過程に関わるすべての関係者について、その製造物責任を問うことができると考えられているが、未だその範囲は確定していないとされる（JIPA・ライセンス委論説(5)700頁「(3)　厳格責任が訴因の場合」参照）。

　過去の判例からみると、製造業者、配送業者、卸売業者、小売業者、販売代理店、賃貸業者、商標ライセンサー、サービス提供者等が厳格責任に基づき製造物責任を問われたと指摘されている（JIPA・ライセンス委論説(5)700頁「(3)　厳格責任が訴因の場合」参照）が、特許・ノウハウライセンス契約のライセンサーが、製造物責任を問われた判例はまだないようである。しかし、サービス提供者や商標ライセンサー等が製造物責任を問われた判例があることからすれば、特許・ノウハウライセンス契約のライセンサーが製造物責任を問われる可能性はあると考えておくべきであろう。

　商標ライセンサーが厳格責任に基づき製造物責任を問われる理論的根拠として、Restatement (Torts) Second, Sec. 400の規定、代理責任論および流通経路理論等があるとされる（JIPA・ライセンス委論説(5)702頁「②　商標ライセンサーの厳格責任」参照）。

　そこで、JIPA・ライセンス委論説(5)から、商標ライセンサーの厳格責任論と判例に現れた考え方について、その要旨を下記する。

　　(a)　商標ライセンサーの厳格責任論

24　Alm v. Aluminum Co. of America, 687 S.W.2d 374 (1985)（JIPA・ライセンス委論説(5)700頁参照）

ⅰ　Restatement (Torts) Second, Sec. 400

他者の製造物に自己の製造物としての表示を付す等した場合について、Restatement (Torts) Second, Sec. 400は下記のとおり規定している。

> 他者によって製造された動産（chattel）を自己の製造物として発表する者は、その者が同製品の製造者であるのと同一の責任を負担する。

ⅱ　代理責任論

商標ライセンサーはライセンシーに対して、ロイヤルティ等の利益と引き換えに、商標をライセンシー製品に付して販売させる。この場合、ライセンシーは、ライセンサーの代理人の立場にあり、ライセンサーはライセンシーの行為に責任を負うとの考え方である。

ⅲ　流通経路理論（stream-of-commerce）

「流通経路理論とは、欠陥製品を流通経路に乗せることで利益を得ている一方で、欠陥製品によって消費者の身体、財産を危険にさらす可能性のあるものを被告とする考え方である」（JIPA・ライセンス委論説(5)702頁「②３　流通経路理論」）とされる。

(b)　判例の考え方

「カセル対レミントン武器会社事件（1972年）」[25]および「コネリー対ユニローヤル社事件（1979年）」[26]に現れた考え方を要約すると、下記のとおり。

①　いずれの事件でも、商標ライセンサーが流通経路理論に基づき厳格責任を負担。
②　許諾技術における瑕疵の有無は問題とされていない。
③　商標ライセンサーとライセンシーの間に資本関係（親子会社の関係）があった。
④　商標のみならず、製造技術も供与されていた。
⑤　商標ライセンサーがライセンシーの製造・販売を援助していた。
⑥　商標ライセンサーがライセンシーを強力に管理していた。

以上のことから、ライセンサーが技術（特許、ノウハウ等）のみを提供した場合、ライセンサーはサービス提供者とほとんど同じ立場に立ち、厳格責任を負わされる可能性は低くなるように思える。

これに対し、ライセンサーが技術と商標をライセンスした場合、厳格責任を負わされる可能性が十分ある。なお、Melissa Evans Buss『Products Liability and Intellectual Property Licensors』によると、「商標ライセンサーが厳格責任を負うのは、ライセンシーの製品又はサービスが第三者に危害を与え、且つ、商標ライセンサーがライセンシーの製品のデザイン、製造又は販売に実質的に関与した場合に限られる」、「オリジナルのデザインをしたというだけでは、厳格責任を負わないが、欠陥のあるデザインを提供しないように注意する義務を負う」とされている。

いずれにせよ、ライセンサーとライセンシーの契約関係はさまざまであり、上記の考え方が定着したというものでもないので、実務では、個別に慎重な検討が必要であるといえる。

25　Kasel v. Remington Arms Company, 24 Cal. App.3d 711, 101 Cal. Rptr. 314 (1972)
26　Connely v. Uniroyal, Inc., 389 N. E. 2 nd 155 (1979)

B 日本法における製造物責任

(A) 概　説

製造物責任法は平成6年7月1日に公布され、平成7年7月1日に施行された。

「製造物責任法は、製造物の欠陥に起因する損害については、被害者の救済を図るため民法の不法行為に関する過失責任の一般原則を覆し、無過失責任の考え方を取り入れた画期的内容の法律」（山本・PL法「はしがき」）であるとされる。

製造物責任法で「製造物」とは、製造または加工された動産のことであり、特許やノウハウは含まれない。しかし、ライセンサーが製造物責任法2条3項に規定された表示上の製造業者または実質的な製造業者と認められた場合、製造物責任を負う可能性がある（JIPA・ライセンス委論説(6)604頁「8 ライセンサーと製造物責任について」参照）とされる。

以下、製造物責任法2条（定義）の趣旨を検証する。

(B) 「定義規定」

「製造物」「欠陥」および「製造業者等」の定義について、製造物責任法2条の規定を検証する。

第2条　この法律において「製造物」とは、製造又は加工された動産をいう。

2　この法律において「欠陥」とは、当該製造物の特性、その通常予見される使用形態、その製造業者等が当該製造物を引き渡した時期その他の当該製造物に係る事情を考慮して、当該製造物が通常有すべき安全性を欠いていることをいう。

3　この法律において「製造業者等」とは、次のいずれかに該当する者をいう。

一　当該製造物を業として製造、加工又は輸入した者（以下単に「製造業者」という。）

二　自ら当該製造物の製造業者として当該製造物にその氏名、商号、商標その他の表示（以下「氏名等の表示」という。）をした者又は当該製造物にその製造業者と誤認させるような氏名等の表示をした者

三　前号に掲げる者のほか、当該製造物の製造、加工、輸入又は販売に係る形態その他の事情からみて、当該製造物にその実質的な製造業者と認めることができる氏名等の表示をした者

---

a 「製造物」の定義（2条1項）

(a) 「製造又は加工」された動産

「『製造』とは、部品又は原材料に手を加えて新たな商品をつくりだすことであり、『加工』とは、商品に手を加えてその本質を保持しつつこれに新しい属性又は価値を付加することである」（山本・PL法23頁「製造又は加工」）とされる。

未加工の農水産物等、一次産品は製造物責任法で「製造物」に当たらない。しかし、これらも加熱、味付け等が行われ、付加価値ができれば、「製造物」となる。「出来合いの野菜サラダ」、「フグ料理」、「血液製剤」、「生ワクチン」等は「製造物」に該当するとされる（山本・PL法24～25頁参照）。

(b) 「動産」

〔第2部〕 II-2 特別条項（Special Terms）

「動産」とは、不動産（＝土地およびその定着物）以外の物すべてである（民86条）[27]。また、民法では「物」とは、有体物のことをいう（民85条）[28]。「物」は無体物およびサービスを含まない。

電気、熱、磁気、放射線等エネルギー、修理サービスや運送サービス等、役務の提供、ソフトウェア等、著作内容、その他工業所有権等は無体物であり、本法にいう「製造物」に該当しない。また、有体物であっても、土地や、建物のような定着物といった不動産も「製造物」の範疇に入らない（山本・PL法26～32頁「動産」参照）。

たとえば、半導体チップに組み込まれたソフトウェアに欠陥があったとしても、製造物責任の対象となるのは製造された動産である半導体チップであり、ソフトウェア自体は無体物であり、当該半導体チップの部品でも原材料でもないので、本法でいう製造物の範疇には含まれないとされる（山本・PL法29頁参照）。

この論理は、特許・ノウハウライセンス契約に基づき許諾した特許技術やノウハウ技術に欠陥が発見された場合にも、適用されるものと思われる。よって、この限りにおいては、ライセンサーが製造物責任を負うことはない。

　b 「欠陥」の定義（2条2項）
　　(a) 通常有すべき安全性

製造物責任法で「欠陥」とは、「当該製造物が通常有すべき安全性を欠いていることをいう」と規定している。同時に、その「通常有すべき安全性」を欠いているかどうかの判断材料として、「当該製造物の特性」、「通常の使用形態」および「その製造物の引渡し時期」等が考慮される。これらは典型的な事情として例示されたものであって、「その他当該製造物に係る事情」も総合的に考慮されるとする。安全性に関わる損害を生じない性能や品質の瑕疵は、本法でいう「欠陥」に該当しない（山本・PL法33頁「概要」および37頁「考慮事情の趣旨」参照）。

　　(b) 欠陥と瑕疵の関係（民570条）

欠陥と瑕疵（民570条）の関係について、「製造物責任法の欠陥とは通常有すべき安全性を欠くことであり、売買の目的物がそのような安全性を備えるべきことは取引上当然に期待されることの一つであるから、欠陥は、瑕疵の一形態であるといえる」（山本・PL法35頁「注2　欠陥と瑕疵の関係」）とされる。

　　(c) 製造物の「欠陥」の三つの類型

製造物の「欠陥」は、三つの類型に分類される（山本・PL法33～35頁「概要」参照）。

　　　i　設計上の欠陥

「設計上の欠陥」とは、設計上、安全性の配慮が欠落したために、製造物自体に安全性が欠けてしまう設計上の問題である。

　　　ii　製造上の欠陥

27　民法86条（不動産及び動産）
　　「土地及びその定着物は、不動産とする。
　2　不動産以外の物は、すべて動産とする。
　3　無記名債権は、動産とみなす」。
28　民法85条（定義）
　　「この法律において『物』とは、有体物をいう」。

「製造上の欠陥」とは、設計仕様に合致しない材料を使用したり、または組立上の誤り等が原因で、結果的に、設計上配慮された安全性が欠けてしまう製造上の問題である。

　　　ⅲ　指示・警告上の欠陥

「指示・警告上の欠陥」とは、製造業者等が製造物の使用者または購入者のために、本来、製造物の使用上の注意事項として効能書やマニュアル等に明記すべきところを、書き漏らしたりまたはわかりにくく書いている指示・警告上の問題である。

　(d)　製造物の「欠陥」の判断要素

　　　ⅰ　当該製造物の特性

製造物の固有の事情として当該製造物の特性ということがある。具体的には、下記のようなことが挙げられている（山本・PL法39～42頁「製造物の特性」参照）。

①　製造物の表示

　たとえば、化粧品等はその人の肌に合わない場合もあることから、その用法や用量については使用説明書等に指示または警告を明確に行うべきである。そうした指示や警告が適切になされていない場合、指示または警告の欠陥があるとされる。指示または警告に従ったにもかかわらず、問題が生じたとすれば、それは設計上または製造上に問題があるということになる。

②　製造物の有用性と危険性

　「医薬品のようにその高度な有用性のために高い危険性があってもそれを社会的に許容しなければならないもの」もある。製造物の有用性と危険性の比較衡量の際、その製造物の代替品の有無も重要な判断要素となる。

③　価格対効果

　たとえば、乗用車のエアバッグの場合、発売当初の頃は高級車には装備されたが、大衆車には装備されなかった。または大衆車にはオプションとして、購入者の選択に任されていた。そのような状況下においてエアバッグが装備されていないことが、直ちにその車の欠陥とは言い難いという考え方である。

④　被害発生の蓋然性とその程度

　「フッ素を含む水道水を成長期に飲用したために斑状菌となって美容上の障害を生じたという事案については、発生した障害の度合いの軽微さと水道水の有用性との比較衡量等を行って水道事業者の過失責任が否定された」（山本・PL法41頁「(4)　被害発生の程度（水道水の例)」）ということがある。

⑤　製造物の通常使用期間・耐用期間

　電気製品（冷蔵庫、エアコン等）等を通常の使用期間（9年間＝補修部品保有期間が、一つの目安）を超えて使用し続けた結果、火災事故等が起こった場合と、これら電気製品の購入後間もない時期に起こった同種事故とでは、製造物の欠陥についての判断は、大いに相違すると思われる。

　　　ⅱ　通常の使用形態

これは「社会通念上普通に想定される合理的な使用形態をいう」とされる。アメリカの製造物責任でよく紹介される濡れた猫の毛を乾かすために猫を電子レンジの中に入れたということ等、通常の使用形態と異なる場合までは、製造業者の製造物責任は問われない（山本・PL法43～44頁「通常

　　　　　iii　当該製造物の引渡時期

　製造業者が製造物責任を負うのは、製造物を引き渡した時点でその製造物に欠陥が内在した場合である。製造業者は、製造物が自己の支配を離れ、流通ルートを流れる過程で生じた事情の変化についてまでは責任を負うものではない。その場合、欠陥の判断基準は、製造物が引き渡された時点での技術水準[29]からみて、そうした欠陥を回避できなかったかどうかということになる。

　「この場合の『引き渡し』とは、製造業者が製造物を製造又は加工した後、その占有を移転することをいう。現実の引渡しがその典型であるが、いわゆる簡易の引渡し（民法第182条第2項）[30]、占有改定（同第183条）[31]または指図による占有移転（同184条）[32]でもよい。なぜなら、これらによってもその製造業者の当該製造物に対する法律上の支配関係が終了するからである」（山本・PL法46～47頁「当該製造物を引き渡した時期」）とされる（以上、山本・PL法45～47頁「当該製造物を引き渡した時期」参照）。

　　　　　iv　その他当該製造物に係る事情

　上記 i～iii の事情も含めてすべての事情を考慮して、製造物の欠陥の有無を判断するというのがこの文言の趣旨である。具体的には、行政上の各種安全基準（毒物及び劇物取締法、火薬取締法、道路運送車両法等）がこうした事情を判断する目安になるとされる（山本・PL法47～48頁「その他の当該製造物に係る事情」参照）。

　　(e)　欠陥の判断基準（社会通念からの判断）

---

[29]　「技術水準」について
　　製造物責任法4条1項は、「引き渡した時における科学又は技術に関する知見」について下記のとおり言及している。
　　「第4条（免責事由）
　　前条の場合において、製造業者等は、次の各号に掲げる次項を証明したときは、同条に規定する賠償の責めに任じない。
　　一　当該製造物をその製造業者等が引き渡した時における科学又は技術に関する知見によっては、当該製造物にその欠陥があることを認識することができなかったこと」。
　　その意義は「科学又は技術に関する諸学問の成果を踏まえて当該製造物の安全性の判断に影響を与えるような世界水準の科学知識又は技術知識であって、その時点において入手可能なものの総体」（山本・PL法92頁「科学又は技術に関する知見」）であるとされる。
　　また、「……それは、(2)当該製造物の安全性の判断に影響を与えるような世界最高水準の科学知識又は技術知識である必要がある」（山本・PL法92頁「科学又は技術に関する知見」）ともされる。
　　さらに、「世界最高水準」について、中央薬事審議会報告（5頁）によると「製造物が流通に置かれた時点における科学知識及び技術知識の水準は、製造者の居住する国に限定されることなく、その時々の世界的にみて入手可能な最高水準と解すべきであり、個々の製造者の認識の有無は基準とはならないものと解すべきである」（山本・PL法97頁「注2」）とするとしている。

[30]　民法182条（現実の引渡し及び簡易の引渡し）
　　「占有権の譲渡は、占有物の引渡しによってする。
　　2　譲受人又はその代理人が現に占有物を所持する場合には、占有権の譲渡は、当事者の意思表示のみによってすることができる」。

[31]　民法183条（占有改定）
　　「代理人が自己の占有物を以後本人のために占有する意思を表示したときは、本人は、これによって占有権を取得する」。

[32]　民法184条（指図による占有移転）
　　「代理人によって占有をする場合において、本人がその代理人に対して以後第三者のためにその物を占有することを命じ、その第三者がこれを承諾したときは、その第三者は、占有権を取得する」。

「法文中の『通常』という文言は、『一般の社会通念に照らして』その判断が行われるべきことを意味するものである」（山本・PL法48頁「通常有すべき安全性を欠いていること」）とされる。「通常有すべき」ということを個別の事案に当てはめることは難しい作業である。それについては判例等の積み重ねにより類型化された規範ができ上がることが期待されている。

欠陥の判断基準については、その基本的な考え方として下記3点が指摘されている（山本・PL法48～53「通常有すべき安全性を欠いていること」参照）。

　　　ⅰ　一般社会通念

一般社会通念とは、一般社会において健全な常識として通用する考え方であり、平均的な人の常識でもある。

　　　ⅱ　危険効用基準（risk utility test）

アメリカの判例法によって形成された考え方であるが、日本においても同様な考え方が示された判例がある（山本・PL法53頁「注4　危険効用基準」参照）。それは医薬品等で薬効は高いが、副作用もかなりあるという場合、薬効と副作用とを比較衡量して判断するという考え方である。また、この基準は設計上の欠陥の判断に適しているとされる。

　　　ⅲ　標準逸脱基準（deviation from the norm test）

その特定製造物が、同時期に製造された他の同種製造物と同じような安全性を備えておらず、しかもその標準が一定限度以上逸脱している場合、欠陥がある製造物とされるという考え方である。

c　責任主体（2条3項）

　(a)　基本的な考え方

無過失責任としての製造物責任法を成立せしめる論拠として、下記が指摘されている（山本・PL法9～11頁「六　無過失責任法理の導入」参照）。

　　　ⅰ　危険責任

「安全上欠陥のある製造物という危険なものをつくりだして世の中に送り出した者は、その責任を負うべきであるというものであり、民法717条[33]の土地の工作物の瑕疵による責任の根拠と同一の考え方である」とされる（山本・PL法9～10「六　無過失責任法理の導入」）。

　　　ⅱ　報償責任

製造業者が製造物を製造し、販売利益を得ているのであるから、これによって他人に損害を与えた場合には、賠償責任を負うべきであるとする考え方である。「民法715条[34]の被用者の行為に対する使用者責任の規定にこの報償責任の考え方が入っているものと思われる」（山本・PL法10頁「六

33　民法717条（土地の工作物等の占有者及び所有者の責任）
　　「土地の工作物の設置又は保存に瑕疵があることによって他人に損害を生じたときは、その工作物の占有者は、被害者に対してその損害を賠償する責任を負う。ただし、占有者が損害の発生を防止するのに必要な注意をしたときは、所有者がその損害を賠償しなければならない。
　　2　前項の規定は、竹木の栽植又は支持に瑕疵がある場合について準用する」。
34　民法715条（使用者等の責任）
　　「ある事業のために他人を使用する者は、被用者がその事業の執行について第三者に加えた損害を賠償する責任を負う。ただし、使用者が被用者の選任及びその事業の監督について相当の注意をしたとき、又は相当の注意をしても損害が生ずべきであったときは、この限りでない。
　　2　使用者に代わって事業を監督する者も、前項の責任を負う。
　　3　前2項の規定は、使用者又は監督者から被用者に対する求償権の行使を妨げない」。

〔第 2 部〕 II－2　特別条項（Special Terms）

無過失責任法理の導入」）とされる。

　　　iii　信頼責任

製造業者はその製造物に自己の商標等を表示して販売し、消費者はこれら表示を見て、その品質等に対して一定の信頼をおいて、そうした製造物を購入する。製造業者が、そうした製造物に対する消費者の信頼を裏切って、欠陥製造物を製造し、引き渡した場合、賠償責任を負うべきであるとする考え方である。この場合、現実の製造業者以外にも適用範囲を拡大している（次項「(b)『製造業者等』」を参照）。

　　(b)　「製造業者等」

製造物責任法は、製造物責任の主体を「製造業者等」としている。製造物責任法は、「製造業者等」を下記三つの範疇に分類している。特に、ライセンサーが下記 ii（2 条 3 項 2 号）または iii（2 条 3 項 3 号）に該当し得る場合には、製造物責任を問われる可能性があるものと思われる。

　　　i　「製造業者」（2 条 3 項 1 号）

製造業者とは、現実の製造業者、加工業者または輸入業者のことである。「この場合の『業として』とは、製造、加工又は輸入行為を営利を得る目的で反復継続する目的をもって行うことをいう」（山本・PL 法 57 頁「現実の製造業者」）とされる。

製造業者は欠陥ある製造物を現実に製造し、加工業者は製造物の加工において現実に欠陥ある製造物に加工し、また、輸入業者は欠陥ある製造物を現実に輸入・販売したのであるから、彼らは、危険責任、報償責任および信頼責任の観点からみても、それぞれ、本来、製造物責任の主体となるべき者達である。

輸入業者は、当該製造物を輸入する時点で専門業者として十分チェックすることができたにもかかわらず、これを怠って、欠陥ある製造物を輸入、販売したということができる。ただし、輸入業者は、最終的には、現実の製造業者に対してこうした損害賠償の請求をすることは可能であろう（山本・PL 法 57～59 頁「現実の製造業者」参照）。

　　　ii　「製造業者として氏名等の表示をした者」（前者）または「製造業者と誤認させるような氏名等の表示をした者」（後者）（2 条 3 項 2 号）（民 109 条参照）

現実の製造業者ではないにもかかわらず、「製造元……」と自己の名前を表示したり（前者）、または商標のみを表示した場合（後者）、消費者側からみれば、製造業者と誤認したりまたは商標等によって表示された業者の知名度を信頼して、欠陥製造物を購入することがある。かような場合、前者も後者も、報償責任並びに信頼責任の観点から製造物責任は重い。特に、信頼責任が重視される。こうした考え方は、一種の表見代理[35]の法理に基づくものであるとされる（山本・PL 法 60～63

35　民法の表見代理制度（民 109 条、110 条、112 条）と会社法上の表見取締役制度（会 354 条）について
　・民法 109 条（代理権授与の表示による表見代理）
　　　「第三者に対して他人に代理権を与えた旨を表示した者は、その代理権の範囲内においてその他人が第三者との間でした行為について、その責任を負う。ただし、第三者が、その他人が代理権を与えられていないことを知り、又は過失によって知らなかったときは、この限りでない」。
　・民法 110 条（権限外の行為の表見代理）
　　　「前条本文の規定は、代理人がその権限外の行為をした場合において、第三者が代理人の権限があると信ずべき正当な理由があるときについて準用する」。
　・民法 112 条（代理権消滅後の表見代理）

頁「表示上の製造業者」「自ら製造業者と表示した者」「誤認させるような氏名等の表示をした者」参照)。

   ⅲ　「諸般の事情からみて、実質的な製造業者と認めることができる氏名等の表示をした者」(2条3項3号)

　2号規定との相違点は、製造業者として表示されていない、または製造業者が別途表示されたうえで、販売業者として表示されているにもかかわらず、一定の要件の下では、その販売業者に製造物責任を負わせることを意図していることである。

　たとえば、現実の製造業者(1号類型)でも、表示上の製造業者(2号類型)でもなく、単に、販売者(または販売元、発売元)等として商号や商標のみを付している場合がある。しかし、実態的には、その販売者が商品を企画し、製造指示を行い、使用上の注意書を作成し、時にはその商品を一手販売する等して、その商品の製造や販売に深く関与していることがある。この場合、販売者は実質的な製造業者といえる。

　消費者は、かような事情を踏まえて、製造業者というよりはむしろ販売者を信頼して商品を購入するということがある。医薬品や加工食品等によくある製造・販売形態である(山本・PL法64～66頁「実質的な製造業者」参照)。

　その者が実質的な製造業者に該当するか否かの判断要素として下記が考えられる(山本・PL法65～66頁「実質的な製造業者」参照)とされる。

「(1)　現実の製造業者でもなく、表示上の製造業者でもないこと。
(2)　当該製造物にその者についての自他識別力・出所表示機能のある表示がなされていること。
(3)　現実の製造業者とはいえないまでも、当該製造物についての製造、加工又は輸入に対するその表示者の関与の程度が、総合的にみて非常に高いこと。あるいは、現実の製造業者と表裏一体の関係にある等、相互に非常に緊密な関係にあること。
(4)　当該製造物について一手販売・独占的供給を行う等、その表示者自身がその販売に相当程度関与していること。
(5)　当該製造物を購入する消費者としては、その表示者を単なる販売者としてではなく、あたかもその製造者と同一視してこれを購入するという実態があること。例えば、その表示者自身も同様な製造物を製造している大手製造業者であるような場合である」。

　このように、日本法における製造物責任は、米国法における製造物責任に比べ表示を重視して責任の有無を決定している。したがって、ライセンサーが、日本法に基づき、その商標をライセンスする場合、ライセンサーが製造業者または実質的製造業者と誤認される表示となっていないか注意する必要がある。具体的には、対象製品の製造者を明らかにする等、対象製品に関する表示上のルールを設ける必要がある。

(2)　知的財産権侵害

　第三者に対する責任が問題となるケースとして第三者の知的財産権侵害もある。たとえば、ライ

  「代理権の消滅は、善意の第三者に対抗することができない。ただし、第三者が過失によってその事実を知らなかったときは、この限りでない」。
・会社法354条(表見代表取締役)
  「株式会社は、代表取締役以外の取締役に社長、副社長その他株式会社を代表する権限を有するものと認められる名称を付した場合には、当該取締役がした行為について、善意の第三者に対してその責任を負う」。

[第2部] II−2　特別条項（Special Terms）

センシーが、ライセンス契約の締結後、契約製品の製造・販売を開始したところ、テリトリー内の競合会社から契約製品が同競合会社の特許権を侵害するとしてその差止めおよび損害賠償を求める警告書が届いた場合、関係者の法律関係はどうなるか。以下、特許権侵害に基づく損害賠償についての米国法および日本法の基本的な考えについて述べる。

A　米国法における特許権侵害に基づく損害賠償請求

(A)　米国特許法271条（特許侵害）

特許侵害について、米国特許法271条の規定を検証する。

(a)　本法に別段の定めがある場合を除き、特許の存続期間中に、権限を有することなく、特許発明を合衆国において生産し、使用し、販売の申出をし若しくは販売する者又は特許発明を合衆国に輸入する者は、特許を侵害することになる。

(b)　積極的に特許侵害を誘発する者は、侵害者としての責めを負わなければならない。

(c)　特許された機械、製造物、組立物若しくは組成物の構成要素又は特許方法を実施するために使用される材料若しくは装置であって、その発明の主要部分を構成しているものについて、それらが当該特許の侵害に使用するために特別に製造若しくは改造されたものであり、且つ、一般的市販品若しくは基本的には侵害しない使用に適した取引商品でないことを知りながら、合衆国において販売の申出をし若しくは販売し、又は合衆国に輸入する者は、寄与侵害者としての責めを負わなければならない。

(d)　……

(B)　米国特許法284条（損害賠償）

特許侵害に対する損害賠償について、米国特許法284条の規定を検証する。

原告に有利な判決に基づいて、裁判所は、その侵害を補償するために十分な賠償金額を原告に裁定しなければならないが、その賠償金額は、いかなる場合においても、侵害者による発明の利用に対する合理的な実施料並びに裁判所によって定められた利子および費用の合計金額より少なくてはならない。

賠償金額が陪審で定まらない場合、裁判所が賠償金額を査定しなければならない。

いずれの場合にも、裁判所は、評決または査定された金額の3倍まで損害賠償金額を増額することができる。

裁判所は、損害賠償金額またはその状況下においてはどんな実施料が合理的であるかについての裁定の一助として、専門家の証言を聴取することができる。

〈補足説明〉

本条項は、損害賠償額算定の下記大原則を明定したものとされている（H. 幸田・逐条解説299頁）。

「ルール1：賠償額は、侵害により生じた損害の補償として十分な額でなければならない。

ルール2：賠償額は、少なくとも適正なロイヤルティの額以上でなければならない」。

(C) 米国における損害賠償算定方式

　上記「ルール1」に基づく損害賠償の算定方式として、lost profit（逸失利益）方式とestablished royalty（確立された実施料）方式がある。逸失利益方式は侵害行為と逸失利益の因果関係の立証が難しいといわれている。また、確立された実施料方式は、立証は容易であるが、権利者の側からみると、侵害した者と侵害していない者が結果的に同等に扱われることになり、公正ではないと考えられている。どちらかの方式で立証が可能でしかも十分な補償が認められる場合は、これらの方式が優先適用されるとする。

　しかし、これら二つの方式が不適切な場合、上記「ルール2」（Reasonable Royalty、適正実施料）が適用される。「ルール2」に基づく損害賠償の算定方式として、Industry Standard（業界基準）方式およびHypothetical Negotiation（仮想交渉）方式がある。業界基準方式は1980年代以前には適用されていたが、侵害者が支払う損害賠償が、ライセンス契約に基づきライセンシーが支払う金額とほぼ同じとなることから、侵害者にとっては、敗訴してもあまり痛みを感じず、都合のよい方式といわれた。

　そこで、1980年代のプロパテント時代突入以後、今日まで、仮想交渉方式が業界基準方式に取って代わってきているといわれている。この方式では、ライセンサーとライセンシーが誠意をもって交渉する場合を仮想し、適正実施料を想定し、損害賠償の基準を決める。したがって、業界基準に拘束されずに、個別かつ発明毎に、正当に価値評価がなされ、損害賠償が算定されるとされている。要は、この評価方式は、発明の価値評価といえども、受給のバランスでなされるべしとする考え方が前提にあるといわれている。

(D) Lost Profit（逸失利益）方式とReasonable Royalty（適正実施料）方式に関する補足説明

a　Lost Profit（逸失利益）方式

　逸失利益の考え方は、得べかりし利益の理論に基づくもので、もし侵害されなければ特許権者はどれほどの利益を得ていたであろうということ（But-For-Ruleという）を根拠に損害賠償を請求する。この場合、侵害行為と逸失利益の因果関係について合理的な蓋然性（reasonable probability）を立証せねばならない。この蓋然性に関して、下記四つの要素を立証する必要があるとされる（Panduit Corp.v.Stahlin Bros. Fibre Works, 6 Cir. 1978, 197USPQ726）[36]（H．幸田・逐条解説302頁「(3)　逸失利益方式（ロスト・プロフィット）」参照）。

「a．特許製品に対する市場の需要が存在すること
b．特許権者が需要を満たす生産能力を有すること
c．非侵害の代替品が存在しないこと
d．得べかりし利益の算定が可能なこと」

　この逸失利益方式は、適正実施料方式に比べて立証が難しいことから、一時忘れられていたが、プロパテント時代に入ってから、これをサポートする経済理論が出てきて、盛んに利用されるようになったといわれている（H．幸田・逐条解説302頁「(3)　逸失利益方式（ロスト・プロフィット）」参照）。

36　パンデユイット・コーポレーション対スターリン・ブラザーズ・織物製作所事件、第6巡回控訴判所（6th Cir. = Sixth Circuit Court of Appeals）、1978年、米国特許審判決集（USPQ = United States Patents Quarterly）197巻726頁。

ただし、日本においては、通常、侵害者の得た利益は、特許の貢献度の認定が難しいので、意匠特許を除けば、損害賠償の認定基準にはならないとされる（JIPA・ライセンス委論説(3)1699頁「A. Lost Profit 方式」参照）。

　b　Reasonable Royalty（適正実施料）方式

適正実施料が裁判所によって認定され、損害賠償の算定に使われるケースは多い。たとえば、ミノルタ事件のハネウェル社の自動焦点カメラ特許等もこの方式により算定されたといわれている。

B　日本法における特許権侵害に基づく損害賠償請求

　(A)　侵害行為

特許発明の技術的範囲は特許請求の範囲に基づいて定められ（特70条1項）、原則として特許請求の範囲の全部を実施した場合に侵害（直接侵害）となる。しかし、直接侵害行為でなくてもある種の行為は侵害の蓋然性が高い予備的な行為ないしは幇助的な行為として、侵害行為と看做されている（特101条）。これは条文上「侵害とみなす行為」と呼ばれており、講学上は間接侵害あるいは擬制侵害とも呼ばれている（中山・特許法431頁以下）。

以下、特許権の侵害とみなす行為に関する、特許法101条の規定を検証する。

特許法第101条　次に掲げる行為は、当該特許権又は専用実施権を侵害するものと看做す。
　一　特許が物の発明についてされている場合において、業として、その物の生産にのみ用いる物の生産、譲渡等若しくは輸入又は譲渡等の申出をする行為
　二　特許が物の発明についてされている場合において、その物の生産に用いる物（日本国内において広く一般に流通しているものを除く。）であつてその発明による課題の解決に不可欠なものにつき、その発明が特許発明であること及びその物がその発明の実施に用いられることを知りながら、業として、その生産、譲渡等若しくは輸入又は譲渡等の申出をする行為
　三　特許が物の発明についてされている場合において、その物を業としての譲渡等又は輸出のために所持する行為
　四　特許が方法の発明についてされている場合において、業として、その方法の使用にのみ用いる物の生産、譲渡等若しくは輸入又は譲渡等の申出をする行為
　五　特許が方法の発明についてされている場合において、その方法の使用に用いる物（日本国内において広く一般に流通しているものを除く。）であつてその発明による課題の解決に不可欠なものにつき、その発明が特許発明であること及びその物がその発明の実施に用いられることを知りながら、業として、その生産、譲渡等若しくは輸入又は譲渡等の申出をする行為
　六　特許が物を生産する方法の発明についてされている場合において、その方法により生産した物を業としての譲渡等又は輸出のために所持する行為

　(B)　損害賠償

　a　民法709条（不法行為の要件と効果）

不法行為の要件と効果について、民法709条の規定を検証する。

民法第709条　故意又は過失によって他人の権利又は法律上保護される利益を侵害した者は、これによって生じた損害を賠償する責任を負う。

---

　b　特許法102条（損害の額の推定等）
　故意または過失により特許権を侵害した者に対する損害額の推定について、特許法102条の規定を検証する。

特許法第102条　特許権者又は専用実施権者が故意又は過失により自己の特許権又は専用実施権を侵害した者に対しその侵害により自己が受けた損害の賠償を請求する場合において、その者がその侵害行為を組成した物を譲渡したときは、その譲渡した物の数量（以下この項において「譲渡数量」という。）に、特許権者又は専用実施権者がその侵害の行為がなければ販売することができた物の単位数量当たりの利益の額を乗じて得た額を、特許権者又は専用実施権者の実施の能力に応じた額を超えない限度において、特許権者又は専用実施権者が受けた損害の額とすることができる。ただし、譲渡数量の全部又は一部に相当する数量を特許権者又は専用実施権者が販売することができないとする事情があるときは、当該事情に相当する数量に応じた額を控除するものとする。
2　特許権者又は専用実施権者が故意又は過失により自己の特許権又は専用実施権を侵害した者に対してその侵害により自己が受けた損害の賠償を請求する場合において、その者がその侵害の行為により利益を受けているときは、その利益の額は、特許権者又は専用実施権者が受けた損害の額と推定する。
3　特許権者又は専用実施権者は、故意又は過失により自己の特許権又は専用実施権を侵害した者に対し、その特許発明の実施に対し受けるべき金銭の額に相当する額の金銭を、自己が受けた損害の額としてその賠償を請求することができる。
4　前項の規定は、同項に規定する金額を超える損害の賠償の請求を妨げない。この場合において、特許権又は専用実施権を侵害した者に故意又は重大な過失がなかったときは、裁判所は、損害の賠償の額を定めるについて、これを参酌することができる。

---

　c　特許法103条（過失の推定）
　特許権の侵害者に対する過失の推定について、特許法103条の規定を検証する。

特許法第103条　他人の特許権又は専用実施権を侵害した者は、その侵害の行為について過失があったものと推定する。

　　(C)　損害賠償額の算定方式
　特許権侵害に対する損害賠償額の算定に関し、旧特許法の下で判例に現れた考え方を、適用の多

〔第 2 部〕 II – 2 特別条項（Special Terms）

い順に列挙すると、下記のとおり（JIPA・ライセンス委論説(3)1695頁、「8.1(1) 判例による損害賠償額の算定」参照）。

・第 1 位：実施料相当額（特102条 3 項）
・第 2 位：侵害者利益（特102条 2 項）
・第 3 位：一般の不法行為（民709条）

現行法（平成11年法律第41号：平成11年 1 月 1 日施行「特許法等の一部を改正する法律」による改正後）の下では、損害賠償の算定方法は、上記三つの方法のほかに、特許法102条 1 項が追加され、四つある。四つの算定方式と法の趣旨を以下検証する。

a 民法709条の趣旨と算定方式

(a) 民法709条の趣旨

民法709条は、不法行為に基づく加害者の損害賠償責任を規定している。不法行為とは、不法に他人の権利または利益を侵害し、これによって損害を与える行為のことをいう。不法行為の考え方は過失責任主義と自己責任の原則に基づいている。故意または過失によって他人の権利もしくは利益を侵害し、損失を与えた場合にのみ、人は損害賠償の責任を負う。しかも自己責任の原則に立脚しているので、人は自己の行為についてのみ責任を負い、他人の行為の結果については、責任を負わないとされる。

不法行為の成立要件は、下記のとおりである（加藤一郎『不法行為〔増補版〕』（有斐閣、1974年）61頁「第 1 節　序説」）。

「(1) 自己の故意又は過失による行為に基づくこと（故意過失）
(2) 他人の権利ないし利益を違法に侵害したこと（権利侵害ないし違法性）
(3) 責任能力があること（責任能力）
(4) その行為によって損害が発生したこと（損害発生の因果関係）」

(b) 民法709条の算定法式

侵害行為に起因する売上減少、実施料収入の減少、販売価格の低下等による損害の賠償を請求することができるとされる（中山・工業所有権法316頁参照）。これら因果関係の立証ができた場合は、賠償額は大きくなり、権利者にとって有利となる。

b 特許法102条 1 項の趣旨と算定方式

(a) 特許法102条 1 項の趣旨

市場に代替品や競合品が存在した場合には、侵害者の譲渡数量すべてを権利者が販売し得たと推認することが相当に難しく、侵害行為と損害の発生との因果関係を立証することが困難な場合が多い。

そこで、現行特許法102条 1 項では、侵害者の営業努力や代替品の存在等の事情を考慮してもなお、妥当な逸失利益の賠償を請求できるようにしたとされる（吉藤／熊谷・特許法概説470～471頁「(b) 損害額の推定」参照）。

(b) 特許法102条 1 項の算定方式

損害額の算定について、侵害者が実施した特許製品の譲渡数量に、侵害がなければ特許権者が販売できたであろう特許製品の単位数量当たりの利益の額を乗じた額を、特許権者が受けた損害額と

する。

　ただし、その損害額は特許権者の実施能力を限度とし、また、特許権者の販売能力では侵害者の譲渡数量相当分を販売できないことを侵害者が立証できた場合は、その販売できない数量分を控除して損害額を算定するという趣旨であるとされる（吉藤／熊谷・特許法概説470～471頁「(b)　損害額の推定」参照）。

　c　特許法102条2項の趣旨と算定方式
　　(a)　特許法102条2項の趣旨
　侵害者が侵害行為によって利益を得ている場合、その利益の額を特許権者が被った損害額と推定し、特許権者は自己の損害を立証することなく損害額を特定できる。ここに、特許権者の保護強化の意図が表れているといわれている。

　しかし、侵害者は特許権者がそれほどの利益を上げ得ないことを立証すれば、この推定規定は適用されないとされる。また、特許権者は自ら損害額を立証することが可能で、その方が有利であれば、この推定規定に頼らなくて済むとされる（吉藤／熊谷・特許法概説469頁「(i)　推定規定」参照）。

　　(b)　特許法102条2項の算定方式
　これは、侵害者が利益を得ている場合は、その利益額は特許権者または専用実施権者が受けた損害額と推定するという考え方である。

　日本においては、一般的に、侵害者が侵害行為によって得た利益を立証するほうが、権利者が被った損害を立証するよりも容易であることが多いことから、この条項が訴訟においても活用されている。

　d　特許法102条3項の趣旨と算定方式
　　(a)　特許法102条3項の趣旨
　これは、特許権者または専用実施権者がその特許発明に関し受けるべき実施料相当額を、自己が受けた損害額として、侵害者に対し賠償請求する考え方である。

　旧法では「その特許発明の実施に対して通常受けるべき金銭の額に相当する額の金銭を自己の受けた損害の額としてその賠償を請求することができる」と定められ、「通常」という文言があったため、個別の事情から離れた既存の通常実施権の実施料や国有特許の実施料等を論拠に、賠償額が判断されてきた経緯があった。現行特許法ではこの「通常」という文言が外されたことにより、個別の事情を考慮して実施料相当額を決められるようになったとされる（吉藤／熊谷・特許法概説472頁「実施料相当額の確定」参照）。

　　(b)　特許法102条3項の算定方式
　特許権者は、侵害者に対して、自己が受けるべき実施料相当額をもって自己が受けた損害額として賠償請求できるとするものである。しかしそれは、あくまで「実施料額を最小限の損害額として請求することができるという目安を示すものである」（吉藤／熊谷・特許法概説471頁「(ii)　損害額の算定基準」）とされる。

　e　特許法102条4項の趣旨
　実施料相当額以上の損害があることを特許権者が立証できれば、特許権者は侵害者に対してこれを請求することができるし、また、裁判所もこれを斟酌するという趣旨である。

f　特許法103条の趣旨

特許権の侵害者はその侵害行為について過失があったものと推定するとする。

特許発明は特許公報、特許登録原簿等により公示されていることと、特許権の侵害者は事業者であることから（特101条）、発明の実施に際し、当然、これら特許公報等の事前調査を行う等の注意義務が課せられていると考えられる。こうした理由により、特許権者が立証しなくても、侵害者には過失があったものと推定されるという趣旨である。

(3) 求償関係

ライセンス契約の一方当事者または双方当事者が製造物責任や知的財産権侵害に基づき第三者からクレームを受けた場合または賠償した場合、当該当事者は他方当事者に対し求償はできるか。これは原則として契約上の定めによるが、契約上の定めがない場合の考え方として共同不法行為者間の求償関係が参考になる。以下、米国法および日本法における共同不法行為者間の求償関係の基本的な考え方を検証する。

A　米国法における共同不法行為者間の求償関係

「米国の大部分の州では、『共同不法行為者間における求償に関する統一法』（the Uniform Contribution Among Tortfeasors Act）の採用等、制定法によって、故意による責任が認められる場合を除き、他の共同不法行為者に対する求償を認めている。……」（JIPA・ライセンス委論説(5)704頁「3.3　ライセンサーとライセンシーの責任関係」）とされる。

求償が認められる場合の求償の範囲は、連帯的債務（Joint and several liability）が適用されるか否かにより異なる。

一般的に、連帯的債務（Joint and several liability）が適用されると、複数の責任主体が存在する場合に、責任主体の過失割合にかかわらず、一方に全損害を請求することができることになる。

しかし、一方の責任主体の過失割合が僅かで、他方の責任主体が無資力の場合に、前者に全責任を負わせるのは不公平ではないかという問題もある。

そこで、過失割合等を考慮して連帯債務の適用を制限する考えや、また、連帯債務の適用の制限を認めながら独占禁止法違反等、特定の法令違反については、過失割合を観念しないとの考えもある。また、求償の範囲についてもさまざまな考えがある。

たとえば、被害者が1000万円の損害を被り、X社の責任割合75％、Y社の責任割合25％の場合において、X社が500万円を支払って和解した場合、責任割合方式（Pro rata approach）によると被害者はY社に250万円（1000×0.25）を請求でき、支払額方式（Pro tanto approach）によると被害者はY社に500万円（1000−500）を請求できることになる。以上に対し、たとえば、独占禁止法違反等、特定の法令違反については、過失割合を観念せずに責任主体が全損害に対する責任を負い、責任主体間に求償権を有しないとの考えもある。

B　日本法における共同不法行為者間の求償関係

共同行為者各自の行為が客観的に共同して一つの損害を発生させたときは、各自が加害行為と相当因果関係にある全損害について賠償する責任が発生する（民719条）。また、各責任主体間の負担部分は、加害行為の態様、加害行為と損害の関連性等諸般の事情を考慮して損害の公平な分担という観点から定められることになり、加害者が自己の負担部分を超えて賠償した場合には、その超え

た部分について他の加害者に対して求償権を行使し得るものと解されている（最高裁判所昭和41年11月18日判決）。

C 補償条項（Indemnification Clause）のドラフティング

契約当事者の責任の分担を定める規定として、いわゆる補償条項（Indemnification Clause）が設けられることがある。一般的な補償条項（Indemnification Clause）は、大きく補償の要件・効果および手続が定められる。

(A) 片務的か双務的か

本事例の補償規定はライセンサーの保護を目的した片務的補償規定である。しかし、取引によっては、以下の条項例のように、双方の保護を目的とした双務的な補償規定が設けられる場合もある。

> Either Party (as applicable, an "Indemnifying Party"), shall indemnify and hold harmless the other Party, its Affiliates and their respective officers, directors and employees (collectively "Indemnified Parties") from any and all liabilities, losses, damages, claims, costs, expenses, interest, awards, judgments and penalties (including reasonable attorneys' fees) suffered or incurred (collectively, "Losses") as a result of a third party claim against the Indemnified Parties if and to the extent any such Loss is [attributable to the Indemnifying Party].
>
> 〈訳文〉
>
> いずれの当事者（適用される場合、以下「補償者」という）も、他方の当事者、その関連会社、それらの役員、従業員（併せて、以下「被補償者」という）に対し、第三者クレームから生じた、責任、損失、損害、クレーム、費用、利息、裁定、判決、罰則（合理的な弁護士費用を含む）（併せて以下「損害」という）から守り、補償する。ただし、損害が（補償者に寄与する場合）に限られるものとする。

ただし、このような記載をした場合、双方に責任がない場合、また、双方に責任がある場合の処理については不明のままとなる。たとえば、第三者の知的財産権侵害の責任について、いずれの当事者にも責任がない場合、いずれが第三者の損害を負担すべきかが不明のままとなる。

(B) 補償の要件

補償の要件については、第三者が関わることから、一般的な債務不履行に基づく損害賠償の要件等とは異なり得る。すなわち、一般的な債務不履行に基づく損害賠償請求であれば、①契約当事者が、②債務不履行を根拠に、③その損害を請求することになる。しかし、補償請求の場合は、一般的に、①補償請求者（被補償者）は契約当事者に限られず、②債務不履行を要件としない場合もあり、③実際に損害の発生を要件としない場合がある。

これらは、対第三者責任においては、仮に債務不履行の要件を満たさない場合であってもリスクを分担する必要が想定されるからであると思われる。

a 被補償者

一般的な被補償者としては、当事者、その役員（directors、officers）、従業員（employees）、代理人（agents）、株主（stockholders）および関連会社（affiliates）等があり、その他にも、許諾された承

〔第2部〕 II－2 特別条項（Special Terms）

継人（permitted assignees and successors in interest）、ライセンサー（licensor）、ライセンシー（licensee）、サプライヤ（supplier）、販売店（distributors）、顧客（customers）等が被補償者とされることもある。なお、当事者以外の被補償者を併せて、"Representatives"と総称することがある。以下はその具体例である。

> For the purposes of this Section, "Representatives" mean, with respect to a party, [its Affiliates], and their respective directors, officers, employees and agents, [and their respective successors and permitted assigns].
>
> 〈訳文〉
> 本条項において、「代表者」とは、当事者の（関連会社）、それらの役員、従業員及び代理人、（並びにこれらの承継人及び許された譲受人をいう）。

日本法をバックグラウンドとする法律家からすると、被補償者（権利者）に契約当事者以外の者（役員、従業員、関連会社等）を含めることには違和感がある。ただし、実務においてこれらの者が第三者クレームの対象となり得ることを考えると、役員、従業員等については、当事者に準じてこれを含めてもよいのではないかと思われる。もっとも、さらに、当事者のライセンサー、ライセンシー、サプライヤ、販売店等を含めることについては、当事者に準じて考えるのが困難であるため、注意を要する。

b　補償対象（対第三者責任に限定するか）

補償条項は、コモンローに基づく契約違反の追及では処理できない第三者クレームに対処すべく定められるようになった規定といわれ、補償対象は、通常、第三者クレームによって生じた損害となる。ただし、実務においては、当事者間のクレームについても補償条項で対処する場合も珍しくない。もっとも、補償条項で当事者間のクレームを規律する場合は、その旨の記載がない限り、当事者間のクレームを含まれないと解される（Hooper Assocs. v. AGS Computers, 74 N.Y.2d 487 (N.Y. 1989)）。

以下は、補償対象を第三者クレームに限定しない場合の条項例である。

> Licensee shall indemnify Licensor, Licensor's Affiliates and their respective officers, directors and employees against and hold them harmless from any and all liabilities, losses, damages, claims, costs, expenses, interest, awards, judgments and penalties (including reasonable attorneys' fees) suffered or incurred by them (collectively, "Losses") as a result of Licensee's breach of this Agreement or negligence or willful misconduct [or due to any activities of Licensee under this Agreement].
>
> 〈訳文〉
> ライセンシーは、ライセンサー、ライセンサーの関連会社、それらの役員、従業員に対し、ライセンシーによる契約違反、故意・過失（又はライセンシーの本契約に基づく活動）から生じた責任、損失、損害、クレーム、費用、利息、裁定、判決、罰則（合理的な弁護士費用を含む）（併

せて以下「損害」という）から守り、補償する。

補償条項により第三者クレームを処理するとしても、たとえば、製造物責任については補償条項から除外することができる。

Notwithstanding the foregoing, [product liability issues with regard to the Product] shall be exclusively governed by Section __ of this Agreement.
〈訳文〉
　上記にも拘わらず、（契約製品の製造物責任の問題）は、本契約第__条により処理されるものとする。

以下は、製造物責任の問題について、特別のルールを定める場合の条項例である。

Licensee shall indemnify and hold harmless the Licensor and its Representatives from, against and in respect of any and all losses involving a third party products liability claim, to the extent such losses are incurred or suffered by Licensor or its Representatives or any of them directly or indirectly relating to the Product in the Territory, except caused by Licensor's breach of this Agreement, gross negligence or willful misconduct.
〈訳文〉
　ライセンシーは、ライセンサー及びその代表者に対し、本テリトリーにおける契約製品に関する第三者の製造物責任クレームにより生じたいかなる損害をも補償する。ただし、同損害がライセンサーによる本契約違反又は故意・重過失により生じた場合はこの限りではない。

c　被補償者の損害

補償義務は、別段の定めがない限り、被補償者が裁判により損害賠償を命じられたか、あるいは実際に支払ったか、または損害を被った場合に初めて生じるとされる（The obligation to indemnify does not occur until the end of a case or other resolution, when indemnitee has had a judgment entered against it for damages, or has made payments or suffered actual loss. (Mizuho Corporate Bank (USA) v. Cory & Associs., 341 F.3d 644, 650 (7th Cir. 2003))）。

d　補償者の寄与

補償者の寄与の程度としては、以下の条項例のように、単に損害が補償者の作為・不作為（act or omission）から生じていれば足りるとするケースもあれば、契約違反（breach of contract）や帰責性（negligence）、さらには故意・重過失 (willful misconduct or gross negligence) を要求するケースもある。

Each party shall [defend] indemnify [and hold harmless] the other party [its officers, employees, and agents] against any and all third party claims, actions, causes of action, liabilities, losses, damages, costs or expenses, including reasonable attorneys' fees, which directly or indirectly arise out of [or relate to] [(i) the breach of this Agreement, (ii) the negligence or willful misconduct, or (iii) the acts or omissions in using the Products] by the indemnifying party.

〈訳文〉

　いずれの当事者も、相手方当事者、(その役員、従業員及び代理人)に生じた第三者によるクレーム、訴訟、訴訟原因、責任、損害、費用（合理的な弁護士費用を含む）を、補償をする当事者の（(i)契約違反、(ii)故意・過失、又は(iii)本製品の使用にするについて作為又は不作為）により生じた範囲において賠償する義務を負うものとする。

以下は、補償者の契約違反や帰責性等を要求しない場合の条項例である。

LICENSEE shall indemnify, defend and hold harmless LICENSOR and its current or former directors, governing board members, trustees, officers, faculty, medical and professional staff, employees, students, and agents and their respective successors, heirs and assigns (collectively, the "INDEMNITEES"), from and against any claim, liability, cost, expense, damage, deficiency, loss or obligation of any kind or nature (including, without limitation, reasonable attorney's fees and other costs and expenses of litigation) (collectively, "Claims"), based upon, arising out of, or otherwise relating to this Agreement, including without limitation any cause of action relating to product liability concerning any product, process, or service made, used or sold pursuant to any right or license granted under this Agreement.

〈訳文〉

　ライセンシーは、ライセンサー及びその現在又は過去の役員、取締役会の構成員、管理人、教員、医療及び専門スタッフ、従業員、生徒及び代理人及びこれらの承継人、相続人及び譲受人（以下併せて「被補償者」という）を、本契約に基づき、又はこれにより発生し、又はこれに関連する、如何なるクレーム、債務、費用、損害、欠損、損失又は義務（合理的な弁護士費用その他の訴訟費用を含むがこれに限られない）（以上併せて「クレーム」という）から補償し、防御し、害を加えないものとし、本契約に基づいて付与された権利又はライセンスに基づき製造され、使用され、又は販売された製品、製法又はサービスに関する製造物責任に基づく請求原因を含むが、これに限られないものとする。

　　(C) 補償の効果

　a 補償（Indemnify）

補償とは、Black's Law Dic. によると、損害から守ること、損害の塡補を確実にすること、損害が予測される場合にその求償権を担保することをいう（to save harmless; to secure against loss or damage; to give security for the reimbursement of a person in case of an anticipated loss falling upon him.）。

　塡補すべき損害の範囲については、保証責任の場合と同様、派生的損害賠償を制限したり、上限が設けられることがある（本章第5・1「基本的な考え方」（その1「保証責任」）参照）。ただし、補

償条項は対第三者責任のリスク分担を定めるものであり、保証責任以上にその制限が困難である。以下は、保険でのリスクヘッジを試みた条項案である。

Licensee shall, at its sole costs and expenses, obtain and maintain in full force and effect during the Term and [five (5) years] thereafter, commercial general liability insurance, which shall provide product liability claim coverage which complies with all applicable laws of the Territory, and provides for minimum loss coverage at least equal to the insurance coverage maintained by Licensee with respect to its proprietary products.

〈訳文〉

ライセンシーは、その費用において、本契約期間及び（その後5年間）、本テリトリーの適用法に適合し、製造物責任クレームをカバーし、少なくともライセンシーが自己の他の製品に付している保険以上の最低損害の填補をする一般商業賠償保険に加入し、これを維持するものとする。

以下は、詳細な付保義務を定めた条項例である。

(a) Beginning at the time any such product, process or service is being commercially distributed or sold (other than for the purpose of obtaining regulatory approvals) by LICENSEE or by a sublicensee, AFFILIATE or agent of LICENSEE, LICENSEE shall, at its sole cost and expense, procure and maintain commercial general liability insurance in amounts not less than $2,000,000 per incident and $2,000,000 annual aggregate and naming the Indemnitees as additional insureds. During clinical trials of any such product, process or service, LICENSEE shall, at its sole cost and expense, procure and maintain commercial general liability insurance in such equal or lesser amount as LICENSOR shall require, naming the Indemnitees as additional insureds. Such commercial general liability insurance shall provide (i) product liability coverage and (ii) broad form contractual liability coverage for LICENSEE's indemnification under this Agreement. If LICENSEE elects to self-insure all or part of the limits described above (including deductibles or retentions which are in excess of $250,000 annual aggregate) such self-insurance program must be acceptable to LICENSOR in its sole discretion. The minimum amounts of insurance coverage required shall not be construed to create a limit of LICENSEE's liability with respect to its indemnification under this Agreement.

(b) LICENSEE shall provide LICENSOR with written evidence of such insurance upon request of LICENSOR. LICENSEE shall provide LICENSOR with written notice at least fifteen (15) days prior to the cancellation, non-renewal or material change in such insurance; if LICENSEE does not obtain replacement insurance providing comparable coverage within such fifteen (15) day period, LICENSOR shall have the right to terminate this Agreement effective at the end of such fifteen (15) day period without notice or any additional waiting periods.

(c) LICENSEE shall maintain such commercial general liability insurance beyond the expiration or termination of this Agreement during (i) the period that any product, process, or service, relating to, or developed pursuant to, this Agreement is being commercially distributed or sold by LICENSEE or by a sublicensee, AFFILIATE or agent of LICENSEE and (ii) a reasonable period after the period referred to in (c)(i) above which in no event shall be less than fifteen (15) years.

〈訳文〉

(a) ライセンシー又はサブライセンシー、関連会社又はライセンシーの代理人により同製品、製法又はサービスが商業的に提供又は販売（許認可を取得する目的のものを除く）された後は、ライセンシーは、その単独の費用において、一つの事故及び年間につき各200万ドル以上の企業総合賠償保険を付保し、維持するものとし、被補償者を追加の被保険者に指定する。同製品、製法又はサービスの臨床試験中、ライセンシーは、その費用において、ライセンサーが指定した、同等又はより少額の企業総合賠償保険を付保し、維持するものとし、被補償者を追加の被保険者に指定するものとする。同企業総合賠償保険は、(i)製造物責任、(ii)ライセンシーの補償責任を対象とする広い契約責任を含むものとする。仮にライセンシーが上記全て又は一部の上限（年間の合計控除又は留保額が25万ドルを超えるものを含む）を自身に付保する場合、同保険はライセンサーがその裁量により了承し得るものでなければならないものとする。付保義務に関する最低金額は、ライセンシーの補償義務自身の制限と解釈されてはならない。

(b) ライセンシーは、ライセンサーの要求に応じ、ライセンサーに対し同保険に関する書面による証拠を提供するものとする。ライセンシーは、ライセンサーに対し、同保険の解約、不更新、実質的な変更について15日以上の書面による事前通知をしなければならないものとする。仮にライセンシーが同15日以内に、同等の保険を付さなかった場合、ライセンサーは、同15日間の満期の際に、追加通知又は待機期間なく、本契約を解約することができる。

(c) ライセンシーは、同企業総合賠償保険を本契約の満了又は終了以降まで維持するものとし、これは(i)本契約に関する又はこれに基づいて開発された、如何なる製品、製法、又はサービスが、ライセンシー又はサブライセンシー、関連会社又はライセンシーの代理人により、商業的に提供され又は販売されている期間、及び(ii)上記(c)(i)記載の期間後の合理的期間であり15年以上の期間とする。

b 損害から守る（Hold harmless）

Hold harmless とは、Black's Law Dic. によると補償と同義であるが、裁判例では異なる場合もある（same meaning as indemnify according to Black's Law Dictionary but different meaning in some court cases.）。

c 防御する（Defend）

Defend とは、裁判において一方に対してなされたクレームまたは請求に対し回答し、打ち勝つために努力をすることをいう（to contest and endeavor to defeat a claim or demand made against one in a court of justice.)。詳細は、「補償の手続」で述べる。

以下は、補償者の費用にて、被補償者に弁護士を提供することを定めた記載例である。

> LICENSEE shall, at its own expense, provide attorneys reasonably acceptable to LICENSOR to defend against any actions brought or filed against any Indemnitee hereunder with respect to the subject of indemnity contained herein, whether or not such actions are rightfully brought.
> 〈訳文〉
> ライセンシーは、ライセンサーに対し、その費用において、本契約に記載された補償対象事項に関して被補償者に対して提起された訴訟を防御するための、ライセンサーが合理的に受け入れる弁護士を提供しなければならないものとし、これは同訴えが合法的に提起されたか否かを問わないものとする。

(D) 補償の手続

a 通知

補償者は、補償責任を可及的に少なくするため、以下のように、被補償者に対し、通知義務を課すことがある。

> The Party claiming a right to indemnification shall, within (　) business days after the date of the receipt of any Third Party Claim, give written notice to the indemnifying Party, of any such Third Party Claim.
> 〈訳文〉
> 補償を求める当事者は、第三者からのクレームを受領してから（　）営業日以内に、補償者に対し同第三者クレームがあった旨を通知するものとする。

b 防御手続

補償義務は、損害が確定した場合に負う義務であるのに対して、防御義務は、クレームがなされた時点でこれに対し防御しなければならない。補償者の立場からすれば、義務の範囲が広がり過ぎる危険性がある。ただし、防御に参加して第三者クレームに対抗することは補償者にもメリットがあるため、防御に参加する権利は保持したいところである。

補償者が防御に参加した場合、①防御の方法を決めるか（一方が訴訟をコントロールし他方が補助する等）、②第三者との和解の可否（通常、訴訟をコントロールできる当事者が決定権を有する）等を定めるかを検討する必要がある（以上、補償手続につき「Thomson Reuters, Practical Law Commercial "Indemnification: Avoiding Common Pitfalls" Published on 11 Sep 2013」より）。

以下は、第三者との和解について両当事者の同意を要求する条項例である。

> The indemnifying Party shall conduct, at its own sole cost and expense, the defense of any and all such Claims by a Third Party. Neither Party shall settle or admit liability with respect to

any such Third Party Claims which could result in liability to the other Party without the prior written consent of the other Party, which consent shall not be unreasonably withheld or delayed.

〈訳文〉
　補償者は、その費用において、全ての第三者クレームに対する防御を行うものとする。いずれの当事者も、他方当事者に責任を負担させることになる第三者クレームについて、相手方当事者の事前の書面による承諾なく（なお、同承諾は不当に留保されたり遅延されないものとする）、第三者クレームについて和解をしたり、責任を認めたりしないものとする。

　　　(E)　他の救済手段との関係
　補償条項を定める場合、当事者間の瑕疵担保責任（Warranties）、責任制限（Limitation of Liabilities）等の関連条項および法令上の救済手段（不法行為請求等）との整合性を検討する必要がある。

　たとえば、当事者間の瑕疵担保責任規定でライセンサーの責任を限定しても、補償規定でライセンサーの責任が広く認められるのであれば、前者で厳格な要件を定めた意味がなくなる。そこで、複数の救済手段がある場合の適用範囲、またいずれも適用され得る場合、相互の関係が重畳的（Remedies Cumulative）なのか選択的なのか、それとも唯一の手段（Sole Remedy）であるか等を検討する必要がある。

3　実務の考え方

(1)　技術供与契約

　ライセンス契約において、ライセンサーが引き受けることのできる賠償責任は非常に限られている。保証は、ライセンシーへ提供した図面その他技術資料に誤りや抜けがあった場合、これを修正または補充することだけである。

　かようなライセンサーの過失によってライセンシーが何らかの損害を被った場合、ライセンサーがライセンシーに対して賠償責任を負えるのは、当該欠陥技術に関してその時までにライセンシーから受領したロイヤルティ累計額の50％から100％とされることは珍しくない。

　なお、上述のとおり、ライセンサーが技術情報を提供することでライセンシーが製造した契約製品に係る製造物責任（PL）問題に巻き込まれる可能性もあるので、製造物責任も免責の対象として明記しておくのが望ましい。

　これら限度を超えてライセンサーがライセンシーから賠償責任を要求される場合、ライセンサーはライセンス契約そのものを締結すべきか検討せざるを得ない。

(2)　技術導入契約

　ライセンシーはライセンサーに対して、ライセンサーから受領した技術資料に欠陥があれば、ライセンサーが自己の費用負担において速やかにその欠陥技術資料の修正等を行う義務を負担させるべきである。

　万が一、許諾技術が第三者の権利を侵害し、その第三者からライセンスを受けざるを得ないような場合、少なくともその一部はライセンサーに負担を要求できるように契約にて合意しておくのが

望ましい。しかし、権利侵害された第三者からどうしてもライセンスの許諾を受けられない場合、ライセンサーが契約をその時点で終了する権利を留保することは、ライセンシーとしても受け入れざるを得ないであろう。そうした事態をできるだけ回避するために、事前の許諾技術に関する調査を徹底して行うべきである。

しかし、通常の調査では発見できないサブマリン特許のような場合もある。それはライセンスビジネスの事業リスクとして覚悟するほかはない。

PL問題に関しては、ライセンシーは、基本的には、限定的な補償を請求するのが望ましいが、そうでなければしかるべく保険を付保することで対応するのが望ましい。

なお、本事例は日本企業がライセンサーの場合に米国企業のライセンシーに対して提示し、締結したもの（もちろん、米国企業側の弁護士によるチェックを経たもの）である。

第6　一口コメント

リスクのない事業はない。

〔第2部〕 Ⅱ-2 特別条項（Special Terms）

第13章 ライセンサーの工業所有権
(Licensor's Industrial Property Rights)

第1 事例13の紹介〔技術供与〕

ARTICLE 12 LICENSOR'S INDUSTRIAL PROPERTY RIGHTS

12.1.　The parties acknowledge that Licensor owns all rights, title and interest in the Licensor's Patent. It shall be at Licensor's sole discretion whether or not to apply for, obtain and maintain any of Licensor's Patents or other industrial property rights in Licensed Territory or elsewhere in the world, provided that it shall be at Licensor's own costs and expenses to apply for, obtain and maintain any of Licensor's Patents or other industrial property rights for and under the name of Licensor.

12.2.　Licensor guarantees neither the novelty, usefulness nor validity of any of Licensor's Patents or other industrial property rights hereunder, and the expiration of any of such Licensor's patents and other industrial property rights during the life of this Agreement shall in no way affect the obligations of Licensee under this Agreement. The invalidation of or any challenge by Licensee to such Licensor's Patents and other industrial property rights for any reason after the execution of this Agreement shall entitle Licensor to terminate this Agreement forthwith with a written notice thereof to Licensee without any damages and further that in such a case Licensee agrees to such termination as may be proposed by Licensor.

12.3.　Licensee shall immediately inform Licensor of any infringements upon Licensor's Patents and other industrial property rights by unauthorized third parties which may come to Licensee's knowledge.

第2 事例13の訳文

12条　ライセンサーの工業所有権

12.1.　両当事者は、ライセンサーがライセンサーの特許の全ての権利、権原及び利益を所有することを確認する。許諾テリトリー内又は世界のどこで、ライセンサーが特許又は他の工業所有権の出願、取得又は維持をするか否かは、専らライセンサーの判断によるものとする。

ただし、ライセンサーのために又ライセンサーの名前で、ライセンサーが特許又はその他の工業所有権の出願、取得又は維持を行うのは、ライセンサー自身の費用負担とするものとする。

12.2. ライセンサーはライセンサーの特許又はその他の工業所有権の新規性、有用性又は有効性を保証しないし、又、本契約に基づき許諾されたライセンサーの特許権又はその他の工業所有権が本契約有効期間中に期限満了となっても、本契約に基づくライセンシーの義務には何ら影響を及ぼさないものとする。本契約締結後、何らかの理由により本契約にて許諾されたライセンサーの特許権又はその他工業所有権が無効となった場合又はライセンシーが異議申立を行った場合、ライセンサーは損害賠償を支払うことなく、ライセンシーに対する書面通知をもって、直ちに、本契約を終了せしめる権利を有するものとし、さらにそのような場合、ライセンシーはライセンサーの提案どおりそうした契約終了に同意する。

12.3. 権限のない第三者が、ライセンサーの特許又はその他の工業所有権を侵害していることを知りたる場合、ライセンシーは、直ちにライセンサーにその旨通知しなければならない。

第3 事例13の解説

1 特許権等工業所有権の帰属の確認、出願および維持管理（12.1項）

　本条項は、まず特許権がライセンサーに帰属していることを確認している。また、特許権等工業所有権の出願および維持管理をどのように行うかは、専らライセンサーの政策判断である。ライセンシーの要請で、権利の維持をするしないを決めるわけではない。特許権等工業所有権の出願および維持管理費用はライセンサーが負担する。

2 ライセンサーの非保証とロイヤルティの支払義務（12.2項）

　ライセンサーはライセンシーに対して、契約によって許諾した自己の特許権およびその他工業所有権の新規性、有用性または有効性について一切保証をしない。許諾した工業所有権の有効期限が本契約有効期間中に満了に至ったとしても、本契約に基づくライセンシーの義務、すなわち、ロイヤルティの支払義務には何ら影響を与えない。

　ただし、契約締結日以後契約有効期間中に、何らかの理由で、ライセンサーの特許権またはその他工業所有権が無効となったりまたはライセンシーが異議申立てを行った場合、ライセンサーは、本契約を終了させる権利を留保する。契約終了にあたっては、書面通知とするが、賠償等は一切払わないとしている。ライセンシーは、ライセンサーからそうした提案を受け場合、これに同意する旨本条項で約束している。

3　ライセンシーによる他社監視義務（12.3項）

本条項は、第三者によるライセンサーの特許権等の侵害について、ライセンシーに監視義務を課し、発見したら報告させるよう規定している。

第4　本条項の位置付け

本条項は、ライセンサーが許諾した特許権の新規性、有用性および有効性について、一切保証しない旨明言している。特許権の有効性等をめぐってライセンシーとの間に争いが生じたりまたは第三者との争いで特許権が無効となったりした結果、ライセンス契約を締結した意味がなくなるような事態に立ち至った場合、ライセンサーは契約を解消することができる権利を留保している。

本条項はライセンス契約の根本に関わる問題を取り扱っており、ライセンサーおよびライセンシーの双方にとって、重要な意味を持つ条項の一つである。

第5　本条項のチェックポイント

1　基本的な考え方

(1)　工業所有権の帰属

A　工業所有権の定義

(A)　日米における工業所有権の定義

工業所有権とは、工業所有権の保護に関するパリ条約の"propriété industrielle"の訳語で、そこでは工業だけでなく、商業、農業、採取産業の分野等に関しても用いられている。広義には産業的利益一般の保護の総体をいう。しかし、我が国では、通常、狭義に特許権、実用新案権、意匠権、商標権の4種の産業上の排他的支配権を指称する。産業上の知的財産権とも称される（平井宜雄ほか編『法律学小辞典』）。

「知的財産」とは、「発明、考案、植物の新品種、意匠、著作物その他の人間の創造的活動により生み出されるもの（発見又は解明がされた自然の法則又は現象であって、産業上の利用可能性があるものを含む。）、商標、商号その他事業活動に用いられる商品又は役務を表示するもの及び営業秘密その他の事業活動に有用な技術上又は営業上の情報」をいう（知的財産基本法2条）。そして、「知的財産権」とは、知的財産に関して法令により定められた権利または法律上保護される利益に係る権利をいう。

日本法における知的財産権の概要は、以下のとおりである。

第13章 ライセンサーの工業所有権（Licensor's Industrial Property Rights）

分類		関連法	目的	保護期間
知的財産権	知的創造物についての権利	特許法[1]	「発明」を保護	出願から20年（一部25年）
		実用新案法[2]	物品の形状等の考案を保護	出願から10年
		意匠法[3]	物品のデザインを保護	登録から10年
		著作権法[4]	文芸、学術、美術、音楽、プログラム等の精神的作品を保護	死後70年（法人名義および映画は公表後70年）
		半導体集積回路の回路配置に関する法律	半導体集積回路の回路配置の利用を保護	登録から10年
		種苗法	植物の新品種を保護	登録から25年（樹木は30年）
		不正競争防止法[5]	ノウハウや顧客リストの盗用等不正競争行為を規制	該当なし
	営業上の標識についての権利	商標法[6]	商品・サービスに使用するマークを保護	登録から10年（更新あり）
		商法[7]	商号を保護	該当なし
		不正競争防止法[8]	【以下の不正競争行為を規制】混同惹起行為、著名表示冒用行為、形態模倣行為（販売から3年）、ドメイン名の不正取得等、誤認惹起行為	

---

1 特許法2条（定義）
　「この法律で『発明』とは、自然法則を利用した技術的思想の創作のうち高度のものをいう。
　2　この法律で『特許発明』とは、特許を受けている発明をいう。
　3　この法律で発明について『実施』とは、次に掲げる行為をいう。
　　一　物（プログラム等を含む。以下同じ。）の発明にあつては、その物の生産、使用、譲渡等（譲渡及び貸渡しをいい、その物がプログラム等である場合には、電気通信回線を通じた提供を含む。以下同じ。）、輸出若しくは輸入又は譲渡等の申出（譲渡等のための展示を含む。以下同じ。）をする行為
　　二　方法の発明にあつては、その方法の使用をする行為
　　三　物を生産する方法の発明にあつては、前号に掲げるもののほか、その方法により生産した物の使用、譲渡等、輸出若しくは輸入又は譲渡等の申出をする行為
　4　この法律で『プログラム等』とは、プログラム（電子計算機に対する指令であつて、一の結果を得ることができるように組み合わされたものをいう。以下この項において同じ。）その他電子計算機による処理の用に供する情報であつてプログラムに準ずるものをいう」。
2 実用新案法2条（定義）
　「この法律で『考案』とは、自然法則を利用した技術的思想の創作をいう。
　2　この法律で『登録実用新案』とは、実用新案登録を受けている考案をいう。
　3　この法律で考案について『実施』とは、考案に係る物品を製造し、使用し、譲渡し、貸し渡し、輸出し、若しくは輸入し、又はその譲渡若しくは貸渡しの申出（譲渡又は貸渡しのための展示を含む。以下同じ。）をする行為をいう」。
3 意匠法2条（定義等）
　「第2条　この法律で『意匠』とは、物品（物品の部分を含む。第8条を除き、以下同じ。）の形状、模様若しくは色彩又はこれらの結合であつて、視覚を通じて美感を起こさせるものをいう。
　2　前項において、物品の部分の形状、模様若しくは色彩又はこれらの結合には、物品の操作（当該物品がその機能を発揮できる状態にするために行われるものに限る。）の用に供される画像であつて、当該物品又はこれと一体として用いられる物品に表示されるものが含まれるものとする。
　3　この法律で意匠について『実施』とは、意匠に係る物品を製造し、使用し、譲渡し、貸し渡し、輸出し、若しくは輸入し、又はその譲渡若しくは貸渡しの申出（譲渡又は貸渡しのための展示を含む。以下同じ。）をする行為をいう。
　4　この法律で『登録意匠』とは、意匠登録を受けている意匠をいう」。
4 著作権法2条（定義）
　「この法律において、次の各号に掲げる用語の意義は、当該各号に定めるところによる。
　　一　著作物　思想又は感情を創作的に表現したものであつて、文芸、学術、美術又は音楽の範囲に属するものを

　　　　いう。
　　二～二十四　（略）
　2～9　（略）」
　　なお、著作権の保護期間は平成28年法律第108号により従前の50年から70年に延長された（平成30年法律第70号により、平成30年12月30日施行）。
5　不正競争防止法2条（定義）
　「この法律において『不正競争』とは、次に掲げるものをいう。
　　一～三　（略）
　　四　窃取、詐欺、強迫その他の不正の手段により営業秘密を取得する行為（以下『営業秘密不正取得行為』という。）又は営業秘密不正取得行為により取得した営業秘密を使用し、若しくは開示する行為（秘密を保持しつつ特定の者に示すことを含む。次号から第九号まで、第19条第1項第6号、第21条及び附則第4条第1号において同じ。）
　　五　その営業秘密について営業秘密不正取得行為が介在したことを知って、若しくは重大な過失により知らないで営業秘密を取得し、又はその取得した営業秘密を使用し、若しくは開示する行為
　　六　その取得した後にその営業秘密について営業秘密不正取得行為が介在したことを知って、又は重大な過失により知らないでその取得した営業秘密を使用し、又は開示する行為
　　七　営業秘密を保有する事業者（以下『営業秘密保有者』という。）からその営業秘密を示された場合において、不正の利益を得る目的で、又はその営業秘密保有者に損害を加える目的で、その営業秘密を使用し、又は開示する行為
　　八　その営業秘密について営業秘密不正開示行為（前号に規定する場合において同号に規定する目的でその営業秘密を開示する行為又は秘密を守る法律上の義務に違反してその営業秘密を開示する行為をいう。以下同じ。）であること若しくはその営業秘密について営業秘密不正開示行為が介在したことを知って、若しくは重大な過失により知らないで営業秘密を取得し、又はその取得した営業秘密を使用し、若しくは開示する行為
　　九　その取得した後にその営業秘密について営業秘密不正開示行為があったこと若しくはその営業秘密について営業秘密不正開示行為が介在したことを知って、又は重大な過失により知らないでその取得した営業秘密を使用し、又は開示する行為
　　十　第4号から前号までに掲げる行為（技術上の秘密（営業秘密のうち、技術上の情報であるものをいう。以下同じ。）を使用する行為に限る。以下この号において『不正使用行為』という。）により生じた物を譲渡し、引き渡し、譲渡若しくは引渡しのために展示し、輸出し、輸入し、又は電気通信回線を通じて提供する行為（当該物を譲り受けた者（その譲り受けた時に当該物が不正使用行為により生じた物であることを知らず、かつ、知らないことにつき重大な過失がない者に限る。）が当該物を譲渡し、引き渡し、譲渡若しくは引渡しのために展示し、輸出し、輸入し、又は電気通信回線を通じて提供する行為を除く。）
　　十一～二十二　（略）
　2～11　（略）」
6　商標法2条（定義等）
　「この法律で『商標』とは、人の知覚によつて認識することができるもののうち、文字、図形、記号、立体的形状若しくは色彩又はこれらの結合、音その他政令で定めるもの（以下『標章』という。）であつて、次に掲げるものをいう。
　　一　業として商品を生産し、証明し、又は譲渡する者がその商品について使用をするもの
　　二　業として役務を提供し、又は証明する者がその役務について使用をするもの（前号に掲げるものを除く。）
　2～6　（略）」
7　商法11条（商号の選定）
　「商人（会社及び外国会社を除く。以下この編において同じ。）は、その氏、氏名その他の名称をもってその商号とすることができる。
　2　商人は、その商号の登記をすることができる」。
8　不正競争法2条（定義）
　「この法律において『不正競争』とは、次に掲げるものをいう。
　　一　他人の商品等表示（人の業務に係る氏名、商号、商標、標章、商品の容器若しくは包装その他の商品又は営業を表示するものをいう。以下同じ。）として需要者の間に広く認識されているものと同一若しくは類似の商品等表示を使用し、又はその商品等表示を使用した商品を譲渡し、引き渡し、譲渡若しくは引渡しのために展示し、輸出し、輸入し、若しくは電気通信回線を通じて提供して、他人の商品又は営業と混同を生じさせる行為
　　二　自己の商品等表示として他人の著名な商品等表示と同一若しくは類似のものを使用し、又はその商品等表示

また、米国法における知的財産権の概要については、以下のとおりである（バナー＆アレグレッティ法律事務所編（鹿又弘子訳）『米国知的財産権入門－改正特許法・トレードシークレット・商標・著作権とその実務』（日刊工業新聞社、1995年）23頁からの引用）。

知的財産権	保護対象	存続期間	権利取得要件	侵害の成立の基準
特許	製品、プロセス、組成物、機械、これらの改良、用途	従来は、成立から17年。1995年施行の法改正により、出願日から20年。（特許1.14項を参照のこと）	法定の保護対象、有用性、新規性、当業者にとっての非自明性、刊行物記載・使用・販売の日から1年以内の出願	・クレームされた発明についての製造・使用・販売 ・発明の主要部品の輸出 ・発明品の輸入、製法特許による製品の輸入
意匠特許	装飾的特徴	登録から14年	新規性、非自明性、刊行物記載・使用・販売の日から1年以内の出願	クレームされた意匠の製造・使用・販売
トレードシークレット	秘密	特に制限なし	秘密が保持されていること	不正取得と不正使用
商標	商品の出所を識別する単語・記号	制限はない（登録は10年間有効）	商標の最初の使用、先使用の商標と混同のおそれがないこと。登録は必須ではないが、しておいたほうがよい。	混同のおそれ
著作権	著作権（アイディアの表現）	著作権者の存命中とその死後50年。雇用著作物の場合は最初の発行日または創作日から100年。	オリジナルな著作権に創作。著作権は登録することが望ましく、また、権利行使の前には登録が必要となる。	著作物の複製等

　　を使用した商品を譲渡し、引き渡し、譲渡若しくは引渡しのために展示し、輸出し、輸入し、若しくは電気通信回線を通じて提供する行為
　三　他人の商品の形態（当該商品の機能を確保するために不可欠な形態を除く。）を模倣した商品を譲渡し、貸し渡し、譲渡若しくは貸渡しのために展示し、輸出し、又は輸入する行為
　四～十八　（略）
　十九　不正の利益を得る目的で、又は他人に損害を加える目的で、他人の特定商品等表示（人の業務に係る氏名、商号、商標、標章その他の商品又は役務を表示するものをいう。）と同一若しくは類似のドメイン名を使用する権利を取得し、若しくは保有し、又はそのドメイン名を使用する行為
　二十　商品若しくは役務若しくはその広告若しくは取引に用いる書類若しくは通信にその商品の原産地、品質、内容、製造方法、用途若しくは数量若しくはその役務の質、内容、用途若しくは数量について誤認させるような表示をし、又はその表示をした商品を譲渡し、引き渡し、譲渡若しくは引渡しのために展示し、輸出し、輸入し、若しくは電気通信回線を通じて提供し、若しくはその表示をして役務を提供する行為
　二十一　競争関係にある他人の営業上の信用を害する虚偽の事実を告知し、又は流布する行為
　二十二　パリ条約（商標法（昭和34年法律第127号）第4条第1項第2号に規定するパリ条約をいう。）の同盟国、世界貿易機関の加盟国又は商標法条約の締約国において商標に関する権利（商標権に相当する権利に限る。以下この号において単に『権利』という。）を有する者の代理人若しくは代表者又はその行為の日前一年以内に代理人若しくは代表者であった者が、正当な理由がないのに、その権利を有する者の承諾を得ないでその権利に係る商標と同一若しくは類似の商標をその権利に係る商品若しくは役務と同一若しくは類似の商品若しくは役務に使用し、又は当該商標を使用したその権利に係る商品と同一若しくは類似の商品を譲渡し、引き渡し、譲渡若しくは引渡しのために展示し、輸出し、輸入し、若しくは電気通信回線を通じて提供し、若しくは当該商標を使用してその権利に係る役務と同一若しくは類似の役務を提供する行為
　2～11　（略）」

(B) 工業所有権の定義のドラフティング

以下は、知的財産権のうち、特許権の内容を特定する場合の記載例である。

PATENT RIGHTS: United States patent application [serial number] filed [filing date], the inventions described and claimed therein, and any divisions, continuations, continuations-in-part to the extent the claims are directed to subject matter specifically described in USSN [serial number] and are dominated by the claims of the existing PATENT RIGHTS, patents issuing thereon or reissues thereof, and any and all foreign patents and patent applications corresponding thereto, all to the extent owned or controlled by LICENSOR.

〈訳文〉

本特許権：（日付）の申請によりなされた米国特許出願（出願番号）に記載されクレームされた発明、及び米国特許出願番号（出願番号）に明確に記載された対象事項に向けられたクレームであり、既存の本特許権により支配された分割出願、継続出願、一部継続出願、それらに基づき付与又は再付与された特許、及びこれらに対応する海外の特許及び特許出願をいい、但しこれらはライセンサーが所有又はコントロールしているものに限る。

以下は、知的財産権のうち、ノウハウの内容を特定する場合の記載例である。

"Know-how" shall mean any and all technical information, discoveries, processes, formula, data, engineering, technical and shop drawings, inventions, shop-rights, know-how and trade secrets which is useful or necessary to make, have made, use or sell the Products existing as of the Effective Date including but not limited to the know-how set out in Exhibit _.

〈訳文〉

本ノウハウとは、本製品を製造し、製造させ、使用、または販売するために有用または必要な全ての技術情報、発見、プロセス、フォーミュラ、データ、エンジニアリング、技術上の図面、発明、ショップ・ライト、ノウハウ、営業秘密であり、発効日現在において存在するもののことを意味し、付属書__に記載されているものも含むがこれだけに限定されるものではない。

B 工業所有権の帰属のドラフティング

Intellectual Property Right means the right in or to any patent, copyright, design right, secret process, technical know-how and other confidential information or other similar protections [pertaining the Products and] set out in Schedule __. Licensee acknowledges and agrees that all Intellectual Property Rights are the exclusive property of and belong to Licensor and its Affiliates.

〈訳文〉

本知的財産権とは、（契約製品に関する）別紙__に記載された特許、著作権、デザイン権、秘

密工程、技術ノウハウ、その他の秘密情報又はこれらの類するものである。ライセンシーは、本知的財産権がライセンサーおよびその関連会社に帰属することを確認し、合意する。

(2) 工業所有権の出願・維持管理

ライセンスの意味を、ライセンシーの実施を妨げない義務（不作為義務）ととらえる場合、ライセンサーは知的財産権の出願や維持管理義務を負わないとの結論が導かれやすい。これに対し、ライセンスの意味を、ライセンシーが実施できるようにする義務（作為義務）ととらえる場合、ライセンサーは知的財産権の出願や維持管理義務を負うとの結論が導かれやすい。

ライセンサーが知的財産権の出願・維持管理義務を負わない場合の記載例として以下がある。

It shall be at Licensor's sole discretion whether or not to apply for, obtain and maintain any of Licensor's Patents. [Licensee shall have the right to review and comment on drafts of patent submissions to the patent office in the Territory.]

〈訳文〉

　特許を申請し、取得し、維持するかは、ライセンサーの単独の裁量によるものとする。（ライセンシーは、テリトリーにおける特許事務所に対する特許の申請のドラフトをレビューしコメントすることができるものとする。）

また、ライセンサーが知的財産権の出願・維持管理義務を負う場合の記載例としては以下がある。

Licensor shall be responsible for filing, prosecuting and maintaining the Licensor's Patents at its own expense.

〈訳文〉

　ライセンサーはライセンサーの特許を、その費用において、申請し、手続をし、維持するものとする。

以下は、工業所有権の維持管理費用をライセンシーの負担とする場合の条項例である。

Upon execution of this Agreement, LICENSEE shall reimburse LICENSOR for all reasonable expenses LICENSOR has incurred for the preparation, filing, prosecution and maintenance of PATENT RIGHTS. Thereafter, LICENSEE shall reimburse LICENSOR for all such future expenses upon receipt of invoices from LICENSOR. Late payment of these invoices shall be subject to interest charges of one and one-half percent (1 1/2%) per month. LICENSOR shall, in its sole discretion, be responsible for the preparation, filing, prosecution and maintenance of any and all patent applications and patents included in PATENT RIGHTS. LICENSOR shall consult with LICENSEE as to the preparation, filing, prosecution and maintenance of such patent applications and patents and shall furnish to LICENSEE copies of documents relevant to any such

preparation, filing, prosecution or maintenance.
〈訳文〉
　本契約の締結後、ライセンシーはライセンサーに対し、ライセンサーが本特許権の準備、申請、登録、維持に関して支出した合理的な費用を支払うものとする。その後は、ライセンシーは、ライセンサーの請求に対し、ライセンサーが将来負担するこれらに関する費用を支払うものとする。これらの請求に対するライセンシーの支払遅延については、月1.5％の遅延損害金が課されるものとする。ライセンサーは、その裁量にて、本特許権に含まれる特許及び申請中の特許の準備、申請、登録及び維持について責任を負うものとする。ライセンサーは、同特許及び特許申請の準備、申請、登録及び維持についてライセンシーに相談するものとし、同準備、申請、登録及び維持に関する書面のコピーをライセンシーに交付するものとする。

以下は、維持管理費用等に影響がある事項（ライセンシー等の小規模法人性を含む）を知った場合に、通知義務を課す条項例である。

　Each party shall provide to the other prompt notice as to all matters which come to its attention and which may affect the preparation, filing, prosecution or maintenance of any such patent applications or patents. In particular, LICENSEE must immediately notify LICENSOR if LICENSEE or any AFFILIATE or sublicensee (or optionee) does not qualify as a "small entity" as provided by the United States Patent and Trademark Office.
〈訳文〉
　いずれの当事者も、同特許又は特許申請の準備、申請、登録又は維持を妨げる事象を知るに至った場合、相手方当事者に対し、直ちに通知するものとする。特に、ライセンシーは、仮にライセンシー又はその関連会社又はサブライセンシー（又はオプション対象者）が米国特許商標局の定める「小規模法人」に該当しない場合、直ちにライセンサーに通知するものとする。

(3)　権利不侵害の黙示保証
「ライセンサーには、許諾特許が第三者の特許権を侵害しないとの黙示保証義務（Implied Warranty）はない」（村上・特許・ライセンス(2)128頁2(1)）とされる。また、ライセンシーが侵害訴訟を受けた場合、契約にて定められていない限り、ライセンサーがこれを防衛する義務もないとされる（村上・特許・ライセンス(2)128頁2(2)参照）。このような解釈の背景に、米国のサブマリン特許があることについては既述（第2部第12章「保証および責任」）のとおりである。

(4)　不争義務の有効性
不争義務とは、権利の有効性について争わない義務をいい、たとえば、ライセンスを受けている特許発明に対して特許無効審判の請求を行ったりしない等の義務をいう。ライセンシーが所有し、または取得することとなる権利をライセンサー等に対して行使することが禁止される非係争義務とは異なる。

　　A　日本国内の学説

学説の多数は、不争義務条項の有効性を肯定している。その論拠は、「実施権者が一方で実施権にもとづき特許権に伴う利益を享受しながら、他方においてその特許権の効力を争うことは、それ自体が信義誠実の要求にそわないものと認められる」、または「実施権者は特許権の効力を承認しつつ契約を締結したものと推測される」（発明協会・判例ライセンス法425頁）等とした信義則あるいは禁反言の原則に依拠している。

B 米国の裁判例

(A) レア判決

1969年米国において出された通称レア判決（最高裁、Lear v. Adkins 162USPQ1）では、禁反言の原則[9]は、公共の利益のためには譲歩すべきであり、たとえ契約上不争義務条項が設けられても、ライセンシーは無効を主張できる旨判示された。

(B) メディミューン判決

ライセンシーは「ロイヤルティを支払いつつ特許無効の確認判決（Declaratory judgment＝DJ）を求めることができるか」が争われ、2007年1月9日に米国最高裁が、「DJを求めることはできる」という結論を出した[10]（docket no.05-608）[11]。これは、実務的にみれば、契約を維持しながら権利の無効を争うことができるようになったことを意味する。

1969年のLear事件で最高裁は「禁反言の原則は公共の利益のためには譲歩すべきであり、たとえ契約上不争義務条項が設けられても、ライセンシーは無効を主張できる」旨判決した。以来、ライセンス契約実務では「ライセンシーが許諾特許の有効性を争った場合、ライセンサーは契約を終了できる」旨の規定を設けることが常識化してきた。日本の公取指針もこの考え方に同調している（次項目「2　公取指針の考え方」参照）。

しかし、2007年1月に出された上記米国最高裁判決は、これまで考えられてきたように特許権の無効性を争うために「契約解除」が必要条件ではなくなったということで、特許ライセンス契約実務としては今後の対応を検討する必要があるといわれている。たとえば、不争条項はどういう場合に有効か、無効訴訟に対する契約の解除は有効か、エスクローは有効か（→支払うべきロイヤルティをエスクロー口座に預けるという考え方）等々、その他種々の問題が発生する可能性があるといわれている。当面「不争条項」と「ロイヤルティの不返還条項」を今までどおり契約書に挿入しておくことが重要であると専門家は指摘している。今後の判例の積み重ねと関係法曹界やLESI（＝Licensing Executive Society, International）／LESJ（＝日本ライセンス協会）等専門家団体の研究に注目する必要があるということだけ、現時点では指摘しておきたい。

9　"estoppel by contract"（契約による禁反言）
　　"estoppel by contract"（契約による禁反言）とは、「契約においてある事実を真実として受け入れた当事者は、当該契約が無効又は取消しとなるまでの間、それに反する主張をなしえないとする原則。又、この言葉は、契約当事者は契約の履行として行われる行為を否定できないとする原則の意味でも使われる」（田中・英米法辞典）とされる。

10　〈http://www.supremecourtus.gov/opinions/06slipopinion.html〉

11　MedImmune, Inc.,v. Genentech, Inc. 事件
　　藤野仁三「5　米国判例紹介：『ライセンシー・エストッペル』の法理見直しへ―米国最高裁、CAFC判決を破棄・差戻す」LES Japan News 47巻4号（2007年）および特許庁HPから「国際特許流通セミナー2007」報告書のうち「C3　米国における最近の特許判決を含むIP法の重要な変化と実務への影響」参照。

C 不争義務のドラフティング

> No Contest. Licensee and its Sublicensee each agree that it shall not challenge, dispute or otherwise contest, or assist others in challenging, disputing or otherwise contesting, the validity, enforceability or ownership by Licensor of the Intellectual Property.
>
> 〈訳文〉
>
> <u>不争義務</u>　ライセンシーとそのサブライセンシーは、それぞれ、ライセンサーの本知的財産に関する有効性、強制力、所有権に異議を述べたり、争ったり、他者が異議を述べたり、争ったりすることを助けたりしないことに合意する。

以下は、ライセンシーの非係争義務を定めた条項例である。

> Non-Assertion. The Licensee agrees that neither it nor any of its Affiliates will at any time during the Term assert any claim of any Patent Rights as of the date of the Agreement against the Licensor or any Affiliates of the Licensor to prevent the Licensor or any Affiliates of the Licensor from [conducting its own internal research].
>
> 〈訳文〉
>
> <u>非係争義務</u>　ライセンシーは、本契約の期間中、自らも、又はその関連会社も、ライセンサー又はその関連会社に対し、それらの（内部の調査の遂行）に対し、本契約締結日の本特許に基づくクレームをしないことに合意する。

(5) その他

知的財産権の改良発明については第2部第2章（用語の定義）および第10章（ライセンシーによる修正および改良）、知的財産権の侵害については第2部第11章（製品表示）および第12章（保証および責任）において述べる。

2　公取指針の考え方

不争義務について、公取指針から「第4　不公正な取引方法の観点からの考え方　4　技術の利用に関し制限を課す行為」の考え方を検証する。

> (7) 不争義務
>
> ライセンサーがライセンシーに対して、ライセンス技術に係る権利の有効性について争わない義務[注14]を課す行為は、円滑な技術取引を通じ競争の促進に資する面が認められ、かつ、直接的には競争を減殺するおそれは小さい。
>
> しかしながら、無効にされるべき権利が存続し、当該権利に係る技術の利用が制限されることから、公正競争阻害性を有するものとして不公正な取引方法に該当する場合もある（一般指定第12項）。

なお、ライセンシーが権利の有効性を争った場合に当該権利の対象となっている技術についてライセンス契約を解除する旨を定めることは、原則として不公正な取引方法に該当しない。

> 注14　「権利の有効性について争わない義務」とは、例えば、ライセンスを受けている特許発明に対して特許無効審判の請求を行ったりしないなどの義務をいい、ライセンシーが所有し、又は取得することとなる権利をライセンサー等に対して行使することが禁止される非係争義務（後記5－(6)参照）とは異なる。

3　実務の考え方

(1)　技術供与契約

A　特許権の期限切れとロイヤルティの見直し

いくつか許諾した特許の中で、ある一つの特許が、ライセンス契約の有効期間中に満了となることがある。その場合、ライセンサーはロイヤルティの見直しを行わないことが多い。見直しを行わない代表的な理由の一つは、ロイヤルティが契約において各特許権毎に設定されている場合は別として、多くの場合、合意されたロイヤルティ（％表示または金額）は、その契約で許諾された技術全体に対して決められるという事情がある。

また、見直しを行わないもう一つの代表的な理由は、特許・ノウハウライセンス契約においては、特許権だけがライセンス契約の対象ではなく、ノウハウ技術も包含されているということがある。しかも、そのノウハウがなければ当該特許権を十分に使いこなせない等、技術的な価値評価の面では、特許権よりもノウハウの方が、高いこともしばしばある。

ただし、米国の最高裁判所判決では、特許権の期限切れ後にノウハウの存在を根拠に同率のロイヤルティを課すことができないと解されていることについては前述のとおりである（第2部第5章「支払」の第5・1(4)「ハイブリッドライセンスの実施料」参照）。

B　特許権の有効性に関する争いとライセンサーの契約解除権

ライセンサーがライセンシーに対して、契約によって許諾した特許権、ノウハウまたは商標等に関し、ライセンシーがそれらの有効性を争う場合、ライセンサーはライセンサーの権利として、損害賠償等を支払うことなく、当該契約を終了できるよう契約において明確に合意しておくのが望ましい。損害賠償を支払わないことについては、その問題が発生するまでは、ライセンシーも当該技術を利用して一定の利益を享受し得たと考えられる所以である。

C　特許保証とサブマリン特許

特に、米国においては、サブマリン特許の脅威が未だ完全に消えていない以上、第三者の特許を侵害しないという保証をライセンサーが引き受けることは当分あり得ない（第2部第12章「保証および責任」参照）。

(2)　技術導入契約

A　一つの特許権の有効期限切れとロイヤルティの見直し

許諾を受けたいくつかの特許の中で、ある特許がライセンス契約の有効期間中に満了となった場合、ライセンシーがライセンサーに対してロイヤルティの見直しを要求するためには、たとえば、特許権ごとにロイヤルティを合意しておき、権利満了ごとにロイヤルティを減額するというような

やり方を契約において合意しておく必要がある。特にそうした合意がなされていない場合、いくつか許諾を受けた特許権のうちの一つが、満了したからといって、ロイヤルティの減額を直ちに要求するのは難しい。

ただし、その契約において重要な特許権が他の特許権に先んじて期限満了となるような場合には、ライセンシーはロイヤルティの見直し条項を契約に挿入しておくのが望ましい。

B 特許権の有効性に関する争いとライセンサーの契約解除権

特許・ノウハウライセンス契約において、特許権等に関する不争義務は、レア判決に照らしても、無効を争えば勝訴できる可能性は高いが、こうした規定を契約に含めるのは好ましくない。契約交渉において十分に説明しライセンサーの納得を得るのが望ましい。

ライセンサーの解約権についても、これを拒否する合理的な理由は見当たらない。それはライセンスビジネスにおいてライセンシーが引き受けるべき一つの事業リスクと考えるべきであろう。

C 特許保証とサブマリン特許

米国企業との特許・ノウハウライセンス契約において、サブマリン特許問題はライセンサーの努力で解決できる問題ではなく、米国の従来の特許制度に起因することであるから、米国企業とライセンスビジネスを行ううえでライセンシーとしても負担せざるを得ない事業リスクの一つと理解すべきである。

第6 一口コメント

契約書の表現は、美しさよりも、正確性を心掛けるべし。

第14章　契約期間および契約終了
(Term and Termination)

第1　事例14の紹介〔技術供与〕

ARTICLE 13 EFFECTUATION, TERM AND TERMINATION

13.1.　This Agreement shall become effective on the date on which this Agreement is executed by the parties hereto and shall, unless earlier terminated pursuant to the provisions of Sections 13.3 to 13.6 of this Article, continue to be in force for ten (10) years thereafter.

13.2.　If either party hereto wishes to extend or renew this Agreement, such party shall notify the other party hereto in writing of its desire to extend or renew this Agreement at least one (1) year prior to the expiration date thereof and this Agreement shall be renewed upon such terms and conditions as the parties hereto may agree upon at least six (6) months prior to the expiration date. Notwithstanding the foregoing, if no agreement to extend or renew this Agreement has been reached six (6) months prior to the expiration date, either party hereto shall have the right to extend or renew on the same terms and conditions for a one (1) year period provided however that the license shall be non-exclusive and no minimum royalty shall be applicable to that year.

13.3.　In the event that either party hereto should commit a material breach of and/or gross negligence of its obligations under this Agreement and if such defaulting party has not cured such breach and/or negligence not later than sixty (60) days after having received a written notice of breach and/or negligence from the non-defaulting party, the non-defaulting party shall have the right to terminate this Agreement forthwith by giving a written notice of termination to the defaulting party at any time within thirty (30) days after the lapse of said sixty (60) days.

13.4.　In the event that either party hereto should become adjudicated bankrupt, go into liquidation, receivership, insolvency or trusteeship or make an assignment for the benefit of creditors of such party, the adversely affected party hereto shall be entitled to terminate this Agreement forthwith by giving a written notice of termination to the defaulting party provided however that the adversely affected party shall be relieved from its obligation to give such notice if the defaulting party is unable to receive such notice.

13.5. In the event that (1) a change in ownership of either party hereto occurs which results in a change in the controlling interest of such party to an unrelated entity, due to merger, acquisition, sale, restructuring or regrouping involving in whole or in part such other party, or (2) either party makes a material change in the nature of its business activities, and either such change has a material adverse effect on the ability of such party to perform its obligations under this Agreement (for example, either party hereto discontinues its Licensed Product business), the other party hereto shall have the right to terminate this Agreement forthwith by giving a ninety (90) day written notice to the involved party or its legal successor and such involved party or its successor shall have the right to cure such default in the ninety (90) day period.

13.6. In the event that either party hereto should be prevented from fulfilling its obligations under this Agreement by Force Majeure under Section 16.1 lasting continuously for a period of one hundred eighty (180) days, the parties hereto shall use their best efforts to seek a mutually acceptable solution. If no such solution is found within a period of ninety (90) days thereafter, either Licensor or Licensee shall have the right to terminate this Agreement forthwith by giving a written notice of termination to the other party hereto without paying any damages to the other party hereto.

13.7. Any termination of this Agreement pursuant to the provisions of Sections 13.3 to 13.6 of this Article shall be in addition to, and shall not be exclusive of or prejudicial to, other rights or remedies, if any, that the non-defaulting or adversely affected party has hereunder or legally on account of any default, action or occurrence on the part of the other party hereto.

第2　事例14の訳文

13条　契約の発効、期間及び終了

13.1.　本契約は、両当事者によって署名された日に即日発効し、本条項13.3から13.6の規定に従い早期に契約が終了されない限り、以後10年間有効に存続するものとする。

13.2.　一方の当事者が本契約を延長又は更新することを希望する場合、希望する方の当事者は相手方に対して、契約期間満了日の少なくとも1年前に本契約の延長若しくは更新の希望について書面にて通知しなければならないものとし、さらに本契約は、本契約当事者が契約期間満了日の少なくとも6カ月前に合意できるような諸条件にて更新されるものとする。上記

にかかわらず、契約期間満了日6カ月前に本契約の延長若しくは更新の合意に至らなかった場合、本契約当事者はいずれも1年間は同じ契約諸条件にて延長若しくは更新する権利を有するものとする。ただし、その場合のライセンスは、非独占的なものとし、その年にはミニマムロイヤルティは適用されないものとする。

13.3. 一方の当事者が、本契約に基づく自己の義務について、重大な違反及び又は重大な過失を犯し、しかも不履行当事者が非不履行当事者から、違反及び又は過失について、書面による通知を受領後60日以内にこうした違反及び又は過失を矯正しなかった場合、非不履行当事者は上記60日間経過後30日以内であればいつでも不履行当事者に対して、契約終了通知を書面にて出すことによって、即刻本契約を終了させる権利を有するものとする。

13.4. 本契約の一方の当事者が、破産宣告を受けたり、清算状態になり、財産保全管理人の管轄下に入り、支払不能になり又は破産管財人の管轄下に入り又はこうした一方の当事者の債権者の利益のために財産を譲渡する場合、不利益を被った方の当事者は不履行当事者に対し書面による契約終了通知を出すことによって、即刻本契約を終了させる権利を有するものとする。ただし、不利益を被った方の当事者は、不履行当事者が同通知を受領できない場合、同通知を出す義務を免れるものとする。

13.5. (1) 一方の当事者の全部又は一部が吸収、合併、売却、再構築又はグループ再編成されたために、その一方の当事者の所有権に変更が生じた結果、無関係な法主体（entity）に対するその一方の当事者が支配する利害関係に変更が生じる場合、又は
(2) 一方の当事者がその事業活動の本質において重大な変更をもたらし、しかもこうした変更が本契約上の当事者の義務遂行能力に重大な悪影響を及ぼす場合（例えば、一方の当事者が自己の契約製品事業を止める）、他方当事者は、吸収合併等に巻き込まれた当事者又はその法律上の継承者に対して、90日の書面通知を発給することで即刻本契約を終了させる権利を有するものとし、そのように吸収合併等に巻き込まれた方の当事者又はその法律上の継承者は、その90日の期間の中でそうした不履行を矯正する権利を有するものとする。

13.6. 本契約の一方の当事者が、180日間継続して16.1条に基づく不可抗力によって、本契約上の自己の義務履行を妨げられた場合、本契約当事者は、相互に受諾可能な解決策を探るべく最善の努力を尽くさなければならない。その後90日以内にこうした解決策が見出せない場合、ライセンサーもライセンシーも本契約の相手方当事者に対し、賠償金を支払うことなく、本契約の相手方当事者に対し書面による契約終了通知を出すことで、即刻本契約を終了させる権利を有するものとする。

13.7. 本条の13.3項から13.6項の規定に基づく本契約の終了は、非不履行当事者又は不利益を被った当事者が、他方当事者側の不履行、行為又は事件の発生に因り、本契約上又はコモン

> ロー上有するその他権利又は救済があれば、そうした権利又は救済に追加されるものであって、これらの権利や救済を排除又は侵害するものではない。

第3 事例14の解説

1 契約の発効（13.1項）

契約は契約当事者双方の調印をもって、即日発効するとしている。契約書の調印後、政府による契約条件の承認手続等は、不要なケースである。

本事例の契約期間は一応10年間であるが、本条項に規定されたような事由により、契約が早期に終了する場合はこの限りではない。

2 契約期間の延長または更新（13.2項）

契約の延長または更新については、契約満了日の1年前に書面にて通知しなくてはならない。契約条件の改訂等は、契約が満了する6カ月前までに合意が成立することが求められている。しかし、交渉をしても、この6カ月間に合意に達しないかもしれない。その場合は、1年間だけは同じ条件で契約を延長または更新できるとしている。ただし、ライセンシーがそれまで享受していた独占的な製造、販売権は、非独占的な製造、販売権に変更し、また、ミニマムロイヤルティも課さないというものである。

要は、実際にライセンス技術を使用して契約製品を製造、販売しているライセンシーとしては、顧客および代理店に対する対応準備のために、少なくとも1年間は必要とのことで、それが契約上反映された。

3 契約違反による契約終了（13.3項）

一方の契約当事者が重大な契約違反（material breach）または重大な過失（gross negligence）を犯した場合、他方当事者は契約違反を犯している一方の当事者に対して、60日間の猶予を与えて、そうした契約違反または過失の矯正を文書にて請求することができる。

しかし、一方の当事者がその60日間に契約違反行為を是正しない場合、他方当事者は一方の当事者に対して、その60日の猶予期間経過後30日以内ならば、契約終了通知を出して契約を終了させることができる。

この場合、契約終了のための予告期間は設けず、即刻としている。なぜなら、履行催促通知を発給し、60日間の猶予を既に与えているからという考え方である。

4 破産等による契約終了（13.4項）

一方の当事者が、破産宣告を受けたり、清算状態に入ったり（liquidation）、管財人の管轄下に置かれたり（管財人管轄）（receivership）、不渡り手形を出して支払不能状態に陥ったり（insolvency）、企業の資産が信託財産として受託者の手に委ねられてしまったり（受託者委任）（trusteeship）、また

は債権者の利益を擁護するためにすべての財産を債務支払に充当するため信託的に譲受人に譲渡されたりするような状態（委託譲渡：assignment）になった場合、他方当事者は一方の当事者に対し、書面通知を出すことで即刻契約を終了させることができる。

　一方の当事者が上記のような状態に陥った場合、予告をしたり、協議をしたりする意味がもはやなく、通知をして、その通知が相手方に到着すれば、即刻、契約は終了する。しかし、かような状況では、その通知そのものが一方の当事者に届かないおそれがあるので、その場合、他方当事者は、一方の当事者に対する通知義務を免除される。

5　吸収・合併等による契約終了（13.5項）

　ここでは契約を終了させる典型的なケースとして二つ想定している。一つ目は、一方の当事者が本契約とは全く無関係な第三者によって吸収、合併されたり、株式を買い取られたり、または身売りさせられたり、企業の再構築やグループ企業の再編成の憂き目にあったりして、一方の当事者が経営支配権を喪失してしまい、本契約に無関係な第三者が一方当事者の経営権を掌握してしまう場合である。二つ目は、たとえば、諸般の事情により、一方の当事者が契約製品の事業から撤退してしまう場合である。上記いずれの場合でも、他方当事者は、実質的に経営権を支配している第三者または一方の当事者の法的な継承者に対して、90日の猶予期間を与えて、契約を終了することができる。その90日の間に、実質的に経営権を支配している第三者または一方の当事者の法的継承者が事態を収拾できない場合、即刻契約を終了させることができる。

6　不可抗力事由による契約終了（13.6項）

　一方の契約当事者側に不可抗力の事態が起こり、そのために契約上の義務を履行できない状態が、180日間も継続しているような場合でも、契約当事者間では、お互いに受け入れられるような解決策の模索努力をしなければならない。しかし、その180日経過後さらに60日が経過してもなおかつ収拾策を見出すことができない場合、ライセンサーもライセンシーも相手方当事者に対して、契約終了通知を書面にて出すことによって、即刻、契約を終了することができる。

　不可抗力という特別な事情により契約を終了する場合、損害賠償の請求はしないことを合意している。なお、不可抗力に関する詳細は、事例16を参照。

7　契約終了に関する救済（13.7項）

　契約終了によって被害を受けた当事者が、法律に認められている範囲で、損害賠償等による救済を求めることについては、これを妨げない。

第4　本条項の位置付け

　本条項は、契約がいつから有効になり、いつ満了となるのか、契約期間を定めている。本事例では契約期間が10年と、長い。10年の間には、経済環境の変化もあり得るし、また、天然災害に遭遇することもあり得る。契約当事者間で考えられるあらゆる事態を想定して、その対応について合意

をするのが本条項である。換言すれば、本条項は契約終了の手続を定めた条項である。契約管理上、最も重要な一般条項の一つである。

第5　本条項のチェックポイント

1　基本的な考え方

(1)　概　説

ライセンス契約の期間は、一般的に、比較的長期に設定される。なぜなら、ライセンサーはロイヤルティを通じて研究開発費用の回収ひいては収益を達成する必要があり、ライセンシーは契約製品の販売を通じて、製造販売等のコストの回収ひいては収益を達成する必要があるからである。

しかし、事業が予想よりうまくいった場合等のため、契約期間の延長の余地を残す必要があり、逆に事業が予想より悪くいった場合等のため、契約を解消する余地を残しておく必要がある。また、当事者の一方が倒産した場合等、特別の考慮が必要となる場合もある。

以下、「契約期間・更新」、「契約の解消」、「当事者の倒産」についてそれぞれ検討する。

(2)　契約期間・更新

A　契約期間

ライセンス契約の期間は、通常、契約の始期と終期により定められ、具体的な期間は、上記ライセンサーおよびライセンシーの費用回収・収益達成の計画との兼ね合いで個別に定める必要がある。

まず、契約の始期は、契約の効力が生じる日（時）であり、通常、契約締結日（Effective Date）である。ただし、たとえば、契約の始期を契約締結前に遡らせる場合や、逆に契約締結後に遅らせる場合等、契約締結日が契約の始期と一致しないこともある。

また、契約の終期は、契約の効力が失効する日（時）であり、「〇年〇月〇日まで」のように特定の日付が設けられたり、「特許有効期間満了時」のように一定の期限が設けられたりする。

以下は、終期を特許有効期間満了時とする場合の記載例である。

　This Agreement, unless terminated as provided herein, shall remain in effect until the last patent or patent application in PATENT RIGHTS has expired or been abandoned.

〈訳文〉

　本契約は、本契約の定めにより解約された場合を除き、本特許権の最終の特許又は特許申請が満了又は放棄されるまで効力を有し続けるものとする。

では、契約期間の定めがない場合はどうなるか。

賃貸借契約に関する民法617条1項によると、「当事者が賃貸借の期間を定めなかったときは、各当事者は、いつでも解約の申入れをすることができる」とされ、同条の定める期間経過後に契約が終了するとされる。そして、ライセンス契約は賃貸借契約同様、財産権の使用を目的とすることから、同規定の考えが当てはまるとも思える。

しかし、後述の「日本法における『契約解消』の考え方」のように、ライセンス契約のような継続的契約においては、一方による解約が制限される場合があることに注意をする必要がある。

B 契約の更新

契約の更新をするためには、本来、両当事者の合意（黙示の合意を含む）が必要である。

しかし、契約締結時は適切な契約期間が予測できないため契約期間を短く設定したうえ契約期間の延長をし易くすることがある。たとえば、いずれか一方の当事者からの異議（更新拒絶の意思表示）がない限り、原契約が自動的に更新される場合である。

また、このような自動更新によっても、契約の延長が確実になされるとは限らない。そこで、一方当事者の権利として、契約期間の延長を認めることもある。

C 契約更新のドラフティング

(A) 自動更新の場合

> This Agreement shall be effective from the Effective Date for an initial term of ___ years. Thereafter, it shall be automatically renewed for successive [one (1) year] renewal terms, unless either Party provides notice of non-renewal to the other Party at least [sixty (60) days] prior to the end of the initial term or any subsequent renewal term.
> 〈訳文〉
> 本契約は効力発生日に効力を生じ、___年間効力を有するものとする。その後は、期間満了又は延長された期間の満了の（60日前）までに一方当事者からの更新をしない旨の通知がない限り、その次に続く（1年間）契約期間の自動更新がなされるものとする。

(B) 更新する権利を認める場合

> Licensee shall have the option, by giving notice to Licensor in that effect, at least ( ) days prior to the expiration of the Term, to have this Agreement extended for a period of ( ) Contract Years each so long as the amount not less than the Minimum Royalties have been paid to the Licensor for each of the previous Contract Years.
> 〈訳文〉
> ライセンシーは、それまでの契約年のミニマムロイヤルティ以上の額が支払われている場合、本契約期間の終了の（ ）日前にその旨の通知をすることによって、本契約をそれぞれ（ ）契約年延長することができる。

(C) 自動更新を認めない場合

> Upon mutual agreement of the Parties, this Agreement may be renewed or extended for successive terms, pursuant to mutual agreed terms and conditions.
> 〈訳文〉

> 当事者は、別途条件を合意することにより、本契約を延長することができる。

(3) 契約の解消

契約の解消としては、大きく、何らの解除原因を要求せず、一方の意思表示により契約の解消を認める中途解約（termination for convenience）と一定の解除原因が生じた場合に契約の解消を認める解除（termination for cause）がある。

なお、法令上、契約の解消の表記方法は必ずしも統一されていない。たとえば、日本の民法では「解除」を「解約」（民618条）と表記することもある。また、英語でも、契約の解除ないし解約を、Termination、Cancellation、Rescission[1]等と表記することがあるが、それらの意味は法制度によって異なり得る。したがって、契約書においては一貫した表記方法を用いることが望ましい。

以下、英米法と日本法における契約解消の考え方について述べる。

A　英米法における「契約解消」の考え方

英米法における「契約解消」（discharge of contract）の考え方として、本項においては、まず、四つの契約解消（discharge of contract）方法について、Cheshire／Fifoot・契約法を参照し、その基本的な考え方（英法）を検証し、次に契約違反の具体的形態として、「履行拒絶」（repudiation）、「基本的契約違反」（fundamental breach）および「重大な過失」（gross negligence）について簡単に触れ、最後に米国のUCCにおける契約解消（解除）の条項を検証する。

なお、言葉の問題について、rescissionは「契約解除」という訳語を、dischargeおよびterminationが一つの説明文の中で文脈上同じ意味で使われているような場合は「契約解消」または「解約」という訳語を、また、terminationが本事例のように単独で使われている場合には「契約終了」という訳語を当てた。

(A)　四つの契約解消方法

契約解消とは、「契約当事者がお互いの義務から解放されることである」（Cheshire／Fifoot・契約法521頁参照）。契約解消には下記四つの方法がある。

① 完全履行による契約解消（by performance）
② 合意解消（by express agreement）
③ 契約目的不達成論に基づく契約解消（under the doctrine of frustration）
④ 契約違反による契約解消（by breach）

a　契約の完全履行による契約解消（by performance）

---

[1] "rescission" について
「……rescission（解除）は、一方の当事者が詐欺的不実表示の罪に問われた場合のように、契約を当初に溯って解消することを意味する。斯様な場合、契約はあたかも存在しなかったが如くに破棄されるが、契約違反による契約解消は既に熟した権利及び義務には決して影響を及ぼすものではない。故に、この文脈では、『解除』というよりはむしろ『終了』という言い方の方が望ましい。……」（Cheshire／Fifoot・契約法579頁）としている。
田中・英米法辞典では、"rescission of contract"という言葉に「契約の取消し」または「契約の合意解除」という訳語を当てている。rescissionという言葉が曖昧に使われていることも指摘している。たとえば、売買契約が有効に成立後、「何らかの理由で買主が物品を返還する場合」も含む意味で使われることもあるという。しかし、厳密な意味では、詐欺、強迫または錯誤が存在し、有効に成立していない契約を取り消したり、または有効に成立した契約を合意によって解除する場合を指すとしている。その場合、「未履行の義務は消滅し、すでに履行された部分については、原状回復されることになる」としている。

「契約当事者が、それぞれの約束を履行すれば、その契約は完全に終了する」（Cheshire／Fifoot・契約法521頁(1)）。契約当事者の一方が約束を履行し、契約当事者の他方が自己の約束を履行しない場合、約束を履行した方の一方の当事者は、約束不履行の他方当事者に対して訴権を得る。この訴権を解消するためには、「代物弁済」（accord and satisfaction）[2]が必要であるとされる（Cheshire／Fifoot・契約法521頁(1)参照）。

b 契約上明示された合意解消（by express agreement）

「契約当事者は合意によって契約を終了させることができる」（Cheshire／Fifoot・契約法521頁(2)）。契約当事者が合意によって契約を解消する場合、全面解消か部分解消かというような問題は、その契約条件による（Cheshire／Fifoot・契約法521頁(2)参照）とされる。

c 契約目的不達成事由による契約解消（under the doctrine of frustration）

契約締結後、特別な事態の発生により、契約履行不可または契約目的の達成不能のため解消されることがある。「この場合、契約当事者は、その契約目的達成不能事態発生時点以後に、要求可能となる（exigible）すべての義務から、コモンロー上免れ、又、そうした事態発生以前に履行期に達している（maturing）特定の義務も制定法によって免れる」（Cheshire／Fifoot・契約法521頁(3)）とされる（UCC／2-615（Excuse by Failure of Presupposed Conditions）参照）。

なお、frustration の要件・効果の詳細については第2部第16章「不可抗力」で述べる。

d 契約違反による契約解消（by breach）

「契約違反が契約の解消として作用するのは、特定の状況下にある時に限られる。契約違反がそうした効果を持つ場合、契約違反によって契約違反をしていない方の当事者は、過去又は将来の法律上の責任をすべて免れる。さらに、契約違反を犯した当事者は、損害賠償の責任を負い、『代物弁済』以外の方法では賠償責任を免れることはできない」（Cheshire／Fifoot・契約法521頁(4)）とされる。

(B) 契約違反の具体的形態

a 履行拒絶（Repudiation）と基本的契約違反（Fundamental Breach）

一方の当事者が契約違反をしたら、相手方当事者がすぐに契約を解除できるわけではない。どのような契約違反が、相手方当事者に対して契約解除権を許容するのか。二つのケースがある。一つは「契約の履行拒絶（repudiation of a contract）」であり、他の一つは「基本的契約違反（fundamental breach of a contract）」と称されるものである。

「契約の履行拒絶」とは、契約履行時期が到来する以前または契約の履行が完全になされてしま

---

[2] 「代物弁済」（accord and satisfaction）

satisfaction「弁済・満足」とは、「債務者の義務履行行為又は義務が履行された状態をいう」の意味である（田中・英米法辞典）。「契約は代物弁済によっても消滅する。契約によって約定された義務の履行の代わりに、当事者はそれと違った履行をすることを合意できる。そしてこのような合意（agreement）を"accord"といい、この"accord"の履行を"satisfaction"という。そして、代物弁済は、合意（accord）が履行（satisfaction）されてはじめて効力を生じ、そのときに従来の契約が消滅する」（並木・契約法167頁）とされる。accord executory「代物弁済の合意」または「代物弁済契約」の意。UCC／2-614 Substituted Performance 参照。

〔関連法律規定〕

・民法482条（代物弁済）

「債務者が、債権者の承諾を得て、その負担した給付に代えて他の給付をしたときは、その給付は、弁済と同一の効力を有する」。

う前に、一方の当事者が契約の履行を拒絶することである。

「基本的な契約違反」とは、当該契約を全体として考慮した場合に、違反した約束が比較にならないほどに非常に重要な違反であるとされる（Cheshire／Fifoot・契約法568頁参照）。

b 履行拒絶（Repudiation）

契約の履行拒絶に関しては、「明示の履行拒絶」と「黙示の履行拒絶」がある。「明示の履行拒絶」とは、Hochster v. De la Tour 事件（1853年）の例でいえば、「被告は、6月1日からの海外旅行にガイドとして雇用する約束を4月1日にしていたが、5月11日になって、原告に対して書簡を出し、気持が変わったので、ガイドは要らないと言ってきた」（Cheshire／Fifoot・契約法569頁）というものである。

「黙示の履行拒絶」とは、相手方の行動から合理的に推察して、相手が契約を履行する意思がない、とわかる場合である。たとえば、ある人が、将来のある日に、特定の商品を売り渡す約束をしたにもかかわらず、売り渡す日がくる前に、その商品を他人に売り渡してしまったような場合、売り渡しを約束した人は、最初に約束をした人に対して責任を負うことになる（Cheshire／Fifoot・契約法569頁参照）。

この履行期前の履行拒絶に対し、履行期到来を待たずに、契約解消と損害賠償請求を行うという考え方は、一つの原則として、米国にも受け継がれている（並木・アメリカ契約法154頁参照）。

契約違反が履行期前の履行拒絶にあたるということをいうためには、不履行当事者が、自分の方は契約をもはや履行しないという意思表示を、疑念の余地がないほどに明確にしたということを、立証しなければならない。「かような意思を立証するためには、とりわけ、契約の性質、契約を取り巻く状況及び契約違反を犯す動機についても調査が必要である」（Cheshire／Fifoot・契約法570頁）とされる。

c 基本的契約違反（Fundamental Breach）

「契約の相手方当事者が、明示的にも又は黙示的にも、自己の義務を履行拒絶することなく、基本的契約違反を犯した場合、一方の契約当事者は、さらなる責務を免れることができる」（Cheshire／Fifoot・契約法571頁）というのが「基本的契約違反」であるとされる。裁判所は、どのような契約違反が基本的契約違反にあたるか、次の二つの要因の中のいずれかを斟酌して決めるとされる。それは、「破棄された契約条件に当事者が込めたと思われる重要性又は違反の結果現実に生じた事態の深刻さのいずれか」（Cheshire／Fifoot・契約法571〜572頁）としている。

判断の支配原則は、すべては当該契約の解釈次第である。すなわち、裁判所は、契約がなされた時点で、違反した約束事を、当事者が重要なものと考えていたかまたは大して重要ではないと考えていたかを判断する。その約束違反が、損害賠償だけを認める付随的条項（warranty）に関するものか、または一方当事者の不履行により、他方当事者を免責する停止条件（condition precedent）に関するものであるのかの判断である。

重要さの度合いを測る表現として、「契約の根本（the root of the contract）」という言葉がよく使われる。何が本質的に重要なこと（essentiality）かは、その約束が履行されないならば、その契約を締結しなかったであろう、というほどに重要であることが、契約全体からまたは特定の契約条件から、はっきりわかることであるとされる（Cheshire／Fifoot・契約法571〜573頁参照）。

d　重大な過失（Gross Negligence）

田中・英米法辞典は、重大なる過失について下記のとおり説明している。

「重大な被害が他人に及ぶことを予見できるにもかかわらず注意を払わずに行為し、被害が発生した場合、その行為者には重大な過失があるとされる。わずかな注意を払うことを怠り、不注意の度合いが大きい点で、通常の過失と区別される」。

なお、gross negligence があっても、相手に寄与過失（contributory negligence）があれば、損害賠償責任を免れ得るとされる。

(C)　UCC の考え方

「契約解除」について、UCC 関連条文を検証する（並木・UCC（第17章～第19章）参照）。

契約解除については、「契約終了の定義」「契約解除の定義」「買主の一般的な救済としての拒絶物品に対する買主の担保権」および「"cancellation" 若しくは "rescission" の効果」を検証する。これら4項目のうち「買主の担保権」（UCC／2-711）については、すでに、検証済み（第2部第12章）であるので、本項では他の3項目について検証する。

a　UCC／2-106(3)「定義：契約終了」（Termination）

契約終了の定義について、UCC／2-106(3)の規定を検証する。

> 「契約終了」は、一方の当事者が合意若しくは法律によって創設された権限に従って契約違反以外の方法で契約を終わらせる場合に起こる。「契約が終了する」と、双方の未履行の義務は、すべて解消される（discharged）。ただし、それ以前の契約違反若しくは履行に基づく権利は存続する。

b　UCC／2-106(4)「定義：契約解除」（Cancellation）

「契約解除」の定義について、UCC／2-106(4)の規定を検証する。

> 「契約解除」は、一方の当事者が、他方当事者の契約違反事由にて、契約を終わらせる場合に起こり、その効果は、「契約終了」の効果と同じである。ただし契約解除をする当事者は、契約全体若しくは未履行の契約残余分に対する救済手段を保持し続けるものとする。

c　UCC／2-720「以前の契約違反に係る請求への "cancellation" 若しくは "rescission" の効果」

「以前の契約違反に係る請求への "cancellation" 若しくは "rescission" の効果」について、UCC／2-720の規定を検証する。

> 反対の意思表示が明確に現れない限り、契約の「解除」（cancellation）若しくは「解約」（rescission）等は、以前の契約違反に係る損害賠償請求の放棄（renunciation）若しくは消滅（discharge）と解釈してはならない。

B　日本法における「契約解消」の考え方

(A) 現行民法の場合

a 解除の要件

(a) 民法541条（履行遅延等による解除権）

履行遅延等による解除権について、民法541条を検証する。

第541条　当事者の一方がその債務を履行しない場合において、相手方が相当の期間を定めてその履行の催告をし、その期間内に履行がないときは、相手方は、契約の解除をすることができる。

2　（略）

(b) 民法542条（定期行為の履行遅延による解除権）

定期行為の解除権について、民法542条の規定を検証する。

第542条　契約の性質又は当事者の意思表示により、特定の日時又は一定の期間内に履行をしなければ契約をした目的を達することができない場合において、当事者の一方が履行をしないでその時期を経過したときは、相手方は、前条の催告をすることなく、直ちにその契約の解除をすることができる。

(c) 民法543条（履行不能による解除権）

履行不能による解除権について、民法543条の規定を検証する。

第543条　履行の全部又は一部が不能となったときは、債権者は、契約の解除をすることができる。ただし、その債務の不履行が債務者の責めに帰することができない事由によるものであるときは、この限りでない。
---

b 解除の手続

(a) 民法540条（解除権の行使）

第540条　契約又は法律の規定により当事者の一方が解除権を有するときは、その解除は、相手方に対する意思表示によってする。

2　前項の意思表示は、撤回することができない。

(b) 民法544条（解除権の不可分性）

第544条　当事者の一方が数人ある場合には、契約の解除は、その全員から又はその全員に対してのみ、することができる。

2　前項の場合において、解除権が当事者のうちの一人について消滅したときは、他の者につ

いても消滅する。

c 解除権の特殊な消滅原因
　(a) 民法547条（催告による解除権の消滅）

第547条　解除権の行使について期間の定めがないときは、相手方は、解除権を有する者に対し、相当の期間を定めて、その期間内に解除をするかどうかを確答すべき旨の催告をすることができる。この場合において、その期間内に解除の通知を受けないときは、解除権は、消滅する。

　(b) 民法548条（解除権者の行為等による解除権の消滅）

第548条　解除権を有する者が自己の行為若しくは過失によって契約の目的物を著しく損傷し、若しくは返還することができなくなったとき、又は加工若しくは改造によってこれを他の種類の物に変えたときは、解除権は、消滅する。
2　契約の目的物が解除権を有する者の行為又は過失によらないで滅失し、又は損傷したときは、解除権は、消滅しない。

　(B) 改正民法の場合
a 解除の要件
　(a) 改正民法541条（催告による解除）[3]

第541条　当事者の一方がその債務を履行しない場合において、相手方が相当の期間を定めてその履行の催告をし、その期間内に履行がないときは、相手方は、契約の解除をすることができる。ただし、その期間を経過した時における債務の不履行がその契約及び取引上の社会通念に照らして軽微であるときは、この限りでない。」

　(b) 改正民法542条（催告によらない解除）[4]

---

[3] 改正前民法541条は、当事者の一方が「債務を履行しない場合」（履行遅滞等）に、相手方は催告解除ができる旨を規定していた。他方、改正前民法541条の文言上は、不履行の程度、態様等について特段の限定はないが、たとえ催告をしても、相当期間経過時の不履行の部分が数量的に僅かである場合や付随的な債務の不履行に過ぎない場合には解除原因にはならないとする判例法理が確立していた（大審院昭和13年9月30日判決、大審院昭和14年12月13日判決、最高裁昭和36年11月21日判決）。そこで、この判例法理の趣旨を明文化するとともに、債務不履行解除が認められる範囲を適切に規律するため、改正民法541条の但書が設けられた（日弁連・改正債権法123頁以下）。

[4] 改正前民法542条は、定期行為の履行遅滞による無催告解除について、改正前民法543条は、履行不能による無催告解除について、それぞれ定めていた。これらの場合には、催告により債務者に履行を促しても意味がないから無催告解除を許容したものと解されていた。
　この無催告解除に関して、本改正において検討された主な事項は、以下のようなものであった（日弁連・改正債権法129頁以下）。
　① 無催告解除が認められる要件のあり方

> 第542条　次に掲げる場合には、債権者は、前条の催告をすることなく、直ちに契約の解除をすることができる。
> 　一　債務の全部の履行が不能であるとき。
> 　二　債務者がその債務の全部の履行を拒絶する意思を明確に表示したとき。
> 　三　債務の一部の履行が不能である場合又は債務者がその債務の一部の履行を拒絶する意思を明確に表示した場合において、残存する部分のみでは契約をした目的を達することができないとき。
> 　四　契約の性質又は当事者の意思表示により、特定の日時又は一定の期間内に履行をしなければ契約をした目的を達することができない場合において、債務者が履行をしないでその時期を経過したとき。
> 　五　前各号に掲げる場合のほか、債務者がその債務の履行をせず、債権者が前条の催告をしても契約をした目的を達するのに足りる履行がされる見込みがないことが明らかであるとき。
> 2　次に掲げる場合には、債権者は、前条の催告をすることなく、直ちに契約の一部の解除をすることができる。
> 　一　債務の一部の履行が不能であるとき。
> 　二　債務者がその債務の一部の履行を拒絶する意思を明確に表示したとき。

　(c)　改正民法543条（債権者の責めに帰すべき事由による場合）[5]

> 第543条　債務の不履行が債権者の責めに帰すべき事由によるものであるときは、債権者は、前2条の規定による契約の解除をすることができない。

　b　解除の手続

　　(a)　改正民法540条（解除権の行使）

> 第540条　契約又は法律の規定により当事者の一方が解除権を有するときは、その解除は、相手方に対する意思表示によってする。

---

②　履行期前・履行期後の履行拒絶による解除
③　債務の一部について履行不能等の無催告解除事由が存する場合の規律の明確化
④　改正前民法543条ただし書の「債務者の責めに帰することができない事由」による場合の解除の可否（帰責事由の要否）

[5]　改正前民法543条ただし書は、履行不能について、「債務者の責めに帰することができない事由」による場合には解除をすることができない旨を規定していた。ところが、今回の改正により、改正前民法543条ただし書が削除されて債務者の帰責事由が解除の要件ではなくなったため、何らの立法的手当てもなされなければ、債務の不履行が債権者の帰責事由によるものであっても、債権者は契約を解除できることになる。しかし、これでは不当であるため、改正民法543条は、債務の不履行が債権者の帰責事由による場合には解除は認められない旨を規定している（日弁連・改正債権法133頁以下）。

> 2　前項の意思表示は、撤回することができない。

(b)　改正民法544条（解除の不可分性）

> 第544条　当事者の一方が数人ある場合には、契約の解除は、その全員から又はその全員に対してのみ、することができる。
> 2　前項の場合において、解除権が当事者のうちの一人について消滅したときは、他の者についても消滅する。

(C)　継続的契約の特殊性

継続的契約においては、単発的契約と異なり、解約ないし解除権が制限されることがある。「不動産賃貸借契約や雇用契約といった一定の継続的契約においては、正当な事由なしに更新を拒絶したり解約の申入れをすることを禁ずる規定が置かれたり（借地借家法6条、28条）、又、不動産賃貸借の解除に『信頼関係』の破壊を要求し（最判昭和39年7月28日）、あるいは労働者の解雇を権利の濫用として制限する（最判昭和50年4月25日）、といった判例法理が展開する形で、契約の継続性への要請が配慮されている。一般の取引においても、継続的取引関係の解消は、一方当事者にとって死活問題であることが少なくない。このような事情を、どこまで法的判断に反映させうるかが契約法の重要なテーマとなっている」（内田・民法Ⅱ82頁以下）。

たとえば、札幌高裁昭和62年9月30日判決は、「3カ月前に通知すれば総代理店契約の更新拒絶を認めるという約定があったにもかかわらず、『契約を存続させることが当事者にとって酷であり、契約を終了させてもやむを得ないという事情がある場合』でなければ更新を拒否できない」とした。

C　契約解消のドラフティング

(A)　契約解除（Termination for Cause）

a　債務不履行

債務不履行に基づく解除には、債務不履行があれば直ちに解除を認めるものと、債務不履行以外に、その重大性、継続性等の条件を求める場合がある。以下は、解除の条件として事前通知を要求する条項例である。

> Either party may (without limiting any other remedy) at any time terminate this contract by giving written notice to the other if:
> (i) The other party commits any breach of this contract and fails to remedy the breach within [thirty (30)] days after being required by written notice to do so; or
> (ii) The other party goes into liquidation, becomes bankrupt, makes a voluntary arrangement with its creditors or has a receiver or administrator appointed.
>
> 〈訳文〉
> 一方当事者は、（その他の権利を制限することなく）以下の場合、他方当事者に対する書面の通知をすることにより本契約を解除することができる。

> (i) 他方当事者が本契約の義務に違反し、書面の通知により治癒を要求されながら（30）日以内にその違反を治癒できない場合。
>
> (ii) 他方当事者が清算、破産、債権者との任意整理、または財産管理人の管理下に入った場合。

ライセンス契約が容易に解除され得ると、特にライセンシーは、先行投資を回収できないこととなる。そこで、ライセンシーの立場からは、以下の条項例のように、違反を重大な違反（material breach）に限定することが望ましい。

> If there is a material breach of any material provision in this Agreement and the breaching party fails to take corrective measures to mitigate or cure such breach within sixty (60) days from the date of notification…
>
> 〈訳文〉
> 本契約の重大な条項について重大な違反があった場合であり、違反者が、通知の受領から60日以内に、これを治癒又は軽減する修正手段をとらなかった場合……

何をもって「重大な違反」といえるかは、当事者によって変わり得る。たとえば、コモンローのFundamental breach と同義と解し、"a breach which goes to the root of this Agreement, and which deprives a party substantially of the whole benefit of this Agreement"（本契約の根本に関わる違反であり、一方当事者の本契約全体の利益を失わせるもの）等と記載することもできるし、また、これらでも抽象的なため、一定の条項違反については重大な違反とみなすこともできる。

また、違反を治癒する期間については、違反の内容によっても変わり得る。すなわち、たとえばロイヤルティの支払義務であれば10日程度で足りると考えられるが、販売促進等の義務であれば数カ月の期間が必要となり得る。さらに、秘密保持義務違反のように治癒が困難な義務もある。

以下は、債務不履行の内容によって、催告の期間を変えた条項例である。

> LICENSOR may terminate this Agreement as follows:
>
> (a) If LICENSEE does not make a payment due hereunder and fails to cure such non-payment (including the payment of interest in accordance with paragraph 5.4(e)) within forty-five (45) days after the date of notice in writing of such non-payment by LICENSOR.
>
> (b) If LICENSEE defaults in its obligations under paragraph 10.4(c) and 10.4(d) to procure and maintain insurance.
>
> (c) If, at any time after three years from the date of this Agreement, LICENSOR determines that the Agreement should be terminated pursuant to paragraph 3.2(d).
>
> (d) If LICENSEE shall become insolvent, shall make an assignment for the benefit of creditors, or shall have a petition in bankruptcy filed for or against it. Such termination shall be effective immediately upon LICENSOR giving written notice to LICENSEE.

(e) If an examination by LICENSOR's accountant pursuant to Article VI shows an underreporting or underpayment by LICENSEE in excess of 20% for any twelve (12) month period.

(f) If LICENSEE is convicted of a felony relating to the manufacture, use, or sale of LICENSED PRODUCTS.

(g) Except as provided in subparagraphs (a), (b), (c), (d), (e) and (f) above, if LICENSEE defaults in the performance of any obligations under this Agreement and the default has not been remedied within ninety (90) days after the date of notice in writing of such default by LICENSOR.

〈訳文〉

ライセンサーは、以下の場合に本契約を解約することができる：

(a) 仮にライセンシーが、本契約に基づく支払をせず、ライセンサーによる同不払に関する書面による通知の日から45日以内に同不払（5.4(e)条に基づく利息の支払を含む）を治癒することができなかった場合。

(b) 仮にライセンシーが10.4(c)条及び10.4(d)条に基づく付保及びその維持義務に違反した場合。

(c) 仮に、本契約の日付から3年以降に、ライセンサーが3.2(d)条に基づき本契約が終了されるべきと判断した場合。

(d) 仮にライセンシーが支払不能となり、債権者の利益のために譲渡をし、破産の申立てをし、又はされた場合。同終了は、ライセンサーのライセンシーに対する書面による通知により直ちに効力を生ずるものとする。

(e) 仮にライセンサーの会計士による第6章に基づく検査により、ある12ヶ月の期間につき20％より多くの未報告又は未払が発覚した場合。

(f) 仮にライセンシーがライセンス製品の製造、使用又は販売に関して、重罪で有罪となった場合。

(g) 仮に、上記(a)、(b)、(c)、(d)、(e)及び(f)の定める場合を除き、ライセンシーが本契約の義務の履行を怠った場合で、当該不履行に関するライセンサーからの書面による通知日後、90日以内に治癒されなかった場合。

b　倒　産

日米の倒産制度とライセンス契約への影響およびドラフティングについては本章第5・1(4)「ライセンサーまたはライセンシーの破産」を参照されたい。

c　支配権の変更

「支配の変更」（Change of Control）の定義の条項例は、以下のとおりである。

"Change of Control" means the consummation of any of the following transaction(s): (i) any Third Party becomes the beneficial owner of fifty percent (50%) or more of the total voting power of the stock or other ownership interests (as applicable) of either Party; (ii) either Party consolidates with or merges into a Third Party, or any Third Party consolidates with or merges into either Party, in either event pursuant to a transaction in which more than fifty percent (50%) of the total voting power of the stock or other ownership interests (as applicable) of the surviving entity is not held by the parties holding fifty percent (50%) or more of the outstanding stock or other ownership interests (as applicable) of either Party immediately preceding such consolidation or merger; (iii) any other arrangement whereby a Third Party controls or has the right to control the board of directors or equivalent governing body of either Party.

〈訳文〉

「支配権の変更」とは、次の取引の履行をいう。(i)第三者が、一方当事者の株式又は持分の50％以上を取得した場合。(ii)一方当事者が第三者と合併し、又は第三者が一方当事者と合併し、当該合併前に存続会社の50％以上の株式又は持分を保有していたものが、存続会社の株式又は持分の50％以上を保有していない場合。(iii)その他、第三者が一方当事者の取締役会や同種の機関をコントロールする場合。

支配権の変更を競合会社への支配権の変更に限定する場合、"if the control of Licensee becomes vested into another entity commercializing a Competing Product in the Territory"（ライセンシーの支配がテリトリーにおいて競合製品を商業化している他の者に移った場合）等と記載する。

なお、支配権の変更についての詳細は、第2部第19章「契約譲渡」で述べる。

(B) 中途解約（Termination for Convenience）

a ライセンシーによる中途解約

当事者の契約違反はないが、契約を終了せざるを得ない場合がある。たとえば、医薬品に関するライセンス契約であれば、医薬品の許認可を得るまでに多くの試験・期間を要し、多くの医薬品は上市まで辿り着かない。

このような場合、ライセンシーの立場からすれば、ライセンス契約を中途解約して、契約上の義務から解放されたいところである。

This Agreement may be terminated, in its entirety or on a Product by Product basis, as applicable, upon [sixty (60) days] prior written notice given by Licensee to Licensor, effective upon receipt of the notice by Licensor, as follows:

(i) In its entirety, if the required [manufacturing permit] is not approved or not issued [by ___], or is deactivated, under the applicable law;

(ii) On a Product by Product basis, if a Product is withdrawn or deleted under the applicable law or by Licensee for valid business reasons.

〈訳文〉

本契約は、以下の場合、全体として、又は製品毎にこれをライセンシーのライセンサーに対する（60日前の書面による事前通知により解除することができ、その効力はライセンサーが通

知を受領したときとする。
> (i) 必要な（製造許可）が、（＿までに）適用法令のもと下りず、又は取り消された場合は全体として、
> (ii) 本製品が、適用法令のもと、又は有効な事業上の理由からこれを取り下げられた場合は本製品毎に。

これに対し、ライセンサーの立場からすれば、安易にライセンス契約を中途解約されてもらっては困るし、また、中途解約を認めるとしても医薬品に悪いイメージが付くことを避けたいところである。

そこで、中途解約を認める場合であっても、一定の期間の継続を要求し、その間、当事者に原因解消をするための努力を尽くさせたり、解約の理由を公表する際には、事前にライセンサーの意向を反映させる機会を設ける等の必要がある。

> In case of termination by Licensee pursuant to Section ＿ of this Agreement, the Parties shall agree the appropriate statement to be made to the governmental authorities and the public.
> 〈訳文〉
> ライセンシーが本契約＿条に基づき契約を終了させる場合、両当事者は政府機関や公への適切な公表内容を合意するものとする。

b　ライセンサーによる中途解約

ライセンサーによる中途解約は、ライセンシーによる中途解約よりもさらに制限されることが多い。以下は、中途解約の条件としてライセンサーの損害賠償義務を定める条項例である。

> LICENSOR may terminate this Agreement by giving ninety (90) days advance written notice of termination to LICENSEE and paying a termination fee of [amount] dollars ($[amount]). Upon termination, LICENSEE shall submit a final Royalty Report to LICENSOR and any royalty payments and unreimbursed patent expenses invoiced by LICENSOR shall become immediately payable.
> 〈訳文〉
> ライセンサーは、ライセンシーに対する事前の90日間の書面による通知、且つ（金額）米ドルの終了費用を支払うことにより、本契約を終了させることができる。終了後、ライセンシーは、ライセンサーに対し、最終のロイヤルティレポートを提出し、ライセンサーが請求した未払のロイヤルティ、特許費用は直ちに支払われるものとする。

(4) ライセンサーまたはライセンシーの破産

契約の特殊な終了原因としてライセンサー（米国または日本の企業法人を想定）またはライセンシー（米国または日本の企業法人を想定）の破産がある。破産手続の準拠法については諸説あるが、本稿

[第2部] II-2 特別条項（Special Terms）

は、一般に有力とされる倒産手続開始国の法律を適用するとの見解に基づくものとする。以上の前提に立って、以下議論を進める。

A 米国における破産申立て

(A) 概 説

a 米国の倒産法

米国の連邦破産法（Bankruptcy Code）では、日本の破産法（15条）や会社更生法（17条1項）におけるような財政的に困窮した理由がなくても、自発的破産（voluntary case）（＝自己破産）の申立てができる（連邦破産法301条〈voluntary cases〉）。

米国企業が通常使用する倒産手続は、米国の連邦破産法のうち日本の会社更生法に相当するChapter 11（Reorganization）（再建）（通称「チャプター・イレブン」という）若しくは日本の破産法に相当するChapter 7（Liquidation）（清算）（通称「チャプター・セブン」という）の二つといわれている。「チャプター・セブン」が適用される場合は、常に管財人（trustee）が選任されるが（連邦破産法322条〈Qualification of trustee〉、連邦破産法701条〈Interim trustee〉、連邦破産法702条〈Election of trustee〉）、「チャプター・イレブン」が適用される場合は、原則として管財人は選任されず代わりに連邦管財官[6]によって債権者委員会が設置され（連邦破産法1102条(a)および(b)）、旧経営陣は再建事業としてこれまでの事業を継続する（連邦破産法1107条）。

b 連邦破産法の三つの特徴

(a) 自発的破産（Voluntary Case）

債務者が破産裁判所[7]に対して自発的破産の申立てをすれば、自動的に債権回収が禁止され（連邦破産法301条）、救済命令（order for relief）となる（連邦破産法301条）。これが自動停止（automatic stay）（連邦破産法362条(a)）と称されるもので、米国連邦破産法の債務者保護の最たるものである。因みに、チャプター・イレブンに基づき自発的破産の申立てをできる者（債務者）は、合衆国に居住するか、または合衆国に住所もしくは営業所を有するかまたは財産を有する者である（連邦破産法109条(a)）。

(b) 占有保持債務者（Debtor In Possession = DIP）

自発的破産の手続においては、多くの場合、旧経営陣が会社の再建にあたる。この概念が占有保持債務者である。占有保持債務者は、紛れもなく債務者である（連邦破産法1101条(1)項）。占有保持債務者は、報酬を得る権利を除けば、すべての権利（rights）および権限（powers）を有し、連邦破産法に基づき管財人（trustee）が有するすべての機能（functions）を有し、すべての職責（duties）を果たすことが義務付けられている（連邦破産法1107条）。

(c) 当事者主義

チャプター・イレブンが適用される場合、連邦破産法上債権者委員会の設置が必要で、救済命令

---

6 全国的な連邦管財官制度によって、破産事件の運営管理的側面は連邦管財官（United States trustee）が担当するとされる（渡邊・アメリカ倒産法50頁参照）。連邦管財官の役割は、「管財人等の選任の要求」（連邦破産法1104条(a)）、「債権者委員会の委員の任命」（連邦破産法1102条）、「債権者集会の主催」（連邦破産法1104条(b)）等である。

7 破産事件の管轄権は連邦地方裁判所に帰属し、破産事件は連邦地方裁判所の中の1ユニット（組織単位）である破産裁判所に送付される。破産裁判所は、14年任期の破産裁判官から構成され、その破産裁判官が事件の司法判断をする（渡邊・アメリカ倒産法49頁〈6. 破産裁判所〉参照）。

第14章　契約期間および契約終了（Term and Termination）

が出たならば可及的速やかに、連邦管財官は無担保債権者委員会[8]を設置しなければならない。

　債権者委員会は、参加希望する7大無担保債権者から構成される。委員会の設置は公平で、異なる種類の債権を代表するものであることが条件である（連邦破産1102条b項(1)号）。無担保債権者委員会に加えて設置される持分証券（equity securities）保有者委員会は、通常、参加希望する7大持分証券保有者から構成される（連邦破産法1102条b(1)および(2)）。こうして編成された債権者委員会は、「会社の運営、再建計画の作成等について、債務者とときに対立しながら事件を遂行していく非常に重要な存在である」といわれている[9]。

　c　ライセンス契約は一種の双務未履行契約

　ライセンス契約は、米国では、判例（Lubrizol Enterprises, Inc. v. Richmond Metal Finishers, Inc.（4 th Cir. 1985）226USPQ961）（以下、「Lubrizol／Richmond Case」または「ルブリゾール／リッチモンド事件」という）[10]によって、双務未履行契約（Executory Contracts）の一種と解されている。連邦破産法は、この判例を踏まえて、ライセンサーの破産によりライセンシーが極端に不利益を被ることがないよう改正された（1988年法）（連邦破産法365条(n)）。

　d　連邦破産法365条（Executory Contracts and Unexpired Leases）

---

[8] 担保付債権者は担保権という強力な交渉力を持っているので、通常、債権者委員会は設置されない（渡邊・アメリカ倒産法7頁参照）。
[9] 渡邊・アメリカ倒産法7頁。
[10] Lubrizol／Richmond Case: Lubrizol Enterprises, Inc. v. Richmond Metal Finishers, Inc.（4 th Cir. 1985）(226USPQ961)：判例の事件背景は、1982年7月、Richmond Metal Finishers, Inc.（以下、「Richmond」という）（ライセンサー）が、Lubrizol Enterprises, Inc.（以下、「Lubrizol」という）（ライセンシー）と契約を締結して、Lubrizolに対してRichmondが所有するメタル・コーティング・プロセスの技術の使用を許諾する非排他的ライセンスを許諾したということである。
　Richmond は Lubrizol に対して、契約上、下記三つの義務を負担した。
　① 特許侵害通知と訴訟防衛
　② 同プロセスの他の使用若しくはライセンシング、および他のライセンシーとより低いロイヤルティレートで契約した場合のロイヤルティ支払額の減額
　③ Richmond の誤表明若しくは保証違反によって Lubrizol が受けた損失の補償。
　Lubrizol は Richmond に対して、契約上、下記二つの義務を負担した。
　① 当該プロセスの使用に対するロイヤルティの支払
　② 特定の既存の債務の取消し。
　同契約の規定では、Lubrizol は1983年5月まで同プロセスの使用を延長することになっていたが、実際には、Lubrizol は Richmond の技術を一度も使用していなかった。
　こうした状況にあって、1983年8月16日に、Richmond は、チャプター・イレブンに従い破産申立てを行った。破産計画の一部として、365条(a)項に従い、Lubrizol との契約制限条項によって技術の販売またはライセンシングが妨げられず、その販売またはライセンシングがやりやすくするために、Lubrizol との契約を拒絶しようとした。
　Richmond の契約拒絶に関して、破産裁判所は、365条を適切に解釈して、契約拒絶の妥当性を判断するためには二段階の調査が必要であるとした。すなわち、
　① その契約が未履行であるかどうか、
　② 契約が未履行である場合、契約を拒絶することで破産者が有利になるのかどうか。
　破産裁判所は、契約は双務未履行の契約であるとして、Richmond の契約拒絶を承認した。Lubrizol は不服申立てをしたが、却下。そこで、Lubrizol は連邦地裁へ控訴。その結果、Lubrizol の主張が認められたため、Richmond が上訴した。結局、
　① その契約が双務未履行であること、および
　② Richmond が他社と有利な契約を締結することは、事業判断のルールに適するもので、悪意による濫用とはいえない、として Richmond の契約拒絶が承認された。
　③ Lubrizol は Richmond に対し、365条(g)項に基づき損害賠償の請求ができるが、契約の履行を要求することはできないとされた。

〔第2部〕 II-2　特別条項（Special Terms）

連邦破産法365条について、第3部第8章「連邦破産法（1995）365条から一部抜粋英和対訳」を参照されたい。

(a)　365条(a)

連邦破産法365条(a)は、管財人の権限について下記のとおり規定している。

> 管財人は、裁判所の承認を条件に、債務者の未履行契約又は期限未到来のリース契約を引き受ける（assume）ことも、又、拒絶する（reject）こともできる。

ここで「管財人」とは、すでに説明したように、自発的破産の場合は、債務者である旧経営陣である。ライセンサーが自発的破産を申出た場合、この条文の「管財人」はライセンサーと読み替えることができる。

(b)　365条(n)

1985年 Lubrizol ／ Richmond Case 以後1988年に改正された連邦破産法では、365条に(n)および定義条項101条に35Ａ〈知的財産〉[11]が、それぞれ追加された[12]。

i　365条(n)(1)

連邦破産法365条(n)(1)は、ライセンシーの選択権について下記のとおり定めている。

> 債務者が知的財産権の所有者であるような未履行契約を管財人が拒絶する場合、ライセンシーは、同契約に基づき次のいずれかを選択できる。

この規定の意味は、債務者がライセンサーであるライセンス契約をライセンサーが拒絶する場合、ライセンシーは当該ライセンス契約に基づき次のいずれかを選択できるという趣旨である。すなわち、

① ライセンサーによる契約履行拒絶は契約違反と看做し、契約を終了させるか（連邦破産法365条(n)(1)(A)）、または

② 申立て開始直前に存在した知的財産権に対する契約上の権利（ただし、特定履行を除く）を、その契約期間および破産法以外の適用法に基づく権利として同契約をライセンシーが延長し得る期間留保する（連邦破産法365条(n)(1)(B)）。

ii　365条(n)(2)

365条(n)項(2)は、ライセンシーが契約上の権利を留保すると決めた場合（連邦破産法365条(n)(1)(B)）のライセンサーおよびライセンシーの履行義務について下記のとおり定めている。

① 管財人は、ライセンシーの同権利行使を許容しなければならない（連邦破産法365条(n)(2)(A)）；

---

11 米国連邦破産法第1章第101条35Ａ（intellectual property ＝知的財産）は、「知的財産とは、①トレードシークレット、②特許法（title 35）に基づき保護された発明、プロセス、意匠若しくはプラント、③特許出願、④植物種、⑤著作権法（title 17）に基づき保護された著作物、若しくは⑥著作権法（title 17）に基づき保護されたマスクワーク等で、その範囲は、破産法以外の適用法によって保護された範囲とする」と規定し、商標は本定義に含まれていない。注意が必要である。

12 山田・ライセンス倒産1166頁。

② ライセンシーは、同契約期間および同契約の延長期間、ロイヤルティを支払わねばならない（連邦破産法365条(n)(2)(B)）；さらに

③ ライセンシーは、連邦破産法および連邦破産法以外の適用法に基づき同契約に関してライセンシーが有する相殺の権利（連邦破産法365条(n)(2)(C)(i)）および同契約の履行から発生する管理費等（連邦破産法503条(b)）の請求権（連邦破産法365条(n)(2)(C)(ii)）を放棄したものとみなされる。

iii 365条(n)(3)

365条(n)(3)は、ライセンシーが契約上の権利を留保する（retain）と決めた場合（連邦破産法365条(n)(1)(B)）のライセンサー（＝管財人）の履行義務を下記のとおり定めている。ただし、ライセンシーはライセンサーに対してそうした履行について文書で要請しなければならない。

① 同契約またはその補足契約の範囲まで、ライセンシーに対してライセンサー（＝管財人）が留保した知的財産（同具現化物を含む）の提供義務がある；さらに

② 同契約またはその補足契約に規定された、他の法主体から同知的財産（または同具現化物）を取得する権利も含めて、同知的財産（同具現化物を含む）に対するライセンシーの権利を妨げてはならない。

iv 365条(n)(4)

365条(n)(4)は、ライセンサー（＝管財人）が契約を拒絶しない場合の又は契約を拒絶するまでのライセンサー（＝管財人）の履行義務を下記のとおり定めている。ただし、ライセンシーはライセンサーに対してそうした履行について文書で要請しなければならない。

① 契約またはその補足契約に規定された範囲まで（連邦破産法365条(n)(4)(A)）、「同契約を履行するか」（連邦破産法365条(n)(4)(A)(i)）または「ライセンシーに対してライセンサー（＝管財人）が留保した同知的財産（破産法以外の適用法によって保護された範囲まで同知的財産の具現化物を含む）を提供するか」（連邦破産法365条(n)(4)(A)(ii)）である。しかも

② 同契約またはその補足契約に規定された「他の法主体から同知的財産（又は同具現化物）を取得する権利も含めて、同知的財産（同具現化物を含む）に対するライセンシーの権利」を妨げてはならない（連邦破産法365条(n)(4)(B)）。

以上を前提に、米国のライセンサーまたはライセンシーが破産の申立てを行った場合において、日本のライセンシーまたはライセンサーは、米国連邦破産法等、米国の法律の下でどのように対応すべきかを検討する。

(B) 米国のライセンサーが破産の申立てを行った場合

ライセンサーが破産の申立てを行った場合、ライセンサーは、双務未履行契約たるライセンス契約の履行の引受け（assuming）か拒絶（rejection）を選択することができる（連邦破産法365条(d)(1)(2)）。

ライセンサーが引受けを選択するには、ライセンサーは、それまでの不履行を治癒し将来の履行につき相当の担保を提供する必要がある。したがって、ライセンサーが引受けを選択した場合、ライセンシーとしては引き続き対象技術を使用できる。

これに対して、ライセンサーが拒絶を選択した場合、ライセンシーは、連邦破産法365条(n)に基づき、ライセンサーの契約履行拒絶を受け入れ、契約違反に基づく損害賠償を請求するか、あるいは残余の契約の履行を要求するか、二つに一つの選択ができる。

よって、ライセンシーがライセンサーに対して、残余の契約の履行を要求すれば、ライセンス事業の継続は可能である（勿論、ロイヤルティの支払義務等は生じる）。

ただし、残余の契約の履行を求めることが必ずしもライセンシーにとって保護になるとは限らない。すなわち、ライセンサーの特定履行義務[13]は、ライセンサーの履行義務に含まれないので（連邦破産法365条(n)(1)(B)）、許諾技術や許諾技術に基づくライセンス事業に関し、ライセンサーの技量にもっぱら依存する場合、ライセンサーの特定履行義務が期待できない状態で契約を継続することが必ずしもライセンシーにとって有利であるとは限らないのである。

また、そのライセンス事業に関して設備投資等をどの程度まですでに行っているか等によっても、ライセンシーがライセンス契約の履行をライセンサーに要求するかあるいは解約するかの判断は異なるであろう。

したがって、ライセンシーが残余の契約の履行を求めるかの判断は慎重にする必要があり、最終的には、ライセンシーがそのライセンス事業を経営上どのように位置付けているか等も加味して総合的に経営判断をして決断すべきであろう。ただし、本来、ライセンシーの対策は、ライセンス契約締結以前、または遅くともライセンサーが破産を申し立てる前になされるべきものであることは言うまでもない。

(C) 米国のライセンシーが破産の申立てを行った場合

米国のライセンシーが破産の申立てを行った場合、Automatic Stayにより、日本のライセンサーはライセンス契約を解除することができなくなる（連邦破産法362条(a)）。

これに対し、ライセンシーは、連邦破産法365条(a)および(f)に基づき、ライセンス契約を引き受け（assume）、第三者に譲渡することも、あるいは、また、拒絶する（reject）こともできる。

ただし、連邦破産法365条(f)の例外規定である連邦破産法365条(c)によると、管財人（＝債務者＝ライセンシー）は、以下の場合、契約上権利譲渡禁止または義務委任制限の有無にかかわらず、債務者の未履行契約を引き受けまたは譲渡することはできないと明記されている。

① 適用法（applicable law＝特許法）が、債務者以外の同契約または同リース契約の一方の当事者が、債務者もしくは占有保持債務者以外の法主体から契約の履行を引き受けることあるいは同法主体に契約を履行することを免除し（連邦破産法365条(c)(1)(A)）、しかも

② 契約の一方の当事者がそうした譲渡若しくは委任に同意をしない場合（連邦破産法365条(c)(1)(B)）

すなわち、ライセンス契約は当事者間に固有な（personal）もので、当事者の変更を特許法が予定しておらず、しかも債務者以外の一方の契約当事者がそうした譲渡もしくは委任に同意をしない場合は、管財人はライセンス契約の引受けまたは譲渡はできない、ということである。

ライセンシーの破産に対応するためには、ライセンサーとしては、連邦破産法365条(c)を有効にしかも確実に活用する必要がある。そのためには、少なくとも下記4項目について、ライセンス契約上十分に考慮すべきものと考える。具体的には、ライセンス契約書起草および契約交渉においてそうした考慮を反映すべきものと考える。

---

[13] 特定履行義務とは、ここでは、「特許侵害訴訟の弁護義務、ソースコードの改良、調査・開発の継続、保証違反により日本のライセンシーが被る損害の賠償義務」（山田・ライセンス倒産1167頁）等が考えられる。

① 双務未履行のライセンス契約であること　ライセンス契約が双務未履行契約であることが、連邦破産法365条(c)の適用の大前提であることに鑑みれば、ロイヤルティ一括払いのライセンス契約ではなく、ランニング・ロイヤルティ・ベースのライセンス契約とすべきであろう。しかし、事案によっては、一括払いのライセンス契約の方が現実的で確実性があると判断される場合もあり得る。いずれにせよその契約が双務未履行の契約であるか否か契約書の文言から明確に読み取れるよう、契約書は起草されなければならない。

② 契約譲渡禁止　裁判所が連邦破産法365条(c)の例外規定を適応する際、ライセンサーの契約意思がどうであったかが重要な判断材料になるものと思われる。契約書に契約譲渡禁止条項が在ることで、その契約がライセンサーとライセンシーの間の固有な（personal）契約であったことを証す有力な材料となり得る（パールマン／カタプルト事件[14]）。契約譲渡禁止条項は、必ずライセンス契約書には挿入しておくべきである。契約譲渡禁止条項の文言は一般条項として通常の契約書に挿入されるものでよい（第2部第19章「契約譲渡」参照）。

③ 倒産等による解約　パールマン／カタプルト事件の判決脚注で「もしも未履行契約が365条(c)項(1)の範囲に入る場合、倒産時の解約条項（Ipso fact clause）はその契約が破産財団に組み込まれることを防止するためには有効である」旨裁判所が言及したことで、本条項の有効性、

14　Stephen Perlman v. Catapult Entertainment, Inc.（9 th. Cir. Jan. 28, 1999）（⟨http://www.ca9.uscourts.gov/⟩）（以下、「Perlman／Catapult Case」という）

(1) 事件経緯
・非控訴人カリフォルニア法人 Catapult（＝ライセンシー）は、16ビット・コンソール・ビデオ・ゲーム用オンラインネットワークを創るために1994年に設立。同年、Catapult は、控訴人 Perlman（＝ライセンサー）と二つのライセンス契約を締結。同契約で Perlman は特許および出願中の特許を含む特定の関連技術の利用権を Catapult に許諾。
・1996年10月、Catapult は、破産法チャプター・イレブンに基づき会社再建の申請を行った。
・破産申出の提出直前に、Catapult は、Mpath Interactive, Inc.（「Mpath」）と吸収合併契約を締結。本契約を梃子に、破産申出の提出後、Mpath, MPCAT Acquisition Corporation（"MPCAT"）および Catapult を含む「リバース・トライアングル合併」による会社再建を目論む。
・同合併契約条件に基づき、MPCAT（本取引のために創設された Mpath が全額所有する子会社）は、Catapult と合併し、Catapult が存続主体として残る。Catapult は、債権者との清算後、最終的には Mpath が全額所有する子会社になる計画。
・1996年10月24日、会社再建案の一部として、Catapult は、Perlman ライセンスを含む140の未履行契約およびリース契約の引受けを求める申出を破産裁判所に対して申請。
・破産裁判所は、Perlman の反対にもかかわらず、同ライセンスの引受けを承認し、同再建計画を確認。地裁は中間控訴について、破産裁判所の決定を追認。Perlman は同判決に対し控訴。
・控訴裁判所は、連邦破産法365条(c)(1)に照らして、チャプター・イレブンの占有保持債務者（DIP）が、ライセンサーの反対に優先して、特定の非排他的特許ライセンスを引き受けることができるかどうかの判断を求められた。
・控訴裁判所は、破産裁判所が占有保持債務者（DIP）による問題の特許ライセンスの引受を許容したことは間違いであるとの結論を出した。

(2) 判例のポイント
・連邦破産法365条(a)は、一般原則的に、契約上または法律上譲渡禁止されていても、債務者が譲渡できることを示したものであり、他方連邦破産法365条(c)は、限定的に、契約当事者が同一であることが重要である場合には、譲渡を禁止できる旨定めたもので、両規定は矛盾しないとした。
・このように法律条文を文字通り解釈すべきとする考え方が多数説で、「hypothetical test」と称する。第3、第4、第9および第11巡回控訴裁判所等がその考え方を採用している（In re James Cable Partners, 27 F. 3 d 534, 537 (11th Cir. 1994); In re West Elec., Inc., 852 F. 2 d 79, 83 (3 d Cir. 1988); In re Catron, 158 B.R. 629, 633－38 (E.D. Va. 1993)／25 F. 3 d 1038 (4 th Cir. 1994))。この多数説は、「破産法よりも特許法の理念に軍配を上げた考え方」（龍神・米国倒産1566頁）といわれている。

重要性が増したといわれている[15]。裁判所の主張の根拠は、連邦破産法365条(e)(1)は原則的な考え方であって、「契約当事者が同一であることに価値がある未履行契約については、連邦破産法365条(e)(2)(A)の例外規定が適用され、解約条項は（Ipso facto clause）有効である」とされた（龍神・米国倒産1570頁7.5項）。これ以外にも、たとえば、排他的実施許諾の契約においてミニマム販売額等の未達成の場合の解約権または排他的ライセンスから非排他的ライセンスへの変更等の条項を挿入しておくことは、ライセンサーの意思を明確に表現する意味で有効である。

④　ライセンシーの経営支配権の変動による解約　ライセンシーの資本比率や経営支配権に変化が生じた場合、ライセンサーはライセンス契約を解約できる旨、契約自由の原則に則り、契約当事者間で合意、挿入しておくことは、ライセンシーが倒産し、ライセンサーの競合会社が経営権を支配するような事態にも、ライセンサーとして有利な交渉ができるものと思われる。

ライセンサーとして上記のような契約条件の確保は当然であるが、それ以上に重要なことは信頼できるライセンシーを選ぶことであることを再度指摘しておきたい。

B　日本における破産申立て

日本のライセンサーまたはライセンシーが破産の申立てを行った場合、米国のライセンシーまたはライセンサーは、日本の破産法や特許法等、日本の法律の下でどのように対応すべきか。

(A)　日本のライセンサーが破産の申立てを行った場合

日本のライセンサーが日本の破産法に基づき破産手続の開始の申立を行い（破18条、19条）、破産手続開始が決定された場合（破30条）、破産管財人はライセンス契約を解除し、または破産者の債務を履行して相手方の債務の履行を請求することができる（破53条）。

ただし、破産法は、「賃借権その他の使用及び収益を目的とする権利を設定する契約」について、対抗要件を備えている場合には上記解除の規定が適用されないとしており（破56条）これには一般的にライセンス契約が含まれると解される。そして、従来、ライセンシーは、管財人からライセンス契約を解除されないように通常実施権の対抗要件を取得すべく登録をする必要があったが、現在では当然対抗制度が設けられ、登録が不要となった（特99条）。

したがって、ライセンシーは、原則としてライセンサーの知的財産権の実施を継続することができる。

以上に対して、一括払いのライセンス契約に関しては、ライセンサーはライセンシーに対して、許諾技術に関するすべての情報を契約締結後一定期間内にすでに提供しており、ライセンシーもライセンサーから必要なすべての情報開示を受け、その対価も一括で支払済みの状態にある。それは、双務未履行契約ではなく、しかも別途合意がなければ、当該ライセンス契約は、当然、ライセンサーの破産管財人によって解約されるであろう（破78条）。

その場合、ライセンシーはライセンサーに対して、債務不履行による損害賠償責任等（民415条（債務不履行）、541条（履行遅滞による解除権）、545条3項（損害賠償請求権）等）を追及し、損害賠償を請求することができるが、ライセンシーが現実に確保できる損害賠償の金額は、決して多くはないのが一般である。

15　龍神・米国倒産1570頁7.5項参照。

(B) 日本のライセンシーが破産の申立てを行った場合

　日本のライセンシーが日本の破産法に基づき破産手続の開始の申立てを行い（破18条、19条）、破産手続開始が決定された場合（破30条）、米国のライセンサーはライセンス契約の倒産解除特約に基づき同契約を解除できるか。

　この点、明文上は明らかではないが、再生型の破産手続については判例上、双方未履行の双務契約の履行・解除選択権を定めた法の趣旨や債務者の再生を図る趣旨から同特約の効力が否定されてきた（最高裁平成20年12月16日判決等）。

　また、清算型である破産の場合につき上記考え方が適用されるかについては争いがあったが、東京地裁平成21年1月16日判決は、破産の場合にも、倒産解除特約が無効になる旨判示した。その理由としては、賃借人の破産が賃貸借の終了事由とされていた旧民法621条が削除された経過、および、破産法53条1項により破産管財人に双方未履行の双務契約の履行・解除選択権が与えられている趣旨に反するというものであった。

　したがって、ライセンサーは、倒産解除特約に基づき同契約を解除できない可能性が高いと思われる。

　これに対し、ライセンシーの破産管財人はライセンス契約を解除し、または破産者の債務を履行して相手方の債務の履行を請求することができる（破53条）。

　ライセンシーの破産管財人が債務の履行を請求した場合、ライセンサーはライセンス契約を継続せざるを得ない。ライセンシーの破産管財人がライセンス契約の解除を選択した場合、ライセンサーは、ライセンシーに対して契約が解除されることによって被った損害の賠償を請求することができる（破97条1項2号、民415条（債務不履行）、541条（履行遅滞による解除権）、545条3項（損害賠償請求権）等）。ただし、破産債権の回収率は、一般に、非常に低い（2～3％）といわれている。

C　破産に関するドラフティング

(A) 解除事由としての破産

　上記のとおり、米国法の場合も、日本法の場合も、相手方当事者が破産しても原則として解除はできない。そうだとするなら、解除原因に破産を含める意味がないとも思われる。しかし、当事者の意思を明らかにする観点からも、また、上記のように例外的であるとしても、連邦破産法365条(e)(2)(A)の規定により解約条項が有効となり得ることからも、破産を解除事由に含める意味はあると解される。

　破産を解除事由としたとしても、申立てのみで足りるのか、一定期間の継続を要求するのか等も問題となる。第三者が破産の申立てをする場合、不当な申立てがなされる可能性もあるので、申立てのほか、一定期間、同手続が却下されない（not dismissed within ＿＿ days after an involuntary petition is served by a third party）こと等を条件に入れる場合もある。

　Either Party may terminate this Agreement upon the filing or institution of any bankruptcy, reorganization, liquidation or receivership proceeding by the other Party [provided that such filing or institution is not discharged within ninety (90) days].

〈訳文〉

> 　一方当事者は、他方当事者が破産申請若しくは破産手続の開始、民事再生、清算又は財産管理の手続に入った場合は、本契約を解除することができる。(ただし、同申立てから90日以内に同申立てが取り下げられなかった場合とする。)

　さらに、破産のほか、破産に至らなくても解除ができるように、"… or threats to do any of these things"（又は、これらをするおそれがある）等と記載することもある。

> 　Unless otherwise set out in this Agreement, either party may forthwith terminate this Agreement by notice in writing to the other on the occurrence of either of the following events:
> (i) …
> (ii) If the other party becomes insolvent or bankrupt or subject to reorganization, reconstruction or liquidation, makes any arrangement with its creditors, has an administrator, receiver or manager appointed, [or ceases or threatens to cease to carry on its business].
>
> 〈訳文〉
> 　本契約に別段の定めがある場合を除き、いずれの当事者も、以下のいずれかの事情が生じた場合、本契約を書面の通知により直ちに解除することができる。
> (i) ……
> (ii) 他方当事者が、支払不能、又は破産、又は再生、再編、清算、又はその債権者との和解をした場合、財産管理人、管財人、管理人が指定された場合、(又はその事業の停止または停止が危うくなった場合)。

　(B)　解除以外の対応

米国のライセンサーの破産の場合にライセンシーを保護する条項例として以下がある。

> 　In the event this Agreement is terminated due to the rejection of this Agreement by or on behalf of Licensor under Section 365 of the United States Bankruptcy Code (the "Code"), all licenses and rights to licenses granted under this Agreement shall be deemed to be, as purposes of Section 365(n) of the Code, licenses or rights to "intellectual property" as defined under Section 101(35A) of the Code. The parties agree that Licensee shall retain and may fully exercise all of proceeding by or against Licensor under the Code, and that Licensee shall be entitled to a complete duplicate of or complete access to, any such intellectual property and all embodiments of such intellectual property. Such intellectual property and all embodiments thereof shall be promptly delivered to Licensee upon written request therefore by Licensee, unless Licensor elects to continue to perform all of its obligations under this Agreement.
>
> 〈訳文〉
> 　本契約が、米国破産法365条（以下「法」という。）に基づき、ライセンサーを代理して拒絶されたことにより解除された場合、本契約に基づき付与されたライセンス及びライセンスに対

> する権利は、法365条(n)の解釈において、法101条（35A）の「知的財産権」のライセンスまたは権利であると看做す。両当事者は、ライセンシーが法に基づきライセンサーに対し全ての手続を行使でき、又、ライセンシーは同知的財産権及び同知的財産権を含んだものの完全なコピーを取得し得るものとする。同知的財産権及び同知的財産権を含んだものは、ライセンシーが書面によりこれを要求した場合（ただし、ライセンサーが本契約の全ての履行を選択した場合を除く）、速やかにライセンシーに交付されるものとする。

要は、ライセンサーとライセンシー間の契約が、連邦破産法の保護を受ける知的財産権のライセンス契約であることを確認し、ライセンシーの同知的財産権に関する情報へのアクセス権を認めるものである。

その他に留意すべき事項は次のとおりである。

① ライセンシーがライセンサーの競合相手によって吸収又は合併されれば、ライセンサーがライセンシーに許諾した特許の実施権は、ライセンサーの競合相手に承継される危険性があること（特77条3項（専用実施権）、94条1項（通常実施権）参照）。

② ライセンシーが許諾を受けたライセンス技術に基づくライセンス事業をライセンサーの競合相手へ譲渡すれば、ライセンサーがライセンシーに許諾した特許の実施権も移転せざるを得なくなる危険性があること（特77条3項（専用実施権）、94条1項（通常実施権）参照）。この場合、これら特許法の規定は、強行法規と解されるとの見解もあるので、反対規定をおいた場合、無効となるおそれがある。

なお、解約事項とは別に独立した一般条項として「契約譲渡禁止」条項をライセンス契約に挿入することは一般である。本書では、「第19章　契約譲渡」として紹介している。

また、契約が何らかの事由により解約された場合、ライセンサーが許諾した通常実施権やノウハウの技術資料等の返還等についても契約書に明記しておくのが実務的である。

2　公取指針の考え方

一方の当事者の支払不能等による履行不能の事由の理由によって、他方当事者が一方的に解約することについて、公取指針から「第4　不公正な取引方法の観点からの考え方　5　その他の制限を課す行為」の考え方を検証する。そこでは、下記のとおりその正当性を黙示的に認めている。

> (1)　一方的解約条件
> ライセンス契約において、ライセンサーが一方的に又は適当な猶予期間を与えることなく直ちに契約を解除できる旨を定める等、ライセンシーに一方的に不利益な解約条件を付す行為は、独占禁止法上問題となる他の制限行為と一体として行われ、当該制限行為の実効性を確保する手段として用いられる場合には、不公正な取引方法に該当する（一般指定第2項、第12項）。

〔第2部〕 II－2　特別条項（Special Terms）

3　実務の考え方

(1)　技術供与契約

A　契約の発効

　発展途上国の企業に技術供与する場合、発展途上国政府は、自国産業の保護や外貨節約その他の理由により厳しい技術導入条件を課すと同時に、関係当局による技術導入契約条件の審査および承認を必要とする場合がある。

　ライセンシーが関係当局に対し、技術導入契約の承認申請を行った場合、関係当局は、企業間で交渉により合意できた契約条件に対し、いくつかの修正を求め[16]、その修正が行われることを条件として、当該契約を承認するということがある。

　申請のために関係当局に提出される契約書は、当事者間で合意され、正式に調印されたものである。関係当局の承認が必要な場合、「関係当局による契約の承認」を契約発効条件とすることがある。関係当局が、修正条件付きで契約を承認してきた場合、その契約は有効か、無効かということで、当事者間で議論となることがある。

　当局が承認した契約は、当事者間で合意された契約内容と相違するのであるから、その契約は無効である。しかし、契約発効条件を単に「関係当局の承認」としていた場合、当局は申請された契約を拒絶したわけではなく、立派に「承認した」のであるから、その契約は有効であると相手方当事者は主張する。

　こうした問題を防止するために、ライセンサーは、関係当局が提示する修正条件を受諾できない場合、その契約を白紙撤回できるよう契約で明確に合意しておくのが望ましい。たとえば、契約は承認されても、修正条件が付いた場合、関係当局が要求する修正条件の諾否について、ライセンサーとライセンシー間で必ず十分な協議を行い、ライセンサーが関係当局の修正条件を受諾できない場合は、その契約はなかったものとして、無効（null and void）とするというものである。このことを契約発効条項に停止条件として明記しておくのが望ましい。

B　契約解除事由の明示

　契約実務においては、どういう場合に契約を解除できるかについて、予防法学的観点から、明確に契約にて合意しておかねばならない。

　本事例においては、契約解除事由として、material breach、gross negligence という表現を使って総括的にカバーしている。しかし同時に、支払不能の状態等々具体的に、予想できる事態を列挙

16　技術導入に関するよくある外国の制限
　　技術導入に関するよくある外国の規制事項として、インドの海外技術契約の自動認可制度および「中国技術輸出入管理条例」（2002年1月1日施行。以下、「新条例」という）を参考に下記に列挙する。
　① イニシャルペイメントに上限がある（インドなど）。
　② 他社の権利（特許権など）を侵害しないという不侵害保証の要求がある（中国・新条例24条(3)項）。
　③ 許諾技術を実施すればまたは許諾ノウハウを使えば、ライセンサーの製品と同じ品質の製品をライセンシーが製造できるという技術的な保証要求がある（中国・新条例25条）。
　　なお、中国では、契約満了後の技術使用禁止が新条例施行以前はできなかったが（旧条例9条(8)号および旧施行細則15条）、新条例28条によって、ライセンサーとライセンシーは公平・合理の原則に照らし、技術の継続使用について協議を行うことができるようになったので、契約満了後の技術使用禁止を契約に盛り込む可能性が出てきた（新条約の2019年改正については、第3部第6章参照）。

C　吸収・合併等による契約終了

　企業の再編、吸収・合併は、企業の生き残りを賭けて、今や世界中で日常茶飯事のごとく行われており、また、今後も頻繁に行われるであろう。その際、ライセンス契約も、企業の知的経営資産としてこれらの事業展開に席巻される。しかも、企業の吸収合併は、事前に関係者以外に知らされることはない。公表されたときは、ライセンサーは何もすることができない。ライセンシーが、ライセンサーの競争相手の会社に、吸収・合併されるかもしれない。そのような場合に、ライセンサーにできることは、ライセンス契約を終了させることだけである。しかし、常に競争相手の会社に合併されるということでもないから、本事例では、60日間の猶予期間を設けている。

(2)　技術導入契約

A　契約の発効

　日本においては、特許・ノウハウライセンス契約に関し政府の承認を必要としないので、当事者が契約に調印し、即日発効することに合意すれば、即日発効する。ただし、ライセンサーもライセンシーも、契約条件の設定にあたっては、公取指針を十分に踏えて行わなければならない（独禁6条)[17]。

B　契約解除事由の明示

　ライセンシーは、契約解除事由を明示することに異存はない。本条項においても、他条項におけると同様に、ライセンサーとライセンシーの権利及び義務が対等の立場で確保され、表現されていれば特に問題はない。

---

[17]　日本における特許・ノウハウライセンス契約に関する事前審査、事後審査の歴史的経緯
　「国際的技術導入契約に関する認定基準」(1968年／昭和43年5月24日) が公表されるまでは、外資に関する法律に基づく事前審査が行われていた。しかし、技術導入の自由化により、独占禁止法6条による事後監視に委ねられることになり、公正取引委員会は、同認定基準に基づき「不当な拘束事項に対する監視を強め、その排除に努める所存」(昭和43年5月24日付公正取引委員会「国際的技術導入契約に関する認定基準の公表について」参照) とした。
　独占禁止法6条2項には、契約成立後30日以内に公正取引委員会へ契約書の写しを添付して届出をすることが義務づけられた（独禁6条2項）。また、義務違反に対しては、罰則規定（200万円以下の罰金）が設けられた（独禁91条の2第1項）。
　1990年（平成元年）2月15日、上記認定基準の公表後20余年を経過し、「認定基準策定当時と比べた著しい状況の変化を踏まえ、同認定基準を見直し」（平成元年2月15日公正取引委員会事務局「特許・ノウハウライセンス契約における不公正な取引方法の規制に関する運用基準の策定について」参照）を行い、「運用基準」を公表した。
　その後、1997年（平成9年）6月18日公布・施行された独占禁止法の改正により、届出義務および罰則規定は廃止された（6条2項削除および91条の2・1項の削除）。
　独占禁止法6条は、現在、下記1項のみ残っている。
　「事業者は、不当な取引制限又は不公正な取引方法に該当する事項を内容とする国際的協定又は国際的契約をしてはならない」。
　1999年（平成11年）7月30日には、「独占禁止法の改正により同届出制度が廃止された平成9年6月18日以降、契約当事者は契約条項の内容について一層自主的に判断して技術取引を行なうことが必要になっていること」その他理由で（平成11年7月30日付公正取引委員会「特許・ノウハウライセンス契約に関する独占禁止法上の指針の公表について」参照）、同指針を公表した。なお、同指針の公表に先立ち、公正取引委員会は同年2月22日付で改正原案を公表し、広く意見を求めており、同指針はそうした意見を踏まえたものであるとしている。

第6　一口コメント

　契約締結時点で予測できるリスク（calculated risks）はすべて明らかにし、対応策を契約にて合意しておかねばならない。

第15章　契約終了の効果
(Effects of Termination)

第1　事例15の紹介〔技術供与〕

ARTICLE 14 EFFECTS OF TERMINATION

14.1.　Except otherwise specifically agreed by the parties hereto, upon termination of this Agreement, all the rights and licenses granted to Licensee by Licensor hereunder shall cease and Licensee shall make no further use of Licensor's Know-How, Licensor's Patent or Licensor's Technical Data licensed or furnished to Licensee by Licensor hereunder and shall, if requested by Licensor, promptly return to Licensor at Licensee's costs and expenses all such Licensor's Technical Data with all copies thereof.

14.2.　Notwithstanding anything to the contrary contained elsewhere herein, Licensed Product contracted by Licensee during the life of this Agreement, i.e., not later than Termination Date, shall be deemed to have been manufactured and sold under this Agreement irrespective of whether such Licensed Product is delivered by Licensee to its customer during the life of this Agreement or after Termination Date, and Licensee shall settle the payment of all outstanding Royalties pursuant to the provisions of Article 4 hereof and this Section not later than thirty (30) days after Termination Date.

14.3.　Notwithstanding anything to the contrary contained elsewhere herein, Licensee hereby expressly undertakes that Licensee shall, even after Termination Date, not sell nor assign in whole or in part Licensor's Technical Data furnished to Licensee by Licensor hereunder nor create in favor of any third party any right to such Licensor's Technical Data including but not limited to granting any license thereunder.

14.4.　Notwithstanding anything to the contrary contained elsewhere herein, Licensee shall, after Termination Date, in no way use the name of Licensor or any reference to Licensor, including but not limited to those under Sections 9.1 of Article 9 hereof in connection with any business activities of Licensee, unless otherwise specifically agreed by Licensor and Licensee.

第2　事例15の訳文

14条　終了の効果

14.1.　本契約当事者間で別途特別の合意がある場合を除き、本契約終了時、本契約に基づきライセンサーがライセンシーに許諾したすべての権利及びライセンスは終了するものとし、ライセンシーは、本契約に基づきライセンサーがライセンシーへ許諾又は供与した「ライセンサーのノウハウ」、「ライセンサーの特許」又は「ライセンサーの技術情報」をこれ以上使用してはならないものとし、さらにライセンサーの要請があれば、それらすべての「ライセンサーの技術情報」及びそのコピーをすべてライセンシーの費用負担においてライセンサーへ即刻返却しなければならない。

14.2.　本契約の他の条項に反対規定があろうとも、本契約有効期間中、即ち、契約終了日までに、ライセンシーが契約した契約製品は、それが本契約有効期間中又は契約終了日以後にライセンシーによって顧客に引き渡されるかどうかにかかわらず、本契約に基づき製造、販売されたものと看做され、ライセンシーは、契約終了日以後30日以内に、本契約4条及び本条項に従い、すべての未払いロイヤルティの支払を清算しなければならない。

14.3.　本契約の他の条項に反対規定があろうとも、ライセンシーは、契約終了日以降といえども、ライセンサーがライセンシーへ供与した「ライセンサーの技術情報」は全体であろうと、一部であろうと、販売も譲渡もしてはならず、又、ライセンサーの技術情報に基づくライセンスの許諾、こうした「ライセンサーの技術情報」に対する権利を、第三者等のために設定してはならないことを、本条項によってはっきりと約束する。

14.4.　本契約の他の条項に反対規定があろうとも、ライセンシーは、契約終了日以降、ライセンサーとライセンシーとの間に別途特別の合意がない限り、ライセンシーの事業活動に関連して、本契約9条の9.1項に基づくものに限らず、決してライセンサーの名前を使用したり又はライセンサーへ言及したりしてはならない。

第3　事例15の解説

1　権利の終了、情報の使用禁止および技術資料等の返却（14.1項）

　契約が終了すれば、契約によって許諾されたライセンスや権利は、その時点で終了する。契約終了によって、ライセンシーはその時までにライセンサーから受領し、享受してきたノウハウ、特許およびその他の技術情報を以後使えなくなる。ライセンサーから要請があり次第直ちに、ライセン

シーの費用で、ライセンサーに対して、これらライセンサーの技術情報をすべて、そのコピーをライセンシーが作成していればそれも含めて、送り返さなくてはならないとしている。

ただし、本契約とは別に、特約を結んで、契約終了後ライセンシーはライセンサーの技術情報を継続使用できることになっている場合は、この限りにあらずとしている。

2　受注残製品の清算前払い（14.2項）

本条項の規定は、本契約の他の条項に反対の規定が仮にあったとしても、本条項が優先することを初めに述べている（Notwithstanding……herein,）。契約期間中、すなわち、契約終了日までにライセンシーが受注した契約製品は、契約期間中に顧客に引き渡されたとしても、契約終了日以降になるとしても、本契約に基づき製造、販売したものと看做される。よって、そうした契約製品のロイヤルティも契約期間中に製造、販売し、引渡し完了した契約製品のロイヤルティと共に、契約終了日から起算して30日以内に、本契約に基づきライセンシーはライセンサーに支払わねばならないとしている。

3　情報の転売、譲渡禁止等（14.3項）

本条項も前記14.2項と同じく、本契約の他の条項に反対の規定が仮にあったとしても、本条項が優先することを初めに述べている。ライセンシーが本契約で明確に引き受けた責任として、ライセンサーが許諾した技術情報を一部でも第三者に譲渡したり、販売したりまたはライセンスすること等、第三者のために権利を設定するようなことはしないということであるとしている。ここでは、ライセンシーに責任を負わせるというよりはむしろ、事実としてそういう責任を負担しているということで、Licensee hereby expressly undertakes……と、現在形で表現している。

4　ライセンサーの名前の使用禁止（14.4項）

本条項も前記14.2項と同じく、本契約の他の条項に反対の規定が仮にあったとしても、本条項が優先することを初めに述べている。契約終了日以後、ライセンシーはビジネスでライセンサーの名前を使ったりまたはライセンサーに言及したりしてもいけない。ライセンサーの名前の入った販促用商品、カタログ、その他出版物等も一切使用禁止である。ただし、本契約とは別に、ライセンサーとライセンシーの間で合意ができている場合は、この限りにあらずとしている。

第4　本条項の位置付け

本条項もすぐ前の条項「契約期間および契約終了」と同じく、契約終了手続の一部である。契約終了手続はなるべく事務的に行うのが最善である。そのためには、契約書にて明確にその手続を定めておかねばならない。契約を締結する時点では、双方ともお互いに好意的であるから、事務手続についても冷静に協議し、合意が得られる。しかし、こじれたときは、これほど厄介な問題はない。

第5　本条項のチェックポイント

1　基本的な考え方

(1)　米国法における「契約終了の効果」の考え方

　米国法における契約終了の効果の考え方は、債務不履行の救済方法と関連する。すなわち、米国のようにコモンローを背景とする法体系においては、債務不履行の救済方法は、原則として、損害賠償の請求（普通法上の救済）だけである。しかし、すべての契約違反の場合に、金銭による損害賠償だけで十分であるとは限らない。そのような場合に裁判所の裁量で衡平法上の救済として、「特定履行」（specific performance）、「差止命令」（injunction）、「契約解除」（rescission）および「原状回復」（restitution）を認めることがある[1]。

A　特定履行（Specific Performance）（UCC／2-716）[2]

　一般的に、裁判所は土地の売買契約に関しては、特定履行を認める。たとえば、特定の土地の譲渡契約においては、売主が買主に土地を引き渡すことが特定履行になる。その土地の譲渡に代えて、金銭賠償で償うことは十分な救済とはならないからである（Wright v. Buchanon, 287 I11, 468, 123 N.E. 53 (1919)。並木・契約法186～187頁参照)。

　動産の売買契約については、原則として、特定履行を認めない（特定絵画の購入等）。しかし、例外的に、特定履行が認められる場合もある。

B　差止命令（Injunction）

　差止命令は、「積極的にある行為をせよと命じる」場合と「消極的に一定の行為をしてはならな

---

[1] 英米法における普通法と衡平法の説明（英文）（M.P.Furmston『Cheshire, Fifoot and Furmston's Law of Contract (Seventeenth Edition)』742頁以下）
　"At common law the only case is where the guilty party's outstanding obligation is to pay a fixed sum of money; in equity there exist the remedies of specific performance and injunction but these, as we shall see, are only exceptionally granted."
　"The common law courts early decided that they would not order contracts to be specifically performed. This was probably because common law judgments were enforced by distraint on the defendant's goods which ultimately produced a money sum. Orders of the Court of Chancery were enforced by committal for contempt and the Court of Chancery came to order specific performance but only in cases where it regarded the common law remedy of damages as inadequate. During the nineteenth century there was legislation which enabled common law courts to order specific performance and the Court of Chancery to award damages and since the Judicature Acts of 1873-5 all remedies have been available in all divisions of the High Court. Nevertheless the distinction between common law remedies and equitable remedies bears very clearly the impress of their historical origins."

[2] UCC／2-716「特定履行又は占有回復の買主の権利」
　〈訳文〉
　「(1)　特定履行は、その物品が独自のものである（unique）か若しくはその他適切な（proper）状況にある場合に、裁判所によって命じることができる（decreed）。
　(2)　特定履行命令は、代価の支払、損害賠償又は裁判所が正当と考えるその他の救済に関する諸条件を含むことができる。
　(3)　売主が相当の努力をした後に、同物品の代替品を入手（effect cover）できない場合、又はどうみても（reasonably）その状況からするとそうした努力が報われそうにない場合、又はその物品が所有権留保付（under reservation）で出荷され、しかもその物品上の担保権（security interest）の弁済（satisfaction）がなされたか若しくは提供された（tendered）場合、売主は、当該契約の目的物として特定された物品に対し、動産引渡訴訟（replevin）の権利を有する」。

いと命じる」場合がある。前者を「肯定的差止命令」（affirmative injunction）または「命令的差止命令」（mandatory injunction）といい、後者を「禁止的差止命令」（prohibitory injunction）または「制限的又は予防的差止命令」（restrictive or preventive injunction）という。

「肯定的差止命令」または「命令的差止命令」というのは、建築禁止義務に違反して建築した建物の取り壊しを命じる場合等がこれにあたる。

「禁止的差止命令」または「制限的又は予防的差止命令」というのは、一定の行為を禁止する通常の差止めである（以上、並木・契約法188〜189頁参照）。

裁判所の命令に違反した場合、裁判所侮辱（contempt of court）として「監獄への拘束」という刑罰に処せられ得る。

C 契約解除（Rescission）と原状回復（Restitution）

一方の当事者は、自己の債務の全部または一部を履行したにもかかわらず、他方当事者が重大な履行義務違反をして、一方の当事者が損害を被る場合、一方の当事者は契約を解除して、契約前の状態に復帰させることを請求できるというのが原状回復の考え方である。

重大な契約違反例としては、たとえば、買主が商品の代金を全部または一部を支払ったにもかかわらず、商品を引き渡さないような場合は、これに該当する。

契約違反が重大でない場合は、契約を解除して、原状回復を求めることはできない。その場合は損害賠償だけである。

契約を解除して、原状回復を求めるには、契約違反をしている相手方から受け取った物があれば、契約違反の事実を知った後、直ちにこれを返還しなければならない。

また、原状回復によって当事者が回復できるものは、「履行の合理的価格（reasonable value of plaintiff's performance）である」とされる（並木・契約法192頁「④原状回復の内容」）。

なお、売主の契約解除に関してはUCC／2−703(f)に、また、買主の契約解除に関してはUCC／2−711およびUCC／2−718(2)を、それぞれ参照。なお、契約解除の効果に関しては、UCC／2−720を参照。

(2) 日本法における「契約終了の効果」の考え方

A 期間満了の効果

契約が終了すると、当事者は契約の拘束力から解放される。しかし、契約が終了するからといって、当事者の権利関係がすべて消滅するわけではない。たとえば委任が終了した場合、民法は、預かっていた物品の返還義務（703条）のほか、「受任者又はその相続人若しくは法定代理人は、委任者又はその相続人若しくは法定代理人が委任事務を処理することができるに至るまで、必要な処分をしなければならない」（654条）とする等、権利関係の存在を認めている（なお、このような効果は、「余後効」と呼ばれる（内田・民法Ⅱ107頁以下））。

B 契約解除の効果

(A) 現行民法の場合

a 民法545条（解除の効果）

第545条　当事者の一方がその解除権を行使したときは、各当事者は、その相手方を原状に復

させる義務を負う。ただし、第三者の権利を害することはできない。
2 　前項本文の場合において、金銭を返還するときは、その受領の時から利息を付さなければならない。
3 　解除権の行使は、損害賠償の請求を妨げない。

b　民法546条（契約の解除と同時履行）

第546条　第533条の規定は、前条（注：解除の効果）の場合について準用する。

(B)　改正民法の場合

a　改正民法545条（解除の効果）

現行民法と基本的に同じであるが、新3項として以下を設け[3]、従来の3項が4項になっている。

第545条第3項　第1項本文の場合において、金銭以外の物を返還するときは、その受領の時以降に生じた果実をも返還しなければならない。

b　改正民法546条（契約の解除と同時履行）

現行民法と同じである。

(C)　継続的契約に対する民法620条の類推適用

上記のように解除には遡及効が認められる（民545条）。しかし、継続的契約の解除につき遡及効を認めると、すでに経過した期間における双方の履行済みの給付をすべて原状回復しなければならないこととなり、いたずらに法律関係を複雑にしてしまう。現行民法も、賃貸借に関する620条が遡及効を否定し、雇用に関する630条、委任に関する652条、組合に関する684条がこれを準用している。

そして、これらの規定を根拠に、一般に、当事者間の契約関係が長期にわたって継続する契約においては解除の遡及効を否定すべきだと主張されている（内田・民法Ⅱ107頁）。たとえば、5年契約のフランチャイズ契約が3年目に債務不履行を理由に解除されたような場合を想定すれば、遡及効を認めるべきでないことは明らかである（内田・民法Ⅱ107頁）。したがって、ライセンス契約の解除においても同様に解除の遡及効が否定される可能性が高いと思われる。

(3) 契約終了の効果条項のドラフティング

A　期間満了による終了

(A)　契約関係の清算

a　許諾した実施権に関する清算

---

[3] 改正前民法545条2項は、同条1項の原状回復義務により金銭を返還するときは、その受領の時から利息を付さなければならない旨定めていたが、金銭以外の物を返還する場合の果実の返還については明文で規定していなかった。しかし、通説は、金銭以外の物を返還するときも、その受領の時以降に生じた果実を返還しなければならないと解していたため、その趣旨を明文上も明記することとされた（日弁連・改正債権法135頁以下）。

第15章 契約終了の効果（Effects of Termination）

　許諾した実施権の清算については、通常、ライセンシーは期間満了時またはその後一定期間内に許諾対象となっている知的財産権の使用を中止し、同知的財産権に関連する資料等を返還する必要がある。また、ライセンスが登録されている場合は、登録を抹消する必要がある。さらに、在庫の契約対象製品については、これをライセンシーが処分するか、ライセンサーが買取る等の措置をとる必要がある。また、サブライセンシーがいる場合には、その清算関係についても検討をする必要がある。

　Upon termination of this Agreement, Licensee, its Affiliates and Sublicensees (to the extent not transferred under Section __) shall cease use of the Technology. In addition, Licensee shall destroy or return to Licensor any and all documented Know-How in the possession of such Licensee, its Affiliates and Sublicensees, without delay, with the exception that each Licensee, its Affiliates and Sublicensees may keep one copy for its legal files.
〈訳文〉
　本契約の終了により、ライセンシー、その関連会社及びサブライセンシー（__条に基づき承継された場合を除く。）は、本技術の使用を停止するものとする。さらに、ライセンシーは、同ライセンシー、関連会社及びサブライセンシーが保有する書面化されたノウハウを、速やかに破壊又は返却するものとする。ただし、各ライセンシー、関連会社、サブライセンシーはリーガルファイルのために一部コピーを保存することができるものとする。

　以上に対して、ペイドアップライセンスやライセンシーの改良発明等については、それらの規定に応じた対応が必要となる。

　Upon the expiration of this Agreement, Licensee shall receive a paid-up royalty-free, perpetual license, with a right to grant sublicense, for using Licensor's Know-How to commercialize the Product in the Territory.
〈訳文〉
　本契約の期間満了により、ライセンシーは、ライセンサーのノウハウを、本製品をテリトリーにおいて商業化するために使用するための、無償の、永遠の、サブライセンスのできる、ペイドアップライセンスを付与されるものとする。

---

　b　ロイヤルティの支払に関する清算
　ロイヤルティの支払関係については、それ以降のロイヤルティの支払義務は消滅するが、それまでのロイヤルティは清算（レポートと支払）する必要がある。

　All amounts due or payable to Licensor that were accrued under, or that arise out of this Agreement, prior to the expiration date shall remain due and payable.
〈訳文〉

373

> 本契約に基づき、期間満了前に発生したライセンサーに対する債務は、期間満了後も負担し続けるものとする。

　c　その他の清算

期間満了までに発生したその他の債権・債務（損害賠償を含む）がある場合には、これらについても清算をする必要がある。

　　(B)　テリトリーにおける契約製品の事業の承継

ライセンシーがそれまで行ってきた事業を、ライセンサーまたはライセンサーの他のライセンシーが承継すべきか検討する必要がある。承継する場合、ライセンサーとすれば、ライセンシーが行ってきた契約製品に関する研究・開発、事業のデータが必要であり、また、改良発明があればこれを使用できるようにする必要がある。また、ライセンシーが事業を行うためにサブライセンシーその他の第三者と契約関係があれば、これらの契約上の地位も承継する必要がある。

> Upon the expiration of the Term, Licensee undertakes to transfer to Licensor or its designee all pending [development activities] related to the Products.
> 〈訳文〉
> 本契約期間の満了により、ライセンシーは、ライセンサー又はその指定した承継人に対し、契約製品に関する継続中の全ての〔開発活動〕を承継させるものとする。

　　(C)　残存条項

一定の義務については契約終了後も残存させる必要がある。一般的には、①監査権条項、②秘密保持条項、③知的財産権条項、④保証条項、⑤補償条項、⑥競合禁止条項、⑦準拠法・紛争解決手段条項、⑧その他一般条項等を残存させ、①、②、⑥等については残存期間の制限を設けることが多い。

> Sections ＿ shall survive the expiration or termination of this Agreement for the term specified in each such Sections (if any).
> 〈訳文〉
> 本契約第＿条、第＿条、第＿条は、本契約の終了後も効力を有し続けるものとし、その期間は（ある場合）、それぞれの条項に記載された期間とする。

　B　解除による終了

　　(A)　ライセンシーの債務不履行・倒産を理由とする場合

基本は、上記A（期間満了による終了）と同じであるが、ライセンシーに帰責性があるので、ライセンサーの保護をより図る必要がある。たとえば、ライセンサーへの事業承継を容易にするため、在庫の契約対象製品についてはライセンサーに買取権を認める、ライセンシー・サブライセンシー間の契約がある場合は、ライセンサーがライセンシーの地位を承継する権利を認める、ライセ

ンシーの改良発明がある場合にグラントバックを認める等である。

> Upon the termination of this Agreement by Licensor under Section __, Licensor shall have a royalty-free, worldwide, non-exclusive, perpetual and irrevocable rights and licenses, with a right to grant sublicense, to use the Licensee's Intellectual Property for the development and Commercialization of the Product.
> 〈訳文〉
> ライセンサーが__条に基づき本契約を終了させた場合、ライセンサーは、契約製品に関するライセンシーの知的財産権につき、本製品を開発し商業化するための、無償の、全世界における、非独占的な、永遠の取消不可能な、サブライセンスのできるライセンスを付与されるものとする。

(B) ライセンサーの債務不履行・倒産を理由とする場合

基本は、上記A（期間満了による終了）と同じであるが、ライセンサーに帰責性があるので、ライセンシーの保護をより図る必要がある。たとえば、ライセンシーの損害を少なくするために、在庫の契約対象製品についてはライセンサーの買取義務を認める等である。また、非独占ライセンスを認める場合もある。

> In the event of termination by Licensee pursuant to Section ___ (Termination for Breach), Licensee shall have the right at its election to continue to use and practice the Technology, on a non-exclusive basis, to develop and commercialize the Products in the Territory on the following conditions:
> 〈訳文〉
> ライセンシーが第__条（解除）に基づき本契約を解除した場合、ライセンシーは以下の条件で、契約製品を本地域において開発・商業化するため、本技術を使用する非独占のライセンスを取得するものとする：

C 中途解約による終了

基本は、上記A（期間満了による終了）と同じであるが、場合によっては、中途解約される当事者の保護をより図る必要がある。

2 公取指針の考え方

(1) ノウハウライセンス契約終了後の秘密保持義務

ノウハウライセンス契約終了後の秘密保持義務について、公取指針から「第4 不公正な取引方法の観点からの考え方 4 技術の利用に関し制限を課す行為 (6) ノウハウの秘密保持義務」の考え方については、すでに第9章「秘密保持」第5・2で述べた。

(2) 契約終了後における競争品の製造、使用等または競争技術の採用の制限

契約終了後における競争品の製造、使用等または競争技術の採用の制限について、公取指針から「第4　不公正な取引方法の観点からの考え方　4　技術の利用に関し制限を課す行為　(4)　競争品の製造・販売又は競争者との取引の制限」の考え方を検証する。

ライセンサーがライセンシーに対し、ライセンサーの競争品を製造・販売すること又はライセンサーの競争者から競争技術のライセンスを受けることを制限する行為は、ライセンシーによる技術の効率的な利用や円滑な技術取引を妨げ、競争者の取引の機会を排除する効果を持つ。従って、これらの行為は、公正競争阻害性を有する場合には、不公正な取引方法に該当する（一般指定第2項、第11項、第12項）。

なお、当該技術がノウハウに係るものであるため、当該制限以外に当該技術の漏洩又は流用を防止するための手段がない場合には、秘密性を保持するために必要な範囲でこのような制限を課すことは公正競争阻害性を有しないと認められることが多いと考えられる。このことは、契約終了後の制限であっても短期間であれば同様である。

---

(3) 権利消滅後の制限

権利消滅後の制限について、公取指針から「第4　不公正な取引方法の観点からの考え方　5　その他の制限を課す行為　(3)　権利消滅後の制限」の考え方を検証する。

ライセンサーがライセンシーに対して、技術に係る権利が消滅した後においても、当該技術を利用することを制限する行為、又はライセンス料の支払義務を課す行為は、一般に技術の自由な利用を阻害するものであり、公正競争阻害性を有する場合には、不公正な取引方法に該当する（一般指定第12項）。ただし、ライセンス料の支払義務については、ライセンス料の分割払い又は延べ払いと認められる範囲内であれば、ライセンシーの事業活動を不当に拘束するものではないと考えられる。

3　実務の考え方

(1) 技術供与契約

特許・ノウハウライセンス契約が満了した後も契約によって許諾した特許権が有効に存続する限り、ライセンサーがライセンシーに対して、当該特許権の使用を禁止するのは当然である。

ノウハウに関しては、それが一般に知られておらず、有用性があり、しかもライセンサーによって秘密に管理されている限り、契約満了と同時に、ライセンサーがライセンシーに対して、その使用を禁止するのは当然である。具体的には、ライセンサーがライセンシーに対して、契約期間中に供与した各種技術資料の即時返還を一定期限内に要求すべきである。契約終了後、ライセンサーの名前等を販促資料等に使用することも禁止すべきであろう。

ただし、受注残製品をライセンシーが抱えている場合、一定の条件の下にこれを遂行することを

認めるのが合理的であり、実務的である。

(2) 技術導入契約

契約によって実施許諾を受けた特許権および使用許諾を受けたノウハウが、契約の終了とともに、それぞれ使用が禁止されるのはやむを得ない。

契約終了日までに受注した契約製品を契約終了日以降に製造し、顧客へ引渡しすることについて、あらかじめライセンサーの同意を得ておくことが肝心である。

ただし、契約終了後は、ライセンシーは基本的にどのような技術でも自由に採用、選択できなくてはならないから、ライセンサーの競合技術の使用禁止等の条件は、要求されても受けるべきではない。

第6 一口コメント

「終わりよければ、すべてよし」といわれるが、契約の履行、運営上もっとも留意すべきことの一つは、契約をタイムリーに終了させることである。そのためには、契約終了事由および契約終了の諸手続を契約書に明定することが重要である。

II−3　一般条項（General Terms）

第16章　不可抗力（Force Majeure）

第1　事例16の紹介〔技術供与〕

ARTICLE 15 FORCE MAJEURE

15.1.　Neither party hereto shall be liable to the other party hereto for non-performance or delay in performance of any of its obligations under this Agreement due to causes beyond its reasonable control including fires, floods, strikes, labor troubles or other industrial disturbances, governmental acts or regulations, riots and insurrections (hereinafter individually or collectively referred to as "Force Majeure"). Upon the occurrence of any such event the affected party shall immediately notify the other party hereto as much in detail as possible and shall keep the other party hereto informed of any further development of such events. Immediately after such event ceases or is removed, the affected party shall perform its obligations pending with due speed.

15.2.　Should either party hereto be prevented from fulfilling its obligations under this Agreement by Force Majeure under Section 15.1 of this Article lasting continuously for a period of at least four (4) months, the parties hereto shall make their best efforts to seek a mutually acceptable solution. If no such solution is found within a period of three (3) months thereafter, either party hereto shall have the right to terminate this Agreement by giving a written notice of termination to the other party hereto without paying any damages to the other party on the date on which such notice of termination has been received by the other party hereto provided however that neither party hereto shall be discharged from its obligations towards the other party hereto to pay any sums which may have become due and payable to the other party pursuant to the terms and conditions of this Agreement.

第2　事例16の訳文

15条　不可抗力

15.1.　火事、洪水、ストライキ、労働争議又は産業の混乱、政府の行動又は政府の規則、暴徒及び暴動（以下、個別又は総括して「不可抗力」と称す）を含む当事者の合理的な支配を超えた原因による本契約上の義務不履行又は履行遅延に関し、本契約当事者のいずれもが相手方当事者に対し、免責される。かような事態が発生したならば、影響を受けた方の当事者は、直ちにできるだけ詳細を相手方当事者に通知し、相手方当事者に事態のその後の成り行きを絶えず知らせなければならない。こうした事態が終わり又は取り除かれたならば、直ちに影響を受けた方の当事者は、できるだけ速やかに中断していた自己の義務を遂行しなければならない。

15.2.　本契約当事者の一方が、本条項15.1項に基づく不可抗力が少なくとも4カ月間継続したことによって、自己の義務を果たすことを妨げられた場合、本契約当事者は相互に受諾可能な解決策を求めて最善の努力をしなければならない。その後3カ月以内にそうした解決策が見つからない場合、本契約の各当事者は、相手方当事者に対し契約終了通知を発給することで、相手方当事者に対し賠償金を支払うことなく、本契約の相手方当事者がこうした契約終了通知を受領した日付をもって、本契約を終了させる権利を有する。ただし、いずれの当事者も、本契約の諸条件に従い相手方当事者に対し、支払期日が到来し支払うべき金額を、相手方当事者に対して支払う義務は免除されるものではない。

第3　事例16の解説

1　「不可抗力」の定義と初期対応（15.1項）

(1)　「不可抗力」の定義（15.1項、前段）

　「不可抗力」とは、一般に、当事者が人知を尽くして努力しても制御することができない（beyond the reasonable control）大きな自然の力や人為的な力が働いて起る異常事態のことを指す。

　本事例では、「不可抗力」の事例として、火災（fires）、洪水（floods）、ストライキ（strikes）、労働争議（labor troubles）、産業混乱（industrial disturbance）、政府の行動（governmental acts）、政府の規則（governmental regulations）、暴動（riots）および反逆行為（insurrections）等を列挙している。

(2)　被害を受けた当事者の初期対応（15.1項、中段および後段）

　不可抗力事態が起こった場合、不可抗力事態の被害を受けた方の当事者は、契約上の義務履行遅延について免責されるが、相手方当事者に対して下記義務を負う。

　①　事態発生後の遅滞なき通知義務

② 事態発生後の経過、状況報告義務
③ 事態収拾後の速やかな義務履行の再開義務

2 事態解決策の模索、契約終了および契約終了に伴う措置（15.2項）

(1) 事態解決のための最善の努力（15.2項、前段）

不可抗力事態により契約上の義務履行を少なくとも4カ月間継続して妨げられた場合、契約当事者はお互いに受け入れ可能な問題解決のための協議を開始し、対策をみつけるべく最善の努力をしなければならない。

(2) 損害賠償なしに契約を終了させる権利（15.2項、後段前半）

4カ月経過後、3カ月かけて問題解決の協議を行ってもみつからない場合、契約終了の書面通知を相手方当事者に対して発給し、相手方当事者がこれを受領したとき、その受領日をもって、契約を終了させる権利をお互いに持つ。契約終了に際して、損害賠償等は支払わない。

(3) 金銭債務の履行義務（15.2項、後段後半）

契約を終了するに際し、相手方当事者に対して契約上それまでに支払うべきものがある場合は、これを支払う義務がある。すなわち、金銭債務は免除されないことを確認している。

第4　本条項の位置付け

不可抗力事態というのは、契約締結後に、契約当事者の責めに帰すことのできない、しかも当事者の合理的な支配を超えるような事態によって、契約上の義務履行が不能となったり、または義務を履行しても、契約の所期の目的を果たすことができなくなってしまうような状況に陥ることである。過去の経験から、こうした状況が起こる可能性は常にあり、もはや想定していなかったでは済まされない。そうした事態が発生した場合、実務上一番重要なことは、そうした事態に巻き込まれたほうの当事者が、具体的にどう対応するかについて、契約当事者間で手続を決めておくことである。この条項も契約書の一般条項として欠かせない。

第5　本条項のチェックポイント

1 基本的な考え方

(1) 不可抗力とは

「不可抗力」（Force Majeure）とは、もともとはフランス語で、抗拒不能な強制または抑圧を意味する。各種の契約書の中で、天災、戦争、ストライキ等、当事者にとって抗拒不能な事由が生じた場合には、当事者は義務を免れる旨を規定する条項を不可抗力条項と呼ぶことが多い。いわゆるact of Godよりは広い概念と解されている。

大陸法（系）の諸国では、契約締結後に、一方の当事者が自己の責めに帰すべき事由によらずに、自己の契約上の義務を履行することができなくなる状態に陥った場合（＝不可抗力事態）、その当事

者の契約上の債務は消滅し、損害賠償の請求等はできないとされている。

他方、英米法系の諸国では、従来、契約は守られるべき（pacta sunt servanda）との基本原理から、いったん契約を締結したならば、たとえ履行不能の状態に陥っても、その履行義務を負担した方の当事者は、履行責任を負うべきであるとの契約絶対の考え方があった（Cheshire／Fifoot・契約法663頁参照）。

その後、英米法系諸国のこうした契約絶対の考え方も、判例の積み重ねにより、徐々に変化してきて、現在では一定の要件を満たせば、当事者を免責するようになった（岩崎・英文契約書144～145頁参照）[1]。

以下、各法制度の下における考え方を概説する。

(2) 英米法における「免責の要件」

A "Frustration"（契約目的の達成不能）

Frustration とは、「契約締結後、当事者の予見が不可能であり、当事者いずれの責めにも帰し得ない事態の発生により当事者が予期した契約の目的が達成不能になること」（田中・英米法辞典参照）と定義される。

普通法のルールとして、契約の一方の当事者がこの frustration の状態に陥ると、契約は将来に向かって自動的に消滅し、不履行に対する賠償の責務を免れる（Cheshire／Fifoot・契約法728頁）。

Frustration の状態に陥ったと裁判所が認めたケースを類型的に整理すると、下記のとおり。

① 「契約当事者の責めに帰せざる事由にて、履行期前に契約の対象物が物理的に滅失した場合」（Cheshire／Fifoot・契約法716頁以下参照）

② 「役務提供契約において役務提供者が重病又は死亡した場合」（前掲 Cheshire／Fifoot・契約法716頁以下参照）

③ 「契約締結後、法律の変更により契約義務を履行すること又は契約そのものが不法となり（illegal）、契約義務を履行できない場合」（Cheshire／Fifoot・契約法721頁以下参照）

④ 「契約当事者の責めに帰せざる事由にて、当事者が目論んだ実質的な契約目的が最早達成できなくなった場合」（Cheshire／Fifoot・契約法718頁以下参照）

B Restatement Second Sec.265（付随的フラストレーションによる免責）

Frustration について、Restatement Second Sec.265の規定を検証する。

契約締結後、一方の当事者の主目的が、一つの出来事が起こったことによって、その当事者

---

[1] 免責を認める一つの法理としてハードシップがある。たとえば、ユニドロワ国際商事契約原則（UNIDROIT Principles of International Commercial Contracts）の6.2.2条によるハードシップの定義は以下のとおりである。

"There is hardship where the occurrence of events fundamentally alters the equilibrium of the contract either because the cost of a party's performance has increased or because the value of the performance a party receives has diminished, and

(a) the events occur or become known to the disadvantaged party after the conclusion of the contract;

(b) the events could not reasonably have been taken into account by the disadvantaged party at the time of the conclusion of the contract;

(c) the events are beyond the control of the disadvantaged party; and

(d) the risk of the events was not assumed by the disadvantaged party."

> に過失がなく実質的に達成できなくなった場合に、その出来事が発生しないことが契約締結の前提（a basic assumption）となっていた場合、契約文言や状況が反対のことを示していない限り、その当事者の残余の履行義務は免責される。

〈補足説明〉

Frustration というのは、「事情変更により、一方の当事者が契約を履行しても、最早、他方当事者にとっては無価値なものとなり、契約目的を達成することができなくなることである。一方の当事者の履行を妨げるものは何もないのであるから、impracticability（実施不可）とは相違する」（オフィシャル・コメントから）（UCC／2-614、UCC／2-615参照）とされる。

〈Frustration の要件〉

オフィシャル・コメントは frustration について3点を指摘している。その要旨は下記のとおり。

① 不達成とされる目的が、契約締結の主目的であること：その意味は⒜その目的がその契約の基礎であること、および⒝その目的がなければ取引をする意味がないということについて、両当事者が同じ理解をしている。

② Frustration は、実質的であること：それは、単に、利益の減少や損失というのではなくて、公正に見て契約上想定されたリスク範囲外であるということ

③ Frustration の事態が起こらないことが、契約締結の前提条件として存在したこと：そうした事態の発生を予見し得たからといってそうした事態が発生しないことを前提条件にはしていなかったという結論を強いることにはならない。

C　Frustration に関する仲裁事例

ICC に基づく仲裁事例（ICC 仲裁事件番号546）に次のようなものがある。オーストリアの買主（X社）が、イスラエルの売主（Y社）に対し、原料の引渡し不履行に基づく損害賠償を求めたところ、Y社が1973年10月に発生した戦争により1974年3月まで工場が閉鎖したことから「不可抗力」を、また、その後も原料の価格が高騰したことから「事情変更（フラストレーション）」を主張した。仲裁人は、以下の理由により、不可抗力の主張も事情変更の主張も認めなかった。まず、不可抗力については、上記戦争が1973年12月31日には終了しており、その後も不履行が継続したのは、価格の合意ができなかったからに過ぎないこと等を理由とした。また、事情変更については、仮にコストが3倍になったような場合であれば事情変更が抗弁となり得るが、2倍程度ではそのような抗弁にはなり得ないこと等を理由とした。

本事例は、実際上フラストレーションに基づく免責が難しいことを示している。

⑶　日本法における「免責の要件」

A　過失責任主義

過失責任主義という民法の基本原理から、日本の通説・判例は債務不履行の要件として帰責事由を要求する。そして「帰責事由」とは、一般的に「故意・過失又は信義則上これと同視すべき事由」と解される。

そうだとすると、不可抗力の場合、そもそも故意・過失がないと思われるためあえて不可抗力という概念を設ける必要性は低いと思われる（ただし、金銭債務については、「不可抗力をもって抗弁と

することができない」（民419条）とされる）。したがって、日本法を前提として不可抗力を定める場合は、過失責任との関係（過失責任を確認する注意的な規定なのか、それとも過失責任とは別の概念を導入するのか）を検討する必要がある。このように不可抗力条項の解釈にあたっては、当該契約の内容、性質を考慮したうえで前後の言葉との関連性についても注意して行うべきものとされている（北沢／鴻・英米商事法辞典）。

B　立証責任

帰責事由の立証責任につき、最高裁判所は、「すでに給付義務を負っている者の不履行」であることを理由に、信義則上、債務者に立証責任があるとする（最高裁昭和34年9月17日判決）。したがって、厳密にいえば帰責事由は債権者（原告）が主張すべき要件事実ではなく、債務者（被告）が主張すべき抗弁事実となる（不法行為における過失の立証と異なる）。

C　金銭債務の特則

以上に対して、民法は、金銭債務については全く異なる立場を取っている（419条）。すなわち、現行民法419条は、不可抗力事由をもって金銭債務を免れることができない旨定め、債権者は損害の証明をする必要なく法定利率を請求できるとする。

これは、金銭は相当の利息を払えば容易に入手できるから、履行不能が考えられないことが根拠とされる（内田・民法Ⅲ155頁）。

しかし、天災や戦争等により国際送金に支障が生じる可能性は否定し得ず、国内取引と比べ支払手段が限られている国際取引において、「履行不能が考えられない」との前提で金銭債務の特則（無過失責任および法定利率による損害賠償義務）を国際取引においても適用するのには、問題があると思われる。

なお、改正民法419条3項は金銭債務の特則を残すが、法定利率の内容については当初の民事年5％、商事年6％から、一律年3％（ただし、3年毎に見直される）に変更されている（改民404条）。

(4)　不可抗力条項のドラフティング

A　不可抗力事由

不可抗力事由の定め方としては、大きく、多くの不可抗力事由の具体例を列挙するものと、このような具体例を挙げず、単に「当事者の合理的支配を超えた原因」（beyond the reasonable control of the parties）と定めるもの、および折衷的なものに分かれる。

「当事者の合理的支配を超えた原因」は抽象的でありさまざまな解釈があり得ることから、列挙事由を定めることが好ましい。

しかし、列挙事由を挙げるとしても、労働紛争（labour disputes）や仕入先の不履行（failure by supplier）等、必ずしも当事者の合理的支配を超えるとはいえないような事由が含まれている場合は注意する必要がある。なぜなら、不可抗力事由の発生が、直ちに当事者の合理的支配を超えたことを推定させる危険性があるからである。このような場合、これを削除するか、その適用を制限する文言（たとえば、other than a strike or lockout induced by the party so incapacitated）を設ける等を検討する必要がある（Anderson・Guide273頁）。

No party to this Agreement shall incur any liability for any delay in performance, or for the non-performance, of any of its obligations under this Agreement by reason of any cause to the extent that, such failure is due to causes beyond the [reasonable] control of the affected party. This includes: (i) acts of God; (ii) fire or explosion (except to the extent caused by the negligence or willful misconduct of the affected party); (iii) earthquake, flood, or unusually severe weather; (iv) war, invasion, riot, or other civil unrest; (v) governmental laws, orders, restrictions, actions, embargoes, or blockage; (vi) national or regional emergency; and (vii) injunctions, strikes, lockouts, or other industrial disturbances [and any breakdown, malfunction or failure of transmission in connection with or other unavailability of any wire].

〈訳文〉

　本契約のいずれの当事者も、本契約の義務の不履行が、その合理的なコントロール外の事情に基づく場合は、同不履行について責任を負わないものとする。このような事情は、以下を含むものとする。(i)天災事変、(ii)火災、爆発（但し、被害当事者の故意・過失による場合を除く）、(iii)地震、洪水、非日常的な悪天候、(iv)戦争、侵略、暴動、市民暴動、(v)政府の命令、規制、禁輸措置、閉鎖、(vi)国家又は一定地域の緊急事態、及び(vii)差止め、ストライキ、ロックアウト、その他の産業上の支障（及び送金機能の停止、故障又は不作動）。

　なお、不可抗力事由を不当に広く規定することは、免責条項や責任制限条項と実質的に変わらず、たとえば英国であれば、UCTA1977（不公正契約条項法）に反する危険性があるとされる（Anderson・Guide276頁）。

B　不可抗力事由発生の効果

　不可抗力事由発生の効果としては、大きく、債務者の免責とその後の手続について定められる。

　債務者の免責については、債務者の義務が停止される（the obligation of the parties shall be suspended）とするものや、債務者の義務が免除される（the parties will be released from their respective obligations）と定めるものがある（Anderson・Guide277頁）。

　その後の手続としては、不可抗力事由による当事者の損害を可及的に少なくするための措置（通知義務、代替措置）がある。

The party claiming Force Majeure shall promptly inform the other party in writing and shall furnish within ten (10) days thereafter evidence of the occurrence and expected duration of such suspension.

〈訳文〉

　不可抗力を主張する当事者は、他方当事者に対し直ちに書面にて通知し、その後10日以内に、不可抗力が生じたことの証拠と履行が中断されると見込まれる期間を通知するものとする。

　また、不可抗力事由が継続した場合、最終的には解除も検討しなければならない。

If the event of Force Majeure prevents performance of this Agreement for more than [three

> (3) months], either Party may, subject to the procedures established in Section__, terminate this Agreement with a written notice to the other Party.
> 〈訳文〉
> 不可抗力の事由による不履行が（3ヵ月）間継続した場合、いずれの当事者も、__条の手続きにより、相手方に対する書面による通知にて、本契約を解除することができるものとする。

以下は、不可抗力事由を受けていない当事者の解除権を認める条項例である。

> If the consequences of the Force Majeure continue for a period of thirty (30) days, the party that is not subject to Force Majeure shall be entitled to immediately terminate this Agreement.
> 〈訳文〉
> 不可抗力の事由が30日以上継続した場合、不可抗力を受けていない当事者は、本契約を直ちに解除することができる。

C 金銭債務の特則を設けるか

不可抗力事態の発生を理由に、たとえば、支払拒否等の口実を相手方当事者に与えたくないと思うような場合、いわゆる非免責事項を明記しておくことも忘れてはならない。

> If due to any law, act, rule, regulation, order or decision of any government of competent jurisdiction or of any agency or for any other reason, Licensee is unable to make payment of money due to Licensor in a currency stipulated for the payment of that money hereunder, it shall pay in such other currency or methods as Licensor may reasonably designate.
> 〈訳文〉
> 仮にライセンシーが、法律、規則、政府による命令、決定により、金銭の支払をすることができない場合、ライセンサーが指定した通貨やその他の方法による支払をしなければならないものとする。

2 実務の考え方

(1) 技術供与契約

抽象的な表現は、契約ではしばしば紛争の種になるおそれがある。できるだけ具体的に記述するのが望ましい。その一つの方法として、例示という方法が使われる。例示をすることで具体性を増し、理解がしやすくなる。例示の場合、例示されたもの以外の事柄はその対象になり難いというデメリットもある。されど、例示をすることのメリットのほうがはるかに大きい。そのメリットを活かすためには、その概念に含めたいと思う事柄を、できるだけ多くの種類を、しかもできるだけ性質の異なるものを、列挙するのが望ましい。

どういう事例を列挙するかは、過去の判例、経験や先見性に基づいて当事者が協議し、判断し、

決めることになる。その判断の拠り所は、現実に起こり得る可能性、または確率の高さということになろう。天然災害の予想は難しいが、相手国の労働組合活動等の事情は、調査をすれば分かることである。上記で述べたように、ストライキ等を不可抗力事由としてカウントするのであれば、契約遂行に及ぼす影響を十分に配慮し、対応をあらかじめ見積もっておくことは絶対必要である。

　また、不可抗力事態が終息した場合、ライセンス契約は継続されるのか否か、明確に合意しておかねばならない。本事例では、期限を切って、存続の有無を決めるとしている。

　要は、不可抗力条項を検討する際には、準拠法を踏まえて、彼我のビジネス環境の相違に十分な注意と配慮が必要である。

(2) 技術導入契約

不可抗力条項に対する考え方は、ライセンシー、ライセンサーの立場を問わず同じである。

第6　一口コメント

英米企業との契約において、彼らが根底に持っている契約至上主義の考え方を常に意識して、契約の交渉、締結、履行を行うべし。

第17章　通　知（Notice）

第1　事例17の紹介〔技術導入〕

ARTICLE 16 NOTICE

16.1. Any notice required or permitted to be given under this Agreement shall be in writing in English, addressed to the following addresses, and sent by (i) pre-paid registered or recorded delivery post or (ii) electronic mail or facsimile transmission; provided that any notice required to be given under Section ___ of this Agreement shall be valid and effective only if sent by methods provided in (i) above.

If to Licensor: (Company's Name)
　　　　　　　(Company's Address)
　　　　　　　(Addressee's Name)
　　　　　　　(Fax. No:)
　　　　　　　(E-mail Address)

If to Licensee: (Company's Name)
　　　　　　　(Company's Address)
　　　　　　　(Addressee's Name)
　　　　　　　(Fax. No:)
　　　　　　　(E-mail Address)

16.2. Any such notice shall be deemed delivered on the date received.

16.3. Either party may change the address at which it is to be given notice by giving written notice to the other party as provided in this Article.

第2　事例17の訳文

16条　通　知

> 16.1. 本契約に基づき発すべき、又は発することができる通知は英語により記載された書面によるものとし、下記宛てに、(i)料金前払書留又は配達証明郵便、又は(ii)電子メール又はファックスにより送付されるものとする。ただし、本契約の第__条に基づき発するべき通知は、上記(i)に記載された方法によらなければならないものとする。
>
> ライセンサーに対する通知：（ライセンサーの会社名）
> 　　　　　　　　　　　　（ライセンサーの住所）
> 　　　　　　　　　　　　（名宛人）
> 　　　　　　　　　　　　（ファックス番号）
> 　　　　　　　　　　　　（電子メールアドレス）
>
> ライセンシーに対する通知：（ライセンシーの会社名）
> 　　　　　　　　　　　　（ライセンシーの住所）
> 　　　　　　　　　　　　（名宛人）
> 　　　　　　　　　　　　（ファックス番号）
> 　　　　　　　　　　　　（電子メールアドレス）
>
> 16.2. 同通知は、受領された日に到達したものと看做す。
>
> 16.3. 各当事者は、各当事者への通知の宛先を変更することができるものとし、その場合、本条の規定に従い相手方当事者に対して書面で行うものとする。

第3　事例17の解説

1　通知内容、方法および宛先（16.1項）

　契約に関する諸連絡について規定している。連絡の内容は、単なる通知事項から、請求事項、要求事項、依頼事項またはその他各種連絡事項があるが、それらは必ず書面により英語で行うべしとしている。

　その書面の送達方法は、①書留航空郵便を利用するか、配達証明付航空郵便にするかもしくは、より簡便な、②電子メールかファクシミリによるか、いずれでもよい。ただし、契約違反の追及や解除等の重要な通知については、上記①の方法によらなければならないものとしている。

　当然、ライセンサーおよびライセンシーの送達先が指定され、明記されている。この送達先は、正式な連絡窓口である同時に、実務上の連絡でもあるので、慎重に決める必要がある。

2　通知の効力（16.2項）

　通知を出したが、その通知内容がいつから有効になるのかという問題である。その国の郵便事

情、時差の問題、就業時間帯の問題または法律的には発信主義もあれば、到達主義もある。また、事柄によって、発信主義を採用したり、到達主義を採用したりしているという現実がある。

　本事例では、到達主義によっている。ただし、通信手段の種類によって、発信してから何日以内に相手方に到着したものとみなす、等とすることもできる。その場合、たとえば、手渡しの場合は、当然、手渡したその日に即日有効とする、ファクシミリの場合は、時差の関係も考慮して、送信日の翌日に有効とする、宅配便も含めてエアメールの場合は、郵便局や宅配業者に預けた日から計算して5日後に有効とする、普通郵便で送った場合は、郵便局に預けた日から10日後には有効とすること等が考えられる。

　ここで合意した日数の意味は、実際にその日数で相手方に到着しなくても、到着したものとみなされるという了解である。契約交渉においては、本条項に関しては、所要日数の見積りが適切であるかどうかが議論になる。

3　連絡先の変更（16.3項）

　16.1項にて連絡先を指定したので、変更がある場合は、必ず変更通知を出さねばならない。その変更通知の通知の仕方も、この条項で決めたやり方に則ってやらねばならない。

第4　本条項の位置付け

　契約に関する諸連絡は非常に重要である。なぜなら、契約に関する連絡は、履行の請求、解除等、重要な局面でなされることが多いところ、通知に関する取り決めをしておかないと、実際に通知をする段階で、どのような方法で、相手方のどの担当者に対して通知をすればよいのかわからず、円滑に連絡をすることができず、場合によっては上記請求や解除の効力にも影響し得るからである。

第5　本条項のチェックポイント

1　基本的な考え方

(1)　概　説

　仮に、当事者が通知について何ら定めないとどうなるか。たとえば、日本企業が、米国企業に対し、瑕疵担保を「口頭」、「電子メール」等で伝えた場合、これは「通知」にあたるか。また、たとえば、通知を発信したが、相手方に到達しなかった場合どうなるのか。また、そもそも何をもって到達といえるのか。電子メールを送信したところスパムメールとして迷惑メールボックスに到達した場合等に問題となる。

(2)　英米法における「通知」の考え方

A　通知の方法

　一般的に、通知の方法（口頭、書面、電磁的方法、その他）に制限はない。すなわち、Black's Law Dic. によると、通知とは以下のように解されている。

"Notify. To give notice to; inform by words or writing, in person or by message, or by any signs which are understood; to make known."

通知するとは、通知を与えること、情報を言葉または書面により直接、メッセージ、理解可能なサインにより与えること、知らしめることをいう。

"Notice is either (1) statutory, i.e., made so by legislative enactment; (2) actual, which brings the knowledge of a fact directly home to the party; or (3) constructive which is imputed by law to a person (although he may not actually have it)."

通知は、(1)法律上、すなわち、法律によりなされるもの、(2)事実上、すなわち、相手方に事実の認識をさせるもの、(3)擬制的、すなわち法律上（たとえ実際にはそのような認識がないとしても）認識があったものとみなすものがある。

UCC／1－202(d)は、通知の方法について以下のとおり定める。

(d) A person "notifies" or "gives" a notice or notification to another person by taking such steps as may be reasonably required to inform the other person in ordinary course, whether or not the other person actually comes to know of it.

〈訳文〉

(d) 人は他の人に「通知する」(notifies) 又は通知書を「出す」(gives) ときは、他の人が実際にそのことについて知るようになったかどうかは別にして、普通のやり方で他の人に知らせるために合理的に必要だと思える手順を踏んで行う。

B　通知の到達

通知の到達について、UCC／1－202の規定を検証する。

(a)　その人が、(1)その事実について実際に知っているか、(2)その事実についての通知書を既に受け取っているか、あるいは(3)問題とされている時点でその人に知られている事実や状況からして、その事実が存在していることを知る理由があれば、(f)項を条件に、その人は事実について通知を受けているということになる。

(b)　「知識」(knowledge) とは、実際に知ることを意味する。「知る」(knows) には、通信する意味がある。

(c)　「発見する」(discover)、「習得する」(learn) 又は同様な意味の言葉は、知るべき理由ではなく知ることの方のことを言っている。

(d)　人は他の人に「通知する」(notifies) 又は通知書を「出す」(gives) ときは、他の人が実際にそのことについて知るようになったかどうかは別にして、普通のやり方で他の人に知らせるために合理的に必要だと思える手順を踏んで行う。

(e)　(f)項を条件に、人は、次の場合には、通知書を受けることになる：(1)通知書にその人が気付いたとき、又は(2)通知書が、当該契約を締結した事業所又はこうした情報伝達を受ける場所としてその人が提供した別の場所で、その状況下で、合理的な形で、しかるべく配達され

るとき。

(f) 一つの組織体が受け取った通知、知識、又は通知書が特定の取引において有効となるのは、その取引の担当者個人がその通知書に気付いたときで、しかも、どのような場合でも、その組織体がしかるべき注意を払っていたならば、その担当者個人がその通知書に気付いていたであろうときである。一つの組織体が、当該取引担当者に重要な情報を伝達するために合理的ないつもの手順を維持し、いつもの手順を合理的に遵守していれば、一つの組織体はしかるべき注意を払っていることになる。しかるべき注意を払うといっても、その組織体のために行動する個人に対して、その伝達情報がその個人の通常業務の一部ではないか又はその個人がその取引について知るべき理由がなく、しかもその取引がその情報を伝達したとしてもそれによって重大な影響を受けそうにない場合には、情報伝達を要求するものではない。

(3) 日本法における「通知」の考え方
A 通知の方法

通知とは、(必要な事柄を)知らせることをいい、書面であるか、口頭であるかを問わない。たとえば、書面により通知をすると定めた場合、電子メールは「書面」にあたるか。

日本の民法には、書面の定義はない。日本の裁判例の中には、電子メールではないが、磁気テープは、文書提出命令に関する旧民事訴訟法312条（現在の220条）の文書ではないとしながらこれに準ずるものである、としたものがある（大阪高裁昭和53年3月6日判決）。すなわち、同裁判例は、「民訴法312条にいう文書とは、文字その他の記号を使用して人間の思想、判断、認識、感情等の思想的意味を可視的状態に表示した有形物をいうところ、一般的にみて磁気テープ（電磁的記録）自体は通常の文字による文書とはいえない」、「しかし、磁気テープの内容は、それがプリント・アウトされれば紙面の上に可視的状態に移しかえられるのであるから、磁気テープは同条にいう文書に準ずるものと解すべき」とした。

B 通知の到達

隔地者に対する意思表示は、その通知が相手方に到達した時からその効力を生ずる（民97条）として、原則として到達主義を採用する。そして、最高裁昭和36年4月20日判決は、意思表示の書面が受領権限のある者の「勢力範囲（支配圏）内におかれること」をもって到達が認められるとした。

ただし、商人間の売買における瑕疵担保請求等については「売買の目的物に瑕疵があること又はその数量不足があることを発見したときは、直ちに売主に対してその旨の通知を発しなければ、その瑕疵又は数量不足を理由として契約の解除又は代金減額若しくは損害賠償の請求をすることができない」（商526条2項）とし、例外的に発信主義を採用している。

(4) 通知に関するドラフティング

通知の方法に関する記載例として以下がある。

All notices, demands, requests, consents, approvals, and other communications required or permitted hereunder shall be in writing and, unless otherwise specified herein, shall be (i) personally served, (ii) deposited in the mail, registered or certified, return receipt requested, post-

〔第 2 部〕 Ⅱ－3 一般条項（General Terms）

age prepaid, (iii) delivered by reputable air courier service with charges prepaid, or (iv) transmitted by hand delivery, or [facsimile], addressed as set forth below or to such other address as such party shall have specified most recently by written notice.

〈訳文〉

　本契約に基づく全ての通知、請求、承諾、その他の通信は書面によるものとし、下記の宛先又は当事者が書面にて直近に指定した宛先まで、(i)直接交付、(ii)先払いの書留又は配達証明郵便、(iii)一般的に知られたクーリエサービス業者の先払いされた配達、(iv)交付、（ファックス）によるものとする。

通知の到達を擬制する場合の記載例として以下がある。

　Any notice or other communication required or permitted to be given hereunder shall be deemed effective (a) upon hand delivery or delivery by [facsimile], with accurate confirmation generated by [the transmitting facsimile machine], at the address or number designated below (if delivered on a business day during normal business hours where such notice is to be received), or the first business day following such delivery (if delivered other than on a business day during normal business hours where such notice is to be received) or (b) on the second business day following the date of mailing by express courier service, fully prepaid, addressed to such address, or upon actual receipt of such mailing, whichever shall first occur. The addresses for such communications shall be:

If to Licensor, to: ＿＿＿＿＿＿＿＿＿＿

If to Licensee, to: ＿＿＿＿＿＿＿＿＿＿

〈訳文〉

　本契約に基づく通知又は他の通信は、(a)交付の時点、又は（ファックス）による送付の場合は送付時（ファックス機器による宛先のファックス番号に対する正確な送達書により確認されたもの）（但し、営業日かつ営業時間中に限る）、又は送付の翌営業日（営業日の営業時間中に送付されなかった場合）又は、(b)特急クーリエサービスによる送付の場合で先払いの場合は送付の 2 営業日目、又は実際に受領した時点の早い時点に到達したものと看做す。これらのやり取りの連絡先は以下のとおりとする。

ライセンサーに対する通知： ＿＿＿＿＿＿＿＿

ライセンシーに対する通知： ＿＿＿＿＿＿＿＿

2 実務の考え方

(1) 技術供与契約

まず、通知の方法については、誤解を招かないよう書面を要求すべきであり、電子メール等による方法もこれに含めるのが実用的と思われる。

また、通知の到達については、日本法によっても、米国法によっても、到達主義が原則と思われる。しかし、到達主義の場合、従来、いつ到達したのか客観的に日時を確定することが難しいといわれていた。そこで、発信主義によれば、発信日が明確に確定できるというメリットはある。ただ、到達していないのに到達したとみなされることは、受取側にとっては不公平であろう。

そこで、折衷案的に、あらかじめ所要日数を合意しておき、その期間が経過したら、相手方に到着したものと看做すことで、事務処理をするということもしばしば行われる。

しかし、近年、郵便事情が向上し、インターネットで到着の有無のみならず配達状況まで確認でき、電子メールの場合も受領確認ができることを考えると、到達主義の不都合は少なくなったといえ、あえて発信主義や折衷説をとる意義は少なくなったと思われる。

(2) 技術導入契約

本条項は、ライセンサー、ライセンシーの立場で、大きく見方が変わることはない。

第6　一口コメント

「言った」「否、言わない」または「連絡したはず」等は、日本人の社会では日常茶飯事のもめごとであるが、これも「話し合えばわかる」ということで大事になることは少なく、円満に処理されることも多い。

しかし、国際的な契約においては、「話し合うことさえ」契約に明記なければ、同じテーブルにつくことも難しいことがあることを認識しておくべきである。

[〔第 2 部〕 II−3 一般条項（General Terms）]

第18章　法令遵守
(Compliance with Laws and Regulations)

第1　事例18の紹介〔技術供与〕

ARTICLE 17　COMPLIANCE WITH LAWS AND REGULATIONS

17.1.　It is understood and agreed by the parties hereto that the execution and enforcement of this Agreement and the exercise and performance of the rights and obligations thereunder by the parties hereto shall be subject to the compliance by either or both of the parties hereto with any and all pertinent laws and governmental regulations and requirements of Japan and/or the United States of America.

17.2.　In the event that this Agreement should at any time after Effective Date be in whole or in part invalidated on account of any conflict with or as a consequence of said laws and regulations or requirements, both parties hereto shall faithfully seek a mutually acceptable solution.

17.3.　Notwithstanding the provisions of Section 17.2 of this Article, the whole remaining part of this Agreement that will not be so invalidated shall remain valid.

第2　事例18の訳文

17条　法律・規則の遵守

17.1.　本契約当事者による本契約に基づく本契約の作成及び強制執行並びに権利、義務の実施及び履行は、本契約当事者各々が、日米両国のすべての関係法律並びに政府規則及び要求を遵守し従うことを本契約当事者間で了解し、合意する。

17.2.　本契約が、万が一、契約発効日以後になっていつの日か、同法律規則又は要求と衝突したために、又、同法律規則又は要求の結果として、契約全体又は一部が無効にされる場合には、本契約当事者双方とも、お互いに受け入れ可能な解決策を誠実に探さねばならない。

17.3.　本条17.2項の規定にもかかわらず、本契約の残余の部分はすべて、そのように無効にさ

れない限り、有効に存続する。

第3　事例18の解説

1　法律規則の遵守（17.1項）

　ライセンス契約の調印および実施に関連し、日米両国企業が、遵守すべき法律規則を誠実に遵守し、これらに違反しないという遵法精神を謳った条項である。法治国家の下で、企業が事業活動を展開する以上、自国の法律、規則のみならず、取引相手企業の所在する国の法律、規則を遵守するのは当然である。

　かつて冷戦時代には輸出管理体制が厳しく[1]、特に、アメリカは共産圏諸国へアメリカの高度なコンピュータ技術が流出することを警戒していた。兵器関連技術そのものはもちろんのこと、兵器に転用可能と思われる技術も規制の対象になった。

　今日でも、兵器関連技術の輸出については、国際的な申し合わせに基づき[2]、加盟国は、それぞれの法制に基づき、輸出管理体制を敷いていると理解している。

　ライセンス契約において、法律規則の遵守をあえて謳う理由は、かような意味が含まれている。

2　契約の一部無効（17.2項）

　契約締結後に法律等の改正または新法の発布により、契約で合意したことの一部または全体を実施すると、不法行為となるため、以後契約を履行できなくなることがある。

　かような場合、お互いに協議をして、解決策を見出すことを定めている。

3　契約の分離存続性（17.3項）

　17.2項で問題解決策を探ると同時に、契約の一部が無効となった場合、その他の条項は無効とせずに、有効なものとして契約を維持していこうという意思表示をしたものである。

---

[1] COCOM = Coordinating Committee for Export to Communist Area（for Export Control）「対共産圏輸出統制委員会」：1949年設立。パリに本部があった。冷戦の終結に伴い、COCOM体制は1993年3月末をもって終了した。

[2] Wassenaar Arrangement：COCOMの後、新しい輸出管理体制の設立に向けて、1995年からロシア及び東欧諸国も交渉に参加し、同年12月にオランダのハーグ市郊外のワッセナー市において、28カ国の間で設立の合意ができた。「ワッセナー・アレンジメント（WA: the Wassenaar Arrangement）」という。1996年7月にWAが発足、日本も同年9月から参加。1998年3月現在、米、英、独、仏等33カ国が参加している。

　WAの目的は、「通常兵器及び関連汎用品・技術の移転に関する透明性の増大及び責任ある管理を実現することにより、地域の安定を損なうおそれのある通常兵器の過度の移転と蓄積を防止する」というものである。

　事務局は、オーストリアのウイーンに設置されている。また、先進諸国の間ではイラン、イラク、リビアおよび北朝鮮を「懸念4カ国」と位置付け、「厳格な規制を実施することが共通の認識となっている」（以上、WA関連情報は、経済産業省貿易経済協力局安全保障貿易管理課「ワッセナー・アレンジメントの概要について」と題するWebページ参照）。

第4　本条項の位置付け

　本条項は、遵法精神に則り、企業が事業活動を行うことを約束するものである。こうした条項が契約書に存在しようとしまいと、企業が法治国家において事業活動を行う以上、遵法精神を常に堅持することは、当然のことであり、それはまた、企業の社会的責任でもある。国際取引においては、同事業活動が複数の法制度に関連し、これらをいずれも遵守する必要があるため、「他国の法を知らなかった」との言い訳は通らない（ignorantia juris non excusat）。

　ただし、可分条項を設け、法令遵守違反による影響を最小限にとどめることは検討する必要がある。可分条項がその契約にとって必要か否かは、非常に微妙な問題であるので、その契約が締結される事業環境やその契約の性格等を、慎重に考慮して決められるべき問題である。

第5　本条項のチェックポイント

1　基本的な考え方

(1)　英米法における「不法な契約」および「可分性」の考え方
　　A　不法な契約

　アメリカについていえば、不法な契約とは、制定法で不法とされる契約といわゆる、公序良俗（public policy）に反する契約とに分類できる。

　制定法で不法とされる契約の典型例として、たとえば、犯罪や不法行為（tort）を内容とする契約（Restatement (Torts) Second, Sec.571）、賭博契約（wagering contract）（Restatement (Torts) Second, Sec.520）、法定金利を超える金利支払を約する契約（州法）、日曜日に契約を締結・履行することを禁じる日曜法に違反する契約（州法）、弁護士のように許可を要する職業において、そうした許可を保持しない者が締結する契約等が挙げられる。

　公益に反する契約の典型例として、たとえば、取引上不合理な制限を課す契約や営業上の独占を目的とした契約、公務員が公益に反し個人的な利益を得る契約、故意、過失により他人に与えた損害賠償責任を制限、免除するような契約等が挙げられる（並木・契約法104～114頁参照）。

　なお、不法な契約に関しては、「裁判所は、いずれの当事者に対しても援助を拒否する、ということである。従って、不法な契約が未履行であれば、いずれの当事者も、相手に対して、契約上の義務の履行を強制することができないのであり、当事者の一方が、既に、自己の債務を履行しているときは、その対価の支払又は交付した物やその価値の返還を求めることができない」（Baccus v. State of Louisiana, 232 U.S. 334, 34 S.Ct. 439, 58 d. Ed.627 (1914)。並木・契約法106頁「第2節　不法の効果」冒頭から）とされる。この点については、民法708条[3]の考え方と同じである。

---

[3]　民法708条（不法原因給付）
　　「不法な原因のために給付をした者は、その給付したものの返還を請求することができない。ただし、不法な原因が受益者についてのみ存したときは、この限りでない」。

B　UCC／1-105「可分性」(Severability)[4]

本事例の17.3項は、いわゆる「可分条項」(separability clause) と称されるものである。可分条項とは、「可分性の法理」に基づき、「契約や制定法において、当該契約又は制定法の一部の条項が無効と判断されても、その無効が他の条項の効果に影響を及ぼさないと定める条項」である（田中・英米法辞典）。

C　「可分性の法理」(Severability Doctrine)

「可分性の法理」とは、「ある条項が別の関連する条項の違法性や無効の影響を受けないとする法理」である（田中・英米法辞典）。

(2)　日本法における「不法な契約」および「可分性」の考え方

A　不法な契約

不法条件については、民法132条[5]が規定する。民法90条（公序良俗）[6]または法の適用に関する通則法42条（公序）[7]に違反する契約、利息制限法に違反する高金利の契約、独占禁止法に違反する契約、弁護士法（72条）[8]に違反する契約およびその他法律規則に違反して締結される契約は、すべて不法な契約である。

B　可分性

「例えば、利息制限法に定める最高利息を超える利息の約定をすると、強行法規違反であるから無効であるが、金銭の貸借全てが無効となるのではなく、超過部分だけが無効となることが明文で規定されている（利息制限法1条1項）。明文のない場合も、無効な部分を分離し得る場合には、できるだけ残りの部分を有効な契約として存続させるのが当事者の意思に沿うことが多い。しかし、その一部が無効となるなら当事者は契約そのものを欲しなかっただろうというとき、及び、全部を無効にしないと強行法規の目的を達することができないような場合（例：芸娼妓契約）は全部無効とされる」（内田・民法Ⅰ292頁）。

---

[4] UCC／1-105「可分性 (Severability)」
「本法の規定もしくは条項、または人もしくは状況への本法の適用が無効となった場合、当該無効は、無効な規定も適用もなく効力を有するその他の本法規定もしくは適用には、影響を与えるものではなく、またそのため、本法の規定が分離可能であると宣言される」。
〈補足説明〉
同 official comment では、「この条項は広範な全ての法律に包含されるべく「統一州法に関するコミッショナーズ国民会議」(the National Conference of Commissioners on Uniform State Laws) が推奨するモデル可分条項である」としている。

[5] 民法132条（不法条件）
「不法な条件を付した法律行為は、無効とする。不法な行為をしないことを条件とするものも、同様とする」。

[6] 民法90条（公序良俗）
「公の秩序又は善良の風俗に反する事項を目的とする法律行為は、無効とする」。

[7] 法の適用に関する通則法42条（公序）
「外国法によるべき場合において、その規定の適用が公の秩序又は善良の風俗に反するときは、これを適用しない」。

[8] 弁護士法72条（非弁護士の法律事務の取扱等の禁止）
「弁護士又は弁護士法人でない者は、報酬を得る目的で訴訟事件、非訟事件及び審査請求、再調査の請求、再審査請求等行政庁に対する不服申立事件その他一般の法律事件に関して鑑定、代理、仲裁若しくは和解その他の法律事務を取り扱い、又はこれらの周旋をすることを業とすることができない。ただし、この法律又は他の法律に別段の定めがある場合は、この限りでない」。

(3) 法令遵守および可分性のドラフティング

A 法令遵守

Either Party shall comply with all applicable laws with respect to the execution and performance of this Agreement.

〈訳文〉

いずれの当事者も本契約の締結及び履行に関して適用される法令を遵守するものとする。

以下は、米国の輸出管理規則を遵守することを明確にした条項例である。

LICENSEE shall comply with all applicable laws and regulations. In particular, it is understood and acknowledged that the transfer of certain commodities and technical data is subject to United States laws and regulations controlling the export of such commodities and technical data, including all Export Administration Regulations of the United States Department of Commerce. These laws and regulations among other things, prohibit or require a license for the export of certain types of technical data to certain specified countries. LICENSEE hereby agrees and gives written assurance that it will comply with all United States laws and regulations controlling the export of commodities and technical data, that it will be solely responsible for any violation of such by LICENSEE or its AFFILIATES or sublicensees, and that it will defend and hold LICENSOR harmless in the event of any legal action of any nature occasioned by such violation.

〈訳文〉

ライセンシーは、適用される全ての法令及び規制を遵守するものとする。特に、特定の商品及び技術データの移転が、米国の輸出管理規則を含め、これらの商品及び技術データの移転をコントロールする米国の法令及び規制の対象となることを理解し、確認する。これらの法令及び規制は、特定の技術データの特定国への輸出につき禁止又はライセンスを要求する。ライセンシーは、商品及び技術データの輸出をコントロールする米国の全ての法令及び規制を遵守し、ライセンシー又はその関連会社又はサブライセンシーによる違反について単独で責任を負うこと、及び同違反に基づく訴訟があった場合、ライセンサーを防御し、ライセンサーに害を被らせないことに同意し、書面によりこれを承諾する。

B 可分性

The invalidity or unenforceability of any provision of this Agreement shall in no way affect the validity or enforceability of any other provision of this Agreement. If any provision of this Agreement is deemed invalid or unenforceable, the Parties shall attempt to replace the unenforceable provision with a new provision that, to the extent possible, reflects the Parties' original intent.

〈訳文〉
　本契約のいずれかの条項の無効又は執行不能は、他の条項の有効性や執行可能性に影響を与えるものではない。本契約のいずれかの条項が執行不能となった場合、可能な限り、当該条項を当該条項の当事者の意図をなるべく反映した条項に置き換えるものとする。

2　公取指針の考え方

　公取指針は、特許・ノウハウライセンス契約に対する独占禁止法の適用・運用について定めたもので、不当な取引制限や私的独占を禁止したものである。
　特定の国際的協定または契約の禁止について、独占禁止法6条の規定を検証する。

第6条　事業者は、不当な取引制限又は不公正な取引方法に該当する事項を内容とする国際的協定又は国際的契約をしてはならない。

3　実務の考え方

(1)　技術供与契約

　本事例では、「法律規則の遵守」、「可分条項」および「不法な契約」を一つの条項にまとめているが、これらは一般条項の一つとしてそれぞれ独立した条項とされることもある。
　企業が遵法精神に則り事業活動を行う以上、不法な契約を締結することは、一般には考え難い。
　「可分条項」に関しては、上述のように、挿入すべき積極的な理由や客観的な正当性が認められる場合以外には、挿入すべきではないと著者は考える。契約は、いわば論理の一本の糸で織られたセーターのようなもので、1箇所ほつれると、ばらばらになってしまう。一条項が何らかの理由で無効となった場合、当該条項と関連する条項の修正も必要になる可能性がある。さらにそのように他条項が修正されることで、さらにそれ以外の条項の修正も必要になる、ということが大いに考えられる。そうなると、その契約全体を見直す必要が出てくる可能性がある。
　「可分条項」が適用される可能性の高い条項が、その契約に存在することを、契約当事者間で相当な認識の一致がある場合に限って、「可分条項」を挿入すべきであろう。たとえば、体制国家または体制国家に所在する企業との契約においては、時には、「可分条項」が有効に機能することがある。可分条項がその契約にとって必要か否かは、あくまで、その契約が締結される事業環境やその契約の性格等を、慎重に考慮して決められるべきである。

(2)　技術導入契約

　本条項は、ライセンサー、ライセンシーの立場で、大きく見方が変わることはない。

第6　一口コメント

　遵法精神は、契約の基本である。

第19章　契約譲渡（Assignment）

第1　事例19の紹介〔技術導入〕

ARTICLE 18　ASSIGNMENT

This Agreement and all rights and obligations arising hereunder may not be assigned or otherwise transferred by either party, whether by operation of law or otherwise, unless the other party has given its written consent thereto, and any such purported assignment or transfer without such written consent shall be null and void; provided that the foregoing limitation on assignability shall not apply to an assignment or transfer of this Agreement by either party to any of its Affiliates, so long as the assignee agrees in writing to be bound by this Agreement and the assignor shall remain secondarily liable thereunder.

第2　事例19の訳文

18条　契約譲渡

　本契約及び本契約に基づき発生するすべての権利及び義務は、法律の運用であろうと又、別な方法であろうと、一方の当事者が譲渡したり（assign）又は別な方法で移転したり（transfer）することはできない。ただし、他方当事者が書面により契約譲渡に対する同意を与えた場合は、この限りではない。又、こうした書面による同意のないいわゆる契約譲渡又は契約移転は無効とする。ただし、前記譲渡制限は、譲受人（assignee）が本契約によって拘束されることに書面にて同意し、なおかつ契約の譲渡人（assignor）が二次的に同契約に従って責任を負う限り、一方の当事者による自社関連会社への本契約の譲渡又は移転には適用しない。

第3　事例19の解説

1　契約譲渡禁止（前段）

　相手方当事者の書面による同意を得ずに、第三者に契約を譲渡または移転することを禁止する規定である。万が一、相手方当事者の書面による同意を得ずに第三者に契約を譲渡、移転した場合、それは無効とする。

たとえば、一方の当事者が吸収または合併される場合、他方当事者は、この吸収または合併に伴い、ライセンス契約が吸収先または合併先に譲渡されることを防ぐことはできない（岩崎・英文契約書139頁「4）合併」の項参照）。そのような場合に、他方当事者にできることは、その契約を無効にして、契約を終了させることだけである。

2　関連会社への契約譲渡（後段 provided-that clause）

前段の規定にもかかわらず、関連会社に契約を譲渡することは、お互いに容認しようという趣旨である。その場合、関連会社は、現契約によって拘束されることについて、書面にて同意を表明しなくてはならない。つまり、関連会社は、現契約の権利および義務をそのまま引き受けることが条件である。

さらに、その関連会社に契約を譲渡した方の本契約の一方の当事者もまた、二次的にではあるがその関連会社が引き受けた現契約の諸条件に従って、責任を負担することが条件である。

なお、本事例で関連会社とは次のように定義されている。

「関連会社とは、ライセンサー又はライセンシーを直接、間接に支配しているか、ライセンサー又はライセンシーによって直接、間接に支配を受けているか又はライセンサー又はライセンシーと共同して支配を受けている法人、会社、パートナーシップ又はその他主体を意味する。本定義事項では、『支配』という言葉は、法人、会社、パートナーシップ又はその他法主体の社外株式（outstanding shares）、持分株式（equity）若しくは評決権（voting rights）の50％以上を、直接又は間接に、保有すること又は同法人、同社、同パートナーシップ又はその他同主体の経営と方針を、直接又は間接に、指揮し又は指揮せしめる権限を有することを意味する」。

第4　本条項の位置付け

本条項は、企業の吸収・合併等により、契約当事者の意思に反し、契約が第三者に譲渡された場合等に備えた、契約一般条項の一つである。契約書において当事者を特定しても、契約締結後、当事者が自由に当事者の地位を移転できるとするのであれば、当事者を特定した意味を失わせかねない。また、たとえば、ライセンス契約と供給契約のように一体として複数の契約を締結している場合において、一つの契約のみを譲渡することも制限する必要がある。しかし、だからといって、当事者の地位の譲渡を絶対的に禁止すると、長期契約等において、同契約期間中、合併や会社分割等による機動的な会社経営が制限されてしまう。

そこで、上記二つの対立する利益を調整する必要がある。

第5　本条項のチェックポイント

1　基本的な考え方

(1)　権利義務の譲渡性

　権利義務の譲渡性を検討する場合、①権利の譲渡（assignment of right）、②債務の引受け（transfer of obligation）と、③契約上の地位の譲渡（transfer of both rights and obligation, novation）を分けて検討する必要がある（なお、③には当事者の意思による譲渡「特定承継」と法律による譲渡「包括承継」がある）。なぜなら、①、②、③は当事者の利益情況が異なるだけでなく、法的にも全く異なる性質を有するからである。

　以下、英米法と日本法における「権利の譲渡」「債務の引受け」「契約上の地位の譲渡」について検討する。

A　英米法の場合

　(A)　概　説

　一般的に、「債権」は、個人的なものでない限り譲渡性を有し、また、「債務」は債権者の同意がなければ譲渡できず、さらに「契約上の地位」の移転には関係三者の同意が必要であるとされる（Anderson・Guide66頁以下）。ただし、譲渡の具体的な要件・効果については、各国（州）により異なり得る。

　(B)　UCCの場合

　UCCは、まず、債権の譲渡性については原則としてこれを肯定し、ただし、他方当事者に実質的な不利益を与えるような場合にこれを否定している。また、義務の委託（引受けではない）については、相手方の実質的な利益を害しない限りこれを認め、ただし、委託者は委託先の違反について責任を負うものとしている。さらに、契約の譲渡は、別段の定めがない限り、契約上の権利および義務の譲渡であるとしている。

　以下、上記を定めたUCC／2-210「履行の委任；権利の譲渡」（Delegation of Performance; Assignment of Rights）を検証する。

---

(1)　当事者は、自己の義務（duty）を、受任者（delegate）を介して履行することができる。ただし、別途合意がある場合、若しくは、他方当事者がその本来の約諾者（promisor）をしてその契約によって要求される行為の履行若しくは管理をせしめることに実質的な利害を有する場合は、この限りではない。履行の委任によって、委任する当事者が履行すべき義務若しくは契約違反に対する賠償責任を免れるものではない。

(2)　別途合意がない限り、売主も買主もすべての権利を譲渡することができる。ただし、その譲渡によって、他方当事者の義務を実質的に変更し若しくは契約によって他方当事者に課せられた責任若しくは危険（risk）を実質的に増加させ、若しくは反対履行（return performance）を得る機会を実質的に妨げる場合は、この限りではない。契約全体の違反に対する損害賠償請求権又は譲渡人（assignor）が自己のすべての義務をしかるべく履行することか

ら生じる権利は、別途合意があろうとも、譲渡することができる。
(3) 状況が反対のことを示さない限り、「契約」譲渡の禁止は、譲受人（assignee）に対する譲渡人（assignor）の履行委任禁止（barring）のみである、と解されるものとする。
(4) 「契約」若しくは「契約に基づく自己の権利すべて」の譲渡又は同様の一般的な文言による譲渡は、権利の譲渡でありしかも言葉（language）や状況によって（安全のための譲渡のように）反対表示がなされない限り、それは譲渡人（assignor）の義務履行の委任であり、譲受人（assignee）による義務受諾（its acceptance）は、譲受人（assignee）の義務履行約束となる。この約束は、譲渡人（assignor）若しくは元契約の他方当事者のいずれかによって強制することができる。
(5) 他方当事者は、履行委任の譲渡に不安（insecurity）のあることについて合理的な根拠があると判断し、譲渡人（assignor）に対する自己の権利を失うことなく、譲受人（assignee）からの保証を要求することができる（UCC／2-609）。

〈補足説明〉

契約上の権利譲渡（assignment）について、「契約上の権利譲渡（assignment）とは、契約の当事者が契約によって有している権利の全部又は一部を第三者に移転すること（transfer）をいう。……制定法や契約に特別の定めがない限り、譲渡には特別の方式は必要ではなく、とにかく、権利を譲渡する意思さえ明らかにされていればよく、又、譲渡（assignment）は、移転（transfer）そのものであって、契約（contract）ではない……」とされる（並木・契約法127頁「1．権利の譲渡の性質」参照）。

譲渡の通知について、「契約上の権利譲渡は、譲渡人と譲受人の間では、それが行われたときに効力を生ずるが、譲渡を債務者に通知するまでは、債務者を拘束することができない。これは、日本法の債権譲渡（民法467条）（後述）と同様である」とされる（並木・契約法131頁「7．譲渡の通知」）。

譲受人の権利について、「契約上の権利の譲受人は、譲渡人がもっていた権利を取得し、あたかも当初から契約の当事者であったかのように、自己の名において、その権利に基づいて訴訟を起すことができる」とされる（並木・契約法130頁「6．譲受人の権利」）。

　　(C) 包括承継等

一般的に、対象会社の「株式の譲渡」は対象会社の地位の "assigned by operation of law" に該当しないと考えられる。これに対し、「三角合併」（親会社の子会社が対象会社を吸収合併し、親会社の株式を対象会社の株主に交付する合併手法）における対象会社の地位の譲渡は "assigned by operation of law" に該当すると考えられる。

そこで、米国デラウエア州の裁判に、「逆三角合併」（親会社の子会社が対象会社に吸収合併され、対象会社が親会社の子会社になる合併手法）に基づく合併対象会社の地位の譲渡が、譲渡禁止条項の "assigned by operation of law" に該当するかが問題となったものがある（Meso Scale Diagnostics, LLC v. Roche Diagnostics GMBH）。要は、「逆三角合併」を、「株式の譲渡」と同様に考えるべきか、または「三角合併」と同様に考えるべきかが問題となった。

裁判所は、同問題は「事案により結論を異にし得る」としながら、被告による、実体審理前の却下請求（motion to dismiss）を認めなかったが、このような問題は、"assigned by operation of law"

を明らかにすること、または株式の譲渡につき Change of Control 条項を設けることにより回避することができたものと思われる。

B 日本法の場合

(A) 債権の譲渡

a 現行民法

(a) 民法466条（債権の譲渡性）

債権の譲渡性について、民法466条の規定を検証する。

第466条　債権は、譲り渡すことができる。ただし、その性質がこれを許さないときは、この限りでない。

2　前項の規定は、当事者が反対の意思を表示した場合には、適用しない。ただし、その意思表示は、善意の第三者に対抗することができない。

(b) 民法467条（指名債権の譲渡の対抗要件）

指名債権の譲渡の対抗要件について、民法467条の規定を検証する。

第467条　指名債権の譲渡は、譲渡人が債務者に通知をし、又は債務者が承諾をしなければ、債務者その他の第三者に対抗することができない。

2　前項の通知又は承諾は、確定日付のある証書によってしなければ、債務者以外の第三者に対抗することができない。

(c) 民法468条（指名債権の譲渡における債務者の抗弁）

指名債権の譲渡における債務者の抗弁について、民法468条の規定を検証する。

第468条　債務者が異議をとどめないで前条の承諾をしたときは、譲渡人に対抗することができた事由があっても、これをもって譲受人に対抗することができない。この場合において、債務者がその債務を消滅させるために譲渡人に払い渡したものがあるときはこれを取り戻し、譲渡人に対して負担した債務があるときはこれを成立しないものと看做すことができる。

2　譲渡人が譲渡の通知をしたにとどまるときは、債務者は、その通知を受けるまでに譲渡人に対して生じた事由をもって譲受人に対抗することができる。

---

b 改正民法

(a) 改正民法466条（債権の譲渡性）[1]

---

[1] 従来、「通説は、２項の譲渡禁止特約は債権の譲渡性を物権的に奪うものであって、同特約に違反した譲渡は無効であり（物権的効力説。我妻榮『新訂　債権総論（民法講義Ⅳ）』（岩波書店、1964年）524頁参照）、ただ、善意無重過失者に対する譲渡についてはこの特約を対抗できない結果、譲渡が有効となるものと解し、判例も同様の立場に立つものと考えられてきた」。しかし、「改正法では、物権的効力説を採用せず、譲渡禁止特約に違反する悪意者への譲渡も有効としつつ、債務者の弁済先固定の利益を保護するために、同特約について悪意又は重過失の譲

債権の譲渡性について、改正民法466条の規定を検証する。

第466条　債権は、譲り渡すことができる。ただし、その性質がこれを許さないときは、この限りでない。

2　当事者が債権の譲渡を禁止し、又は制限する旨の意思表示（以下「譲渡制限の意思表示」という。）をしたときであっても、債権の譲渡は、その効力を妨げられない。

3　前項に規定する場合には、譲渡制限の意思表示がされたことを知り、又は重大な過失によって知らなかった譲受人その他の第三者に対しては、債務者は、その債務の履行を拒むことができ、かつ、譲渡人に対する弁済その他の債務を消滅させる事由をもってその第三者に対抗することができる。

4　前項の規定は、債務者が債務を履行しない場合において、同項に規定する第三者が相当の期間を定めて譲渡人への履行の催告をし、その期間内に履行がないときは、その債務者については、適用しない。

(b)　改正民法467条（債権の譲渡の対抗要件）[2]

債権の譲渡の対抗要件について、改正民法467条の規定を検証する。

第467条　債権の譲渡（現に発生していない債権の譲渡を含む。）は、譲渡人が債務者に通知をし、又は債務者が承諾をしなければ、債務者その他の第三者に対抗することができない。

2　前項の通知又は承諾は、確定日付のある証書によってしなければ、債務者以外の第三者に対抗することができない。

(c)　改正民法468条（債権の譲渡における債務者の抗弁）[3]

債権の譲渡における債務者の抗弁について改正民法468条の規定を検証する。

第468条　債務者は、対抗要件具備時までに譲渡人に対して生じた事由をもって譲受人に対抗することができる。

2　第466条第4項の場合における前項の規定の適用については、同項中「対抗要件具備時」とあるのは、「第466条第4項の相当の期間を経過した時」とし、第466条の3の場合におけ

受人に対しては、債務者は、特約を対抗して履行を拒み、譲渡人への弁済等による譲渡債権の消滅を主張できるものとする考えが採用されることとなった」（日弁連・改正債権法250頁以下）。

[2]　本条は、改正前民法467条の規律を維持したうえで、将来債権譲渡の場合も、同条により、債権発生前に権利行使要件および第三者対抗要件を具備することができることのみを定めた。

[3]　「改正前民法468条1項は、債務者の異議なき承諾による抗弁切断効を認めていた。ところが、この異議なき承諾は意思表示ではなく、債務者が債権譲渡されたことを認識した旨の観念の通知であるとされており、債務者が抗弁を認識していたかどうかにかかわらず、抗弁喪失という重大な効果が生じることとなっていた。そのため、債務者保護の観点から妥当でないとの指摘があり、判例も、債務者保護の観点から、悪意の債権譲受人に対しては抗弁切断効を認めないとしていた」。「本改正により、異議なき承諾による抗弁の切断の制度は廃止され、債務者による抗弁の放棄の意思表示については、意思表示一般の規律に委ねられることとなった」（日弁連・改正債権法272頁以下）。

る同項の規定の適用については、同項中「対抗要件具備時」とあるのは、「第466条の３の規定により同条の譲受人から供託の請求を受けた時」とする。

(B) 債務の引受け

a 現行民法

債務の引受けについては、明文規定はないが、解釈上、①免責的債務引受、②併存的債務引受、③履行の引受けの３つの類型があると解される。免責的債務引受（①）は、債権者が害される可能性があるから、債務者と引受人の間で合意しても、債権者の同意がなければ有効でない（大審院大正14年12月15日判決）。併存的債務引受（②）は、債権者に有利であるから、債務者と引受人の合意によっても可能とされる（大審院大正６年11月１日判決）。履行の引受け（③）は、債務者と引受人間の契約でできると解される。

b 改正民法

(a) 改正民法470条（併存的債務引受の要件及び効果）[4]

併存的債務引受の要件および効果について、改正民法470条の規定を検証する。

第470条　併存的債務引受の引受人は、債務者と連帯して、債務者が債権者に対して負担する債務と同一の内容の債務を負担する。

2　併存的債務引受は、債権者と引受人となる者との契約によってすることができる。

3　併存的債務引受は、債務者と引受人となる者との契約によってもすることができる。この場合において、併存的債務引受は、債権者が引受人となる者に対して承諾をした時に、その効力を生ずる。

4　前項の規定によってする併存的債務引受は、第三者のためにする契約に関する規定に従う。

(b) 改正民法472条（免責的債務引受の要件及び効果）

免責的債務引受の要件および効果について、改正民法472条の規定を検証する。

第472条　免責的債務引受の引受人は債務者が債権者に対して負担する債務と同一の内容の債務を負担し、債務者は自己の債務を免れる。

2　免責的債務引受は、債権者と引受人となる者との契約によってすることができる。この場合において、免責的債務引受は、債権者が債務者に対してその契約をした旨を通知した時に、その効力を生ずる。

3　免責的債務引受は、債務者と引受人となる者が契約をし、債権者が引受人となる者に対して承諾をすることによってもすることができる。

---

[4] 債務引受については、改正前民法に明文の規定がなかったものの、判例・学説はこれが可能であることを異論なく認めてきた。そこで、これまでの判例・学説の集積や、諸外国における立法例等を踏まえ、債務引受が可能であることおよびその要件・効果について明文の規定が設けられることとなった（日弁連・改正債権法286頁以下）。

(2) 譲渡禁止条項のドラフティング

A 譲渡禁止の対象

譲渡禁止の対象は、通常、債権譲渡、債務引受および契約上の地位の移転である。しかし、その範囲は必ずしも明確ではないのでこれを明らかにする必要がある。

(A) 権利・義務の承継

> This Agreement or any part of this Agreement shall not be assigned, transferred, pledged, encumbered, or otherwise conveyed by either Party without the prior written consent of the other Party. Any such conducts without such consent shall be null and void.
>
> 〈訳文〉
>
> 本契約又はそのいかなる部分も、相手方当事者の書面による同意がある場合を除き、いずれかの当事者によって譲渡、移転、担保等により提供されないものとする。上記行為が上記同意なく行われた場合は無効とする。

(B) 特定承継と包括承継

契約上の地位の移転に特定承継が含まれることは問題ないが、法制度によっては、権利・義務の包括承継（合併等、法律により権利・義務が移転する場合）を特定承継と分ける場合があるので、「譲渡」に包括承継を含めるか否かを明らかにすることが望ましい。包括承継を含めることを明確にする条項例として以下がある。

> Neither Party shall assign this Agreement or any portion thereof, including by merger, consolidation, dissolution, operation of law, or any other manner, without the prior written consent of the other Party. Any purported assignment of this Agreement or any parts thereof in violation of this Agreement shall be void and of no effect.
>
> 〈訳文〉
>
> いずれの当事者も本契約の全部ないし一部を、相手方の事前の書面による承諾なく、譲渡することができず、このことは合併、統合、解散、法律による場合、その他いかなる場合による場合も含むものとする。上記行為が上記同意なく行われた本契約又はその一部の譲渡は無効とする。

(C) 第三者への委託

譲渡禁止をしても権利・義務の履行を自由に第三者に委託できるとすると、実質的に第三者への権利・義務の譲渡を認めたことと変わらなくなる。そこで、譲渡禁止に加え第三者への委託の制限も検討する必要がある。その場合の条項例は以下のとおりである。

> Licensor and Licensee recognize that each has a substantial interest in having the other perform or control the acts required of it by this Agreement. Neither Party shall perform its duties

through a delegate nor assign its rights. Any such conducts without such consent shall be null and void.

〈訳文〉

　ライセンサー及びライセンシーは、相手方当事者が本契約上の義務を履行ないしコントロールすることに重きを置いている。いずれの当事者も本契約上の義務を譲渡したり、第三者に履行させないものとする。このような行為で承諾のないものは無効とする。

(D)　支配権の変更禁止

譲渡禁止や第三者への委託を禁止したとしても、相手方当事者の支配が変わった場合（特に競合会社に支配された場合）には、やはり譲渡禁止の趣旨が害されるのでその対応も検討する必要がある。

　Either Party may terminate this Agreement if the other Party undergoes Change of Control with a Disqualified Party. For purposes of this Section, Change of Control and Disqualified Party shall each mean as follows:

　"Change of Control" means the consummation of any of the following transaction(s): (i) any Third Party becomes the beneficial owner of fifty percent (50%) or more of the total voting power of the stock or other ownership interests (as applicable) of either Party; (ii) either Party consolidates with or merges into a Third Party, or any Third Party consolidates with or merges into either Party, in either event pursuant to a transaction in which more than fifty percent (50%) of the total voting power of the stock or other ownership interests (as applicable) of the surviving entity is not held by the parties holding fifty percent (50%) or more of the outstanding stock or other ownership interests (as applicable) of either Party immediately preceding such consolidation or merger; (iii) any other arrangement whereby a Third Party controls or has the right to control the board of directors or equivalent governing body of either Party.

　"Disqualified Party" means any Third Party that: (i) manufactures, distributes, sells or markets products that compete directly with the Products at the time when the Change of Control occurs; and (ii) has material compliance issues or material financial issues.

〈訳文〉

　当事者は、相手方当事者が、不適格当事者との間で支配権が変更した場合、本契約を解除することができる。ここに、支配権の変更及び不適格当事者とは、以下を意味する。

　「支配権の変更」とは、次の取引の履行をいう。(i)第三者が、一方当事者の株式又は持分の50％以上を取得した場合。(ii)一方当事者が第三者と合併し、又は第三者が一方当事者と合併し、当該合併前に存続会社の50％以上の株式又は持分を保有していたものが、存続会社の株式又は持分の50％以上を保有していない場合。(iii)その他、第三者が一方当事者の取締役会や同種の機関をコントロールする場合。

　「不適格当事者」とは、第三者であり、(i)支配権の変更の当時、本件製品の直接競合品を製造、販売、宣伝等をするもの、又は(ii)法令遵守若しくは財務に重大な問題を有するものをいう。

B　譲渡禁止の例外

　権利義務の移転を認めても相手方に不利益を与えない場合がある。むしろ、当事者の地位の譲渡を絶対的に禁止すると、長期契約等において、同契約期間中、合併や会社分割等による機動的な会社経営が制限されてしまう危険性がある。

　そこで、譲渡禁止を前提に、相手方は不合理に譲渡承諾を拒否してはならない（which consent shall not be unreasonably withheld）としたり、合併等を譲渡禁止の例外とすることを検討する必要がある。後者の条項例は以下のとおりである。

　Notwithstanding the foregoing, [Licensee] may assign this Agreement if (i) it is assigned to the surviving entity in a merger or consolidation involving [Licensee], or to a Third Party that acquires all or substantially all of the assets or the business of [Licensee] [to which this Agreement specifically relates], or (ii) it is assigned to an Affiliate of [Licensee].

〈訳文〉

　前記にかかわらず、（ライセンシー）は、(i)譲渡の相手方が、（ライセンシー）との合併または統合の場合の存続会社である場合、（ライセンシー）の全部または主要な資産または事業を承継する会社である場合、または(ii)譲渡の相手方が、（ライセンシー）の関連会社である場合にはその地位を譲渡することができるものとする。

　もっとも、合併等を譲渡禁止の例外とすると、相手方当事者の地位に不利益が生じる危険性もあるので、合併対象を関連会社（affiliate）、競合会社でない会社等に制限することや、履行の保証等も検討する必要がある。

　譲渡禁止の例外および例外の歯止めを定めた条項例は以下のとおりである。

　Neither Party may assign or transfer this Agreement or any rights or obligations hereunder without the prior written consent of the other Party (such consent not to be unreasonably withheld, delayed or conditioned), except a Party may make such an assignment without the other Party's consent (i) to an Affiliate or (ii) to a Third Party successor to substantially all of the business of such Party to which this Agreement relates, whether in a merger, sale of stock, sale of assets or other Change of Control transaction; provided, that (a) any such permitted successor or assignee of rights and/or obligations hereunder must not be a competitor of the non-assigning party; and provided, further, that (b) if assigned or transferred to an Affiliate, the assigning Party shall remain jointly and severally responsible for the performance of this Agreement by such Affiliate. Any assignment or attempted assignment by either Party in violation of the terms of this Section shall be null and void and of no legal effect.

〈訳文〉

　いずれの当事者も、以下の場合を除き、本契約又は本契約上の権利又は義務を、相手方の書面による事前の承諾を得ないで、譲渡してはならないものとする（かかる承諾は不合理に条件を

> 付されたり、保留されたり、遅延されないものとする)。(i)関連会社に対する譲渡の場合、又は(ii)本契約に関する事業を実質的に承継した第三者に対する譲渡であり、合併による場合、株式の譲渡による場合、事業譲渡による場合、又はその他の支配権の移転による場合。ただし、かかる場合、(a)かかる第三者は、相手方当事者の競業者であってはならず、(b)関連会社に対する譲渡の場合は、譲渡当事者は関連会社の履行を連帯保証するものとする。本条に違反するいずれかの当事者の譲渡は無効とする。

C　違反の効果

譲渡禁止違反は、通常、譲渡が無効である旨 (null and void) の定めがなされる。ただし、譲渡禁止違反の効果は第三者に関わる事項であり、当事者が当然にこれを定め得るものではない。したがって、同違反については、契約の相手方に対する損害賠償や解除の余地を残しておく必要がある。

> If a party breaches any requirement of this Agreement that the party obtain other party's consent to assign this Agreement, then such breach is to be treated as a material breach of this Agreement.
> 〈訳文〉
> 当事者が、本契約に基づき譲渡につき他方当事者から同意を得る義務に違反した場合は、当該違反は本契約の重大な違反にあたるものとする。

D　他の条項との整合性

譲渡禁止条項に関連する条項として、グラント条項における第三者への委託に関する条項、業務の委託や再実施、承継人（Successors and Assigns）条項等の条項がある。

以下は、承継人（Successors and Assigns）条項の例である。

> All covenants and agreements in this Agreement by the Parties shall bind their [permitted] successors and assigns, whether so expressed or not.
> 〈訳文〉
> 本契約の当事者の義務及び合意事項は、これらの許された承継人や譲受人を拘束するものとする。

地位の譲渡禁止条項（No Assignment）は地位の承継を否定する根拠となる反面、承継人条項（Successors and Assigns）は地位の承継を肯定する根拠になり得るため、両者は矛盾する危険性がある（ClubCorp, Inc. v. Pinehurst, LLC）。そこで、後者の承継に「許された」(permitted) と付記する等、両者が整合するように配慮する必要がある。

2 実務の考え方

(1) 技術供与契約

今日、企業の吸収または合併は、日常茶飯事のこととして行われており、特に珍しくもない。契約の相手方当事者が、競合相手の会社に吸収される可能性もある。

契約は、本来、契約当事者間の合意に基づく権利、義務関係から成り立っている。契約関係は、常に、契約当事者間に固有なものである。契約の相手が替われば、当然、リスクの見方も変わる。いかなる事情にせよ、そうした契約関係の変化を予期して事前に対策を取っておくことが、実務上最善の策である。

なお、例外的に、子会社、関連会社への契約譲渡をどこまで認容するかは、当事者間の協議事項である。

(2) 技術導入契約

本条項は、ライセンサー、ライセンシーの立場で大きく見方が変わることはない。

第6 一口コメント

企業と企業が締結する契約は、それらの企業に固有なものである。

第20章　権利不放棄（No Waiver）

第1　事例20の紹介〔技術供与〕

> ARTICLE 19 NO WAIVER
>
> Any failure of either party hereto to insist on the strict performance by the other party hereto of any obligation under this Agreement or to exercise any right of such party hereunder in any one or more instances shall not be construed as a waiver of such obligation or right.

第2　事例20の訳文

> 19条　権利不放棄
>
> 　本契約の一方の当事者が、一回若しくは数回、他方当事者による本契約に基づく義務の厳格な履行を主張しないこと又は本契約に基づく権利行使をしないことが、こうした権利又は義務の放棄と解釈してはならない。

第3　事例20の解説

　契約の一方の当事者が、契約上認められた権利を一度もしくは数回行使しなかったりまたは主張をしなかったからといって、当該権利行使が妨げられないという意味である。
　たとえば、ライセンシーが事務処理の遅れでロイヤルティの支払期限までに支払をできなかったと仮定する。契約では支払遅延に対する利息の支払義務がライセンシーに課せられていたが、ライセンサーは利息の請求をライセンシーに対して行わなかったとする。その後の支払時に、再びライセンシーが支払遅延を犯した。今度は、ライセンサーはライセンシーに対して、遅延利息の支払請求をした。このような場合に、この規定があれば、ライセンサーは、前回の支払遅延のときに遅延利息の請求をしなかったので、ライセンサーが遅延利息の請求権を放棄したものとみなしたとライセンシーに言われないで済む。

第4　本条項の位置付け

　本条項は一般条項の一つである。本条項は契約法務管理上重要な条項である。契約を管理、運営

する過程で、契約上の各種権利を、時機をたがえず実行することができないことがある。契約で認められた権利は、あくまでこれを確保するという場合、この規定は有効に働く。しかし、相手に対し、契約の履行を厳しく求めるときは、この規定をあえて挿入しないということも考えられる。本規定の取扱いは、その契約案件の取引環境、相手方当事者の能力、当方の事情、契約運営方針等、諸般の事情を勘案して、決められるべき問題である。

第5 本条項のチェックポイント

1 基本的な考え方

(1) 英米法における「権利放棄」の考え方
A 権利放棄（Waiver）

Waiver（権利放棄）とは、「契約上の請求権、不法行為上の損害賠償請求権、刑事被告人・被疑者の権利等を任意に放棄すること」（田中・英米法辞典）とされる。

以下、違反後の請求権または権利の放棄[1]に関し、UCC／1−306の規定を検証する。

> 申立てられた違反から生じる請求権又は権利は、約因がなくても、求償権を有する当事者によって署名され、送達された権利放棄書があれば、一部又は全部を消滅させることができる。

B 書面化の徹底

英米法は、口頭証拠排除の原則（Parol Evidence Rule）、詐欺防止法（Statute of Frauds）等を採用し、書面化を徹底している。no waiver条項は、権利の不行使は権利の喪失を意味しないとするが、これは、要は、書面がなければ権利の得喪が生じないことを含意するものであり、上記書面化の徹底に沿うものである。

(2) 日本法における「権利放棄」の考え方

ライセンス契約に関連し得る権利放棄に関する民法の条項としては519条（免除）がある。免除とは、債権者が債務者に対する権利を無償で放棄することをいう。債権の放棄を債務の側からいうのが免除である（磯村哲編『注釈民法⑫』）。

多くの立法例は、免除を契約としているが、民法は免除につき債権者の債務者に対する一方的な、かつ口頭の意思表示で足りる（単独行為）としている。したがって、日本法の下においては、免除の有無について「言った、言わない」の水掛け論がなされる危険性は高いといわざるを得ない。

(3) 権利不放棄のドラフティング

---

1 〈UCC／1−306の補足説明〉
　本条項は、商業契約の違反から生じる権利や請求権を放棄する場合、権利を有する方の契約当事者が権利放棄に関して書面を作成し、署名をし、送達すれば、約因は不要であるとする。ただし、この規定は、契約当事者が常に契約を誠実に履行する義務を負担する旨規定した1−203を遵守することが条件であるとされている（オフィシャル・コメント参照）。

> No failure or delay by a party to exercise any right or remedy provided under this Agreement or by law shall constitute a waiver of that or any other right or remedy, nor shall it preclude or restrict the further exercise of that or any other right or remedy. No single or partial exercise of such right or remedy shall preclude or restrict the further exercise of that or any other right or remedy.
>
> 〈訳文〉
>
> 　一方当事者が他方当事者に対し、本契約上又は法律上の権利の行使が遅れたからといって、その権利を失うものでも、その権利の行使が制限されるものでもない。その権利の一部の行使についても、その残りの権利を失わせたり、その行使を制限したりするものではない。

　上記条項例は、権利行使の遅延のみならず、一部の権利行為が残りの権利の放棄を意味しないことを明らかにしている。

2　実務の考え方

(1)　技術供与契約

　契約を履行する過程で、契約に基づく請求権等をそのつど主張していくことのほうがわかりやすいが、それができない場合もある。そのようなときに、権利行使をしなかったから、または請求をしなかったから請求権を放棄したとみなされないようにセーフティネットを張っておくというのが、この権利不放棄条項である。

　この条項を契約に挿入しなおかつ相手方に特定の権利を放棄させたいという場合は、その時点で、相手方当事者からその趣旨の同意を文書で取り付けておく必要がある。

　権利不放棄というこのセーフティネットは、契約当事者双方に作用するので、契約管理、運営上注意深く扱う必要がある。

(2)　技術導入契約

　本条項は、ライセンサー、ライセンシーの立場で、大きく取扱いが異なるものではない。

第6　一口コメント

　紛争になると、当事者は、あらゆる事柄を自己に有利に解釈するようになる。権利の得喪に関する事柄についても、あらかじめ書面によるべきものとし、無用な水掛け論を回避したいものである。

第21章　派生的損害賠償
（Consequential Damages）

第1　事例21の紹介〔技術供与〕

ARTICLE 20 CONSEQUENTIAL DAMAGES

Notwithstanding anything to the contrary contained elsewhere herein, Licensor shall in no manner be liable to Licensee for any loss of time, earnings or profits or any other consequential or special damages which may be suffered by Licensee due to the causes or reasons attributable to defects or omissions in Licensor's Proprietary Data furnished to Licensee by Licensor hereunder or negligence or any other faults on the part of Licensor in connection with this Agreement provided however that Licensor shall at its own costs and expenses correct or modify such defects or omissions, if any, in such Licensor's Proprietary Data.

第2　事例21の訳文

20条　派生的損害賠償

　本契約のどこかに反対規定があろうとも、ライセンサーはライセンシーに対して、本契約に基づきライセンサーがライセンシーに供与したライセンサーの財産的情報の瑕疵又は欠落、又は本契約に関しライセンサー側の過失又はその他瑕疵の責に帰すべき原因又は理由により、ライセンシーが被る可能性のある時間、純利益（earning）又は利益の損失、又はその他派生的又は特別の損害（金）に関し、一切責任を負わないものとする。ただし、ライセンサーは、万が一こうしたライセンサーの財産的情報に瑕疵又は欠落があった場合、自己の費用負担にてこれら瑕疵又は欠落の訂正又は修正を行うものとする。

第3　事例21の解説

　ライセンス契約に基づきライセンサーがライセンシーに対して供与した技術資料等に誤りや欠落があった場合、ライセンサーの責任が、ライセンサーの技術資料の誤りの訂正または不足の技術資料の追加提供等に限定されたり、賠償責任の範囲に一定の制限が設けられることが多い。たとえそれがライセンサーの技術資料の誤りに起因したものであっても、ライセンシーが被った派生的な損害までライセンサーが賠償責任を負担するケースは、少数派と思われる。ただし、PL問題等第三

者のクレームが絡む場合は、別である。

第4　本条項の位置付け

　上記のようにたとえライセンサーに契約違反があろうとも、その賠償責任の範囲は制限されるというのが一般である。なぜなら、ライセンサーの技術を使用して、実際に契約製品を製造、販売するのはライセンシーであり、ライセンシーの損害の有無・範囲はライセンシーの活動方法に大きく影響されるからである。

　賠償責任の範囲を制限する方法として、派生的損害の賠償を免責することが多い。派生的損害は、一般的に、その大きさ等を合理的に測ることができず、契約の考え方に馴染まない。また、損害がある程度予測が可能としても、その額は取引の額に比べて著しく大きくなることが多い（特に大企業を相手に取引する場合）。保険等によりリスクを担保し、賠償責任を負担するとの考え方もあるが、その場合は保険料が高額になり、その保険料の財源を、ロイヤルティや販売価格に転嫁すれば、商業採算にのらなくなる。派生的損害まで負担するのは、特にライセンサーの立場からは酷な場合が多い。ただし、PL問題が絡んでくると、そう単純にはいかないことがある。

第5　本条項のチェックポイント

1　基本的な考え方

(1)　英米法における「損害賠償」の考え方
A　損害（Damage）とは
　損害（Damage）とは、他人の故意、過失、その他の侵害行為あるいは事故によって身体または財産に生じた被害、損失。人の生命、身体、人格に加えられた傷害、損傷、物の損壊、滅失、減価等による損害をいう。この言葉は、金銭による損害賠償（額）を意味するdamagesとは区別される（田中・英米法辞典）。

B　損害賠償の種類
　英米法の考え方として、損害賠償は普通法上の救済方法である。契約違反による損害賠償は下記4種類である（並木・契約法179頁参照）。
　① 名目的損害賠償（nominal damages）
　② 補償的損害賠償（compensatory damages）
　③ 派生的損害賠償（consequential damages）
　④ 損害賠償の予定（liquidated damages）
　　(A)　名目的損害賠償（Nominal Damages）
　名目的損害賠償（nominal damages）とは、「権利侵害があったことは認められるが、実質的損害の発生が認められない場合又は被害者（原告）が損害額を証明する証拠を提出しない場合に、被告に課せられるきわめて少ない損害賠償」とされる（田中・英米法辞典から）。普通、1ドルという名

目的な損害賠償を、債権者は債務者に対して、請求できるとされる（並木・契約法179〜180頁参照）。

(B) 補償的損害賠償（Compensatory Damages）

補償的損害賠償（compensatory damages）とは、「被害者の被った身体、財産その他損失（精神的損害を含む）を補塡する額」とされ（田中・英米法辞典）、具体的には「契約違反によって生じた通常の損害（ordinary losses suffered）」および契約違反によって得ることができなくなった通常の利益（ordinary gains prevented）を補塡するものとされる（並木・契約法180頁参照）。名目損害賠償（nominal damages）や懲罰的損害賠償（punitive damages）は含まれない。現実的損害賠償（actual damages）と同義的に使われる（田中・英米法辞典参照）。

(C) 派生的損害賠償（Consequential Damages）

派生的損害賠償（consequential damages）とは、「特別損害賠償（special damages）ともいわれ、特定の契約においては、特別又は異常な事情のもとに発生した特別の損害であって、契約違反の当事者が、それを予見できたものについて、その賠償を命じるものである」とされる（並木・契約法182頁）。

なお、派生的損害賠償に関するUCC／2-715に関しては、検証済である（第2部第12章「保証および責任」第5参照）が、以下引用する。

---

(1) 売主の契約違反の結果生じる付随的損害賠償は、合法的に拒絶された物品の検査、受領、輸送および管理、保管上合理的に発生した諸費用、代品入手に関わる商業的に合理性のある管理費、諸費用または手数料、並びに遅延又はその他違反に付随するその他合理的な諸費用を含む。
(2) 売主の契約違反の結果生じる派生的損害賠償は、下記を含む。
　(a) 売主が契約時に知るべき理由のあった、しかも代品入手（cover）その他により合理的に阻止することができなかった一般的又は特定の要求またはニーズの結果生じる損失、並びに
　(b) 保証違反の結果、相当な関係から生じた人身又は財産に対する侵害（injury）

(D) 損害賠償の予定（Liquidated Damages）

損害賠償の予定（liquidated damages）とは、契約違反があった場合に、被害者が違反者に対して請求できる金額をあらかじめ契約によって合意されたものである（並木・契約法183〜185頁「5．損害賠償の予定」参照）。

なお、損害賠償の予定に関するUCC／2-718に関しては、検証済である（第2部第12章「保証および責任」第5・1参照）。

C 派生的損害の具体例

(A) 履行不能の場合

a 転売利益の請求

以下は、米国ニューヨーク州の裁判例である。

2004年5月、製薬会社であるConor Medsystems Ireland社（以下、「C社」という）は、同じく製

〔第2部〕 II－3　一般条項（General Terms）

薬会社であるBiotronik社（以下、「B社」という）と、C社の製品であるCoStar（以下、「本製品」という）について、C社がB社を米国および複数の国を除く全世界（以下、「本地域」という）における独占販売店に指名する契約を締結した。

同契約の概要は以下のとおりであった。
① B社は、毎月、C社に対して、将来12カ月のフォーキャストを提出し、最低購入量を発注し、購入した本製品を本地域で転売する。
② B社がC社に対して支払うべき対価は、本製品の転売価格をベースに算出する。
③ C社およびB社の責任を以下のとおり制限する。
　"Neither party shall be liable to the other for any indirect, special, consequential, incidental, or punitive damage with respect to any claim arising out of this agreement (including without limitation its performance or breach of this agreement) for any reason."
④ 契約期間は、2007年12月31日までとする（ただし、1年間の自動更新あり）。
⑤ 準拠法はニューヨーク法とする。

2007年5月、C社は、本製品を製造販売するためのFDAの許認可を得ることができないこと、また、すでに販売されている本製品をリコールすることを発表した。

C社は、B社に対し、C社のB社に対する本製品の販売価格に相当する8,320,000ユーロとリコールに伴う費用の20％を支払い、契約を更新しない旨通知した。

これに対し、B社は、C社に対し、2009年4月末（契約満了後、自動更新が1回なされ、さらに4カ月の販売終了させる期間を考慮）までの本製品の逸失利益（loss of profits）を請求して訴えを提起した。

原審は、B社が請求する逸失利益は、責任制限条項の派生的損害"consequential damage"に当たるとして、B社の訴えを棄却し、控訴審も原審の判断を支持した。

これに対し、最高裁は、B社の損害は、C社の契約違反から直接生じた損害であり、通常損害に当たるとして、B社の請求を認めた。その理由の概要は以下のとおりである。

逸失利益について直接定める契約上の文言がない場合、逸失利益は、直接損害にも、間接損害にも当たり得る。そして、いずれに当たるかは、対象となる逸失利益が、契約から直接生じる利益であるか、それとも第三者との契約により生じる利益であるかによる。本件の場合、B社がC社に対して支払うべき対価は、本製品の転売価格をベースに定められており、両社の利益は、同定めにより生じるものである。したがって、B社の損害は、C社の契約違反から直接生じた損害であり、間接損害に当たらない。

上記裁判例は、責任制限条項の「間接損害」の内容を具体的に明記する必要があることを再認識させるものといえる。

b　支出をせずに済んだ変動費の控除

以下は、逸失利益の計算の際、支出をせずに済んだ変動費を控除した日本の裁判例（大阪地裁平成7年11月7日判決）である。

原告が被告の販売代理店として営業していたところ、被告が正当な事由なく原告に対する商品の供給を停止した。

かかる事案において裁判所は、停止の翌日から1年間は得べかりし利益を喪失したと認められるとし「原告は、平成元年7月1日から平成5年4月30日までの間、平均年間売上高1億8291万7300円を挙げ、他方その間の平均年間売上げ原価1億2311万6350円、平均年間変動費3560万3757円を要していたことが認められるから、これを控除した1年間の平均営業利益2419万7193円相当の損害を被ったと認めるのが相当である」とした。

c 逸失利益の請求が認められる期間

以下は、逸失利益が認められる期間に関する日本の裁判例（東京地裁平成3年7月19日判決）である。

原告（医薬品等販売業者）と被告（医薬品等製造業者）は、昭和52年1月14日、医薬品の継続的取引契約（1年毎の期間・更新の約定あり）を締結していたところ、昭和63年4月以降、被告は採算性の悪さから同製品を供給しなくなった。原告は、被告に対し、債務不履行および不法行為に基づき、不履行以降3年間に得られたであろう利益相当額540万円等を求めた。

裁判所は、原告は取引停止による3年間の逸失利益を求めるが、本件契約は1年毎に更新されることになっていることおよび被告に採算上問題が生じていたこと等の事情を考慮すると、原告が請求できる逸失利益も1年間に限るべきであるとし、逸失利益が認められる期間につき、主に、契約の期間および採算性を考慮した。

(B) 履行遅滞の場合

ペンシルバニア州の連邦裁判所の裁判例（Jala v. DDG Constr., 2016 U.S. Dist.LEXIS 150969 (E.D. Pa., Nov. 1, 2016)）は、派生的損害（または間接損害）につき以下のように判断している。

原告（発注者）は、被告（請負人）に対し、2014年秋までにモーテルが完成するよう発注した。契約書には、派生的損害を負わない旨の条項があった。その後、工事が遅れたため、原告（発注者）は他の業者に依頼をし、2015年春にモーテルを完成させた。原告は、被告に対し損害賠償請求をした。

裁判所は、直接損害か間接損害かを判断するについては、予見可能性ではなく、以下の基準、すなわち、「(1)相手方当事者の不履行により減じた価値が直接損害、(2)これによって生じた派生的な損害が間接損害」（Atl. City Associates, LLC, v. Carter& Burgess Consultants, Inc., 453F. (3d Cir. 2011)）、「直接損害は、契約自体から生じた損害であり、間接損害は、契約の直接的な範囲を超えた損害」（Penncro Assocs., Inc. v. Sprint Spectrum, L.P., 499 F.3d 1151, 1156 (10th Cir. 2007)）、または「直接損害は被告が提供すべき内容を得るためのコストであり、そうでないものが間接損害である」等の基準によって判断すべきであるとした。

そして、上記基準により、裁判所は、以下のとおり判断した。

まず、原告が工事を完成させるために他の業者に支払った費用、同工事のための水道光熱費も直接損害にあたる。これに対し、工事の遅れによる利益の喪失、宣伝、保険料は原告・被告間の契約の直接的範囲を超えた内容であり、間接損害にあたる。そして、工事の遅延中の家具の保管料、借入金の利息については、前者は間接損害、後者は直接損害であると判断した。

上記裁判例は、「派生的損害」（間接損害）が日本法における「特別損害」より広い概念と解釈され得ること、それ故に、派生的損害（間接損害）の免除が損害賠償請求の大きな制限となり得ることを再認識させる裁判例といえる。

(2) 日本法における「損害賠償」の考え方

A 損害とは

「損害」（民415条）とは、加害行為がなかったならばあるべき利益状態と、加害行為がなされた現在の利益状態との差である（差額説）と解される。そして、民法は後述のように、原則として「通常」損害を賠償するものとし、一定の場合には「特別」損害も賠償の対象になるとする（民416条）。

通常損害の具体例としては、「売買目的物が給付されなかった場合には、同種の物を買うために余計にかかった費用、特定物の滅失ならその物の時価相当額、賃貸借の目的物の返還が遅れた場合には、その間の賃料相当額、利息付きの金銭債務の支払が遅滞すれば、利息相当額」等がある（内田・民法Ⅲ160頁）。

また、特別損害で要求される「予見可能性」については、通説・判例は、予見する主体の「当事者」は債務者であり、予見可能性を判断する時期は、履行期ないし不履行時としているとされるが、契約後に知り得た知識も考慮されるから賠償の範囲が広がると批判される（内田・民法Ⅲ161頁）。

B 債務不履行に基づく損害賠償

(A) 現行民法の場合

a 民法415条（債務不履行による損害賠償）

債務不履行による損害賠償について、民法415条の規定を検証する。

> 第415条 債務者がその債務の本旨に従った履行をしないときは、債権者は、これによって生じた損害の賠償を請求することができる。債務者の責めに帰すべき事由によって履行をすることができなくなったときも、同様とする。

b 民法416条（損害賠償の範囲）

損害賠償の範囲について、民法416条の規定を検証する。

> 第416条 債務の不履行に対する損害賠償の請求は、これによって通常生ずべき損害の賠償をさせることをその目的とする。
> 2 特別の事情によって生じた損害であっても、当事者がその事情を予見し、又は予見することができたときは、債権者は、その賠償を請求することができる。

(B) 改正民法の場合

a 改正民法415条（債務不履行による損害賠償）[2]

> 第415条 債務者がその債務の本旨に従った履行をしないとき又は債務の履行が不能であると

---

[2] 改正前民法415条前段の不履行の場合には、帰責事由の不存在による免責が認められるか否かが不明であったところ、判例・通説は、債務不履行一般について帰責事由のない場合に免責を認めているので、この点を明らかにする必要があった。また、本条2項柱書および1号は、債務の履行が不能である場合（履行期の前後を問わない）に塡補賠償が認められることを明示した（日弁連・改正債権法106頁以下）。

きは、債権者は、これによって生じた損害の賠償を請求することができる。ただし、その債務の不履行が契約その他の債務の発生原因及び取引上の社会通念に照らして債務者の責めに帰することができない事由によるものであるときは、この限りでない。

2　前項の規定により損害賠償の請求をすることができる場合において、債権者は、次に掲げるときは、債務の履行に代わる損害賠償の請求をすることができる。
一　債務の履行が不能であるとき。
二　債務者がその債務の履行を拒絶する意思を明確に表示したとき。
三　債務が契約によって生じたものである場合において、その契約が解除され、又は債務の不履行による契約の解除権が発生したとき。

b　改正民法416条（損害賠償の範囲）[3]

第416条　債務の不履行に対する損害賠償の請求は、これによって通常生ずべき損害の賠償をさせることをその目的とする。
2　特別の事情によって生じた損害であっても、当事者がその事情を予見すべきであったときは、債権者は、その賠償を請求することができる。

C　瑕疵担保責任に基づく損害賠償

瑕疵担保責任に基づく損害賠償の範囲については、改正前民法においては、同責任の法的性質に関連して、信頼利益[4]にとどまるか、履行利益にも及ぶかの争いがあったが、改正民法においては、債務不履行の一般準則で処理されることとなった（日弁連・改正債権法377頁以下）。したがって、改正後の損害賠償の範囲については上記B(B)と同様の処理がなされることになる。

なお、瑕疵担保責任に基づく損害賠償の詳細については、第2部第12章「保証および責任」を参照されたい。

(3)　派生的損害の免責条項のドラフティング

A　派生的損害の免責

No Consequential Damages.　Notwithstanding anything contrary provided in this Agreement, in no event shall Licensor nor Licensee be liable to the other Party for any incidental, indirect, special or consequential losses or damages of the other Party, including, without limitation, loss of profit, whether based upon contract, negligence, or other theory of law.
〈訳文〉

---

[3] 本条1項は、改正前民法416条1項と同じであり、債務不履行に基づく損害のうち通常生ずべき損害について賠償すべきとしている。本条2項は、改正前民法では「予見し、又は予見することができたときは」とされていたものを、「予見すべきであったときは」に改めた。その趣旨は、改正前民法416条は現実に予見していたかどうかという事実の有無を問題とするものではなく、予見すべきであったかどうかという規範的な評価を問題としているが、そのことが明確ではないのでそれを明確にするものと説明されている（日弁連・改正債権法113頁以下）。

[4] 信頼利益とは、買主が瑕疵のない物だと信じたことによって被った損害、等と説明される（内田・民法Ⅱ125頁）。

> 派生的損害の免責　本契約のいかなる記載にもかかわらず、ライセンサー及びライセンシーは、いずれも、相手方に対し、それが契約に基づくか、過失に基づくか、その他の法的根拠に基づくかを問わず、得べかりし利益を含め、相手方の付随的、間接的、特別損害ないし損失について責任を負わないものとする。

上記規定は、一方において責任の範囲が限定されるが、他方において権利の救済も限定されるため、当事者にとって諸刃の剣となり得る。

B　損害の上限

賠償額に上限を設ける場合、間接損害に上限を設けるのか、直接損害・間接損害を問わず全ての損害に上限を設けるのかを明らかにする必要がある。

以下は、後者の条項例である。

> In no event shall Licensor be liable to Licensee in an aggregate amount exceeding [the remuneration payable to Licensor under this Agreement during the calendar year of the claim with respect to the Product(s) giving rise to such liability].
> 〈訳文〉
> ライセンサーはライセンシーに対し、本契約に基づき、当該クレームが生じた年度において、当製品がもたらした負債について、（ライセンサーに対し支払われるべき報酬の総額）を超えてライセンサーはライセンシーに対して責任を負わないものとする。

C　派生的損害等の免責の例外

(A)　当事者間の特定のクレーム

a　悪意・重過失

> Save for [events of gross negligence, fraudulent misrepresentation or willful misconduct], in no event shall either Party be liable to the other Party for lost profits, loss of business, business interruption or indirect damages, however caused and under any theory of liability whether based in contract, warranty, tort, including, without limitation, negligence, strict liability, statutory or otherwise, arising out of or in connection with this Agreement, whether the damages were foreseeable or whether the other party was advised of the possibility of such damages.
> 〈訳文〉
> （重過失、詐欺的な虚偽陳述、故意による場合）を除き、いずれの当事者も他方当事者に対し、如何なる理由によるとしても、また契約、保証、不法行為その他如何なる法的根拠によっても、また仮にその損害が予見可能であり、また相手方から知らされていたとしても、売上の損失、機会利益の損失、業務の停止、間接損害につき責任を負わない。

b　秘密保持義務違反

秘密を開示した当事者が、相手方の秘密保持義務違反により被る主要な損害は、多くの場合、将来の得べかりし利益（派生的損害）である。そこで、開示当事者の救済手段を確保するため、秘密保持義務違反については派生的損害の免責の例外とされることがある。

(B) 第三者のクレーム

> Save for the [claims for indemnification pursuant to Section ＿＿ (Third Party Claim) of this Agreement], in no event shall either Party be liable to the other Party for lost profits, loss of business, business interruption or indirect damages, however caused and under any theory of liability whether based in contract, warranty, tort, including, without limitation, negligence, strict liability, statutory or otherwise, arising out of or in connection with this Agreement, whether the damages were foreseeable or whether the other party was advised of the possibility of such damages.
>
> 〈訳文〉
> （本契約第＿条（第三者クレーム）に基づく補償請求の場合）を除き、いずれの当事者も他方当事者に対し、如何なる理由によるとしても、また契約、保証、不法行為その他如何なる法的根拠によっても、また仮にその損害が予見可能であり、また相手方から知らされていたとしても、売上の損失、機会利益の損失、業務の停止、間接損害につき責任を負わない。

2　実務の考え方

(1)　技術供与契約

ライセンス契約において、ライセンサーが引き受けることのできる賠償責任は、非常に限られている。すなわち、保証としては、ライセンシーへ提供した図面その他技術資料に誤りや抜けがあった場合、これを修正したり、補充したりすることだけである。また、そうしたライセンサーの過失によってライセンシーが何らかの損害を被った場合、ライセンサーの賠償責任の範囲には制限が加えられるべきであり、同制限としては、派生的損害賠償の免責が検討されるべきである。

これら限度を超えてライセンサーがライセンシーから賠償責任を要求される場合、ライセンサーはライセンス契約そのものを締結できないということになる。ライセンサーが派生的損害まで賠償責任を負えないことについて、契約書において明確に合意しておかねばならない。

(2)　技術導入契約

ライセンシーはライセンサーに対して、ライセンサーから受領した技術資料に欠陥があれば、ライセンサーが自己の費用負担において、速やかに、その欠陥技術資料の修正等を行う義務を、負担させなければならない。また、そうしたライセンサーの欠陥技術資料が原因で、ライセンシーが損害を被った場合、ライセンサーの賠償責任の範囲が制限され得るとしても、ライセンサーの故意や重過失の場合、また、製造物責任等が問題となる場合には同制限が及ばないことを検討することが必要である。

〔第2部〕 II-3 一般条項（General Terms）

第6 一口コメント

正確なリスク計算は、正確な利益の確保につながる。

第22章　完全なる合意（Entire Agreement）

第1　事例22の紹介〔技術供与〕

ARTICLE 21　ENTIRE AGREEMENT

21.1.　This Agreement constitutes the entire and only agreement between the parties hereto regarding the subject matter hereof and supersedes any other commitments, agreements or understandings, written or oral, that the parties hereto may have had.

21.2.　No modification, change or amendment of this Agreement shall be binding upon the parties hereto except by mutual express consent in writing of the subsequent date executed by a duly authorized officer or representative of each of the parties hereto.

第2　事例22の訳文

21条　完全なる合意

21.1.　本契約は、主題に関し本契約当事者間の完全にして唯一の合意であり、本契約当事者のそれまでの書面又は口頭の約束事、合意事項又は了解事項に取って代わるものとする。

21.2.　本契約は改訂、変更又は修正されても、本契約当事者はそれによって一向に拘束されないものとする。ただし、両者の明白な書面による同意があり、本契約当事者各々の正当に授権された役員又は代表者が契約日以降の日付でそれに署名した場合は、この限りにない。

第3　事例22の解説

1　完全なる合意（21.1項）

　この条項の意味は、調印された契約書がすべてであり、それ以外の約束事は一切無効であるという趣旨である。契約書調印日以前に、口頭で約束したことや文書で合意したことであっても、その調印された契約書に入っていなければ、そうした約束や合意は当事者を法的に有効に拘束しない。

2　契約書の変更・改訂・修正（21.2項）

　契約書の変更、改訂または修正を行う場合、当事者間における明白な文書による同意が必要である（mutual express consent in writing）。しかも、その同意文書は、契約締結日以降に作成されたものでなくてはならない。契約締結日以前の同意文書は、すべて無効である。しかも、このような同意文書は、両当事者が署名権限を正当に認めた者によって署名された正式文書でなくてはならない。

第4　本条項の位置付け

　一度合意し、調印した契約書は絶対であり、これを簡単に変更することは許されない。契約書の重みを実感させる、一般条項の中でも特に重要な条項である。
　英米企業との契約では、ほとんどといってよいくらい本条項が入る。しかし、契約締結の経緯が長年にわたり、複雑であったりしたような場合、必ずしも契約内容を一つの契約書に集約できないこともあり得る。そのような場合、本条項を契約書に盛り込むことでかえって混乱を招いてしまうこともある。本条項を契約に挿入すべきか否かは、契約相手やその事業の実態に合わせて判断されるべきである。

第5　本条項のチェックポイント

　本条項は、英米法特有の口頭証拠排除の原則（parol evidence rule）および詐欺防止法（statute of frauds）の考え方に準拠したもので、準拠法と共に契約法務管理上最も重要な条項の一つである。

1　基本的な考え方

(1)　英米法における「完全なる合意」の考え方
A　「完全なる合意」の根拠
(A)　口頭証拠排除の原則（Parol Evidence Rule）

　「口頭証拠排除の原則」（parol evidence rule）とは、契約を締結する当事者が、合意内容又は意思内容を最終的（final）で、完全な形（complete integration）で文書化したとき、この書面内容に関し、文書化以前の当事者間の了解や交渉に関する口頭の証拠によって、追加、変更、補充、否認することは認められないとする原則で、「口頭証拠排除の原則」と称する[1]（並木・契約法123頁第8章第1

---

[1]　UCC／2-202.「最終的な書面による表示：口頭又は外部証拠」
　「当事者が確認書で諸条件に関して合意している場合又はそれに包含されたような諸条件に関し、当事者の合意の最終的な表現として、当事者の意思で、文書にて、別途諸条件を規定している場合、そうした諸条件を以前の合意若しくは同時に行われた口頭合意の証拠によって否定することはできない。ただし、下記により説明又は補足をすることはできる。
　(a)　取引過程若しくは取引慣行によって又は履行過程（UCC／1-303）によって；及び
　(b)　矛盾しない付加条件の証拠によって。ただし、裁判所がその覚書（the writing）も又、合意の諸条件に関する完全にして排他的な陳述として意図されたものと判断する場合はこの限りではない」。
〈UCC／2-202関連条文〉

第22章　完全なる合意（Entire Agreement）

節参照）。

　この原則によって、契約書に書かれていること以外一切の口頭証拠（文書証拠も含む）（田中・英米法辞典参照）による否認が許容されないことになる（UCC／2－202）。

　　(B)　詐欺防止法（Statute of Frauds）[2]

・UCC／1－303.「履行過程、取引過程、及び取引慣行」
　「(a)　『履行過程』（course of performance）とは、以下の場合に、存在する特定取引の当事者間の一連の行動である：(1)その取引に関する当事者間の合意には、一方の当事者による履行に関する反対の機会を包含し、しかも(2)他方当事者は、その履行の性質を承知し、しかもそのことに対して反対の機会があり、その履行を受諾若しくは反対もせずにそれを黙認する場合。
(b)　『取引過程』（course of dealing）とは、特定取引の当事者間の以前の取引に関する一連の行動であって、彼らの表現及びその他行動を解釈するための共通の認識基盤を確立しているものと公平にみなされるべきものである。
(c)　『取引慣行』（usage of trade）とは、一つの場所、職業、若しくは取引（trade）において規則正しく順守されているがゆえに、それが当該取引に関して順守されることの期待を正当化するような取引慣行若しくは方法である。こうした慣行及び範囲は、事実として、立証されねばならない。こうした慣行が、取引法典若しくは同類の記録として具体的に表現されることになれば、その記録の解釈は、法律の問題となる。
(d)　当事者間の履行過程若しくは取引過程又は当事者が従事する若しくは承知しているか、あるいは知るべきその職業若しくは取引上の取引慣行は、当事者の合意の意味を確認する上で重要であり、その合意の特別の条件に特別の意味を付与できるものであり、又、同合意の条件を補足若しくは修正することができる。その合意に基づく履行の一部が起こるべきその場所において適用される取引慣行は、その履行の一部に関してそのように利用されることがあり得る。
(e)　(f)項に別途規定されているものを除き、合意の明示条件及び適用される履行過程、取引過程若しくは取引慣行は、合理的である限り、相互に一貫性があるものと解釈されねばならない。こうした解釈が不合理である場合：(1)明示条件は、履行過程、取引過程及び取引慣行に優先する；(2)履行過程は、取引過程及び取引慣行に優先する；及び(3)取引過程は、取引慣行に優先する。
(f)　2－209条に従い、履行過程は、履行過程と矛盾するいかなる条件をも放棄若しくは修正することを立証するために重要である。
(g)　一方の当事者によって提案された関連取引慣行の証拠は、認められない。ただし、その当事者が他方当事者に対して、他方当事者に対する不公平な驚異を防ぐために裁判所が十分と認める通知を与えていた場合は、この限りではない」。
〈UCC／1－303関連条文〉
・UCC／2－209.「（契約の）修正、解除若しくは放棄」
　「(1)　本編による契約修正合意は、拘束するための約因を必要としない。
(2)　署名された合意は、署名された文書による場合を除き、修正若しくは解除を排除し、他の方法で修正若しくは解除することはできない。ただし、商人間の場合を除き、商人によって提供された書式（form）上の要求は、相手方当事者によって別途署名されねばならない。
(3)　修正契約が詐欺法の規定による場合、本編詐欺法条項（2－201）の要件を充足しなければならない。
(4)　修正若しくは解除の試みが(2)項若しくは(3)項の要件を充足しない場合でも、その修正若しくは解除は、放棄としては効力を有する（operate）。
(5)　一方の当事者が、契約の未履行部分（executory portion）に影響を与えるような放棄を行った場合、放棄した条件を必ず厳格に履行する旨の合理的な通知を、相手方当事者が受領することで、その放棄を撤回することができるものとする。ただし、放棄を信頼した立場の重大なる変更に鑑み、その撤回が公正ではないとされる場合は、この限りではない」。
〈補足説明〉
　(5)項について、並木・UCC（36～37頁）は、下記のとおり説明している。
　「例えば、すでに述べた例によれば、当初の契約期間である50日をまだ経過していない場合において、買主は、売主に対して、物品の積送期間を80日に変更すべき意思を変更したこと、及び、物品が当初の合意通り50日以内に積送させられるべきことを通告することができる」（36頁）。
　また、「例えば、前述の例で、すでに、売主が、物品を80日以内に積送すべき旨の変更された合意を信頼した結果、商品を入手することが遅れ、買主に対して、当初合意された期間である50日以内に商品を積送することが、実質的に不可能であるとみられる場合には、売主が、買主の放棄を信頼して、自己の地位に重大な変更を加えたこととなるものであり、この場合に、買主は、契約を変更した条項を撤回することができない」（37頁）。
2　UCC は下記契約に関し書面契約を要求している。

427

英米においても有償契約は、口頭で契約として成立する。しかし、英米においては詐欺法によって、文書によらなければ法律上強行できない契約がある。

イギリスでは、保険契約や土地に関する契約は、書面契約でなければ法律的に強行することはできない。

米国では、ルイジアナ州を除くすべての州において、「通常500ドル（金額は州によって変動がある）以上の動産売買契約、保証契約、土地に関する契約、合意の時から1年以内の履行を完了しえない契約」（岩崎・英文契約書108頁）が詐欺防止法の対象となる（UCC／2−201等）。

上記契約の場合、書面契約を作成しても、口頭による契約変更の可能性を残しておくと、一部だけ書面になっているだけで、全体は書面になっていないとの理由で、法律的に強行できないとする主張を相手方に許す可能性があるので、この点契約書面上明確に口頭による契約変更を否定しておかねばならない（岩崎・英文契約書108頁参照）とされる。

B 「完全なる合意」の対象

完全なる合意は、その対象（subject matter）をいかにとらえるかによって、同条項の意味が変わり得る。すなわち、完全なる合意か否かは最終的には裁判所によって決せられ、その対象が限定的（partial integration）にとらえられると、それ以外の事項につき口頭証拠によって従前の合意を補充することは認められ得る。これに対して、対象が広く（complete integration）とらえられると、従前の合意を口頭証拠によって否認できないだけでなく、補充することすら認められないことにな

500ドル以上の物の売買契約：
UCC／2−201.「正式の要件；詐欺防止法」
「(1) 本条（this section）に別途規定ある場合を除き、500ドル若しくはそれ以上の価額の売買契約は、売買契約が当事者間において締結され、強制が求められる当事者又はその授権された代理人若しくは仲介人によって署名されたことを示すに足る何らかの文書がない限り、訴訟（action）又は抗弁（defense）によって強制することはできない。文書は、それが合意された条件を省略し又は正しく陳述していないからという理由で不十分とはいえないが、契約は同文書に表示された物品の数量を超えて、本条項に基づく強制をすることはできない。
(2) 商人間では、合理的な期間内に、発信人に対する充分な契約確認書が受領され、確認書を受領した方の当事者がその内容を当然知っている場合、その確認書は同当事者に対して(1)項の要件を充足する。ただし、同確認書が受領されてから10日以内に、同確認書の内容に対する異議通知書が発給された場合は、この限りではない。
(3) (1)項の要件は充足しないが、その他の点で有効な契約は、以下の場合には強制することができる。
　(a) その物品が買主のために特別に製造されるものであり、しかも売主の事業の通常の過程（ordinary course of seller's business）では他者に販売するには不適であり、履行拒絶通知が受領される前に、しかも同物品が同買主のためであることを合理的に示す状況下にある場合、売主が同物品の製造を実質的に開始したか、又は物品調達の約束を既にしていた場合；又は
　(b) 強制（enforcement）を求められている方の当事者が、裁判所において、訴答（pleading）、証言（testimony）又はその他の方法で、売買契約が締結された事実を認める（admit）が、ただし、同契約は認容された（admitted）物品の数量を超えて、強制することはできないという場合；又は
　(c) 支払も受諾も完了した物品又は受領も受諾も完了した物品に関する場合」。
〈UCC／2−201関連条文〉
・UCC／2−606.「何が物品の受諾にあたるか」
「(1) 物品の受諾が発生するのは、買主が以下のことをなした時点である。
　(a) 物品検査の合理的な機会を得た後、売主に対して、同物品が契約に合致していること、又は買主が、物品が契約に合致していないがそれら物品を受け取るか（take）、若しくは保持する旨通知をする；又は
　(b) 有効な拒絶（2−602(1)）を行うことを怠るとき。ただし、同受諾は買主が物品検査の合理的な機会を得るまでは発生しない；又は
　(c) 売主の所有権と相矛盾する行為をするとき。ただし、こうした行為が売主に比べて違法であっても、売主によって追認されさえすればそれは受諾である。
(2) 取引単位（commercial unit）の一部の受諾は取引単位全部の受諾である」。

第22章 完全なる合意（Entire Agreement）

る。なお、これらの合意の効果の詳細については、Restatement (Second) of Contracts の209条以下[3]を参照されたい。

(2) 日本法における「合意」の考え方

日本法には英米法の「完全なる合意」に相当する考え方はない。契約は「相互に対立する複数の意思表示の合致によって成立する法律行為」といわれ、契約の成立・変更は口頭でも行える建前をとっている。したがって、裁判においても「言った、言わない」の攻防がなされることが多い。

(3) 完全なる合意条項のドラフティング

This Agreement constitutes the entire agreement between the Parties pertaining to the subject matters contained in it and supersedes all prior and contemporaneous agreements, representations and understandings of the Parties. No supplement, modification or amendment of this Agreement shall be binding unless executed in writing by both Parties. Each Party agrees that in entering into this Agreement it has not relied on any representation, warranty, collateral contract or other assurance made by or on behalf of the other Party before the signature of this Agreement, except those expressly set out in this Agreement.

〈訳文〉

本契約は、本契約に記載されている事項に関し、両当事者の合意の全てが含まれており、当事者のこれ以前、又は同時期の合意、表明、理解に優先するものとする。又、両当事者の書面による合意がない限り、本契約は補完されたり、修正されたりしないものとする。いずれの当事者も、本契約の締結に際して、相手方当事者の表明、保証、付随契約やその他の約束（本契約に明示されているものを除き）を信頼して本契約の締結に至ったものではないことを合意する。

上記条項例の最後の一文は、契約の有効性を前提に、それに反する主張を抑制するだけでなく、契約の無効主張をも抑制しようとするものである。

---

3 Section 209. Integrated Agreements
   (1) An integrated agreement is a writing or writings constituting a final expression of one or more terms of an agreement.
   (2) Whether there is an integrated agreement is to be determined by the court as a question preliminary to determination of a question of interpretation or to application of the parol evidence rule.
   (3) Where the parties reduce an agreement to a writing which in view of its completeness and specificity reasonably appears to be a complete agreement, it is taken to be an integrated agreement unless it is established by other evidence that the writing did not constitute a final expression.
   Section 210. Completely And Partially Integrated Agreements
   (1) A completely integrated agreement is an integrated agreement adopted by the parties as a complete and exclusive statement of the terms of the agreement.
   (2) A partially integrated agreement is an integrated agreement other than a completely integrated agreement.
   (3) Whether an agreement is completely or partially integrated is to be determined by the court as a question preliminary to determination of a question of interpretation or to application of the parol evidence rule.

2 実務の考え方

(1) 技術供与契約

契約を締結するまでには、当事者間で種々さまざまな駆け引き交渉が行われる。交渉の過程で、合意や了解がなされ、そうした合意や了解をベースに契約書が起草される。

しかし、契約書にはこれら合意事項がすべて明確に盛り込まれるとは限らない。特に、口頭による了解事項なるものは、一般的に曖昧性が強い。それは一方の当事者がある事柄に関して、自己の判断に基づいてある解釈をする。その判断基準が相手方当事者も共有していれば問題はないが、えてして共有していないことが多い。「当然……してくれるものと思っていた」というのは最も危険である。

また、契約交渉の過程で、合意事項としてまたは了解事項として覚書（memorandum）等を取り交わしておくこともよく行われる。文書でお互いに意思を確認したのであるから、これは有効であると安心していることがある。

国際的な取引においては、「当然なことも」契約書に明記しておくというのが、常識である。特に、本条項が契約書に挿入された場合、その時までになされた覚書や口頭の約束等は、契約条項に盛り込むかまたは付属書として契約書に包含する等しなければ、覚書や口頭の約束は、消えてしまうことに留意しなければならない。

契約書の起草者は、「契約書面のみから客観的に当事者の意思を決定するとしたら、どのように解釈されるかを十分に認識したうえで、契約書面を検討作成し不測の結果を招かぬようにすることが、こうした仕事を担当する法律実務家の責任である。日本における裁判を前提とする契約書よりも、慎重な態度で契約書を作成する必要がある」（岩崎・英文契約書107頁）といわれる所以がここにある。

(2) 技術導入契約

本条項に関しては、ライセンシーの立場はライセンサーの立場と同様である。

第6 一口コメント

国際取引において頼りになるのは、契約書だけである。

第23章 紛争処理 (Settlement of Disputes)

第1 事例23の紹介〔技術供与〕

ARTICLE 22 SETTLEMENT OF DISPUTES

Any disputes, controversy or claim arising under, out of or relating to this Agreement and any subsequent amendments of this Agreement, including without limitation its formation, validity, binding effect, interpretation, performance, breach or termination as well as non-contractual claims shall be referred to and finally determined by arbitration in accordance with the WIPO Arbitration Rules. The arbitral tribunal shall consist of three (3) arbitrators. The place of arbitration shall be Tokyo, Japan. The language to be used in the arbitral proceedings shall be English. The dispute, controversy or claim shall be decided in accordance with the laws of Japan.

第2 事例23の訳文

第22条 紛争処理

　契約の成立、有効性、拘束効果、解釈、履行、違反又は終了並びに契約に基づかない請求を含めて、本契約又は本契約のその後の修正に基づく、又はそれから派生した、又はそれに関連した（arising under, out of or relating to）紛争、議論又は請求は、WIPOの仲裁規則に従って最終的に仲裁に付託（referred to）され、決定されるものとする。仲裁裁判は、3人の仲裁人から構成されるものとする。仲裁場所は、日本国東京とする。仲裁手続において使用される言語は、英語とする。紛争、議論又は請求は、日本国の法律に従って決定されるものとする。

第3 事例23の解説

1 仲裁への付託と仲裁規則（前段）

紛争処理は最終的に仲裁に付託することとし、仲裁規則はWIPO[1]仲裁規則に従うとしている。

---

1 WIPO = World Intellectual Property Organization：世界知的所有権機関
　WIPOは、1967年7月14日にストックホルムにおいて調印された（1970年8月発効）「世界知的所有権機関を設

〔第2部〕Ⅱ−3 一般条項（General Terms）

紛争の種になりそうなものとして、契約の成立、契約の有効性、契約上の拘束力、契約の解釈、契約の履行、契約違反または契約終了に関する問題、並びに契約に基づかない請求問題等を列挙している。しかも、"under, out of or relating to" と3種類の前置詞や前置詞句を並べて、本契約に関するあらゆる問題に本条項が広範囲に適用されるようにしてある。

2 仲裁人の数、仲裁場所、言語、準拠法（後段）

本事例では、仲裁人は3人。3人をどのように選任するかは、仲裁規則による。WIPO規則によれば、両当事者が各々1人ずつ仲裁人を選任し、これら2人の仲裁人が3人目の首席仲裁人を選任する（WIPO仲裁規則17条参照）[2]。仲裁場所は、東京としている。日本側の当事者にとっては、地の利が大きい。仲裁で使用される言語は、日本語ではなく、英語としている（WIPO仲裁規則39条(a)参照）[3]。仲裁に係る準拠法は、日本法としている（WIPO仲裁規則61条(b)参照）[4]。

立する条約」に基づき創設された国際機関である。2018年4月18日現在、WIPO加盟国は191カ国（以上、WIPOのホームページ〈http://www.wipo.int/members/en/〉参照）。

WIPOの目的は、次のとおり。

「(1) 諸国間の協力と、適当な場合には他の国際機関との協力により、全世界にわたって知的所有権の保護を促進すること。

(2) 知的所有権に関する諸同盟、即ち、パリ条約、ベルヌ条約及びパリ同盟の加盟国により締結されたいくつかの下位条約によって形成された「同盟」の間での管理に関する協力を確保すること」。

（以上「General Information—Japanese edition, Geneva 1997」7～8頁）。

2 WIPO Arbitration Rules（2014年6月1日版。WIPOホームページから抜粋・編集〈http://www.wipo.int/amc/en/arbitration/rules/index.html〉。以下、同様）

Appointment of Three Arbitrators

Article 17

(a) Where three arbitrators are to be appointed and the parties have not agreed upon an appointment procedure, the arbitrators shall be appointed in accordance with this Article.

(b) The Claimant shall nominate an arbitrator in its Request for Arbitration. The Respondent shall nominate an arbitrator within 30 days from the date on which it receives the Request for Arbitration. The two arbitrators shall, within 20 days after the appointment of the second arbitrator nominate a third arbitrator, who shall be the presiding arbitrator.

(c) Notwithstanding paragraph (b), where three arbitrators are to be appointed as a result of the exercise of the discretion of the Center under Article 14(b), the Claimant shall, by notice to the Center and to the Respondent, nominate an arbitrator within 15 days after the receipt by it of notification by the Center that the Tribunal is to be composed of three arbitrators. The Respondent shall nominate an arbitrator within 30 days after the receipt by it of the said notification. The two arbitrators shall, within 20 days after the appointment of the second arbitrator, nominate a third arbitrator, who shall be the presiding arbitrator.

(d) If the nomination of any arbitrator is not made within the applicable period of time referred to in the preceding paragraphs, that arbitrator shall be appointed in accordance with Article 19.

3 WIPO Arbitration Rules

Language of Arbitration

Article 39

(a) Unless otherwise agreed by the parties, the language of the arbitration shall be the language of the Arbitration Agreement, subject to the power of the Tribunal to determine otherwise, having regard to any observations of the parties and the circumstances of the arbitration.

(b) The Tribunal may order that any documents submitted in languages other than the language of arbitration be accompanied by a translation in whole or in part into the language of arbitration.

4 WIPO Arbitration Rules

Laws Applicable to the Substance of the Dispute, the Arbitration and the Arbitration Agreement

Article 61

(a) The Tribunal shall decide the substance of the dispute in accordance with the law or rules of law chosen by the

第4　本条項の位置付け

紛争が起きた場合の解決の手続を定めた本条項は、最も現実的、実務的な条項である。本条項に頼らない契約の履行、運営が望ましいが、現実に争いが生じた場合、本条項の存在意義は大きい。仮に本条項を設けないと、当事者は本来の紛争の前提問題である紛争解決手段の選択に多大な時間と費用をかけ、挙句の果てには自己の望まない紛争解決手段が決定されるリスクも負わなければならない。どこで訴えを提起するかを決めるための訴えほど無駄なものはない（"nothing is more wasteful than litigation about where to litigate."）といわれるのはその所以である。

第5　本条項のチェックポイント

1　基本的な考え方

(1)　訴訟と仲裁

国際取引に係る紛争解決手段としては、主に訴訟と仲裁がある。一般的に、訴訟と仲裁のメリット、デメリットは以下のとおりである。

A　訴　訟

(A)　メリット

裁判による紛争処理は、これを提起するために相手の合意を必要とせず、訴訟開始手続要件を充足しさえすれば、いつでも、どのような種類の紛争でも、その範囲を限定することなく、当事者の自由判断に基づき、訴訟に持ち込むことができる。また、公的な紛争処理であり、審理・判決は誰でもみることができ、過去の判例から、判決の予測もある程度可能であり、訴訟戦略も立てやすい。さらに、判決に不服があれば控訴する機会が常に与えられている。

(B)　デメリット

裁判手続自体の費用は高くない[5]ものの、集中審理制度を採用していない国（日本も同様）も多く、一般的に解決に長期間を要し、弁護士費用（特にタイムチャージによる場合）が高額になりやすい。また、裁判官は、国際取引紛争の専門家とは限らず、適正な判断が常に期待できるとは限らな

---

parties. Any designation of the law of a given State shall be construed, unless otherwise expressed, as directly referring to the substantive law of that State and not to its conflict of laws rules. Failing a choice by the parties, the Tribunal shall apply the law or rules of law that it determines to be appropriate. In all cases, the Tribunal shall decide having due regard to the terms of any relevant contract and taking into account applicable trade usages. The Tribunal may decide as amiable compositeur or ex aequo et bono only if the parties have expressly authorized it to do so.

(b) The law applicable to the arbitration shall be the arbitration law of the place of arbitration, unless the parties have expressly agreed on the application of another arbitration law and such agreement is permitted by the law of the place of arbitration.

(c) An Arbitration Agreement shall be regarded as effective if it conforms to the requirements concerning form, existence, validity and scope of either the law or rules of law applicable in accordance with paragraph (a), or the law applicable in accordance with paragraph (b).

[5]　印紙代等については裁判所ウェブサイトで確認することができる（http://www.courts.go.jp/vcms_lf/315004.pdf）。

い[6]。さらに、一般に、裁判所や裁判官に関し、国際的に中立性を確保することは難しい。そのうえ、多くの国では、裁判について公開制[7]を採っていることから、秘密を保持することが難しい[8]

---

6 「裁判官は国際取引紛争の専門家とは限らず」とする問題
　裁判官の「判断の質」について、「法律専門家による法律に基づく判断であるから、判断の質にばらつきはないが、取引の実態に即した判断とは必ずしもいえない」(岩崎・英文契約書164頁「判断の質」参照)との批判がある。
7 「裁判の公開制度」
　裁判の公開の原則について、憲法82条(裁判の公開)の規定を検証する。
　「第82条　裁判の対審及び判決は、公開法廷でこれを行ふ。
　2　裁判所が、裁判官の全員一致で、公の秩序又は善良の風俗を害する虞があると決した場合には、対審は、公開しないでこれを行ふことができる。ただし、政治犯罪、出版に関する犯罪又はこの憲法第3章で保障する国民の権利が問題となってゐる事件の対審は、常にこれを公開しなければならない」。
8 「秘密を保持することが難しい」こと
　(1) 米　国
　米国においては、訴訟手続において、当事者が保有する秘密情報に関し、下記のように多面的な形で保護が与えられている。
　　A　Protective Order(保護命令)
　Protective Order とは、「米国の訴訟手続であり、原告及び被告の弁護士にのみ当事者の企業秘密に接することを認める裁判所の命令」(AIPPI・用語辞典)とされる。Discovery においては、証拠として企業秘密等も提出される。当事者は、ノウハウ等の理由で、これらの開示要求を拒否することはできない。しかし、裁判所に対して、これら情報の保護命令を要求することができる。そうすることによって、企業秘密情報へのアクセスを、弁護士に限定し、相手方当事者に対する秘密情報の開示を防止することができる制度である(AIPPI・用語辞典参照)。
　　B　Privilege(特権)
　Privilege とは、「他の市民一般も受ける利益を超えて特定の者に与えられる特別の権利若しくは義務又は責任の特別な免除。法は、特別の地位又は職務を全うさせるために、その地位にある者に対し通常の義務や負担を免除することを認める」(田中・英米法辞典)とされる。
　Discovery において、相手方からの要求があれば、その情報が訴訟の主題に関する限り、すべて提出しなければならないのが原則である。しかし、弁護士や依頼人に認められた守秘特権の対象となっている情報は、一覧表の提出だけでよいとされる(AIPPI・用語辞典参照)。
　　C　Attorney-Client Privilege(弁護士・依頼人間の秘匿特権)
　Attorney-Client Privilege とは、Discovery において、弁護士と依頼人との間で信頼関係に基づき交わされる文書等の提出を、秘密事項として拒否することができる特権である。なお、この弁護士・依頼人間の秘匿特権の成立要件は、下記のとおりとされる(AIPPI・用語辞典参照)。
　　① 弁護士と依頼人との間の顧客関係
　　② その情報が法律上の助言を求めたものであること
　　③ その情報が公開する意図のない秘密情報であること
　　D　Attorney Work Product(弁護士業務作成資料)
　Attorney Work Product とは、Discovery において、弁護士の監督・指示に基づき作成されたものも含めて、弁護士が当該訴訟のために業務上作成した資料の提出を、拒否することができる特権である。
　なお、この特権は Attorney-Client Privilege とは異なり、「相手方当事者にその情報を入手する実質的な必要性があり、かつ、妥当な努力をもってしても同等の情報を入手できない場合は、弁護士業務作成資料であっても、開示を命令されることがある」(AIPPI・用語辞典)とされる。
　(2) 日　本
　日本においても、民事訴訟法の大改正によって、当事者が保有する秘密情報に関し、米国ほどではないが、保護されるようになった。
　民事訴訟法92条は、「私生活についての重大な秘密」や「営業秘密」が記録されている訴訟記録の閲覧を当事者に限定している。
　また、民事訴訟法191条は、公務員の職務上の秘密に関する尋問について一定の制限を課している。さらに、民事訴訟法197条1項1号は公務員について、また、同項2号は医師・弁護士等の証言について、職務上知り得た事実で黙秘すべきものについて尋問を受けた場合、これを拒否することができるとしている。同じく、同項3号は、「技術又は職業の秘密に関する事項について尋問を受ける場合」、証言を拒否することができるとしている。民事訴訟法220条1項4号ロは、「公務員の職務上の秘密に関する文書でその提出により公共の利益を害し、又は公務の遂行に著しい支障を生ずるおそれがあるもの」を文書提出義務の対象外事項の一つとしている。
　しかし、民事訴訟法には、検討すべき課題が多々あった。たとえば、知的財産権の侵害を立証するために、訴訟

等のデメリットがあるといわれている。

そして、特記すべきは、判決を外国で執行することが困難であるという点である。すなわち、判決の強制執行を認める国際的な枠組みとしてハーグ条約（国際裁判管轄に関するハーグ条約）があり、メキシコ、EU諸国、米国、中国等の30以上の国が批准しているが、日本は批准していない[9]ので同条約に基づく強制執行はできず、また、承認の要件（日本の民事訴訟法であれば118条[10]）、特に「相互の保証」の要件を満たすかも不明であるため[11]、外国判決の執行は容易ではない[12]。たとえば、

の場で積極的に営業秘密を開示する必要が出てきた場合、そのように開示された営業秘密を、どのように保護すべきかまたは営業秘密を保護するためにどのように開示すべきか等々。

そこで、平成16年（2004年）6月18日公布、平成17年（2005年）4月1日施行の「裁判所法等の一部を改正する法律」（平成16年法律第120号）（裁判所法、民事訴訟法、特許法、実用新案法、意匠法、商標法、不正競争防止法、著作権法）によって、訴訟において営業秘密の保護がより適切になされるようになった。以下、特許法を中心に概説する。

 A 秘密保持命令（特105条の4）

裁判所は、下記について疎明された場合に、当事者から申立てがあれば、当事者等、訴訟代理人または補佐人に対し、当該営業秘密の訴訟追行以外の目的での使用禁止または秘密保持命令を受けた者以外の者への当該営業秘密の開示禁止を命じることができるようになった。

 ① 準備書面または証拠の内容に営業秘密が含まれていること
 ② 当該営業秘密の訴訟追行以外の目的での使用または開示を防止する必要があること

なお、「当事者等」とは、当事者または当事者の代理人、使用人その他の従業者をいう。当事者が法人の場合、当事者の代表者もしくは役員または当事者の代理人、使用人その他従業者をいう。

「秘密保持命令」が発せられるのは、当事者等が当該訴訟の過程において初めて知り得た営業秘密の場合に限られる。また、訴状に営業秘密が記載されている場合も、秘密保持命令は発令されない。

さらに、秘密保持命令の申立人または秘密保持命令を受領した者は、秘密保持命令の要件を欠く場合、秘密保持命令の取消しを申し立てることができる（特105条の5）。

 B 訴訟の非公開（特105条の7）

特許権または専用実施権の侵害訴訟における当事者等が、侵害有無の判断基礎となる事項で、当事者の保有する営業秘密に該当するものについて、当事者等または証人として尋問を受ける場合、裁判所は、裁判官全員一致により、下記①および②の要件に該当すると認めるときは、当該事項の尋問を公開しないで行うことができる。

 ① その当事者等が公開法廷で当該事項について陳述すること（当該営業秘密の非公知性、秘匿性の喪失）により、当該営業秘密に基づく当事者の事業活動に著しい支障を来すことが明らかであることから、当該事項について十分な陳述ができないこと
 ② 当該陳述を欠くことで、他の証拠だけでは、侵害の有無について適正な裁判をすることができないこと

 C 秘密保持命令違反の罪

 ① 秘密保持命令に違反した者は、5年以下の懲役若しくは500万円以下の罰金に処せられ、または併科される（特200条の2第1項）。
 ② 法人に対しては、3億円以下の罰金刑（特201条1項1号）。
 ③ 行為者および法人に対して、それぞれ罰金刑が科せられる（特201条1項）。

9 Hague Conference on Private International Lawのウェブサイト〈https://www.hcch.net/en/home〉

10 日本の民事訴訟法118条の定める外国判決の承認の要件は、①法令または条約により外国裁判所の裁判権が認められること（1号）、②敗訴の被告が訴訟の開始に必要な呼出し若しくは命令の送達（公示送達その他これに類する送達を除く）を受けたことまたはこれを受けなかったが応訴したこと（2号）、③判決の内容および訴訟手続が日本における公の秩序または善良の風俗に反しないこと（3号）、④相互の保証があること（4号）である。

11 民事訴訟法118条4号の「相互の保証」とは、当該判決をした外国裁判所の属する国において、右判決と同種類のわが国の裁判所の判決が、本条各号所定の条件と重要な点で異ならない条件のもとに効力を有するものとされていることをいうものと解すべきである（最高裁昭和58年6月7日判決）。

12 「判決を外国で執行することは、必ずしも容易ではない」という問題

日本は国際裁判管轄の合意に関するハーグ条約を批准していないが、二国間の取り決めがある場合がある。たとえば、日米間には「日米友好通商条約」があり、出訴権および商事仲裁について（4条）、下記のとおり相互に承認している。

「日本国とアメリカ合衆国との間の友好通商航海条約」（昭和28年10月28日条約第27号）（効力発生昭和28年10月30日）

〔第2部〕 Ⅱ-3 一般条項（General Terms）

日本企業と中国企業の争いがあった場合、現在のところ、日本と中国では、相手国の裁判所の判決を承認・執行することに係る条約は締結されておらず、中国では日本の裁判所の判決を執行することができず、日本でも、中国の法院の判決を執行することができない[13]。

B 仲 裁

(A) メリット

仲裁は、一審制であり、集中審理が可能であるので、一般的に解決までに長期間を必要としないといわれている[14]。かような事情から、仲裁に要する費用は、訴訟に比べて経済的である[15]。また、

「第4条　出訴権及び商事仲裁：
(1) いずれか一方の締約国の国民及び会社も、その権利の行使及び擁護については、他方の締約国の領域内ですべての審級の裁判所の裁判を受け、及び行政機関に対して申立をする権利に関して、内国民待遇及び最恵国待遇を与えられる。いずれか一方の締約国の会社で他方の締約国の領域内で活動を行っていないものは、その領域内において、登記その他これに類する要件を課されないで、それらの裁判を受け、及び申立をする権利を有するものとする。
(2) 一方の締約国の国民又は会社と他方の締約国の国民又は会社との間に締結された仲裁による紛争の解決を規定する契約は、いずれの一方の締約国の領域内においても、仲裁手続のために指定された地がその領域外にあるという理由又は仲裁人のうちの1人又は2人以上がその締約国の国籍を有しないという理由だけでは、執行することができないものと認めてはならない。その契約に従って正当にされた判断で、判断がされた地の法令に基づいて確定しており、かつ、執行することができるものは、公の秩序及び善良の風俗に反しない限り、いずれの一方の締約国の管轄裁判所に提起される執行判決を求める訴えに関しても既に確定しているものとみなされ、かつ、その判断についてその裁判所から執行判決の言渡を受けることができる。その言渡があった場合には、その判断に対しては、その地でされる判断に対して与える特権及び執行の手段を与えるものとする。アメリカ合衆国領域外でされた判断は、アメリカ合衆国のいずれの州のいずれの裁判所においても、他の諸州でされる判断が受ける承認と同様の限度においてのみ、承認を受けることができるものとする」。
しかし、この場合でも「米国各州で今日広く行われている訴権制限立法のほか、例えば、原告が同州とは関係のない事件を同州の裁判所に提訴することを認めない立法例もある（Business Corporation Law §1314(b)）。また、フォーラム・ノン・コンベニエンスの法理（Forum Non Convenience Doctrine）を裁判所が適用して、当事者が米国の裁判所を合意管轄裁判所に指定しても、米国における出訴が認められない場合もある」（岩崎・英文契約書172〜173頁「(2) 米国」）等の問題も指摘されている。

13 日本の裁判所が、「相互の保証」を認めた事例として、ドイツ連邦共和国ミュンヘン第一地方裁判所の給付判決等の執行判決をした例（名古屋地裁昭和62年2月6日判決）、アメリカ合衆国ネヴァダ連邦地方裁判所の金銭給付判決の執行判決をした例（東京地裁平成3年12月16日判決）、英国の判決の執行判決した例（東京地裁平成6年1月31日判決）等がある。これに対し、「相互の保証」を認めなかった事例として、中華人民共和国の判決の執行判決を認めなかった例（大阪高裁平成15年4月9日判決）、ベルギーの判決の執行判決を認めなかった例（東京地裁昭和35年7月20日判決）等がある。

14 「仲裁は、解決までに長期間を必要としないといわれている」こと
「知財研」が平成2年12月から平成3年3月にかけて国内企業（対象270社—回答205社）および海外個人（対象：知的財産分野の弁護士22人）を対象に行った仲裁に関するアンケート調査（社団法人日本機械工業連合会・財団法人知的財産研究所編「知的財産権紛争からみた仲裁制度に関する調査報告書」（1991年。以下、「知財研・報告書」という）によると、国内企業の半数が「仲裁は時間がかからない」というのは、「正しくない」と回答している（知財研・報告書105頁参照）。
また、同じ質問に対し、海外の弁護士は、回答者18人中10人が「正しくない」と回答している（知財研・報告書120頁参照）。
知財研・報告書は、「問題が多岐にわたり、必ずしも仲裁人の専門でない、いろいろな争点が絡んで全体としての判断を一気に行えないようなものになると、仲裁は短期間では難しくなる」（知財研・報告書141頁）と指摘している。

15 「仲裁は、訴訟に比べて経済的である」こと
知財研の仲裁に関する前記アンケート調査によると、国内企業の回答者の50％が「仲裁は費用がかからない」というのは、「正しくない」と回答している（知財研・報告書105頁参照）。また、同じ質問に対し、海外の弁護士は、回答者18人中10人が「正しくない」と回答している（知財研・報告書120頁参照）。
同アンケートに答えた海外の弁護士の1人は、時間も費用もかかるとして、以下のような趣旨を述べている。すなわち、仲裁人として選ばれる弁護士は多忙な人が多い。当事者とのスケジュール調整も裁判等と異なり強制力は

紛争当事者は、紛争対象分野の専門家を、自由に仲裁人として選任することができるので、適正な判断が期待できる。さらに、紛争当事者は、紛争当事者の所在国以外の国籍を有する人を、仲裁人として選任することもでき、紛争解決の判断者に関し、中立性や公平性が期待できるとされる。また、仲裁規則は当事者の合意によって選定できるので、紛争処理の手続が進めやすく、また、仲裁は非公開[16]であるので、ノウハウ等の秘密保持の確保や紛争の事実を知られたくない場合等に適するとされる。そして、特に重要なのは、我が国を含め多数の国々（アメリカ、中国、EU諸国等、2018年4月18日現在160カ国以上）[17]が、いわゆる、ニューヨーク条約（外国仲裁判断の承認及び執行に関する条約）[18]に加盟しており、同加盟国間では所定の要件を満たせば強制執行ができるという点である。

　ないので、手間取る。仲裁人や仲裁機関への支払額は、一般的に高額である。さらに、仲裁のための部屋やその他雑費もかかるとしている（知財研・報告書129頁参照）。
16　「仲裁は非公開である」こと
　　仲裁の非公開性は、営業秘密に関わる紛争解決手段として効果的であるといわれている。仲裁に関する前記アンケート調査の回答をみても、仲裁を利用する大きな利点がある場合として「紛争対象が秘密性のある場合」、「紛争事実を公にすることを両当事者が嫌う場合」、「紛争を秘密にすることに利益があるとき」（知財研・報告書131頁参照）等が挙げられている。
　　しかし、反面、非公開であるがゆえに、過去の裁定情報の詳細を入手することが難しく、裁定を予想することも難しい。裁判の場合は、公開で行われ、判決結果も公表されるので、類似の事件では、過去の判決例から紛争処理の推測ができる。また、裁判であれば、判決結果が公表されるので同様の紛争予防効果も期待できるが、仲裁は秘密に取り扱われるので、そういう抑止効果は期待できない。
17　最新の締約国は国際連合国際商取引法委員会（United Nations Commission on International Trade Law：UNCITRAL）のウェブサイトに掲載されている。
18　「外国仲裁判断の承認及び執行に関する条約」（昭和36年7月14日条約第10号。効力発生：昭和36年9月18日。通称「ニューヨーク条約」）
　　本条約は16条から成るが、基本的なことを規定している1条～3条を下記する。
　　「第1条
(1)　この条約は、仲裁判断の承認及び執行が求められる国以外の国の領域内において、かつ、自然人であると法人であるとを問わず、当事者の間の紛争から生じた判断の承認及び執行について適用する。この条約は、又、仲裁判断の承認及び執行が求められる国において内国判断と認められない判断についても適用する。
(2)　『仲裁判断』とは、各事案毎に選定された仲裁人によってされた判断のほか、当事者から付託を受けた常設仲裁機関がした判断を含むものとする。
(3)　いかなる国も、この条約に署名し、これを批准し、若しくはこれに加入し、又は10条の規定に基づき適用の拡張を通告するにあたり、他の締約国の領域においてされた判断の承認及び執行についてのみこの条約を適用する旨を相互主義の原則に基づき宣言することができる。又、いかなる国も、契約に基づくものであるかどうかを問わず、その国の国内法により商事と認められる法律関係から生ずる紛争についてのみこの条約を適用する旨を宣言することができる。
　　第2条
(1)　各締約国は、契約に基づくものであるかどうかを問わず、仲裁による解決が可能である事項に関する一定の法律関係につき、当事者の間に既に生じているか、又は生じることのある紛争の全部又は一部を仲裁に付託することを当事者が約した書面による合意を承認するものとする。
(2)　『書面による合意』とは、契約中の仲裁条項又は仲裁の合意であって、当事者が署名したもの又は交換された書簡若しくは電報に載っているものを含む。
(3)　当事者がこの条にいう合意をした事項について訴えが提起されたときは、締約国の裁判所は、その合意が無効であるか、失効しているか、又は執行不能であると認める場合を除き、当事者の一方の請求により、仲裁に付託すべきことを当事者に命じなければならない。
　　第3条
　　各締約国は、次の諸条に定める条件の下に、仲裁判断を拘束力のあるものとして承認し、かつ、その判断が援用される領域の手続規則に従って執行するものとする。この条約が適用される仲裁判断の承認又は執行については、内国仲裁判断の承認又は執行について課せられるよりも実質的に厳重な条件又は高額の手数料若しくは課徴金を課してはならない」。

所定の要件とは、具体的には、ニューヨーク条約1条3項の「相互主義」の批准条件、同項の「商事性」の批准条件、さらには5条の7つの条件である[19]。ただし、これらの条件は、ニューヨーク条約を適用する国（裁判所）によって解釈が異なり得るので注意が必要である。たとえば、相互主義の批准条件は、文言上、双方の国がニューヨーク条約を批准していることを意味するが、その意味を拡張し、両国が一般的に相互保証をしているかを問題とすべきと争われることがある。また、商事性の条件についても両当事者が国外企業の場合は、国内の商事性の要件を満たさないと争われることがある。もっとも、たとえば、米国の裁判所は、いずれの争いについても、ニューヨーク条約の文言の拡張解釈はせず、結果的に仲裁判断の承認を認めているとされる（Joseph T. McLaughling ほか『Enforcement of Arbitral Awards under the New York Convention – Practice in U.S. Courts』252頁以下）。

　以上から、たとえば、日本企業と中国企業の争いであれば、いずれもニューヨーク条約を批准しているので、日本で仲裁判断があった場合、法院に対し仲裁判断の承認および執行を申し立てることにより中国での強制執行が可能と思われるが、中国におけるニューヨーク条約の所定の要件の解釈については、確認が必要といえる（なお、長谷川俊明編著『中国のビジネス法務Q＆A』（中央経済社、2011年）61頁によると、中国の仲裁判断が日本で執行された例や、外国の仲裁判断が中国で執行された例はあるとされる）。

　　(B)　デメリット
　仲裁に付託するためには、相手方当事者の合意が不可欠である。特許権の無効・有効を争うような問題は、最終的には、仲裁にて判断することはできない。仲裁は非公開であるために、過去の裁定について知ることができず、仲裁判断の予測を立てることが難しく、仲裁における戦略を策定することも難しいとされる。仲裁は一審制であるので、仲裁裁定に不服があっても、控訴する機会がない。さらに、仲裁人への支払は、一般的に高額で、短時日で解決することができる場合は別として、長引けば、経済的にも負担が大きくなる[20]。これらのデメリットから、仲裁によって解決できる紛争の対象と範囲は、おのずと制限が出てくる[21]。

---

[19] 「所定の要件」については、ニューヨーク条約を参照されたい（https://www.jcaa.or.jp/arbitration/newyork.html）。
[20] たとえば、国際商業会議所（ICC）の費用であれば、以下のウェブサイトに算定表が掲載されている（https://iccwbo.org/dispute-resolution-services/arbitration/costs-and-payments/cost-calculator/）。
[21] 仲裁にて解決できる紛争の対象と範囲が制限的である
　　仲裁は私的な紛争処理であり、仲裁で処理することのできる紛争とその範囲にはおのずと制限がある。
　　たとえば、特許権は国が審査をして排他的な権利を与えているものであるから、これを一私的仲裁機関が有効、無効について社会に向かって宣言すること等はできない。また、国の政策、法律そのものに関する問題、環境問題等その他公益的視点からの判断が求められるような問題に係る紛争処理は、私的な紛争処理に馴染まない。
　　契約の種類や予想される紛争によって、仲裁条項を設けるか裁判で処理するかを注意深く検討する必要がある。仲裁に関する前記アンケート調査の回答において、1人の弁護士は、紛争解決方法として仲裁を利用する可能性の有無について、「紛争対象が秘密性のある場合、紛争事実を公にすることを両当事者が嫌う場合、紛争対象が法律的ではなく技術的な事柄に関する場合、両当事者が上訴することなく1回の判断で迅速に紛争を処理したい場合等、仲裁を特に好む状況がない限り、基本的には仲裁を利用する可能性はない」（知財研・報告書131頁）と回答している。

第23章　紛争処理（Settlement of Disputes）

（仲裁と訴訟の比較表）

	仲　裁	訴　訟
主催者	当事者が紛争事案の専門家の中から仲裁人を選ぶことができる。人数は1人か3人が多い。	一般的に当事者には、その事件の裁判官を選ぶ権利がなく、機械的に裁判官が割り当てられる。
利用権者	仲裁合意が必要。	訴えの利益があれば、誰でも利用できる。
判断基準	当事者の合意により指定できる。	実体法である。
迅速性・柔軟性	一審限りであり、手続の進行についても当事者の合意により定めることが可能であるため迅速かつ柔軟である。ただし、裁判より結果が予測できない。	三審制であり、比較的長期となりやすい。事件の性質・大小にかかわらず、ほぼ一律な手続が定められているため法的安定性はある。
公開・非公開	非公開	公開
強制執行	他国で執行するためには承認が必要である。ニューヨーク条約により承認されやすい。	他国で執行するためには承認が必要である。承認されるかは不明。
費用	比較的高い（特に仲裁人が3人の場合）が一審限り。	比較的安い。ただし、最悪の場合、3審制のため高くなる。

(2) 訴訟を選択する場合の手続

訴訟を選択する場合、選択肢としては、自国（日本）の裁判所、相手国の裁判所、第三国の裁判所がある。以下、それぞれの合意管轄の可否・要件を検討する（それぞれのメリット・デメリットについては、第2部第24章第5参照）。

A　日本の裁判所を選択する場合

(A)　合意管轄の指定の可否・要件

a　民事訴訟法3条の7

日本の民事訴訟法3条の7は、合意管轄を認めるものの、かかる合意は①一定の法律関係に基づく訴えに関するものであり、また②書面でしなければならない等、としている。以下、同条を検証する。

> 第3条の7　当事者は、合意により、いずれの国の裁判所に訴えを提起することができるかについて定めることができる。
> 2　前項の合意は、一定の法律関係に基づく訴えに関し、かつ、書面でしなければ、その効力を生じない。
> 3　第1項の合意がその内容を記録した電磁的記録（電子的方式、電気的方式その他人の知覚によっては認識することができない方式で作られる記録であって、電子計算機による情報処理の用に供されるものをいう。以下同じ。）によってされたときは、その合意は、書面によってなされたものと看做して、前項の規定を適用する。
> 4　外国の裁判所にのみ訴えを提起することができる旨の合意は、その裁判所が法律上又は事

> 実上裁判権を行うことができないときは、これを援用することができない。
> （以下、略）

　　b 「一定の法律関係に基づく訴え」の意味

「一定の法律関係に基づく訴えに関する」の解釈が問題となった裁判例に以下のものがある（東京地裁平成28年2月15日判決）。

〈事案の概要〉

　原告である日本企業S社は、カリフォルニア州企業A社に対し約9年間にわたりパソコン部品を供給していたところ、A社が平成24年に購入を停止したため、S社は取引を再開するため減額、リベートの支払に応じざるを得なかった。そこで、S社は、このような取引の停止や減額、リベートの支払の要求が独占禁止法の不当な単独の取引拒絶行為（同法2条9項6号）および優越的地位の濫用行為（同項5号）等に違反したとして、東京地裁に約15億円の損害賠償を求める訴訟を提起した。S社・A社間の基本契約には以下の規定があった。

　　a 「両当事者間に紛争が生じる場合、両当事者は、紛争を解決するために各当事者の代表として指名される両当事者の1名ずつの上級管理職によりまず当該紛争の解決を図るよう試みることに合意する」。

　　b 「苦情を申立てる当事者から相手方への書面通知後60日以内に両当事者がそのような手続では解決できない場合、両当事者はカリフォルニア州サンタクララ郡又はサンフランシスコ郡で実施される拘束力のない調停により当該紛争の解決を求めるものとする」。

　　c 「両当事者が調停の開始後60日以内に紛争を解決することができない場合、いずれの当事者もカリフォルニア州サンタクララ郡の州又は連邦の裁判所（以下、これらの裁判所を併せて『カリフォルニア州の裁判所』という。）で訴訟を開始することができる。両当事者は当該裁判所の専属的裁判管轄権に取消不能で付託し、当該裁判所に提起される訴訟や訴訟手続における最終判決が確定的となるものであること、及び、当該判決（当該判決の謄本は当該判決の決定的な証拠となるものとする）に基づく訴訟によるか又は法律で定められるその他の方法により、当該判決をその他のどの法域でも強制執行できることに合意する」。

　　d 「各当事者は適用される法律上認められる可能な限り最大限の範囲で次の各号を取消不能で放棄する。(i)上記の裁判所に裁判地を設定することに対してする異議申立、(ii)かかる訴訟や訴訟手続が不便な裁判地に提起されている旨の主張（以下、略）」

　　e 「紛争について別の書面による契約が適用されない限り、紛争が本契約に起因若しくは関連して生じているかどうかにかかわらず、本条の条件が適用される」。

〈争点〉

　国際裁判管轄の有無

〈判決・理由〉

　裁判所は、本件条項は無効であり、カリフォルニア州の裁判所に専属的裁判管轄があるものと認めることはできないとした。その理由の概要は、以下のとおりである。

　（平成23年）改正民事訴訟法3条の7第2項は、国際的裁判管轄の合意は、「一定の法律関係に基

づく訴えに関して」行わなければ、その効力を生じない旨定めるところ、同規定は、合意の当事者の予測可能性を担保し、当事者に不測の損害を与える事態を防止する趣旨の規定であると解される。前記のとおり（本件は施行前のため）改正民事訴訟法3条の7の適用はないものの、管轄合意の当事者の予測可能性を担保する必要性は、改正民事訴訟法の施行前にされた合意についても等しく認められるものといえる。

本件条項は、その対象とする訴えについて、原告・被告間の訴えであるというほかに何らの限定も付しておらず、上記定めからは、同条項が対象とする訴えについて、その基本となる法律関係を読みとることは困難である。

この点に関して、被告は、本件基本契約に関連する訴訟が本件条項の対象となる訴えであることは明らかであり、本件訴えは本件基本契約に関する訴えであるから、本件訴えについて本件条項を適用しても原告の予測可能性を害しないと主張する。

しかし、本件条項はその内容において一定の法律関係に基づく訴えについて定めたものと認めることができないところ、このことは、具体的事案において実際に原告の予測可能性を害する結果となるかどうかとは関りがないのであるから、被告の前記主張はあたらない。

(B) 裁判管轄条項のドラフティング

a 「一定の法律関係に基づく訴え」

「一定の法律関係に基づく訴え」といえるためには、「当事者間のいかなる紛争についても〇〇裁判所を専属的合意裁判管轄とする」では不十分で、以下の条項例のように、対象とする訴えについて、その基本となる法律関係が読みとることができなければならない。

> The [Tokyo District Court] shall have [exclusive] jurisdiction in any suit, action or proceeding seeking to enforce any provision of, [or based on any matter arising out of or in connection with] this Agreement.
> 〈訳文〉
> （東京地方裁判所）は、本契約の条項の強制（又は本契約に基づいて生じたいかなる問題）についての、（専属的）裁判管轄権を有するものとする。

b 専属的・非専属的裁判管轄の選択

裁判管轄を定める場合、それが専属的（exclusive）な裁判管轄か、非専属的（non-exclusive）な裁判管轄かを検討する必要がある。専属的裁判管轄は、合意された裁判所のみが管轄を有することになるので、その他の裁判所に訴えが提起された場合、同訴えは却下され得る。また、非専属的裁判管轄の場合は、合意された裁判所以外への訴えが可能となるので、合意管轄を定めた意味を失わせかねない。

ただし、非専属的裁判管轄であっても、自国の裁判管轄権が認められるのであれば許容し得る場合もある。

> The Parties consent to the [non-exclusive] jurisdiction of [Tokyo District Court] for the reso-

lution of any dispute arising from or relating to this Agreement.

〈訳文〉

　両当事者は、本契約から生じた、又はこれに関連する如何なる紛争についても、(東京地方裁判所)の(非専属)管轄を合意するものとする。

B　外国の裁判所を選択する場合

　(A)　相手国の裁判所を選択する場合

相手国の裁判所を選択する場合、相手国の合意管轄に関するルールを知る必要がある。また、少なくとも日本と同様のルールがあることは覚悟しなければならない。

なお、相手国では不平等であるとして、被告住所地を裁判管轄と定めることもある。

　All disputes arising out of this Agreement shall be subject to (i) the exclusive jurisdiction of [the courts of Tokyo, Japan], in case Licensor is the respondent, and (ii) the exclusive jurisdiction of [the courts of San Francisco, California], in case Licensee is the respondent.

〈訳文〉

　本契約から生じた一切の紛争は、(i)ライセンサーが被告となる場合は(日本の東京)が専属的裁判管轄となり、(ii)ライセンシーが被告となる場合は(カリフォルニア州、サンフランシスコ)が専属的裁判管轄となる。

ただし、被告住所地とすると、準拠法との不一致が生じ得るだけでなく、相互に訴えを提起する場合には、手続が極めて複雑になるというデメリットもある。

　(B)　第三国の裁判所を選択する場合

第三国の裁判所を選択する場合、そもそも同国が訴えを受理するかが問題となる。たとえば、日本企業とスペイン企業が第三国の裁判所として、米国ニューヨーク州(以下、「NY州」という)の裁判所を選択する場合を考える。

NY州には第三国としての合意管轄につき、以下のようなルールを設けている。すなわち、従来、当事者の取引がNY州と関連がない場合には、たとえ当事者がNY州の裁判所を合意管轄として指定したとしてもNY州の裁判所はこれを却下することができると解された。また、却下されない場合であってもforum non convenience(他の国または州も裁判管轄権を有し、かつ、その国(または州)で裁判をするほうが便宜である場合には、裁判を行わないとする法理、NY州民事訴訟法327条)を理由に合意管轄が争われることが多かった。

しかし、1984年に、NY州のGeneral Obligations Law(一般的義務に関する法律、GOL)の5-1401条および1402条が設けられ、一定の条件(NY州法を準拠法とし、NY州の裁判所を合意管轄に指定した契約が総額100万ドル以上の取引である)を満たす場合、仮に当該契約がNY州との関連性がないものであっても、NY州の裁判所に訴えを提起できるようになった。

これは、NY州が国際的取引およびファイナンスの中心的役割を果たすべく、一定の規模の取引を第三国(中立国)として、その解決に助力する立場を明確にしたものである。

以下、GOL の関連条項を引用する。

§ 5-1401. Choice of law

1. The parties to any contract, agreement or undertaking, contingent or otherwise, in consideration of, or relating to any obligation arising out of a transaction covering in the aggregate not less than two hundred fifty thousand dollars, including a transaction otherwise covered by subsection one of section 1-105 of the uniform commercial code, may agree that the law of this state shall govern their rights and duties in whole or in part, whether or not such contract, agreement or undertaking bears a reasonable relation to this state. This section shall not apply to any contract, agreement or undertaking (a) for labor or personal services, (b) relating to any transaction for personal, family or household services, or (c) to the extent provided to the contrary in subsection two of section 1-105 of the uniform commercial code.

2. Nothing contained in this section shall be construed to limit or deny the enforcement of any provision respecting choice of law in any other contract, agreement or undertaking.

〈訳文〉

§ 5−1401　準拠法選択

1　契約、合意、誓約書の当事者は、それが条件付きか否かを問わず、その取引額の合計が 250,000 米ドル以上の場合（UCC の 1−105 条、第 1 項の対象の取引を含む）、NY 州法を契約の権利・義務の全部又は一部に関する準拠法とすることができ、それは当該契約が NY 州と合理的関連性を有するか否かを問わない。ただし、本条は、(a)労務や個人的サービスに関する契約の場合、(b)個人的、家族的、家事的なサービスに関する取引の場合、(c) UCC の 1−105 条、第 2 項に別段の定めがある場合は適用されないものとする。

2　本条の記載は、他の契約、合意又は約束の準拠法に関する合意の執行を制限したり、否定したりしないものとする。

§ 5-1402. Choice of forum

1. Notwithstanding any act which limits or affects the right of a person to maintain an action or proceeding, including, but not limited to, paragraph (b) of section thirteen hundred fourteen of the business corporation law and subdivision two of section two hundred-b of the banking law, any person may maintain an action or proceeding against a foreign corporation, non-resident, or foreign state where the action or proceeding arises out of or relates to any contract, agreement or undertaking for which a choice of New York law has been made in whole or in part pursuant to section 5-1401 and which (a) is a contract, agreement or undertaking, contingent or otherwise, in consideration of, or relating to any obligation arising out of a transaction covering in the aggregate, not less than one million dollars, and which (b) contains a provision or provisions whereby such foreign corporation or non-resident agrees to submit to the jurisdiction of the courts of this state.

2. Nothing contained in this section shall be construed to affect the enforcement of any provision respecting choice of forum in any other contract, agreement or undertaking.

〈訳文〉

§ 5-1402　法廷地

1　いかなる者も、事業会社法の1314(b)条や銀行法の第 2 章200(b)条、その他の裁判を維持する権利を制限する規定にもかかわらず、以下の場合は、外国会社や非居住者、又は海外の州に対し、5-1401条に従って NY 州法が全部又は一部の準拠法として選択された契約、合意、又は約束につき NY 州における裁判を維持することができる。(a)総額100万米ドル以上の対価を伴う取引であり、且つ、(b)その外国会社又は非居住者が本州の裁判所の管轄に合意する条項が含まれる場合。

2　本条の記載は、他の契約、合意又は約束の裁判管轄に関する合意の執行を制限したり、否定したりしないものとする。

(3) 仲裁を選択する場合の手続

A　仲裁機関の種類

　知的財産に関する紛争を専門的に取り扱う仲裁機関として創設された「WIPO 仲裁センター」[22]および国際商事紛争全般を取り扱って、長い歴史と伝統のある「国際商業会議所（ICC）[23]の国際仲裁裁判所」（以下、「ICC court」という）[24]を、簡単に紹介する。なお、WIPO 仲裁センターおよび ICC Court に関する以下の情報は、特に断らない限り、仲裁規則も含めてすべて、著者がそれぞれの Web Site から入手し、独自に編集したものである。

　なお、その他の主な仲裁機関としては以下がある。

　まず、日本の仲裁機関としては、「日本商事仲裁協会（JCAA）」[25]、弁理士会と日本弁護士連合会とが共催で運営する「日本知的財産仲裁センター」（日本弁護士連合会[26]・弁理士会[27]）がある。

　また、海外の仲裁機関としては、「ロンドン国際仲裁裁判所（LCIA）」[28]、「アメリカ仲裁協会（AAA）」[29]、「シンガポール国際仲裁センター（SIAC）」、「香港国際仲裁センター（HKIAC）」等が、国際的に知られている。

22　〈http://www.wipo.int/portal/en/index.html〉

23　国際商業会議所（the International Chamber of Commerce = ICC）
　国際商業会議所（the International Chamber of Commerce = ICC）は1919年に仏、英、米、ベルギーおよびイタリア等の民間団体によってフランスのパリに創設された。今日 ICC は130カ国からの数千の会員会社および団体から成る。その活動範囲は広く、世界貿易機構（WTO = World Trade Organization）、国連、G 7 先進国会議等への積極協力のほか、Incoterms 2000（Incoterms = International Rules for the Interpretation of Trade Terms）（「貿易用語解釈のための国際規則」）をはじめ国際的な各種ビジネスルールの策定、見直し、E-Commerce に関するアクションプランの策定、途上国に対する投資案内等、国際的なあらゆる分野の商取引に関し調整役を果たしている（北沢／鴻・英米商事法辞典 ICC の項参照）。

24　国際商業会議所（ICC）のウェブサイト〈http://www.iccwbo.org/〉より。

25　社団法人国際商事仲裁協会のウェブサイト〈http://www.jcaa.or.jp/〉より。

26　日本弁護士連合会のウェブサイト〈http://www.nichibenren.or.jp/〉より。

27　日本弁理士会のウェブサイト〈https://www.jpaa.or.jp/〉より。

28　ロンドン国際仲裁裁判所のウェブサイト〈http://www.lcia.org/〉より。

29　アメリカ仲裁協会のウェブサイト〈http://www.adr.org/〉より。

B　WIPO 仲裁センターと ICC Court の概要

(A)　WIPO 仲裁センター（WIPO Arbitration Center）

a　設立、目的および運営

　WIPO 仲裁センターは、1993年9月に WIPO 総会で設立の承認が行われ、1994年10月1日からサービス提供を開始している。WIPO 仲裁センターの目的は、調停（mediation）、仲裁（arbitration）、即決仲裁（expedited arbitration）および調停で紛争解決不能の場合の仲裁等の、裁判外紛争解決手続を通して、知的財産権に関する紛争解決のためのサービスを提供することにある。WIPO 仲裁センターの運営は、WIPO 仲裁調停理事会（WIPO Arbitration and Mediation Council）の管理の下に、WIPO の国際事務局によって行われている（知財研・紛争処理報告61頁および「WIPO 仲裁センター・案内書」（1994年。以下、「WIPO・案内書」という）参照）。

b　紛争解決手続

　WIPO 仲裁センターは、下記四つの紛争解決手続を主管する（WIPO・案内書参照）。

(a)　調　停（Mediation）

　調停とは、調停人が中立的な立場に立って、当事者が、紛争に関し、満足して合意、解決できるよう、手助けをする非拘束的手続である（WIPO・案内書参照）。

(b)　仲　裁（Arbitration）

　仲裁とは、当事者が仲裁合意に基づき、一人または複数の仲裁人からなる仲裁裁判所に対して提起された紛争問題に関して、仲裁裁判所が当事者に対して下す、拘束的な裁定手続である（WIPO・案内書参照）。

(c)　即決仲裁（Expedited Arbitration）

　即決仲裁とは、仲裁手続および裁定を、特別に短期間内でしかも低額の費用で行う、仲裁のことである（WIPO・案内書参照）。

(d)　調停で紛争解決不能の場合の仲裁

　調停で紛争解決不能の場合の仲裁とは、調停を行ったが、満足のいく合意が得られず、解決ができなかった場合に、あらかじめ合意した期間経過後に、引き続き仲裁に進むという、調停および仲裁という二段階方式の併合手続のことである（WIPO・案内書参照）。

c　特　徴

　WIPO 仲裁センターの特徴として、知財研・紛争処理報告（61～62頁「5.1.2.1.(1)～(3)」）は、下記の点を指摘している。

(a)　中立公平な判断

　「国連の機関である WIPO の管轄であるため、他の仲裁機関とは異なり、国籍、言語、法律等にかかわらず、中立公平な立場から判断できる」とされる。

(b)　仲裁人の数・選定

　仲裁法廷は、仲裁人の数について当事者間で合意がある場合は、その合意人数により構成される（WIPO 仲裁規則14条(a)参照）。しかし、当事者間で合意がない場合は、仲裁法廷は1人とする（同規則14条(b)前段参照）。ただし、WIPO 仲裁センター（以後、「センター」という）が、事件の諸事情を考慮し、仲裁人は3人が適当と判断した場合はこの限りではない（同規則14条(b)後段ただし書参照）。

仲裁人が1人の場合に、その任命手続に関し、当事者間で合意ができない場合、仲裁人は当事者が共同して任命する（同規則16条(a)参照）。単独仲裁人が当事者間で合意された期限内に任命されない場合、センターが当事者に代わって、一定の手続を経て、（同規則19条参照）任命する権限を有する（同規則16条(b)参照）。

仲裁人が3人で、その任命手続に関し、当事者間で合意ができない場合、まず、申立人が、仲裁申立書において、1人の仲裁人を任命する（同規則17条(b)前段参照）。被申立人は、仲裁申立書受領後30日以内に、2人目の仲裁人を任命する（同規則17条(b)中段参照）。かようにして任命された2人の仲裁人は、2人目の仲裁人が任命されてから20日以内に、3人目の首席仲裁人を任命する（同規則17条(b)後段参照）。

(c) 国際性と普遍性を有する適正な規則

紛争解決に適用される仲裁規則等には、知的財産紛争に特有な問題が十分に配慮されている。厳格な秘密保持規定も包含されている。「WIPOの規則は、英米法系のコモンロー的要素と、大陸法的シビルロー的要素を統合、折衷したものであり、国際性と普遍性を有する」とされる。

d　WIPO仲裁センターの連絡先

WIPO仲裁センターの連絡先は次のとおりである[30]。

　Arbitration and Mediation Center (Geneva)

　34, chemin des Colombettes

　1211 Geneva 20

　Switzerland

　T +4122 338 8247 or +41 800 888 549

　F +4122 740 3700 or +41 800 888 550

　E arbiter.mail@wipo.int

　　(B) ICC Court

a　設立、目的および運営

ICC Courtは、ICCの活動の一環として、また、ICCの一機関として、1923年に会員企業の支援を得て創設された。「四半世紀の間に、国際仲裁裁判所は、170以上の国・地域の当事者と仲裁人を含む1万件を越える国際仲裁事件を管理してきた。その財政基盤は、国際取引に従事するICC会員の支援、仲裁管理料金、セミナー等であるが、政府からの支援はなく、非営利・独立の機関である」（知財研・紛争処理報告30頁「2.2.1.沿革」）。

ICC国際仲裁裁判所委員は、ICC理事会によって任命される。仲裁規則1条2項によれば、「裁判所は、自らは紛争を解決しない。ICCの仲裁規則の適用を確保することに、その機能がある」としている。

b　紛争解決手続

　(a) 仲　裁（arbitration）

ICCは、ICC仲裁の利点として、下記を列挙している。

---

[30] 〈http://www.wipo.int/amc/en/index.html〉

第23章　紛争処理（Settlement of Disputes）

① 仲裁裁定は最終判断であり、強制力がある。
② 仲裁裁定は、約120カ国が署名しているいわゆる「ニューヨーク条約」によって、締約国において執行が可能であり、国際的にも認知されている。
③ 仲裁手続では、当事者が、仲裁地、使用言語、準拠法、国籍および法定代理について、平等な立場に立つことができ、中立性を追求できる。
④ 専門的な能力を持った仲裁人を選定できる。
⑤ 仲裁裁定を求める範囲を限定すれば、裁判に比べて、明らかに時間とお金の節約になる。
⑥ 仲裁は公開では行われず、裁定書は当事者しか受領できないので、秘密保持ができる。

(b) 調　停（conciliation）

ICCの調停は、仲裁に依拠せず、当事者の完全、無条件の同意をもって、友好的に、紛争を解決する手段である。1988年のICCの調停規則は、仲裁とは全く分離した、選択的手続（optional procedure）を提供するものである。利点は、柔軟性があり、最小限度の形式で済むことである。ICC Court事務局は、調停要請受領後に、調停人を任命する。調停人は、当事者から独立していなければならない。調停人の職務は、当事者が問題を決着させるのを助けることである。自由な協議と約束を奨励するために、調停に関わるすべて人に秘密保持義務が課せられる。

(c) アドホック仲裁（ad hoc arbitration proceedings）

アドホック仲裁手続を希望する当事者は、ICCに対して、仲裁廷の構築に、援助を要請することができる。UNCITRAL[31]仲裁規則に基づき仲裁を行う場合、ICCは任命機関として役割を果たす。

(d) 仲裁前判定（pre-arbitral referee）

1990年以来、この手続規則は、当事者が紛争に関し緊急暫定対策のための判定に適用できる。当事者自身が判定者を選任することができるが、選任できない場合、ICC会頭によって選任される。判定者が命ずる対策は、裁判所または仲裁廷によって別途決定が下されるまで、拘束力を有する。ICC仲裁前判定手続の適用には、関係契約書の一部として締結されたまたは後日締結された当事者間の書面による合意を必要とする。

(e) 海事仲裁（maritime arbitration）

ICCおよび「国際海事委員会」（Comit Maritime International = CMI）は、共同して海事仲裁に関する規則を策定している。ICC／CMI仲裁規則に基づき付託された仲裁事件の管理は、二つの機関に共通な組織、「国際海事仲裁機構」（International Maritime Arbitration Organization = IMAO）に委託されている。1978年以降有効な同規則は、なかんずく、用船契約（charter party）；海上または複合運搬（combined transport）による物品輸送契約；海上保険・海難救助（salvage）および共同海損（general average）契約；船舶建造契約および船舶修理契約；船舶販売契約およびその他船舶に対する権利設定契約等を含む、海事関連紛争の仲裁のために設計されている。

(f) 専門家による紛争解決（expertise）

専門家のためのICC国際センターは、1976年に設立され、専門家のための1993年ICC規則に基づき、運営されている。同センターは、技術問題、金融問題又はその他専門的な知識を要する問題

31　UNCITRAL: the United Nations Commission on International Trade Law（「国連国際商取引法委員会」）

を取り扱う。契約当事者は同センターに対して、かような問題に関して、報告書を提供する専門家の任命を申請できる。専門家の介入により、当事者は、問題を友好的にかつ簡潔に解決することができ、特定事実を確証することができる。当事者も仲裁廷も、同センターに対して、専門家の名前を提案するよう要請することができる。最近の事件では、一製品単位の運転容量の計測、材料の腐食の計測、企業取得（take-over）中の会社の財務監査、契約価格の再評価（revaluation）および国際的な建設工事案件における紛争裁定委員に関する援助等がある。

　(g)　専門家による信用状紛争解決（DOCDEX）

　専門家のための国際センターは、信用状紛争解決専門家のためのICC規則（the Rules for Documentary Credit Dispute Resolution Expertise = DOCDEX）を管理しているが、この規則は、信用状統一規則（the Uniform Customs and Practice for Documentary Credits = UCP）および信用状に基づく銀行間補償に関する統一規則（the Uniform Rules for Bank-to-Bank Reimbursement under Documentary Credits = URR）から生じる紛争の早急な解決を容易にするために、ICC銀行委員会によって、近年策定されたものである。DOCDEXは、迅速で、信頼性のおける紛争解決機構であり、三人の専門家が文書に基づいて裁定を下し、また、この裁定書は、ICC銀行委員会の技術アドバイザーによって精査され、同専門家センターによって発給される。このDOCDEX裁定は、当事者が別途合意をしない限り、拘束力を有しない。多くの場合、当事者は、ICCが要請を受領後6から12週間で、最終意見を期待できるが、例外的に複雑な事件の場合、もっと長くなることもある。

　c　特　徴

　(a)　ICC Courtの機能

　ICC Courtは、130国以上の会員から構成されている。ICC Courtは、通常の意味の裁判所とは異なり、仲裁判断を下さない。仲裁規則によれば、「裁判所は自ら紛争を解決するのではなく、ICCの仲裁規則の適用を確保することに、裁判所の機能がある」（1条2項）としている。仲裁判断は、あくまで、仲裁人の職務であるとする。ICC Courtは、仲裁人の任命、当事者が選任した仲裁人の確認、仲裁人の忌避に関する決定、仲裁裁定の精査および承認、および仲裁人の仲裁料の決定等に責任を有する。

　(b)　仲裁人の数

　ICCの仲裁規則（2017年3月版）では、仲裁廷は1人もしくは3人の仲裁人から構成される（同規則12条1項）。仲裁人が1人の場合は、当事者間の合意によりこれを定めることができ、同定めがない場合はICC Courtが任命する（同規則12条3項）。仲裁人が3人の場合、当事者がそれぞれ1人の仲裁人を任命し、3人目は仲裁廷の主席仲裁人となるが、両当事者もしくはすでに任命された2人の仲裁人の合意によるか、またはICC Courtによって任命される（同規則12条4項）。仲裁人の数について、当事者間で合意ができない場合、仲裁規則では、ICC Courtが1人の仲裁人を任命する。ただし、紛争の内容からして、仲裁人は3人任命したほうがよいとICC Courtが判断した場合は、この限りにあらずとしている（同規則12条4項）。

　仲裁人の任命に関する他の仲裁機関との相違点は、二つある。一つ目は、ICCが約60の異なる国々の国内の仲裁機関の支援を得て、かれらの保有する仲裁人情報を活用できるということ。二つ目は、ICCがユーザーに対して、決してあらかじめ用意した仲裁人リストから仲裁人を選任するこ

とを強要しないということである。仲裁廷の構成に関しては、選択の自由と柔軟性が確保されている。

　(c)　仲裁プロセスのモニタリング

　ICC Court は、他の仲裁機関とは異なり、仲裁要請から最終の裁定まで、全仲裁過程をモニターする。同規則23条2項によると、仲裁申請受領後2カ月以内に、仲裁廷は事件付託条件（Terms of Reference）を特定した文書を作成して、ICC Court に提出する義務がある。ICC 仲裁の一つのユニークな側面、すなわち、事件付託条件が当事者および仲裁人を、初期の段階で、接触させるという有用な目的に資することになり、解決すべき問題や必要な手続詳細を確認することにも役立っている。この段階で、仲裁言語や準拠法等の未決の問題についても、当事者間で合意できることもある。しかも注目すべきは、ICC 仲裁事案の大部分が、この事件付託条件書作成の段階で、友好的に解決されているという事実である。

　仲裁手続中、ICC Court は、定期的に、未決案件の進捗状況をよく調べ、合理的に可能な限り、スピードアップする方法がないか、さらに手続は、仲裁規則に則って進められているか等を考慮する。これに関連して、事務局は、事案を緊密にフォローし、仲裁手続において交換されるすべての連絡文書やプリーディング[32]の文書のコピーを受理する。

　(d)　仲裁人の報酬

　多くの仲裁機関の規則では、仲裁人が自分で技術料の金額を決めるか、または仲裁機関が決めたまたは調整した、1日当たりまたは1時間当たりの料率で、技術料を決めている。

　ICC 規則では、仲裁人は、1日当たりまたは1時間当たりの料率で、報酬を得たりしないし、また、仲裁人が自分で技術料を決めることはしない。仲裁人の技術料は、ICC Court が、仲裁終了時に、ICC 仲裁規則に付帯された公表料金表を基礎に決める。この料金表では、仲裁人の技術料は、紛争金額を参考にして決められる。仲裁人の技術料を決める際に、ICC Court は、仲裁人の勤勉さ、要した時間、手続の手早さおよび紛争の複雑さをも考慮する。よって、仲裁人ではなく、ICC Court が、仲裁の運営方法および仲裁人の効率を考慮して、最終的な技術料を決定するとしている。

　こうした技術料・費用制度は、仲裁金額に見合った金銭的な枠内で、事件を効率的に処理するよう勧めることを意図したものである。料金表が紛争金額を基礎にしているという事実は、軽率な請求や反対請求をしたならば、仲裁コストに即刻しかも直接的な影響が出るということで、そうした軽率な請求や反対請求を出させないという効果が出ている。仲裁費用計算表は、当事者が最初に仲裁費用について、一般的な概念を形成するために有用であるとしている。

　(e)　仲裁裁定の精査

　ICC Court の最も重要な機能の一つは、仲裁裁定の精査である。ICC 規則によると、ICC Court は、仲裁人の自由な裁定に影響を与えないで、主題の要点に仲裁人の注意を喚起する。ICC 仲裁において、精査は、仲裁裁定を最高水準のものとし、国内裁判所において、滅多に無効とされないように、確かなものとする重要な要素である。精査過程を経ることで、当事者に、そうでなければ得

---

[32] プリーディング（Pleading）とは、本来民事訴訟用語で、「訴答（手続）；訴答書面；プリーディング：民事訴訟において trial（正式事実審理）に先立ち争点を明確にするため当事者間で主張書面の交換される訴訟手続、又はその書面を指す」（田中・英米法辞典）。ここでも、仲裁手続を本格的に開始する前段階の手続のことを指している。

られない追加的な保護を与えている。

なぜならば、仲裁裁定は、一般的に、控訴できないからである。このユニークな品質管理機構によって、ICCの仲裁が、世界中で最も信頼に足る制度となっている。

d　ICCの連絡先

ICCの連絡先は次のとおりである[33]。

  International Chamber of Commerce (ICC)

  33-43 avenue du Président Wilson

  75116 Paris, France

  Tel: +33（0）1 49 53 28 28

  Fax: + 33（0）1 49 53 28 59

  Email: icc@iccwbo.org

(C)　WIPO仲裁センターとICC Courtの比較

（WIPO仲裁センターとICC Courtの比較表[34]）

項目	WIPO仲裁センター	ICC Court
仲裁地	(a)　仲裁地は、当事者間で別途合意がない場合、当事者の見解や仲裁の状況を考慮しながら、センターによって決定されるものとする。 (b)　仲裁廷は、当事者と協議後、適当と考えられる場所ならどこででも審理（hearings）を行うことができる。仲裁廷が適当と考えるところならどこででも審議する（deliberate）ことができる。 (c)　裁定は、仲裁地において下されたものと看做される。（WIPO仲裁規則38条）	1．仲裁地は、当事者間で合意がない場合、ICC Courtによって決定されるものとする。 2．仲裁廷は、当事者間で別途合意がない場合、仲裁廷が適当と考える場所ならどこででも審理（hearings）・協議（meetings）を行うことができる。 3．仲裁廷は、仲裁廷が適当と考える場所ならどこででも審議できる（deliberate）。（ICC規則18条）
仲裁人の数・選定	上記「WIPO仲裁センターとICC Courtの概要」参照	上記「WIPO仲裁センターとICC Courtの概要」参照
仲裁言語	(a)　当事者間で合意がない場合、仲裁言語は、当事者の見解や仲裁の状況を考慮しながら、別途決定する仲裁廷の権限に服することを条件に、仲裁合意書の言語とする。 (b)　仲裁言語以外の言語で提出された文書の全部又は一部を、仲裁言語に翻訳して添付するよう仲裁廷は命じること	当事者間で合意がない場合、仲裁廷は、契約書の言語を含めて、すべての関連状況にしかるべき注意を払い、仲裁言語を決定する。（ICC規則20条）

33　〈https://iccwbo.org/〉
34　WIPO仲裁規則は2014年6月版、ICC規則は2017年3月版による。

仲裁判断の効力	仲裁判断の効力に関しては、「ニューヨーク条約」加盟国間では裁判所の決定と同等の扱いを受ける。	仲裁判断の効力に関しては、「ニューヨーク条約」加盟国間では裁判所の決定と同等の扱いを受ける。
	ができる。(WIPO 仲裁規則39条)	

C 仲裁条項のドラフティング

(A) 仲裁機関

a WIPO が推奨するモデル仲裁条項

「WIPO 推奨仲裁条項」（WIPO ホームページから抜粋・編集）

Any dispute, controversy or claim arising under, out of or relating to this contract and any subsequent amendments of this contract, including, without limitation, its formation, validity, binding effect, interpretation, performance, breach or termination, as well as non-contractual claims, shall be referred to and finally determined by arbitration in accordance with the WIPO Arbitration Rules. The arbitral tribunal shall consist of [three arbitrators] [a sole arbitrator]. The place of arbitration shall be……. The language to be used in the arbitral proceedings shall be……. The dispute, controversy or claim shall be decided in accordance with the law of…….

〈訳文〉

契約の形成、有効性、拘束力、解釈、履行、違反又は終了並びに契約に関わらない要求を含むも、これに限定されることなく、本契約及び本契約のその後の修正に基づく、又はそれらから、又はそれらに関連して生じる紛争、議論又は要求は、WIPO 仲裁規則に従って、仲裁に付託し、最終的に仲裁によって解決されるものとする。仲裁廷は（3名の仲裁人）（1名の仲裁人）から構成されるものとする。仲裁地は……とする。仲裁手続において使用される言語は……とする。紛争、議論又は要求は……の法律に従って決定されるものとする。

このモデル条項では、WIPO 仲裁規則に基づく仲裁による紛争解決の合意のほかに、仲裁人の数、仲裁地、言語および準拠法を明確に指定することを推奨している。

b ICC による場合

ICC は、ICC に仲裁を依頼したいと希望する当事者は、すべての者が、下記の標準条項を契約書に挿入することを推奨している。

「ICC 標準仲裁条項」（ICC ホームページから抜粋・編集）

All disputes arising out of or in connection with the present contract shall be finally settled under the Rules of Arbitration of the International Chamber of Commerce by one or more arbitrators appointed in accordance with the said Rules.

〈訳文〉

現契約から又は現契約に関連して生じるすべての紛争は、国際商業会議所の仲裁規則に基づき、同規則に従って任命された1名又は1名以上の仲裁人によって、最終的に解決されるもの

〔第2部〕 II－3 一般条項（General Terms）

とする。

　(B)　対象となる紛争の範囲

　WIPO仲裁センターのモデル条項案にもICC Courtモデル条項案にも、"dispute"または"disputes"を限定する"arising out of"と並列で、"relating to"または"in connection with"という文言がある。"arising out of"だけであると、狭く限定的に解釈され、"relating to"または"in connection with"という文言が併記されることで、仲裁または訴訟において、一般的に、対象範囲が広く解釈される。条文作成にあたっては、こうした点にも十分留意することが大切である（岩崎・英文契約書205～206頁参照）。

　(C)　手続の詳細

　Any dispute based on any matter arising out of or in connection with this Agreement shall be resolved through arbitration before [three arbitrators]. Such arbitration shall take place in [Tokyo, Japan] and shall proceed in accordance with the [Rules of Arbitration of the International Chamber of Commerce ("ICC")]. Within seven days of either party making a demand for arbitration, Licensor and Licensee shall each select one arbitrator. A third arbitrator shall be selected by the arbitrators selected by the parties within thirty (30) days of the demand for arbitration. In the event that either party shall fail to appoint its arbitrator, or the two arbitrators selected by the parties fail to appoint the third arbitrator, in either case within the prescribed time period, then either party may apply to the ICC for the appointment of such arbitrator. The determination of a majority of the panel of arbitrators shall be the decision of the arbitrators and shall be binding regardless of whether one of the parties fails or refuses to participate in the arbitration. Each party shall pay for the arbitrator it selects with the cost of the third arbitrator being split equally between the parties. All other costs shall also be split equally between the parties. Either party may enter any arbitration award in any court having jurisdiction or may make application to any such court for a judicial acceptance of the award and order of enforcement, as the case may be. The language to be used in the arbitral proceedings shall be English.

〈訳文〉

　本契約に基づき、又は本契約に関連して生じた紛争は、（3人の仲裁人）からなる仲裁により、解決されるものとする。同仲裁は、（日本の東京）で行われ、（国際商業会議所の仲裁規則）（ICC）により行われるものとする。いずれかの当事者が仲裁の申立から7日以内に、ライセンサーとライセンシーはそれぞれ1人の仲裁人を選ぶものとする。3人目の仲裁人は、当事者により選ばれた仲裁人により、申立から30日以内に選ばれるものとする。仮にいずれかの当事者が上記期間内に仲裁人を選ばなかった場合、又は当事者が選んだ仲裁人が3人目の仲裁人を上記期間内に選ばなかった場合、いずれの当事者もICCにその選任を要請できるものとする。仲裁機関の決定は仲裁人の過半数によりなされ、一方当事者が仲裁に参加せず、又はこれを拒んだ場合にも、拘束するものとする。各当事者は、自己が選んだ仲裁人の費用を支払い、又3人目の

仲裁人については公平に分担するものとする。他の全ての費用も当事者により公平に分担されるものとする。いずれの当事者も、仲裁の判断を、管轄権を有する裁判所で執行判決を得ることができる。仲裁手続で使用される言語は英語とする。

(D)　差止め等の例外

仮に紛争解決機関として日本の仲裁が選択されたとしても、相手国企業の行為を差し止める等の必要が生じた場合、これを日本の仲裁に申し立てるのではなく、直接当該国の裁判所に申し立てたほうが、実効性がある。

そこで、このような救済手段を確保するため、以下のような条項が設けられることがある。

Notwithstanding the foregoing provisions, the Parties may seek recourse in any court of competent jurisdiction to the extent that initial submission of the matter to a court is necessary for a Party to obtain, on an interim basis, injunctive relief, compel specific performance or receive other appropriate equitable recourse of a provisional, precautionary or conservatory nature.
〈訳文〉
　上記にもかかわらず、いずれの当事者も、保全処分を求める場合、執行をする場合、その他暫定的、予防的又は保全的な性質の、衡平法上の権利を実現する場合に限り、管轄権のある裁判所に救済を求めることができる。

(4)　裁判・仲裁外の解決

裁判・仲裁は、時間も費用もかかる。したがって、これらの紛争解決手段に頼る前に協議による解決を試みる必要がある。

The parties recognize that a dispute may arise from time to time in connection with any obligation, liability or any other matter provided in this Agreement ("Dispute"). It is the objective of the parties to establish a dispute resolution mechanism to facilitate the voluntary and amicable resolution of a Dispute, prior to either party resorting to the legal proceeding provided herein: (i) the parties shall attempt to resolve such Dispute through good faith negotiations between business executives with authority to deal with such Dispute; and (ii) in case a resolution cannot be so found within a reasonable period not to exceed thirty (30) calendar days, the Dispute shall be escalated to the top representatives of the parties and such top representatives shall further attempt to resolve the Dispute through good faith negotiations over a reasonable period, which period shall not exceed thirty (30) calendar days.
〈訳文〉
　両当事者は、本契約の義務、責任、その他の事項に関連して紛争（以下「紛争」という）が生じ得ることを認識する。両当事者は、紛争解決構造を構築し、本契約に規定されている法的手続に至る前に任意かつ平和的な紛争解決を図るものとする。(i)両当事者は、紛争を同紛争の

> 交渉権限を有する役員による誠実協議により解決を図り、(ii)30日以内に紛争が解決できない場合は、両当事者の代表者が30日を超えない合理的期間内に誠実協議を通じてその解決を図るものとする。

2　実務の考え方

(1)　技術供与契約

　紛争を仲裁で解決することで合意する場合、契約であらかじめ合意しておくべき最低限の事項は、誰が（仲裁人の数）、どこで（都市名）、どのようなルールで（仲裁機関）しかも何語（言語）で行うかということであるといわれている。これら4項目に準拠法を加えて、5項目とするのが最も望ましいとされる。上記WIPOが推奨するモデル条項は、そのようになっている。

　準拠法の問題は、準拠法の条項でまとめて述べる。

　上記5項目について、あらかじめ契約において合意しておけば、紛争が生じ、仲裁にかけようとする際に、具体的に行動をすぐに起こせるという大きなメリットがある。

　ICCが推奨するモデル条項のように、仲裁機関さえ指定すれば、その他の事項は、その仲裁機関の仲裁規則に規定されているので、仲裁機関に任せればよいという考え方もある。その場合は、選択した仲裁機関の仲裁規則を十分に検討しておかねばならない。

(2)　技術導入契約

　仲裁条項に関する姿勢としては、ライセンシーもライセンサーも、基本的に大きな相違はない。

第6　一口コメント

　契約書の起草には、常に、予防法学的観点から慎重な配慮が必要である。それはリスク管理の原点である。

第24章　準拠法（Governing Law）

第1　事例24の紹介〔技術供与〕

ARTICLE 23　GOVERNING LAW

This Agreement shall be governed by and construed in accordance with the laws of Japan.

第2　事例24の訳文

23条　準拠法

　本契約は、日本の法律に準拠し、解釈されるものとする。

第3　事例24の解説

　契約が、日本の法律によって支配され、日本の法律に従って解釈されるということは、契約の成立や履行も日本の法律が適用されることを意味している。契約の準拠法については、日本を始め多くの国では、当事者自治の原則に則り、当事者が合意、選択した法律の適用が認められている（後述）。ただし、かかるルールには限界もある。具体的には、特許、商標等、工業所有権に関しては、その権利が付与され、保護されている国の法律が適用される。また、強行法規（たとえば、日本の場合、独占禁止法、外国為替管理法、税法等、公益を目的として定められている法律）の適用も、当事者がこれを排除することはできない。

第4　本条項の位置付け

　契約の交渉は、準拠法の合意から始めるべきであるとさえいわれる。理論的には、準拠法としてどこの国の法律（米国の場合は、どの州法）を選択するかで、契約書の書き方、考え方、また、解釈も変わり得る。その意味で、準拠法は重要な契約条項である。仮に契約に準拠法を定めないと、準拠法の決定につき黙示の合意を探求しなければならない（最高裁平成9年9月4日判決）等、手続が煩雑となりこれを解決するために時間と費用がかかるだけでなく、自己の望まない準拠法が決定される危険性もある。

　いずれにせよ、準拠法条項は、契約書の中で最も短く、最も意味の深い条項であるといえよう。

〔第2部〕 II－3 一般条項（General Terms）

第5 本条項のチェックポイント

1 基本的な考え方

(1) 抵触法とは

A 準拠法と抵触法

交通機関の発達に伴い、現に世界に広く行われている渉外的私法関係も、もとより法によって規整され、その安全を保障されなければならない。かような規整は、今日では国際私法（抵触法）を通じて行われるのが普通である。抵触法に対し、民商法等の私法を実質法というが、それが抵触法により何らかの要素を連結点としてその私法関係に適用されるべく指定されたとき、かような場合の実質法を準拠法と呼ぶ（以上について、山田鐐一『国際私法（現代法学全集）』（筑摩書房、1982年）3頁以下）。

このように、「準拠法」は「抵触法」により指定される法であり、前者を理解するためには、前提として後者を理解する必要がある。

B 抵触法が規律する範囲

公法の抵触、すなわち行政法、税法、刑法等の抵触問題は、古くは抵触法の問題とされたことがある。しかし、現在のところ、公法は一国の公益と密接な関係を有する法であり、私法と性質を異にするため内国の裁判所において外国の公法を直接に適用することはない。したがって、公法の抵触は、理論上も便宜上も抵触法の範囲から除外するのが妥当であると解される（山田・前掲16頁以下）。

ただし、何をもって公法の問題といえるのかについては、法制度によって異なり得る。たとえば、準拠法がいかに指定されようとも、訴訟手続は法廷地法に従って行われる。その場合、時効についての基本的な考え方が、日本法等、大陸法系諸国の法律と英米法系諸国の法律では異なる。すなわち、「日本法等の大陸法系の諸国法では、……消滅時効は『実体法上の問題』とされる。これに対し、英米法系の諸国法では、消滅時効により債権は消滅するわけではないが出訴期間が切れる結果、裁判で請求できなくなると、消滅時効を『訴訟法上の問題』とする」（岩崎・英文契約書212～213頁）と指摘されている。

そこで、たとえば、「準拠法を日本法に指定しても、英米法系諸国で訴訟が行われる場合、時効は日本法の規定によるのではなく、訴訟が行われる国の法律に照らして考えることとなる」（岩崎・英文契約書213頁）とされる。また、逆に、「準拠法が英米法系諸国法で、日本等の大陸法系諸国で訴訟が行われる場合、消滅時効についても準拠法上の時効期間を採用することとなる」（岩崎・英文契約書213頁）とされる。

したがって、抵触法が規律する範囲は各国の法制度によって異なることになる。

(2) 各国の抵触法

A 日本の抵触法

(A) 通則法の規定

法律行為の成立および効力に関する通則法の規定を検証する。

a 通則法7条（当事者による準拠法の選択）

第7条　法律行為の成立及び効力は、当事者が当該法律行為の当時に選択した地の法による。

b　通則法8条（当事者による準拠法の選択がない場合）

第8条　前条の規定による選択がないときは、法律行為の成立及び効力は、当該法律行為の当時において当該法律行為に最も密接な関係がある地の法による。
2　前項の場合において、法律行為において特徴的な給付を当事者の一方のみが行うものであるときは、その給付を行う当事者の常居所地法（その当事者が当該法律行為に関係する事業所を有する場合にあっては当該事業所の所在地の法、その当事者が当該法律行為に関係する2以上の事業所で法を異にする地に所在するものを有する場合にあってはその主たる事業所の所在地の法）を当該法律行為に最も密接な関係がある地の法と推定する。
3　第1項の場合において、不動産を目的物とする法律行為については、前項の規定にかかわらず、その不動産の所在地法を当該法律行為に最も密接な関係がある地の法と推定する。

c　通則法9条（当事者による準拠法の変更）

第9条　当事者は、法律行為の成立及び効力について適用すべき法を変更することができる。ただし、第三者の権利を害することとなるときは、その変更をその第三者に対抗することができない。

(B)　通則法の解説

　平成18年6月、法例における準拠法ルールを大幅に改正した通則法（正式名称は「法の適用に関する通則法」）が制定され、平成19年1月1日に施行された。

　通則法は、従前と同様に、法律行為の成立と効力発生には、当事者が当該行為当時に選択した地の法を適用する（当事者自治を原則）としながら（通則7条）、その他の点では大幅に従前のルールを変更している。

　たとえば、法律行為の成立と効力について当事者が準拠法を指定していない場合、従前は「行為地法」が準拠法とされていたのを、通則法では「最密接関係地法」を準拠法としている（通則8条1項）。また、「最密接関係地」については、原則として、法律行為において特徴的な給付を当事者の一方のみが行うものであるときは、その給付を行う当事者の常居所地[1]が「最密接関係地」と推定される（通則8条2項）。そして、「法律行為において特徴的な給付を当事者の一方のみが行うものであるとき」とは、たとえば売買契約の売主がこれにあたると解される。

　純粋なライセンス契約（pure license）の場合、知的財産権の使用を許諾するライセンサーが「特

---

[1] 「その当事者が当該法律行為に関係する事業所を有する場合にあっては当該事業所の所在地の法、その当事者が当該法律行為に関係する2以上の事業所で法を異にする地に所在するものを有する場合にあってはその主たる事業所の所在地の法」（通則8条2項）。

徴的な給付」をしているように思える。したがって、その場合、ライセンサーの常居所地の法が準拠法となる。ただし、かかる解釈は一義的ではなく、契約上準拠法を明らかにすることが望まれる。

B 米国の抵触法（conflict of laws）

(A) UCC の規定

準拠法の選択に関する当事者自治について定めた UCC／1-301「地域適用の可能性：当事者の準拠法選択の権限」につき、以下、検証する。

(a) 本条に別段の定めがある場合を除き、取引が本州のみならず、他州や他国とも合理的な関係を有する場合、当事者は、その権利・義務の準拠法として本州、当該他州又は他国の法を合意することができる。

(b) 前項(a)に基づく有効な合意がない場合、又、次項(c)の場合を除き、本州に合理的な関係を有する取引については〔統一商事法典〕が適用されるものとする。

(c) 仮に〔統一商事法典〕の下記条項が適用法を特定している場合は、当該条項が適用されるものとし、これに反する合意は特定された法がこれを認める場合のみ有効とする：

  (1) 2-402条；
  (2) 2A-105条及び2A-106条；
  (3) 4-102条；
  (4) 4A-507条；
  (5) 5-116条；
  (6) 6-103条；
  (7) 8-110条；
  (8) 9-301条乃至9-307条

〈補足説明〉

「合理的な関係」の判断基準は、連邦最高裁の判例（Seeman v. Philadelphia Warehouse Co., 274 U.S. 403, 47S.Ct. 626, 71 L.Ed. 1123 (1927)）と同じく、「契約の締結（making）もしくは履行（performance）の相当部分（significant enough portion）がある州で行われたとき、その取引はその州と合理的な関係があるとされている（UCC／1-105 Comment (1)）」（並木・契約法12頁）とする。

(B) 抵触法の解説

米国の抵触法は、各州法において定められており、紛争になった場合は裁判所[2]がどの州の法律

---

[2] 米国州裁判所の呼称（田中・英米法(下)402頁「§523 州の裁判所」参照）
 (1) 日本の地方裁判所に相当する裁判所：
  ・circuit court（3分の1強の州）
  ・district court（3分の1弱の州）
  ・superior court（3分の1弱の州）
  ・supreme court（ニューヨーク州のみ）
  なお、上記 common law の裁判所とは別に、衡平法専門の裁判所（chancery court）を置いている州は、Arkansas、Delaware、Mississippi、Tennessee の4州である。
 (2) 日本の高等裁判所に相当する裁判所（30州）：

を適用すべきかを決定する。それが、抵触法（conflict of laws）または州際私法といわれる範疇の問題である。

州法の決定に際し下記要素を区別することが重要といわれている。

① 当事者の住所（どの州か）

② permanent home の有無

③ 契約の履行地

契約の成立に関し、米国では承諾の発信主義（Restatement 2nd Sec.66参照）を採用しているので、承諾を発信した州が契約成立の州ということになり、その州の法律がその契約に適用される。ただし、準拠法について、当事者間で合意による特約が適法になされていれば、その合意は認められる（UCC／1－105参照）（並木・契約法11～14頁参照）。

(3) 準拠法条項のドラフティング

A 準拠法の選択肢

上記のように、当事者は、原則として当事者の契約に適用される準拠法を自ら選択することができる。その場合、各当事者は、自国の法律を準拠法として主張することが多い。また、合意ができない場合、第三国法を準拠法として選択することもある。

準拠法と紛争解決手段には論理的必然性はないが、両者が整合する（準拠法を紛争解決地の法とする）ことが望ましい。

なぜなら、「例えば、準拠法は日本法にして裁判管轄を米国カリフォルニア州裁判所とすると、同裁判所は、統一外国法職権認知法（Uniform Judicial Notice of the Foreign Law Act）により、外国法については職権認知しないから、日本法の内容は当事者が立証しなければならなくなる。こうした場合、『法』そのものについての基本的な考え方が、英米法と大陸法では異なるので立証がきわめて困難なことが多く、立証できなければ、同裁判所は国内法によって裁判する。従って、日本法を準拠法とした意味がなくなることもある」（岩崎・英文契約書211～212頁）からである。

また、仮に裁判ではなく仲裁による場合、仲裁機関は一般的に、より外国法に精通しているとはいえ、実際上、外国の仲裁機関が日本法に従って判断をすることは容易ではない。

結局、紛争解決地と準拠法は一致させることが望ましく、その場合の組み合わせとしては、①いずれも自国（日本・日本法）、②いずれも相手国、または③いずれも第三国、の3通りということに

・court of appeals（一番多い）
・Appellate of Division (of the Supreme Court)（ニューヨーク州のみ）
・その他呼称あり。
(3) 日本の最高裁判所に相当する裁判所：
・supreme court（一番多い）
・court of appeals（ニューヨーク州等）
・supreme judicial court（マサチューセッツ州等）
・supreme court of appeals（ヴァージニア州等）
(4) Courts of Limited Jurisdiction（簡易裁判所）
州には、軽微な刑事事件や民事事件のみならず、一般の民事事件についても、簡易裁判所が置かれている。それらは、多くの場合、訴額によって（たとえば、200ドル以下、または1000ドル未満）、二つに分類されているようである。Justice of the peace または magistrate と呼ばれる治安判事や法律家が、裁判官の役割を果たしている。
訴額が低い場合：municipal court, traffic court, city court, night court, police court；
訴額が高い場合：circuit court, county court, court of common pleas, district court, superior court.

〔第2部〕 II−3 一般条項（General Terms）

なる。同各組み合わせ（①、②、③）のメリット・デメリットは（日本企業からみた場合）以下のとおりである。なお、紛争解決地を確定せず、被告住所地とした場合のメリット・デメリットについては第2部第23章第5を参照されたい）。

	いずれも日本（①）	いずれも相手国（②）	いずれも第三国（③）
メリット	・馴染みがある。 ・言語的メリットがある。 ・距離的メリットがある。	・日本企業が相手企業に対し訴えを提起することを想定した場合において勝訴した場合、承認手続を経ることなく執行できる。 ・相手企業が日本企業に対し訴えを提起することを想定した場合において敗訴した場合、日本において承認手続を経る必要がある。*	・手続的、言語的、距離的に公平である。 ・相手企業が日本企業に対し訴えを提起することを想定した場合において敗訴した場合、日本において承認手続を経る必要がある。*
デメリット	・日本企業が相手企業に対し訴えを提起することを想定した場合において相手が日本に資産を有しない場合、相手国において承認手続を経る必要がある。* ・相手企業が日本企業に対し訴えを提起することを想定した場合において敗訴した場合、承認手続を経ることなく執行される。	・馴染みがない。 ・言語的にデメリットがある。 ・距離的にデメリットがある。	・日本企業が相手企業に対し訴えを提起することを想定した場合において相手方が第三国に資産を有しない場合、相手国において承認手続を経る必要がある。*
結　論	一般的にメリットが多いとされるが、日本企業が相手企業に対し訴えを提起する場合の承認リスクを把握する必要がある。*	一般的にデメリットが多いとされるが、日本企業が相手企業に対する訴えを提起する場合の承認リスクを回避する手段となり得る。	一般的に公平性の点で優れているとされるが、日本企業が相手企業に対し訴えを提起する場合の承認リスクを把握する必要がある。*

＊外国での承認・強制執行については、第2部第23章第5を参照されたい。

B　準拠法の適用範囲

準拠法の適用範囲として、契約の成立だけではなく、契約の履行にも適用させる場合は、その旨明確に規定しなければならない。たとえば、"This Agreement is governed by Japanese law." と規定した場合、日本法は契約の成立にだけ適用されるものと認定される可能性があるとされる（岩崎・英文契約書212頁参照）。よって、以下の記載例のほうが明確と思われる。

> The formation, validity, construction and performance of this Agreement are governed by the laws of Japan.

〈訳文〉

> 本契約の成立、有効性、解釈及び履行は、日本法に準拠するものとする。

C　抵触法の適用の排除

準拠法条項の最後に "without reference to principle of conflict of laws"（抵触法のルールを考慮することなく）と記載することがある。仮にこのような記載をしないと、選択された法（たとえば日本法）の抵触法（通則法）に従って、別の準拠法（たとえば、NY州法）が選択される余地を残すことになる。

> The laws of [Japan] shall govern, construe and enforce all of the rights and duties of the parties arising from [or relating in any way to the subject matter of] this Agreement, [without regard to conflict of laws principles], [or the United Nations Convention on Contracts for the International Sales of Goods].
>
> 〈訳文〉
>
> （日本法）は、本契約の対象事項（及びこれに関連する事項）に関し、その準拠法となり、解釈、執行の基準となり、（法の抵触に関する法、および国連物品売買統一法条約の適用を排除する）ものとする。

(4)　当事者が準拠法を合意しない場合の法律関係

契約書に準拠法の定めがない場合がある。その原因としては、当事者が準拠法の合意を失念した場合もあれば、当事者が準拠法について合意ができなかった場合もある。

しかし、後述のように、準拠法の決定方法は仲裁機関・裁判所によって異なり、その手続は一般的に煩雑であること、また、当事者の意図しない決定がなされる危険性もあることから、準拠法を定めないことのリスクは大きいといえる。以下、説明する。

A　仲裁の場合

契約当事者が、紛争解決手段として、仲裁を選択し、特定の仲裁機関を選択する場合、それぞれの仲裁機関の仲裁規則によって、準拠法についての考え方が異なることに留意する必要がある。すなわち、各仲裁機関の仲裁規則において、当事者間で合意がない場合の準拠法の取扱いについて明記している場合（WIPO、ICC等）と明記していない場合（アメリカ商事仲裁協会の仲裁規則、国際商事仲裁協会の仲裁規則等）がある。

準拠法に関し仲裁規則に明記している仲裁機関の考え方は、「……より多くの業者を納得させる方法は、可能な限り客観的な法規範に従って仲裁を行うことである。こうした配慮から、商事仲裁の場合にも準拠法を定め、特定の国家の法を手掛かりとして仲裁判断が下されることを仲裁規則上に表明している」とされる（岩崎・英文契約書208頁）。

他方、契約準拠法について仲裁規則において何も言及しない仲裁機関は、「商事仲裁の本質は、特定の国家の法秩序に拘束されることなく『善と衡平』に従って仲裁人が判断するものである」との考え方に徹しているからであるとされる（岩崎・英文契約書208～209頁参照）。

このように、仲裁判断がなされる過程で、準拠法が重要な役割を果たすことは、明らかである。

準拠法について、当事者間であらかじめ合意しておくことが望ましい。

なお、準拠法に関しては、WIPO仲裁規則（2014年版）は61条に、また、ICC仲裁規則（2014年版）は21条にそれぞれ規定されている。ちなみに、国連国際商取引法委員会（UNCITRAL）の仲裁規則（2013年版）でも、35条[3]に当事者間で合意された準拠法があれば、これに従い、さもなくば、仲裁裁判所が、国際私法の規則に従って、準拠法を決定する旨定めている。

以下、準拠法に関するWIPO仲裁規則（61条）およびICC仲裁規則（21条）の規定を検証する。

　　（A）WIPO仲裁規則（61条）

(a) 仲裁廷は、紛争の実体について、当事者によって選択された法あるいは法規に則って判断しなければならない。特定国の法の指定は、別段の表明がなされていない限り、その国の抵触法規ではなく、その国の実体法規を直接指定するものと解釈されなければならない。当事者による選択がない場合、仲裁廷は仲裁廷が適当と考える法あるいは法規を適用するものとする。あらゆる場合において、仲裁廷は、関連する契約の条件に適切な注意を払い、適用される取引慣行を考慮に入れて、判断しなければならない。仲裁廷は、当事者からの明示の授権がある場合にのみ、友誼的仲裁人として、あるいは衡平と善に従って決定できるものとする。

(b) 当事者が他の仲裁法の適用につき明示的に合意しており、かつ、その合意が仲裁地の法によって許されるものである場合を除き、仲裁の準拠法は仲裁地の仲裁法とする。

(c) 仲裁合意は、(a)項により適用される法もしくは法規、又は(b)項により適用される法、のいずれかの形式、存在、効力および範囲に関する要件を満たす場合に有効とみなされる。

　　（B）ICC仲裁規則（21条）

１．当事者は、仲裁廷が紛争の本案に適用する法律規則について、自由に合意できるものとする。かような合意がない場合、仲裁廷は、仲裁廷が適当と判定する法律規則を、適用せねばならない。

3　UNCITRAL／Arbitration Rules, Article 33（Applicable Law, Amiable Compositeur）

"1. The arbitral tribunal shall apply the rules of law designated by the parties as applicable to the substance of the dispute. Failing such designation by the parties, the arbitral tribunal shall apply the law which it determines to be appropriate.

2. The arbitral tribunal shall decide as amiable compositeur or ex aequo et bono only if the parties have expressly authorized the arbitral tribunal to do so.

3. In all cases, the arbitral tribunal shall decide in accordance with the terms of the contract, if any, and shall take into account any usage of trade applicable to the transaction."

〈訳文〉

「１．仲裁裁判所は、当事者によって指定された準拠法のルールを、紛争の実体に適用しなければならない。当事者によるかような指定がない場合、仲裁裁判所は、裁判所が相当と考える法律を、適用しなければならない。

２．仲裁裁判所は、当事者が仲裁裁判所に対して、そうする権限を明示的に与えた場合に限り、『友誼的仲裁』若しくは『善と衡平による仲裁』を行わなければならない。

３．いかなる場合においても、仲裁裁判所は、それがあれば、契約の文言に従って決定し、当該取引に適用される取引慣行を、考慮しなければならない」。

2．いかなる場合においても、仲裁廷は、契約の規定及び関連取引慣行を考慮せねばならない。
3．仲裁廷は、当事者が仲裁廷にかような権限を与えることに合意をした場合に限って、友好的な仲裁人（amiable compositeur）の権限を集約するか又は衡平と善に従って（ex aequo et bono）決定しなければならない。

B　訴訟の場合

契約当事者が、紛争解決手段として、仲裁を使わず訴訟に委ねる場合に、準拠法について当事者間に合意がない場合、裁判所は、自国の国内法である国際私法に基づいて準拠法を決定し、これを適用して判決を下す。

国際私法は、国によってその考え方が異なる。国際私法に基づく準拠法の決定について、大別して、客観主義を採用する国々と主観主義を採用する国々とがある。

客観主義を採用する国々においては、契約準拠法は、当事者の意思に関係なく、その国の国際私法の定めによって決定される。しかも、客観主義を採用する国々の中でも、契約締結地主義（アメリカの数州、スイス等）、履行地主義（中南米諸国、アメリカの数州等）、または債務者の本国法主義等さまざまである（岩崎・英文契約書 P.211参照）。そして、契約締結地法、履行地法、または債務者の本国法のいずれであるかによって準拠法が変わり得る。

他方、主観主義を採用する国々（日本、イギリス、ドイツ、ポーランド、イタリア、ギリシャ、ブラジル、アメリカの数州）では、当事者の意思によって契約準拠法を決めることができる（岩崎・英文契約書211頁参照）。こうした場合、「『法』そのものについての基本的な考え方が、英米法と大陸法では異なるので立証がきわめて困難なことが多い」（岩崎・英文契約書211～212頁）と指摘されている。

このように、準拠法の決定方法は仲裁機関・裁判所によって異なり、その手続は一般的に煩雑であること、また、当事者の意図しない決定がなされる危険性もあることから、準拠法を定める意味は大きいといえる。

2　実務の考え方

(1) 技術供与契約

契約の成立、有効性、解釈および履行等の実体法上の問題に関し契約当事者間で意見の相違、議論や紛争が生じたとき、契約準拠法が問題となる。仲裁にて紛争を解決する場合も、裁判にて紛争を解決する場合も、上述のとおり、準拠法は、大きな役割を担っている。

日本企業にとっては、言語は英語を使うことで妥協しても、すべての紛争を、日本の法律に基づき東京で訴訟や仲裁ができるように合意できれば、理想的かもしれない。

しかし、相手企業が所在する国が、ニューヨーク条約を批准していなければ、裁判や仲裁で勝訴しても、損害賠償等の執行ができないこともあり得る。

準拠法は日本法であっても、法廷地が外国であれば、その国の訴訟手続に従うことになるので、準拠法を日本法とした当事者の意思が、どこまで訴訟結果に反映させることができるか、わからない部分もある。

準拠法の問題を、純粋に、法律問題として検討すれば、非常に困難な問題が多々あるように思え

る。

　実務では、そうした諸々のリスクの可能性をどう計算するかによって、契約交渉のやり方も変わる。深刻な問題が生じないと情勢判断をすれば、準拠法に関して、相手企業の主張を受け入れて、他の条項で、当方の主張を受け入れさせるよう説得するというやり方もあり得る。それは、常に、緻密で、冷静な状況判断、先見性に裏打ちされた高度な法務判断および経営判断が要求される。そうした判断力は、多様な交渉現場を数多く経験することで、自らの感覚を磨く以外に習得することはできない。

(2)　技術導入契約

　本問題に関しては、ライセンシーの立場であっても、ライセンサーの立場であっても基本的には大きな考え方の相違はない。

第6　一口コメント

　ライセンス契約交渉もビジネスである以上、理論だけでは解決がつかないことがある。ビジネスにリスクがつきものであれば、リスクは計算づくで引き受けねばならない。計算できない部分は、やはりリスクとして引き受けねば、ビジネスは成り立たない。

III 末尾部分 (Back of the Contract)

第25章 末尾文言・署名 (Testimonium Clause／Signature)

第1 事例25の紹介〔技術供与〕

NOW IN WITNESS WHEREOF, the parties hereto have caused this Agreement to be duly executed in duplicate by their duly authorized officers as of the day and year first hereinabove written and shall retain one (1) fully executed copy each.

WITNESS: (on the part of LICENSOR)　　　　LICENSOR:

By:_____　　　　　　By: _____
　(to be signed by witness)　　　　　　　　　　(to be signed by representative)
Name:　　　　　　　　　　　　　　　　　　Name:
Title:　　　　　　　　　　　　　　　　　　 Title:

WITNESS: (on the part of LICENSEE)　　　　LICENSEE:

By:_____　　　　　　By: _____
　(to be signed by witness)　　　　　　　　　　(to be signed by representative)
Name:　　　　　　　　　　　　　　　　　　Name:
Title:　　　　　　　　　　　　　　　　　　 Title:

第2 事例25の訳文

　以上の証として、本契約当事者は、頭書に記載された年月日をもって、それぞれの会社が、正当に権限を授与した役員に、正当に、本契約書2通に署名せしめ、完全に署名されたもの1通を、各々保持するものとする。

立会人（ライセンサー側）	ライセンサー
署名：＿＿＿＿＿＿＿＿＿＿＿＿＿＿＿	署名：＿＿＿＿＿＿＿＿＿＿＿＿＿＿＿
（立会人署名）	（代表者署名）
氏名：	氏名：
肩書：	肩書：
立会人（ライセンシー側）	ライセンシー
署名：＿＿＿＿＿＿＿＿＿＿＿＿＿＿＿	署名：＿＿＿＿＿＿＿＿＿＿＿＿＿＿＿
（立会人署名）	（代表者署名）
氏名：	氏名：
肩書：	肩書：

第3　事例25の解説

　前述のとおり、"THIS AGREEMENT" に始まり、末尾文言の "IN WITNESS WHEREOF" の前までが一つの文で書かれ、そこで初めてピリオドが打たれていた昔の英米の契約書の形式が、前文と末尾文言にその名残りがある。

　末尾文言は、契約書の締めくくりとして、契約当事者が契約内容について、それぞれ代表権を持った者が、署名をして確認し、その署名された文書をそれぞれ1通ずつ保持する。契約書の日付、すなわち、契約合意の日付は、頭書の日付とする旨確認するというものである。

第4　本条項の位置付け

　契約書の締めくくりとして、「末尾文言」と「署名欄」が設けられることが多い。「署名」は、当事者の意思の合致を端的に示す。これに対し、「末尾文言」については、これがなくても契約の成立に影響はない。しかし、実務においては誰が署名すべきか、またいつ効力が生じるのか等について疑問が生じる場合も多く、これらを明らかにするうえで設けることが好ましい。

第5　本条項のチェックポイント

1　基本的な考え方

(1)　英米法における「署名」の考え方

A　署名の意味

署名（Signature）とは、文書、証書等が正当な手続を経て有効に成立したことを証明し、あるいはそれらに自己の行為としての法的効果を与えるために、sign（署名）することをいう（田中・英米法辞典）。

署名の意味について、以下 UCC／1－201(b)(37)の規定を検証する。

> (37) "Signed" includes using any symbol executed or adopted with present intention to adopt or accept a writing.
>
> 〈訳文〉
>
> (37)　「署名した（Signed）」という用語には、文書を採用若しくは受諾しようとする意思が現にあって作成又は採用された符号を使用することも含む。

要は、契約締結の意思が示されていれば、氏名でなくても、また、言語如何を問わず署名となり得る。

B　会社における署名権限

会社における署名権限については、各州法により定められている。

多くの州においては、契約の署名権限には、実際の署名権限（Actual Authority）のみならず外観的な署名権限（Apparent Authority）が認められている（Theo & Sons, Ir v. Mack Trucks, Inc., 431 Mass. 736, 743[1]）。たとえば、カリフォルニア州会社法（Corporations Code）の 208条(b)項は、「会社の名義でなされたいかなる契約又は譲渡も、実際又は外観上、取締役会で授権又は承認され、又はその権限内で行われた場合は、取締役会により権利を与えられ、又は締結している役員の代理権の範囲内である場合は、法律上取締役会の権限が制限されている場合でない限り、契約が全部締結されたか一部締結されたかを問わず、会社を拘束し、権利を取得する」とする。

また、州によっては、会社の署名権限につき、2名以上の異なる種類の役員が署名した場合にこれを有効とみなす特別規定を設けている（たとえば、カリフォルニア州会社法の313条）。したがって、このような州の会社を相手方とする場合は、署名欄の証人（Witness）の欄に他の役員の署名を求めることが効果的である。

(2)　日本法における「署名」の考え方

A　署名の意味

署名とは、自己の氏名を自署すること、また自署したものをいい、商法上、記名押印をもって代

---

[1] 〈http://masscases.com/cases/sjc/431/431mass736.html〉

えることができるものとされている（商32条）。

　私文書は、本人またはその代理人の署名または押印があるときは、真正に成立したものと推定される（民事訴訟法228条4項）。

　ただし、日本法においては、「署名」より「押印」（または双方）を用いることが多い。なぜなら、日本では本人の意思を証するシンボルとして押印が用いられることが多く、印鑑証明の制度もあること、また、「文書の作成名義人の印影が、当該名義人の印章によって顕出されたものであるときは、反証のない限り、その印影は本人の意思に基づいて顕出されたものと、事実上推定され（一段目の推定）、この推定によって、『私文書は、本人又はその代理人の署名又は押印があるときは、真正に成立したものと推定する。』と定める民事訴訟法第228条4項の要件を充足し、文書全体の成立の真正が法律上推定される（二段目の推定）（最高裁昭和39年5月12日判決参照）」からである。したがって、相手方から印鑑証明書をもらったうえ、押印をしてもらうメリットは大きい。

B　会社における署名権限

　代表取締役は、株式会社の業務に関する一切の裁判上または裁判外の行為をする権限を有する（会349条4項）。ただし、実際上は代表取締役が一人でこれらの行為をすべて行うわけではなく、他の取締役や部長等にこれらを委任するのが通常である。委任の範囲は事例によって異なり得るが、たとえば、裁判例の中には、「係長」であっても包括的取引権限があると認定したものがある（大阪高裁昭和60年12月24日判決）。また、仮に委任の範囲を超える取引であったとしても、表見法理の規定（会354条、13条、15条等）の適用により取引が有効となり得る。

　しかし、会社法は一定の重要な取引行為について取締役会の承認決議（会362条等）または株主総会の承認決議（会467条等）を必要としている。そして、これらの重要な取引行為については上記署名権限ないし表見法理の成立が認められない可能性がある。したがって、このような取引に該当するか否かの確認も必要であり、必要な場合、これらの承認決議の議事録のコピー等の提出を求める必要が生じる。

(3)　署名欄のドラフティング

　以下は、一般的な署名欄（立会人なし）の例である。

　IN WITNESS WHEREOF, the parties hereto have caused this Agreement to be executed by their duly authorized representatives.

[NAME OF LICENSOR]

By: _____
Name:
Title:

[NAME OF LICENSEE]

By: _____
Name:
Title:

〈訳文〉
　以上を証するため、両当事者は、権限ある代表者を通じて本契約を締結した。
（ライセンサーの社名）
署名：
氏名：
肩書：

（ライセンシーの社名）
署名：
氏名：
肩書：

　上記のように、署名欄には当事者の署名（押印）が要求される。しかし、国際取引においては、当事者間の距離的な問題から、同じ書面に署名することが困難な場合がある。そのような場合、それぞれが署名した契約書を、他方当事者に対しpdfにて電子メールで送付することにより締結されることがある。そのような場合、一般条項として以下のような条項が含められることがある。

　Counterparts; Electronic Delivery.　This Agreement may be executed in counterparts with the same effect as if both Parties had signed the same document. All such counterparts shall be deemed an original, shall be construed together and shall constitute one and the same instrument. Signatures to this Agreement transmitted by email in "portable document format" (".pdf"), or by any other electronic means intended to preserve the original graphic and pictorial appearance of this Agreement shall have the same effect as physical delivery of the paper document bearing original signature.

〈訳文〉

　片方；電子的送付　　本契約はそれぞれが署名した片方の書面により、あたかも双方が同一の書面に署名したかのように締結されるものとする。それぞれの書面はオリジナルのものと看做され、双方から構成され、一つの且つ同一の契約書をなす。本契約の署名をpdfで、電子メール、又は本契約の元のグラフィック又は描写的外観を維持する他の電子的方法により送信した場合、それは署名がなされた紙面の物理的な交付と同様の効力を有するものとする。

2 実務の考え方

(1) 技術供与契約

A 署名者

前記のように、署名者の授権の確認は、不可欠である。署名者が President（米国他）または Managing Director（欧州諸国他）等の役職にあれば、一応、署名権限を与えられていると考えてよい。President や Managing Director がいるのに事業部長や営業部長が署名するような場合、署名権限を確認する必要がある。時には、署名者が確かに署名権限を与えられていることの証明書、すなわち、会社からの委任状および第三者のサイン証明等も要求する必要がある。そうした証明書は契約書の付属書類の一つとして契約書の一部を構成するよう位置付けておく必要がある。そのことは、契約書に明記されねばならない。

日本では、対外文書に署名する可能性のある地位にある者は、あらかじめ、日本商工会議所および公証人役場にサイン登録をしておくのが一般である。サイン証明が必要な場合、まず、商工会議所から登録サインの証明書を発行してもらう。商工会議所発行の登録サインの証明書を公証人役場に持参し、本人のサインに間違いがない旨の証明書を発行してもらう。取引相手が国や公的機関であったりした場合、さらにこれら二つの証明書に対して、領事館や大使館の査証が必要な場合もある。一番簡単な場合、商工会議所のサイン証明だけでよいこともある。

B 署名方法

実務において、フルサインの署名は契約書の最終ページの所定の箇所になされる。著者の担当したほとんどの契約書では、最終ページを除く各ページの最後の単語のすぐ後の余白に、イニシャルサインをした。これはそのページがその単語で終わりであること（追加禁止）の意味と、そのページの合意内容を確認する意味である。

イニシャルサインは実務担当責任者が行うことが多い。もちろん、フルサインの権限を与えられた署名者がイニシャルサインを行うこともあるし、またそれでも差し支えない。契約書および付属書等がたくさんある場合、イニシャルサインは実務担当責任者があらかじめ済ましておき、フルサインのみを、調印式として、契約書にサインの権限を与えられた代表者同士で行われることがある。

なお、各頁に余白が残った場合、その余白に "the remainder of this page is intentionally left blank." と明記し、イニシャルサインをする場合もある。著者の担当した契約では、そこまで書いてある契約書はなかった。せいぜい、上述のようなイニシャルサインであった。

C 調印日

その契約書がいつ調印されたのかという事実確認は、当然重要である。契約当事者はいつからその契約によって拘束されるのか。いつからその契約で約束したことを履行しなくてはいけないのか。つまり、その契約の発効日はいつかということでもある。多くの場合、契約書に調印した日が、契約の発効日となるが、調印しても、即発効しない場合もある。即発効しない場合は、どういう条件が整えば発効するのか契約書本文の中に明記される。そして発効条件が、一定期間内に整わない場合は、その契約をなかったものとする（停止条件付契約）ということがよく行われる。そうした場合の一定期間の起算点は、やはりこの調印日である。

第25章 末尾文言・署名（Testimonium Clause／Signature）

調印日は通常、契約書の導入部分において記載されるが、契約の末尾文言でも確認されることが多い。両者の日付に矛盾がないように気をつける必要がある。なお、各当事者の署名欄にそれぞれ日付が付されている場合は、後の日付が契約成立日となるが、同成立日は導入部分や末尾文言で記載したほうが明確と思われる。

D　立会人署名

いわゆるウイットネスサインをする場合としない場合がある。会社によっては契約書のサインは必ず2人で行う。1人は会社から署名権限を与えられており、契約書の正式サイン欄にサインをする。もう1人は正式署名人と並んでウイットネスサインをする。ウイットネスサインは、立会人がその契約書の作成に立ち会ったことの証しであって、その契約の内容等については責任を負わない。したがって、通常、ウイットネスサインをする人の職位等までは書かない。

日本の企業等では、正式サインは担当取締役または社長が行い、ウイットネスサインはライセンス契約担当部門長等が行うことが多い。なお、米国の一定の州において、複数の取締役に署名させることに意味があることについては上記「英米法における『署名』の考え方」記載のとおりである。

E　署名欄の様式

署名の仕方は、事例にも示してあるように、まず、会社名を書き、その下にサインの余白をとり、署名する箇所にアンダーラインを引き、署名する箇所を明示する。

そしてそのアンダーラインの下に署名する人の名前と役職名をあらかじめタイプしておく。アンダーラインの下に署名する人の名前をタイプする場合、必ずフルネームで書いておくほうがよい。署名の仕方は人それぞれで、判読できない場合も多い。後日、誰が署名したかを確認する必要が出てきた場合、フルネームで書いてないと意外と困るものである。

F　契約書作成部数

契約書を何通作成するかということも法律上のみならず、契約管理の実務面からも重要である。多くの場合、契約当事者が1通ずつ保持するために、契約当事者の数だけ作成する。

しかし、契約書を相手国の言語と英語の2カ国語で作成したような場合は、相手国の言語で書かれた契約書と英語で書かれた契約書と、それぞれ1通ずつ、各当事者が保持する。かように複数保持する場合、どちらが正本であるのか、またはそれぞれが正本であるのかも、確認しておく必要がある[2]。

複数言語で契約書を作成した場合、最も重要なことは、それぞれの異なる言語で書かれた契約書が、正確に同じ内容になっていることの確認である。

実務上は、その確認を誰がどうやって行うかである。英語については、双方が理解していることが多いが、たとえば、中国語やスペイン語の契約用語、法律用語となった場合、必ずしも当事者の身近に、適任者がいるとは限らない。特に、契約内容の確認の必要性は、契約交渉の場面で出てくることが多い。競争相手と天秤に掛けられて交渉を行っている場面等においては、なおさら、即決

2　複数の言語間の優先順位を定める条項として以下がある。
　"This Agreement is executed in both the English and [Japanese] language. In the event of any conflict between the two languages on the meaning or interpretation of a word, phrase or clause in this Agreement, the [English] language version shall prevail."

471

が要求される。そうした場面が想定される場合は、契約交渉に望むにあたっての、ネゴチームの編成にも配慮が必要になる。技術的、経済的に重要な内容に関わるものについては、帰国後正式返答をするというやり方もあるが、そうしたやり方が通用する場合とそうでない場合がある。交渉事はタイミングも重要である。

G　電子署名

電子署名とは、署名や押印の代わりに、電子的に本人確認を行い、申請内容が改ざんされていないかをチェックするための仕組みである。インターネットの普及により、電子取引が頻繁に行われるようになったが、電子取引に対する信頼を確保するためには、取引に用いる電子文書について、作成者の保証と内容の同一性を実現する仕組みが必要となり、発展したものである。契約作成の自動化、契約書のデータ化による管理容易化、さらには、印紙代の節約等の見地から、今後、その重要性が増すものと思われる。

(2)　技術導入契約

末尾文言や署名に関して、ライセンサーの立場とライセンシーの立場とで、見方、考え方が異なるということはない。

第6　一口ポイント

契約の運営管理には相互の信頼関係の構築が重要であるが、同時に物事を一つひとつ確認していく姿勢が契約管理を担う立場の者または部門には、常に、要求されている。

第3部 資料編

〔第3部〕 資料編

第1章　ライセンス契約書および実施料報告書のサンプル

第1　独占的ライセンス契約書のサンプル

以下は、WIPO仲裁センターのウェブサイトに掲載されている独占的ライセンス契約書のサンプル（https://www.wipo.int/tk/en/databases/contracts/texts/harvardexlic.html）をベースに、当事者名を変更したうえ和訳を付したものである。

（導入部分省略）

In consideration of the mutual promises and covenants set forth below, the parties hereto agree as follows:
以下の相互の約束を約因として、本契約の当事者は以下のとおり合意する。

ARTICLE I　DEFINITIONS
第1章　定義

As used in this Agreement, the following terms shall have the following meanings:
本契約書における使われ方として、下記用語は下記意味を有するものとする。

1.1 AFFILIATE: any company, corporation, or business in which LICENSEE owns or controls at least fifty percent (50%) of the voting stock or other ownership. Unless otherwise specified, the term LICENSEE includes AFFILIATES.
1.1　関連会社：　ライセンシーが少なくともその議決権又はその他の所有権限の50％以上を所有又はコントロールする会社又は事業をいう。別段の定めがない限り、ライセンシーという用語は、関連会社を含むものとする。

1.2 BIOLOGICAL MATERIALS: the materials supplied by LICENSOR (identified in Appendix B) together with any progeny, mutants, or derivatives thereof supplied by LICENSOR or created by LICENSEE.
1.2　本生物学的原料：　ライセンサーが供給した原料（添付Bにて特定されたもの）及びライセンサーが供給し、又はライセンシーが創造したこれらの子孫、変種又は派生物をいう。

1.3 FIELD: [field].
1.3　フィールド：（分野）

1.4 LICENSOR: [Licensor].
1.4 ライセンサー：（ライセンサー）

1.5 LICENSED PROCESSES: the processes covered by PATENT RIGHTS or processes utilizing BIOLOGICAL MATERIALS or some portion thereof.
1.5 ライセンス製法： 本特許権の対象となる製法又は本生物学的原料を使用した製法又はこれらの一部をいう。

1.6 LICENSED PRODUCTS: products covered by PATENT RIGHTS or products made or services provided in accordance with or by means of LICENSED PROCESSES or products made or services provided utilizing BIOLOGICAL MATERIALS or incorporating some portion of BIOLOGICAL MATERIALS.
1.6 ライセンス製品： 本特許権により保護された製品又はライセンス製法に基づき、又はその方法により製造又は提供されたサービス、又は本生物学的原料により製造された製品又はこれを使用して提供されたサービスをいう。

1.7 LICENSEE: [company], a corporation organized under the laws of [state] having its principal offices at [address].
1.7 ライセンシー：(会社名)、(州名)法に準拠して設立し、(住所)に本店を有する会社をいう。

1.8 NET SALES: the amount billed, invoiced, or received (whichever occurs first) for sales, leases, or other transfers of LICENSED PRODUCTS, less:
1.8 正味販売額： ライセンス製品の販売、リース、その他の移転につき請求又は受領（いずれか先に生じた方）された額をいい、但し、以下を控除する。

(a) customary trade, quantity or cash discounts and non-affiliated brokers' or agents' commissions actually allowed and taken;
(a) 通常取引においてなされる数量又は現金値引き、及び実際に認められ支払われた関連会社ではないブローカー又は代理人の報酬；

(b) amounts repaid or credited by reason of rejection or return;
(b) 受領拒否又は返品を理由としてなされた返金額又はクレジットされた額；

(c) to the extent separately stated on purchase orders, invoices, or other documents of sale, taxes levied on and/or other governmental charges made as to production, sale, transportation, delivery or use and paid by or on behalf of LICENSEE or sublicensees; and

(c) 発注書、請求書又はその他の販売に関する書類に別途記載がなされている限りにおいて、製造、販売、運送、引渡し又は使用に関してライセンシー又はサブライセンシーが支払った税金及びその他の政府による課金；及び

(d) reasonable charges for delivery or transportation provided by third parties, if separately stated.

(d) 別途定められている限り、第三者による引渡し又は運送に関する合理的費用。

NET SALES also includes the fair market value of any non-cash consideration received by LICENSEE or sublicensees for the sale, lease, or transfer of LICENSED PRODUCTS.

正味販売額には、ライセンス製品の販売、リース又は移転に関してライセンシー又はサブライセンシーが受け取った現金以外の対価の公正な市場価格も含まれるものとする。

1.9 NON-COMMERCIAL RESEARCH PURPOSES: use of PATENT RIGHTS and/or BIOLOGICAL MATERIALS for academic research or other not-for-profit scholarly purposes which are undertaken at a non-profit or governmental institution that does not use the PATENT RIGHTS and/or BIOLOGICAL MATERIALS in the production or manufacture of products for sale or the performance of services for a fee.

1.9 非商業的研究目的： 本特許権及び／又は本生物学的原料の、学問的研究又はその他の非営利的学問的目的での使用であり、本特許権及び本生物学的原料を、対価をもって製造・販売又はサービスの提供をするために使用しない、非営利又は政府機関により行われるものをいう。

1.10 NON-ROYALTY SUBLICENSE INCOME: Sublicense issue fees, sublicense maintenance fees, sublicense milestone payments, and similar non-royalty payments made by sublicensees to LICENSEE on account of sublicenses pursuant to this Agreement.

1.10 非ロイヤルティサブライセンス収入： サブライセンシーのライセンシーに対する、本契約に基づくサブライセンスに関するロイヤルティ以外の支払をいい、サブライセンス費用、サブライセンス維持費用、サブライセンス・マイルストーン支払、及びこれらに類するものをいう。

1.11 PATENT RIGHTS: United States patent application [serial number] filed [filing date], the inventions described and claimed therein, and any divisions, continuations, continuations-in-part to the extent the claims are directed to subject matter specifically described in USSN [serial number] and are dominated by the claims of the existing PATENT RIGHTS, patents issuing thereon or reissues thereof, and any and all foreign patents and patent applications corresponding thereto, all to the extent owned or controlled by LICENSOR.

1.11 本特許権：（日付）の申請によりなされた米国特許出願（出願番号）に記載されクレームされた発明、及び米国特許出願番号（出願番号）に明確に記載された対象事項に向けられたクレーム、既存の本特許権により支配された分割出願、継続出願、一部継続出願、それらに基づき付与又は再付与された特許、及びこれらに対応する海外の特許及び特許出願をいい、但しこれらはライセンサーが所有又はコントロールしているものに限る。

1.12 TERRITORY: [territory].

1.12 テリトリー：（地域）

1.13 The terms "Public Law 96-517" and "Public Law 98-620" include all amendments to those statutes.

1.13 「パブリック法96−517」及び「パブリック法98−620」はこれらの法規に対する全ての改正を含む。

1.14 The terms "sold" and "sell" include, without limitation, leases and other transfers and similar transactions.

1.14 「販売」という用語は、リース、その他移転及び類似取引を含むがこれらに限られない。

ARTICLE II REPRESENTATIONS

第2章　表明

2.1 LICENSOR is owner by assignment from inventor(s) of [his/her/their] entire right, title and interest in United States Patent Application [serial number] filed [filing date] entitled [invention] (LICENSOR Case [case number]), in the foreign patent applications corresponding thereto, and in the inventions described and claimed therein.

2.1 ライセンサーは、（日付）に申請された（発明）と題される米国特許出願（出願番号）（ライセンサー事例（事例番号））、これに対応する海外特許出願及びこれらに記載されクレームされた発明を、これらの発明者から、それらの全ての権利、権原、利益を取得した所有者であること。

2.2 LICENSOR has the authority to issue licenses under PATENT RIGHTS.

2.2 ライセンサーが本特許権に基づき、ライセンスを付与する権限を有すること。

2.3 LICENSOR is committed to the policy that ideas or creative works produced at LICENSOR should be used for the greatest possible public benefit, and believes that every reasonable incentive should be provided for the prompt introduction of such ideas into public use, all in a manner consistent with the public interest.

2.3 ライセンサーが、ライセンサーが生み出したアイデア、創造的作業は出来るだけ公共の利益のために使用されるべき、又全ての合理的なインセンティブは、公共の利益に合致した方法で早期に公共の使用に用いられるべきであるとの基本方針にコミットしていること。

2.4 LICENSEE is prepared and intends to diligently develop the invention and to bring products to market which are subject to this Agreement.

2.4 ライセンシーは、発明を誠実に開発し、本契約の対象製品を上市させる用意及び意思があること。

2.5 LICENSEE is desirous of obtaining an exclusive license in the TERRITORY in order to practice the above-referenced invention covered by PATENT RIGHTS in the United States and in certain foreign countries, and to manufacture, use and sell in the commercial market the products made in accordance therewith, and LICENSOR is desirous of granting such a license to LICENSEE in accordance with the terms of this Agreement.

2.5 ライセンシーは、米国及び特定の海外の国において、本特許権の対象である上記発明をテリトリーにおいて利用し、それによる製品を商業的市場において製造、使用及び販売する、独占的ライセンスを取得することを望み、ライセンサーはライセンシーに対し同ライセンスを、本契約の条件に従って付与することを望む。

ARTICLE III GRANT OF RIGHTS
第3章　権利の付与

3.1 LICENSOR hereby grants to LICENSEE and LICENSEE accepts, subject to the terms and conditions hereof, in the TERRITORY and in the FIELD:

3.1 ライセンサーは、ライセンシーに対し、本契約の条件に基づき、テリトリー内及びフィールド内において以下を付与し、ライセンシーはこれを受諾する：

(a) an exclusive commercial license under PATENT RIGHTS, and

(a) 本特許権に基づく独占的商業的ライセンス、及び

(b) a license to use BIOLOGICAL MATERIALS

(b) 本生物学的原料を使用するライセンス

to make and have made, to use and have used, to sell and have sold the LICENSED PRODUCTS, and to practice the LICENSED PROCESSES, for the life of the PATENT RIGHTS. Such licenses shall include the right to grant sublicenses, subject to LICENSOR's approval, which approval shall not be unreasonably withheld. In order to provide LICENSEE with commercial exclusivity for so long as the license under PATENT RIGHTS remains exclusive, LICENSOR agrees that it will not grant licenses under PATENT RIGHTS to others except as required by LICENSOR's obligations in paragraph 3.2(a) or as permitted in paragraph 3.2(b) and that it will not provide BIOLOGICAL MATERIALS to others for any commercial purpose.

その使途は、本特許権の有効期間中、ライセンス製品を製造し又は製造させ、使用し又は使用させ、販売し又は販売させること及びライセンス製法を実用化することである。同ライセンスは、ライセンサーの承認（同承認は不合理に留保されないものとする）を条件に、サブライセンスを付与する権限を含むものとする。ライセンシーに対し、本特許権に基づくライセンスが独占的なものである間、商業的な独占権を与えるべく、ライセンサーは、ライセンサーが3.2(a)条に基づき義務を負う場合、又は3.2(b)条により認められた場合を除き、他の者に対し本特許権に基づきライセンスを付与しないこと、及び他の者に対し本生物学的原料を、如何なる商業的目的においても供給しないことに合意する。

3.2 The granting and exercise of this license is subject to the following conditions:

3.2 本ライセンスの付与及び履行は、以下を条件とする。

(a) LICENSOR's "Statement of Policy in Regard to Inventions, Patents and Copyrights," dated (date), Public Law 96-517, Public Law 98-620, and LICENSOR's obligations under agreements with other sponsors of research. Any right granted in this Agreement greater than that permitted under Public Law 96-517, or Public Law 98-620, shall be subject to modification as may be required to conform to the provisions of those statutes.

(a) ライセンサーの（日付）の「発明、特許及び著作権に関する基本方針要綱」、パブリック法96－517、パブリック法98－620及びライセンサーの調査に関する他のスポンサーとの契約上の義務。本契約によって付与された権利で、パブリック法96－517又はパブリック法98－620により認められたものを上回るものは、これらの法の規定に沿うように修正されるものとする。

(b) LICENSOR reserves the right to

(b) ライセンサーは、以下の権利を留保する。

(i) make, use, and provide the BIOLOGICAL MATERIALS to others on a non-exclusive basis, and grant others non-exclusive licenses to make and use the BIOLOGICAL MATERIALS, all for NON-COMMERCIAL RESEARCH PURPOSES; and

(i) 非商業的調査目的のため、他の者のために、本生物学的原料を、非独占的に製造、使用及び供給すること、及び他の者に対し、本生物学的原料の製造及び使用をするための

非独占的ライセンスを付与すること。

(ii) make and use, and grant to others non-exclusive licenses to make and use for NON-COMMERCIAL RESEARCH PURPOSES the subject matter described and claimed in PATENT RIGHTS.

(ii) 本特許権につき記載及びクレームされた対象事項につき、非商業的調査目的のため、製造及び使用すること、並びに他の者に対し非独占的に製造及び使用についてライセンスを付与すること。

(c) LICENSEE shall use diligent efforts to effect introduction of the LICENSED PRODUCTS into the commercial market as soon as practicable, consistent with sound and reasonable business practice and judgment; thereafter, until the expiration of this Agreement, LICENSEE shall endeavor to keep LICENSED PRODUCTS reasonably available to the public.

(c) ライセンシーは、健全且つ合理的な商業実務及び判断に沿って、ライセンス製品を実務的に速やかに商業的な市場に導入するため、誠実に努力する。その後は、ライセンシーは、本契約が満了するまで、ライセンス製品が一般的に合理的に入手可能となり続けるよう努力する。

(d) At any time after [number] years from the effective date of this Agreement, LICENSOR may terminate or render this license non-exclusive if, in LICENSOR's reasonable judgment, the Progress Reports furnished by LICENSEE do not demonstrate that LICENSEE:

(d) 本契約の効力発生日から（数字）年経過後は、ライセンサーは、ライセンシーが提供した進捗報告書がライセンシーによる以下を示さなかった場合、ライセンサーの合理的な判断により、本契約を終了又は非独占とすることができる。

(i) has put the licensed subject matter into commercial use in the country or countries hereby licensed, directly or through a sublicense, and is keeping the licensed subject matter reasonably available to the public, or

(i) ライセンシーが、直接又はサブライセンスを通じて、ライセンスの対象事項をライセンスされた国又は国々において商業的に使用できる状況におき、且つ、一般的に合理的に入手可能な状態におき続けていること。

(ii) is engaged in research, development, manufacturing, marketing or sublicensing activity appropriate to achieving 3.2(d)(i).

(ii) ライセンシーが3.2(d)(i)条を達成するために適切な、調査、開発、製造、営業又はサブライセンス活動を行っていること。

[Specific performance milestones should be inserted here.]
（具体的な行動マイルストーンをここに記載する）

(e) In all sublicenses granted by LICENSEE hereunder, LICENSEE shall include a requirement that the sublicensee use its best efforts to bring the subject matter of the sublicense into commercial use as quickly as is reasonably possible. LICENSEE shall further provide in such sublicenses that such sublicenses are subject and subordinate to the terms and conditions of this Agreement, except: (i) the sublicensee may not further sublicense; and (ii) the rate of royalty on NET SALES paid by the sublicensee to the LICENSEE. Copies of all sublicense agreements shall be provided promptly to LICENSOR.

(e) 本契約に基づき、ライセンシーにより付与された全てのサブライセンスにおいて、ライセンシーは、サブライセンシーがサブライセンスの対象事項を、合理的に可能な限りなるべく早く、商業的に使用される状態におくべく最大限努力をする旨定めるものとする。ライセンシーは、さらに同サブライセンスにおいて、同サブライセンスが本契約に従属する旨定めるものとする。但し、(i)サブライセンシーはさらなるサブライセンスを付与することはできず、(ii)サブライセンシーがライセンシーに対して支払う正味販売額に対するロイヤルティのレートについてはこの限りではない。サブライセンス契約のコピーは、速やかにライセンサーに提供されるものとする。

(f) If LICENSEE is unable or unwilling to grant sublicenses, either as suggested by LICENSOR or by a potential sublicensee or otherwise, then LICENSOR may directly license such potential sublicensee unless, in LICENSOR's reasonable judgment, such license would be contrary to sound and reasonable business practice and the granting of such license would not materially increase the availability to the public of LICENSED PRODUCTS.

(f) 仮にライセンサーの提案又はサブライセンシー候補者等に従い、ライセンシーがサブライセンスを付与することができず、又はこれを望まない場合、ライセンサーは同サブライセンシーに対し直接ライセンスを付与することができる。但し、ライセンサーの合理的な判断により、同ライセンスが健全且つ合理的な商業実務に抵触し、同ライセンスの付与がライセンス製品の一般入手可能性を実質的に増大させない場合はこの限りではない。

(g) A license in any other territory or field of use in addition to the TERRITORY and/or FIELD shall be the subject of a separate agreement and shall require LICENSEE's submission of evidence, satisfactory to LICENSOR, demonstrating LICENSEE's willingness and ability to develop and commercialize in such other territory and/or field of use the kinds of products or processes likely to be encompassed in such other territory and/or field.

(g) テリトリー及び／又はフィールドに追加した、これら以外の地域又は分野におけるライ

センスは別途協議とし、ライセンシーは、これらの地域及び／又は分野において含まれるべき製品又は製法を開発し、商業化する意欲及び能力を有することを示す証拠を、ライセンサーを満足させる程度に提出しなければならないものとする。

(h) During the period of exclusivity of this license in the United States, LICENSEE shall cause any LICENSED PRODUCT produced for sale in the United States to be manufactured substantially in the United States.

(h) 米国における本ライセンスの独占期間中は、ライセンシーは米国において販売するためのライセンス製品を、米国において実質的に製造されるようにする。

3.3 All rights reserved to the United States Government and others under Public Law 96-517, and Public Law 98-620, shall remain and shall in no way be affected by this Agreement.

3.3 米国政府、その他パブリック法96－517及びパブリック法98－620に留保された権利は、そのまま維持され、本契約により何らの影響も受けないものとする。

ARTICLE IV　ROYALTIES

第4章　ロイヤルティ

4.1 LICENSEE shall pay to LICENSOR a non-refundable license royalty fee in the sum of [amount] dollars ($[amount]) upon execution of this Agreement [and the sum of [amount] dollars ($[amount]) upon issuance of the first U.S. patent in PATENT RIGHTS].

4.1 ライセンシーは、ライセンサーに対し、返還不能なライセンスロイヤルティ費用として、本契約締結後合計（数字）ドル、本特許権の最初の米国特許の発効後合計（数字）ドルを、それぞれ支払うものとする。

4.2

(a) LICENSEE shall pay to LICENSOR during the term of this Agreement a royalty of (number) percent ([number]%) of NET SALES by LICENSEE and sublicensees. In the case of sublicenses, LICENSEE shall also pay to LICENSOR a royalty of [number] percent ([number]%) of NON-ROYALTY SUBLICENSE INCOME.

(a) ライセンシーは、ライセンサーに対し、本契約期間中ロイヤルティとして、ライセンシー及びサブライセンシーによる正味販売額の（数字）パーセントを支払うものとする。サブライセンスの場合、ライセンシーは、ライセンサーに対し、非ロイヤルティサブライセンス収入の（数字）パーセントも支払うものとする。

(b) If the license pursuant to this Agreement is converted to a non-exclusive one and if other non-exclusive licenses in the same field and territory are granted, the above royalties shall not exceed the royalty rate to be paid by other licensees in the same field and territory during the term of the non-exclusive license.

(b) 仮に本契約に基づくライセンスが非独占的なものに変更された場合、又は同一のフィールド且つテリトリーにおいて非独占的ライセンスが付与された場合、上記のロイヤルティは、非独占的ライセンスの期間中、同一のフィールド且つテリトリーにおける他のライセンシーのロイヤルティを超えないものとする。

(c) On sales between LICENSEE and its AFFILIATES or sublicensees for resale, the royalty shall be paid on the NET SALES of the AFFILIATE or sublicensee.

(c) ライセンシーと関連会社又はサブライセンシーとの間の転売のための売上に関しては、ロイヤルティは関連会社又はサブライセンシーの正味販売額に基づいて支払われるものとする。

4.3 No later than January 1 of each calendar year after the effective date of this Agreement, LICENSEE shall pay to LICENSOR the following non-refundable license maintenance royalty and/or advance on royalties. Such payments may be credited against running royalties due for that calendar year and Royalty Reports shall reflect such a credit. Such payments shall not be credited against milestone payments (if any) nor against royalties due for any subsequent calendar year.

4.3 本契約の効力発生日後の毎暦年の 1 月 1 日以前に、ライセンシーはライセンサーに対し、返還されない以下のライセンス維持ロイヤルティ及び／又は前払いロイヤルティを支払うものとする。これらの支払は該当する暦年のランニングロイヤルティに充当することができるものとし、ロイヤルティレポートはかかる充当を反映するものとする。同支払いは、マイルストーンの支払（ある場合）やその後の暦年のロイヤルティに充当することはできないものとする。

January 1, [year]	$[amount]
○○年 1 月 1 日	（　　）ドル
January 1, [year]	$[amount]
○○年 1 月 1 日	（　　）ドル
January 1, [year]	$[amount]
○○年 1 月 1 日	（　　）ドル
each year thereafter	$[amount]
その後の年	（　　）ドル

ARTICLE V　REPORTING

第 5 章　レポート

5.1 Prior to signing this Agreement, LICENSEE has provided to LICENSOR a written research and development plan under which LICENSEE intends to bring the subject matter of the licenses granted hereunder into commercial use upon execution of this Agreement. Such plan includes projections of sales and proposed marketing efforts.

5.1 本契約の署名前に、ライセンシーはライセンサーに対し、ライセンシーが本契約の締結後、本契約により付与されたライセンスの対象事項を商業化するための調査及び開発計画を書面によって提供した。同計画は、販売予測及び営業努力の提案を含む。

5.2 No later than sixty (60) days after June 30 of each calendar year, LICENSEE shall provide to LICENSOR a written annual Progress Report describing progress on research and development, regulatory approvals, manufacturing, sublicensing, marketing and sales during the most recent twelve (12) month period ending June 30 and plans for the forthcoming year. If multiple technologies are covered by the license granted hereunder, the Progress Report shall provide the information set forth above for each technology. If progress differs from that anticipated in the plan required under Paragraph 5.1, LICENSEE shall explain the reasons for the difference and propose a modified research and development plan for LICENSOR's review and approval. LICENSEE shall also provide any reasonable additional data LICENSOR requires to evaluate LICENSEE's performance.

5.2 毎暦年の6月30日の60日以前に、ライセンシーは、ライセンサーに対し、直近の6月30日までの12ヶ月間の調査及び開発、許認可、製造、サブライセンス、営業及び販売に関する進捗状況、今後1年間の計画について、書面による年間進捗レポートを提供するものとする。仮に本契約により付与されたライセンスに複数の技術が含まれる場合、進捗レポートは各技術について上記情報が記載されるものとする。仮に進捗状況が上記5.1条により要求される予測と異なる場合、ライセンシーは異なる理由を説明し、変更された調査及び開発計画を提案し、ライセンサーのレビューと承認を受けるものとする。ライセンシーは、ライセンサーが要求するライセンシーのパフォーマンスを評価するために必要なその他の合理的なデータを提供するものとする。

5.3 LICENSEE shall report to LICENSOR the date of first sale of LICENSED PRODUCTS (or results of LICENSED PROCESSES) in each country within thirty (30) days of occurrence.

5.3 ライセンシーは、ライセンサーに対し、各国におけるライセンス製品の最初の販売（又はライセンス製法の結果）の日付を同発生から30日以内に報告するものとする。

5.4

(a) LICENSEE shall submit to LICENSOR within sixty (60) days after each calendar half year ending June 30 and December 31, a Royalty Report setting forth for such half year at least the following information:

(a) ライセンシーは、ライセンサーに対し、6月30日及び12月31日に終了する毎暦半年後60日以内に、同半年に関し、少なくとも以下を含むロイヤルティレポートを提出するものとする。

(i) the number of LICENSED PRODUCTS sold by LICENSEE, its AFFILIATES and sublicensees in each country;
(i) ライセンシー、その関連会社及びサブライセンシーの各国におけるライセンス製品の販売数；

(ii) total billings for such LICENSED PRODUCTS;
(ii) 同ライセンス製品に関する合計請求額；

(iii) an accounting for all LICENSED PROCESSES used or sold;
(iii) 使用又は販売されたライセンス製法に関する会計；

(iv) deductions applicable to determine the NET SALES thereof;
(iv) 正味販売額を算定するために適用される控除額；

(v) the amount of NON-ROYALTY SUBLICENSE INCOME received by LICENSEE; and
(v) ライセンシーが受領した非ロイヤルティサブライセンス収入の額；及び

(vi) the amount of royalty due thereon, or, if no royalties are due to LICENSOR for any reporting period, the statement that no royalties are due.
(vi) 支払うべきロイヤルティの額、又、仮にライセンサーに対し報告対象期間につきロイヤルティの支払義務がない場合は、ロイヤルティの支払義務がない旨。

Such report shall be certified as correct by an officer of LICENSEE and shall include a detailed listing of all deductions from royalties.
同レポートは、その正確性がライセンシーの役員により証され、且つロイヤルティの控除項目の詳細なリストが含まれるものとする。

(b) LICENSEE shall pay to LICENSOR with each such Royalty Report the amount of royalty due with respect to such half year. If multiple technologies are covered by the license granted hereunder, LICENSEE shall specify which PATENT RIGHTS and BIOLOGICAL MATERIALS are utilized for each LICENSED PRODUCT and LICENSED PROCESS included in the Royalty Report.
(b) ライセンシーは、ライセンサーに対し、当該各ロイヤルティレポートの当該半年に関して支払義務を負うロイヤルティを支払うものとする。仮に本契約による付与されたライセンス

の対象に複数の技術が含まれる場合、ライセンシーは、ロイヤルティレポートのどのライセンス製品及びライセンス製法に、どの特許権又は本生物学的原料が使用されたかを明記するものとする。

(c) All payments due hereunder shall be deemed received when funds are credited to LICENSOR's bank account and shall be payable by check or wire transfer in United States dollars. Conversion of foreign currency to U.S. dollars shall be made at the conversion rate existing in the United States (as reported in the New York Times or the Wall Street Journal) on the last working day of each royalty period. No transfer, exchange, collection or other charges shall be deducted from such payments.

(c) 本契約に基づいてなされるべき全ての支払は、ライセンサーの銀行口座に入金された時に受領されたものと看做され、チェック又は送金により、米国ドルにより支払われるものとする。外貨を米国ドルに換算する場合の為替レートは、ロイヤルティ期間の最終の営業日の、米国に存在する為替レート（ニューヨークタイムズ又はウオールストリートジャーナルの報告）による。送金手数料（送金、為替、集金その他を含む）は上記支払いから控除されないものとする。

(d) All such reports shall be maintained in confidence by LICENSOR except as required by law; however, LICENSOR may include in its usual reports annual amounts of royalties paid.

(d) 全てのこれらのレポートは、法令に基づき開示を要求される場合を除き、ライセンサーにより秘密として保持されるものとし、但し、ライセンサーは、支払われた年間ロイヤルティ額を、その通常のレポートに記載することができるものとする。

(e) Late payments shall be subject to a charge of one and one half percent (1 1/2 %) per month, or $250, whichever is greater.

(e) 支払の遅延については、月1.5％又は250ドルのいずれか高い方が課金されるものとする。

5.5 In the event of acquisition, merger, change of corporate name, or change of make-up, organization, or identity, LICENSEE shall notify LICENSOR in writing within thirty (30) days of such event.

5.5 合併、会社名の変更、又は構成、組織、同一性の変更があった場合、ライセンシーはライセンサーに対し、当該事象の30日以内に書面にて通知をするものとする。

5.6 If LICENSEE or any AFFILIATE or sublicensee (or optionee) does not qualify as a "small entity" as provided by the United States Patent and Trademark Office, LICENSEE must notify LICENSOR immediately.

5.6 仮にライセンシー、又はそのいずれかの関連会社又はサブライセンシー（又はオプション

対象者）が、米国特許商標局の定める「小規模法人」に該当しない場合、ライセンシーはライセンサーに対し直ちに通知するものとする。

ARTICLE VI RECORD KEEPING

第6章　記録保持

6.1 LICENSEE shall keep, and shall require its AFFILIATES and sublicensees to keep, accurate records (together with supporting documentation) of LICENSED PRODUCTS made, used or sold under this Agreement, appropriate to determine the amount of royalties due to LICENSOR hereunder. Such records shall be retained for at least three (3) years following the end of the reporting period to which they relate. They shall be available during normal business hours for examination by an accountant selected by LICENSOR, for the sole purpose of verifying reports and payments hereunder. In conducting examinations pursuant to this paragraph, LICENSOR's accountant shall have access to all records which LICENSOR reasonably believes to be relevant to the calculation of royalties under Article IV.

6.1 ライセンシーは、ライセンサーに対する本契約に基づくロイヤルティ額を算定するために適切な、本契約に基づき製造、使用又は販売された契約製品に関する正確な記録（裏付け資料と共に）を自ら保持し、且つその関連会社及びサブライセンシーに対し保持させるものとする。同記録は、少なくとも関連する報告期間の終了から3年間、これを保持するものとする。これらは営業時間中、本契約のレポート及び支払いを検証するためのみの目的から、ライセンサーの選択した会計士により監査され得るものとする。本段落による検査を行う際、ライセンサーの会計士は、ライセンサーが第4章に基づくロイヤルティを計算するために関係すると合理的に信じる全ての記録にアクセスすることができるものとする。

6.2 LICENSOR's accountant shall not disclose to LICENSOR any information other than information relating to the accuracy of reports and payments made hereunder.

6.2 ライセンサーの会計士は、ライセンサーに対し、本契約に基づくレポート及び支払いに関係する情報以外の如何なる情報も開示しないものとする。

6.3 Such examination by LICENSOR's accountant shall be at LICENSOR's expense, except that if such examination shows an underreporting or underpayment in excess of five percent (5%) for any twelve (12) month period, then LICENSEE shall pay the cost of such examination as well as any additional sum that would have been payable to LICENSOR had the LICENSEE reported correctly, plus interest on said sum at the rate of one and one half per cent (1 1/2%) per month.

6.3 ライセンサーの会計士による当該検査は、ライセンサーの費用によりなされ、但し、仮に同検査により、12ヶ月間について5％より多くの未報告又は未払いが発覚した場合、ライ

センシーは、本来正確に報告がなされていれば支払うべきであった追加額及び同金額に対する月1.5％の遅延利息に加え、同検査の費用を負担するものとする。

ARTICLE VII DOMESTIC AND FOREIGN PATENT FILING AND MAINTENANCE
第7章　国内外特許の申請及び維持

7.1 Upon execution of this Agreement, LICENSEE shall reimburse LICENSOR for all reasonable expenses LICENSOR has incurred for the preparation, filing, prosecution and maintenance of PATENT RIGHTS. Thereafter, LICENSEE shall reimburse LICENSOR for all such future expenses upon receipt of invoices from LICENSOR. Late payment of these invoices shall be subject to interest charges of one and one-half percent (1 1/2%) per month. LICENSOR shall, in its sole discretion, be responsible for the preparation, filing, prosecution and maintenance of any and all patent applications and patents included in PATENT RIGHTS. LICENSOR shall consult with LICENSEE as to the preparation, filing, prosecution and maintenance of such patent applications and patents and shall furnish to LICENSEE copies of documents relevant to any such preparation, filing, prosecution or maintenance.

7.1 本契約の締結後、ライセンシーはライセンサーに対し、ライセンサーが本特許権の準備、申請、登録、維持に関して支出した合理的な費用を支払うものとする。その後は、ライセンシーは、ライセンサーの請求に対し、ライセンサーが将来負担するこれらに関する費用を支払うものとする。これらの請求に対するライセンシーの支払遅延については、月1.5％の遅延損害金が課されるものとする。ライセンサーは、その裁量にて、本特許権に含まれる特許及び申請中の特許の準備、申請、登録及び維持について責任を負うものとする。ライセンサーは、同特許及び特許申請の準備、申請、登録及び維持についてライセンシーに相談するものとし、同準備、申請、登録及び維持に関する書面のコピーをライセンシーに交付するものとする。

7.2 LICENSOR and LICENSEE shall cooperate fully in the preparation, filing, prosecution and maintenance of PATENT RIGHTS and of all patents and patent applications licensed to LICENSEE hereunder, executing all papers and instruments or requiring members of LICENSOR to execute such papers and instruments so as to enable LICENSOR to apply for, to prosecute and to maintain patent applications and patents in LICENSOR's name in any country. Each party shall provide to the other prompt notice as to all matters which come to its attention and which may affect the preparation, filing, prosecution or maintenance of any such patent applications or patents. In particular, LICENSEE must immediately notify LICENSOR if LICENSEE or any AFFILIATE or sublicensee (or optionee) does not qualify as a "small entity" as provided by the United States Patent and Trademark Office.

7.2 ライセンサー及びライセンシーは、ライセンサーが如何なる国においてもライセンサー

の名前で特許又は特許申請の申請、登録及び維持ができるようにするために必要な書面の発効、又はライセンサーの構成員による書面の発効、その他、本特許権及び本契約に基づく特許及び特許申請に関する準備、申請、登録及び維持に関し、全面的に協力するものとする。いずれの当事者も、同特許又は特許申請の準備、申請、登録又は維持を妨げる事象を知るに至った場合、相手方当事者に対し、直ちに通知するものとする。特に、ライセンシーは、仮にライセンシー又はその関連会社又はサブライセンシー（又はオプション対象者）が米国特許商標局の定める「小規模法人」に該当しない場合、直ちにライセンサーに通知するものとする。

7.3 LICENSEE may elect to surrender its PATENT RIGHTS in any country upon sixty (60) days written notice to LICENSOR. Such notice shall not relieve LICENSEE from responsibility to reimburse LICENSOR for patent-related expenses incurred prior to the expiration of the (60)-day notice period (or such longer period specified in LICENSEE's notice).

7.3 ライセンシーは、ライセンサーに対する*60日*前の書面による通知により、如何なる国においても、その本特許権を放棄することができる。同通知は、*60日間*の通知期間（又はライセンシーの通知に記載されたより長い期間）の満了前にライセンサーが支出した特許関連費用に関する、ライセンシーのライセンサーに対する支払義務を免除するものではないものとする。

ARTICLE VIII INFRINGEMENT

第8章　侵害

8.1 With respect to any PATENT RIGHTS that are exclusively licensed to LICENSEE pursuant to this Agreement, LICENSEE shall have the right to prosecute in its own name and at its own expense any infringement of such patent, so long as such license is exclusive at the time of the commencement of such action. LICENSOR agrees to notify LICENSEE promptly of each infringement of such patents of which LICENSOR is or becomes aware. Before LICENSEE commences an action with respect to any infringement of such patents, LICENSEE shall give careful consideration to the views of LICENSOR and to potential effects on the public interest in making its decision whether or not to sue.

8.1 本契約に基づきライセンシーに独占的にライセンスを付与された本特許権に関し、ライセンシーは、同特許の侵害につき、その名義及び費用において、訴追をする権限を有するものとし、但し、これは同訴追の時点で、独占権が付与されていることを要する。ライセンサーは、ライセンサーが知った同特許の侵害についてライセンシーに直ちに通知をすることに合意する。ライセンシーが同特許の侵害に対し行動を開始する前に、ライセンシーは、訴追をするか否かの判断をするについて、ライセンサーの意見及び公共の利益に対する潜在的な影響を慎重に考慮するものとする。

8.2

(a) If LICENSEE elects to commence an action as described above, LICENSOR may, to the extent permitted by law, elect to join as a party in that action. Regardless of whether LICENSOR elects to join as a party, LICENSOR shall cooperate fully with LICENSEE in connection with any such action.

(a) 仮にライセンシーが上記の行動をすることを選択した場合、ライセンサーは、法令上許される限りにおいて、同訴訟に当事者として参加することを選択することができるものとする。ライセンサーが当事者として参加することを選択したか否かに関わらず、ライセンサーは同訴訟においてライセンシーに全面的に協力するものとする。

(b) If LICENSOR elects to join as a party pursuant to subparagraph (a), LICENSOR shall jointly control the action with LICENSEE.

(b) 仮にライセンサーが前(a)号に基づき当事者として参加することを選択した場合、ライセンサーはライセンシーと共同して同訴訟をコントロールするものとする。

(c) LICENSEE shall reimburse LICENSOR for any costs LICENSOR incurs, including reasonable attorneys' fees, as part of an action brought by LICENSEE, irrespective of whether LICENSOR becomes a co-plaintiff.

(c) ライセンシーは、ライセンサーに対し、ライセンシーが提起した訴訟においてライセンサーが支出した合理的な弁護士費用を含めた費用を支払うものとし、これはライセンサーが共同原告となったか否かを問わないものとする。

8.3 If LICENSEE elects to commence an action as described above, LICENSEE may deduct from its royalty payments to LICENSOR with respect to the patent(s) subject to suit an amount not exceeding fifty percent (50%) of LICENSEE's expenses and costs of such action, including reasonable attorneys' fees; provided, however, that such reduction shall not exceed fifty percent (50%) of the total royalty due to LICENSOR with respect to the patent(s) subject to suit for each calendar year. If such fifty percent (50%) of LICENSEE's expenses and costs exceeds the amount of royalties deducted by LICENSEE for any calendar year, LICENSEE may to that extent reduce the royalties due to LICENSOR from LICENSEE in succeeding calendar years, but never by more than fifty percent (50%) of the total royalty due in any one year with respect to the patent(s) subject to suit.

8.3 仮にライセンシーが、上記のとおり訴訟を開始することを選択した場合、ライセンシーは、同訴訟の特許に関するライセンサーに対するロイヤルティの支払から、同訴訟の費用の50％を上限としてこれを控除できるものとし、但し、同控除は、訴訟の対象となっている特許に基づいて、同暦年に支払われるべきロイヤルティの合計の50％を超えないものとする。

仮にライセンシーの費用の50％が、同暦年のロイヤルティからの控除額を超えた場合、ライセンシーはライセンサーに対するその後の暦年のロイヤルティからこれを控除することができるものとするが、同控除額は、訴訟の対象となった特許に基づく同暦年のロイヤルティの合計額の50％を超えないものとする。

8.4 No settlement, consent judgment or other voluntary final disposition of the suit may be entered into without the prior written consent of LICENSOR, which consent shall not be unreasonably withheld.

8.4 ライセンサーの事前の書面による承認なく、和解、判決の承認、その他の最終的な任意の訴訟の処分をしないものとする。但し、同承認は、不合理に留保されないものとする。

8.5 Recoveries or reimbursements from actions commenced pursuant to this Article shall first be applied to reimburse LICENSEE and LICENSOR for litigation costs not paid from royalties and then to reimburse LICENSOR for royalties deducted by LICENSEE pursuant to paragraph 8.3. Any remaining recoveries or reimbursements shall be shared equally by LICENSEE and LICENSOR.

8.5 本章に基づいて開始された訴訟による回収又は充当は、最初にロイヤルティから支払われていないライセンシー及びライセンサーの訴訟費用に充当され、次に8.3条に基づきライセンシーにより控除されたライセンサーのロイヤルティに充当されるものとする。その他の改修又は充当額は、ライセンシーとライセンサーにより平等に分配されるものとする。

8.6 If LICENSEE elects not to exercise its right to prosecute an infringement of the PATENT RIGHTS pursuant to this Article, LICENSOR may do so at its own expense, controlling such action and retaining all recoveries therefrom. LICENSEE shall cooperate fully with LICENSOR in connection with any such action.

8.6 仮にライセンシーが本章に基づき、本特許権の侵害に対して訴追する権限を行使しないことを選択した場合、ライセンサーは、その費用において、訴追をすることができ、訴訟をコントロールすることができ、それによる回収を取得できるものとする。ライセンシーは、ライセンサーの同訴訟遂行に全面的に協力するものとする。

8.7 Without limiting the generality of paragraph 8.6, LICENSOR may, at its election and by notice to LICENSEE, establish a time limit of sixty (60) days for LICENSEE to decide whether to prosecute any infringement of which LICENSOR is or becomes aware. If, by the end of such sixty (60)-day period, LICENSEE has not commenced such an action, LICENSOR may prosecute such an infringement at its own expense, controlling such action and retaining all recoveries therefrom. With respect to any such infringement action prosecuted by LICENSOR in good faith, LICENSEE shall pay over to LICENSOR any payments (whether or not designated as "royalties") made by the alleged infringer to LICENSEE under any existing or future sublicense authorizing LICENSED PRODUCTS, up to the amount of LICENSOR's unreimbursed litigation expenses (including, but not limited to, reasonable attorneys' fees).

8.7　8.6条の一般性を制限することなく、ライセンサーは、その選択且つライセンシーに対する通知をもって、ライセンシーに対しライセンサーが知り、又は知った侵害について訴追をするか否かを決定するための60日間の期間制限を設けることができる。仮に、同60日間の期間満了までに、ライセンシーが訴追を開始しない場合、ライセンサーは、同侵害に対して、その費用にて訴追し、同訴訟をコントロールし、全ての回収を取得することができる。ライセンサーにより訴追された同侵害に関する誠実な活動について、ライセンシーは、ライセンサーに対し、ライセンサーが支払を受けていない訴訟費用（合理的な弁護士費用を含み、これに限られない）を上限に、現在又は将来のライセンス製品のサブライセンスに基づき、侵害者とされる者のライセンシーに対する支払（「ロイヤルティ」との名目か否かを問わず）から支払うものとする。

8.8 If a declaratory judgment action is brought naming LICENSEE as a defendant and alleging invalidity of any of the PATENT RIGHTS, LICENSOR may elect to take over the sole defense of the action at its own expense. LICENSEE shall cooperate fully with LICENSOR in connection with any such action.

8.8　仮にライセンシーを被告として、本特許権の無効確認の訴訟が提起された場合、ライセンサーはその費用において同訴訟の単独被告としての地位を承継することを選択することができる。ライセンシーは、同訴訟に関し、ライセンサーに全面的に協力するものとする。

ARTICLE IX　TERMINATION OF AGREEMENT
第9章　契約の終了

9.1 This Agreement, unless terminated as provided herein, shall remain in effect until the last patent or patent application in PATENT RIGHTS has expired or been abandoned.

9.1　本契約は、本契約の定めにより解約された場合を除き、本特許権の最終の特許又は特許申請が満了又は放棄されるまで効力を有し続けるものとする。

9.2 LICENSOR may terminate this Agreement as follows:

9.2　ライセンサーは、以下の場合に本契約を解約することができる：

(a) If LICENSEE does not make a payment due hereunder and fails to cure such non-payment (including the payment of interest in accordance with paragraph 5.4(e)) within forty-five (45) days after the date of notice in writing of such non-payment by LICENSOR.

(a)　仮にライセンシーが、本契約に基づく支払をせず、ライセンサーによる同不払に関する

書面による通知の日から45日以内に同不払（5.4(e)条に基づく利息の支払を含む）を治癒することができなかった場合。

(b) If LICENSEE defaults in its obligations under paragraph 10.4(c) and 10.4(d) to procure and maintain insurance.

(b) 仮にライセンシーが10.4(c)条及び10.4(d)条に基づく付保及びその維持義務に違反した場合。

(c) If, at any time after three years from the date of this Agreement, LICENSOR determines that the Agreement should be terminated pursuant to paragraph 3.2(d).

(c) 仮に、本契約の日付から3年以降に、ライセンサーが3.2(d)条に基づき本契約が終了されるべきと判断した場合。

(d) If LICENSEE shall become insolvent, shall make an assignment for the benefit of creditors, or shall have a petition in bankruptcy filed for or against it. Such termination shall be effective immediately upon LICENSOR giving written notice to LICENSEE.

(d) 仮にライセンシーが支払不能となり、債権者の利益のために譲渡をし、破産の申立てをし、又はされた場合。同終了は、ライセンサーのライセンシーに対する書面による通知により直ちに効力を生ずるものとする。

(e) If an examination by LICENSOR's accountant pursuant to Article VI shows an underreporting or underpayment by LICENSEE in excess of 20% for any twelve (12) month period.

(e) 仮にライセンサーの会計士による第6章に基づく検査により、ある12ヶ月の期間につき20%より多くの未報告又は未払が発覚した場合。

(f) If LICENSEE is convicted of a felony relating to the manufacture, use, or sale of LICENSED PRODUCTS.

(f) 仮にライセンシーがライセンス製品の製造、使用又は販売に関して、重罪で有罪となった場合。

(g) Except as provided in subparagraphs (a), (b), (c), (d), (e) and (f) above, if LICENSEE defaults in the performance of any obligations under this Agreement and the default has not been remedied within ninety (90) days after the date of notice in writing of such default by LICENSOR.

(g) 仮に、上記(a)、(b)、(c)、(d)、(e)及び(f)の定める場合を除き、ライセンシーが本契約の義務の履行を怠った場合で、当該不履行に関するライセンサーからの書面による通知日後、90

日以内に治癒されなかった場合。

9.3 LICENSEE shall provide, in all sublicenses granted by it under this Agreement, that LICENSEE's interest in such sublicenses shall at LICENSOR's option terminate or be assigned to LICENSOR upon termination of this Agreement.

9.3 ライセンシーは、本契約に基づいて付与された全てのサブライセンスにおいて、同サブライセンスに関するライセンシーの利益が、本契約の終了により、ライセンサーの選択により終了又はライセンサーに譲渡され得ることを定めるものとする。

9.4 LICENSEE may terminate this Agreement by giving ninety (90) days advance written notice of termination to LICENSOR and paying a termination fee of [amount] dollars ($[amount]). Upon termination, LICENSEE shall submit a final Royalty Report to LICENSOR and any royalty payments and unreimbursed patent expenses invoiced by LICENSOR shall become immediately payable.

9.4 ライセンシーは、ライセンサーに対する事前の90日間の書面による通知、且つ（金額）米ドルの終了費用を支払うことにより、本契約を終了させることができる。終了後、ライセンシーは、ライセンサーに対し、最終のロイヤルティレポートを提出し、ライセンサーが請求した未払のロイヤルティ、特許費用は直ちに支払われるものとする。

9.5 Upon termination pursuant to Paragraph 9.2, whether by LICENSOR or by LICENSEE, LICENSEE shall cease all use of the BIOLOGICAL MATERIALS and shall, upon request, return or destroy (at LICENSOR's option) all BIOLOGICAL MATERIALS under its control or in its possession.

9.5 9.2条に基づき終了した場合、それがライセンサーによるものかライセンシーによるものかを問わず、ライセンシーは本生物学的原料の全ての使用を停止し、要求があった場合、（ライセンサーの選択に応じて）そのコントロール又は保持する全ての本生物学的原料を返還又は破壊するものとする。

9.6 Paragraphs 6.1, 6.2, 6.3, 7.1, 8.5, 9.4, 9.5, 9.6, 10.2, 10.3, 10.5, 10.6, 10.8 and 10.9 of this Agreement shall survive termination.

9.6 本契約の6.1条、6.2条、6.3条、7.1条、8.5条、9.4条、9.5条、9.6条、10.2条、10.3条、10.5条、10.6条、10.8条及び10.9条は終了後も残存し続けるものとする。

ARTICLE X　GENERAL
第10章　一般

10.1 LICENSOR does not warrant the validity of the PATENT RIGHTS licensed hereunder and makes no representations whatsoever with regard to the scope of the licensed PATENT RIGHTS or that such PATENT RIGHTS or BIOLOGICAL MATERIALS may be exploited by LICENSEE, an AFFILIATE, or sublicensee without infringing other patents.

10.1 ライセンサーは、本契約によりライセンスされた本特許権の有効性を保証せず、又ライセンスされた本特許権の範囲、又はライセンシー、関連会社又はサブライセンシーが他の特許を侵害せずに本特許権又は本生物学的原料を利用できることを表明するものではない。

10.2 LICENSOR EXPRESSLY DISCLAIMS ANY AND ALL IMPLIED OR EXPRESS WARRANTIES AND MAKES NO EXPRESS OR IMPLIED WARRANTIES OF MERCHANTABILITY OR FITNESS FOR ANY PARTICULAR PURPOSE OF THE PATENT RIGHTS, BIOLOGICAL MATERIALS, OR INFORMATION SUPPLIED BY LICENSOR, LICENSED PROCESSES OR LICENSED PRODUCTS CONTEMPLATED BY THIS AGREEMENT. Further LICENSOR has made no investigation and makes no representation that the BIOLOGICAL MATERIALS supplied by it or the methods used in making or using such materials are free from liability for patent infringement.

10.2 ライセンサーは、如何なる黙示的又は明示的保証もせず、本契約の定める本特許権、本生物学的原料又はライセンサーが提供した情報、ライセンス製法、又はライセンス製品につき、商品性又は特定目的への適合性について何ら黙示的又は明示的保証をしない。さらに、ライセンサーは、その提供した本生物学的原料又はこれを製造又は使用するための方法が特許を侵害しないことについて調査しておらず、表明もしない。

10.3 IN NO EVENT SHALL LICENSOR BE LIABLE FOR ANY INDIRECT, SPECIAL, INCIDENTAL OR CONSEQUENTIAL DAMAGES (INCLUDING, WITHOUT LIMITATION, DAMAGES FOR LOSS OF PROFITS OR EXPECTED SAVINGS OR OTHER ECONOMIC LOSSES, OR FOR INJURY TO PERSONS OR PROPERTY) ARISING OUT OF OR IN CONNECTION WITH THIS AGREEMENT OR ITS SUBJECT MATTER, REGARDLESS WHETHER LICENSOR KNOWS OR SHOULD KNOW OF THE POSSIBILITY OF SUCH DAMAGES. LICENSOR'S AGGREGATE LIABILITY FOR ALL DAMAGES OF ANY KIND RELATING TO THIS AGREEMENT OR ITS SUBJECT MATTER SHALL NOT EXCEED THE AMOUNT PAID BY LICENSEE TO LICENSOR UNDER THIS AGREEMENT. The foregoing exclusions and limitations shall apply to all claims and actions of any kind, whether based on contract, tort (including but not limited to negligence), or any other grounds.

10.3 ライセンサーは、如何なる場合も、本契約又はその対象事項に基づき、又はこれに関連して生じた、間接的、特別、付随的又は派生的損害（逸失利益又は期待された節約又は他の経済的損失、又は人又は財産に対する損傷を含むがこれらに限られない）を負わず、これはライセンサーが同損害を知り又はその可能性を知るべきだった場合でも同様である。ライセンサーの、本契約又はその対象事項に関する如何なる損害に対する責任の合計は、ライセンシーが

本契約に基づき支払った金額を超えないものとする。前述の除外及び制限は、契約に基づくか、不法行為（過失を含むがこれに限られない）に基づくか、それともその他の根拠に基づくかを問わず、全てのクレーム又は訴えに適用されるものとする。

10.4 LICENSEE shall not distribute or release the BIOLOGICAL MATERIALS to others except to further the purposes of this Agreement. LICENSEE shall protect the BIOLOGICAL MATERIALS at least as well as it protects its own valuable tangible personal property and shall take measures to protect the BIOLOGICAL MATERIALS from any claims by third parties including creditors and trustees in bankruptcy.

10.4 ライセンシーは、本契約の目的による場合を除き、本生物学的原料を他者に交付したり、リリースしたりしないものとする。ライセンシーは、その保有する価値のある動産を保護するのと同等以上に、本生物学的原料を保護するものとし、その債権者や破産管財人を含め第三者のクレームから本生物学的原料を保護するための全ての措置をとるものとする。

10.5

(a) LICENSEE shall indemnify, defend and hold harmless LICENSOR and its current or former directors, governing board members, trustees, officers, faculty, medical and professional staff, employees, students, and agents and their respective successors, heirs and assigns (collectively, the "INDEMNITEES"), from and against any claim, liability, cost, expense, damage, deficiency, loss or obligation of any kind or nature (including, without limitation, reasonable attorney's fees and other costs and expenses of litigation) (collectively, "Claims"), based upon, arising out of, or otherwise relating to this Agreement, including without limitation any cause of action relating to product liability concerning any product, process, or service made, used or sold pursuant to any right or license granted under this Agreement.

(a) ライセンシーは、ライセンサー及びその現在又は過去の役員、取締役会の構成員、管理人、教員、医療及び専門スタッフ、従業員、生徒及び代理人及びこれらの承継人、相続人及び譲受人（以下併せて「被補償者」という）を、本契約に基づき、又はこれにより発生し、又はこれに関連する、如何なるクレーム、債務、費用、損害、欠損、損失又は義務（合理的な弁護士費用その他の訴訟費用を含むがこれに限られない）（以上併せて「クレーム」という）から補償し、防御し、害を加えないものとし、本契約に基づいて付与された権利又はライセンスに基づき製造され、使用され、又は販売された製品、製法又はサービスに関する製造物責任の請求原因に基づくものを含むが、これに限られないものとする。

(b) LICENSEE shall, at its own expense, provide attorneys reasonably acceptable to LICENSOR to defend against any actions brought or filed against any Indemnitee hereunder with respect to the subject of indemnity contained herein, whether or not such actions are rightfully brought.

(b) ライセンシーは、ライセンサーに対し、その費用において、本契約に記載された補償対象事項に関して被補償者に対して提起された訴訟を防御するための、ライセンサーが合理的に受け入れる弁護士を提供しなければならないものとし、これは同訴えが合法的に提起されたか否かを問わないものとする。

(c) Beginning at the time any such product, process or service is being commercially distributed or sold (other than for the purpose of obtaining regulatory approvals) by LICENSEE or by a sublicensee, AFFILIATE or agent of LICENSEE, LICENSEE shall, at its sole cost and expense, procure and maintain commercial general liability insurance in amounts not less than $2,000,000 per incident and $2,000,000 annual aggregate and naming the Indemnitees as additional insureds. During clinical trials of any such product, process or service, LICENSEE shall, at its sole cost and expense, procure and maintain commercial general liability insurance in such equal or lesser amount as LICENSOR shall require, naming the Indemnitees as additional insureds. Such commercial general liability insurance shall provide (i) product liability coverage and (ii) broad form contractual liability coverage for LICENSEE's indemnification under this Agreement. If LICENSEE elects to self-insure all or part of the limits described above (including deductibles or retentions which are in excess of $250,000 annual aggregate) such self-insurance program must be acceptable to LICENSOR in its sole discretion. The minimum amounts of insurance coverage required shall not be construed to create a limit of LICENSEE's liability with respect to its indemnification under this Agreement.

(c) ライセンシー又はサブライセンシー、関連会社又はライセンシーの代理人により同製品、製法又はサービスが商業的に提供又は販売（許認可を取得する目的のものを除く）された後は、ライセンシーは、その単独の費用において、一つの事故及び年間につき各200万ドル以上の企業総合賠償保険を付保し、維持するものとし、被補償者を追加の被保険者に指定する。同製品、製法又はサービスの臨床試験中、ライセンシーは、その費用において、ライセンサーが指定した、同等又はより少額の企業総合賠償保険を付保し、維持するものとし、被補償者を追加の被保険者に指定するものとする。同企業総合賠償保険は、(i)製造物責任、(ii)ライセンシーの補償責任を対象とする広い契約責任を含むものとする。仮にライセンシーが上記全て又は一部の上限（年間の合計控除又は留保額が25万ドルを超えるものを含む）を自身に付保する場合、同保険はライセンサーがその裁量により了承し得るものでなければならないものとする。付保義務に関する最低金額は、ライセンシーの補償義務自身の制限と解釈されてはならない。

(d) LICENSEE shall provide LICENSOR with written evidence of such insurance upon request of LICENSOR. LICENSEE shall provide LICENSOR with written notice at least fifteen (15) days prior to the cancellation, non-renewal or material change in such insurance; if LICENSEE does not obtain replacement insurance providing comparable coverage within such fifteen

(15) day period, LICENSOR shall have the right to terminate this Agreement effective at the end of such fifteen (15) day period without notice or any additional waiting periods.

(d) ライセンシーは、ライセンサーの要求に応じ、ライセンサーに対し同保険に関する書面による証拠を提供するものとする。ライセンシーは、ライセンサーに対し、同保険の解約、不更新、実質的な変更について15日以上の書面による事前通知をしなければならないものとする。仮にライセンシーが同15日以内に、同等の保険を付さなかった場合、ライセンサーは、同15日間の満期の際に、追加通知又は待機期間なく、本契約を解約することができる。

(e) LICENSEE shall maintain such commercial general liability insurance beyond the expiration or termination of this Agreement during (i) the period that any product, process, or service, relating to, or developed pursuant to, this Agreement is being commercially distributed or sold by LICENSEE or by a sublicensee, AFFILIATE or agent of LICENSEE and (ii) a reasonable period after the period referred to in (e)(i) above which in no event shall be less than fifteen (15) years.

(e) ライセンシーは、同企業総合賠償保険を本契約の満了又は終了以降まで維持するものとし、これは(i)本契約に関する又はこれに基づいて開発された、如何なる製品、製法、又はサービスが、ライセンシー又はサブライセンシー、関連会社又はライセンシーの代理人により、商業的に提供され又は販売されている期間、及び(ii)上記(e)(i)記載の期間後の合理的期間であり15年以上の期間とする。

10.6 LICENSEE shall not use LICENSOR's name or insignia, or any adaptation of them, or the name of any of LICENSOR's inventors in any advertising, promotional or sales literature without the prior written approval of LICENSOR.

10.6 ライセンシーは、ライセンサーの事前の書面による承諾なく、ライセンサーの氏名、記章又はそれらの適用物を使用せず、又はライセンサーの発明者の名前を宣伝、販促物に使用しないものとする。

10.7 Without the prior written approval of LICENSOR in each instance, neither this Agreement nor the rights granted hereunder shall be transferred or assigned in whole or in part by LICENSEE to any person whether voluntarily or involuntarily, by operation of law or otherwise. This Agreement shall be binding upon the respective successors, legal representatives and assignees of LICENSOR and LICENSEE.

10.7 ライセンサーの事前の書面による承諾なく、ライセンシーは如何なる者に対しても、本契約であっても、本契約に基づく権利であっても譲渡してはならず、このことはそれが全部又は一部になされたかを問わず、任意であったか否かを問わず、法に基づくものであるか否かを問わないものとする。本契約は、ライセンサー及びライセンシーの当該承継人、法的代表者及び譲受人に対して効力を有するものとする。

10.8 The interpretation and application of the provisions of this Agreement shall be governed by the laws of the Commonwealth of Massachusetts.

10.8 本契約の解釈及び適用は、マサチューセッツ州法に準拠するものとする。

10.9 LICENSEE shall comply with all applicable laws and regulations. In particular, it is understood and acknowledged that the transfer of certain commodities and technical data is subject to United States laws and regulations controlling the export of such commodities and technical data, including all Export Administration Regulations of the United States Department of Commerce. These laws and regulations among other things, prohibit or require a license for the export of certain types of technical data to certain specified countries. LICENSEE hereby agrees and gives written assurance that it will comply with all United States laws and regulations controlling the export of commodities and technical data, that it will be solely responsible for any violation of such by LICENSEE or its AFFILIATES or sublicensees, and that it will defend and hold LICENSOR harmless in the event of any legal action of any nature occasioned by such violation.

10.9 ライセンシーは、適用される全ての法令及び規制を遵守するものとする。特に、特定の商品及び技術データの移転が、米国の輸出管理規則を含め、これらの商品及び技術データの移転をコントロールする米国の法令及び規制の対象となることを理解し、確認する。これらの法令及び規制は、特定の技術データの特定国への輸出につき禁止又はライセンスを要求する。ライセンシーは、商品及び技術データの輸出をコントロールする米国の全ての法令及び規制を遵守し、ライセンシー又はその関連会社又はサブライセンシーによる違反について単独で責任を負うこと、及び同違反に基づく訴訟があった場合、ライセンサーを防御し、ライセンサーに害を被らせないことに同意し、書面によりこれを承諾する。

10.10 LICENSEE agrees (i) to obtain all regulatory approvals required for the manufacture and sale of LICENSED PRODUCTS and LICENSED PROCESSES and (ii) to utilize appropriate patent marking on such LICENSED PRODUCTS. LICENSEE also agrees to register or record this Agreement as is required by law or regulation in any country where the license is in effect.

10.10 ライセンシーは、(i)ライセンス製品及びライセンス製法の製造及び販売に関する全ての許認可を取得すること、及び(ii)ライセンス製品に適切な特許のマーキングをすることに同意する。ライセンシーは、ライセンスが有効な国において法令又は規制により要求される本契約の登録又は記録をすることにも同意する。

10.11 Any notices to be given hereunder shall be sufficient if signed by the party (or party's attorney) giving same and either (a) delivered in person, or (b) mailed certified mail return receipt requested, or (c) faxed to other party if the sender has evidence of successful transmission and if the sender promptly sends the original by ordinary mail, in any event to the following addresses:

10.11　本契約に基づきなされる全ての通知は、その通知をする当事者（又は当事者の弁護士）により署名され、以下の住所において、(a)手渡し、(b)領収書を要する配達証明郵便、又は(c)ファックスによる場合（但しかかる場合は、送信者が送信完了の証拠を有し、送信者がその後速やかに通常郵便により原本を送付した場合でなければならない）によりなされなければならない。

If to LICENSEE:
ライセンシーに対する通知の場合：

[company]
（会社名）
[address]
（住所）
[fax number]
（ファックス番号）

If to LICENSOR:
ライセンサーに対する通知の場合：

[company]
（会社名）
[address]
（住所）
[fax number]
（ファックス番号）

By such notice either party may change their address for future notices.
同通知により、いずれの当事者も将来の通知のための住所を変更することができる。

Notices delivered in person shall be deemed given on the date delivered. Notices sent by fax shall be deemed given on the date faxed. Notices mailed shall be deemed given on the date postmarked on the envelope.
手渡しによる通知は、手渡しがなされた日に到達したものと看做される。ファックスによる通知は、ファックスが送信された日に到達したものと看做される。郵送された通知は、封筒に印字された日付に到達したものと看做される。

10.12 Should a court of competent jurisdiction later hold any provision of this Agreement to be invalid, illegal, or unenforceable, and such holding is not reversed on appeal, it shall be considered severed from this Agreement. All other provisions, rights and obligations shall continue without regard to the severed provision, provided that the remaining provisions of this Agreement are in accordance with the intention of the parties.

10.12　仮に管轄権のある裁判所により、本契約の条項が無効、違法、執行不能と決定され、かかる決定が不服申立てによっても覆らなかった場合、それは本契約から分離されたものと看做される。その他の全ての条項は、分離された条項にも拘わらず、本契約の残りの条項が当事者の意向に沿っている限り効力を有し続けるものとする。

10.13 In the event of any controversy or claim arising out of or relating to any provision of this Agreement or the breach thereof, the parties shall try to settle such conflict amicably between themselves. Subject to the limitation stated in the final sentence of this section, any such conflict which the parties are unable to resolve promptly shall be settled through arbitration conducted in accordance with the rules of the American Arbitration Association. The demand for arbitration shall be filed within a reasonable time after the controversy or claim has arisen, and in no event after the date upon which institution of legal proceedings based on such controversy or claim would be barred by the applicable statute of limitation. Such arbitration shall be held in Boston, Massachusetts. The award through arbitration shall be final and binding. Either party may enter any such award in a court having jurisdiction or may make application to such court for judicial acceptance of the award and an order of enforcement, as the case may be. Notwithstanding the foregoing, either party may, without recourse to arbitration, assert against the other party a third-party claim or cross-claim in any action brought by a third party, to which the subject matter of this Agreement may be relevant.

10.13　本契約の条項に基づく、又はこれに関連する紛争又はクレーム又は違反があった場合、両当事者は、同紛争を平和的に解決するよう努力するものとする。本条の最後の文による制限が適用される場合を除き、両当事者が速やかに解決することができない紛争は、米国仲裁協会による仲裁に服するものとする。同仲裁の申立ては、紛争又はクレームが生じた後、合理的な期間内になされるものとし、その後は消滅時効により妨げられないものとする。同仲裁は、マサチューセッツ州のボストンで行われるものとする。同仲裁の決定は最終的に当事者を拘束するものとする。いずれの当事者も、仲裁によって得られた決定に対し、適宜、管轄権を有する裁判所によって承認又は強制執行命令を得ることができる。前記にも拘わらず、いずれの当事者も、本契約の対象に関連する第三者クレーム又は第三者クレームの反訴については、仲裁によることなく、相手方当事者に対して請求をすることができる。

10.14 This Agreement constitutes the entire understanding between the parties and neither party shall be obligated by any condition or representation other than those expressly stated herein or as may be subsequently agreed to by the parties hereto in writing.

10.14 本契約は、両当事者間の完全な理解を構成するものであり、いずれの当事者も本契約により明示的に記載されたもの又はその後本契約の当事者により書面により合意された以外の条件や表明により義務を負うものではない。

IN WITNESS WHEREOF, the parties hereto have caused this Agreement to be executed by their duly authorized representatives.

以上を証するため、両当事者は、権限ある代表者を通じて本契約を締結した。

[NAME OF LICENSOR]
（ライセンサーの社名）

By: _____
署名：
Name:
氏名：
Title:
肩書：

[NAME OF LICENSEE]
（ライセンシーの社名）

By: _____
署名：
Name:
氏名：
Title:
肩書：

APPENDIX A
添付　A

The following comprise PATENT RIGHTS:
以下は、本特許権を構成する：

APPENDIX B

添付　B

The following comprise BIOLOGICAL MATERIALS supplied by LICENSOR:
以下は、ライセンサーにより提供された本生物学的原料を構成するものとする：

[第3部] 資料編

第2 実施料報告書のサンプル

1 事例−1

Form of Royalty Calculation Report

Date:
To: Licensor
From: Licensee
Accounting Period: January 1, ( ) thru June 30 / July 1, ( ) thru December 31, ( )

1. Complete Units

Contract No. (A)	Dealer's Name/Location (B)	Model (C)	Q'ty (D)	Selling Price (E)	Amount Deducted (F)	(G)	Total(H)	Net Selling Price (I)	Royalty (J)	Date of Invoice (K)	Machine Serial No. (L)	Remarks (M)
		Sub Total										
		Sub Total										
		Sub Total										
		Total (N)										

2. Parts, Components and Optional Items

Contract No. (A)	Dealer's Name/Location (B)	Model (C)	Q'ty (D)	Selling Price (E)'	Amount Deducted (F)	(G)	Total(H)'	Net Selling Price (I)'	Royalty (J)'	Date of Invoice (K)	Machine Serial No. (L)'	Remarks (M)
				Total (N)								

	Total Selling Price (O) (E)+(E)'	Total Amount Deducted (P) (H)+(H)'	Total Net Selling Price (Q) (I)+(I)'	Total Royalty (R) (J)+(J)'	Remarks (M)
1 + 2					
Grand Total					

- Less Licensor's Withholding Taxes in Licensee's country : _____
- Sum Total To Be Remitted : _____
- Exchange Rate (S) :@ ¥_____/Local Currency
- Yen Equivalent (T) : _____
- Paying Bank (U) : _____

Notes:

1. In Contract No. (A), state Licensee's contract, order or other reference number.

   契約番号欄(A)には、ライセンシーの契約番号、注文書番号あるいはその他参照番号を記載せよ。

2. In Dealer's Name／Location (B), state name and location of each dealer or purchaser under the above contract.

   ディーラーの名前／所在地欄(B)には、上記契約上のディーラー若しくは購入者の名前及び所在地を記載せよ。

3. In Model (C), state Licensor's Model names as the Licensed Products.

   モデル欄(C)には、契約製品としてのライセンサーのモデル名を記載せよ。

4. In Quantity (D), state number of complete units of each Contract No. If one Contract No. contains two or more different models, repeat the same Contract No. by each model.

   数量欄(D)には、各契約番号の完体の数を記載せよ。一つの契約番号に二つ以上の違ったモデルが入っている場合は、各モデル毎に同じ契約番号を繰り返し記載せよ。

5. In Selling Price (E) and (E)', state the corresponding Licensee's gross sales price in the local currency invoiced to Licensee's dealer or purchaser.

   販売価格欄(E)及び(E)'には、ライセンシーのディーラーあるいは購入者に対して請求した現地通貨建ての対応するライセンシーの販売総額を記載せよ。

6. In Amount Deducted (F) and (G), state the local deductible costs to be deducted from Licensee's Selling Price according to the Paragraphs providing such deductible costs of the License Agreement.

   控除額欄(F)及び(G)には、契約書の控除可能な費用を規定した条項に従ってライセンシーの販売価格から控除し得る当該国で発生する費用を記載せよ。

7. In Total (H) and (H)', state the corresponding total amounts of (F) and (G).

   合計欄(H)及び(H)'には、対応する(F)及び(G)の合計金額を記載せよ。

8. In Net Selling Price (I) and (I)', state the amount of (E) minus (H) and that of (E)'minus(H)'(E)', respectively, in the local currency on which Royalty is based according to the License Agreement.

   正味販売価格欄(I)及び(I)'には、契約に従ってロイヤルティのベースとなる現地通貨建てで、(E)から(H)を控除した金額及び(E)'から(H)'を控除した金額を、それぞれ記載せよ。

9. In Royalty (J) and (J)', state an amount in the local currency calculated at the applicable royalty rate according to the License Agreement on Net Selling Price (I) and (I)', respectively.

   ロイヤルティ欄(J)及び(J)'には、正味販売価格欄(I)及び(I)'それぞれに対して契約に従って適用されるロイヤルティ率にて計算された現地通貨建ての金額を記載せよ。

10. In Date of Invoice (K), state the date on which Licensee has issued the invoice to Licensee's purchaser.

    請求書日付欄(K)には、ライセンシーが購入者へ請求書を発行した日付を記載せよ。

11. In Machine Serial No. (L), state the serial number put on each complete unit invoiced. Also in

Parts No. (L)', state the parts number put on each part invoiced.

　機械連番欄(L)には、請求書を発行した完体それぞれに付けられた連番を記載せよ。部品番号欄(L)'には、請求書を発行した部品各々に付けられた部品番号を記載せよ。

12　In Remarks (M), state any additional information Licensee may consider helpful to Licensor.

　備考欄(M)は、ライセンシーがライセンサーの役に立つと考える追加情報を記載せよ。

13　In Total (N) and (N)', state the total numbers or sums of (D), (E) ／ (E)', (H) ／ (H)', (I) ／ (I)', and (J) ／ (J)', respectively.

　合計欄(N)及び(N)'には、(D)、(E)／(E)'、(H)／(H)'、(I)／(I)'、及び(J)／(J)'それぞれの合計数あるいは合計金額を記載せよ。

14　In Total Selling Price (O), state the total amount of (E) plus (E)'.

　販売額合計欄(O)には、(E)と(E)'の合計金額を記載せよ。

15　In Total Amount Deducted (P), the total amount of (H) plus (H)'.

　控除額合計欄(P)には、(H)と(H)'の合計金額を記載せよ。

16　In Total Net Selling Price (Q), state the total amount of (I) and (I)'.

　正味販売額合計欄(Q)には、(I)及び(I)'の合計金額を記載せよ。

17　In Total Royalty (R), state the total amount of (J) plus (J)'.

　ロイヤルティ合計額欄(R)には、(J)と(J)'の合計金額を記載せよ。

18　Exchange Rate (S), Yen Equivalent (T) and Payment Bank (U) are to be reported by Licensee to Licensor by telefax as soon as the remittance has been made.

　為替交換率(S)、円相当額(T)及び支払銀行(U)は、送金後直ちにファックスにてライセンシーがライセンサーに対して報告するものとする。

(以上)

2 事例-2

BOOKINGS AND ROYALTY REPROT

Name: Date:
Address: Period covered

Customer Name AndAddress	Your Ref. No.	Our Ref. No.	Equipment Description	Order Date	Scheduled Ship Date	Current Contract Price	Payments Rcv'd by Lincensee	Date Payment Rcv'd	Royalty Due On JOB(*)	Royalty Paid	Royalty Payment Date

(*) Include supporting documentation if this is not 5 % of contract price.

第2章　契約締結時の付随契約書のサンプル

第1　秘密保持契約書のサンプル

1　ライセンサー・ライセンシー間（双務的秘密保持）

NON-DISCLOSURE AGREEMENT
秘密保持契約書

This Non-Disclosure Agreement (this "Agreement") is made and entered into as of _____ 2018 by and between _____, a _____ corporation having its principal place of business at _____ ("ABC") and _____, a _____ corporation having its principal place of business at _____ ("XYZ"). ABC and XYZ may be referred to, individually as a "Party" and jointly as the "Parties".

　本秘密保持契約書（以下「本契約」という）は、2018年__月__日付で、_____に本店を有する____国法人であるＡＢＣ社（以下「ＡＢＣ」という）と_____に本店を有する_____国法人であるＸＹＺ社（以下「ＸＹＺ」という）との間で締結された。なお、ＡＢＣとＸＹＺは、それぞれを「当事者」、両者を「両当事者」ということがある。

1. <u>Confidential Information.</u>　"Confidential Information" means all information disclosed from one Party (the "Disclosing Party") to the other Party (the "Receiving Party") in the course of the negotiation of a license agreement pertaining to the _____ (the "Purpose").

    <u>秘密情報</u>　秘密情報とは、_____に関するライセンス契約の交渉（以下「本目的」という）に関連して一方当事者（以下「開示当事者」という）が他方当事者（以下「受領当事者」という）に対して開示した情報をいう。

2. <u>Exceptions.</u>　Confidential Information shall not include information which:
    <u>例外</u>　秘密情報は以下の情報を含まない。
    (a) is or becomes generally available to the public through no fault of the Receiving Party:
    　　受領当事者の過失によらずして公知となった情報
    (b) is already known to the Receiving Party at the time of disclosure on a non-confidential basis, as shown by written records:
    　　受領当事者が、開示当時、秘密保持義務を負わずに既に知っていた情報であり、そのことを書面により裏付けられる情報

(c) becomes available to the Receiving Party on a non-confidential basis from a third party with lawful right to make such disclosure: or

　受領当事者が、第三者から秘密保持義務なく受領し、適法に開示をし得る情報

(d) is developed by the Receiving Party independently of the disclosure under this Agreement, as shown by written records.

　受領当事者が、開示された情報から独立して開発した情報であり、書面により裏付けられるもの。

3. <u>Confidentiality.</u>　Except as required by law, regulation, legal process, or similar process, the Receiving Party:

<u>秘密保持</u>　法令、訴訟手続、又はこれに準じた手続により要請された場合を除き、受領当事者は、

(a) shall keep all Confidential Information confidential and shall not, without the prior written consent of the Disclosing Party, disclose the Confidential Information to any third party; and

　秘密情報の秘密性を保持し、開示当事者の事前の書面による承諾がない限り、秘密情報を第三者に開示しない。

(b) shall not, without the prior written consent of the Disclosing Party, use any Confidential Information for any purpose other than the Purpose.

　開示当事者の事前の書面による承諾なく、秘密情報を本目的以外の目的で使用しない。

4. <u>Specific Control of Confidentiality.</u>

<u>秘密のコントロールに関する特別の定め</u>

(a) The Receiving Party shall not make copies of or otherwise reproduce each Confidential Information without the prior written consent of the Disclosing Party.

　受領当事者は、開示当事者の書面による事前の承諾がない限り、秘密情報のコピーをしたり、複製を作成しない。

(b) The Confidential Information shall be kept in a secure place with adequate safeguards to ensure that unauthorized person do not have access to it.

　秘密情報は安全な場所にて保管され、権限なき者がアクセスできないような措置がなされるものとする。

5. <u>Return of Confidential Information.</u>　Upon the request of the Disclosing Party or after the termination of this Agreement, the Receiving Party shall promptly return all of the Confidential Information to the Disclosing Party. The Receiving Party will also destroy all copies, summaries and notes thereof made by it.

<u>秘密情報の返還</u>　開示当事者の要請があった場合、又は本契約が終了した場合、受領当事

者は秘密情報を開示当事者に返還する。受領当事者は、受領当事者が作成した秘密情報のコピー、まとめ、ノート等を破棄するものとする。

6. <u>Term.</u>   This Agreement shall be effective as of the date first above written and valid for One (1) year. The obligation to protect any Confidential Information disclosed pursuant to the terms of this Agreement shall survive for a period of three (3) years following the expiration date of this Agreement.

<u>期間</u>　　本秘密保持契約は上記記載の期日に効力を生じ、その後1年間有効とする。本契約に基づいて開示された情報に関する秘密保持義務は本契約の終了後3年間残存する。

7. <u>Injunctive Relief.</u>   It is understood and agreed that the Disclosing Party would be irreparably injured by breach of this Agreement by the Receiving Party, that money damages would not be a sufficient remedy for any such breach and that the Disclosing Party shall be entitled to equitable relief, including injunctive relief and specific performance in any competent jurisdiction.

<u>事前差止</u>　　本契約の違反があった場合、開示当事者は回復困難な損害を被り、金銭賠償では救済として不十分であること、したがって違反を受けた開示当事者は管轄権のある裁判所において差止請求、特定の履行請求を含め、衡平法上の救済を求めることができることを確認し、合意する。

8. <u>Settlement of Dispute.</u>   In the event of any allegation of breach or question of interpretation to this Agreement, the Parties shall meet and negotiate in good faith to settle such dispute amicably.

<u>紛争解決</u>　　本契約の違反、又は解釈上の疑義が生じた場合、両当事者は同紛争を円満に解決するようミーティングをし、誠実に協議をするものとする。

9. <u>Arbitration.</u>   Subject to Clause 7 of this Agreement, if the Parties are unable to settle the above dispute pursuant to Clause 8 of this Agreement, such dispute shall be finally settled by arbitration in Tokyo, Japan in accordance with the Arbitration rules of the Japan Commercial Arbitration Association and the Japanese Laws. The award thereof shall be final and binding upon the Parties hereto.

<u>仲裁</u>　　本契約7条の場合を除き、両当事者が上記8条に従って紛争を解決できない場合、同紛争は日本の東京において、日本商事仲裁協会規則及び日本法に基づき、仲裁によって解決されるものとする。裁定は最終的であり、両当事者を拘束するものとする。

IN WITNESS WHEREOF, the Parties have signed this Agreement in two(2) sets and each has retained one(1) copy.

以上を証するため、両当事者は、本契約を2部作成し、それぞれ1部を保有した。

ABC: 　　　　　　　　　　　XYZ:
ABC社　　　　　　　　　 *XYZ社*

_____　　　_____
Authorized Signature　　　 Authorized Signature
権限ある者の署名　　　　 *権限ある者の署名*
Printed Name　　　　　　　 Printed Name
権限ある者の氏名　　　　 *権限ある者の氏名*
Title　　　　　　　　　　　Title
肩書　　　　　　　　　　 *肩書*

2 ライセンシー・第三者間（片務的秘密保持）

CONFIDENTIALITY AGREEMENT
秘密保持契約

THIS CONFIDENTIALITY AGREEMENT（this "Agreement"）dated _____ is made by and between Company X（"Licensee"）and Y（"Covenantor"），

X社（「ライセンシー」）とY（「誓約者」）との間で締結された____付の本秘密保持契約（「本契約」）は下記のとおり：

RECITALS:

A. Company Z（"Licensor"）and Licensee have entered into a License and Technical Assistance Agreement dated _____（"License Agreement"）pursuant to which Licensor shall from time to time be disclosing to Licensee certain confidential and proprietary information.

説明：

A　Z社（「ライセンサー」）とライセンシーは__日付でライセンス及び技術援助契約（「ライセンス契約」）を締結し、同契約に従いライセンサーは適宜ライセンシーに対して特定の秘密の財産的情報を開示している。

B. Covenantor in the course of Covenantor's employment, contractual or other relationship with Licensee has been, or may in the future learn or become, aware of some or all of such confidential and proprietary information.

B　誓約者は、雇用、契約あるいはその他ライセンシーとの関係において、同秘密の財産的情報の全部又は一部について既に知っているか、あるいは将来知り得る。

C. Licensee desires to provide for the protection of such confidential and proprietary information.

C　ライセンシーは同秘密の財産的情報の保護に備えたいと希望する。

NOW, THEREFORE, the parties, intending to be legally bound, hereby agree as follows:

ゆえに、ただ今、本契約当事者は、法的に拘束を受ける意思をもって、本契約によって以下のとおり合意する。

1. Any and all processes, designs, engineering drawings, specifications, formulations, quality standards, know-how, trade secrets, methods, techniques, plans, engineering and manufacturing information, blueprints and other technical or confidential information which is disclosed

by Licensor to Licensee under the terms of the License Agreement and any and all adaptations, improvements, or modifications thereof whether made by or for Licensee ("Proprietary Information") which have or may be furnished or disclosed to Covenantor by Licensee or otherwise acquired by Covenantor during his or its relationship with Licensee, shall be deemed the exclusive and confidential property of Licensee. Covenantor acknowledges that Covenantor shall have no rights whatsoever with respect to the Proprietary Information.

1　ライセンス契約の条件に基づきライセンサーによってライセンシーに対して開示されるすべてのプロセス、設計、エンジニアリングの図面、仕様書、製法（formulations）、品質基準、ノウハウ、トレードシークレット、方法（methods）、技術（techniques）、計画書（plans）、エンジニアリング情報及び製造情報、ブループリント及びその他の技術的秘密情報並びに、誓約者がライセンシーとの契約関係（relationship）を保持している間にライセンシーによって誓約者に対して既に提供・開示されたか、あるいは今後提供・開示される可能性のある、あるいは又別な方法で誓約者によって既に取得されたか、あるいは今後取得される可能性のある、ライセンシーによって、あるいはライセンシーのためになされたかを問わない、そのすべての適応（adaptations）、改良（improvements）あるいは修正（modifications）（「財産的情報」）は、ライセンシーの排地的秘密財産と看做されるものとする。誓約者は「財産的情報」に関しいかなる権利も有しないことを認識する。

2. Covenantor shall hold the Proprietary Information in strict confidence for the benefit of Licensee and shall not use for himself or itself or disclose or cause or permit the disclosure to any third party of any of the Proprietary Information at any time.

2　誓約者は「財産的情報」をライセンシーの利益のために極秘に保持し、いかなるときも「財産的情報」を自己のため、あるいはそれ自身のために使用したり、あるいは第三者に開示し、開示させ、あるいは開示を許容しない。

3. Upon termination of Covenantor's relationship with Licensee, Covenantor shall promptly deliver to Licensee all programs, drawings, blueprints, manuals, specifications, standards, letters, notes, reports, input and output data and copies thereof containing or comprising Proprietary Information together with all other materials relating to or containing Proprietary Information of which Covenantor has possession or control or the right to obtain possession or control.

3　誓約者とライセンシーとの契約関係が終了したならば、誓約者が所有し、あるいは支配し、あるいは所有権、あるいは支配権を有する「財産的情報」に関連する、あるいは当該情報を包含するその他すべての資料（materials）と合わせて、誓約書はライセンシーに対して、財産的情報を包含し、あるいは構成するすべてのプログラム、図面、ブループリント、マニュアル、仕様書、基準書、書簡、ノート（notes）、報告書、インプット・アウトプット・データ及びそれらの複写を、直ちに引き渡す。

4. Covenantor hereby indemnifies and holds Licensee harmless against any and all loss, damages and expense (including, but not limited to, attorneys' fees and costs of suit) incurred by Licensee resulting by reason of Covenantor's breach of or failure to observe this Agreement.

4　誓約者の契約違反、あるいは契約不履行の理由により、結果的にライセンシーが被ったすべての損失、被害及び費用（弁護士費用及び訴訟費用を含むもこれに限定することなく）に対して、誓約者は本契約によりライセンシーに補償し、免責する。

5. Covenantor acknowledges that the provisions of this Agreement are necessary in order to provide adequate protection to Licensee and its business. Covenantor further acknowledges that any breach or violation of the provisions of this Agreement shall cause irreparable harm to Licensee and agrees that in addition to, and without limiting any other remedy or right Licensee may have, Licensee shall have the right to obtain an immediate restraining order or injunction prohibiting any such breach or violation of Covenantor's obligations.

5　本契約の規定が、ライセンシーとその事業に対して適切な保護を与えるために必要であることを誓約者は認識する。誓約者は、さらに、本契約の規定違反（breach or violation）がライセンシーに修復し難い損害をもたらすことを認識し、さらにライセンシーが持ち得るその他の救済、あるいは権利に加えて、又これを制限することなく、ライセンシーが誓約者のそのような義務違反を禁止する一方的緊急差止命令（an immediate restraining order）、あるいは禁止的差止命令（injunction）を取得する権利を有することに同意する。

6. Inasmuch as the Proprietary Information has been furnished or disclosed to Licensee by Licensor and Licensor has a legitimate interest in the protection of the Proprietary Information, to the extent permitted by law, Licensor, as a third party beneficiary to this Agreement, may enforce this Agreement against Covenantor in any court of competent jurisdiction as if a party hereto and Licensor shall have all the rights and privileges granted to Licensee hereunder. In recognition of Licensor's status as a third party beneficiary to this Agreement, a copy of this Agreement shall be promptly delivered by Licensee to Licensor by registered airmail upon execution hereof.

6　「財産的情報」がライセンサーによってライセンシーに既に提供・開示され、ライセンサーが「財産的情報」の保護に正当な利益を有する限り、普通法で許容される範囲まで、ライセンサーは、本契約の第三者受益者として、あたかも本契約の一方の当事者であるがごとく、裁判管轄権を有する裁判所において本契約を誓約者に対して実施することができ、ライセンサーは本契約に基づきライセンシーに対して与えられたすべての権利及び特権（privileges）を有するものとする。本契約の第三者受益者としてのライセンサーの地位を認識し、本契約調印後直ちに、本契約書のコピー1部は、航空書留便にてライセンシーによってライセンサー宛て送達されるものとする。

7. If any provision of this Agreement shall be invalid or unenforceable, in whole or in part, then such provision shall be deemed to be modified or restricted to the extent and in the manner necessary to render the same valid and enforceable, or shall be deemed excised from this Agreement, as the case may require, and this Agreement shall be construed and enforced to the maximum extent permitted by law, as if such provision had not been originally incorporated herein as so modified or restricted, or as if such provision has not been originally incorporated herein, as the case may be.

7 本契約の条項のどれかが全部又は一部でも無効又は実施不能となった場合、当該条項は同条項が有効にして実施可能となるのに必要は範囲および方法で、修正あるいは制限されるものと看做され、あるいは必要に応じ、本契約から削除されたものと看做され、本契約は、あたかも当該条項がそのように修正あるいは制限を受けた状態で本契約にもともと挿入されていたかのごとく、あるいは当該条項がもともと本契約書に挿入されていなかったかのごとく、それぞれ、普通法によって許容される最大限度まで解釈され実施される。

8. This Agreement shall inure to the benefit of Licensee, Licensor, and their respective successors and permitted assigns.

8 本契約はライセンシー、ライセンサー及びそれぞれの相続人及び許された譲受人の利益のために有効に資する。

IN WITNESS WHEREOF, this Agreement has been executed a duly authorized officer of Licensee and by Covenantor on the day and year first above written.

上記証として、本契約は頭書の日付をもって正当に授権されたライセンシーの役員及び誓約者によって調印された。

(Name)　　　　　　　　　　　　　　　(Name)
社　　名：＿＿＿＿＿＿＿　　　　　　氏　　名：＿＿＿＿＿＿＿
(Signature)　　　　　　　　　　　　　(Signature)
署　　名：＿＿＿＿＿＿＿　　　　　　署　　名：＿＿＿＿＿＿＿
(Title)　　　　　　　　　　　　　　　(Title)
署名者肩書：＿＿＿＿＿＿＿　　　　　署名者肩書：＿＿＿＿＿＿＿

第2　意向書のサンプル

LETTER OF INTENT
意向書

This Letter of Intent (this "LOI") is made and entered as of _____ (the "Effective Date"), by and between Company A, a corporation organized and existing under [the laws of Japan] with its principal office at [Address] ("COMPANY A") and Company B, a corporation organized and existing under [the laws of California] with its principal office at [Address] ("COMPANY B"). COMPANY A and COMPANY B may be referred to in this LOI collectively as the "Parties" and each individually as a "Party".

本意向書（以下「本LOI」という）は、___年___月___日付（以下「効力発生日」という）で（日本国法に準拠し）（住所）に主たる営業所を有するA社（以下「A社」という）と（カリフォルニア州法に準拠し）（住所）に主たる営業所を有するB社（以下「B社」という）との間で締結された。A社とB社は本LOIにおいて併せて「両当事者」、それぞれを「当事者」ということがある。

WITNESSETH
以下を証する

WHEREAS:
背景：

A. The Parties desire to evaluate and determine their interests in the possible licensing transaction, in which COMPANY A grants COMPANY B a license to commercialize the Product (as defined below) in the Territory (as defined below) (collectively, the "Transaction").

　両当事者は、A社がB社に対し、本製品（後記）を本地域（後記）において商業化するにつき、ライセンスを付与する取引（以下「本取引」という）の可能性を評価・決定することを望んでいる。

B. In order to evaluate and determine their interests, COMPANY B desires to conduct the Market Research (as defined below) for the Transaction, and COMPANY A desires to assist COMPANY B by providing certain Information (as defined below) to COMPANY B.

　上記評価・決定を行うため、B社は本取引に関する市場調査（後記）を行うことを望み、A社はB社に本情報（後記）を提供することによってB社に協力することを望む。

NOW, THEREFORE, it has been agreed by the Parties as follows.
以上から、両当事者は以下のとおり合意した。

1. <u>Definitions.</u>　定義

517

1.1 "Information" shall mean any and all proprietary information, know-how, data, test results, knowledge, techniques, discoveries, inventions, specifications, designs, and other information (whether or not patentable) related to the Products, which COMPANY A considers necessary for the Market Research to be conducted by COMPANY B.

「本情報」とは、本製品に関する全ての所有情報、ノウハウ、データ、テスト結果、知識、技術、発見、仕様、デザインその他の情報（特許登録の可否を問わない）で、A社がB社の市場調査に必要と判断するものをいう。

1.2 "Market Research" shall mean all activities required to evaluate the market potential of the Products in the Territory.

「市場調査」とは、本製品の本地域における市場可能性を評価するために必要な全ての活動をいう。

1.3 "Products" shall mean _____.

「本製品」とは、_____をいう。

1.4 "Territory" shall mean _____.

「本地域」とは、_____をいう。

2. <u>Market Research.</u>　市場調査

2.1 COMPANY B will conduct the Market Research which shall include, among others, the following activities:

B社は市場調査を行うものとし、市場調査は以下の活動を含むものとする。

(a) Contacting prospective customers and promoting the Products to such customers;

今後の顧客に連絡をし、本製品をこれらの顧客に宣伝すること。

(b) Determination of the target customers;

ターゲットとする顧客を決めること。

(c) Determination of the specifications (e.g. type, size, contents, ingredients of the contents etc.) and quality standards of the Products to be commercialized in the Territory;

本地域で販売する本製品の仕様（タイプ、サイズ、内容、原材料等）及び基準品質を決定すること。

(d) …

（省略）

(h) Other activities required to evaluate the market potential of the Products in the Territory.

その他本地域における本製品の市場可能性を評価するために必要な活動。

2.2 COMPANY B will, within _____ weeks after the Effective Date, provide COMPANY A with a report, in a content and method satisfactory to COMPANY A, showing the results of the Market Research, by each item provided in Section 2.1.

　B社は、効力発生日から＿＿週間以内に、A社に対し、市場調査の結果を、A社の求める方式・内容に従い、又２．１条記載の項目毎に従ってレポートする。

3. Information Disclosure etc.　情報の開示等

COMPANY A will, during the term of this LOI, provide COMPANY B with the Information, such as actual sales, standard price, specifications, catalogs and leaflets, and samples of the Products.

A社は、本LOIの期間中、B社に対し本情報、具体的には売上、基本価格、仕様、カタログ、パンフレット、本製品のサンプル等を提供するものとする。

4. Negotiation of the License Agreement.　ライセンス契約の交渉

The Parties will, concurrently with the Market Research, conduct, in good faith, the negotiation of the terms of the License Agreement.

両当事者は、市場調査と並行して、ライセンス契約の条件につき誠実な交渉を行うものとする。

5. Term and Termination.　期間及び終了

This LOI shall come into effect on the Effective Date and shall remain in full force for six (6) months after the Effective Date.

本LOIは、効力発生日に効力を生じ、その後6カ月間効力を生ずるものとする。

6. Confidentiality.　秘密保持

COMPANY A and COMPANY B shall enter into a confidentiality agreement (the draft of which shall be provided by COMPANY A) as of the Effective Date.

A社とB社は効力発生日に秘密保持契約書（ドラフトはA社が提供するものとする）を締結するものとする。

7. Fees and Expenses.　費用

Each Party shall be responsible for its respective fees and expenses (including fees and expenses of legal counsel, accountants and investment bankers) incurred in connection with the negotiation, execution and performance of this LOI, and any other arrangements contemplated hereby.

各当事者は、本LOIの交渉、締結、履行に関し、及び本LOIにより企図されるその他の合意事項に関して、当事者が支出した費用（弁護士費用、会計士費用、投資銀行に対する費用を含む）を負担する。

8. <u>Exclusive Negotiation.</u>　独占交渉

During the term of this LOI, neither Party shall, directly nor indirectly, continue or enter into any negotiation with any third party for the commercialization of the Product or any product competitive with the Product in the Territory.

本LOIの期間中、いずれの当事者も、直接的にも間接的にも、本製品又は本製品と競合する製品を本地域において商業化することついて第三者との交渉を開始、継続しないものとする。

9. <u>Non-Binding LOI.</u>　非拘束性

Except for the provisions set forth in Sections 6, 7, 8 and 10 of this LOI, this LOI creates no binding agreements between the Parties.

本LOIの6条、7条、8条及び10条以外は、拘束性を有さないものとする。

10. <u>Governing Law and Dispute Resolution.</u>　準拠法及び紛争解決手段

This LOI shall be governed by, and shall be construed in accordance with, the laws of Japan. Any controversy or claim arising out of this LOI shall be finally settled by arbitration in Tokyo in accordance with the Commercial Arbitration Rules of the Japanese Commercial Arbitration Association.

本LOIは日本法に準拠し、日本法に従って解釈されるものとする。本LOIに関し生じた全ての紛争は、東京における、日本商事仲裁協会の商事仲裁規定に従った仲裁により最終的に解決されるものとする。

IN WITNESS WHEREOF, the Parties have executed this LOI to make it effective as of the Effective Date.

以上の証として、両当事者は本LOIを、効力発生日に締結した。

Company A	Company B
A社	B社
By:	By:
_____	_____
Name:	Name:
Title:	Title:
署名、氏名、肩書	署名、氏名、肩書

第3章　契約締結後の付随契約書・通知書のサンプル

第1　変更契約書のサンプル

AMENDMENT AGREEMENT
変更契約書

This Amendment Agreement (this "Amendment") dated as of ＿＿, 2018 is entered into by and between ABC ("ABC") and XYZ ("XYZ") with respect to the amendment of the License Agreement entered between them, dated ＿＿＿, 2015 (the "License Agreement"). Capitalized terms used but not defined herein shall have the meaning set forth in the License Agreement.

本変更契約書（以下「本変更契約」という）は、2018年＿月＿日付でABC社（「ABC」）とXYZ社（「XYZ」）において、両当事者間の2015年＿月＿日付ライセンス契約（「ライセンス契約」）の変更について締結された。ライセンス契約で定義された用語は別段の定めがない限り、本変更契約において同様の意味を有する。

The parties agree to amend the License Agreement as follows:
両当事者は、ライセンス契約を以下のとおり変更することに合意する。

1. Amendment to Schedule A and Schedule B.　The Schedules A and B of the License Agreement are hereby deleted and replaced with the Schedules A and B attached hereto.

　1．別紙Aと別紙Bの変更　　ライセンス契約の別紙A及び別紙Bを、本変更契約添付の別紙A及び別紙Bに変更する。

2. Amendment to Section ＿＿.　Section ＿＿ of the License Agreement is amended to read as follows:
　　"Section ＿＿＿.　…"

　2．＿条の変更　　ライセンス契約の＿条を以下のとおり変更する。
　　「＿条　　…」

3. Amendment to Section ＿＿.　The following sentence is added after the last sentence of Section ＿of the License Agreement:
　　"…"

　3．〇条の変更　　ライセンス契約の〇条の最後の文の後に、以下の文を追加する：

521

「・・・」

4. No Other Changes. Except as expressly amended by this Amendment, all other terms and conditions of the License Agreement shall remain in full force and effect.

４．その他の不変更　　本変更契約書により明示的に変更された事項以外は、ライセンス契約がそのまま効力を有し続けるものとする。

IN WITNESS WHEREOF, the parties have caused this Amendment to be executed by their duly authorized representatives as of the date first above written.

両当事者は、本変更契約を締結した証として、冒頭に記載の日付で、権限ある代表者を通じて締結した。

ABC	XYZ
ＡＢＣ社	ＸＹＺ社
By:_____	By:_____
Name: _____	Name: _____
Title: _____	Title: _____
署名、氏名、肩書	署名、氏名、肩書

第2　契約の更新通知のサンプル

_____, 2018

2018年__月__日

Company X

_____, USA

X社（住所）

Attention: Mr. _____

_____様宛

Re: Extension of the License Agreement

件名：　ライセンス契約の更新の件

Dear Mr. _____,

_____様

This Letter Agreement is in reference to the License Agreement dated ____ (please see Exhibit A), entered between Company X and Company Y (the "License Agreement").

　本レターアグリーメントは、X社とY社間の__年__月__日付ライセンス契約（別紙A参照）（以下「ライセンス契約」といいます）に関するものです。

The License Agreement will expire on _____ as provided in Section __ of such Agreement.

　ライセンス契約は、同契約第__条により、__年__月__日に期間が満了します。

However, Company Y wishes to extend the License Agreement for a period of _____ years on the same conditions.

　しかし、Y社はライセンス契約を同一条件にて____年間更新することを希望します。

We would appreciate therefore if you would indicate Company X's acceptance of such extention by signing at the space provided below and return to us one executed copy of this Letter Agreement.

　貴社におかれましては、当該更新につき、下記のスペースに貴社のご承諾を示され、署名された本レターアグリーメントを1部、当社までご返送いただけるとありがたいです。

We look forward to a continued association with your esteemed company.

　当社は、引き続き、貴社との関係を継続させていただけることを楽しみにしております。

Very truly yours,

　どうぞよろしくお願いします。

	Company Y
	Y社
	By
	Name:_____
	Title: _____
	署名、氏名、肩書
Accepted by:	
承諾します。	
Company X	
X社	
Date:	
日付	
By	
Name: _____	
Title: _____	
署名、氏名、肩書	

第3 期間満了による終了通知のサンプル

____, 2018

2018年__月__日

XYZ Corporation

_____, USA

ＸＹＺ社（住所）

Attention: _____

_____様宛

Re: Notice of Termination

件名： 契約終了の通知

Gentlemen:

ご担当者様

We hereby exercise our right to terminate our License Agreement dated on ____, 20__, under the provisions of Section __ of the same Agreement.

　当社は、当社・貴社間の____年__月__日付ライセンス契約を、同契約____条に基づき終了することを通知します。

　　　　　　　　　　　　　Yours truly,

　　　　　　　　　　　　　　どうぞよろしくお願いします。

　　　　　　　　　　　　　ABC Corporation

　　　　　　　　　　　　　ＡＢＣ社

　　　　　　　　　　　　　By _____

　　　　　　　　　　　　　署名

第4　契約解除による終了通知のサンプル

_____, 2018

2018年__月__日

XYZ Corporation
_____, USA

ＸＹＺ社（住所）

Attention: _____

_____様宛

Re:　Notice of Termination

件名：　契約終了の通知

Gentlemen:

ご担当者様

Please take notice that, because of your breach, we hereby cancel our License Agreement dated ___, 20__. Under Section ___ of that Agreement, you were obligated to secure (　　　). The confirmation was to have been received by us within [30 days] of the date of _____. To date, we have not received such confirmation or any indication that you have secured (　　　). We have turned this matter over to our attorneys with instructions to pursue in our behalf all remedies available to us.

　当社は、貴社の債務不履行を理由に当社・貴社間の__年__月__日付ライセンス契約を解除することを通知します。同契約の__条によると、貴社は（　　）を確保しなければなりませんでした。その確認は、_____から（30日）以内に得られる必要がありました。今日まで、当社は同確認が得られておりませんし、又貴社が（　　）を確保したことも知らされておりません。当社は、当社が行使できる手段を行使するべく本件を弁護士に委任しました。

　　　　　　　　　　　　　　　　　Yours truly,

　　　　　　　　　　　　　　　　　どうぞよろしくお願いします。

　　　　　　　　　　　　　　　　　ABC Corporation

　　　　　　　　　　　　　　　　　ＡＢＣ社

　　　　　　　　　　　　　　　　　By: _____

　　　　　　　　　　　　　　　　　署名

第4章　ロイヤルティの受領と源泉税課税（日米租税条約）

以下は、ジェトロのホームページ（https://www.jetro.go.jp/world/qa/04A-001117.html）からの抜粋である。

米国からロイヤルティーを受け取る場合の源泉税課税

Q．米国企業に対し当社の所有する特許権の使用を許諾します。米国企業からのロイヤルティー受け取り時の源泉税の取り扱いについて教えてください。

A．2003年11月に改定された日米新租税条約では、ロイヤルティー支払者に源泉徴収と支払国での納付義務が課されています。以下、Ⅱ．の手続きをとることにより、源泉税は免除されます。

Ⅰ．日米両国政府は、2003年11月に租税条約を改定しました（日本では2004年7月1日から適用）。
　　日米新租税条約には、投資所得（配当、利子、使用料）の源泉地国での課税を軽減、特に著作権、特許権、商標権及び意匠、その他の使用料を原則免税とすることが盛り込まれています。「租税条約」とは、「国際間での二重課税の回避、脱税の防止及び課税関係の明確化等を目的として締結される二国間条約」です。通常、ロイヤルティー支払者には、源泉徴収と支払国での納付義務が課されていますが、日米新租税条約にもとづき、課税の特例として、「租税条約で定められた源泉徴収に関する特例は、国内法にかかわらず租税条約が国内法に優先して適用される」と規定しています。従って、源泉税は免除されます。

Ⅱ．ロイヤルティー受領者が源泉税の免除を受けるための手続き

　1．個人用「Form W-8 BEN / 法人用 Form W-8 BEN-E」の提出

　　　ロイヤルティー受領者（日本法人）は、租税条約の適用を受ける資格を有する旨の証明書類 Form W-8 BEN（Certificate of Foreign Status of Beneficial Owner for United States Tax Withholding Individuals）/ Form W-8 BEN-E（Certificate of Status of Beneficial Owner for United States Tax Withholding Entities）をロイヤルティー支払者（米国側）に提出します。Form W-8 BEN / Form W-8 BEN-E はロイヤルティー支払前に提出する必要があります。Form W-8 BEN は、個人、法人ともに一種類でしたが、FATCA法（Foreign Account Tax Compliance Act: 外国口座税務コンプライアンス法）施行につき、法人向け W-8 BEN は W-8 BEN-E へと様式が変更になりました。2015年1月提出分から Form W-8 BEN は受益者が個人である場合、Form W-8 BEN-E は受益者が法人である場合に使用されることになります。Form W-8 BEN-E は全8ページに及び、1ページ目 Part I の第5項にて、31の法人タイプから正しい法人タイプを選択し、選択した法人タイプに応じて2ページ目以降の該当項目を記入することになります。詳細は参考資料・情報にあるウェブサイトを参照してください。

　2．米国納税者番号の記載

　　A．法人の場合 Employer Identification Number: EIN

　　　　法人で EIN を持っていない場合、EIN 取得申請書 Form SS-4（Application for Employer

Identification Number）を米国内国歳入庁（IRS）へ提出し、EIN を取得します。日本から郵送で EIN 取得申請をする場合、通常 2 〜 3 週間要します。電話や FAX で IRS と直接連絡を取り、即日 EIN を取得する方法もあります。

  B．個人の場合 Social Security Number: SSN

　　個人で SSN を持っていない場合は、Individual Taxpayer Identification Number: ITIN を記載します。ITIN を取得するには、米国領事館又は公証人役場でパスポートのコピー等に公証を受け、Form W- 7（Application for IRS Individual Taxpayer Identification Number）を IRS に提出します。上記手続きはロイヤルティー受領者が行います。ただし、米国内に事務所がない場合等、米国のロイヤルティー支払者に代行を依頼することもできます。

 3．Form W- 8 BEN / Form W- 8 BEN-E の保管

　　Form W- 8 BEN / Form W- 8 BEN-E はロイヤルティー支払者が保管します。Form W- 8 BEN / Form W- 8 BEN-E がないと、ロイヤルティー支払者に源泉徴収義務が発生し、ロイヤルティーを支払う際に源泉税を控除する必要があります。免税手続きは同一のロイヤルティー支払者に対して最初に一度行い、ロイヤルティーの支払毎に行う必要はありません。ロイヤルティー支払者は IRS に W- 8 BEN / W- 8 BEN-E の提示を求められた場合、速やかに提示しなければなりません。

Ⅲ．日米新租税条約は特許権使用料以外にその他の投資所得、即ち配当及び利子についても源泉地国での大幅な免税を規定しています。

 1．配当

　　日米新租税条約では、配当に対する源泉税率を 3 段階で適用しています。

　　　　一般配当：10％

　　　　親子会社間配当：5 ％（持株比率10％以上）

　　　　親子会社間配当のうち、配当確定日より遡って12カ月間配当支払法人の議決権のある株式の50％超を保有している場合：0 ％（免税）

　　ただし、配当受領者である親会社が条約に定めるその国（子会社が米国の場合は日本、子会社が日本の場合には米国）の居住者（適格居住者という）でない場合には、免税の適用を受けることができません。

　　以下の条件を一つでも満たせば、適格居住者と看做されます。

  A．親会社が発行する主たる種類の株式がその国の証券取引所で上場され、且つ通常の取引が行われており、そのすべての株式の50％以上が、その国の証券取引所に上場している居住国法人 5 社以下によって、直接又は間接的に所有されている場合。

  B．親会社が配当支払法人の50％以上の議決権を有している場合で、第三国の居住者に支払われる損金額が総所得の50％未満であり、親会社がその居住国において事業活動を行っている場合。なお、この損金額からは、通常の事業遂行にあたって支払われる役務ならびに物品の対価や居住者である金融機関に支払われる利子等は除かれます。つまり、損金額として取り扱われる支払とは、独立企業間価格ではない役務や物品の対価ならびに前述の金融機関に支払われる利子等以外の無形財産に対する支払（使用料を含む）をいいます。

C．親会社が新租税条約の適用を受ける際に、上記A又はBのいずれにも該当しない場合であっても、条約を適用する国の権限ある当局が、この居住者の設立、業務の遂行等が条約の特典を得ることを主たる目的とするものではないと認定する場合。

2．利子

利子に対する源泉税率は10％です。

＜注記＞

日米租税条約の概要及び「所得に対する租税に関する二重課税の回避及び脱税の防止のための日本国政府とアメリカ合衆国との間の条約」の和文及び英文については、財務省の下記ウェブサイトを参照されたい。

https://www.mof.go.jp/tax_policy/summary/international/tax_convention/press_release/sy151107.htm

第5章　EC委員会規則 No.316／2014のポイント

以下は、上記EC委員会規則に関するジェトロのウェブサイトの抜粋である（https://www.jetro.go.jp/ext_images/world/europe/ip/pdf/20140326.pdf）

欧州委員会、技術移転契約に関する競争法制度改正を採択

2014年3月26日 JETRO デュッセルドルフ事務所

　欧州委員会は、3月21日、ライセンサーがライセンシーに対し製品及びサービスを供給するために特許、ノウハウ、ソフトウェアを活用することを許可する技術移転契約の評価のための競争法制度の改正を採択した旨、同日にプレスリリースを行った。新制度は、5月1日から適用される。

　本制度改正の目的は、研究及びイノベーションへのインセンティブを強化し、パテントプール等を通じて知的財産の普及を促進し、競争を刺激する技術移転契約についてより明確なガイダンスを提供するというもの。本プレスリリースは、ライセンス契約はイノベーションを普及する助けとなり、経済成長と消費者の福祉にとって重要な役割を果たすものである一方で、ライセンス契約を利用した市場の分断や競合技術の市場からの排除を行い得るとしつつ、ライセンス契約が競争を阻害する効果も有するものであり、これらのような反競争的契約は、EU運営条約(TFEU)第101条によって禁止されている旨を強調する。

　EUにおける当該分野に関する現行の法制度は、以下の2つの法的文書から構成される。その一方は、「技術移転一括適用免除に関する規則」（欧州委員会規則772/2004号：以下「TTBER」）であり、本規則は、EUの競争ルールに適合していると看做される一定の問題のない契約に対していわゆる「免責条項（safe harbour）」を設けている。他方の法的文書は、EUの競争ルールの下での技術移転契約の評価に関する指針を提供する、TTBERに伴う欧州委員会ガイドライン。欧州委員会は、これら現行の法制度の改正提案を作成し、2011年12月6日から2012年2月3日までの期間と、2013年2月20日から5月17日までの期間に、併せて2回のパブリック・コメントを募集。利害関係者によるコメントの提出を踏まえて同改正提案を修正し、現行制度の失効期日が来月末に迫る中、今般、新制度を採択した。

　本プレスリリースによれば、欧州委員会は、現行法制度に対し以下に例示する諸点を含むいくつかの変更（注1）を包含する。例えば、ライセンシーが知的財産権の有効性を争った際にはライセンサーが当該契約を解除できるとの「契約解除条項」（注2）が非排他的ライセンス契約において（注3）採用されている場合や、ライセンシーによってなされた改良をライセンサーにライセンスし返すことを義務付ける、すべての種類（注4）の「排他的グラントバック条項」については、競争及びイノベーションを阻害するおそれがあることから、自動的に適用除外にはせずにケースバイケースで評価されることとなった。又、上述の欧州委員会ガイドラインについては、「パテントプール」の競争促進性に対する評価に基づく、パテントプールの創設や同プールからの外部へのライセンス

が免責条項を享受し得る旨の明示や、欧州委員会の最近の経験を踏まえた「和解合意（settlement agreements）」に関するガイダンス等を盛り込む改訂がなされている。

<注記>
1　欧州委員会による本制度改正の概要については、欧州委員会作成のメモランダム「Antitrust: Commission adopts revised competition regime for technology transfer agreements – frequently asked questions」を参照。
2　現行のTTBER第5条1．(c)においては、いわゆる「不争条項」は一括適用除外から明示的に除かれているが、「契約解除条項」は必ずしもこれと同様に扱われるようには規定されていない。
3　第2回のパブリック・コメント募集時の欧州委員会による制度改正提案においては、ライセンス契約が排他的であるか非排他的であるかにかかわらず、一括適用除外の対象外とする旨が提案されていた。脚注1に前掲の欧州委員会作成のメモランダムによれば、排他的ライセンスの場合に限り、契約解除条項を一括適用除外の対象とすることで、一方では、イノベーションと外部へのライセンスに関するインセンティブを確保するとともに、他方では、イノベーション及び経済活動への障害となる無効な知的財産権を除去できるようにするよう、適切なバランスをとることとした。前掲1「Antitrust: Commission adopts revised competition regime for technology transfer agreements – frequently asked questions」のB. Technology Transfer Block Exemption Regulation, *Also termination clauses fall outside the safe harbour of the TTBER* を参照。
4　現行のTTBER第5条1．(a)及び(b)においては、「分離可能な（severable）改良」に関する排他的グラントバック条項のみが一括適用除外の対象から外されているところ、今般の制度改正によって、「分離可能」な改良であるか否かを問わず、すべての排他的なグラントバック条項が一括適用除外の対象外とされた。

（以上）

第6章　中国技術輸出入管理条例
—「技術輸入管理」の留意点—

　中国の「技術輸出入管理条例」は、国務院2001年10月31日に公布され、2002年1月1日に施行された。同管理条例は、4章55条から成る。第1章は、総則で、6条から成る。第2章が技術輸入管理に関する規定であり、7条から29条までである。第3章は、技術輸出管理に関する規定で、30条から45条までである。第4章は法的責任に関する規定で、46条から55条までである。日本から中国への技術の実施許諾に関わる第2章の技術輸入管理に関する規定について、若干のコメントをまとめる。なお、下記条文和訳は、2005年3月付JETRO「模倣対策マニュアル　中国編」29頁「(3)　新条例と旧条例の異動の比較対照表」を参照した。

条項	条　　文	コメント
17条	(1)　自由輸入に属する技術について、契約登記管理を実行する。 (2)　自由輸入に属する技術を輸入する場合は、契約は法により成立時に効力を生じ、登記を契約の効力発生の条件とはしない。	・(1)項は、「自由輸入技術」の登録制度をさだめる新規定。 ・(2)項は、この登録制度と契約の発効とを関連付けないことを明定。
24条	(1)　技術輸入契約の譲渡人は、自分が提供する技術の適法な所有者であり、又は譲渡、ライセンスの権利を有する者であることを保証しなければならない。 (2)　技術輸入契約の譲受人が契約の約定にしたがって譲渡人の提供する技術を使用し、第三者から権利侵害の訴えを受けた場合は、譲受人は直ちに譲渡人に通知しなければならない。譲渡人は通知を受領した後、譲受人が妨害を排除するのに助力しなければならない。 (3)　技術輸入契約の譲受人が契約の約定にしたがって譲渡人の提供する技術を使用し、他人の合法的権益を侵害した場合は、譲渡人が責任を負う。	・(1)項は、ライセンサーが許諾技術の適法な所有者で、ライセンス権を有することをライセンサーに保証させるもので、→旧条例と同じ内容。 ・(2)項は、ライセンシー許諾技術を使用した結果、第三者の権利を侵害し、ライセンシーが訴えられた場合のライセンシーによるライセンサーへの報告義務とライセンシーによる妨害排除へのライセンサーの協力義務規定。旧条例では、ライセンサーの応訴義務が規定されていたが、新条例では緩和された。 ・(3)項は、ライセンシーが許諾技術を使用した結果、第三者の適法な権益侵害が判明した場合、ライセンサーが責任を負うとするもの。→しかし、これは「責任を負う」と規定し、「責任を負わねばならない」とは規定されていないことから、文言解釈上「強行法規」ではなく「任意規定」と解する余地があるとの主張がある（JETRO資料38頁参照）。この解釈を正当化根拠として、契約法353条には、こうした侵害の責任負担について「当事者間に別段の定めがある場合は除く」との規定があるともいう。さらに、中国のWTO加盟趣旨に照らして、上記解釈は可能であるとする

		（JETRO資料38頁参照）。今後の判例の積み重ねを慎重に見ていく必要があろう。
25条	技術輸入契約の譲渡人は、提供する技術が完全で、瑕疵がなく、有効で、約定した技術目標に到達できることを保証しなければならない。	・この条項が最大の問題条項であることは、あまりに有名である。条例が新しくなっても、内容は不変。→この条項を満足させるためには、中国側が、ライセンサーの判断基準に照らして、許諾技術を完全に習得し、ライセンサーと同じ許諾技術の使用環境を整える等の諸要件が必要になろう。
26条	（1）技術輸入契約の譲受人、譲渡人は契約で約定する秘密保持の範囲及び秘密保持期間内に、譲渡人が提供する技術でなお公開されない秘密部分について秘密保持義務を負わなければならない。 （2）秘密保持期間内において、秘密保持義務を負う一方について、秘密保持する技術が自己の原因によらず公開された後、その負担する秘密保持義務は即時終了する。	・(1)項は、未公開技術部分についての秘密保持義務の正当性が確認されている。秘密保持の範囲と秘密保持期間は、特に制限されていないので、当事者間の合意で決めることができる。→旧条例では契約期間（原則10年、5年延長可）を超えて秘密保持義務を課すことが禁止されていたのが撤廃された。 ・(2)項は、秘密保持義務の対象となる情報が、秘密保持義務を負担する当事者の責めに帰すべき事由ではなく、公知となったときは、秘密保持義務は即刻終わる。
27条	技術輸入契約の有効期間内において、改良技術の成果は改良した当事者に属する。	・改良技術が改良者に帰属する旨の規定は、旧条例の趣旨と同じ。
28条	技術輸入契約の期間満了後、技術譲渡人及び譲受人は公平合理の原則にしたがい、技術の継続使用について協議することができる。	・契約期間満了後の許諾技術の継続使用について、旧条例では禁止することが、禁じられていたが、新条例では協議の対象となった。ただし、両当事者間の協議は、公平・合理の原則に従うこととなり、大いに緩和されたといってよい。
29条	（本文）技術輸入契約は、次に掲げる制限条項を含むことはできない。 （1号）譲受人に対して技術輸入に不可欠でない付帯条件の受入れを要求すること。必須でない技術、原材料、製品、設備又はサービスの購入を含む。 （2号）譲受人に対して特許権の有効期間が満了し、又は特許権の無効が宣言された技術のためにロイヤルティを支払い、又は関係義務の負担を要求すること。 （3号）譲受人が譲渡人の提供する技術の改良を制限し、又は譲受人が改良した技術の使用を制限すること。	・下記制限条項を技術輸入契約に包含することの禁止が明記された。 （1号）：技術輸入に不可欠でない付帯条件 （2号）：これは、特許権の有効期間満了又は無効宣言後のロイヤルティ支払を禁止する規定であるが、ロイヤルティ支払が延べ払い的思想による場合、注意深い規定の仕方が必要であろう。 （3号）：これは、ライセンシーによる改良を制限すること又はライセンシの改良技術を制限することを禁止するものであるが、そもそも、ライセンシーによる改良を認めない技術

533

	保証のあり方もあるので、その場合は、注意深い規定の仕方が必要であろう。
（4号）　譲受人がその他の供給先から譲渡人の提供する技術と類似する技術又はそれと競合する技術の取得を制限すること。	（4号）：類似技術や競合技術の取得制限は、排他的実施権を許諾する場合、ライセンサーにとっては、不可欠ともいえる条件である。その場合、客観的に合理性が判断できる丁寧な規定の仕方が必要であろう。
（5号）　不合理に譲受人が材料、部品、製品又は設備を購入するルート又は供給先を制限すること。	（5号）：一定水準の技術品質確保の観点から、材料、部品、製品又は設備を購入するルート又は供給先を制限することはあり得る。その場合、客観的に合理性が判断できる丁寧な規定の仕方が必要であろう。
（6号）　不合理に譲受人の製品の生産数量、品種又は販売価格を制限すること。	（6号）：生産数量、品種又は販売価格を制限する場合は、客観的に合理性が判断できる丁寧な規定の仕方が必要であろう。
（7号）　不合理に譲受人が輸入する技術を利用し、生産する製品の輸入ルートを制限すること。	（7号）：輸入する技術を利用し、生産する製品の輸入ルートを制限する場合は、客観的に合理性が判断できる丁寧な規定の仕方が必要であろう。

（注）　本条例については、2019年3月に改正され、24条3項および27条、29条については削除されたとのことである。詳しくは、下記ジェトロのホームページを参照。
　　〈https://www.jetro.go.jp/biznews/2019/03/7e0b87e5e6a0fcff.html〉

第7章 知的財産ライセンシングに関する独占禁止法ガイドライン

　米国の知的財産ライセンシングに関する独占禁止法ガイドライン（"Antitrust Guidelines for the Licensing of Intellectual Property"）が改正され、2017年1月12日付で公布された。同改正は、改正前と比べ、市場支配力や価格固定に関する判例の更新（当然違法とされていたのを合理の原則で判断）を反映させる、表記を修正する等したものの、大筋では従前と変わらないと評価されている。

　以下、改正されたガイドラインの抄訳を付する。なお、同改正の原文は、米国司法省の下記ウェブサイトで確認することができる。（https://www.justice.gov/atr/guidelines-and-policy-statements-0/2017-update-antitrust-guidelines-licensing-intellectual-property）

知的財産ライセンシングに関する独占禁止法ガイドライン

米国司法省及び連邦取引委員会

第1章　知的財産の保護と独占禁止法

　知的財産法と独占禁止法は、いずれもイノベーションの推進と消費者の利益保護という共通の目的を有する。本ガイドラインは、米国司法省及び連邦取引委員会（以下「当局」という）が、知的財産権のライセンス契約に関して独占禁止法を適用する際の指針を示し、その適用に関する予見可能性を高めるものである。

第2章　一般原則

　1　一般的な独占禁止法の分析方法が知的財産にも適用されること

　　独占禁止法の適用については、当局は、知的財産権を特別な権利として分析するのではなく、他の財産権と同様に分析する。又、知的財産権のライセンスはグローバルであることが多く、当局が、同ライセンスが米国と関連し、他国政府の関与が米国による調査・執行を否定するものではないと判断した場合は、本ガイドラインにより分析される。

　2　知的財産と市場支配力

　　独占禁止法の適用については、当局は、知的財産権がその保有者に市場支配力を与えるとの推定はしない。又、市場支配力を有するからといって、同知的財産権を他者にライセンスする義務を負わせるものでもない。

　3　ライセンシングの競争促進効果

　　知的財産権のライセンスは、その保有者が、他社の製造や販売に関する施設・人材を組み合わせることにより知的財産権の商業的価値を高め、ひいては競争促進効果を期待することができる。又、一つの知的財産権は他の知的財産権と関連することがあり、その場合ライセンスは、双方の知的財産権の利用を可能にする点でも競争促進効果を有する。さらに、知的財産権のライセンスに付された使用分野、地域等の制限は、ライセンサーがその知的財産権を最も効果的に活用することを可能にする点で競争促進効果を有する。

第3章　独占禁止法上の問題点及び分析方法

1 問題点

上記のようにライセンス契約には競争促進効果があるが、ライセンス契約がなければ競争していたであろう当事者が、ライセンス契約により競争をしなくなる場合、競争阻害効果もある。競争阻害効果の有無は、ライセンス契約の文言ではなく、その影響を見て判断される。

2 ライセンス契約による影響を受ける市場

ライセンス契約が競争阻害効果を有すると思われる場合、当局は、その市場を特定する。その市場は、一般的にはライセンス契約の対象となる製品の市場であるが、技術や研究・開発の市場における影響を判断することもある。

(1) 製品市場

ライセンス契約における拘束は、ライセンス契約の対象となる知的財産権を使用した最終製品、半製品及びこれらの市場の上流の市場にも影響を与え得る。その際、当局は、一般的に、米国司法省及び連邦取引委員会の水平合併ガイドライン（U.S. Department of Justice and Federal Trade Commission Horizontal Merger Guidelines）に基づき関連する市場を特定したうえ、市場のシェアを測定する。

(2) 技術市場

技術市場は、ライセンス契約の対象の知的財産権及びその代替物により構成されている。ライセンス契約の対象の知的財産権が製品とは別に営業等される場合、当局は、技術市場における競争への影響を分析することになる。

(3) 研究・開発市場

ライセンス契約が、新たな又は改良された製品又は方法の開発の競争を制限する場合、当局は、別途研究・開発市場における競争阻害効果を分析することになる。なお、研究・開発市場は、商業化可能な製品の特定に関連する研究・開発を構成する資産及びその代替物からなる。

3 水平関係及び垂直関係

知的財産権のライセンス契約に関する独占禁止法の分析においては、両当事者の関係が、性質上、水平関係（競争関係）であるか垂直関係（取引の段階を異にする関係）であるか、それとも双方であるのかが検査される。ライセンサーとライセンシーの関係が水平関係であることは、直ちに反競争的であることに帰結するものではなく、競争阻害効果の有無を判断するための一つの要素に過ぎない。

4 ライセンスによる拘束を評価する枠組み

知的財産権のライセンス契約の拘束の評価においては、殆どのケースにおいて「合理の原則」（Rule of Reason）が用いられる。合理の原則に基づいて、ライセンス契約の拘束を評価する場合、まず同拘束に競争阻害効果があるか否かが検討され、競争阻害効果がある場合、これを上回る競争促進効果を達成するために同拘束が合理的に必要か否かが検討される。

ただし、いくつかのケースにおいて裁判所は、一定の拘束につき「その性質及び必然的な効果の反競争性は明白」であり、当然違法（unlawful per se）であるとしている。

第4章 「合理の原則」に基づき当局がライセンス契約を評価する際の一般原則

1 競争阻害効果の分析

ライセンス契約による拘束が競争阻害効果を有するか否かは、以下の分析に基づきなされる。

(1) 市場の構造、協定及び排除

ライセンス契約による拘束が水平関係の当事者に対するものであるとき、価格協定、販売制限、又は市場支配力の取得・維持の危険が増す。競争に対する制限はその契約が新たな又は改良された製品・方法の開発を遅らせる場合に生じる。競争に対する制限の可能性は、関連市場への参入の困難さや価格の変更による需要と供給の代替可能性等により判断される。

ライセンサーとライセンシーが垂直関係にあるとき、当局は、ライセンス契約が両者の各レベルにおける水平関係の競争、又場合によってはその他の市場の競争を制限しないかを分析することになる。拘束による競争の制限は、反競争的に競争者の重要な仕入れに対するアクセスを排除したり、コストを増大させたり、価格上昇や販売制限の協定を容易にする場合に生じる。

(2) 独占的なライセンス契約

ライセンス契約は、二つの観点から独占性を有し得る。一つ目は、ライセンサーがライセンシーに対し独占的なライセンスを付与することにより、ライセンサーが他者に対するライセンス、又はライセンサー自身による技術の使用を制限する場合である。このような独占的なライセンスは、一般的に、当事者間に水平関係がある場合のみに競争阻害効果を生じさせる。例えば、競争者間のクロスライセンス、グラントバック及び知的財産権の取得等の場合である。

二つ目は、ライセンスがライセンシーによる競合技術のライセンス、販売、使用を禁止する場合である。このような拘束は、競争者の重要な仕入れを排除したり、コストを上昇させたりし、又価格の上昇や販売制限の協定を容易にする等して競争阻害効果を有し得る。ただし、かかる拘束は、ライセンシーによる契約対象製品の開発及び販売を促す等、競争促進効果も有し得る。

2 効用及び正当化事由

当局が、当該拘束に競争阻害効果又はその恐れがあると判断した場合、同拘束が競争促進効果を得るために合理的に必要か否かを判断することになる。合理的に必要か否かを判断するについては、より拘束の少ない代替手段の有無が一つの判断要素となる。又、拘束の継続期間も重要な判断要素となる。そして、拘束の合理的な必要性や拘束の期間の判断は、対象となる市場によって異なり得る。

3 セーフティ・ゾーン

ライセンス契約はイノベーションや競争を推進させる側面を有することから、当局は一定の活動についてセーフティ・ゾーンを設けている。具体的には、当局は、①拘束が外形上反競争的ではなく、且つ②ライセンサーとライセンシーが併せて関連市場の20％以上のシェアを保有しないときは、特別な事情がない限り、当該拘束を問題視しない。

なお、上記判断基準は、製品市場に関するものであり、技術市場や研究・開発市場における競争阻害効果を判断する必要がある場合、又はマーケットシェアの判断が困難な場合は、以下

の判断基準が用いられる。

　即ち、まず、技術市場については、①拘束が外形上反競争的でなく、②対象技術以外に四つ以上の、独立支配された代替技術が存在すること。又、研究・開発市場については、①拘束が外形上反競争的でなく、②ライセンス契約の当事者以外に、四つ以上の、独立支配された法人が、対象となっている研究・開発と代替し得るために必要とされる資産及び研究・開発をするインセンティブを有していること。

第5章　一般原則の適用
 1　水平的拘束

　当局は、一般的に水平的拘束における競争阻害効果の評価を合理の原則に従って行う。ただし、価格固定、市場や顧客の割当、販売制限、特定のグループボイコットは当然違法となり得る。

 2　価格維持

　最低販売価格維持につき、当局は、一般的に合理の原則に従って競争阻害効果を評価する。ただし、水平カルテルは当然違法と評価される。

 3　抱き合わせ契約

　抱き合わせ契約は、競争阻害効果と競争促進効果を有し得る。当局は、以下の場合に抱き合わせ契約を問題視する。即ち、①売主が抱き合わせた製品について市場支配力を有すること、②抱き合わせ契約が関連製品（抱き合わせた製品及び抱き合わされた製品）の市場において競争阻害効果を有すること、③競争促進効果が競争阻害効果を上回らないこと。なお、パッケージライセンス（複数のアイテムを一括してライセンスすること）についても抱き合わせ契約と同様の判断基準による。

 4　独占的取扱

　独占的取扱は、ライセンス契約によりライセンサーが競合技術のライセンス、販売、使用等を制限する場合に問題となる。当局は、かかる問題について合理の原則により評価する。その際、当局が考慮する事項としては、①ライセンサーの技術の開発の促進、②他の競合技術の開発の排除・制限がある。

 5　クロスライセンス及びパテントプール

　複数の知的財産のアイテムの複数の保有者が関連するクロスライセンス及びパテントプールは、関連技術を統合する等により競争促進効果を有する。しかし、価格の協定や販売制限を伴う場合は反競争的効果を有し得、特に、その目的が価格固定や市場の割当である場合には当然違法となり得る。

 6　グラントバック

　グラントバックは、イノベーションのコストと成果を共有することにより競争促進効果を有する。しかし、それが独占的なグラントバックである等、ライセンシーの研究・開発のインセンティブを減少させるものである場合には競争阻害効果をもたらす。

 7　知的財産権の取得

　競争阻害効果の評価は、2010年水平的合併ガイドライン（2010 Horizontal Merger Guidelines）

を用いてなされることがある。
第6章　無効又は行使不能な知的財産権
　無効又は行使不能な知的財産権を行使することは独占禁止法違反となり得る。例えば、欺罔的な手段により取得した特許権を行使して市場を独占する行為は、シャーマン法2条や連邦取引法5条に違反し得る。

以上

第8章　連邦破産法（1995）365条から一部抜粋英和対訳

（ライセンサーまたはライセンシーの倒産関連規定抜粋）

条項番号	原　文（365条）	訳　文
(a)	Excepted as provided in sections 765 and 766 of this title and in subsections (b), (c), and (d) of this section, the trustee, subject to the court's approval, may assume or reject any executory contract or unexpected lease of the debtor.	本法の第765条及び第766条並びに本条b項、c項及びd項の規定を例外として、管財人は、裁判所の承認を条件に、債務者の未履行契約又は期限未到来のリース契約を引き受けることも又拒絶することもできる。
(c)	The trustee may not assume or assign any executory contract or unexpired lease of the debtor, whether or not such contract or lease prohibits or restricts assignment of rights or delegation of duties, if…	(c)　管財人は、以下の場合、債務者の未履行契約上又は期限未到来のリース契約上権利譲渡禁止又は義務委任制限の有無にかかわらず、債務者の未履行契約又は期限未到来のリース契約を引き受け又は譲渡することはできない：
	(1)(A) applicable law excuses a party, other than the debtor, to such contract or lease from accepting performance from or rendering performance to an entity other than the debtor or the debtor in possession whether or not such contract, or lease, prohibits or restricts assignment of rights or delegation of duties; and	(1)(A)　同契約上又は同リース契約上権利譲渡禁止又は義務委任制限の有無にかかわらず、適用法（注1）が、債務者以外の同契約又は同リース契約の一方の当事者が、債務者若しくは占有債務者（注2）以外の法主体（注3）から契約の履行を引受け若しくは同法主体に契約を履行させることを免除し、しかも
	(B) such party does not consent to such assumption or assignment; or	(B)　一方の契約当事者が、そうした譲渡若しくは委任に同意をしない場合、又は
	(2) such contract is a contract to make a loan, or extend other debt financing or financial accommodations, to or for the benefit of the debtor, or to issue a security of the debtor; or	(2)　同契約が債務者に対する又は債務者の利益のためのローン契約、又はその他の他人資本調達（注4）又は資金融資（注5）の延長契約、又は債務者の担保提供契約である場合、又は
	(3) such lease is of nonresidential real property and has been terminated under applicable nonbankruptcy law prior to the order for relief.	(3)　同リース契約が非居住の売り家（注6）に関するもので、救済命令以前に破産法以外の適用法に基づき既に終了している場合
(e)	(1) Notwithstanding a provision in an executory contract or unexpired lease, or in applicable law, an executory contract or unexpired lease of the debtor may not be terminated or modi-	(1)　未履行契約又は期限未到来のリース契約、又は適用法に規定があろうとも、債務者の未履行契約又は期限未到来のリース契約の終了又は修正を行うことはできないものとし、し

fied, and any right or obligation under such contract or lease may not be terminated or modified, at any time after the commencement of the case solely because of a provision in such contract or lease that is conditioned on…	かも同契約又は同リース契約に基づく権利又は義務は、同契約又は同リース契約に以下を条件とする規定があることだけで、訴訟開始後いつでも終了又は修正を行うことができるわけではない：
(A) the insolvency or financial condition of the debtor at any time before the closing of the case;	(A) 訴訟終結以前の時点での債務者の支払不能又は財務状態；
(B) the commencement of a case under this title; or	(B) 本法に基づく訴訟開始；又は
(C) the appointment of or taking possession by a trustee in a case under this title or a custodian before such commencement.	(C) 本法に基づく訴訟における管財人の任命又は管財人による占有、又は同訴訟開始前の管理人の任命又は管理人による占有。
(2) Paragraph (1) of this subsection does not apply to an executory contract or unexpired lease of the debtor, whether or not such contract or lease prohibits or restricts assignment of rights or delegation of duties, if…	(2)以下の場合、本条項(1)号は、債務者の未履行契約上又はリース契約上権利譲渡禁止又は義務委任制限の有無にかかわらず、債務者の未履行契約又は期限未到来のリース契約には適用しないものとする：
(A)(i) applicable law excuses a party, other than the debtor, to such contract or lease from accepting performance from or rendering performance to the trustee or to an assignee of such contract or lease, whether or not such contract or lease prohibits or restricts assignment of rights or delegation of duties; and	(A)(i)債務者の同未履行契約又はリース契約が権利譲渡又は義務委任の禁止又は制限をするしないにかかわらず、適用法によって、同契約又はリース契約の債務者以外の当事者が、同契約又は同リース契約の管財人又は譲受人からの履行引き受け又は履行提供を免除される場合で、しかも
(ii) such party does not consent to such assumption or assignment; or	(ii) 同当事者が同引き受け又は譲渡に同意をしない場合、又は
(B) such contract is a contract to make a loan, or extend other debt financing or financial accommodations, to or for the benefit of the debtor, or to issue a security of the debtor	(B) 同契約が債務者に対する又は債務者の利益のための、融資契約、又はその他の他人資本調達契約（注7）又は資金調達融通手形の振出の拡大を行う契約であるか、又は債務者の担保を提供する契約である場合。
(f) (1) Except as provided in subsection (c) of this section, notwithstanding a provision in an executory contract or unexpected lease of the debtor, or in applicable law, that prohibits, restricts, or conditions the assignment of such contract or lease, the trustee may assign such contract or lease under paragraph (2) of this subsection; except that the trustee may not assign an unexpired lease of nonresidential real property under which the debtor is an	(1) 本条項(c)の規定を例外として、債務者の未履行契約上又は期限未到来のリース契約上又は適用法上、同契約又はリース契約の譲渡を禁止、制限又は条件付帯の規定があろうとも、管財人は本条(2)項に基づき同契約又はリース契約を譲渡できる。ただし、管財人は、契約終了事態が既に起こってしまった場合、債務者がエアクラフト・ターミナル若しくはエアクラフト・ゲートの賃借人である空母が影響を受けるような人の居住していない

541

	affected air carrier that is the lessee of an aircraft terminal or aircraft gate if there has occurred a termination event.	不動産の期限未到来のリース契約を譲渡することができないことは、この限りではない。
	(2) The trustee may assign an executory contract or unexpired lease of the debtor only if …	(2) 管財人は、以下の場合に限り、債務者の未履行契約又は期限未到来のリース契約を譲渡できる―
	(A) the trustee assumes such contract or lease in accordance with the provisions of this section; and	(A) 管財人が本法の規定に従って同契約又はリース契約を引き受け、さらに
	(B) adequate assurance of future performance by the assignee of such contract or lease is provided, whether or not there has been a default in such contract or lease.	(B) 同契約又はリース契約上不履行があったかどうかにかかわらず、同契約又はリース契約の譲受人による適切な将来の履行保証が提供される場合
	(3) Notwithstanding a provision in an executory contract or unexpired lease of the debtor, or in applicable law that terminates or modifies, or permits a party other than the debtor to terminate or modify, such contract or lease or a right or obligation under such contract or lease on account of an assignment of such contract or lease, such contract, lease, right, or obligation may not be terminated or modified under such provision because of the assumption or assignment of such contract or lease by the trustee.	(3) 債務者の未履行契約上又は期限未到来のリース契約上、又は適用法上、同契約又はリース契約の譲渡のために同契約又はリース契約を、又は同契約又はリース契約に基づく権利又は義務を、終了又は修正し、又は債務者以外の当事者に終了又は修正することを許容する条項があろうとも、同契約、同リース契約、権利又は義務を、管財人による同契約又はリース契約の引き受け又は委任を理由に、同条項（注8）に基づく終了又は修正を行うことはできない。
(n)	(1) If the trustee rejects an executory contract under which the debtor is a licensor of a right to intellectual property, the licensee under such contract may elect―	(1) 債務者が知的財産権を有するライセンサーであるような未履行契約を管財人が拒絶する場合、ライセンシーは、同契約に基づき次のいずれかを選択できる。
	(A) to treat such contract as terminated by such rejection if such rejection by the trustee amounts to such a breach as would entitle the licensee to treat such contract as terminated by virtue of its own terms, applicable nonbankruptcy law, or an agreement made by the licensee with another entity; or	(A) 管財人による同拒絶が、同契約条件、破産法以外の適用法、又はライセンシーが他の法主体と締結した契約によって、同契約を終了したものと看做す権利をライセンシーに対して与えるような違反に相当する場合、同契約を同拒絶によって終了したものと看做すか、又は
	(B) to retain its rights (including a right to enforce any exclusivity provision of such contract, but excluding any other right under applicable nonbankruptcy law to specific performance of such contract) under such contract and any agreement supple-	(B) 同権利が申立開始直前の存在していたそのような知的財産権（破産法以外の適用法によって保護される範囲まで同知的財産の具体化物を含む）に対する契約上及び同契約の補足契約に基づく自己の権利（同契約の排他規定の実施権を含むが、同契約の特定履行に対する破産法以外の適用法に基づ

mentary to such contract, to such intellectual property (including any embodiment of such intellectual property to the extent protected by applicable nonbankruptcy law), as such rights existed immediately before the case commenced, for—	く他の権利を除く）を、下記期間、留保する—
(i) the duration of such contract; and	(i) 同契約期間；及び
(ii) any period for which such contract may be extended by the licensee as of right under applicable nonbankruptcy law.	(ii) 破産法以外の適用法に基づく権利として同契約をライセンシーが延長しうる期間
(2) If the licensee elects to retain its rights, as described in paragraph (1) (B) of this subsection, under such contract—	(2) ライセンシーが、本条項（subsection）(1)(B)（paragraph）の規定に従い、自己の権利を留保する選択をする場合、同契約に基づき、
(A) the trustee shall allow the licensee to exercise such rights;	(A) 管財人は、ライセンシーが同権利を行使することを許容しなければならない；
(B) the licensee shall make all royalty payments due under such contract for the duration of such contract and for any period described in paragraph (1) (B) of subsection for which the licensee extends such contract; and	(B) ライセンシーは、同契約期間及びライセンシーが同契約を延長する本条項の(1)号(B)に規定された期間は、同契約に基づき支払義務のあるすべてのロイヤルティを支払わねばならない；さらに
(C) the licensee shall be deemed to waive—	(C) ライセンシーは、以下を放棄するものと看做されるものとする
(i) any right of setoff it may have with respect to such contract under this title or applicable nonbankruptcy law; and	(i) 本法及び破産法以外の適用法に基づき同契約に関してライセンシーが有することのできる相殺の権利；及び
(ii) any claim allowable under section 503(b) of this title arising from the performance of such contract.	(ii) 同契約の履行から発生する本法503(b)条に基づき許容される請求権。
(3) if the licensee elects to retain its rights, as described in paragraph (1) (B) of this subsection, then on the written request of the licensee the trustee shall—	(3) ライセンシーが、本条項の(1)号(B)の規定に従い、自己の権利を留保することを選択する場合、その時点でライセンシーの書面による要求あり次第、管財人は、
(A) to the extent provided in such contract, or any agreement supplementary to such contract, provide to the licensee any intellectual property (including such embodiment) held by the trustee; and	(A) 同契約又は同契約に対する補足契約に規定された範囲まで、ライセンシーに対して管財人が留保したいかなる知的財産（注9）（同具現化物を含む）をも提供しなければならない；さらに
(B) not interfere with the rights of the licensee as provided in such contract, or any agreement supplementary to such contract,	(B) 同契約又は同契約の補足契約に規定された、他の法主体から同知的財産（又は同具現化物）を取得する権利も含めて、同知的

to such intellectual property (including such embodiment) including any right to obtain such intellectual property (or such embodiment) from another entity.	財産（同具現化物を含む）に対するライセンシーの権利を妨げてはならない。
(4) Unless and until the trustee rejects such contract, on the written request of the licensee the trustee shall—	(4) 管財人が同契約を拒絶しない場合及び同契約を拒絶するまでは、ライセンシーの書面による要請あり次第、管財人は、
(A) to the extent provided in such contract or any agreement supplementary to such contract—	(A) 同契約又は同契約の補足契約に規定された範囲まで、
(i) perform such contract; or	(i) 同契約を履行しなければならない；又は
(ii) provide to the licensee such intellectual property (including any embodiment of such intellectual property to the extent protected by applicable nonbankruptcy law) held by the trustee; and	(ii) ライセンシーに対して管財人が留保した同知的財産（破産法以外の適用法によって保護された範囲まで同知的財産の具現化物を含む）を提供しなければならない；さらに
(B) not interfere with the rights of the licensee as provided in such contract, or any agreement supplementary to such contract, to such intellectual property (including such embodiment), including any right to obtain such intellectual property (or such embodiment) from another entity	(B) 同契約又は同契約に対する補足契約に規定された、他の法主体から同知的財産（又は同具現化物）を取得する権利も含めて、同知的財産（同具現化物を含む）に対するライセンシーの権利を妨げてはならない。

〈注記〉

1．"applicable law"が、特許ライセンス契約の場合、特許法を意味することは、判例上争いがないとされている。
2．"debtor in possession"（占有している債務者）とは、破産申請した会社の再建に継続して従事する旧経営陣を意味する。
3．「債務者以外の法主体」とは、ライセンシー以外の第三者を指す。
4．"debt financing"：社債発行その他の短期・長期借入金によって資本を調達すること。
5．"financial accommodations"：資金融資
6．"real property"：（米）売買される家
7．"debt financing"：社債発行その他の短期・長期借入金によって資本を調達すること。
8．「同条項」とは、上記「譲渡のために契約や権利義務を終了又は修正すること等を規定した条項」を指す。
9．知的財産について連邦破産法（11USC§101 Definitions—(52) "Intellectual Property"）は、次のように定義している。
   (A) trade secrets;（トレードシークレット）
   (B) invention, process, design, or plant protected under title 35;（法律35の下に保護された発明、プロセス、意匠又は植物）
   (C) patent application;（特許出願）

(D)　plant variety;（植物種）

(E)　work of authorship protected under title 17; or（法律17に基づき保護された著作物、又は）

(F)　mask work protected under chapter 9 of title 17;（法律17第9章に基づき保護されたマスクワーク）（注）

(G)　to the extent protected by applicable nonbankruptcy law;（破産法以外の適用法によって保護された範囲までとする）

（注）
　マスクワークに関しては、同定義条項(53)項として「法律17の901(a)(2)条にて与えられた意味を有する」と定義されている。法律17とは、著作権法のこと。

第9章　引用日米破産法等条項一覧表

日本		米　国
破　産　法	会社更生法	連邦破産法（Chapter 11）
・15条（破産手続開始の原因） ・18条（破産手続開始の申立て） ・19条（法人の破産手続開始の申立て） ・30条（破産手続開始の決定） ・53条（双務契約） ・78条（破産管財人の権限） ・97条（破産債権に含まれる請求権）	・17条（更生手続開始の申立て）	・§101（Definitions: Intellectual Property）（35A） ・§109（Who may be a debtor）（a） ・§301（Voluntary cases） ・§322（Qualification of trustee） ・§362（Automatic stay）-（a） ・§365（Executory contracts and unexpired leases）-（a）;（b）;（c）;（e）(1);（f）(1)(2);（n）(1)(A)(B)(2)(A)(B)(C)(4)(A)(B) ・§503（Allowance of administrative expenses）(b) ・§701（Interim trustee）(a)(b)(c) ・§702（Election of trustee）(a)(b)(c)(d) ・§1101(1)（Definition for this chapter: (1) debtor in possession） ・§1102（Creditors' and equity security holders' committees）(a)(b) ・§1104（Appointment of trustee or examiner）(a)(b) ・§1107（Rights, powers, and duties of debtor in possession）(a)(b)

第10章　引用 UCC 条項一覧表

UCC 条項	UCC 条項タイトル	関連項目（事例は第 2 部の章）	頁
1－105	Severability	事例18／第 5・1(1)B	397
		事例23／第 5・1(2)B(B)	443
		事例24／第 5・1(2)B(A)	458
1－201(b)(10)	"Conspicuous"	事例12／第 5・1(1)D(B)b	275
1－201(b)(20)	"Good faith"	事例 7／第 5・1(2)B(B)	184
1－201(b)(27)	"Person"	事例 1 第 2・5(1)A	57
1－201(b)(37)	"Signed"	事例25／第 5・1(1)A	467
1－202	Notice; Knowledge	事例17／第 5・1(2)A, B	390
1－301	Territorial Applicability; Parties' Power to Choose Applicable Law	事例24／第 5・1(2)B(A)	458
1－303	Course of Performance, Course of Dealing and Usage of Trade	事例22／第 5・1(1)A(A)〈注 1〉	427
1－304	Obligation of Good Faith	事例 7／第 5・1(2)B(B)	184
		事例 7／第 5・3(1), (2)	186
1－306	Waiver or Renunciation of Claim or Right After Breach	事例20／第 5・1(1)A	413
2－102	Scope; Certain Security and Other Transactions Excluded From This Article	第 1 部第 1 章第 1・1(2)B(C)	7
		事例12／第 5・1(1)B〈注 2〉	264
2－106(3)(4)	Definitions: "Termination"; "Cancellation"	事例14／第 5・1(3)A(C)a b	345
2－201	Formal Requirements; Statute of Frauds	第 1 部第 4 章第 1・2(2)B	37
		事例22／第 5・1(1)A(B)〈注 2〉	428
2－202	Final Written Expression: Parol or Extrinsic Evidence	第 1 部第 4 章第 1・2(2)C	38
		事例22／第 5・1(1)A(A)	427
2－206	Offer and Acceptance in Formation of Contract	第 1 部第 4 章第 1・3	39
2－207	Additional Terms in Acceptance or Confirmation	第 1 部第 4 章第 1・3	39
2－209	Modification, Rescission and Waiver	事例22／第 5・1(1)A(A)〈注 1〉	427
2－210	Delegation of Performance; Assignment of Rights	事例 1／第 2・5(1)C(A)	59
		事例19／第 5・1(1)A(B)	402
2－302	Unconscionable Contract or Clause	事例12／第 5・1(1)D(B)a	275
2－306(2)	Output, Requirements and Exclusive Dealings	事例 7／第 5・1(2)B(A)	184
		事例 7／第 5・3(1), (2)	186

547

UCC条項	UCC条項タイトル	関連項目（事例は第2部の章）	頁
2－312(1)(3)(2)	Warranty of Title and Against Infringement; Buyer's Obligation Against Infringement	事例12／第5・1(1)C(A)b(a), (b) 事例12／第5・1(1)D(A)a(a)	266 272
2－313	Express Warranties by Affirmation, Promise, Description, Sample	事例12／第5・1 C(A)a	265
2－314(1)(2)(3)	Implied Warranty: Merchantability; Usage of Trade	事例12／第5・1(1)C(A)b(c)〜(e)	266 267
2－315	Implied Warranty: Fitness for Particular Purpose	事例12／第5・1(1)C(A)b(f)	267
2－316(1)(2)(3)(4)	Exclusion or Modification of Warranties	事例12／第5・1(1)D(A)a(b)〜(e)	272 273
2－606	What Constitutes Acceptance of Goods	事例22／第5・1(1)A(B)〈注2〉	428
2－609	Right to Adequate Assurance of Performance	事例19／第5・1(1)A(B)	403
2－614	Substituted Performance	事例14／第5・1(3)A(A)〈注2〉	343
2－615	Excuse by Failure of Presupposed Conditions	事例14／第5・1(3)A(A)	343
2－703	Seller's Remedies in General	事例5／第5・1(9)A(B)	159
2－711	Buyer's Remedies in General; Buyer's Security Interest in Rejected Goods	第1部第4章第2・2(2) 事例12／第5・1(1)C(B)a 事例14／第5・1(3)A(C)	41 267 345
2－712	"Cover"; Buyer's Procurement of Substitute Goods	事例12／第5・1(1)C(B)b	268
2－713	Buyer's Damages for Non-Delivery or Repudiation	事例12／第5・1(1)C(B)c	268
2－714	Buyer's Damages for Breach in Regard to Accepted Goods	事例12／第5・1(1)C(B)d	269
2－715	Buyer's Incidental and Consequential Damages	事例12／第5・1(1)C(B)e 事例21／第5・1(1)B(C)	269 417
2－716	Buyer's Right to Specific Performance or Replevin	第1部第4章第2・2(2) 事例12／第5・1(1)C(B)f 事例15／第1・1 A	41 270 370
2－717	Deduction of Damages from the Price	事例12／第5・1(1)C(B)g	270
2－718	Liquidation or Limitation of Damages; Deposits	事例12／第5・1(1)D(A)c 事例21／第5・1(1)B(D)	274 417
2－719	Contractual Modification or Limitation of Remedy	事例12／第5・1(1)D(A)b	273
2－720	Effect of "Cancellation" or "Rescission" on Claims for Antecedent Breach	事例14／第5・1(3)A(C)c	345

第11章　参考文献等

（本書に出てくる参考文献等。順不同）

1　英文契約書

(1)　岩崎一生『英文契約書―作成実務と法理〔全訂新版〕』（同文館、1998年）

(2)　早川武夫『英文契約の解釈とドラフティング20－約因条項』国際商事法務20巻6号（㈳国際商事法研究所、1992年）

(3)　早川武夫『英文契約の解釈とドラフティング24－署名と捺印』㈳国際商事法務20巻10号（㈳国際商事法研究所、1992年）

(4)　中本光彦『国際取引契約書の手引（第1巻　売買契約書）』（mibot出版、2017年）

(5)　Kenneth A. Adams『A Manual of Style for Contract Drafting (Third Edition)』（American Bar Association、2013年）

(6)　Mark Andersonほか『A-Z Guide to Boilerplate and Commercial Clauses (Second Edition)』（Tottle Publishing、2006年）

(7)　Mitsuhiko Nakamoto & Julie Miller『International Contracts (U.S.-Japan Transactions) Vol.1 Sales Contract』（mibot出版、2018年1月）

(8)　Kenneth J. Dow『Improvements for Handling Improvement Clauses in IP Licenses: An Analytical Framework』（Santa Clara High Technology Law Journal、2004年）

2　契約法務

(1)　北川俊光『国際法務入門』（日本経済新聞社、1995年）

(2)　田中英夫『英米法総論』（上下）（東京大学出版、1980年）

(3)　並木俊守『アメリカ契約法』（東洋経済新報社、1982年）

(4)　並木俊守『アメリカ統一商法典』（東洋経済新報社、1983年）

(5)　G. D. Schaber／G. D. Rohwer（加藤加代子訳）「アメリカ契約法」（アメリカビジネス法シリーズ）（木鐸社、1992年）

(6)　Herbert Stumpf（後藤静思・布井要太郎共訳）「ノーハウ契約の法律実務』（AIPPI JAPAN、1977年）

(7)　M. P. Furmston『Cheshire and Fifoot's Law of Contract (Ninth Edition)』（Butterworth & Co. Ltd.、1976年）

(8)　M. P. Furmston『Cheshire, Fifoot, and Furmston's Law of Contract (Seventeenth Edition)』（Oxford University Press、2017年）

(9)　早川武夫『外国法の常識〔第2版〕』（日本評論社、1975年）

(10)　American Law Institute『Restatement of the Law Second（Contract）』

(11)　Raymond T. Nimmer『An Essay on Article 2's Irrelevance to Licensing Agreements』（D. Kan.

Sept. 30、2010年)

3 ライセンス

(1) 石田正泰監修『ライセンス契約実務ハンドブック』(㈳発明協会、2000年)

(2) 日本知的財産協会『資料229号 アジア諸国等へのライセンス』(ライセンス委員会著、1995年)

(3) 村上政博『特許・ライセンスの日米比較〔第二版〕』(弘文堂、1998年)

(4) 村上政博『特許・ライセンスの日米比較〔第三版〕』(弘文堂、2000年)

(5) Robert Goldscheir『Licensing Law Handbook』(Clark BoardmanCollaghan、1993年—1994年版)

(6) 発明協会『山上和則先生還暦記念論文集 判例ライセンス法』(2000年)

(7) 日本知的財産協会ライセンス委員会第3小委員会「米国法におけるライセンス契約の保証条項の考察(1)(2)」知財管理45巻4号・5号 (1995年)

(8) 日本知的財産協会ライセンス委員会第2小委員会「日本に於けるライセンス契約と技術保証に関する法的側面での一考察」知財管理46巻4号 (1996年)

(9) 日本知的財産協会ライセンス委員会『資料222号 ライセンス契約と税金』(1994年)

(10) 特許庁「特許庁長官通達特総第113号—特許権等契約ガイドライン」(1998年)

(11) 中嶋敏・黒瀬雅志監修/日本国際貿易促進協会中国特許協力会・中国特許ライセンス協議会編『中国知的財産権判例100選』(1997年)

(12) WIPO国際事務局(土井輝生訳)『ライセンス契約のガイド—特に開発途上国のために』(AIPPI JAPAN、1980年(原文は1977年))

(13) Michael E. Epstein ほか編『Drafting License Agreements (Fourth Edition)』(Aspen Law and Business、2004年)

(14) Raysman Pisacreta ほか『Intellectual Property Licensing: Forms and Analysis』(Law Journal Press、2014年)

(15) Jay Dratler, Jr.『Licensing of Intellectual Property (Chapter 10. Allocating the Risk of Infringement)』(Law Journal Press、2007年)

4 公正取引委員会関連

(1) 公正取引委員会「国際的技術導入契約に関する認定基準の公表について」(昭和43年5月24日)

(2) 公正取引委員会事務局「特許・ノウハウライセンス契約における不公正な取引方法の規制に関する運用基準の策定について」(平成元年2月15日)

(3) 公正取引委員会事務局「特許・ノウハウライセンス契約における不公正な取引方法の規制に関する運用基準」(平成元年2月15日)

(4) 上杉秋則編『特許・ノウハウライセンス契約ガイドライン』(㈳国際商事法研究会、1989年)

(5) 公正取引委員会「特許・ノウハウライセンス契約に関する独占禁止法上の指針の公表について」(平成11年7月30日)

(6) 公正取引委員会事務局「特許・ノウハウライセンス契約に関する独占禁止法上の指針」(平成11年7月)

5　特許等

(1)　中山信弘『工業所有権法　上（法律学双書）』（弘文堂、1993年）
(2)　中山信弘『特許法（法律学双書）』（弘文堂、2016年）
(3)　吉藤幸朔著・熊谷健一郎補訂『特許法概説〔第13版〕』（有斐閣、1998年）
(4)　ヘンリー幸田『米国特許法逐条解説〔第3版〕』（㈳発明協会、1999年）
(5)　ヘンリー幸田「米国独占禁止法講座—5．特許権の行使と独占禁止法」発明94巻9号（1997年）
(6)　ロナルド・B・ヒルドレス『米国特許法—特許実務ガイド』（AIPPI JAPAN、1995年）
(7)　木梨貞男『米国特許入門』（技術評論社、2012年）

6　実施料

(1)　発明協会研究所編『実施料（第4版）—技術契約のためのデータブック』（㈳発明協会、1993年）
(2)　日本知的財産協会ライセンス委員会「実施料の考え方と決め方(1)(2)(3)」特許管理42巻8号・10号・12号（1992年）
(3)　弁理士会研修所『実施契約（改訂版）—平成6年度会員研修テキスト』

7　不法行為

(1)　加藤一郎『不法行為〔増補版〕（法律学全集22－Ⅱ）』（有斐閣、1974年）
(2)　American Law Institute『Restatement of the Law Second（Torts）』

8　不正競争防止法

(1)　産業構造審議会財産的情報部会報告書『財産的情報に関する不正競争行為についての救済のあり方』（平成2年3月16日）
(2)　日本知的財産協会フェアトレード委員会『資料244－(1)号　不正競争防止法アンケート調査報告書Ⅰ（管理実態の分析報告）—営業秘密』（1996年）
(3)　金春陽『営業秘密の法的保護（アメリカ・中国・日本の比較法研究）』（成文堂、2007年）

9　民　法

(1)　我妻榮『民法総則（民法講義Ⅰ）』（岩波書店、1993年）
(2)　我妻榮『債権各論　上巻（民法講義Ｖ₁）』（岩波書店、1965年）
(3)　我妻榮『債権各論　中巻一（民法講義Ｖ₂）』（岩波書店、1965年）
(4)　内田貴『民法Ⅰ　債権総論〔第2版〕』（東京大学出版会、2008年）
(5)　内田貴『民法Ⅱ　債権各論〔第2版〕』（東京大学出版会、2008年）
(6)　内田貴『民法Ⅲ　債権総論・担保物権〔第3版〕』（東京大学出版会、2008年）
(7)　日本弁護士連合会編『実務解説　改正債権法』（弘文堂、2017年）

10 商　法

(1)　早川勲『商法概論』（法学書院、1995年）

11 製造物責任法

(1)　山本庸幸『注釈　製造物責任法』（ぎょうせい、1994年）
(2)　通商産業省消費経済課『製造物責任法の解説』（(財)通商産業調査会、1994年）
(3)　J．J．フィリップス（内藤篤訳）『アメリカ製造物責任法』（木鐸社、1992年）
(4)　Melissa Evans Buss『Products Liability and Intellectual Property Licensors』（William Mitchell Law Review、2000年）

12 仲　裁

(1)　(財)知的財産研究所『知的財産分野における裁判外紛争処理のあり方についての調査研究報告書（平成10年特許庁工業所有権制度問題調査報告書）』（1999年）

13 法　典

統一商事法典（UCC）（2003年）

14 日米破産法関連

(1)　渡邊光誠『最新　アメリカ倒産法の実務』（社団法人商事法務研究会、平成9年8月7日）　→「渡邊著」
(2)　龍神嘉彦「米国ライセンシーの倒産に備えた契約交渉術──特許が競合会社に転売されないように」知財管理53巻10号（2003年）
(3)　山田勇毅「ライセンス契約における当事者の倒産」知財管理52巻8号（2002年）
(4)　特許庁編纂『特許行政年次報告書2006年版』「⑳　登録した権利の変動に関する統計表」
(5)　産業構造審議会知的財産政策部会流通・流動化小委員会第3回委員会（平成16年1月29日）議事録（経産省ホームページから）の「ライセンス契約の保護」に関する記述部分。

15 その他

(1)　松井茂記『外国法入門双書　アメリカ憲法入門〔第4版〕』（有斐閣、2000年）
(2)　小林秀之『アメリカ民事訴訟法』（弘文堂、1985年）
(3)　山田鐐一『国際私法（現代法学全集）』（筑摩書房、1986年）

16 辞典・辞書

(1)　田中英夫編集代表『英米法辞典』（東京大学出版会、1991年）
(2)　鴻常夫・北沢正啓編『英米商事法辞典〔新版〕』（(社)商事法務研究会、1989年）
(3)　米国特許研究会編『改訂増補　米国特許実務用語辞典』（(社)日本国際工業所有権保護協会（AIPPI

JAPAN)、1994年)

(4)　日本工業新聞社『工業所有権用語辞典〈新版〉』(1975年)

(5)　Bryan A. Garner編『Black's Law Dictionary, Tenth Edition』(Thompson Reuters、2014年)

● 改訂概要 ●

　本書初版および本書第二版の目的は、「英文特許・ノウハウライセンス契約書（以下「ライセンス契約」という）の主要な契約条項について、その基本的な考え方を検証し、もって適法な契約書作成とライセンス契約交渉の理論的裏付けを確認しようとするもの」であった。

　本書（第三版）の目的は、上記目的「ライセンス契約の論理的裏付けの確認」を踏まえ、これをさらに、以下のとおり発展させることである。

① 「ライセンス契約の各条項の論理的裏付け」から、そもそもライセンス契約とは何か（ライセンス契約の定義）およびライセンス契約の日米の法令上の位置付けを明らかにすること。

　　たとえば、米国法のもと、どのようなライセンス契約がUCCにより規律され、どのようなライセンス契約がコモンローにより規律されるのかを明らかにしている。

② 「ライセンス契約の各条項の論理的裏付け」から、論理的に帰結される条項例およびライセンサーまたはライセンシーの立場からの修正した条項例を紹介し、論理と実務を直結させること。

　　たとえば、ライセンサーの保証責任であれば、法令上の責任から帰結される条項例、ライセンサーの立場から保証責任を制限する条項例、ライセンシーの立場から保証責任を拡大する条項例等を紹介している。

③ 前改訂以降のライセンス契約に関連する日米の法令・ガイドラインの改正に対応すること、また、新たな裁判例を補充すること。

　　たとえば、日本の民法の改正は、契約の成立要件・効果、有償契約に準用される担保責任、法定利息、債権の消滅時効等、ライセンス契約に大きな影響を与え得る内容を多く含むため、これらにも対応できるようにした。

● 改訂一覧表 ●

部	章	大項目	中項目	改訂内容 変更	改訂内容 追加	改訂内容 削除	備考（改訂理由）
第1部 総論	第1章 英文ライセンス契約概説	第1 ライセンス契約の特性	1 ライセンス契約の定義及び法令上の位置付け		・ライセンス契約はライセンサーの不作為義務を本質とする契約。 ・米国の契約法と日本の契約法の概説。 ・ライセンス契約は米国ではコモンロー、日本では民法・商法により規律。		⇒基本概念の確認。
	第4章 契約の成立・効果	第1 契約の成立要件	1 日本法の場合 2 米国法の場合 3 Battle of Forms（書式戦争）		・日本法も米国法も合意を基本とするが、具体的な要件は異なる。		⇒上記に同じ。
		第2 契約成立の効果	1 日本法の場合 2 米国法の場合		・いずれも法的拘束力が認められる。 ・日本法は債務不履行に帰責性を要求するが米国法は要求しな		⇒上記に同じ。

					・日本法の救済手段は損害賠償、解除等であるが、米国法の救済手段は損害賠償が基本。		
	第5章 ドラフティング	第1 総論	1 ドラフティングの目的 2 ドラフティングの方法 3 ドラフティングの基本方針		・ドラフティングの目的は当事者の意思の実現を確実にすること。 ・良いドラフティングには、当事者の意思の特定及び反映が必要。 ・ドラフティングはなるべく網羅的且つ具体的に（積極主義）。		⇒上記に同じ。
		第2 各論	1 当事者の意思の特定 2 当事者の意思の反映		・当事者の意思を特定するには、ゴール、アクションプラン及びリスクの特定が必要。 ・当事者の意思を反映させる際は、論理的構成、一文一意、用語の選択、不要記載の排除、検証に留意する。		⇒上記に同じ。
第2部 各論（Ⅰ 導入部分）	第1章 導入部分	第1 表題	1 表題例の紹介 2 表題例の解説 3 表題が問題となった裁判例		以下を追加： ・表題は契約を示す文言と契約内容を示す文言からなる。 ・法的拘束力はないが解釈の指針になる。		⇒上記に同じ。
		第2 前文	5 前文のチェックポイント		以下を追加： ・第三者の利用の可否及び法的効果。 ・上記のドラフティング。 ・他の条項との整合性。		⇒上記に同じ。
第2部 各論（Ⅱ-1 主要条項）	第2章 用語の定義	第5 本条項のチェックポイント	1 契約製品について 2 対象技術について		1に以下を追加： ・契約製品の特定。 ・改良技術の定義、帰属及び使用。 ・上記のドラフティング。		⇒上記に同じ。
	第3章 権利及び実施許諾	第5 本条項のチェックポイント	1 基本的な考え方 2「公取指針」の考え方	2の変更。	1に以下を追加： ・実施条項の構成要素。 ・「実施」等の定義（日米特許法）。 ・独占・非独占のドラフティング。	輸出に関する旧特許法の説明の削除。	⇒1は基本概念の確認。 ⇒2は「公取指針」の改正に伴う変更。⇒削除部分は、特許法の改

555

					・実施内容のドラフティング。 ・第三者への委託に関するドラフティング。 ・テリトリーのドラフティング。 ・再実施権付与のドラフティング。		正による。
	第4章 技術援助	第4 本条項の位置づけ	4 実施権の登録		・日米の登録制度。		⇒基本概念の確認。
		第5 本条項のチェックポイント	1 基本的な考え方		以下を追加： ・ライセンサーの付随義務の範囲(日米法)。 ・上記のドラフティング。		⇒基本概念の確認。
	第5章 支払	第5 本条項のチェックポイント	1 基本的な考え方 2 「公取指針」の考え方	1の以下を変更： ・実施料と損害賠償。 ・インドの技術移転契約に関する自動認可条件。 2を変更。	1に以下を追加： ・ランニングロイヤルティとその他の実施料。 ・サブライセンシーがいる場合の実施料。 ・ハイブリッドライセンスの実施料の定め方。 ・実施料の支払時期。 ・実施料の支払方法。 ・実施料の通貨及び為替。 ・実施料の遅延損害金。 ・上記のドラフティング。		⇒1の追加は基本概念の確認。 ⇒1の変更の1点目は本書第2部、第12章に移動。 ⇒1の変更の2点目は、法改正による変更。 ⇒2の変更は「公取指針」の改正に伴う変更。
	第6章 帳簿、報告書及び監査	第5 本条項のチェックポイント	1 基本的な考え方		以下を追加： ・報告書の信用性の程度。 ・監査の方法（米国公認会計士からの視点）。 ・上記のドラフティング。		⇒補足説明。
	第7章 販売促進	第5 本条項のチェックポイント	1 基本的な考え方 2 「公取指針」の考え方	2の変更。	1に以下を追加： ・ライセンシーの善管注意義務と努力義務（日米法）。 ・上記のドラフティング。		⇒1の追加は、基本概念の確認。 ⇒2の変更は「公取指針」の改正に伴う変更。
第2部 各論	第8章 競合禁止	第5 本条項のチェックポイント	1 基本的な考え方 2 「公取指針」の考え	2の変更。	1に以下を追加： ・競合禁止の法的根拠（日米法）。 ・競合禁止に関する日		⇒1の追加は、基本概念の確認。 ⇒2の変更は「公取指針」の改正

（Ⅱ-2 特別条項）			方		本の裁判例。 ・競合禁止のドラフティング。		に伴う変更。
	第9章 秘密保持	第5 本条項のチェックポイント	1 基本的な考え方 2 「公取指針」の考え方	1の欧州（EC）委員会規則の変更。 2の変更。	1に以下を追加： ・米国連邦営業秘密保護法。 ・日本の不正競争防止法。 ・秘密保持に関するドラフティング。	欧州（EC）委員会規則を削除	⇒1の追加は、基本概念の確認。 ⇒1の変更は、法改正に伴う変更。 ⇒2の変更は「公取指針」の改正に伴う変更。
	第10章 ライセンシーによる修正および改良	第5 本条項のチェックポイント	1 基本的な考え方 2 「公取指針」の考え方	1の米国の独占禁止法ガイドラインの変更。 2の変更。	1に以下を追加： ・ライセンシーの改良に関するドラフティング。		⇒1の追加は基本概念の確認。 ⇒1の変更は米国の「独占禁止法ガイドライン」の改正による変更。 ⇒2の変更は「公取指針」の改正に伴う変更。
	第11章 製品表示	第5 本条項のチェックポイント	1 基本的な考え方 2 「公取指針」の考え方	2の変更。	1に以下を追加： ・日本における商標の定義。 ・知的財産権の侵害に関するドラフティング。		⇒1の追加は基本概念の確認。 ⇒2の変更は「公取指針」の改正に伴う変更。
	第12章 保証及び責任	第5 本条項のチェックポイント	1 基本的な考え方（その1「保証責任」） 2 基本的な考え方（その2「対第三者責任」） 3 「公取指針」の考え方	1および2の構成の全面的変更。 3の変更。	1に以下を追加： ・（米国法）・保証の定義。 ・保証責任の法的根拠。 ・他の類似制度との違い。 （日本法）・担保責任の法的根拠。 ・瑕疵担保責任の要件・効果。 ・上記に関する改正民法の立場。 （ドラフティング）・保証の有無。 ・保証の要件。 ・保証違反の効果。 ・その他。 2に以下を追加： ・知的財産権侵害。 ・求償関係。 ・補償条項のドラフティング。		⇒1、2の追加は基本概念の確認。 ⇒1、2の修正は上記追加に伴う構成の変更。 ⇒3は「公取指針」の改正に伴う変更。
	第13章 ライセンサーの工業所有権	第5 本条項のチェックポイント	1 基本的な考え方 2 「公取指針」の考え方	2の変更。	1に以下を追加： ・工業所有権の定義（日米法）。 ・工業所有権の帰属。 ・工業所有権の出願お	「サブマリン特許」の説明の省略。	⇒1の追加は基本概念の確認。 ⇒2の変更は「公取指針」の改正に伴う変更。

					・よび維持管理。 ・不争義務と不係争義務。 ・上記のドラフティング。		⇒削除部分は、本書第2部、第12章で説明済みだから。
	第14章 契約期間及び契約終了	第5 本条項のチェックポイント	1 基本的な考え方 2 「公取指針」の考え方	2の変更。	1に以下を追加： ・継続的契約の特殊性。 ・破産と解除に関する裁判例。 ・改正民法。 ・契約期間及び契約の終了に関するドラフティング。		⇒1の追加は基本概念の確認。 ⇒2の変更は「公取指針」の改正に伴う変更。
	第15章 契約終了の効果	第5 本条項のチェックポイント	1 基本的な考え方 2 「公取指針」の考え方	2の変更。	1に以下を追加： ・継続的契約の解除の不遡及。 ・改正民法。 ・契約終了の効果のドラフティング。		⇒1の追加は基本概念の確認。 ⇒2の変更は「公取指針」の改正に伴う変更。
第2部 各論（Ⅱ-3 一般条項）	第16章 不可抗力	第5 本条項のチェックポイント	1 基本的な考え方 2 「公取指針」の考え方	2の変更。	1に以下を追加： ・日米法における不可抗力の位置付け。 ・Frustrationに関する仲裁事例。 ・不可抗力条項のドラフティング。		⇒1の追加は基本概念の確認。 ⇒2の変更は「公取指針」の改正に伴う変更。
	第17章 通知	第6を除き全面改訂	同左		・通知の方法として書面に限定するか、電子メール等も含めるか。 ・通知の到達を擬制するか。 ・通知条項のドラフティング。		⇒通知方法として電子メールが普及したことに伴う全面改訂。
	第18章 法令遵守	第5 本条項のチェックポイント	1 基本的な考え方		1に以下を追加： ・日本法における可分性の考え方。 ・法令遵守および可分性に関するドラフティング。		⇒1の追加は基本概念の確認。
	第19章 契約譲渡	第4 本条項の位置づけ		全面変更。			⇒第5の変更に伴う変更。
		第5 本条項のチェックポイント	1 基本的な考え方		以下を追加： ・英米法における包括承継。 ・日本法における債務引受、契約上の地位の移転（改正民法を含む）。 ・譲渡禁止条項のドラフティング。		⇒1の追加は基本概念の確認。

第20章 権利放棄	第5 本条項のチェックポイント	1 基本的な考え方		以下を追加： ・米国法のParol Evidence Rule等との関係。 ・日本法の免除との関係。 ・権利不放棄条項のドラフティング。		⇒基本概念の確認。
	第6 一口コメント		全面変更。			⇒上記追加に伴う変更。
第21章 派生的損害賠償	第5 本条項のチェックポイント	1 基本的な考え方		以下を追加： ・英米法における派生的損害に関する裁判例。 ・日本法における履行利益と信頼利益（改正民法を含む）。 ・免責条項のドラフティング。		⇒基本概念の確認。
第22章 完全なる合意	第5 本条項のチェックポイント	1 基本的な考え方		以下を追加： ・完全なる合意の対象。 ・完全なる合意条項のドラフティング。		⇒基本概念の確認。
第23章 紛争処理	第5 本条項のチェックポイント	1 基本的な考え方	引用されている仲裁規則。	以下を追加： ・仲裁と訴訟の比較表。 （訴訟について） ・訴訟を選択する場合の手続。 ・外国判決の承認の要件。 ・外国判決の承認に関する裁判例。 ・合意管轄のドラフティング。 （仲裁について） ・仲裁決定の効力。 ・ニューヨーク条約の定める所定の要件。 ・仲裁条項のドラフティング。		⇒1の追加は基本概念の確認。 ⇒1の変更は仲裁規則の改正による変更。
第24章 準拠法	第5 本条項のチェックポイント	1 基本的な考え方	引用されている仲裁規則。	以下を追加： ・準拠法と抵触法（日米法）。 ・準拠法の3つの選択肢およびそれぞれのメリット・デメリット。 ・準拠法条項のドラフティング。		⇒1の追加は基本概念の確認。 ⇒1の変更は仲裁規則の改正による変更。

第2部 各論（Ⅲ 末尾部分）	第25章 末尾文言・署名	第5 本条項のチェックポイント	1 基本的な考え方 2 実務の考え方		1に以下を追加： ・会社における署名権限（日米法）。 ・署名欄のドラフティング。 2に以下を追加： ・電子署名。		⇒基本概念の確認。
第3部 資料編				以下の章を変更：第11章。	以下の章を追加： ・第1章にライセンス契約のサンプルを追加。 ・第2、第3、第4、第5、第7章を追加。	以下の章を削除： 旧 Ⅲ、Ⅳ、Ⅵ、Ⅷ、Ⅸ、Ⅹ。	⇒修正は、改正民法等の改正法を反映。 ⇒追加は、サンプルの追加及び法令改正等を反映。 ⇒削除は、上記改正法等による。

日本法条文索引

憲　法
82条　*434*

民　法
1条2項　*123・184*
85条　*300*
86条　*300*
90条　*283・397*
97条　*391*
104条　*59*
105条　*59*
109条　*304*
110条　*304*
112条　*304・305*
132条　*397*
167条1項　*10*
182条　*302*
183条　*302*
184条　*302*
404条　*10・159*
414条1項　*40*
415条　*40・158・277・360・361・420*
416条　*277・420*
416条1項　*421*
419条　*158・383*
420条　*283*
466条　*404*
467条　*403・404・405*
468条　*404*
468条1項　*405*
474条　*58*
482条　*343*
519条　*413*
521条〜548条　*8*
521条以下　*34*
533条　*279*
540条　*346*
541条　*40・346・347・360・361*
542条　*346・347*
543条　*346・347・348*
544条　*346*
545条　*371・372*
545条3項　*360・361*
546条　*372*
547条　*347*
548条　*347*

549条〜696条　*8*
555条　*276*
555条〜585条　*9*
559条　*9・276・278*
560条以下　*276*
560条から571条　*282*
561条　*277・280・282*
561条〜572条　*9*
561条以下　*9*
562条　*282*
563条　*277・280*
564条　*277・279*
565条　*277・280*
566条　*277・278・280*
567条　*277・280*
567条1項　*282*
570条　*277・278・280・281・300*
571条　*279*
572条　*282*
573条〜578条　*9*
618条　*342*
620条　*372*
630条　*372*
643条　*215*
644条　*182・191・215*
652条　*372*
654条　*371*
656条　*182・191*
658条2項　*59*
684条　*372*
703条　*371*
708条　*396*
709条　*308・309・310*
715条　*303*
717条　*303*
719条　*312*
1016条2項　*59*

改正民法
404条　*158・159・383*
415条　*277・420*
415条1項　*40*
416条　*421*
419条　*158*
419条3項　*383*
420条　*283*
466条　*404*

467条　*405*
468条　*405*
470条　*406*
472条　*406*
540条　*348*
541条　*347*
542条　*347*
543条　*348*
544条　*349*
545条　*372*
546条　*372*
562条　*279*
563条　*280*
564条　*280*
565条　*280*
566条　*281*
572条　*282*

商　法
1条　*10*
11条　*326*
32条　*468*
509条　*34・39*
514条　*10・159*
522条　*10・159*
524条〜528条　*10*
526条　*279*
526条2項　*391*
560条　*59*
590条　*59*
592条　*59*

会社法
13条　*468*
15条　*468*
349条4項　*468*
354条　*304・305・468*
355条　*191・215*
356条　*191・215*
362条　*468*
467条　*468*

特許法
2条　*325*
2条3項　*94・95*
33条　*91*
36条　*91・221*

67条　*10*
68条　*94*
69条1項　*95*
70条1項　*308*
72条　*78*
77条2項　*93*
77条3項　*363*
77条4項　*102*
78条2項　*93*
92条　*78*
94条1項　*363*
98条　*93*
98条1項　*123*
99条　*93・123・360*
100条　*93*
101条　*308・312*
102条　*93・309*
102条1項　*310*
102条2項　*310・311*
102条3項　*310・311*
102条4項　*311*
103条　*309・312*
105条の4　*435*
105条の5　*435*
105条の7　*435*
200条の2第1項　*435*
201条1項　*435*

不正競争防止法
2条　*326*
2条1項　*206・213*
2条6項　*205・213*
3条　*206・213*
4条　*206・213*
5条　*206・213*
7条　*213*

独占禁止法
2条9項　*440*
6条　*365・399*

公取指針
第4・3柱書　*107*
第4・3(1)　*105*
第4・3(2)　*105・107*
第4・3(2)イ　*161*
第4・3(3)　*106*
第4・3(4)　*107*

第4・4(2)　*106・256*
第4・4(4)　*195・376*
第4・4(5)　*186*
第4・4(6)　*212・375*
第4・4(7)　*332*
第4・5(1)　*363*
第4・5(2)　*160*
第4・5(3)　*161・376*
第4・5(7)　*106*
第4・5(8)　*105・224*
第4・5(9)　*225*
第4・5(10)　*225*

実用新案法
2条　*325*
18条3項　*102*

意匠法
2条　*325*
27条4項　*102*

商標法
2条　*249・326*
18条　*242*
30条4項　*102*
36条　*250*

著作権法
2条　*325*
20条2項　*106*
47条の2　*106*

所得税法
5条　*152*
178条　*152*
212条　*153・169*

印紙税法
2条　*152・153*
3条　*152・153*
別表条第1番号1　*152*

民事訴訟法
3条の7　*439・441*
3条の7第2項　*440*
92条　*434*
118条　*435*
191条　*434*

197条1項　*434*
220条　*391*
220条1項　*434*
228条4項　*468*

弁護士法
72条　*397*

破産法
15条　*354*
18条　*360・361*
19条　*360・361*
30条　*360・361*
53条　*360・361*
53条1項　*361*
56条　*360*
78条　*360*
97条1項2号　*361*

製造物責任法
2条　*299*
2条2項　*300*
2条3項　*303〜305*
4条1項　*302*

法の適用に関する通則法
7条　*456・457*
8条　*457*
9条　*457*
42条　*397*

日米友好通商条約
4条　*435・436*

ニューヨーク条約
1条　*437*
1条3項　*438*
2条　*437*
3条　*437*
5条　*438*

日米租税条約
12条　*154*

英文事項索引

【数字】
25% rule（25%ルール） *142*

【A】
AAA（アメリカ仲裁協会） *444*
acceptance（承諾） *35*
accord and satisfaction（代物弁済） *343*
accounting period（会計期間） *66*
actual damages（実損額） *274*
ad hoc arbitration proceedings（アドホック仲裁） *447*
advanced payment（前払実施料） *140*
affiliate（関連会社） *60*
affirmation of fact（事定認定） *265*
affirmative injunction（肯定的差止命令） *371*
agency（代理） *64*
agreement（合意） *35・52*
American Bar Association（アメリカ法曹協会） *6*
American Law Institute（アメリカ法律協会） *6*
amiable compositeur（友好的な仲裁人） *433・462*
analytical approach（分析手法） *142*
Antitrust Guidelines for the Licensing of Intellectual Property（知的財産ライセンシングに関する反トラスト法ガイドライン） *223・535*
antitrust law（独占禁止法） *222*
applicable law（適用法） *358*
arbitration（仲裁） *445・446*
as is（現状のまま） *273*
assign-back（アサインバック） *223*
assignees（譲受人） *100*
assignment of rights（権利の譲渡） *402*
assignment（譲渡；委託譲渡；権利譲渡） *100・339・403*
assignor（譲渡人） *402*
associated trademarks（連合商標） *241*
at law（コモンロー上） *200*
attorney work product（弁護士業務作成資料） *434*
attorney-client privilege（弁護士・依頼人間の秘匿特権） *434*
automatic stay（§362(a)（自動停止） *354*

【B】
back of the contract（末尾部分） *465*
bailee（受託者） *159*
Bankruptcy Code（破産法） *354*
bargain（駆け引き） *36*
battle of forms（書式戦争） *39*
best efforts（最善の努力） *183*
broker（仲買人） *37*
business day（営業日） *319*

【C】
calendar year（暦年） *148・174・175・177*
cancellation（解除） *345*
case law（判例法） *4*
cause of action（訴因） *316*
chancery court（衡平法専門の裁判所） *458*
change of control（支配権の変更） *351*
Chapter 11（Reorganization）（チャプターイレブン（再建）） *354*
Chapter 7（Liquidation）（チャプターセブン（清算）） *354*
chattel（動産） *298*
chemical compound（化学合成） *205*
choice of forum *443*
choice of law *443*
circuit court（巡回裁判所） *458*
COCOM（ココム） *395*
combined trademarks（結合商標） *241*
commercial unit（取引単位） *428*
commercially reasonable efforts（商業的に合理的な努力） *183*
common law（コモンロー；普通法） *5・248*
compensatory damages（補償的損害賠償） *417*
competing product（競合製品） *194*
compliance with laws and regulation（法令遵守） *394*
compilation（集積） *204*
composition of matter（組成物） *79*
conciliation（調停） *447*
condition precedent（停止条件） *344*
confidentiality agreement（秘密保持契約） *513*
conflict of laws（法の衝突） *458*
consequential damages（派生的損害賠償金） *269・291・417*
consideration（約因） *57*

563

conspicuous（明白な）　275
constructive notice（推定的告知）　249
consumer goods（消費者物資）　273
contempt of court（裁判所侮辱）　371
contract（契約）　52
contractual year（契約年）　67
contributory negligence（寄与過失）　345
copyright（著作権）　328
course of dealing（取引過程）　427
course of performance（履行過程）　427
court of appeals（控訴裁判所）（NY では最高裁）　459
court of limited jurisdiction（簡易裁判所）　459
covenant not to compete（競合しない約束）　191
covenant（約定）　264
covenantee（被誓約者）　191
covenantor（誓約者）　191
covenants（捺印契約；約款；約定；契約；誓約）　57
cover（代品入手）　269

【D】

damages（損害賠償）　416
debt-free net income（負債除外純利益）　142
debtor in possession（DIP）（占有保持債務者）　354
Defend Trade Secrets Act（米国連邦営業秘密保護法）　205
defense（抗弁）　428
Delaware General Corporation Law（デラウェア一般会社法）　56
delegate（受任者）　402
delegation of performance（履行の委任）　402
deliberate（審理する）　450
descriptive and suggestive trademarks（識別・暗示商標）　248
design defects（設計上の瑕疵）　293
deviation from the norm test（標準逸脱基準）　303
device（考案）　204
discharge of contract（契約解消）　342
distinctive mark of authenticity（識別商標）　247
district court（地方裁判所）　458
divorce（離婚）　203
DOCDEX（専門家による信用状紛争解決）　448
document of title（権原証券）　6

due（支払期限の到来した）　271

【E】

election of trustee（管財人の選任）　354
emblem（紋章）　247
enforcement（強制）　428
entire agreement（完全なる合意）　425
equitable relief（衡平法上の救済）　200
equity（衡平；持分株式）　203・401
equity securities（持分証券）　355
established royalties（確立された実施料）　141
estoppel by contract（契約による禁反言）　331
estoppel by representation（表示による禁反言）　64
estoppel（禁反言）　64・331
ex aequo et bono（衡平と善に従って）　433・463
excess income approach（超過収益）　142
exchange（交換）　36
exchange rate（為替レート）　138
exclusive license（排他的ライセンス）　94
executory contract（双務未履行契約）　355
ex-factory price（工場出荷価格）　140
expedited arbitration（即決仲裁）　445
extrinsic evidence（外部証拠）　38

【F】

fanciful mark（奇抜な商標）　248
field（分野）　76
fires（火災）　379
fitness（適合性）　267・272
Fixed Sum Royalty（定額実施料）　139
fixtures（付帯物）　293
floods（洪水）　379
Force Majeure（不可抗力）　380
formula（方式）　204
frustration（契約目的の達成不能）　342・381
fully paid-up license（完納ライセンス）　139・168
fundamental breach（基本的契約違反）　342・343

【G】

general business profit approach（一般事業収益手法）　142
General Obligation Law（一般的義務に関する法律）　442
general terms（一般条項）　378

geographically descriptive mark（地理的識別商標）　248
good faith（誠実性）　183
goodwill（暖簾）　256
governing law（準拠法）　455
grant（許諾する；与える）　87
grant-back（グラントバック）　222
gross negligence（重大な過失）　338・342・345

【H】
hardship（ハードシップ）　41
hearing（審理）　450
HKIAC（香港国際仲裁センター）　444
hold-harmless clause（免責条項）　261
hybrid license（ハイブリッドライセンス）　149
hypothetical negotiation（仮想交渉）　307
hypothetical test（ハイポセディカル・テスト）　359

【I】
ICC（国際商業会議所）　444
ignorantia juris non excusat（法の不知は許さず）　3
implied license（黙示ライセンス）　104
implied warranty（黙示保証）　243・245
impracticability（実施不可）　382
improvement（改良）　222
inadequate instructions（不適切な指示書）　293
incidental damages（付随的損害賠償金）　269
indemnification（補償）　313
indirect damages（間接損害賠償金）　418・422
industrial disturbance（産業混乱）　379
industrial property rights（工業所有権）　322
industry standard（業界基準）　141
initial payment（イニシャルペイメント）　139・162・167
injunction（差止命令）　203・370
injury（侵害）　269
insecurity（不確実であること）　403
insolvency（支払不能）　335・338
insurrections（反逆行為）　379
intangible assets（無形資産）　142
intangibles（無体物）　293
intellectual property（知的財産）　356
intentional torts（故意による不法行為）　295
interim trustee（暫定管財人）　354

involuntary plaintiff（強制原告）　245
jurisdiction（法域）　294

【J】
JCAA（日本商事仲裁協会）　444
joint and several liability（連帯債務）　312
joint venture（合併）　64
jury（陪審）　203

【K】
know-how（ノウハウ）　328
knowledge（知識）　390

【L】
labor troubles（労働争議）　379
language（言語）　127
Lanham Act（ランハム法）　248
LCIA（ロンドン国際仲裁裁判所）　444
liquidated damages（損害賠償の予定）　417
liquidation（清算）　338
long arm statute（ロングアーム法）　296
lost profit（逸失利益方式）　307
Lubrizol／Richmond Case（ルブリゾール・リッチモンド事件）　355
lump sum payment（一括払い実施料）　139

【M】
mandatory injunction（命令的差止命令）　371
manufacturing defects（製造物上の瑕疵）　293
maritime arbitration（海事仲裁）　447
material breach（重大な違反）　338
maximum royalty（最大実施料）　140
mediation（調停）　445
merchant（商人）　37・288
merchantability（商品性）　266・272
minimum royalty（最低実施料）　140・163・167
misappropriation（不正使用）　238
misrepresentation（不実表示）　293
Model Uniform Products Liability Act（統一製造物責任モデル法）　294
monetary assets（金融資産）　142

【N】

National Conference of Commissioners on Uniform State Laws（統一州法全国委員会）204
naturals（自然の物）293
negligence（過失責任）295
negotiable（譲渡可能な）6
net selling price（正味販売価格）66・140
nominal damages（名目的損害賠償）416
non-competition clause（競合禁止条項）191
notice（通知）387
no waiver（権利不放棄）412

【O】

offer（申込み）35
order for relief（救済命令）354
outstanding shares（社外株式）401

【P】

pacta sunt servanda（契約は守られなければならない）40
patent（特許権）328
partnership（組合）64
parol evidence rule（口頭証拠法）426
pass（通用する）267
pattern（配列）204
penalty（制裁金）274
Perlman／Catapult Cace（パールマン・カタプルト事件）359
per-quantity royalty（従量法に基づく実施料）140
person（人）57
physical harm（物理的損害）296
pioneer patent（基本特許）222
pleading（訴答）428
possession（占有）285・373
postulated loss of income approach（公準収益損）142
preamble（前文）35
pre-arbitral referee（仲裁前判定）447
premises（前記事項）55・57
present sale（即時売買）264
prima facie（一応の；推定できる；一見したところ；自明の）273
principal register（主要登録簿）249
privilege（特権）434

privity of contract（直接契約関係）293
product identification（製品表示）234
product liability（製造物責任）293
program（プログラム）204
prohibitory injunction（禁止的差止命令）371
promisor（約諾者）402
proprietary information（財産的情報）513
pro rata approach（責任割合方式）312
pro tanto approach（支払額方式）312
protective order（保護命令）434
proximate cause（相当な原因）270
public domain（公有）216
public interest（公益）193
public policy（公序良俗）396
punitive damages（懲罰的損害賠償金）417

【Q】

qualification of trustee（管財人の資格）354

【R】

reasonable efforts（合理的な協力）183
reasonable probability（合理的な蓋然性）307
reasonable royalty（適正実施料）142・307
reasonable time（合理的な時宜）37・208・236
receivership（管財人管轄）338
recovery（回復）270
reformation of contract（契約の訂正命令）203
registration（登録）127
reimbursement（償還）316・448
remedies cumulative（重畳的救済）292
remedy（求償権）96
remuneration（報酬）161
repayment（払戻し）273
replevin（動産引渡訴訟）370
replevy（占有を訟訴により取り戻す）268
representation（表明）263
repudiate（履行を拒絶する）267
repudiation（履行期前履行拒絶）342・343・344
res ipsa loquitur（過失推定則）295
rescission（合意解除；契約解除；解約）203・342・345
resell（転売）160
residual income approach（残余利益手法）142
resort to a remedy（救済手段に訴えること）273

Restatement of the Law（法のリステイトメント） 7
restitution（原状回復；不当利得の返還） 203・274
restrictive or preventive injunction（制限的または予防的差止命令） 371
return on R&D cost（開発費の還元） 141
return performance（反対履行） 402
return（見返り） 142
right to restitution（不当利得返還請求権） 274
rightful（正当な権利を有する；合法的な） 266
rights cumulative（重畳的権利） 48
riots（暴動） 379
risk utility test（危険効用基準） 303
root of the contract（契約の根本） 344
royalty calculated by stepping-method（逓減・逓増実施料） 141
royalty economics approach（実施料経済学手法） 142
running royalty（継続実施料） 163・167

【S】
sales promotion（販売促進） 180
security interest（担保権） 266
separability clause（可分条項） 397
settlement of disputes（紛争処理） 431
severability doctrine（可分性の法理） 397
severability（可分性） 397
SIAC（シンガポール国際仲裁センター） 444
signature（署名） 465
special damages（特別損害賠償金） 417
special terms（特別条項） 180
specific performance（特定履行） 203・370
specification（仕様） 76
spot selling（直物販売） 138
statue（制定法） 4
statute of frauds（詐欺防止法） 427
stream-of-commerce（流通経路理論） 298
strict liability（厳格責任） 294
strikes（ストライキ） 379
strong trademark（強い商標） 248
sublicense（再実施権） 102
suggestive mark or term（暗示的標章または用語） 248
super royalty provision（国税局方式） 143

superior court（上位裁判所）（州によっては地裁） 459
supplemental register（補助登録簿） 249
supreme court of appeals（バージニア州等では最高裁） 459
supreme court（最高裁判所）（NYでは一審の一般管轄裁判所のこと） 459
supreme judicial court（マサチューセッツ州等では最高裁） 459
symbol（記号） 247

【T】
tangible assets（有形資産） 142
third party（第三者） 61
trade secret（営業秘密） 204
telegraphic transfer（電信送金） 138
term（期間） 335
termination for cause（解除） 349
termination for convenience（中途解約） 352
terms of reference（付託条件） 449
territory（テリトリーの定義他） 65
testimony（証言） 428
testimonium clause（末尾文言） 465
title（権原） 263
trade name distinguished（著名商標） 248
trademark（商標） 247
trial（正式事実審理） 449
trustee（管財人） 354
trusteeship（受託者委任） 338

【U】
UCC（Uniform Commercial Code；統一商法典） 6
unauthorized use（無権限の使用） 238
UNCITRAL（国連国際商取引法委員会） 447
unconscionability（非良心性） 275
unconscionable（非良心的な） 275
Uniform Computer Information Transaction Act（統一コンピューター情報取引法） 124
Uniform Trade Secrets Act（統一トレードシークレット法） 204
United Nations Convention on Contracts for the International Sales of Goods（国連物品売買統一法条約） 461
United States trustee（連邦管財官） 354
unlawful per se（当然違法） 536

usage of trade（取引慣行） *427*

【V】

voluntary case（自発的破産） *354*
voting rights（評決権） *401*

【W】

warning defects（警告書の瑕疵） *293*
warranty（保証） *263*
Wassenaar Arrangement（ワッセナー・アレンジメント） *395*
weak trademark（弱い商標） *248*
whereas clause（背景条項） *56*
willing licensor-willing licensee approach（互恵方式） *142*
WIPO Arbitration Center（WIPO仲裁センター） *445*
WIPO（世界知的所有権機関） *431*
with all faults（瑕疵付の状態で） *273*
witnesseth（（以下のことを）証する） *56*
writings（著作物） *293*

● 和文事項索引 ●

【数字】
25％ルール　142

【あ行】
アサインバック　223
アメリカ統一商事法典（UCC）　6
意思表示　34
委託者　102・402
委託譲渡　339
一文一意　47
一括払い実施料　139
逸失利益方式　307
一定の法律関係に基づく訴え　439
一般の不法行為　310
イニシャルペイメント　135・139・162・167
イニシャルペイメントの意味　135
委任　215
印紙税　152
インドの海外技術契約の自動認可制度　364
売主の瑕疵担保責任　277
売主の担保責任　278
運用基準　365
営業秘密　205

【か行】
解除　342
解除の効果　371
ガイドライン　17・183・223
解約　345
改良　222
改良技術の価値評価基準　226
改良発明　222
改良技術の非独占的ライセンス義務　225
確立された実施料　141
加工とは　299
火災　379
瑕疵担保責任　278
瑕疵担保保証（商法526条）　113・260・261
瑕疵付の状態で　273
過失推定則　295
過失の推定　309
瑕疵について　282

仮想交渉　307
可分条項　397・399
可分性　397
簡易裁判所　459
管財人　354
完納ライセンス　139・168
危険効用基準　303
危険責任　303
記号　247
技術指導のスタイル　120
技術水準　302
帰責事由　382
基本特許　222
救済命令（連邦破産法301条）　354
業界基準　141
業界相場　143
競業及び利益相反取引の制限　215
競業避止義務　215
競合禁止　191
競合禁止条項の違法性　193
強行法規　455
強制原告　245
寄与過失　345
金銭債務の特則　383
グラントバック　222
継続的契約　349・372
契約解消　342・345
契約解除権　333・334
契約譲渡禁止　359
契約上の地位の移転　407
契約による禁反言　331
契約の根本　344
欠陥　293
欠陥とは　299・300
結合商標　241
厳格責任　294
権原　263
権原証券　6
原状回復　203・274
現状のまま　273
源泉徴収義務　153
権利譲渡　403

公益　193
効果意思　34
公序　397
公序良俗　396・397
公取指針　27
衡平法上の救済　200・202
衡平法専門の裁判所　458
国際裁判管轄　435
国際商業会議所（ICC）　444
互恵方式　142
コモンロー　5・248

【さ行】

債権者委員会（連邦破産法1102条a項／b項）　354
再実施契約と下請契約　102
最善努力義務　186
最大実施料　140
最低実施料　140
裁判の公開制度　434
債務の引受け　406
差止請求権　206
サブマリン特許　244
残存条項　374
識別商標　247
指示・警告上の欠陥　301
自然の物　293
実施許諾期間　10
実施料相当額　310・311
実施料の決定要素　164
実施料算定の対象　136
実施料の支払方式　135
自動更新　341
自動停止（連邦破産法362条(a)項）　354
自発的破産　354
シビルロー　35
従量法　140
取得知識、経験の報告義務　225
受任者の注意義務　215
主要登録簿　249
準拠法　455
純利益三分方式　143
純利益四分方式　143
使用者等の責任　303
商人　266・279・288・326・391・427・428

消費税　152
商標権の設定登録　242
商標登録　242
商標の使用条件　241
商標の定義　247
商品性　266・272
商品性の黙示保証　266
商品性の要件　266
承諾　39
承認　435
正味販売価格　68
除斥期間　279
所得税　152
侵害者利益　310
侵害とみなす行為　308
推定的告知　249
正式事実審理　449
製造上の（欠陥）　293
製造とは　299
製造物責任　293
製造物とは　293・299
製造物の欠陥の判断要素　301
世間相場法（業界相場）　143
設計上の（欠陥）　293
設立準拠法　56
専属的裁判管轄　441
善良なる管理者の注意義務　215
占有保持債務者（連邦破産1101条(1)項）　354
専用実施権　363
相当な原因　270
双務未履行のライセンス契約であること　359
ソフトウェアライセンス　7
損害の額の推定等　309
損害賠償請求権　40・206・402・413

【た行】

代金減額請求権　280
代物弁済　343
タイムリーに　377
大陸法系　6・456
代理権消滅後の表見代理　305
担保権　266
担保責任を負わない旨の特約　282
担保付債権者　355

遅延利息　158
知的財産権　324・457
知的財産（米国連邦破産法101条（35A））　356
知的財産ライセンシングに関する独占禁止法ガイドライン　223
チャプター・イレブン　354
チャプター・セブン　354
忠実義務　215
懲罰的損害賠償　417
著作物　293
通常実施権　93
停止条件　364
抵触法　456
適合性　267
適正実施料　308
適正実施料方式　308
適用法　458
デラウエア一般会社法　56
テリトリーの意味　76
テリトリーの定義　68
典型契約　8
統一製造物責任モデル法　294
倒産等による解約　359
動産とは　300
動産引渡訴訟　370
当事者適格性　57
当事者自治　272
独占的ライセンス　86
特定履行（義務）　358・370
特別損害賠償　417
特許権等の実施地域の限定について　110
特許登録原簿　312
独占禁止法6条　365
特権　434
取引過程　427
取引慣行　267・427
取引単位（コマーシャルユニット）　428
努力義務　183

【な行】

日米租税条約12条　154
ニューヨーク条約　437
納税義務者　152
ノウハウ　206

暖簾　256

【は行】

パールマン／カタプルト事件　359
破産管財人による解約（破産法78条）　360
破産裁判所　354
破産事件の管轄権　354
パテント・ミスユース　193
判例法　4
非専属的裁判管轄　441
非典型契約　9
秘密保持誓約書に関するアンケート調査　214
表見代理　304
表見代理制度　304
標準逸脱基準　303
非良心性　275
不実表示　293
付帯物　293
普通法　5
物品の受諾　428
不当利得の返還　274
部品と部品の結合　70
不法行為とは　310
不法行為の要件と効果　308
不法条件　397
米国の商標制度　248
併存的債務引受　406
弁護士・依頼人間の秘匿特権　434
弁護士業務作成資料　434
法域　294
包括承継　407
報償責任　303
法人税　152
保護命令　434
補助登録簿　249
法的拘束力　39
保有者委員会（連邦破産法1102条 b 項(1)号／(2)号）　355

【ま行】

前払い実施料　140
ミニマムロイヤリティ　161・163
無体物　293
無担保債権者委員会　355

明白な　275
免責的債務引受　406
申込み　39
黙示保証　243・245
持分証券　355
紋章　247

【や行】

約因　57
有償契約への準用　276
輸出地域の制限　110・111
譲受人　100

【ら行】

ライセンサーの技術情報　68
ライセンシーが開発した改良技術　224
ランニングロイヤルティ　136・140・145・163
履行過程　427
履行期前の履行拒絶　344
履行補助者　59
流通経路理論　298
料率法　140
ルブリゾール／リッチモンド事件　355
連合商標　241
連邦管財官　354
連邦破産法　354
ロングアーム法　296

【わ行】

ワッセナー・アレンジメント　395

【代表著者略歴】

小 高 壽 一（おだか　ひさいち）

　1962年3月立教大学経済学部経済学科卒業。同年4月石川島播磨重工業㈱入社。機械輸出営業、ブエノスアイレス駐在員、機械輸出本部業務部課長、営業法務部課長を経て技術本部特許契約部部長代理。1997年12月定年退職。1998年9月から2000年4月まで㈳日本国際工業所有権保護協会国際法制研究室研究員。

（社外活動）
- 1994年4月から1997年3月まで日本知的財産協会（JIPA）「フェアトレード委員会」委員長
- 1996年9月から1997年3月まで㈶知的財産研究所「不正競争防止法委員会」委員

（執筆活動）
- 1988年1月公布・施行の「中華人民共和国技術導入契約管理条例施行細則」に関するコメントを、日本国際貿易促進協会会誌「国際貿易」1988年2月に投稿。
- JPA（JIPAの前身「日本特許協会」の略）会誌「特許管理」1991年9月号掲載「論説　企業における不正競争防止法（営業秘密）への対応のために」トレードシークレット委員会名にて執筆。
- JPA会誌「特許管理」1993年5月号に「論説　営業秘密に対する報奨制度に関する一考察」を投稿。
- JIPA会誌「知財管理」1995年1月号に「特集論説　不正競争防止法の各国比較」を共同執筆。
- ㈶知的財産研究所発行「不正競争防止法に関する調査研究　報告書」（1997年3月）に「大企業における営業秘密管理」を執筆。
- 山上和則＝藤川義人編『新青林法律相談①　知財ライセンス契約の法律相談』（青林書院、2007年）―「Q72競業避止義務」を担当執筆。
- NPO日本知的財産翻訳協会発行「知的財産翻訳ジャーナル」に「ライセンス契約英語の常識―事例に学ぶ」連載執筆中。

（ご意見等）
　本書に関し、読後のご感想、ご意見その他下記までお寄せくだされば幸いです。

183-0051　東京都府中市栄町1-32-32

Tel/Fax　042-367-2740

E-mail　odakah61@blue.ocn.ne.jp

【共著者略歴】

中 本 光 彦（なかもと　みつひこ）

　幼少時代をメキシコ、スペインにて過ごす。高校入試の際日本に帰国し、その後は慶應義塾高等学校および慶應義塾大学で学ぶ。

　2001年に日本の司法試験に合格し、鹿内・上田・犬塚法律事務所に入所する。

　2005年より米国の Kellogg School of Management にて経営を、Northwestern School of Law にて法律を学ぶ。

　2006年に米国加州みずほコーポレート銀行にて研修をする。

　2007年に米国ニューヨーク州の司法試験に合格する。

　同年に中本・中本法律事務所に入所する。

　2014年に同事務所の代表となる。

　2016年に国際取引契約書のドラフト・レビューをする人工知能（AI）の開発およびサービスの提供を目的とする会社（mibot inc.）を設立する。

　2017年に『国際取引契約書の手引　第1巻　売買契約書』（mibot inc. 出版）を執筆する。

　2018年に『International Contracts U.S.-Japan Transactions Vol. 1 Sales Contract』（mibot inc. 出版）を執筆する。

（連絡先）
中本・中本法律事務所
〒105-0001　東京都港区虎ノ門3-2-2　虎ノ門30森ビル　9階
Tel　03-6435-9295　　　Fax　03-6435-9297
E-Mail　nak-miko@abox3.so-net.ne.jp
URL　http://www.nakamoto-law.com/

（2019年6月現在）

英文ライセンス契約実務マニュアル〔第3版〕
～誰も教えてくれない実践的ノウハウ～

2019年9月14日　第1刷発行

定価　本体 8,400円＋税

著　者	小高　壽一　中本　光彦	
発　行	株式会社　民事法研究会	
印　刷	株式会社　太平印刷社	

発行所　株式会社　民事法研究会
〒150-0013　東京都渋谷区恵比寿3-7-16
〔営業〕☎03-5798-7257　FAX 03-5798-7258
〔編集〕☎03-5798-7277　FAX 03-5798-7278
http://www.minjiho.com/　info@minjiho.com

カバーデザイン／袴田峯男　ISBN978-4-86556-309-2 C2032　¥8400E
本文組版／民事法研究会（Windows10 Pro 64bit+InDesign2019+Fontworks etc.）

知的財産 Law & Technology（略称 L&T）

バイオ・環境・情報 科学技術と法を結ぶ

定期購読者限定 電子版配信中

（所属等は執筆当時）

■L＆T 84号（7月刊）の主な内容■

本体価格 2300円＋税

〔座談会〕ブロックチェーンは社会・経済を変えるか
　　　　——現状・課題と将来の展望——

岩下直行（京都大学教授）
斉藤賢爾（慶應義塾大学SFC研究所上席所員）
田中大輔（株式会社野村総合研究所プリンシパル）
肥後彰秀（株式会社TRUSTDOCK取締役／CTO）
松尾元信（金融庁企画市場局参事官）
岩倉正和（一橋大学・弁護士）〔司会〕

■L＆T 83号（4月刊）の主な内容■

本体価格 2200円＋税

【知財訴訟の論点】
1　侵害立証のための書類提出命令・検証・提訴前証拠保全
　　知的財産高等裁判所判事　古河謙一
2　インカメラ審理における専門委員の関与のあり方
　　知的財産高等裁判所判事　山田　優

〔特報〕国際知財司法シンポジウム2018
・「特許権侵害訴訟における特許の有効性」の国際比較

■L＆T 82号（1月刊）の主な内容■

本体価格 2200円＋税

〔座談会〕ODR（Online Dispute Resolution）の導入に向けて
沢田登志子（一般社団法人ECネットワーク理事）
羽深宏樹（経済産業省商務情報政策局情報経済課課長補佐・弁護士）
早川吉尚（立教大学・弁護士）
万代栄一郎（株式会社ODR Room Network 代表取締役）
森　大樹（弁護士）
山本和彦（一橋大学教授）〔司会〕

発行　民事法研究会

〒150-0013　東京都渋谷区恵比寿3-7-16
（営業）TEL. 03-5798-7257　FAX. 03-5798-7258
http://www.minjiho.com/　info@minjiho.com

実務に役立つ実践的手引書

現役裁判官が当事者、代理人の納得する紛争解決の考え方とノウハウを提示！

和解・調停の手法と実践

田中　敦　編　　　　　　　　　　　　　　　（Ａ５判上製・699頁・定価　本体7000円＋税）

区分所有法に基づく反社会的勢力排除など、最新の動向や実例を収録し、書式と一体として解説！

仮処分等を活用した反社会的勢力対応の実務と書式〔第2版〕
――相談・受任から訴訟までの実践対策――

埼玉弁護士会民事介入暴力対策委員会　編　　　　（Ａ５判・468頁・定価　本体4700円＋税）

新技術の導入にあたって、個人情報・知財等、有効な論点や実務を鳥瞰できる！

第4次産業革命と法律実務
――クラウド・IoT・ビッグデータ・AIに関する論点と保護対策――

阿部・井窪・片山法律事務所　服部　誠・中村佳正・柴山吉報・大西ひとみ　著（Ａ５判・270頁・定価　本体3300円＋税）

不正の発見、内部調査・事実認定、社内方針の決定、マスコミ対応まで、不祥事対応の決定版！

ゼミナール 企業不正と日本版司法取引への実務対応
――国際カルテルへの対応まで――

弁護士　山口幹生・弁護士　入江源太　著　　　　（Ａ５判・329頁・定価　本体3800円＋税）

Vチューバーとの業務委託契約、SNS上の権利侵害やエンタメ業界の労働問題など8設問を新設！

エンターテインメント法務Q＆A〔第2版〕
――権利・契約・トラブル対応・関係法律・海外取引――

エンターテインメント・ロイヤーズ・ネットワーク　編　（Ａ５判・398頁・定価　本体4200円＋税）

改正入国管理法をはじめ「働き方改革」による各種関連法の改正にも完全対応し、大幅改訂！

外国人雇用の実務必携Q＆A〔第2版〕
――基礎知識から相談対応まで――

本間邦弘・坂田早苗・大原慶子・渡　匡・西川豪康・福島継志　著（Ａ５判・331頁・定価　本体3600円＋税）

発行　**民事法研究会**

〒150-0013　東京都渋谷区恵比寿3-7-16
（営業）TEL 03-5798-7257　FAX 03-5798-7258
http://www.minjiho.com/　　info@minjiho.com

実務に役立つ知的財産の実務書

柔軟な権利制限規定を整備した平成30年改正法・施行令・施行規則に完全対応！

著作権法〔第4版〕

岡村久道　著　　　　　　　　　　　　　　　（A5判・552頁・定価　本体5500円＋税）

公正取引委員会審判官が、要件・効果・論点を網羅的にわかりやすく解説！

独占禁止法入門──基礎知識の修得から実務での活用まで──

酒井紀子　著　　　　　　　　　　　　　　　（A5判・329頁・定価　本体3200円＋税）

平成27年改正不正競争防止法に対応させ、最新の重要判例60件の判例解説も収録！

最新 不正競争関係判例と実務〔第3版〕

大阪弁護士会友新会　編　　　　　　　　　　（A5判・504頁・定価　本体4800円＋税）

音・動き・色彩・ホログラム等の新しい商標に対応した新商標法や施行後の実務、新審査基準等に対応！

商標実務入門〔第2版〕

片山英二　監修　阿部・井窪・片山法律事務所　編　（A5判・373頁・定価　本体3800円＋税）

平成23年改正特許法下での理論・実務を展望し、法理・実務・裁判と要件事実を詳解！

専門訴訟講座⑥特許訴訟〔上巻〕〔下巻〕

〔上巻〕（A5判・833頁・定価　本体7700円＋税）
大渕哲也・塚原朋一・熊倉禎男・三村量一・富岡英次　編　〔下巻〕（A5判・755頁・定価　本体6800円＋税）

契約交渉の実際から契約書の作成・締結・運用に至る実践的ノウハウを開示した実務マニュアル！

共同研究・開発の契約と実務〔第3版〕
──その交渉技術と契約・運用の実際──

中島憲三　著　　　　　　　　　　　　　　　（A5判・337頁・定価　本体4000円＋税）

発行　民事法研究会

〒150-0013　東京都渋谷区恵比寿3-7-16
（営業）TEL 03-5798-7257　FAX 03-5798-7258
http://www.minjiho.com/　　info@minjiho.com